公立高校入試 ズバリ解説

5教科の出題予想と勉強法

JN097919

教科別公立高校入試問題分析

英 語

出題傾向と内容

大問1「リスニング」、大問2「短文問題」、大問3「会話文読解（資料あり）」、大問4「長文読解（資料あり）」

●大問1「リスニング」（30点）
（※後のページで詳しく解説）

●大問2「会話文中の下線部の語順整序と部分英作文」（12点）

150語程度の会話文で、3箇所ある下線部を並べかえて、正しい英文を作る問題と、空所を埋める問題。3～5分程度で確実に得点したい。大問1, 2だけで、42点（ほぼ毎年平均点）になる。

●大問3「webサイト＋対話文」（30点）

500語程度の日本人中学生2人と留学生2人の会話文。Webサイトがあり、その内容に関する対話。サイトには多くの情報が載っている。早く正確に資料を読み取る必要があった。

【対話文に出題されやすい資料】
○学校行事や地域のイベント告知のチラシ、ポスター、webサイト
○パーティーの招待状
○レストランのメニュー
○地図

●大問4「グラフ＋長文」（28点）

テーマは、2019年度が少子高齢化社会、2020年度は情報化社会、2021年度は日本語の乱れ。2022年度はゴミ袋有料化。2023年度が伝統工芸。語数は約500～600語。12分程度でグラフと長文を理解し、解答する力が求められる。記号問題は易しく、点を取りやすい。日本語で答える問題の出題はない。長文中に教科書には出ていない単語も使われるので学習しておく必要がある。例えば、2023年度にはグラフにも本文にも'tradition（伝統）'、'traditional（伝統的な）'が何度も使われ、問題を解くカギにもなっていた。

【長文で出題されやすいテーマ】
○石川県の文化やトピック
○日本と外国の文化や習慣の違い
○職場体験、部活動など学校行事
○環境問題、国際問題
○オリンピックなどイベント

●英作文

大問1のリスニングに1文の自由英作文（3点）。大問2に部分作文。2023年度は仮定法過去を使う文（3点）。大問3に部分英作文が2問(各3点)と1文の自由英作文（4点）。大問4に部分英作文2問（各3点）と本文に関連した4文の英作文（8点）。30点が英作文ということになる。石川県総合模試や過去問の模範解答の暗記が効果的。

来年度の出題予想

2016年度以降、文法、読解、英文和訳よりも、コミュニケーション重視の出題が続いている。この傾向は続いているが、2022年度、2023年度には、英文法の問題が数問出題されている。大問構成は、以下の4

英語・年度別出題分野分類表

	設問内容	2023年度	2022年度	2021年度	2020年度	2019年度
音声	読み方	○	○	○	○	○
	聞き取り	○	○	○	○	○
読解	英文和訳					
	内容設問	○	○	○	○	○
	文整序	○	○	○	○	○
	語句補充	○	○	○	○	○
作文	和文英訳					
	語句補充	○				
	語順整序	○	○			
	英問英答	○	○	○	○	○
	英作文	○	○	○	○	○

問構成になるだろう。

大問1　リスニング

大問2　短文問題

大問3　会話文（資料あり）

大問4　長文読解（資料あり）

　リスニングはナチュラルスピードで流されることが多い。「速い」と覚悟して準備しよう。

　会話文、長文読解共に500語前後と考えられる。多い年は700語を超えることもあるので、注意が必要。日頃から、速読力を鍛えておかないと苦労するだろう。

　英作文は、「本文に基づいて書く」という国語の記述式問題のような出題も引き続き予想される。

　また、突然の形式変更も数年に一度実施されている。「予想外の出題」も想定しておくことが大切。

学習対策

1「リスニング」

（※後のページで詳しく解説）

2「整序問題」

　文法の学習が必要。まずは、教科書の基本文を暗記し、練習には石川県総合模試、地域統一テストの問題が使える。新傾向のため、過去の公立入試問題には出題されていないので注意。

3「会話文読解」

　資料を読み取る問題に対応できるようトレーニングが必要。チラシやポスターなどの資料を使った対話文は他県にもよく出題されているので、全国高校入試問題集（過去問集）で同じような形式の問題を練習しよう。

4「長文読解」

●英語が苦手な人は

　まずは単語の意味を覚える。その後、長文問題を多く解く。入試までに最低30の長文問題に取り組みたい。

●英語を得点源にしたい人は

　85点以上を目標に、毎日1題長文問題を解く。石川県の過去問題はもちろん、他都道府県の入試問題に取り組むと良い。まず、制限時間を10〜15分と決めて解くのがポイントである。コツは、分からない単語やセンテンスにチェックだけ入れて、とばしながら読むこと。「大まかな意味をつかむ」練習を積むのが大切だからだ。もちろん、チェックを入れた単語や文は後で必ず調べて復習すること。

　大切なのは、答え合わせの仕方である。○、×をつけただけで終わらせてはいけない。次の（1）〜（3）を必ずしよう。

（1）分からなかった単語を辞書で調べ、暗記する。

（2）訳せなかった文は、解答解説で確認。それでもわからなければ質問する。

（3）理解不十分な文法事項を参考書で確認する。

（4）速読には、音読が最も効果的。読むスピードで意味が理解できるまで何度も同じ文を読むとよい。

5「英作文」

　英作文で減点をゼロにするために、英単語の暗記や、文法の知識は不可欠。

　書きやすいテーマから練習し、最終目標として2016年度以降毎年出題されているような「文章に基づいて書く」という国語の課題作文のようなレベルまで練習したい。

　最低20テーマは書き、学校や塾の先生に添削してもらい、完成したら暗記する。練習で「使える表現」「持ちネタ」を増やし、本番では5〜8分での完成を目指す。

　特に英語が苦手なら、教科書の基本文を暗記しておくと、そのまま使えることが多い。

6「英単語」

　最近は教科書にない英単語も注釈なしで本文に使われる。それが答えを解くカギになっていることも多いので、教科書の単語に限らず、英検準2級レベルの単語までは覚えておきたい。

7「時間配分」

　入試では大問ごとの時間配分がカギとなる。目安は次の通り。必ず最後の見直し時間を設けたい。

大問1　リスニング　12分

大問2　3分

大問3　会話文　15分

大問4　長文読解　15分

見直し　5分

　この時間配分を達成するためには、次の3つが何より求められる。

①単語を暗記する。

②長文の速読、速解力を鍛えること。

③英作文を速く、ミスなく仕上げること。

　高校進学後、中学校以上に英語の重要性は増す。そのためにも、高校受験のときに、英語の基礎力をつけておくことをお勧めする。「単語力」「文法力」「長文速読力」「リスニング力」は、どれも一朝一夕でつくものではない。特に冬休みからの3か月は、毎日英語に触れよう。少しずつ成果は出る。今の努力は、入試当日だけでなく、高校入学後にも続いていることを信じて頑張ってほしい。

Step & Tendency 2024

教科別公立高校入試問題分析

英　語
リスニング

📶 出題傾向と内容

　次の A ～ C の 3 つのテーマで出題された。

（A）短い会話文、質問、その返答（3 択）を聞き、正しい答えを選ぶ問題

（B）少し長めの対話文を聞き、絵を見て答える問題

（C）［Part 1］約 200 語の英文を聞き、その内容に関する 3 つの疑問文の答えとなる文を選ぶ問題。

［Part 2］Part 1 と関係のある約 200 語の対話文を聞き、3 つの疑問文に答える問題。最後は自由英作文。

石川県のリスニングの特徴

○ 13 分程度と長い。

○配点 30 点と高い。

○ナチュラルスピードに近く速い。

○最後は自由英作文

　これらの特徴から、定期テストや実力テストよりも速く、長く感じる生徒も少なくないだろう。

　近年見られる「国語的」「算数的」「ビジュアル的」問題では、リスニング中に正解の単語が出てこない、または聴き取った単語だけではなく、それを計算したり、言い換えたりすることが必要な問題が多いの

で、読解力、語彙力、思考力も必要となる。30 点の配点はとても大きく、ここで点数差がつくと思われる。「リスニングで満点が当たり前」と思われていたのはひと昔前まで。ここ数年は、しっかりと練習を繰り返して本番に臨まないと、満点は難しくなっている。

●Aパターン

　20 ～ 30 語程度の対話文、質問、その返答（3 択）を聞き、正しい答えを選ぶ問題である。対話文は、2 回繰り返される。聴き方のポイントは次の①～③の通り。

① 1 回目は、対話文から「5 W 1 H」（いつ、どこ、誰、何、なぜ、どのように）や「数」を、必ずメモしながら聞く。

②No.1 "Question" によく使われる表現を覚えておく。

What will ○○ say next?「次に○○は何と言いますか？」

Where are they talking?「どこで彼らは話している？」など

No.2「疑問詞」「主語」「動詞」に注意して聴く。Who is talking? Where will they go tomorrow? など

③ 2 回目の繰り返しは、答えを考えながら聴く。

●Bパターン

　絵を見て答える問題。試験が始まったら、まず絵と選択肢にざっと目を通し、質問を想像しておき、問題文を聴きながら、情報を図に書き込む。2023 年度は次の通り。

No.1［絵］日常・・・どんな人が、

何をしているかを見ておくとよい。

No.2［絵］風景のイラスト・・・4 枚の絵の違いをチェック。

○ "Question" は「疑問詞」「主語」「動詞」に注意。

○絵が分かっていたら、1 回目でできることも多いが、2 回目の繰り返しで、確認。特に時間、値段など数字の場合、注意が必要。

```
【Bで出題されやすい資料やイラスト】
○時間割
○カレンダー
○地図
○天気予報
○日常生活の絵
```

●Cパターン

［Part 1］よく問題を聞き、情報を多くメモする必要がある。

　2023 年度の問題ならこれくらいの情報量は必要。

```
＜メモ（例）＞
修学旅行 6 月
3 つのコース。それぞれ異なる国
午前中英語の勉強
夜、家族と
生活について学ぶ
入りたいコース選択
アメリカ、、、NY の大学、ビル、博物館など。ヤンキースタジアムで野球の試合を見ることが可
イギリス、、、ロンドン語学学校
　　　　　・
　　　　　・
```

　1 回目で聞き取れなかった部分は、2 回目の繰り返しで特に注意して聞く。

［Part 2］Part 1 に関する約 200

語の対話文。これまでは選択問題と自由作文だったが、2022年度から、3問全て英語で答える問題になった。No1, 2は本文の内容についての質問で、No.3は 'you' が主語の質問。つまり、No 3は自分のことを書く。

○メモを取りながら1回目を聞いていこう。

○2回目の繰り返しは、答えを確認しながら聞く。

No 3は自由英作文。自分の立場で書くものが出題されることも多い。

○簡単に書けばよいが、何について書くのかを正確に聞き取る必要がある。

私立、国立高校入試の傾向

国私立高校のリスニング問題も公立入試の練習となる。ぜひ、試してみることをお勧めする。

●小松大谷高校

公立入試より易しめ。10問出題。
A 対話文を聞き、それに続く応答として適切なものを答える。
B 地図を使った問題。英文を聞き、質問に答える。
○ "Question" は「疑問詞」「主語」「動詞」に注意。

●鵬学園高校

公立入試のA問題や金沢学院の問題に似ている。学校の定期テストより易しい。5問出題。選択肢を先に見ておくとヒントになる。

●北陸学院高校

リスニング問題が3ページもあり、配点が高く、難易度も高い。12問あり、最後は英作文。今後も増える可能性あり。練習が必要。

問1．男女の会話形式。易しい。
問2．レストランでの会話。メニューを見ながら質問に答える問題。メニューに聞き取ったことをメモする。
問3．資料（円グラフ）を見ながら、200語程度の英文を聞き、後の質問に答える問題。No.1は会話の内容に関する問題、No.2, 3はグラフに関する問題、No.4は自由英作文（2文）。

●金沢学院大学附属高校

公立入試のA問題に近い形式。約10〜25語の短い対話を聞き、質問に答える問題。「5W1H」（いつ、どこ、誰、何、なぜ、どう）「数」をメモしながら聞く。5問出題。

問題と選択肢が全て問題用紙に書いてあるので、先に見ておくとヒントになる。

●金沢大学附属高校

【A】50〜100語程度の対話文を聞きその内容に関する疑問文に対する答えを選ぶ。放送は1度しか読まれないので注意！
【B】約400語のスピーチを聴き、問題用紙の文が内容に合うかどうかを答える問題。2度読まれる。難易度は高い。
【C】【B】の内容に関するディスカッションを聞いて、「賛成」「反対」のいずれかの立場に立って、自分の意見を書く問題。難易度が非常に高い。自分の意見とその根拠を明確にして書く。

学習対策

聞き取り→音読→聞き取り→音読といった繰り返し練習に、過去問題、音声付きの問題集を使って取り組む。

スクリプト（英語原稿）を見ながらのリスニングや、聞きながら一緒に音読もおすすめ。特に冬休みから2月にかけては毎日15分くらいかけて耳を慣らしていくとよい。入試のリスニングは、学校のテストに比べ、スピードが速いことが多い。徐々に速めの速度に慣れることが大切だ。また、英検3級（英語が得意な生徒は準2級、2級）の受検問題集も練習になる。なお、実際に練習する際のポイントを以下にまとめるので参考にしてほしい。

1、絵、グラフなどの資料や、選択肢は先に見て、質問をある程度推測しておく。

2、1回目は、「5W1H」（いつ、どこ、誰、何、なぜ、どう）「数」などをメモしながら聴く。資料がある場合はそれに書き込む。

3、"Question" の後の「疑問詞」に注意する。2回目の繰り返しは、その答えを探しながら聴く。

また、教科書の例文、特に「電話」「道案内」「買い物」などの会話文の決まり文句を暗記しておこう。

Step & Tendency 2024

教科別公立高校入試問題分析

数 学

出題傾向と内容

2023年度の出題数は大問が7題で、総問題数は22題であった。内容や形式は、計算問題・文章題・確率・関数・作図・平面図形（証明問題を含む）・空間図形と、ほぼ例年通りの問題構成であった。出題形式は例年通りであるが、定番問題が少なく、文章読解力と思考力を必要とするもので難しく感じたことだろう。

大問1の(1)は基本的な計算で、例年とほぼ同じ形式だった。(2)は反比例のグラフの式を求める問題。

(3)は平方根の問題でルートが外れるための最小の自然数を求める問題。(4)は簡単な文章に書かれたものを不等式で表す問題。(5)は箱ひげ図から読み取る問題で公立入試で初めて出題された。答えが選択になっているので、やや易しい。

大問2は、確率の問題で(1)は箱から玉を同時に2個取り出し、和が4になる取り出し方の場合の数。内容的には難しくなく、容易に解いたことであろう。(2)は与えられた規則のもとにグラフ上に点をとり、その図形が三角形になる確率を求める問題。表や樹形図などを用いては理由を説明するのがやや困難になると思う。

大問3は、二次関数の問題で針金を曲げて長方形を作り、周囲の長さと面積の関係を問う問題であった。(2)はグラフの値から変化の割合を求める問題。(3)は二次関数のグラフと一次関数のグラフの融合された問題で与えられた条件から二次方程式を組み計算していく問題。かなりの難問になる。身近な物を扱った良問である。

大問4は、とり肉とぶた肉のパックにして内容量と価格の関係で連立方程式を組み、計算していく問題である。パックにすることにより、やや難度が上がる問題。

大問5は、作図の問題。与えられた条件から角の二等分線。同じ大きさの角を作るために合同な三角形を垂線を引くことによって作成していく作図の問題であった。

大問6は、空間図形に関する問題であり、(1)は平行な線を書き出す問題。これは簡単で点取り問題。(2)は三平方の定理を用いて、線分の長さを求める問題。(3)は正六角柱から切断された図形の体積の関係から比を求める問題。まず切断された図形の体積をそのまま計算できないので、三角柱、三角錐に分けてから考えなければならないので、かなり難度の高い問題となる。

大問7は、平面図形の問題であり、(1)は円の性質を使った角度を求める問題。(2)は円の性質から三角形の合同を証明する問題。やや難度は高い。(3)は三角形の相似を使って線分の長さを求める問題。かなり難しい問題であった。

数学・年度別出題分野分類表

	設問内容	2023年度	2022年度	2021年度	2020年度	2019年度
数と式	正負の数の計算	○	○	○	○	○
	文字と式の計算	○	○	○	○	○
	平方根の計算	○	○	○	○	○
	多項式の計算	○				
	一次方程式の計算					
	二次方程式の計算			○	○	○
	不等式	○			○	
文章題	一次方程式の応用		○			
	連立方程式の応用	○	○	○	○	○
	二次方程式の応用					
関数	比例.反比例			○		
	一次関数	○	○	○		○
	二次関数	○		○	○	
図形	空間図形	○	○	○	○	○
	合同	○	○			
	相似	○	○	○	○	○
	三平方の定理	○	○	○	○	○
	円	○	○	○	○	○
	角度	○	○	○	○	○
	作図	○	○	○	○	○
確率	確率	○	○	○	○	○
	式による説明					
	数の規則性					○
	資料の整理	○	○	○	○	○

来年度の出題予想

ここ数年大きな出題の変化は見られないので、ほぼ例年通りの傾向が予想される。内容についても正負の数、文字式、方程式の計算、連立方程式の文章題、確率、関数、作図、平面図形、空間図形と各分野からまんべんなく出題されるだろう。

計算問題は、正負の数が2問、文字式が2問、平方根が1問である。角度・確率・面積・体積・関数から1問、資料の整理から1問である。ただ今年度から移行措置であったデータの比較と箱ひげ図が出題されているので注意しておいてほしい。

ここ数年、関数や文章題では身近な事柄を題材にした問題になっており、来年度も同様な傾向が続くと考えられる。確率は、来年度は小問として出題されるかもしれない。規則性の問題が4年連続でていないので、大問で出題される可能性は高い。

今年度は大問で二次関数が出題されたので来年度は定番の出題であろう。平面図形や空間図形との融合、円や三平方の定理との融合なども考えられるため、かなり難易度の高いものが出題されることが予想される。

学習対策

石川県の入試問題は、基本・標準・応用がほぼ同じ割合で出題されているので、まずは基本事項をしっかり理解しておくことが大切である。

また、試験時間の50分では足りない程の内容が出題されるため、計算問題は正確に早く解く必要がある。計算問題の不安定さをケアレスミスとして片付けず、途中計算をおろそかにせずに書いて解いてほしい。

文章題はグラフや表などと組み合わせて出題する形式が数年続いている。文章内容を正しく読み取り、立式に必要な数値を正しく把握する力が要求される。問題文中の重要部分に線を引く、わかったことを図や表にするなど、イメージ化する方法を実践してほしい。なお、立式した後の計算過程を書くことも求められているので、十分に練習しておくことが必要だ。

関数は、「2点を通る直線の式を求める」、「2直線の交点を求める」といった基本的な問題は確実にできるようにしておきたい。その上で、図形との融合問題、座標を文字に置き換えて解く問題などの応用問題をこなそう。数の規則性や確率の問題は、ここ数年で難化傾向が見られる。様々な問題に取り組んで、きまりや題意を読み取る力を養ってもらいたい。その際には図や表を用いる練習をして、問題に沿ってうまく説明できるように慣れてほしい。

作図の問題は、点からの距離が等しいときは垂直二等分線。辺からの距離が等しいときは角の二等分線。60度を作るときは正三角形。90度を作るときは垂線。これを基準としてさまざまな角度を作図で描けるようにしておきたい。描けるだけでなく、描く線の性質や意味を理解してほしい。複数の条件が出されるので、およその場所をイメージしてから描こう、コツを掴んでほしい。

平面図形は、レベルの高い問題が出題されている。合同条件や相似条件を示すだけでなく、証明を進める書き方にパターンがあるので、自分のものにするまで書き慣れてほしい。そのためには、過去の入試問題だけでなく、全国の入試問題などにも取り組み、しっかりとした思考力や表現力を鍛えてほしい。時には小学生が解く問題で確認するのも面白い。

空間図形も、平面図形と同様に、レベルの高い問題が出題されている。空間図形では、様々な角度から図形を見る力が試されているが、近年、空間図形を平面上に書き写す力を問う問題もあり、鍛える必要がある。また、立体の切り取りや回転に伴う表面積や体積を求める場合など、途中計算が複雑になり、ミスしやすくなるが、出てきた答えが適当であるかどうか検討までしてもらいたい。

最後になるが、数学の解き方に対するイメージを変えてほしいことを強調したい。正解をだせば良いということだけではなく、文章を読み解き、図・表を使うことで自分の考え方を"見える化"させ、題意に沿った解き方で進められているかも確認してほしい。計算力のみに頼ることよりも結果的に時間短縮にもつながるので、手を動かすことをためらわずに、書き慣れるまで努力を続けることが大切である。

教科別公立高校入試問題分析

国語

出題傾向と内容

大問5題構成。
- ●大問1「漢字」16点
- ●大問2「文学的文章」29点
- ●大問3「論理的文章」29点
- ●大問4「古典」16点
- ●大問5「200字課題作文」10点

大問2　文学的文章

◆問題文の字数×行数

23年　33字×70行
22年　33字×71行
21年　33字×72行
20年　33字×70行
19年　33字×74行

◆場面・登場人物・内容過去5年

23年　高校生楓、地域の弓道会に入会、態度について大人の前田にアドバイスされる。

22年　夢を追うパン屋の父と映画監督を目指す高校生の息子。

21年　和菓子職人が「変わらない味」についてまりあと話す。

20年　園長、副園長、クマ飼育係。飼育コンテスト不参加決断した飼育係の心情。

19年　幼稚園教諭2年目のえな。ネイルを先輩泰子に注意される。

園児とその母に感謝される。

大問3　論理的文章

◆問題文の字数×行数

23年　33字×71行
22年　33字×71行
21年　33字×66行
20年　33字×70行
19年　33字×54行
+【資料】30字×16行

◆テーマ過去5年

23年　知識
22年　進化
21年　情報生産者
20年　論理的思考
19年　人間のパターン認識能力

大問4　古典

◆内容過去5年

23年　古文＋漢詩
22年　古文＋和歌
21〜19年　古文

大問5　作文

◆作文テーマ過去5年

23年「外来語」を使うとき心がけること。意見文。
資料：外来語一覧
条件：体験や見聞を含め

22年「あいさつ運動」提案型。
資料：生徒会目標を実現するための
条件：A案、B案どちらか選ぶ
：選んだ理由を選ばなかった方法と比較して書く。

21年「興味が変わること」に対する意見文。

20年「どこでコンサート開くか」

国語・年度別出題分野分類表

		2023	2022	2021	2020	2019
一 漢字	漢字読み	包装，刷る曖昧，厳か	整える，緑茶歓迎，研ぐ	編み物，採寸鮮やか，渓谷	尋ねる，怠惰半ば，拝謁	設ける，同窓慕われる，閲覧
	漢字書き	急ぐ，宿命散策，垂らす	柱，油田勤務，背筋	季節，預ける招く，操縦	粉雪，雑草刻む，絶景	功績，練る，警笛，耕す
二 文学的文章	内容	高校生がアドバイスから学ぶ	夢を追うパン屋の父と息子の愛	和菓子屋の味への思い	動物園飼育係の動物への愛情	幼稚園教諭二年目の出来事
	知識	几帳面無限	かかり受け一念発起	足を棒にする杞憂の意味	敬語の種類・表現技法	
	記述問題	40/80字	40/50/70字	50/60字	50/70字	30/50/80字
三 論理的文章	内容	知識	進化	情報生産者	論理的思考	人間の能力
	知識	表現技法	「特有」類義語	熟語の構成	「具体」対義語	熟語の構成
	指示語接続語	指示語接続語	指示語接続語	接続語	指示語抜き出し	
	記述問題	60/70字	45/80字	40/60/80字	65/80字	20/60/60字
四 古典	ジャンル/内容	古文・漢文	古文	古文	古文	古文
	歴史的仮名遣い知識	返り点	いはざりけり	おもいて	ゐる/「長年」意味	たまひ
	特徴的な問題	内容に関する対話文完成内容記述15/20字	内容に関する会話文完成内容記述20字	内容に関する対話文完成内容記述25/20字	内容に関する対話文完成内容記述30字	内容に関する対話文完成内容記述25字
五 作文200字		「外来語」に対する意見	「あいさつ運動」に対する意見	「興味が変わること」に対する意見	公園来訪者増加の「場所」案とその理由	学級新聞に条件に合う見出しとその理由

資料：Ⅰ地図、Ⅱ市民の意見
条件　選んだ理由を二つの資料を関連付けて答える。提案型。

19年「学級新聞記事見出しの理由」
資料：【新聞原稿】
【新聞記者の助言メモ】
条件：メモ内容をふまえる。
　　：伝えたいことと工夫点を具体的に説明。

○「プレゼン小論文型」
※資料を読み取り、論理的に説明する「小論文」的練習が有効。

来年度の出題予想

●大問1「漢字」16点
●大問2「文学的文章」29点
●大問3「論理的文章」29点
●大問4「古典」16点
●大問5「200字課題作文」10点
形式変更「予想外の出題」に対する心構えも必要。他県の入試問題も練習になる。

学習対策

●「論理的文章」
キーワードを○△□─～などマークしながら読んでいこう。
●「文学的文章」
以下のことを押さえながら読もう。
1、時代や場面
2、登場人物の年齢、性格
3、人物の心情
●古文、漢文、和歌
1、古典常識を覚える
　・歴史的仮名遣い
　・掛詞など和歌の技法
　・師走など月の呼び名
2、古語50個ほど覚える
3、主語・助詞を補い読む練習
4、会話部分を見つける練習

5、漢文の返り点などの練習
●知識問題
文法の出題は多くない。しかし、実力テストや私立高校入試には出題されている。また、高校の古典文法につながる。入試直前に時間をかけすぎることは、あまり有効ではない。ただし、二学期～1月は実力テスト、私立入試対策には効果がある。
・敬語や表現技法、言葉の意味、四字熟語も出題も少なくない。
●課題作文
最低10テーマは書き、先生に添削してもらう。
1.条件を押さえる。字数180字超。
2.原稿用紙の使い方
・段落最初の一マス目あける。
3.誤字（自信のない字は別の言葉）、書ける漢字をひらがなで書かない。
4.話し言葉に注意
×僕→○私　×なので→○だから
×でも、だけど→○しかし
5.「だ・である」調（5年連続）
6.主語と述語を合わせる。
○一文に主語、述語を二組まで
7.条件を守る
★「確かに～しかし」「理由は二つ」など書きやすい型を有効活用。
○文体（「だ・である」「です・ます」）

○原稿用紙ルール（段落最初の一マス目・句読点）
○話し言葉　○主語と述語が合っていない。
●「時間配分」
文字数が多く、複数の【資料】も含まれる。日頃から、速読力＋速記述力を鍛えておかないと苦労するだろう。入試では大問ごとの時間配分がカギとなる。目安は次の通り。必ず最後の見直し時間も必要。
大問1　2分　漢字
大問2　15分　説明的文章
大問3　15分　文学的文章
大問4　8分　古典
大問5　10分　作文＋見直し
この時間配分を達成するためには、
○長文の速読、速解力を鍛えること
○課題作文を速く、ミスなく仕上げることが何より求められる。

作文採点基準例

「高校別採点基準」になります。
上位高厳しく、その他標準レベル。
自己採点では以下を参考に。

国立私立高の国語

自分の受験する高校の傾向をつかんで、入試に挑んで欲しい。

	A：2点	B：1点	C：0点
字　数	225～176字	175～150字	149字～採点終了
内　容	印象深い具体例・体験		条件違反あり／不十分
構　成	接続語／序本結／文末の工夫	普通レベル	接続語／序論結論無し
語　彙	上級語・四字熟語・諺等使用		漢字語彙のミスが複数
文　法	ミスなし		ルール違反が複数

国立私立高校、高専入試傾向

	大問	作文	知識問題過去2年	記述、他
金大附属	小　論　古	200字		50～80字　記述多い
石川高専	小　論　古		「の・ない」区別	全問4択、文章長い
星稜	小　論　古		品詞・係り結び	～20字　抜出
金沢	小　論　古		形容動詞／「だ／な」区別	～35字×5題
北陸学院	小　論　古		文の成分／区別	～80字×4題　難易度高
金沢龍谷	小　論　古	200字	品詞／熟語成り立ち	～60字×4題　難易度高
遊学館	小　論　随		品詞／四字熟語	～25字抜出
金沢学院大附属	小　論　古		熟語成り立ち、表現技法	～20字
小松大谷	小　論　古	200字	修飾、係り結び	推薦～60字／一般～30字
鵬学園	論　説＋詩	100字	書き下し　表現技法	～80字　四字熟語
航空石川	小　論　古	200字	文節　知識30点	～30字×10題

教科別公立高校入試問題分析

理科

🖊 出題傾向と内容

①出題構成

構成は例年と変わらず大問6題であった。大問1は小問総合、大問2〜5は化学、生物、物理、地学の各領域からの出題、大問6はいくつかの領域の融合問題で、この構成はながらく変わっていない。

配点は大問1、大問2、大問3がそれぞれ16点、大問4が18点、大問5、大問6がそれぞれ17点であった。領域ごとにみると、生物領域が24点、地学領域が20点、化学領域が25点、物理領域が31点で、物理領域が比較的多かった。

設問数は大問1と大問6がそれぞれ8個、大問2〜大問4がそれぞれ7個であった。領域ごとにみると、生物領域が12個、地学領域が9個、化学領域が10個、物理領域が13個で、設問数でも物理領域が比較的多かった。

②出題内容

大問1は小問4つ、設問数は8、配点16点。問1は「化学変化と原子・分子（中2化学）」からの出題で、基本レベルの問題であった。問2は「天気の変化（中2地学）」からの出題で、これも基本レベルの問題。問3は「いろいろな生物（中1生物）」からの出題で、顕微鏡の使い方についての基本レベルの問題。問4は「身近な物理現象（中1物理）」からの出題で、光についての基本〜標準レベル問題。(2)はガラス中から空気中へ光が進むときの入射角と屈折角の関係が理解できていれば解けたであろう。大問1については、例年通り基本的な問題であり、得点しやすかったと思われる。

大問2は小問4つ、設問数7個、配点16点で、「生命の連続性（中3生物）」から、生殖と遺伝についての出題であった。問1は基本レベルの用語問題。問2は標準レベルの記述問題。頻出なので、これまでに1度は解いたことがあるだろう。問3は減数分裂と遺伝子についての基本レベルの問題。問4は遺伝子についての標準〜発展レベルの問題。特に(3)は難しい計算問題で、正答率はかなり低かったであろう。（北陸学院高校の2023年度入試問題にも同様の出題があったので、興味のある人は解いてみるとよい。）

大問3は小問6つ、設問数7個、配点16点で、「大地の変化（中1地学）」から地震についての出題であった。問1は基本レベルの用語問題。問2はプレートの動きについての基本レベルの選択問題。問3は震度についての標準レベルの問題。問4はP波とS波についての基本レベルの選択問題。問5は地震計についての発展レベルの記述問題。地震計のしくみを理解していないと解けない。問6は発展レベルの計算問題。初期微動継続時間と震源からの距離が比例することを用いるのだが、数学の三平方の定理（中3）を用いて距離を出さなくてはいけないので正答率は高くなかったであろう。

大問4は小問4つ、設問数7個、配点18点で、「化学変化とイオン（中3化学）」から化学電池についての出題であった。問1は中1内容の基本レベルの問題。問2は電離式をつくる発展レベルの問題で、硫酸イオンや亜鉛イオンの化学式を覚えていないと解けない。問3は標準レベルの記述問題。塩化銅水溶液の電気分解などで頻出の問題なので、1度は

理科・年度別出題分野分類表

○大問1での出題　◎大問で主に出題　△融合問題や大問中に一部出題

出題範囲		2023年度	2022年度	2021年度	2020年度	2019年度
化学	身のまわりの物質		△	△	△	○ ◎ △	○
	化学変化と原子・分子	○		◎		○	◎
	化学変化とイオン	◎	○	△	△	△	
物理	身近な物理現象	○		△	◎ △	○	○ △
	電流と磁界	◎	○			◎	
	力と運動・エネルギー	◎		◎	○		◎
生物	いろいろな生物	○		◎		△	△
	生物のからだのしくみ		△	◎		◎	◎
	生命の連続性	◎		△	◎		◎
地学	大地の変化	◎	○			△	
	天気の変化	○		◎		△	◎
	地球と宇宙			△	◎	○	
環境	科学技術と人間、自然と人間			○			

解いたことがあるだろう。問4はダニエル電池についての標準〜発展レベルの問題。(3)は実験IIの結果からイオン化傾向を判断する必要があったので難しかっただろう。

大問5は小問4つ、設問数7個、配点17点で、「電流と磁界（中2物理）」から電流が磁界から受ける力についての出題であった。問1は基本レベルの用語問題。問2は標準レベルの選択問題。問3は標準〜発展レベルの問題。(3)は電流が磁界から受ける力の向きについて理解していないと解けなかったであろう。問4も発展レベルの問題。符号と理由の組み合わせで、配点も4点と高かった。

大問6は小問5、設問数8個、配点17点で、「力と運動・エネルギー（中3物理）」から斜面上の物体の運動についての問題。ただし、問2は中1化学から密度が出題され、問3では中2生物から感覚器官について出題された。問1は基本レベルの用語問題。問2は密度（中1化学）についての標準的な計算問題。問3は感覚器官（中2生物）についての用語問題。問4は標準的な計算問題。問5は力と運動についての発展問題。符号と理由の組み合わせで配点は5点と高かった。

2023入試の理科については、レベル的には発展レベルの問題はあまり多くなく、基本〜標準レベルの問題が多かった。ほとんどの問題が受験勉強の過程で一度は見たことがあるような問題であった。また、領域的には物理領域の出題が多く、この領域の得手不得手によって点数に差がついたであろう。

来年度の出題予想

①出題構成

来年度も出題構成はあまり変わらないだろう。すなわち、大問数は6で、大問1は小問総合、大問2〜大問5は各領域から、大問6は複数領域の融合というパターンは変わらないと思われる。

各大問の配点は16〜18点程度で、極端に配点の偏りはないだろう。今年度は物理領域の配点が比較的多かったが、来年度は各領域の配点も均一になるだろう。

②出題内容

今年度は物理領域の問題がやや多かったが、来年度も物理領域が多いとは思えない。各領域から偏りなく出題されると思っておいたほうがよいだろう。

したがって、来年度の出題分野を予想するとしても、全領域・全分野から出題されるとしか予想できない。しかし、その意味で、今年度出題がなかった分野、すなわち、地学領域の「地球と宇宙」や環境領域は出題可能性が高いといえるかもしれない。

③難易度

問題のレベルとしても極端な変化はないであろう。基本〜標準レベルの問題が多く、発展レベルの問題はそれほど多くないと思われる。

ただし、今年度の大問3にみられたような、数学を利用した問題、いわゆる理数探究的な問題には気をつけたい。今年度は三平方の定理を用いて解く問題であったが、理科、とくに物理領域とつながりのある比例・反比例、一次関数、2乗に比例する関数などはしっかり勉強しておきたい。

学習対策

公立入試問題の特徴は、
1. 基本〜標準レベルの問題が多い。
2. 出題範囲はほぼ中学学習範囲全体である。
3. 記述問題の配点が高い。
ということである。

そこで、具体的にはどのように勉強すればよいのか。基本はあくまでも教科書内容の理解である。時間の無駄のように思えるかもしれないが、理科の教科書を読み直してみてほしい。特に、実験、観察については細かい手順や注意事項を確認しておこう。

次に、教科書内容の要点を単元ごとに整理し、基本的な問題を解こう。手っ取り早いのは、学校で使われている3年間の復習用問題集を使う方法である。それらには3年間の学習内容がきちんと整理されており、基本になる事項を確認しながら問題をこなしていくのに適している。

基本的な問題をやり終えたら、学校で受けた定期テストや実力テストをやり直し、校外模試を受験してみよう。それによって、自分が弱点とする領域や単元を洗い出し、前述の問題集で復習しておこう。

仕上げに過去の入試問題を解いてみよう。意外と同じような問題が多いことに気が付くはずだ。記述問題の場合、解答の書き方を覚えるためのちょうどよい練習になる。ただし、記述問題はいろいろな表現があるので、自分の表現で相手に伝わるか誰かに読んでもらうとよい。受験勉強では、最低限の知識を身につけた上で、自分の考えを伝える力（表現力）を養っていってほしい。

教科別公立高校入試問題分析

社 会

出題傾向と内容

2023年度の公立の社会科の入試問題は、例年通り大問6問の構成であった。地理から2問、歴史から2問、公民から2問である。この形式は今後も変わらないであろう。記述に関する問題は、点数の配分では49点分あり、およそ半分は文章で答える問題である。受験対策としては、社会の用語を覚えることはもちろんだが、記述力アップもますます求められている。

大問1の地理の分野から見ていくと、23年度は南北アメリカ州に関する問題であった。問1ではメキシコで使われている言語を答える問題である。世界各地で使われている言語、あるいはその国の公用語は、植民地時代の影響が非常に大きいので、どの国がどの国の植民地であったかは、教科書に載っているものだけでも整理して覚えておこう。問2は気候帯に関する問題である。必ずと言っていいほど、気候帯に関する問題は出る。各気候帯の特徴は整理しておこう。問3と問4でアメリカの農業と工業の問題。問5はアメリカ農業を支えている中南米からの季

節労働者に関する問題で、資料を読み記述する問題であった。やや難しい記述問題であった。

大問2は歴史分野で、「各時代の地方の状況」がテーマになっていた。4枚のカードの時代は、平安、鎌倉、安土桃山、江戸時代。問題に出てきた用語は、執権、兵農分離、享保の改革、天保の改革、株仲間の解散などである。問3で豊臣秀吉と石見銀山のことが出てきたが、戦国時代から江戸時代にかけて、鉱山の開発（金・銀・銅）が盛んだったことは確認しておこう。問4では、律令制度のもとでの国司の役割が、8世紀以降と10世紀以降で変わって

きた点を税に注目して記述させる問題であった。資料2だけから記述するのは、受験生にはやや難しかったと思われる。

大問3の公民分野は「現在の日本における権利」に関しての問題である。問1から問4まで問われたのは、天皇の国事行為、自由権（身体の自由、精神の自由、経済活動の自由）、社会権のストライキの権利、プライバシーの権利等々である。問4は最高裁判所が憲法の番人であることの理由を記述させる問題であったが、これは受験勉強の中で誰もがよく目にする問題であった。問5は、地方公共団体が受ける地方交付税交付金に関する記述問題。

大問4は日本地図からで、中国・四国地方に関する問題である。第1問はリアス海岸について。第2問は大阪から奈良を通過し三重県の太平

社会・年度別出題分野分類表

	設問内容	2023年度	2022年度	2021年度	2020年度	2019年度
地理	世界の姿	○	○	○	○	○
	日本の姿	○	○			
	世界の人々の生活、環境、気候	○	○	○	○	○
	世界の諸地域	○	○	○		○
	地域調査の手法				○	
	日本の地域的特色と地域区分	○	○		○	○
	日本の諸地域	○	○	○		
	地理記述	○	○	○	○	○
歴史	古代までの日本	○	○	○	○	○
	中世の日本	○	○	○	○	○
	近世の日本	○	○	○	○	○
	開国と近代日本の歩み	○	○	○	○	○
	二度の世界大戦と日本	○	○	○	○	○
	現代の日本と私たち	○	○	○	○	
	歴史記述	○	○	○	○	○
公民	現代社会と私たち				○	○
	個人の尊重と日本国憲法	○	○	○	○	○
	現代の民主政治と社会	○	○	○	○	○
	私たちの暮らしと経済	○	○	○	○	○
	国際社会の仕組み	○		○	○	
	これからの地球社会と日本		○			
	公民記述	○	○	○	○	○

※過去5年分の分類を、今回の新しい分類表に沿って振り分けました。

洋側に引いた断面がどのような形になるかを選択させる問題である。問3は資料についての選択問題。問4は、神戸市が1960年ごろから「山（が）、海へ行く」という埋め立ての開拓を行ってきたころを資料から記述する問題であった。問5は、尾道市と今治市の間に造られた「しまなみ海道サイクリングロード」に関して。問6は各県の農業産出額と製造品出荷額を考える問題である。

大問5の歴史分野では、明治維新後の岩倉使節団から太平洋戦争終了直後までの出来事についてである。問1から問4で問われた用語は、征韓論、樺太・千島交換条約、パリ講和会議、ウィルソン大統領、五・四運動、韓国併合、ロンドン海軍軍縮条約、アジア・アフリカ会議、盧溝橋事件などである。問5では世界恐慌後のブロック経済と戦争の起因に関することが聞かれたが、この記述が最も難しかったと思われる。

大問6は公民の経済の分野から出された。問1から問3までに問われた用語は、クーリング・オフ、企業の社会的責任、労働基準法、法人企業、公企業、需要と供給、流通の合理化等々である。問4は、受験生にややはなじみのない、株と株主、企業経営に関する問題である。基本的なことが問われたが、問題文のメモの内容を読み解き、その後限られた時間の中で記述するのはやや難しかったかもしれない。

来年度の出題予想

来年度の予想を、各分野について見てみよう。地理では大問1は世界地図からである。基本の大陸名、海洋名、気候帯と雨温図の理解、また各国の文化、産業の特徴などは押さえておこう。時差の計算問題では単純な問題から航空機での飛行時間を考慮する問題まで計算に慣れておくことが大切だ。第4問は例年日本地図からでている。環太平洋造山帯、扇状地、三角州、季節風と偏西風、太平洋側の気候と日本海側の気候、少子高齢化、山村の過疎化と都市部の過密化等々は、記述問題が出てもこの用語の説明ができるようにしておく。歴史では、時代区分としては特定の時代を細かく問うと言うよりも、全体から偏りなく出題される。出題予想としては、古代では遺跡はまとめておこう。特に代表的な三内丸山遺跡（青森県）、吉野ケ里遺跡（佐賀県）はまとめておこう。天平文化の正倉院とその宝物はよく出題される。教科書や補助教材の資料集に鏡、漆器、琵琶などの写真が出ているので、目を通しておくことが大切である。歴史の文化に関しては、文学作品の作品名と作者を覚えると同時に、建築物、彫刻、絵画なども代表的なものは覚えておく。中世、近世では「〜の乱」「〜の変」「〜の疫」「〜戦争」などの政治的な争いの用語が増えてくる。時代の節目に出てくるこれらの争いの用語を、争いの人物たち、理由、内容、結果などでまとめておこう。近代の明治以降では、さらに暗記すべき用語が増えてくる。近代以降は、日本が世界の舞台に出ていくので、各国と様々な条約を結ぶ。この「○○条約」も、できれば年代順に整理しておこう。公民は、憲法改正の手続き、公共の福祉による人権の制限の例、新しい人権の中で環境権、自己決定権、知る権利などは押さえておく。また政治では、「衆議院の優越」は最もよく問われる箇所である。経済の分野では、日銀の役割、財政と税では累進課税の説明は記述できるようにしておく。為替では円高・円安になると企業、貿易面の輸出入はどうなるのか、整理しておく。国際連合の仕組みと役割は教科書の最後に載っているため、学校での授業では十分に時間を割けない箇所でもある。自分で、各機関の役割とその略語による呼び方を整理しておこう。ここでは、APEC、ASEAN、EU、GNI、WHO、WTOなど20以上の暗記すべき略語がある。

学習対策

社会科の学習対策は、まず教科書をよく読みこなすことが大事だ。写真、資料、風刺画などにも目を通しておくこと。夏休み以降は、受験用の問題集や過去問などに挑戦して実際の力をつけていこう。

公民は、政治や経済の仕組みだけでなく、現在世の中で起こっている出来事も扱う教科だ。新聞、テレビ、ネットの情報などから時事問題で重要と思われるものは調べ追求し、理解を深めておこう。毎年、教科書においては深く触れていないが、重要な時事問題は数問出されている。特に来年度は、2023年春の時点でロシアによるウクライナ侵攻の問題は、解決へ糸口が見いだせないでいる。その影響は人道的問題だけでなく、各国において金融、食料、エネルギー価格高騰などにすでに出てきている。この侵攻による諸問題について、公民の範囲の基本的なことを聞く入試問題は十分に予想される。

国　語

　　日常の学習や生活をとおして身に付けた国語の力，とりわけ文章を展開や表現に即して的確に読み取る力や，読み取った内容を条件に応じてまとめる力をみることに主眼をおいた。

　　また，自分の考えを持ち，適切に表現する力や，漢字，語句，文法などの基礎的・基本的な言語事項に関する力をみようとしたものである。

理　科

　　自然の事物・現象について，基礎的・基本的な知識・理解をみるとともに，観察や実験を適切に行い，その結果を考察し，表現する力をみることに主眼をおいた。

　　また，日常生活の中で起こる現象や身近な事物について，科学的な見方や考え方，総合的な見方ができるかどうかをみようとしたものである。

英　語

　　言語活動の各領域にわたって，実践的なコミュニケーション能力をみるとともに，基礎的な言語的知識の定着度を確かめることに主眼をおいた。

　　また，言語の使用場面や言語の働きに配慮した題材を取り上げ，話し手や書き手の意向を理解する力，及び自分の考えなどを積極的に表現しようとする態度や表現する力が身に付いているかをみようとしたものである。

社　会

　　地理，歴史，公民の各分野にわたり，基礎的・基本的な事項についての知識・理解をみるとともに，地図や表，史料など多様な資料を活用して考察する力をみることに主眼をおいた。

　　また，社会的事象を多面的・多角的に考察し，適切に表現する力が身に付いているかをみようとしたものである。

数　学

　　各領域における基本的な概念や原理・法則についての理解をみるとともに，文字や式，図などを用いて正しく表現し処理できる力をみることに主眼をおいた。

　　また，基礎的な知識や技能を活用し論理的に思考するなど，見通しを持って多様な見方や考え方ができるかをみようとしたものである。

（県教育委員会発表）

2019〜2023年度
公立高校入試問題

試験時間は、どの年度も各教科
50分です。

各年度のリスニング音声ファイル、
解答用紙は専用サイトからダウン
ロードできます。

専用サイトは
こちらから

（解答は別冊4ページ）

リスニング音声は
こちらから

1 〔聞くことの検査〕

問題は，**A**，**B**，**C**の3つに分かれています。英語は，すべて2回繰り返します。メモを取ってもかまいません。答えはすべて解答用紙に記入しなさい。

A　2つの場面の英文を読みます。それぞれの英文の後に質問とその答え a,b,c を読みますから，答えが正しいか，誤っているかを答えなさい。なお，各質問に対する正しい答えは1つです。

解答例	a	正	⓪	b	正	⓪	c	Ⓞ	誤

B　2つの場面の英文を読みます。それぞれの英文の後に質問を読みますから，**ア～エ**の中から，質問の答えを表す絵として最も適切なものを1つ選び，その符号を書きなさい。

No. 1

No. 2

C　Part1　ALT のミラー（**Miller**）先生が，高校1年生の最初の英語の授業で生徒たちに話しています。英文のあとに3つの質問を読みますから，**ア～ウ**の中から，その答えとして最も適切なものを1つずつ選び，その符号を書きなさい。

No. 1　ア　How to study effectively.　　　　　イ　What to eat when you study.
　　　　ウ　Why high school students study hard.

No. 2　ア　At night.　　　　イ　Early in the morning.　　ウ　For two hours.

No. 3　ア　He ate some fruit.　　　イ　He played tennis.　　ウ　He took a walk.

Part 2 雅史(Masashi)さんと恭子(Kyoko)さんが，ミラー先生の話を聞いた後に話し合っている場面の英文が流れます。そのあと3つの質問を読みますから，指示に従ってそれぞれ答えなさい。

No. 1 （質問に対する適切な答えになるように，下線部にあてはまる英語を書きなさい。）

On _____.

No. 2 （質問に対する適切な答えになるように，下線部にあてはまる英語を書きなさい。）

He _____ playing them.

No. 3 （質問に対する適切な答えを英語で書きなさい。）

2 健(Ken)さんとキャシー(Cathy)さんの会話を読んで，あとの各問に答えなさい。

Cathy：Last weekend, I was sick in bed. Sachi was always with me and took care of me.

Ken：How kind!

Cathy：To say thank you to her, I gave her fish.

Ken：Fish? Why?

Cathy：Oh, Sachi is my pretty cat. I had a fever, and she worried about me and stayed with me for a long time. ①(_____)(**X**)(_____)(**Y**)(_____).

Ken：She can understand how you feel.

Cathy：Yeah.   When I come back from work every day, she ②(_____)(**X**)(_____) (**Y**)(_____). I say to her, "I'm home," and she always answers me.

Ken：Wow, she is very cute. I wish [_____]. But I can't. In fact, my father doesn't like animals.

Cathy：For me, Sachi is not an animal but an important part of my family.

Ken：I see. ③(_____)(**X**)(_____)(**Y**)(_____) pets can be family members.

問1　下線部①～③には，それぞれ次の【　】内の語句を並べかえたものが入ります。ア～オの語句を会話の意味が通じるように正しく並べかえて文を完成させるとき，（　**X**　），（　**Y**　）にあてはまる語句はどれか，符号を書きなさい。ただし，文頭の文字も小文字で表されています。

① 【　ア better　　　イ feel　　　ウ helped　　　エ me　　　オ that　　　】

② 【　ア in front of　イ is　　　ウ me　　　エ my house　オ waiting for】

③ 【　ア I　　　　　イ know　　　ウ my father　エ to　　　オ want　　　】

問2　[_____] の中に入る3語～6語の適切な内容の英語を書きなさい。

— 17 —

3 高校生の洋人(**Hiroto**)さんと桃子(**Momoko**)さんが，留学生のルーカス(**Lucas**)さん，ミア (**Mia**)さんと話しています。ウェブサイトに書かれている内容と会話を読んで，あとの各問に答え なさい。

Hiroto : I'm thinking about studying in America for one year, but I can't imagine the life there. This is my first time to go abroad.

Momoko : Oh, really? I've never been abroad and I'm also interested in studying there for about one year. Lucas, will you give us some advice?

Lucas : I know a good website. 　あ　 You can learn a lot about studying abroad. Now, let's click America!

Momoko : We can watch some videos on this website.

Mia : Some students studying in America talk about their life there. They are all from 　A　 . Their stories may help you a lot.

Hiroto : Well, I want to join a basketball club. If I watch Satoko's video, I can learn about the club activities in America.

Lucas : Look at "What's New?" You should also watch 　(1)　 . I mean, "Try-Outs."

Hiroto : "Try-Outs?" I've never heard of that. 　い　

Lucas : It's a test you must take to join a club. I did "Try-Outs" three times to become a member of the volleyball club in my school.

Hiroto : ①Do I have to take a test to enjoy something I like? Why? I don't understand. But... OK, I'll do my best.

Mia : Good luck, Hiroto! Momoko, is there anything you want to know?

Momoko : Well, which is better, living with a family there or staying in a students' dormitory?

Hiroto : I think a homestay is good because we can experience real American daily life as a member of a family. For example, we can eat home-cooked food or do some activities on holidays.

Mia : If you stay for a long time, a dormitory is better. You can meet students from all over the world and make many friends. You can also enjoy events held by the students, ②such as a Christmas party.

Momoko : Sounds interesting! I think life in a dormitory is more attractive to me.

Lucas : But you don't know much about life in America, so I think a homestay is better for you if you go to America.

Mia : Or you can stay with an American family during the first two or three months and then move into a dormitory. Oh, don't forget to watch [B] video later!

Momoko : OK. It'll be useful in understanding the difference. But how can I find a homestay program?

Lucas : You can get [(2)] by checking out the website's new information. You can choose the best program for you.

Hiroto : [う] I'll check it out now.

Lucas : If you need some more advice, you can click and talk online to some students studying in America.

Momoko : It'll be a big help! Actually, I have a question now. [(3)]

Lucas : Mm... I'll answer, "You should try to find more chances to speak in English even in Japan."

Mia : You will get different answers from different students. Just one click will open the door to a new world!

(注) ┃ click：クリックする，クリック   dormitory：寮 ┃

問1 [あ] ～ [う] の中に入る英語として，次の**ア**～**エ**から最も適切なものをそれぞれ 1 つ選び，その符号を書きなさい。

ア I see.   **イ** Look!   **ウ** What about you?   **エ** What is it?

問2 [A]， [B] の中に入る英語として，次の**ア**～**エ**から最も適切なものをそれぞれ 1 つ選び，その符号を書きなさい。

A **ア** America   **イ** China   **ウ** my country   **エ** other countries

B **ア** Kaira's   **イ** Lee's   **ウ** Paulo's   **エ** Satoko's

問3 [(1)]， [(2)] の中に入る，それぞれ 2 語 ～ 6 語の適切な内容の英語を書きなさい。

問4 次の**ア**～**エ**のうち，下線部①の内容を最もよく表しているものはどれか，その符号を書きなさい。

ア I don't want to do "Try-Outs," but I've decided to try three times.

イ I want to be in a basketball club, but I will not do "Try-Outs."

ウ I don't want to do "Try-Outs" to join a basketball club, but I will.

エ I will do "Try-Outs" with Lucas to join a basketball club.

問5 下線部②と同じような意味で使われている英語を本文中から 2 語で抜き出し，書きなさい。

問6 [(3)] について，あなたが桃子さんなら何と言うか，5 語以上の英語で書きなさい。

問7 次の**ア**～**オ**のうち，ウェブサイト及び会話の内容に合うものを 2 つ選び，その符号を書きなさい。

ア Hiroto is looking forward to joining a Christmas party held by students living in a dormitory.

イ Hiroto told Momoko to use this website because she wanted to learn about school events.

ウ Momoko and Hiroto have never lived in a foreign country before.

エ Momoko has decided to live with an American family for one year.

オ This website has a lot of useful information about studying abroad.

4 英語の授業で，中学生の智香(**Chika**)さんが，伝統工芸品(**traditional crafts**)についてクラスの生徒にスピーチをしました。その時に使ったグラフ(**graph**)と原稿を読んで，あとの各問に答えなさい。

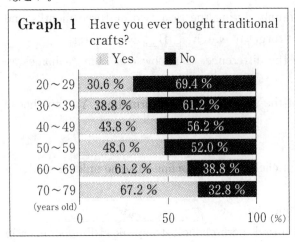

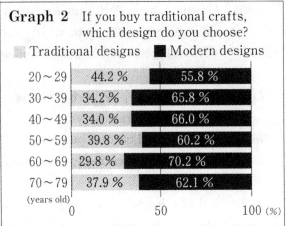

(Graph 1, Graph 2 は JTB 総合研究所ホームページより作成)

"Happy birthday, Chika!" My grandmother gave me a small lacquerware mirror as a present for my 15th birthday. It was the first traditional Japanese craft I got in my life. It was very beautiful and I liked it so much. She bought the mirror when she was my age. I was surprised that it was about fifty years old but was very beautiful. Actually, she has been using many kinds of lacquerware products ☐ **A** ☐ she was young. She told me their good points. "Lacquerware bowls can keep food warm longer than other bowls. And lacquerware products survive much longer, so you can use them for a long time." Then, I wanted to know more about lacquerware.

But I felt sad to learn a fact on the Internet. Look at Graph 1. According to the survey, ☐ **あ** ☐ people have bought ☐ **い** ☐ traditional Japanese crafts. Can you guess why they don't buy them? My grandmother says, "I think they don't know how good traditional Japanese crafts are. If they use one, they will understand how useful it is and become interested in the crafts."

(1)

I started to think about what I can do to protect these wonderful products.

Look at Graph 2. It shows people of all ages like traditional crafts with modern designs better. Last week, my grandmother took me to the museum near my house. In it, I found a lot of lacquerware works with modern designs. I saw lacquerware bowls with anime characters or cute animals painted on them. I also saw lacquerware key chains and smartphone cases. I was surprised because ☐ (2) ☐. They all looked new to me. Many young people were enjoying looking at them, and even buying them. Actually, I bought a bowl with a picture of a cute baby panda. A young woman I met said, "I thought traditional crafts were not for daily use, but I can use the crafts with these designs in my daily life. They are very pretty." ☐ (3) ☐

After looking at the new crafts, I had a chance to talk with the young lacquerware artist ☐ **B** ☐ made them. He told me he loves traditional Japanese crafts and tries to do something to make them more attractive, especially to young people. He creates new designs they love. He believes taking in the new things of the times is as important as keeping traditional designs. I thought this idea may solve the problem about traditional crafts.

My grandmother's mirror made me interested in lacquerware, and now I want to be a lacquerware artist and make products young people want to use. In this way, I believe I can protect lacquerware. Our lives change with the times, and the traditional craft artists should always $\boxed{\text{C}}$ what people want and keep up with the changes of the times. I will try to learn traditional skills and at the same time, try something new to make this traditional Japanese craft more attractive.

(注) | lacquerware：漆製品　　key chain：キーホルダー　　smartphone case：スマートフォンケース |

問1　$\boxed{\text{A}}$ ～ $\boxed{\text{C}}$ の中に入る英語として，次のア～エから最も適切なものをそれぞれ１つ選び，その符号を書きなさい。

A　ア　because　　　イ　since　　　ウ　until　　　エ　while
B　ア　and　　　　　イ　people　　ウ　sometimes　エ　who
C　ア　become　　　イ　change　　ウ　check　　　エ　talk

問2　$\boxed{\text{あ}}$ ， $\boxed{\text{い}}$ の中に入る英語の組み合わせとして，次のア～エから最も適切なものを１つ選び，その符号を書きなさい。

ア　$\boxed{\text{あ}}$ older　$\boxed{\text{い}}$ fewer　　　イ　$\boxed{\text{あ}}$ older　$\boxed{\text{い}}$ more
ウ　$\boxed{\text{あ}}$ younger　$\boxed{\text{い}}$ fewer　　エ　$\boxed{\text{あ}}$ younger　$\boxed{\text{い}}$ more

問3　$\boxed{(1)}$ の中には次のア～エが入る。文章の意味が通じるように最も適切な順に並べ替え，その符号を書きなさい。

ア　And finally, this wonderful Japanese tradition will be lost.
イ　This should never happen, but how can we make young people more interested in stopping it?
ウ　They won't buy the crafts and more lacquerware artists will lose their jobs.
エ　What will happen if young people today become older without having much interest in them?

問4　$\boxed{(2)}$ の中に入る５語～８語の適切な内容の英語を書きなさい。

問5　$\boxed{(3)}$ の中に入る英語として，次のア～エから最も適切なものを１つ選び，その符号を書きなさい。

ア　Traditional designs are more impressive than modern designs to young people.
イ　Modern designs have made young people more interested in traditional crafts.
ウ　Young people will become more interested in traditional designs by buying more traditional products.
エ　Young people will buy more traditional products if they understand the good points of traditional designs.

問6　スピーチの後にALTのグレン(Glen)先生が智香さんと話しています。会話の意味が通じるように，(a)には，４語～８語の適切な内容の英語を，また，(b)には４文以上のまとまりのある英文を書きなさい。

Mr. Glen：I enjoyed your speech. I want to support your dream.

　Chika：I want to be a lacquerware artist and try to protect lacquerware by ＿＿＿＿(a)＿＿＿＿.

Mr. Glen：Japan has many traditional things and events. What do you want to introduce to people from abroad?

　Chika：＿＿＿＿＿＿(b)＿＿＿＿＿＿

（解答は別冊8ページ）

1 下の(1)〜(5)に答えなさい。なお，解答欄の ▢ には答だけを書くこと。

(1) 次の**ア〜オ**の計算をしなさい。

ア $5-(-4)$

イ $(-3)^2 \times 2 - 8$

ウ $\dfrac{15}{2}x^3y^2 \div \dfrac{5}{8}xy^2$

エ $\dfrac{4a-2b}{3} - \dfrac{3a+b}{4}$

オ $\sqrt{54} - 2\sqrt{3} \div \sqrt{2}$

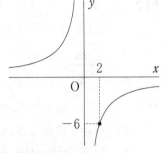

(2) 右の図は，反比例のグラフである。y を x の式で表しなさい。

(3) $\sqrt{60n}$ が自然数になるような自然数 n のうちで，最も小さい値を求めなさい。

(4) a mL のジュースを7人に b mL ずつ分けたら，残りは200 mL より少なくなった。このときの数量の間の関係を，不等式で表しなさい。

(5) A中学校の3年1組と2組の生徒それぞれ31人について，ある期間に読んだ本の冊数を調べた。右の図は，その分布のようすを箱ひげ図に表したものである。

このとき，次の**ア〜オ**のうち，箱ひげ図から読みとれることとして正しいものを**2つ**選び，その符号を書きなさい。

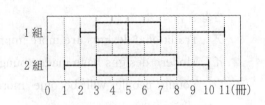

ア 1組と2組の平均値は等しい。

イ 2組の第3四分位数のほうが，1組の第3四分位数より大きい。

ウ どちらの組もデータの四分位範囲は9冊である。

エ どちらの組にも，読んだ本が7冊以上の生徒は8人以上いる。

オ どちらの組にも，読んだ本が10冊の生徒が必ずいる。

2 図1のように，箱の中に1，2，3の数字が1つずつ書かれた3個の赤玉と，1，2の数字が1つずつ書かれた2個の白玉が入っている。

このとき，次の(1)，(2)に答えなさい。

図1

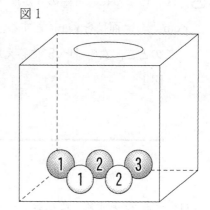

(1) 箱から玉を2個同時に取り出すとき，玉に書かれた数の和が4になる玉の取り出し方は，全部で何通りあるか，求めなさい。

(2) 図2のように，座標軸と原点Oがある。

箱から玉を1個ずつ，もとにもどさずに続けて2回取り出す。1回目に取り出した玉の色と数字によって，点Pを[   ]の中の規則にしたがって座標軸上にとる。また，2回目に取り出した玉の色と数字によって，点Qを[   ]の中の規則にしたがって座標軸上にとる。

図2

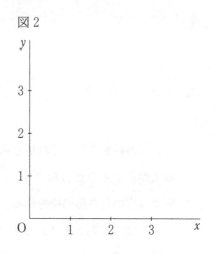

> < 規則 >
> ・赤玉を取り出したときは，玉に書かれた数をx座標としてx軸上に点をとる。
> ・白玉を取り出したときは，玉に書かれた数をy座標としてy軸上に点をとる。

このとき，O，P，Qを線分で結んだ図形が三角形になる確率を求めなさい。また，その考え方を説明しなさい。説明においては，図や表，式などを用いてよい。ただし，どの玉が取り出されることも同様に確からしいとする。

3 図1のように，針金の3か所を直角に折り曲げて長方形の枠を作る。その長方形の周の長さを x cm とし，面積を y cm² とする。ただし，針金の太さは考えないものとする。

このとき，次の(1)〜(3)に答えなさい。

図1

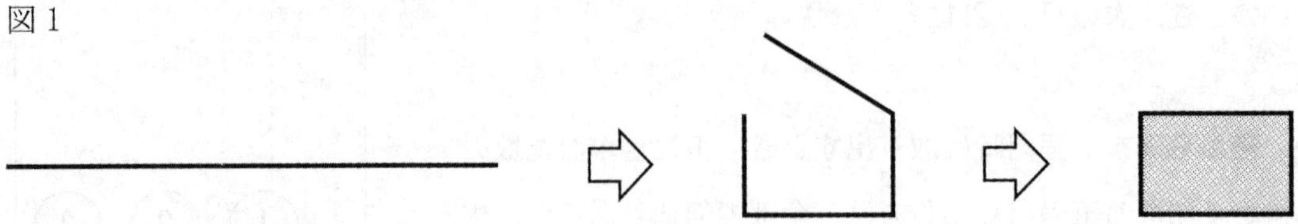

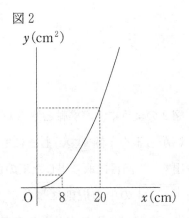

(1) $x = 22$ とする。横が縦より 3 cm 長い長方形となるとき，縦の長さを求めなさい。

(2) 図2は，針金を折り曲げて正方形の枠を作るときの x と y の関係をグラフに表したものである。このグラフで表された関数について，x の値が 8 から 20 まで増加するときの変化の割合を求めなさい。

図2

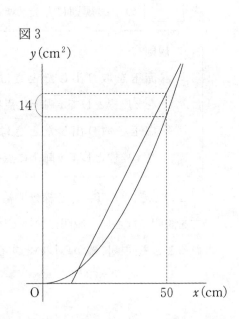

(3) 2つの針金をそれぞれ折り曲げて，縦と横の長さの比が 1：4 の長方形の枠と，縦が a cm で，横が縦より長い長方形の枠を作る。

図3は，この2通りの方法でできる長方形それぞれについて，x と y の関係をグラフに表したものである。これらのグラフから，2通りの方法でできるそれぞれの長方形の周の長さがともに 50 cm であるとき，面積の差が 14 cm² であることが読みとれる。

このとき，a の値を求めなさい。ただし，$a < \dfrac{25}{2}$ とする。なお，途中の計算も書くこと。

図3

4 ある店では，とり肉とぶた肉をそれぞれパック詰めして販売している。右の表は，この店で販売しているとり肉，ぶた肉それぞれ 100 g あたりの価格を示したものである。

100 g あたりの販売価格（税抜き）	
とり肉	120 円
ぶた肉	150 円

太郎さんは，この店でとり肉 1 パックと，ぶた肉 2 パックを購入した。太郎さんが購入したぶた肉 2 パックの内容量は等しく，とり肉とぶた肉の内容量はあわせて 720 g，合計金額は 1020 円であった。

このとき，太郎さんが購入したとり肉 1 パックとぶた肉 1 パックの内容量はそれぞれ何 g か，方程式をつくって求めなさい。なお，途中の計算も書くこと。ただし，消費税は考えないものとする。

5 解答用紙に，△ABC と，点 A を通る直線 ℓ がある。また，辺 BC と直線 ℓ の交点を D とする。これを用いて，次の □ の中の条件 ①～③ をすべて満たす点 P を作図しなさい。ただし，作図に用いた線は消さないこと。

> ①　点 P は，直線 ℓ に対して点 B と同じ側にある。
>
> ②　∠ABP ＝ ∠CBP
>
> ③　∠DAP ＝ ∠DAC

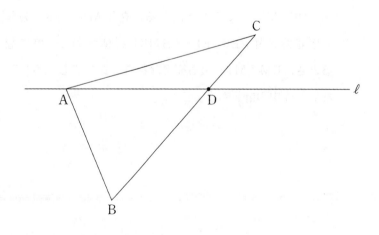

6 図1～図3のように、底面 GHIJKL が1辺4cmの正六
角形で、AG = 8cm の正六角柱 ABCDEF–GHIJKL が
ある。

このとき、次の(1)～(3)に答えなさい。

図1
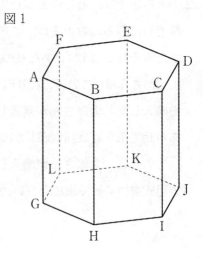

(1) 図1において、辺 AF に平行な辺をすべて書きなさい。

(2) 図2において、線分 AI の長さを求めなさい。なお、
途中の計算も書くこと。

図2
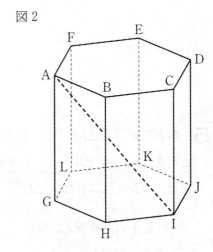

(3) 図3のように、辺 DJ 上に点 M を、辺 EK 上に点 N
を、DE//MN となるようにとる。立体 MN–IJKL の体
積が正六角柱 ABCDEF–GHIJKL の体積の $\frac{1}{12}$ 倍にな
るとき、DM:MJ を最も簡単な整数の比で表しなさい。
なお、途中の計算も書くこと。

図3
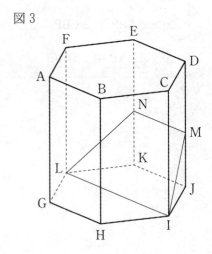

7 図1〜図3のように，円Oの周上に4点A，B，C，Dがあり，線分ACとBDの交点をEとする。このとき，次の(1)〜(3)に答えなさい。

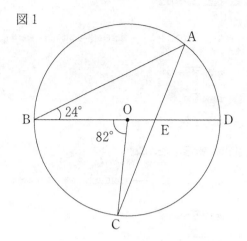

図1

(1) 図1のように，BDは円Oの直径，∠ABD = 24°，∠BOC = 82° のとき，∠AED の大きさを求めなさい。

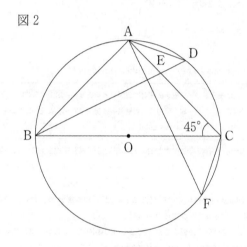

図2

(2) 図2のように，BCは円Oの直径，∠ACB = 45° とする。また，点Aを含まない $\overset{\frown}{BC}$ 上に点Fを，$\overset{\frown}{AD} = \overset{\frown}{CF}$ となるようにとる。

このとき，△ABD ≡ △CAF であることを証明しなさい。

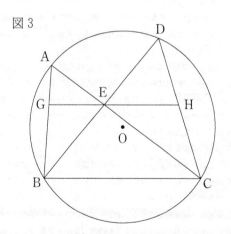

図3

(3) 図3において，ACは∠BCDの二等分線である。また，点Gを線分AB上にGE//BCとなるようにとり，直線GEと線分CDの交点をHとする。

AG = 1 cm，GB = 2 cm，CD = 4 cm のとき，線分BCの長さを求めなさい。なお，途中の計算も書くこと。

2023

一　次の各問に答えなさい。

問1　次の(1)〜(4)について、——線部の漢字の読みがなを書きなさい。

(1)　商品を包装する。

(2)　紙幣を刷る。

(3)　曖昧な表現を避ける。

(4)　卒業式が厳かに行われた。

問2　次の(1)〜(4)について、——線部の片仮名を漢字で書きなさい。

(1)　解決をハカる。

(2)　ショウシャに泊まる。

(3)　野山をサンサクする。

(4)　釣り糸をタラす。

二　次の文章を読んで、あとの各問に答えなさい。

> 高校生の楓は、前田や義美など地域の人が所属する弓道会の会員である。入会以来、カケや矢など弓道具を道場で借りてきたが、自分用の道具を祖母に買ってもらうことになった。

お礼かたがたお金を受け取りに、祖母の家まで出掛けて行った。閑静な住宅街にある古い木造家屋だった。大きな家ではないが、家の中はもちろん、①庭の隅々まで掃き清められ、雑然としたところは家中どこにもない。掃除や整頓があまり得意ではない風の母は「お立派すぎて行きづらい」と言って、あまり寄り付こうとしない。

「おばあちゃんは楓が弓道を続けることを応援したいからね。何をやるにも道具は大事だよ。ちゃんと自分に合うものを買いなさいね。お金はちゃんとあげるから」

祖母は、楓が頼んだ金額よりもらうに上乗せした額を②渡してくれた。

「余ったら、お釣りを返してくれればいいよ。だけど②それでも安物買いにはならないようにね」

そんな風に祖母に言われると、逆に無駄遣いはできない、と楓は思った。そもそも初心者にそれほど選ぶ余地はない。カケと矢について③はキリがない。特注で自分に合う形に作ってもらったり、素材をグレードアップすればいくらでも高いものになる。まがそこまでの道具は必要ない、と楓は思った。

それで、みんなが使っているのと同じくらいの、一般的な④カケと矢を購入した。カケは鹿革でできたような手のひらに合うし、真新しい本革だから黄土色が鮮やかでとても美しい。矢も羽根が無げ茶色で、矢羽根を留める部分をあしらったケバリーが素敵だと思った。

カケ

新品の道具を揃えたのは嬉しい。弓道具店に行くのが楽しくなった。自分の道具を持ったことで、一段階進んだ気がした。同じ長さの矢を合わせての矢でそれほど変わらないのだが、少しずつ感覚が変わったような、自分の矢ではないから、射に集中できる。

同時に自分の道具を持つことは、自分自身で管理すべきことが増えるということでもあった。いままでは張られていた道場の弦を使っていたので、狂いがあれば先輩が調整してくれていたが、自分の弦になると⑤そうもいかない。

自分の弦があるのは嬉しいわけだが、ちょっと手間だ、と楓は思った。

「誰、こんなところにカケを置きっぱなしにしたのは?」

前田が声をあげる。その視線の先は、床だった。だらしなく転がった楓のカ

ケがあった。

「すみません、私のです」

楓が慌ててカケを給うに行った。休憩時間になったので、こちらはやんなんなお茶を淹れたりすれば、と続くのだった。

「カケは床に置くものなのよ。そのために置き場もあるし。それが汚れたらせめてテーブルの上に置きなさい。買ったばかりの新品でしょう?」

「はい、すみません」

「それに、水した紐はちゃんとカケに巻き付けて、ほら、こんな風にくちゃくちゃになってるもだらしないでしょう?」

「すみません」

⑥前田さんたちをもとがめているように見える、そういう楓の気持ちが表情に出ていたのかもしれない。前田は楓の目を見ながら、はっきりした言葉を語り掛ける。

「まがいなもしれないけれど、弓道をやっていると、その人の日頃の態度が見えてくるのよ。雑だとか、細かいとか神経を配ってるか、とかわかってしまうの。あなたは何かをやる時、全部が終える前に視線がほかのところに移っているの。意識が次に向いているの。だから、やることが雑になるのね。せっかく弓道をやっているのだから、ひとつひとつの丁寧にやりなさい。もし、自分の道具は心を込めて扱うようになさい」

そう言われて、楓は弓を掛けられたようにくびくとした。そんな風に言われたのは、初めてのことだった。ほかの人たちのカケを見た。ちゃんと紐を巻いて元に置いてある人がほとんどだ。

ほかの道具の扱いも観察してみる。弓袋をかけに畳んでいるか、着てきたコートやジャケット、持って来た荷物などもふうに置いてあるか。

ひとつひとつほかの人たちのやることを意識して見ると、自分がとても雑にものを扱っていたことに気がつく。練習に持っていく手提げの口もくちゃくちゃだ。ふと義美を見ると、きちんと整理してものを詰めている。カケや弓の扱いも丁寧だ。同じ年なのに、借り物の道具なの、扱い方が全然違っている。

楓は恥ずかしくなったのだ。

みんなはいままで私のことをどう思っていたのだろう。若いからって大目に見てもらっていたのかな。だけど、ちゃんと直さなければ、年を取ってものままだろう。

⑦楓はカケの紐を丁寧に巻き付けた。真新しいカケをきちんとカケ置き場に置くと、心なしか、動きを増したように見えた。

（碧野圭「凛として弓を引く」より。一部省略等がある）

(注)　カケ…矢を射る時、故に指を傷つけるため用いる革の手袋。
　　　射…矢を射ること。

問1　「①家の中は……どこにもない」とありますが、ここから読みとれる祖母の性格として、次のア〜エから最も適切なものを一つ選び、その符号を書きなさい。
　　ア　親切　　イ　几帳面　　ウ　大胆　　エ　お節介

問2　「②それでも安物買いにはならないようにね」とありますが、祖母がそのように述べた理由を、四十字以内で書きなさい。

問3　「③キリがない」とありますが、これと同じ意味の熟語として、次のア〜エから適切なものを一つ選び、その符号を書きなさい。
　　ア　無頼　　イ　不明　　ウ　無限　　エ　不可

問4　「④カケと矢を購入した」とありますが、自分の矢を使うとき、楓はどのようなことを実感したか。「一に」につながるように、本文中から十字で抜き出して書きなさい。

問5　「⑤そうもいかない」とありますが、「そう」の内容を、「〜わけにはいかない」につながるように書きなさい。

問6　「⑥前田さんたちをもとがめているように見える」とありますが、ここで楓がそう思った理由として、次のア〜エから最も適切なものを一つ選び、その符号を書きなさい。
　　ア　前田が慌てている楓を呼びつけて、世間話を始めたから。

イ　楓が無視したと思ったから。前田が大声で嫌みを言ったから。

ウ　前田が難解な言葉を使うので、説明が分かりにくかったから。

エ　楓が非を認めたのに、前田がしつこく注意してきたから。

問7　⑦「カケの紺をを丁寧に巻き付けた」とありますが、その理由を「楓が自分の行動の特徴に気づくことにつながった前田の指摘内容にふれて、八十字以内で書きなさい。

三　次の文章を読んで、あとの各問に答えなさい。

　多くの人は「知識は伝えることができる」という信念があると思う。こうした信念の表れは①「本は知識の泉だ」という言葉にも表れている。書籍には先人が獲得した知識が記載されており、それを読むことで知識が得られると考える。　X　学校では知識を教えると言われる。先生は教科書を使い、さまざまな事柄を教える。これは知識は誰かから誰かへ伝わると信じているからだ。

　ところが、残念ながらそうではない。書物は知識を文字に表したものであり、その自身は知識ではない。だから書物を読んでも、そこから知識を得ることはできないのだ。それが表すのは「情報」であり、もしもそれを覚えたすれば、それは「記憶」となる。同様に、先生だって知識を教えているのではない。先生が伝えるのは情報で、運良く生徒がそれを覚えればその生徒の②の記憶となる。しかしそれらは伝えられただけであり、もしそのままなら②単に記憶、情報としてとどまるだけのだ。

　ここまで読んでいただいた読者は「お前の言う知識とはなんだ」と言いたくなると思う。伝統的な哲学では「正当化された真なる信念」と言われる。キーワードが三つある。それが知識の三つの条件となっている。第一に「真なる」という言葉が示すように、それは真、つまり正しくなくてはならない。第二に「信念」というわけだから、それを信じていなくてはならない。そして最後に「正当化された」とあり、それは真である理由が存在するということにある。

　だが私はここで③そういう知識を取り上げたわけではない。有用な知識について考えてみたのだ。役立つ、意味のある知識と言ってもよい。というのも、右の定義で言うと「私の目の前のテレビのリモコンの上にUSBメモリーがある」というのも知識になるからだ。これは私以外の人にはなんの役にも立たないし、意味もない。　A

　有用性を持つ知識というのは、以下に述べる三つの性質を持っていなければならないと思う。一つめは一般性である。一般性とはいろいろな場面で使えるという性質を指す。カナダの首都は多くの日本人にとって使う場面はほとんど無い。早押しクイズのような場面ではしか使えない。

　もう一つの性質は関係性である。孤立した知識は何の役にも立たない。知識というのは他の知識と関係を持っていなければならない。　B

　最後は場面応答性である。知識はそれが必要とされる場面において発動、起動されなければならないという、これが場面応答性である。重力加速度についての知識は、落下する物体の速度を求めるという場面で起動されなければならない。テレビのチャンネルを変える時に発動しても役立たない。

　このように知識を捉えると、ある事柄が伝えられた途端、知識として定着することは原則的にないことが容易に理解できるだろう。伝えられた事柄が、本当に読んだ事柄がどのような範囲をカバーするのか、それは他の知識とどう関係するのか、そしてどこで使われるのかを考える作業を行わない限り、その事柄は単に記憶としてしか存在せず、知識にはならないのだ。

　こういう考え方を構成主義と言う。相手からの情報や知識が知識となるためには、それらの素材を用いて知識として構成されているからだければならないのだ。構成するのはもちろん本人だ。構成される知識は人によって少しずつ異なってくる。より多くの関連した知識を結びつきを作ったり、その知識がカバーする事柄をたくさん経験した人の構成する知識は、単にクイズのように覚えた人のそれとはまったく異なったものとなる。

　いくつか補足しておきたい。「自分で考えて」と言ったが、それは何も意識的に考えることだけを意味するわけではない。私たちには無意識の働き

きというものがある。これが勝手に、それまでに覚えたいろいろな他の知識との結びつきを作ってくれるし、それが働く場所も勝手に見つけてくれる場合も多くある。　C

　もう一つは伝えられたことについてすぐに「なるほど」と思えるようなケースについてである。この場合、伝えられた情報、あるいはその記憶から知識を構成するために十分な経験や関連した知識が存在している。　Y　努力している人のアドバイスは、すぐに伝わるように見える。ちなみにこうしたことが自動的に行われる経験が、知識が伝達可能であるという信念を支えているのだと思う。一方で何もやっていない人は、同じことを言っても何も伝わらない。せっせと記憶にとどまるだけだ。

　最後の一つは、では記憶はなんの意味もないのか、ということについてである。それはある時もあるというのが答えだ。経験のない段階で何かのことを教わっても、ほとんどそれは意味がない。しかし、ある程度成長する、経験を重ねる。こうなると、昔はちんぷんかんぷんだったことが意味を持つことがある。だから記憶に意味がないというわけではない。

　子供も含めた学習途上の人間が④知識を作るというのは大それたことではないかと考える人たちもいるだろうと思う。しかし、そうではないことは人間の歴史が証明している。未知の問題を解決しようと努力している科学者たちも、その途中では誰も解はわかっていない。解決に必要な知識も十分ではないというのか、何が必要な知識かもわからない。しかし集団の力でそれを作り出してきたのだ。同じことはより小さな組織、学級、会社などにおいても実際に起きている。だから子供が成長するし、会社も事業を続けるし、人類は進歩する。　D

（鈴木宏昭「私たちはどう学んでいるのか」より。一部省略等がある）

問1　本文中の　X　・　Y　に入る語の組み合わせとして、次のア〜エから適切なものを一つ選び、その符号を書きなさい。
ア　〔X　なお　Y　しかし〕　　イ　〔X　つまり　Y　そこで〕
ウ　〔X　または　Y　だから〕　　エ　〔X　もしくは　Y　ただし〕

問2　①「本は知識の泉だ」について
(1)　これに使われている表現技法として、次のア〜エから最も適切なものを一つ選び、その符号を書きなさい。
ア　擬人法　　イ　体言止め　　ウ　倒置　　エ　隠喩
(2)　筆者が考える「本」とはどのようなものか。「もの」につながるように、本文中から十字以内で抜き出して書きなさい。

問3　②単に記憶、情報としてとどまるだけのだ とありますが、筆者はとどまった「記憶」に意味がある、あるいは意味があると考えています。筆者がこのように考える理由を、六十字以内で書きなさい。

問4　③そういう知識 とありますが、それは何を指すか。本文中から抜き出して書きなさい。

問5　④知識を作る とありますが、それはどういうことだと筆者は述べているか。知識の成立過程にふれて、七十字以内で書きなさい。

問6　本文には次の一文が抜けています。本文中の　A　〜　D　のうち、次の一文が入る最も適切な箇所を一つ選び、その符号を書きなさい。

　頭を抱えて「この知識はどこで使えるのだ、他どんな関係があるのだ」と悩まなくてもよいことも多い。

四 次の文章を読んで、あとの各問に答えなさい。

（――線部の左側は、現代語訳です。）

巨伯遠く①友人の疾を看るに値ふ。胡賊郡を攻むるに値ふ。

友人巨伯に語りて曰く、「吾、今死せんとす。子去る可し。」と。

巨伯曰く、「遠く②来りて相視るに、子吾をして去らしめんとす。義を敗りて以て生を求むるは、豈に巨伯の行ふ所ならんや。」と。③賊既に至り、巨伯に謂ひて曰く、「④大軍至らば、一郡尽く空しからん。汝何なる男子として、敢て独り止まる。」と。巨伯曰く、「友人疾有り、之を委つるに忍びず、寧ろ我が身を以て友人の命に代へん。」と。賊相謂ひて曰く、「我輩は無義の人にして、有義の国に入らんや。」と。遂に軍を班くして還る。

（『世説新語』より。一部省略等がある。）

（注）巨伯…漢の時代の人。　胡賊…胡国の盗賊。

問1　①友人の疾を看は、漢文では「看友人疾」と書いてあります。この漢文に返り点をつけなさい。

問2　②来りての主語にあたる言葉を、本文中から二字で抜き出して書きなさい。

問3　③賊既に至りとありますが、これを現代語に直したときに、「賊」の後に補う助詞として次のア～エから最も適切なものを一つ選び、その符号を書きなさい。

ア　に　　イ　を　　ウ　が　　エ　より

問4　④一郡尽く空しからんとありますが、ここでは、一つの郡内がどのような状態になることか、現代語で書きなさい。

問5　次の会話は、本文を読んだあと、佐藤さんと鈴木さんが話し合った内容の一部です。　Ａ・Ｂ　に入る適切な言葉を書きなさい。ただし、　Ａ　は現代語で書き、　Ｂ　は本文中から一字で抜き出して書くこと。

> 佐藤　胡賊は、どうしてそのまま軍を引き返したのだろうか。
>
> 鈴木　巨伯が　Ａ　と言ったからだよ。
>
> 佐藤　普通なら、そんな提案できないよね。巨伯はすごいね。
>
> 鈴木　巨伯の行為のように、人の行うべき正しい道のことを　Ｂ　という言葉で表すことがあるんだ。他の古文や漢文でも見たことがあるよ。
>
> 佐藤　Ｂ　に、そんな意味があるんだね。古文や漢文は、昔の話だと思っていたけれど、現代を生きる私達にも大事なことが書かれているんだと分かったよ。

五 ある中学校では、国語の授業で外来語の使用について考えることになり、石川さんのグループは、外来語とその言い換え語の例について調べました。次の【資料】は、石川さんのグループが調べた内容をまとめたものです。

　日常生活の中で外来語を交えて話したり書いたりする時に、あなたならどのようなことを心がけますか。あなたの考えと、そう考えた理由を、あとの条件1と条件2にしたがって書きなさい。

【資料】

外来語	言い換え語例
インバウンド	訪日外国人旅行（者）
コンソーシアム	共同事業体
エビデンス	証拠・根拠
ガイドライン	指針
コミュニケーション	伝達・意思疎通
サポート	支持・支援

条件1　外来語を一つ以上取り上げ、それに関連した自分の体験や見聞などを含めて書くこと（【資料】に書かれている言葉を用いてもよい）。

条件2　「だ・である」調で、二百字程度で書くこと。

― 30 ―

（解答は別冊12ページ）

1 以下の各問に答えなさい。

問1　物質の成り立ちについて，次の(1)，(2)に答えなさい。

(1)　1種類の物質が2種類以上の物質に分かれる化学変化を何というか，書きなさい。

(2)　次のア～エの物質について，分子であるものをすべて選び，その符号を書きなさい。

ア　銅　　　　　イ　二酸化炭素　　　　ウ　マグネシウム　　　　エ　水

問2　気象について，次の(1)，(2)に答えなさい。

(1)　日本付近の天気は西から東へ変わることが多い。それは，中緯度帯の上空で1年中，西から東へ風が吹いているからである。このような西よりの風を何というか，書きなさい。

(2)　図1はある地点での風向，風力，天気を表したものである。この地点の風向と風力の組み合わせを，次のア～エから1つ選び，その符号を書きなさい。

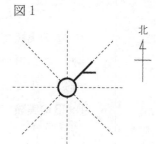

図1

ア　風向：北東　　風力：1　　イ　風向：北東　　風力：2

ウ　風向：南西　　風力：1　　エ　風向：南西　　風力：2

問3　細胞の観察について，次の(1)，(2)に答えなさい。

(1)　図2の顕微鏡を用いて細胞を観察するには，次のア～エをどの順番で行えばよいか，最も適切な順に並べ，その符号を書きなさい。

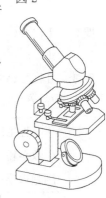

図2

ア　調節ねじを回して，プレパラートと対物レンズを遠ざけながら，ピントを合わせる。

イ　反射鏡を調節して，視野全体が明るく見えるようにする。

ウ　横から見ながら，プレパラートと対物レンズをできるだけ近づける。

エ　プレパラートをステージにのせ，クリップで固定する。

(2)　接眼レンズの倍率が15倍，対物レンズの倍率が40倍のとき，顕微鏡の倍率は何倍か，求めなさい。

問4　光について，次の(1)，(2)に答えなさい。

(1)　太陽や蛍光灯のように，みずから光を出す物体を何というか，書きなさい。

(2)　図3の ┄┄►┄┄ は，点Aから出た光の進む道すじの1つを表している。この道すじを進んできた光は三角柱のガラスを通過した後，どの道すじを進むか，図3のア～エから最も適切なものを1つ選び，その符号を書きなさい。

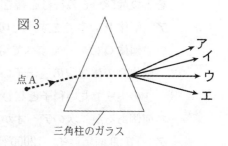

図3

三角柱のガラス

2 次のメモは，無性生殖と有性生殖について，吉田さんが調べて書いたものの一部である。これを見て，以下の各問に答えなさい。

> Ⅰ　無性生殖では，子の特徴は親の特徴と同じになる。

> Ⅱ　有性生殖も無性生殖も，親の体細胞と子の体細胞の染色体の数は同じになる。

> Ⅲ　有性生殖に関する実験を，エンドウを用いて行った。
>
> ※①，②では，エンドウに自家受粉を防ぐ操作を事前に行った。
>
> ①　丸い種子をまいて育てた個体Pの花粉を，しわの種子をまいて育てた個体Qのめしべに受粉させたところ，個体Qにできた種子は<u>すべて丸い種子になった</u>。
>
> ②　丸い種子をまいて育てた個体Rの花粉を，しわの種子をまいて育てた個体Sのめしべに受粉させたところ，個体Sにできた種子は丸い種子としわの種子が，ほぼ同じ数になった。
>
> ③　②の実験で個体Sにできた丸い種子をまいて育て，自家受粉させて種子をつくった。この自家受粉でできた種子の数は，丸い種子がしわの種子より多く，その割合は約3：1であった。
>
> ④　③の実験でできた丸い種子をすべてまいて育て，それらを，それぞれ自家受粉させた。

問1　植物において，からだの一部から新しい個体をつくる無性生殖を何というか，書きなさい。

問2　Ⅰについて，子の特徴が親の特徴と同じになるのはなぜか，その理由を書きなさい。

問3　Ⅱについて，次の文は有性生殖における染色体の数の変化について述べたものである。文中の（　あ　），（　い　）にあてはまる語句をそれぞれ書き，文を完成させなさい。

> 有性生殖では，親の体細胞が（　あ　）分裂することによってできる生殖細胞は，染色体の数が親の体細胞の（　い　）になっている。そのため，生殖細胞が受精してできる子の体細胞の染色体の数は，親の体細胞の染色体の数と同じになる。

問4　Ⅲについて，次の(1)～(3)に答えなさい。なお，エンドウの種子を丸くする遺伝子の記号をA，しわにする遺伝子の記号をaとする。

(1)　下線部のような結果になったのは，①の実験でエンドウに自家受粉を防ぐ操作を事前に行ったためである。その操作について述べたものはどれか，次のア～エから最も適切なものを1つ選び，その符号を書きなさい。

　　ア　個体Pのやくをすべて切り取った。　　　イ　個体Pの柱頭をすべて切り取った。
　　ウ　個体Qのやくをすべて切り取った。　　　エ　個体Qの柱頭をすべて切り取った。

(2)　個体Pの体細胞の遺伝子の組み合わせを，遺伝子の記号A，aを使って書きなさい。

(3)　④の実験で丸い種子としわの種子があわせて18000個できたとすると，丸い種子はそのうち何個あるか，次のア～オから最も適切なものを1つ選び，その符号を書きなさい。

　　ア　11000個　　イ　12000個　　ウ　13500個　　エ　15000個　　オ　16000個

3 地震について，以下の各問に答えなさい。

問1 地下で大規模な岩石の破壊が起こると，岩盤にずれができる。この岩盤のずれを何というか，書きなさい。

問2 日本付近の大陸プレートと海洋プレートの動きを模式的に表したものはどれか，次のア～エから最も適切なものを1つ選び，その符号を書きなさい。ただし，⇒ はプレートの動く向きを表している。

ア
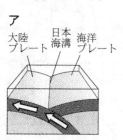

イ
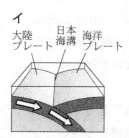

ウ

エ

問3 次の文は，震度について説明したものである。文中の①，②にあてはまる数字をそれぞれ書き，文を完成させなさい。

震度は，ある地点での地震によるゆれの大きさを表すものであり，各観測点に設置した震度計で測定される。日本では，震度を（ ① ）から7の（ ② ）階級に分けている。

問4 地震が起こったときのP波とS波について述べたものはどれか，次のア～エから最も適切なものを1つ選び，その符号を書きなさい。

ア 震源ではP波とS波は同時に発生し，P波はS波よりも伝わる速さが速い。

イ 震源ではP波とS波は同時に発生し，S波はP波よりも伝わる速さが速い。

ウ 震源ではP波が発生した後にS波が発生し，P波はS波よりも伝わる速さが速い。

エ 震源ではS波が発生した後にP波が発生し，S波はP波よりも伝わる速さが速い。

問5 図は，地震計を模式的に表したものである。地震で地面がゆれたときに，地震計でゆれを記録できるのはなぜか，その理由を，慣性に着目して，「記録紙」，「おもりについたペン」という2つの語句を用いて書きなさい。

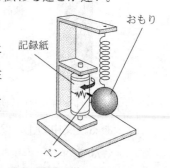

問6 ある地震を，X，Yの2地点で観測した。地点Xでは，震源までの距離が150 km，震央までの距離が90 km，初期微動継続時間が20秒であった。このとき，震央までの距離が160 kmの地点Yにおいて，初期微動継続時間は何秒か，求めなさい。ただし，小数第2位を四捨五入すること。なお，地点X，Yと震央は同じ標高とし，この地域での地震波の伝わる速さは一定であるものとする。

4 金属と水溶液に関する，次の実験を行った。これらをもとに，以下の各問に答えなさい。ただし，すべての溶液の濃度は質量パーセント濃度を表すものとする。

[**実験Ⅰ**] うすい塩酸が入っている試験管に鉄粉を入れたところ，気体が発生した。

[**実験Ⅱ**] 5 ％硫酸亜鉛水溶液が入っている試験管にマグネシウム片を入れたところ，マグネシウム片に灰色の固体が付着したが，硫酸亜鉛水溶液の色は変化しなかった。

[**実験Ⅲ**] 5 ％硫酸銅水溶液が入っている試験管に亜鉛片を入れたところ，亜鉛片に赤色の固体が付着し，硫酸銅水溶液の色がうすくなった。

[**実験Ⅳ**] 図のように，5 ％硫酸亜鉛水溶液を入れたビーカーに亜鉛板を入れた。その後，5 ％硫酸銅水溶液と銅板を入れたセロハンの袋を，ビーカー中の硫酸亜鉛水溶液に入れた。亜鉛板と銅板に電圧計をつないだところ，電圧計の針が右にふれた。

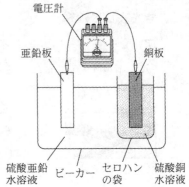

電圧計
亜鉛板
銅板
硫酸亜鉛水溶液　ビーカー　セロハンの袋　硫酸銅水溶液

問1 実験Ⅰについて，発生した気体は何か，名称を書きなさい。

問2 実験Ⅱについて，硫酸亜鉛が水溶液中で電離しているようすを化学式を用いて書きなさい。

問3 実験Ⅲについて，硫酸銅水溶液の色がうすくなったのはなぜか，その理由を書きなさい。

問4 実験Ⅳについて，次の(1)～(3)に答えなさい。

(1) 次の文は，この実験におけるセロハンの役割について述べたものである。文中の①，②にあてはまる内容の組み合わせを，下の**ア～エ**から1つ選び，その符号を書きなさい。

> セロハンには，この2種類の水溶液を（ ① ）し，イオンを（ ② ）性質があり，その結果，電流を流し続けることができる。

ア ① 混ざりやすく ② 通過させる　　**イ** ① 混ざりやすく ② 通過させない
ウ ① 混ざりにくく ② 通過させる　　**エ** ① 混ざりにくく ② 通過させない

(2) 金属原子を○，金属イオンを●，電子を●のモデルで表したとき，銅板の表面で起こる化学変化について模式的に表すとどうなるか，次の**ア～エ**から適切なものを1つ選び，その符号を書きなさい。

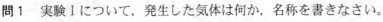

(3) 次の文は，図の装置の水溶液と金属板の組み合わせを変えた実験についてまとめたものである。文中の①，②にあてはまる内容を，下の**ア～ウ**からそれぞれ1つ選び，その符号を書きなさい。

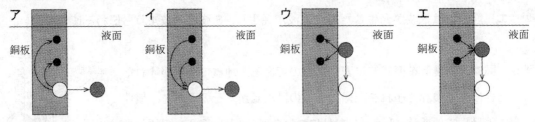

> 図の装置の5 ％硫酸亜鉛水溶液と亜鉛板を，5 ％硫酸マグネシウム水溶液とマグネシウム板に変えたところ，電圧計の針が（ ① ）ふれた。また，図の装置の5 ％硫酸銅水溶液と銅板を，5 ％硫酸マグネシウム水溶液とマグネシウム板に変えたところ，電圧計の針が（ ② ）ふれた。

ア 左に　　　**イ** 右に，実験Ⅳより大きく　　　**ウ** 右に，実験Ⅳより小さく

5 電流と磁界に関する，次の実験を行った。これをもとに，以下の各問に答えなさい。

［実験］ エナメル線でコイルと回転軸をつくり，回転軸のエナメルをすべてはがした。図1のように，回路をつくり，コイルの下部を黒く塗った。その後，スイッチを入れたところ，回路には ⇨ の向きに電流が流れ，コイルの下部が ➡ の向きに力を受け，コイルは動き始めたが，間もなく静止した。なお，電源装置からは一定の向きに電流が流れるものとする。

図1
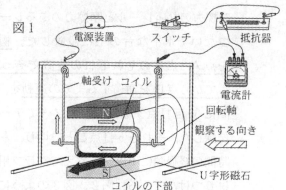

問1 一定の向きに流れる電流を何というか，書きなさい。

問2 磁界の中でコイルに電流を流すとコイルに力がはたらく。この現象を利用したコイルの活用について述べたものはどれか，次の**ア〜エ**から適切なものを1つ選び，その符号を書きなさい。
　　ア 懐中電灯を点灯する。　　　　**イ** 扇風機で送風する。
　　ウ 手回し発電機で発電する。　　**エ** 電磁調理器で加熱する。

問3 実験について，次の(1)〜(3)に答えなさい。

　(1) スイッチを入れたところ，電流計の目盛りは図2のようになった。電流の大きさは何mAか，読み取って書きなさい。

図2
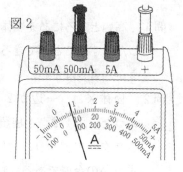

　(2) 電流の大きさを変えて，抵抗器に300mAの電流を5秒間流したとき，抵抗器が消費する電力量は何Jか，求めなさい。ただし，抵抗器の抵抗の大きさを20Ωとする。

　(3) 図3は，図1の装置を ⬅▨ の向きに見た模式図である。コイルが回転し続けるように，スイッチを入れたり，切ったりする。コイルの回転を止める力がはたらかないようにするためには，コイルの黒く塗った部分が図3のどの範囲を通過しているときにスイッチを切った状態にしておかなければならないか，次の**ア〜エ**から最も適切なものを1つ選び，その符号を書きなさい。

図3
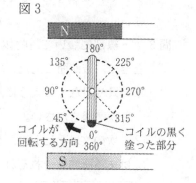

　　ア 0°から180°　　　　**イ** 90°から270°
　　ウ 180°から360°　　　**エ** 270°から360°と0°から90°

問4 実験の後，図4のようにコイルと磁石を設置しなおした。スイッチを入れるとコイルはどのように動くか，次の**ア〜エ**から最も適切なものを1つ選び，その符号を書きなさい。また，そう判断した理由を，「電流の向き」，「磁石による磁界の向き」という2つの語句を用いて書きなさい。

図4
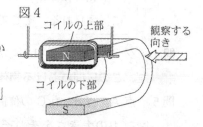

ア 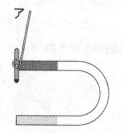　　**イ** 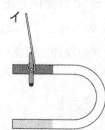　　**ウ** 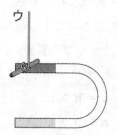　　**エ**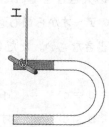

6 山田さんの所属する科学部では，次の実験を行った。これをもとに，以下の各問に答えなさい。

[**実験**] 図1のように，斜面が直線になるように，摩擦力のないレールと摩擦力のあるレールをつないで水平な台の上に設置した。**物体Xを点A，点Bのそれぞれの位置でそっと離してから点Dを通過するまでの運動**を，1秒間に60回打点する記録タイマーでテープに記録した。それを6打点ごとに切り，左から時間の経過順に下端をそろえてグラフ用紙にはりつけたところ，図2，図3のようになった。物体Xを点Cの位置でそっと離したところ，物体は静止したままであった。

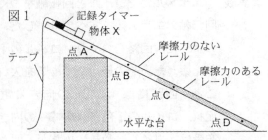

図1

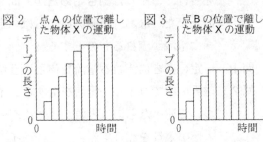

図2　点Aの位置で離した物体Xの運動

図3　点Bの位置で離した物体Xの運動

問1 高いところにある物体は，重力によって落下することで，ほかの物体の形を変えたり，動かしたりすることができる。このように高いところにある物体がもっているエネルギーを何というか，書きなさい。

問2 物体Xは，一辺が2cmの金属の立方体で，質量は21.6gであった。図4は，4種類の金属のサンプルの体積と質量の関係を示したグラフであり，物体Xは鉄，鉛，チタン，アルミニウムのいずれかの金属である。物体Xはどの金属と考えられるか，書きなさい。

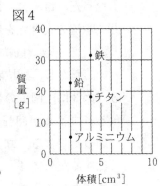

図4

問3 下線部について，物体Xが，摩擦力のあるレール上を通過するときに，音が聞こえた。次の(1)，(2)に答えなさい。

(1) 耳や目などのように，外界からの刺激を受けとる器官を何というか，書きなさい。

(2) 次の文は，ヒトの，音が聞こえるしくみについて述べたものである。文中の①，②にあてはまる語句をそれぞれ書き，文を完成させなさい。

> 空気の振動が耳の中にある（　①　）を振動させ,その振動が耳小骨によって（　②　）に伝えられる。そこで受けとった刺激は信号にかえられ，神経を通り脳に伝わる。

問4 グラフ用紙にはりつけた記録テープのうちの1本の長さを測定したところ，15cmであった。この区間における物体Xの平均の速さは何m/sか，求めなさい。

問5 点A，点B，点Cの位置で離した物体Xが，摩擦力のあるレール上の点Cの位置で受ける摩擦力の大きさをそれぞれa，b，cとする。a，b，cの関係を正しく表している式はどれか，次のア～オから最も適切なものを1つ選び，その符号を書きなさい。また，そう判断した理由を書きなさい。ただし，テープの質量，テープの摩擦，空気の抵抗は考えないものとする。

ア　a＝b＝c　　　イ　a＝b＞c　　　ウ　a＝b＜c

エ　a＜b＜c　　　オ　a＞b＞c

（解答は別冊 14 ページ）

1 次の略地図を見て，下の各問に答えなさい。

略地図

問1　略地図の **X** 国について，次の⑴，⑵に答えなさい。

⑴　世界を 6 つの州に分けたとき，**X** 国が属する州の名前を書きなさい。

⑵　次の**ア～エ**のうち，**X** 国で主に使われている言語を 1 つ選び，その符号を書きなさい。

ア　英語　　　　　イ　スペイン語

ウ　フランス語　　エ　ポルトガル語

問2　略地図のロサンゼルスの太平洋岸とブエノスアイレスは温帯に属している。次の**ア～エ**のうち，この 2 つの地域の気候の特徴について述べた文として適切なものをそれぞれ 1 つ選び，その符号を書きなさい。

ア　気温は 1 月の方が 7 月より高く，降水量は 1 月の方が 7 月より多い。

イ　気温は 1 月の方が 7 月より高く，降水量は 1 月の方が 7 月より少ない。

ウ　気温は 1 月の方が 7 月より低く，降水量は 1 月の方が 7 月より多い。

エ　気温は 1 月の方が 7 月より低く，降水量は 1 月の方が 7 月より少ない。

問3　次の **a**，**b** の文は，略地図の **Y** 国と **Z** 国について述べたものである。それぞれの文について，正しいものには○を，誤っているものには×を書きなさい。

a　**Y** 国の自動車製造の中心地として発展したのはピッツバーグであり，そこで用いられた大量生産方式が他の工業分野にも普及した。

b　**Z** 国では，現在，農作物の輸出額のうち最大のものは大豆であり，アマゾン川流域の森林を伐採した後につくられた畑などで栽培されている。

資料1

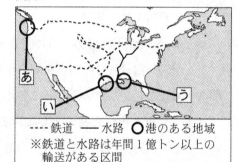

---- 鉄道　── 水路　○港のある地域
※鉄道と水路は年間 1 億トン以上の輸送がある区間

（日本貿易振興機構ホームページなどより作成）

問4　資料 1 は，略地図の **Y** 国で貨物輸送に用いられている主要な鉄道，水路，港のある地域を示したものである。資料 2 のように， う の地域の港から輸出されるとうもろこしが多いのはなぜだと考えられるか，資料 1 をもとに書きなさい。

資料2　とうもろこしの輸出量の港別割合

あ の地域の港	い の地域の港	う の地域の港	その他
13.1 %	1.1 %	65.1 %	20.7 %

（農林水産省ホームページより作成）

問5　資料 3 は，略地図の **Y** 国の政府が，国内の農業分野の仕事に就く外国人に入国を許可する際の条件の一部である。**Y** 国が，農業分野の仕事に就く外国人に，資料 3 のような条件で入国を認めているのはなぜだと考えられるか，資料 3 と資料 4 を関連づけて書きなさい。

資料3

＜移住を目的としない外国人に農業分野の就労のための入国を許可する条件＞
○雇用期間は，原則として 1 年をこえないこと。
○雇用契約を結ぶ相手である農業経営者が，事前に自国民に向けて求人活動を行っていること。

資料4　入国を許可された外国人の主な仕事と雇用期間
（2019 年）

就労先	主な仕事内容	平均雇用期間(月)
野菜農場	野菜の植え付け，収穫，箱詰め等の手作業	約 4.5
果樹園	果実の収穫，箱詰め，樹木の手入れ等の手作業	約 5.2

（資料 3，資料 4 は **Y** 国農務省ホームページなどより作成）

2 次の4枚のカードは,「各時代の地方の状況」について書かれたものである。これを見て,下の各問に答えなさい。

A 源頼朝によって,国ごとに守護が,荘園や公領ごとに地頭が置かれた。	**B** 水野忠邦が幕府の改革を進めたころ,独自の改革で財政を立て直した藩もあった。
C 豊臣秀吉によって全国が統一され,各地で太閤検地や刀狩が行われた。	**D** 藤原道長・頼通が政治の実権をにぎったころ,地方の政治は乱れていた。

問1 **A**について,源頼朝の死後,御家人をまとめた北条氏が将軍を補佐する地位につき,政治の実権をにぎった。この地位を何というか,書きなさい。

問2 **B**について,次の(1),(2)に答えなさい。

(1) 次の**ア~エ**のうち,水野忠邦が行った改革について述べた文として最も適切なものを1つ選び,その符号を書きなさい。

ア 蝦夷地(えぞち)を調査し,開拓にのりだした。

イ 庶民の意見を聞くため,目安箱を設置した。

ウ 大名の参勤交代を軽減するかわりに,米を献上させた。

エ 物価の上昇を抑えるため,株仲間を解散させた。

資料1

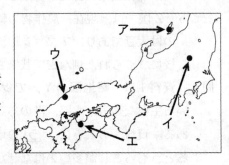

外国船が渡ってきたときは迷うことなく打ち払いなさい,とかつて命じた。しかし,このたび万事を改め,情け深い行いをしたい。

(「徳川禁令考」より作成。表現はわかりやすく改めた)

(2) 資料1は,幕府がこのころに出した法令の一部である。幕府が下線部のように方針を変えたのはなぜか,「情け深い行い」の内容を明らかにして書きなさい。

問3 **C**について,次の(1),(2)に答えなさい。

(1) 豊臣秀吉が直轄地として開発を行った銀山の位置を,略地図の**ア~エ**から1つ選び,その符号を書きなさい。また,その銀山の名称を書きなさい。

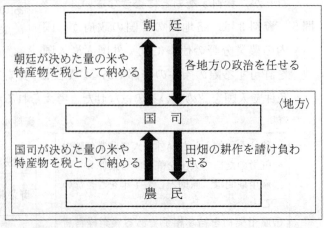

(2) 太閤検地や刀狩によって,このあとの時代の身分制社会の土台がつくられたといえる。なぜそのようにいえるのか,書きなさい。

問4 **D**の時期には,朝廷の行事や寺社の修繕等の際,その費用を納めた見返りに,国司になろうとするものがいた。その理由を,資料2をもとに,大宝律令が制定されたときと**D**の時期の税の決められ方の違いにふれて書きなさい。

資料2 **D**の時期の朝廷と地方の関係

```
          朝  廷
    ↑             ↓
朝廷が決めた量の米や    各地方の政治を任せる
特産物を税として納める
          国  司      〈地方〉
    ↑             ↓
国司が決めた量の米や    田畑の耕作を請け負わ
特産物を税として納める   せる
          農  民
```

問5 **A~D**の4枚のカードを,時代の古いものから順に並べ,その符号を書きなさい。

3 次のメモは，高橋さんが現在の日本における権利についてまとめたものである。これを見て，下の各問に答えなさい。

・①日本国憲法では，平等権，②自由権，社会権などの基本的人権を保障している。

・社会や技術の変化にともない，③新しい人権が主張されるようになった。

・すべての国民には，④裁判所で裁判を受ける権利が保障されている。

・⑤地方の政治では，直接民主制の考え方を取り入れた直接請求権が幅広く認められている。

問1　下線部①では，天皇は内閣の助言と承認によって法律を公布したり，国会を召集したりすると規定されている。このような天皇の行為を何というか，書きなさい。

問2　下線部②について，次の**ア**〜**エ**のうち，日本国憲法が保障している自由権の内容として，あてはまらないものを1つ選び，その符号を書きなさい。

ア　学問の研究　　　　　イ　拷問や残虐な刑罰を受けないこと

ウ　個人の財産所有　　　エ　働く人が要求実現のために行うストライキ

問3　右の資料は，下線部③のうちのある権利を求めて争われた裁判について述べたものである。この裁判で，資料の原告が主張した権利を何というか，書きなさい。

資料

A氏は，作家であるB氏が発表した小説のモデルとされた。A氏は，生活をのぞき見されたかのような作品の中の描写によって，精神的苦痛を与えられたとして，B氏に損害賠償を請求した。

（日本音楽事業者協会ホームページなどより作成）

問4　下線部④について，次の図と文は，高橋さんが国民，裁判所，国会の関係についてまとめたものである。文中の下線部のように最高裁判所が「憲法の番人」と呼ばれているのはなぜか，あ の内容にふれて書きなさい。また，Xにあてはまる適切な語句を書きなさい。

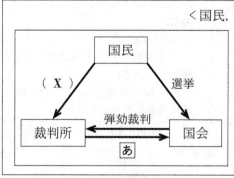

＜国民，裁判所，国会の関係＞

　裁判所は， あ という権限を持っており，中でも最高裁判所は「憲法の番人」と呼ばれている。このような最高裁判所の役割を考えると，最高裁判所の裁判官に対する（　X　）は，選挙と同様に国民主権の原理にもとづく重要な意義をもつといえる。

問5　下線部⑤について，次の文は，高橋さんが地方交付税交付金についてまとめたものである。地方交付税交付金を交付されない地方公共団体の数が，文中の下線部のようになったのはなぜか，書きなさい。

　地方交付税交付金を交付されない地方公共団体の数は，景気の緩やかな回復とともに徐々に増加し，2018年度の日本の地方公共団体1718のうち，78の地方公共団体に地方交付税交付金が交付されなかった。

---

4 山本さんは，略地図の地域の自然や産業などについて調べた。次の略地図を見て，下の各問に答えなさい。

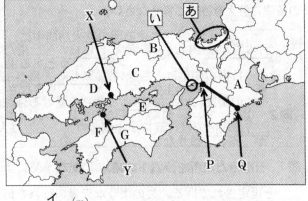

問1 略地図の あ の地域にみられるような複雑に入り組んだ海岸を何というか，書きなさい。

問2 次のア～エのうち，略地図の **P ― Q** 間の断面を模式的に示したものとして適切なものを1つ選び，その符号を書きなさい。

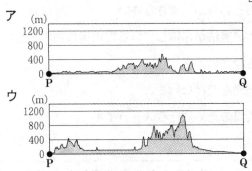
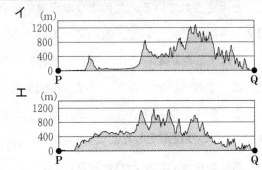

問3 山本さんは，略地図の **A** 県における水田1ヘクタールあたりの米の収穫量について，他の都道府県と比べてどのくらい違うか調べることにした。次のア～エのうち，どの資料を活用するとよいか，最も適切なものを1つ選び，その符号を書きなさい。

ア 各都道府県における田の耕地面積と米の消費量を示す資料

イ 各都道府県の総面積と田の耕地面積を示す資料

ウ 都道府県別にみた作物別の作付面積と収穫量を示す資料

エ 都道府県別の作物別の収穫量と農業従事者数を示す資料

問4 略地図の い の地域は，山と海にはさまれていて，平坦な土地が少ないので，1960年頃から，人口の増加に対応するため「山（が），海へ行く」といわれる開発方法でまちづくりを行った。どのように開発をすすめたのか，書きなさい。

問5 資料1は，略地図の **X** 市と **Y** 市が1999年以降に連携して取り組んできた事業について，山本さんが調べて書いたものである。このように **X** 市と **Y** 市が連携して事業に取り組むのはなぜか，資料1から読み取れることにふれて書きなさい。

問6 資料2は，略地図の **B～G** 県の農業産出額，製造品出荷額等を示したものである。**ア，オ** にあてはまる県はどれか，**B～G** からそれぞれ1つ選び，その符号を書きなさい。

資料1

・両市の決められた場所でなら，どこでも貸出・返却できるレンタサイクル事業を始めた。

・それぞれの市のホームページにサイクリングのモデルコースや休憩所などの情報を掲載している。

・共同で SNS を運用し，名所や特産物など地域の魅力を発信している。

（**X** 市と **Y** 市のホームページなどより作成）

資料2　　　　　　　　　　　　　　（2019年）

県	農業産出額（億円）			製造品出荷額等（億円）
	米	野菜	果実	
ア	120	242	63	27,116
イ	247	236	172	97,415
ウ	112	715	104	5,855
エ	152	190	527	43,088
オ	324	205	249	77,041
カ	151	213	69	7,816

（「データでみる県勢」より作成）

5 次の年表は，田中さんが「日本と国際社会の関わり」について，調べて作成したものである。これを見て，下の各問に答えなさい。

年	できごと
1871	①岩倉使節団が欧米に派遣される
1875	②日本と（　X　）が条約を結び，国境を定める
1894	日清戦争が始まる
1904	日露戦争が始まる
1914	第一次世界大戦が始まる
1919	③パリ講和会議が開かれる
	↕④
1939	第二次世界大戦が始まる
1941	太平洋戦争が始まる
1947	⑤貿易のルールを決めた国際協定に世界の国々が調印する

問1　①について，この使節団の欧米訪問中に，政府内では武力で朝鮮に開国をせまろうとする主張が高まった。この主張を何というか，書きなさい。

問2　②について，年表の**X**にあてはまる国はどこか，国名を書きなさい。また，このとき，日本領となった場所を，右下の略地図の**ア〜エ**から1つ選び，その符号を書きなさい。

問3　③について，次の(1)，(2)に答えなさい。

(1) この会議の出席者の1人は，「全ての国に政治的独立と領土保全を相互に保障する契約のもとに，国家間の組織を作らなければならない」という提案をした。この提案をもとにつくられた組織は何か，書きなさい。

(2) この会議で，中国は第一次世界大戦中に日本が受け入れさせた要求の取り消しを求めたが，拒絶されたことで民衆の抗議運動が起こった。この要求のうちドイツに関わるものを書きなさい。

問4　次の**ア〜エ**のうち，④の時期におこったできごとを**すべて**選び，その符号を書きなさい。

ア 日本が韓国を併合し，朝鮮総督府を設置した。

イ 日本はロンドン海軍軍縮条約を結んだ。

ウ 平和共存を訴えるアジア・アフリカ会議に日本が参加した。

エ 北京郊外の盧溝橋付近で，日本軍が中国軍と衝突した。

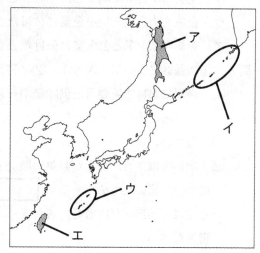

問5　右の資料は，⑤の協定の基本原則の一部であり，次の文は，田中さんがこの協定についてまとめたものである。　　　　にあてはまる適切な内容を，資料をもとに書きなさい。

資料

・関税や輸入制限などの貿易障害を実質的に軽減する。
・ある国の輸入品に与える最も有利な待遇を，他のすべての加盟国の同種の輸入品に対して，与えなければならない。

（経済産業省ホームページより作成。表現はわかりやすく改めた）

　　この協定は，平和を維持しようとして調印されたものだと私は考えます。なぜなら，一部の国が　　　　　　　　　　　　　　　　　　ことが第二次世界大戦の原因の1つであったという反省をもとに，この協定が調印されたからです。

6 次のメモは，渡辺さんが消費生活と経済の関わりについてまとめたものである。これを見て，下の各問に答えなさい。

・消費者は，①モノやサービスを購入するとき，販売者と契約している。
・②企業の競争を促すことが，消費者の利益を守ることにつながる。
・市場における③価格は，一般的に消費者の買う量と生産者の売る量との関係で変化する。
・消費者は顧客として，④株式会社などの企業の経営に影響を与えている。

問1　下線部①について，消費者が訪問販売などによってモノやサービスの購入や申し込みをした場合に，一定の期間内であれば，理由にかかわりなく契約を解除できる制度を何というか，書きなさい。

問2　下線部②について，次のア～エのうち，内容が正しいものを**2つ**選び，その符号を書きなさい。

　　ア　環境保護に取り組むことは，企業に求められる社会的責任の1つである。

　　イ　企業は1日7時間をこえて労働させてはならないことが，労働基準法で定められている。

　　ウ　企業を大企業と中小企業に分けたとき，日本の企業数の99％以上を中小企業が占める。

　　エ　企業を私企業と公企業に分けたとき，法人企業は公企業の1つである。

問3　下線部③について，次の(1)，(2)に答えなさい。

　(1)　市場において需要量と供給量が一致するところで決まる価格を何というか，書きなさい。

　(2)　次の文は，渡辺さんが野菜の販売価格について書いたものである。　　　　にあてはまる適切な内容を，資料をもとに書きなさい。

資料　ある野菜の流通経路

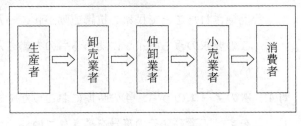

　　　資料に示される流通経路によって，ある野菜を仕入れて販売していた小売業者が，この野菜を消費者に，より安い価格で販売するための流通経路の工夫として，

　　　　　　　　　　　　　　　　　　　　　　　　　　　ということが考えられる。

問4　下線部④について，近年，株式会社には証券取引所での自社の株式の売買をとりやめる動きがある。次のメモは，渡辺さんが，このような株式会社の1つであるA社について調べてまとめたものである。この手続きが，A社の円滑な意思決定につながると考えられるのはなぜか，「**株主**」という語句を使って書きなさい。

　　　A社の経営者は，経営に必要な意思決定を円滑に行うために，下の1～3の手続きを順に行った。

　　　　1　自社の株式の買い付けのための資金を用意する。

　　　　2　証券取引所を通じ，自社の株式を，他の株主から買い付ける。

　　　　3　自社の株式の9割を取得し，保有する。

　　　こうした手続きによって，証券取引所での自社の株式の取引をできなくした。

リスニング音声は
こちらから

（解答は別冊16ページ）

1 〔聞くことの検査〕

A （英文を聞いて質問に答える問題）

B

No. 1

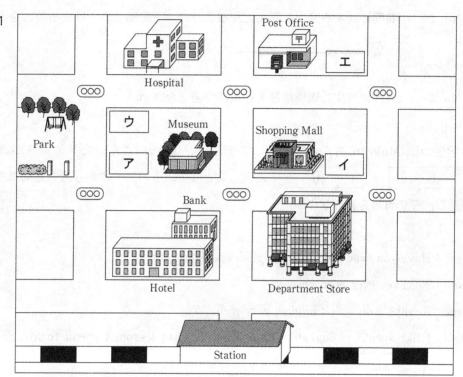

No. 2

Time	Sunday					
Kamome Bus Stop						
8	8:25		8:45			
9	ア 9:00	イ 9:15	ウ 9:25	9:40	9:50	
10	エ 10:00	10:15		10:25	10:40	10:50

C

Part 1

No. 1　ア　Listening to music.　　イ　Talking with his family.　　ウ　Watching TV.

No. 2　ア　He himself did.　　イ　His mother did.　　ウ　His sister did.

No. 3　ア　He did the dishes.　　イ　He grew vegetables.　　ウ　He walked his dogs.

Part 2

No. 1 (質問に対する適切な答えになるように，下線部にあてはまる英語を書きなさい。)

_____ a month.

No. 2 (質問に対する適切な答えになるように，下線部にあてはまる英語を書きなさい。)

At _____.

No. 3 (質問に対する適切な答えを英語で書きなさい。)

2 中学生の誠(Makoto)さんと留学生のスティーブ(Steve)さんの会話の意味が通じるように，
① ～ ④ に入る文として，下の**ア～オ**から最も適切なものをそれぞれ
1つ選び，その符号を書きなさい。

Steve：Have you ever lived in an English speaking country?

Makoto：No, I've never been abroad.

Steve：Really? You speak English very well. Why?

Makoto：I like speaking English. After every English lesson, I speak to Mr. Smith, our ALT.
① and don't try to talk to him.

Steve：I understand them. I feel the same when I speak Japanese.

Makoto：It's sometimes difficult for me to express myself in English. ② , and
then Mr. Smith helps me.

Steve：Oh, you learn English that way.

Makoto：Trying to speak English with no mistakes is important in communication with people
from other countries. ③ .

Steve：Oh, what is it?

Makoto：I think I should enjoy talking with people. They're not checking my English, but are
having a good time talking with me. ④ .

Steve：You're right. Good English speakers are not speakers of good English. My Japanese is
not perfect, but I will enjoy talking in Japanese.

ア But I always try to say something

イ But there is something more important than that

ウ I'm not taking a speaking test

エ Many of my friends are afraid of making mistakes

オ We also want to practice English

3 夏休みにアメリカでホームステイをしている高校生の葵（**Aoi**）さんと同級生の雅樹（**Masaki**）さんが，それぞれのホストファミリーのエミリー（**Emily**）さん，オリバー（**Oliver**）さんと話しています。ポスター（**poster**）と会話を読んで，あとの各問に答えなさい。

Let's Enjoy Different Cultures Together!

★ What will happen?
· Performance Contest
   ～ Enjoy performances of many cultures.
· Games ～ Make friends with more people!

**★ If you want to join
   Performance Contest...**
· Choose one type from the list on the right.
· The top five people or groups will get prizes.
· The prizes are decided by the points you get.
· Group performances are welcome.
· You will get more points if your group has people from different countries.
· Visit our website https://www.greenfestival.com or contact us at 415-780-6789.

Green Festival
August 1st
14:00 ～ 16:00
White Park
(If it rains, this event will be on the next day.)

Types of Performance
· Music · Dance · Drama · Talk Show

Get a Prize!	Tickets to...
1st Place	: Green Orchestra
2nd	: Sky Baseball Stadium
3rd	: Star Amusement Park
4th	: Car Museum
5th	: Sunny Zoo

Oliver : Look! I brought a poster for an interesting event. This Saturday, an exciting event is going to be held in our community. Let's go together and have fun!

Emily : Oh, Green Festival. My favorite part is 　あ　. Last year, I enjoyed the performance of students from Brazil. They performed a traditional dance and came in first place.

Masaki : Sounds interesting! It'll be fun to see performances from different cultures.

Aoi : ①But just (as / as / good / is / not / performing / watching performances). Masaki, what do you think about joining the contest with me? Let's do something about Japanese culture together!

Masaki : OK. But what can we do? ②Do you have anything in mind?

Aoi : How about a calligraphy performance? It's getting popular with young people in Japan.

Emily : I know about calligraphy, but what is a calligraphy performance? 　A　

Masaki : It is a team activity. A group of people work together to make a big calligraphy work and they usually wear traditional Japanese clothes. They use big brushes and large paper. Japanese pop music is often played during their performance.

Oliver : Wow! I'm sure the audience will be surprised. I enjoyed calligraphy when I visited Japan last summer. I want to try this new type of calligraphy. Can I join you?

Masaki : Of course. Our performance will be more exciting if we have more people with us. Emily, 　(1)　 ?

Emily : Well... It'll be the first time for me to do calligraphy, but don't worry. I'll do my best!

Aoi : Have fun with us!

Masaki : OK, everyone will join the contest. Well, what type of performance will our performance be?

Aoi : Maybe, dance... because music is played when we are performing. 　B　

Oliver : Umm... I'm not sure. OK, I'll call the office tomorrow and ask.

Aoi : Thank you. Emily, did you check the prizes?

Emily : No, let's see... Wow, I want to go to ［ い ］. I'm a big fan of its top violin player.

Aoi : To me, the Ferris wheel in Star Amusement Park is more attractive! I saw it in a magazine before I came here. Let's go and ride it if we win the prize!

Masaki : Good idea, Aoi! According to the rules, we can get a prize more easily because ［ ② ］.

Oliver : Yes. We are American, and Aoi and Masaki are Japanese.

Emily : By working with people from different cultures in the same performance, we learn a lot.

Masaki : Oh, what can we learn? Give me one example.

Emily : ［ (3) ］

Masaki : You're right, Emily. I think that is an important goal of this contest. Now, let's get ready for the performance!

(注)	prize：賞品，景品　　brush：筆

問1　［ あ ］，［ い ］の中に入る英語として，次のア～エから最も適切なものをそれぞれ1つ選び，その符号を書きなさい。
　　ア　the concert by Green Orchestra　　　　イ　the night tour at Sunny Zoo
　　ウ　the performance contest of many cultures　　エ　the talk show by a famous actor

問2　下線部①の（　　）内の語句を，会話の意味が通じるように正しく並べかえ，文を完成させなさい。

問3　下線部②は，ここではどのような意味で使われているか，次のア～エから最も適切なものを1つ選び，その符号を書きなさい。
　　ア　Can you give me an idea for our performance?
　　イ　Do you agree with me?
　　ウ　How about doing something about Japanese culture?
　　エ　What do you know about a calligraphy performance?

問4　［ A ］，［ B ］の中に入る英語として，次のア～エから最も適切なものをそれぞれ1つ選び，その符号を書きなさい。
　　A　ア　How did you like it?　　　　　イ　I've never heard of it.
　　　　ウ　What a good performance!　　　エ　What are you going to do?
　　B　ア　What can you do?　　　　　　イ　What do you think?
　　　　ウ　What shall I do?　　　　　　エ　Why do you think so?

問5　［ (1) ］，［ (2) ］の中に，それぞれ4語～8語の適切な内容の英語を書きなさい。

問6　［ (3) ］について，あなたがエミリー（**Emily**）さんなら何と言いますか。**2文以上の**まとまりのある英文で書きなさい。

問7　次のア～オのうち，ポスター及び会話の内容に合うものを2つ選び，その符号を書きなさい。
　　ア　Aoi wants to come in third place in the contest and win the prize.
　　イ　Emily was in the group from Brazil and gave a performance last year.
　　ウ　If we cannot hold Green Festival on August 1st because of rain, it will be on Sunday.
　　エ　The type of the performance of the four students is dance.
　　オ　When you want to take part in the performance contest, you must visit the office.

4 昨年の秋，英語の授業で，中学生の剛(**Takeshi**)さんが，クラスの生徒にプレゼンテーションをしました。その時に使ったグラフ(**graph**)と発表の原稿を読んで，あとの各問に答えなさい。

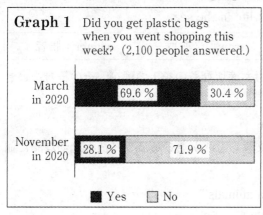

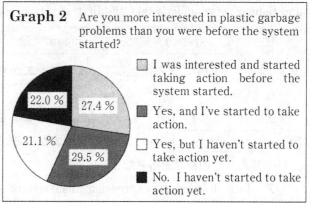

(Graph 1，Graph 2 は環境省ホームページより作成)

On a sunny summer day, when I was taking a walk along a beach, I came to a pretty small store and found works of art which looked 〔　　〕 sea animals. They were so cute and I bought some. Then, a woman came up to me and told me she made them. She collected plastic garbage on the beach and made those dolphins out of it. When she saw a lot of plastic garbage there, she thought she should do something. She said, "Plastic garbage in the sea causes serious problems around the world. More people should know this fact."

I became interested in the garbage problem and read the magazine she gave me. ⌐‾‾‾‾‾‾‾
‾‾‾
(1)

After reading this magazine, I thought we should work hard to solve this problem.

First, we should stop throwing away plastic garbage because it may go to the sea. However, it is more important to decrease the amount of plastic we use. The Japanese government started a new system in July 2020, and now we have to pay for plastic shopping bags. Look at Graph 1. It shows how many people got plastic bags in a week when they did shopping. From the graph, we can say this system is 〔 あ 〕 because 〔 い 〕 people got plastic bags in November than in March. Other research says when people get plastic bags, about 80% of the people use them again.

Now, look at Graph 2. It shows how people have changed since the system started. Some people have started to take action. There are some companies that have started to use less plastic. A famous coffee shop began to use paper straws instead of plastic straws. However, 〔　　(2)　　〕. How can we change these people?

The woman 〔　　(3)　　〕 said, "I like art, so making works of art is the easiest way for me to let more people know about plastic garbage in the sea." The best way to solve this problem is to start with things we can enjoy.

I will introduce a good example. Last year, I joined "*Supo-GOMI*" with my brother and sister. During this event, people enjoyed collecting garbage on the beach as a sport. People made groups of three to five and collected garbage for an hour. Winners were decided by how much and what kind of garbage they got. We picked up many kinds of garbage on the beach. We were surprised to learn there was more plastic garbage than we thought.

I'm thinking of holding "*Supo-GOMI*" on a beach near our school. I hope everyone will have a good time and be interested in the plastic garbage problem. It will take a long time to

— 47 —

(**A**) it, so we should do things that we can (**B**). Our actions may be (**C**), but if more people join us, the future of the sea will be (**D**). What can you do for sea animals and fish? Everyone, let's take the first step to protect life in the sea.

(注)	system：制度	amount：量	straw：ストロー	winner：勝者

問1　[　　]の中に入る語として，次のア～エから最も適切なものを1つ選び，その符号を書きなさい。

　　ア　at　　　イ　for　　　ウ　into　　　エ　like

問2　[　(1)　]の中には次のア～エが入る。文章の意味が通じるように最も適切な順に並べ替え，その符号を書きなさい。

　　ア　In it, I found the expression "disasters of sea animals."

　　イ　It continued, "If we do not stop this, there will be no sea animals or fish in the sea."

　　ウ　It means more and more sea animals and fish die because of the plastic garbage they eat in the sea.

　　エ　The article also said there will be more plastic garbage than fish in 2050.

問3　[　あ　]，[　い　]の中に入る英語の組み合わせとして，次のア～エから最も適切なものを1つ選び，その符号を書きなさい。

　　ア　[あ] successful [い] fewer　　　イ　[あ] successful [い] more

　　ウ　[あ] not successful [い] fewer　　　エ　[あ] not successful [い] more

問4　[　(2)　]の中に入る英語として，次のア～エから最も適切なものを1つ選び，その符号を書きなさい。

　　ア　about 20% of the people haven't taken any action yet

　　イ　about 30% of the people have already started to take action

　　ウ　more than 40% of the people haven't taken any action yet

　　エ　more than half of the people have already started to take action

問5　[　(3)　]の中に，4語以上の適切な内容の英語を書きなさい。

問6　英文の意味が通じるように，(**A**)～(**D**)に入る語として，次のア～カから最も適切なものをそれぞれ1つ選び，その符号を書きなさい。

　　ア　continue　　イ　different　　ウ　increase　　エ　same　　オ　small　　カ　solve

問7　プレゼンテーションの後にALTのベーカー先生（**Mr. Baker**）が剛さんに質問しました。(a)に入る英語として，下のア～エから最も適切なものを1つ選び，その符号を書きなさい。また，(b)には4文以上のまとまりのある英文を書きなさい。

Mr. Baker：What is the main point of your presentation?

Takeshi：I want more people to be interested in ＿＿＿＿＿＿(a)＿＿＿＿＿＿.

Mr. Baker：For that reason, you're going to hold "*Supo-GOMI*" at your school.

Takeshi：Yes. I'm also interested in other problems such as global warming and air pollution.

Mr. Baker：What else can you do to protect the environment?

Takeshi：＿＿＿＿＿＿(b)＿＿＿＿＿＿

　　ア　art works　　イ　paper straws　　ウ　plastic garbage　　エ　shopping bags

（解答は別冊 20 ページ）

1 下の(1)〜(5)に答えなさい。なお，解答欄の □ には答だけを書くこと。

(1) 次の**ア〜オ**の計算をしなさい。

ア $2 - 5$

イ $9 \div (-3) - 4^2$

ウ $6a^2b^3 \div \dfrac{3}{5}ab^2$

エ $\dfrac{x + 2y}{5} - \dfrac{x + 3y}{4}$

オ $\sqrt{12} + 2\sqrt{6} \times \dfrac{1}{\sqrt{8}}$

(2) 次の方程式を解きなさい。

$$2x^2 - 5x - 1 = 0$$

(3) 右の図のように，円 O の周上に 4 点 A，B，C，D があり，点 C を含まない $\overset{\frown}{AB}$ の長さが，点 A を含まない $\overset{\frown}{CD}$ の長さの 2 倍である。このとき，$\angle x$ の大きさを求めなさい。

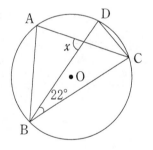

(4) 関数 $y = x^2$ について，x の値が a から $a + 3$ まで増加するときの変化の割合が 13 である。このとき，a の値を求めなさい。

(5) A 中学校バスケットボール部の 1 年生 12 人が，シュート練習を 4 回ずつ行った。右の表はシュートが成功した回数と人数の関係をまとめたものである。12 人について，シュートが成功した回数の中央値が 2 回であるとき，$\boxed{ア}$，$\boxed{イ}$ にあてはまる数の組み合わせは全部で何通りあるか，求めなさい。

回数(回)	人数(人)
0	1
1	4
2	$\boxed{ア}$
3	$\boxed{イ}$
4	2
計	12

2 100 円と 50 円の硬貨がある。

このとき，次の⑴，⑵に答えなさい。

⑴ 100 円と 50 円の硬貨を合わせて 320 枚入れた袋がある。よくかき混ぜてから，ひとつかみ取り出して 100 円と 50 円の硬貨の枚数を調べたところ，100 円硬貨は 27 枚，50 円硬貨は 21 枚あった。

このとき，袋の中に入っていた 100 円硬貨はおよそ何枚と考えられるか，求めなさい。

⑵ 100 円硬貨が 1 枚，50 円硬貨が 2 枚ある。この 3 枚を同時に投げたとき，表が出た硬貨の合計金額を a 円，裏が出た硬貨の合計金額を b 円とする。

このとき，$a-b \geq 100$ が成り立つ確率を求めなさい。また，その考え方を説明しなさい。説明においては，図や表，式などを用いてよい。ただし，硬貨の表裏の出かたは同様に確からしいとする。

3 下の表は，3台のトラックA車，B車，C車について，調べたことをまとめたものである。ただし，3台それぞれのトラックについて，燃料タンクいっぱいに燃料を入れて出発し，x km 走ったときの残りの燃料の量を y L とするとき，y は x の一次関数とみなす。

また，下の図は，表をもとに，A車，B車それぞれについて x と y の関係をグラフに表したものである。

このとき，次の(1)～(3)に答えなさい。

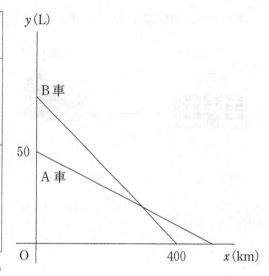

A車	・燃料タンクの容量は 50 L である。 ・1 km 走るごとに 0.1 L ずつ燃料を使う。
B車	・燃料タンクいっぱいに燃料を入れて出発すると，400 km 走ったときの残りの燃料の量は 0 L になる。 ・1 km 走るごとに 0.2 L ずつ燃料を使う。
C車	・燃料タンクの容量は 240 L である。 ・燃料タンクいっぱいに燃料を入れて出発すると，200 km 走ったときの残りの燃料の量は 190 L になる。 ・1 km 走るごとに一定の量ずつ燃料を使う。

※燃料は，走ることだけに使い，すべて使いきることができるものとする。

(1) A車で，燃料タンクいっぱいに燃料を入れて出発した。70 km 走ったときの残りの燃料の量は何 L か，求めなさい。

(2) A車，B車で，燃料タンクいっぱいに燃料を入れて出発した。このとき，次の □ にあてはまる数を求めなさい。

> A車，B車，それぞれが同じ距離 □ km 走ったとき，A車の残りの燃料の量がB車の残りの燃料の量よりも 5 L 多かった。

(3) C車で，燃料タンクいっぱいに燃料を入れて出発した。途中で1回だけ，燃料タンクいっぱいになるように燃料を追加して，少なくとも 1800 km 走れるようにしたい。出発してから燃料を追加するまでに走る距離は何 km 以上，何 km 以下であればよいか，求めなさい。また，その考え方を説明しなさい。説明においては，図や表，式などを用いてよい。

4 花子さんは，学校の遠足で動物園に行った。行きと帰りは同じ道を通り，帰りは途中にある公園で休憩した。

行きは午前 9 時に学校を出発し，分速 80 m で歩いたところ，動物園に午前 9 時 50 分に着いた。帰りは午後 2 時に動物園を出発し，動物園から公園までは分速 70 m で歩いた。公園で 10 分間休憩し，公園から学校までは分速 60 m で歩いたところ，午後 3 時 10 分に学校に着いた。

このとき，学校から公園までの道のりと，公園から動物園までの道のりは，それぞれ何 m であったか，方程式をつくって求めなさい。なお，途中の計算も書くこと。

(学校)　　　　　(公園)　　　　　　　(動物園)

5 2 点 A, B を通る直線 ℓ と，線分 CD があり，AB = CD である。これを用いて，次の ┊┄┄┄┄┊ の中の条件①，② をともに満たす点 P を作図しなさい。ただし，作図に用いた線は消さないこと。

---
① PA = PB

② △PAB = △PCD

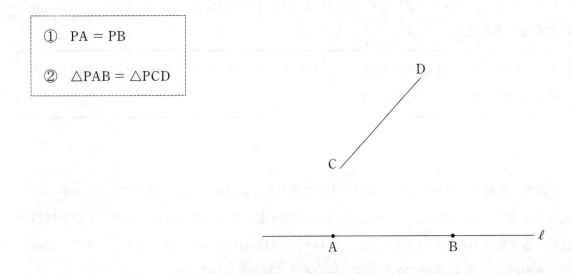

6 図1～図3は，長方形 ABCD の紙を折ったもので
ある。ただし，AB < AD とする。

このとき，次の(1)～(3)に答えなさい。

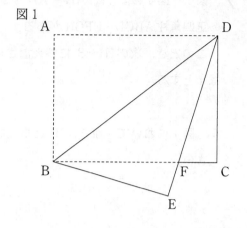

図1

(1) 図1は，対角線 BD を折り目として折ったもので
ある。点 A が移った点を E とし，辺 BC と線分 DE
との交点を F とする。

∠DFC = 76° のとき，∠BDF の大きさを求めな
さい。

(2) 図2は，辺 AB 上の点 G と，辺 AD 上の AB = AH
となる点 H を結んだ線分 GH を折り目として折っ
たものである。点 A が移った点を I とし，直線 AI
と線分 GH との交点を J，直線 AI と辺 BC との交
点を K とする。

このとき，△ABK ≡ △HIG であることを証明し
なさい。

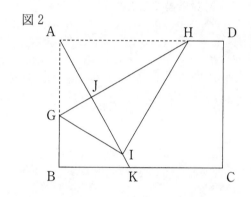

図2

(3) 図3は，点 A が辺 BC 上に重なるように折った
ものである。点 A が移った点を L とし，折り目の
線分を DM とする。

AD = 4 cm，△DML の面積が 4 cm² のとき，長
方形 ABCD の面積を求めなさい。なお，途中の計
算も書くこと。

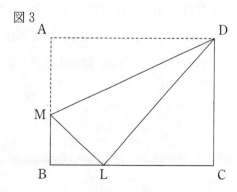

図3

7 図1～図4のように，AB = AD = $3\sqrt{2}$ cm，AE = 8 cm の正四角柱 ABCD – EFGH がある。

　このとき，次の⑴～⑶に答えなさい。ただし，円周率はπとする。

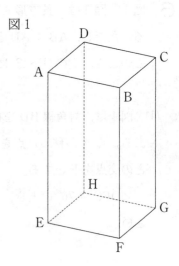

図1

⑴　図1において，面 ABCD と垂直な辺をすべて書きなさい。

⑵　図2において，△AEG を，直線 CG を軸として1回転させてできる立体の体積を求めなさい。なお，途中の計算も書くこと。

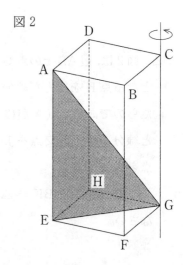

図2

⑶　図3のように，正四角柱 ABCD – EFGH の容器に水を満たした。次に，図4のように，この容器を傾けると，水がこぼれて，水面が四角形 APQR になった。ただし，点 P，Q，R は，それぞれ辺 BF，CG，DH 上にあり，BP = DR とする。

　残っている水の体積が，はじめに入っていた水の体積の $\frac{4}{5}$ 倍になるとき，線分 CQ の長さを求めなさい。なお，途中の計算も書くこと。ただし，容器の厚さは考えないものとする。

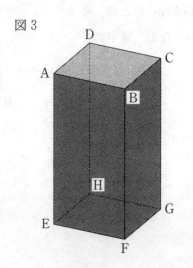

図3

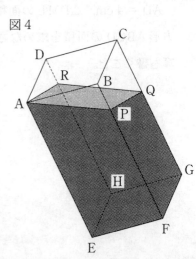

図4

（解答は別冊22ページ）

一　次の各問に答えなさい。

問1　次の(1)〜(4)について、――線部の漢字の読みがなを書きなさい。

(1)　身の回りを整える。

(2)　緑茶を飲む。

(3)　来客を歓迎する。

(4)　感覚が研ぎすまされる。

問2　次の(1)〜(4)について、――線部の片仮名を漢字で書きなさい。

(1)　ハデなカレンダーを掛ける。

(2)　コウブツが発見される。

(3)　真面目にキンムする。

(4)　セスジを伸ばす。

二　次の文章を読んで、あとの各問に答えなさい。

> 高校生の「俺」は、会社員から転職した父が営むパン屋の来客数が急に増えたことを不思議に思い、母が妹の那美を店から帰宅した後、母に尋ねた。

「でも、なんで急に増えたの？ 何かしたの？」

「特別なことは何もまあ、地道に頑張ってきたことがよかったのかな」

「地道って、それくらいでうまくいくわけないでしょ」

すると母さんは「そうだ、地道なめてでしょう」と少し真剣な感じになって反論する。

「計画より大分時間かかったわけど、でも毎日、しっかり頑張ってくれ見てくれる人はいるのよ。やっぱり、お父さんの言う通りだったね」

そう言って母さんと那美は微笑み合った。そのとき、親父が白衣姿のまま駆け込むように家に帰ってきた。

母さんが何かあったのかと心配そうに尋ねると、親父が言った。

「電話があったんだ、テレビの番組で、ウチを取材させてほしいって」

「お父さん、凄いじゃない！」

真っ先に笑顔を浮かべたのは那美だった。すると親父もはにかみながらの笑顔になった。那美が「万歳！」と言うと親父と子供たちに「万歳、万歳」と連呼した。その隣で①母さんはその場に崩れて泣き出した。

店に取材を依頼してきたのは地元ローカル局制作の地域で働く人々を紹介する情報番組だった。

とうとうやってきた放送日。俺は一人、放送を見ることにした。

番組は早朝の作業場で焼き上げたパンを取り出す親父の姿から始まった。そしてナレーションやテロップをじえ、親父が小学生だった頃の文集が映し出され、昔からずっとパン屋が夢だったことも、実際に②長の趣味としてパンを作ることに留まっていたが　　　して現在は地域で注目を集めるパン屋を営んでいることを紹介された。

中盤を過ぎた頃、夜ひとり閉店後の店に残って懸命に生地を練る親父の姿が映った。考えてみれば親父の働く姿をこんなにしっかり見たことはなかった。パン作りは大変同もその明るい印象からは想像できないほど重労働だ。でも親父には不思議と辛そうな様子はない。③ひたすら生地を練る親父の懸命さが一体どこから来るのか俺は疑問だった。

「体をつうこと、やっていてけがとか不安に感じたりすることもあるんですけど、お客さんが私のパンを『美味しい』って言ってくれたとき苦労が全部吹き飛んでパン屋なれてよかったって、心の底から思ったんですよね」

楽しそうに語る親父の姿にはっとした。夢なんで持っても失敗して傷ついたり、苦労するだけだと思っていた。けれど本当は④夢があるから力が湧いて、毎日が楽しくなるのかもしれない。

「開業を決めたきっかけは？」と画面にテロップが出る。最初、親父は⑤「助けてくださいよ」などと照れたように答えて逃げていた。

だが「息子なんで――きっかけは」と親父は突然、咳いた。

「私が主演で、ヒーロー役の映画を昔、息子が作ってくれたんです」

そんな思いがけない親父の発言に俺は驚き、目を見張った。

「その上、僕が将来、映画監督になるなんて言うから感激しましてね。も、何年かって聞かれたんです。なので今はパン屋なってるのに」

親父はそう言って少し譲った後、苦笑気味に打ち明ける。

「自信が無かったなんて言えないし、困りまして、でももそういう弱いところを見かされたのか、息子には失望させてしまったみたいで」

カメラの前で親父が目を伏せると、俺の胸は鈍く痛んだ。

「年々、あのこの夢がほんでのも、仕方ないのかなと思いつつ、なんだか寂しくて……。だから決めたんです、私がパン屋になって、人生やればできるって所を見せてやろうって」

俺は耳を疑って愕然とした。親父がパン屋を目指したのは――俺のためも過去を思う返してみて、やっと気づく。親父はずっと前から分かっていたので。本当は親父が、もっと夢を信じて生きていこのと心の底から願っていることを。だから親父は俺が再びエンジンをかけるきっかけをずっと作ってくれていたじゃないか。売上げに散々と出張販売するきっかけも、親父は毎日、俺の力になろうとしてくれていたじゃないか。

「私ね、あのこの作ってくれた映画を見ると、いつもワクワクして自然に大きな夢を持てたんですよ」

あんな映画、ひとつ出来たので、それでも親父は嬉しそうに語った。

「私がここまで来れたのは、あのこの夢のお陰なんです。だから……」

親父は譲ったように目を伏せたけれど、ふっと顔を上げると言った。

「……私はパン屋なんです」

まっちくなそう咳いた親父を見ていたら視界が滲んで、俺は一人、泣いてしまった。

番組が終わると自分の部屋へ戻った。クローゼットの奥から親父がくれたビデオカメラを取り出してみる。しまいこんだままだったそれを手に取ると、親父が俺にかけてくれた熱い思いがじんわり胸に伝わってきた。

ふとひらめいた。パン屋の舞台の⑥の映画を撮ってみたらどうだろうって。撮影をしたら編集して音を入れ、コンテストに応募する。

もちろん映画の主役は毎日、夢を追っているこの小さなパン屋の親父だ。

（岡口映『小さなパン屋のヒーロー』より。一部省略等がある）

問1　①母さんはその場に崩れて泣き出した とありますが、このときの母の心情として、次のア〜エから最も適切なものを一つ選び、その符号を書きなさい。

ア　焦燥　　イ　愉快　　ウ　失意　　エ　安堵

問2　②長い趣味としてパンを作ることに留まっていた とありますが、父がそうしていた理由を「〜ため」につながるように、本文中から七字で抜き出して書きなさい。

問3　本文中の　　　に入る言葉として、次のア〜エから最も適切なものを一つ選び、その符号を書きなさい。

ア　意気投合　　イ　一念発起　　ウ　七転八倒　　エ　責任転嫁

問4　③ひたすら とありますが、これから直接かかるのはどの言葉か、本文中から一文節で抜き出して書きなさい。

問5　④夢があるから力が湧いて とありますが、ここで「夢があるから力が湧く」と「俺」が思った理由を、四十字以内で書きなさい。

2022

問6 ⑤<u>息子なんです——きっかけは</u> とありますが、文が、最終的にべ屋を開業することを決断した理由を、五十字以内で書きなさい。

問7 ⑥<u>コンテストに応募する</u> とありますが、「俺」がそう思い立った理由を、放送を見る前の「夢」に対する「俺」の考えにふれて、七十字以内で書きなさい。

三 次の文章を読んで、あとの各問に答えなさい。

　進化は現在、一般社会にもっとも広く普及している生物学用語のひとつである。しかしそこで使われている進化という用語は、本来の意味とは全く異なった誤った意味合いで使われていることが多い。

　進化についてのよく耳にする誤解は、①<u>人間が一番進化しているという誤解</u>である。これにはそれなりの理由がある。何といっても人間には、他の動物は類を見ない大きな脳があることだ。その大きな脳は地球上に人間特有の文化的な生活を実現してきたからである。

　A 、ある動物のある形質を取り上げ、他の動物の同じ形質を比較して、どちらがより進化しているなどと序列をつけ、それに基づいてどちらが進化しているなどと断じることは、進化学的には無縁の所業である。

　生物は、それぞれの種に固有の環境によりよく適応するように形質を特殊化させてきた。海に進出したオットセイやアザラシなどの哺乳類は、水中でより効率的に移動するために、哺乳類の典型的な長い四肢を短縮縮小し、脚を魚の鰭に似た形状にして水中での移動器官に変形した。水中環境に適応して回帰を特殊化したのだ。同じくコウモリは前肢の指を長く伸長し、その間に皮膜を張って飛行器官に特殊化した。このためこれらの動物は哺乳類一般の四肢の機能を失った。

　このようにそれぞれの環境で生活する動物は、体の構造や器官などをその環境に合うように特殊化することで適応を身につけている。そしてそれぞれの環境に適応しているという点は、それぞれの動物は動物界の先頭に立っている。換言すれば、動物はみなそれぞれの環境への適応についてみな第一人者であり、エキスパートである。すなわち動物はみなそれぞれの環境で進化の先頭に立っていて、横一線に並んでいるのだ。

　したがってそれぞれ異なる特殊化をなし遂げた、互いに異質の形質どうし種間で比較することは意味がない。それをするとは例えるなら、マー投げのエキスパートと走り幅跳びのエキスパートのどちらがアスリートとして優れているか、というようなものである。

　進化は進歩的変化、という誤解もよく耳にする。これを元をただせば人間中心主義がもたらした誤解であろう。たとえば「科学技術は日々急速に進化している」など、人間社会の科学技術の進歩を言い表すために進化という用語がしばしば使われるが②、これは明らかに進化＝進歩、という誤解に根ざす用法である。このような意味合いで用いられている進化という言葉は本来、改善とか改良 B 上達などの言葉に置き換えられるべきことであって、生物学の進化とは全く関係ない。

　進化とは、集団における任意の遺伝子（あるいはその遺伝子によって形成される形質、またはその形質を有する個体）の頻度（割合）が世代の経過とともに変化（増加）することである。したがって進化という言葉はそもそも世代交代によって生命を引き継いでいく生物界固有の事象についての用語であって、非生物界の事象にこの用語を適用する余地は全くない。

　しかし<u>進化には退歩的、退化など、進化発展と逆方向の変化も含まれる。</u>まった個体がそれより前より適応的な形質を獲得した場合、確かにその個体はその時点ではあるいはその後しばらくの間は自然淘汰に有利になり子孫を増やすことになるが、より長期的に見るとある環境への適応を特殊化は、別の新たな環境への適応を困難にし、進化の道を阻むことにも可能性がある。

　進化という用語はまた、○○選手の打撃が進化している、など、スポーツ選手の運動……キル……上達……ことに対してもしばしば使われるが③、これが進化に該当しない。これは進化という用語を該当するためには、その技術は遺伝子に基づく技術であるうえで、その技術を持っていることが子供をより多く生むうえで有利に働かなければならない。そしてその選手は、実際に他の人よりもより多くの子を遺さなければならない。

　進化は進歩的変化であるという誤解と同根の誤解は、退化についての誤解である。つまり退化は反進化あるいは進化の逆行という意味合いで使われることが多いが、これも進化についての基本的誤解から発している。

　動物が新しい環境に進出する際、その進出に有利に働く器官や機能は正の自然淘汰が働く。一方、その環境での生存と生殖に有害な効果をもたらす器官や構造は、捨て去らなければならない。このような場合、これらは負の自然淘汰が及びこれらの器官や構造は消失するか縮小構造まで縮小される。進化の定義に照らし合わせて退化を見ると、退化前の器官の構築にかかわっていた遺伝子に対して、その器官の退化をもたらす（対立）遺伝子の頻度が増加したがゆえに、退化は進化したことになる。このように進化の定義に照らし合わせると、退化も紛れもなく進化の一形態なのだ。

　退化をもたらす対立遺伝子の頻度を増加させるメカニズムについては二つ考えられる。ひとつはその器官が新しい環境への進出に有害である場合、これには負の自然淘汰が働いて退化が進行することになろう。また不要になった器官は、エネルギー的にもまた発生的にも個体に相当の負担を及ぼすと考えると、その負担を軽減することは進化上有利であるため、退化に向けた自然淘汰が働くと考える。

（小原嘉明『入門！進化生物学』より。一部省略等がある）
（注）淘汰…環境に適応できなくなるものが滅ぶこと。

問1 ［　］特有 の類義語を、本文中から漢字二字で抜き出して書きなさい。

問2 本文中の A ・ B に入る語の組み合わせとして、次のア〜エから適切なものを一つ選び、その符号を書きなさい。

　ア ［A そして B たとえば］　イ ［A また B つまり］

　ウ ［A しかし B あるいは］　エ ［A さて B ただし］

問3 ①<u>人間が一番進化しているという誤解</u> とありますが、人間が一番進化しているわけではないと筆者が考えている理由を、四十五字以内で書きなさい。

問4 本文において、第四段落で「オットセイ」「アザラシ」「コウモリ」の話題が挙げられている目的は何か、次のア〜エから最も適切なものを一つ選び、その符号を書きなさい。

　ア 新たな問題を提起し、読者の興味・関心を引き出すため。

　イ 具体的な説明をすることで、読者の理解を助けるため。

　ウ より高度な話題を提示し、筆者の主張を強調するため。

　エ 異なる分野の例を付加え、筆者の考えを広げるため。

問5 ②<u>このような意味合い</u> とありますが、その内容を本文から五字で抜き出して書きなさい。

問6 ③<u>進化に該当しない</u> とありますが、それは筆者が「進化」という用語をどのようなものだと考えているからか。本文から三十二字で抜き出し、最初の四字を書きなさい。

問7 ～～～<u>進化には……含まれる</u> とありますが、退化が進化に含まれるとはどういうことか。退化が「進歩発展と逆方向の変化」であることにふれ、「〜ということ」につながるように、八十字以内で書きなさい。

四 次の文章を読んで、あとの各問に答えなさい。

（——線部の左側は、現代語訳です）

雲居寺の聖のもとにて、秋の暮の心を
（後鳥羽院が詠んだ歌）

四

なすが
面変りす
上色気になりにどこれそ
野辺を訪れてそれ
秋風は吹いて
猶暦の上には
も暦ども明けぬとも
夜が明けど
（秋風が吹いて、野辺の様子が変わらないでおれ）

名を隠したりけれど、これを「さよ」と心得で
（その人の歌だよ）

基俊②挑む人にて、「歌は腰の句の末に『さ』文字据ゑたるに
（第三句）

きはだちて目立つ歌なし
（きわだって目立つ歌）
（そういう）

他人口開かすべくもなく難ぜられければ、俊頼は、ともかくも
（他人が口出しできないくらい）
（なんとも）

いはざりけり。その座に琳賢が居たりけるが
（異様な風変わりな）

証歌とこそ覚えはべれ」といひ出だたりければ、「いでいで承らん
（きらめきあり）

まことにまことしき歌にあらじ」といふに
（まちがいだろうこのような歌ではあるまい）

桜散る木の下風は寒からで

と末の文字を長々とながめたるに、真青に成りもも
（長く伸ばして歌ったところ）

いはうつぶきたりけるが、ある時に、俊頼は忍びに笑ひける。
（にっこりもと笑いに）

（「無名抄」より。一部省略等がある。）

（注）
聖…僧。
俊頼…源俊頼。平安時代後期の歌人。
基俊…藤原基俊。平安時代後期の歌人。
琳賢…比叡山延暦寺の僧。
証歌…ある歌に使う語句や語法などの根拠として引用する歌。

問1 〜線部「いはざりけり」を現代仮名遣いに直し、すべてひらがなで書きなさい。

問2 ①心得て の主語として次のア〜エから適切なものを一つ選び、その符号を書きなさい。

　ア 聖　　イ 俊頼　　ウ 基俊　　エ 筆者

問3 ②挑む人 の意味として次のア〜エから適切なものを一つ選び、その符号を書きなさい。

　ア 競争心が強い人　　イ 自尊心が強い人
　ウ 公共心が強い人　　エ 好奇心が強い人

問4 次の会話は、本文を読んだあとに、佐藤さんがグループで話し合った内容の一部です。 A 〜 C に入る適切な言葉を書きなさい。ただし、 A ・ B は現代語で書き、 C は本文中から五字で抜き出して書くこと。

佐藤 ここは、雲居寺の聖のもとで、俊頼、基俊、琳賢が歌会をしている場面だね。〜〜線部の「桜散る木の下風は寒からで」を琳賢が紹介したのはどうしてかな？

鈴木 ここは、紀貫之の詠んだ歌の第一句から第三句で、この歌が「貫之の第一の秀歌」として評価されていたことが、別の本に書いてあったよ。

高橋 先生に借りた本を見たら、この歌は「くらべちるのした風はさむからで」と書かれていたよ。

佐藤 ということは、琳賢は、和歌の名手である貫之の歌と、俊頼の歌は A という共通点があると示すことで、基俊の批判は B と伝えようとしたんだね。

鈴木 基俊の様子について「 C 」という言葉で書かれているのも納得できるね。

五 ある中学校では、「みんながあいさつできる学校にする」という生徒会目標の実現に向けて、一か月間、朝のあいさつ運動を行うことになり、生徒会役員がその方法について話し合っています。次の【メモ】は、話し合って提案された方法についてまとめたものです。これを読んで、あとの問に答えなさい。

【メモ】

A案
生徒会役員全員が、毎朝、校舎内の、生徒がよく通る場所に分かれて立ち、あいさつする。

B案
各部活動の部員が、部活動ごとに割り当てられた曜日の朝、生徒玄関前に並んで立ち、あいさつする。

問 あなたら「みんながあいさつできる学校にする」という生徒会目標を実現するために【メモ】の中のA案・B案のうち、どちらがより効果的であると考えますか。
A案・B案のどちらかを選び、あなたの意見を、次の条件1〜条件3にしたがって書きなさい。

条件1 A案・B案のどちらを選んだかを明らかにすること（どちらの方法を選んでもかまわない）。

条件2 自分が選んだ方法の方が効果的であるという理由を、自分が選ばなかった方法と比較して書くこと。

条件3 「〜だ。〜である。」調で、二百字程度で書くこと。

2022

（解答は別冊 24 ページ）

1 以下の各問に答えなさい。

問1　火山活動について，次の⑴，⑵に答えなさい。

⑴　火山の地下には，高温のために岩石がどろどろにとけた物質がある。この物質を何というか，書きなさい。

⑵　次のア〜エの岩石のうち，火山岩はどれか，適切なものを1つ選び，その符号を書きなさい。

ア　安山岩　　　　イ　花こう岩　　　　ウ　せん緑岩　　　　エ　はんれい岩

問2　水溶液の性質について，次の⑴，⑵に答えなさい。

⑴　塩化ナトリウムのように，水にとかしたときに電流が流れる物質を何というか，書きなさい。

⑵　次のア〜エの水溶液のうち，電流が流れるものを**すべて**選び，その符号を書きなさい。

ア　エタノール水溶液　　　　イ　塩酸　　　　ウ　砂糖水　　　　エ　炭酸水

問3　ヒトのからだの刺激に対する反応について，次の⑴，⑵に答えなさい。

⑴　熱いものにふれたとき，熱いと感じる前に，思わず手を引っこめる。このように，刺激に対して無意識に起こる反応を何というか，書きなさい。

⑵　目が光の刺激を受けとってから手の筋肉が反応するまでに信号が伝わる経路を，伝わる順に並べたものはどれか，下のア〜エから最も適切なものを1つ選び，その符号を書きなさい。

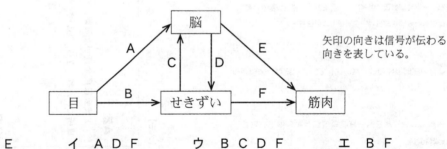

矢印の向きは信号が伝わる向きを表している。

ア　AE　　　　イ　ADF　　　　ウ　BCDF　　　　エ　BF

問4　抵抗器の電力を調べるため，抵抗器に加える電圧と，流れる電流を測定したところ，図のような結果が得られた。次の⑴，⑵に答えなさい。

⑴　ガラスやゴムのように，電流をほとんど通さない物質を何というか，書きなさい。

⑵　電圧が 2.0 V のときの電力は何 W か，求めなさい。

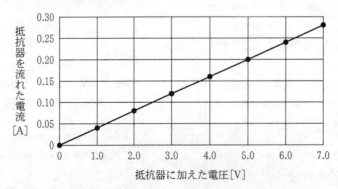

2 次のメモは，動物の特徴について，吉田さんが調べて書いたものの一部である。これを見て，以下の各問に答えなさい。

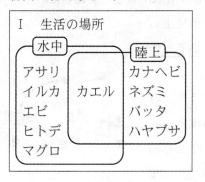

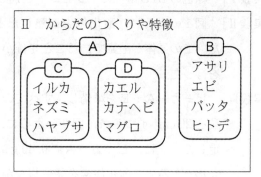

問1 多細胞生物の細胞は，一つ一つばらばらに存在するのではなく，形やはたらきが同じものが集まっている。このような，形やはたらきが同じ細胞の集まりを何というか，書きなさい。

問2 Iについて，カエルの生活の場所が，水中と陸上の両方になるのはなぜか，その理由を，呼吸のしかたに着目して書きなさい。

問3 IIについて，次の(1)～(3)に答えなさい。

(1) グループAとグループBは，どのようなからだのつくりをもとに分類したものか，書きなさい。

(2) 次の文は，グループBについて述べたものである。文中の①にはあてはまる生物名を，②にはあてはまる語句をそれぞれ書き，文を完成させなさい。

> グループBの中で，軟体動物は（　①　）である。軟体動物には内臓を包む膜があり，それを（　②　）という。

(3) グループDのカナヘビについて，気温と体温の関係を表すグラフはどれか，次のア～エから最も適切なものを1つ選び，その符号を書きなさい。

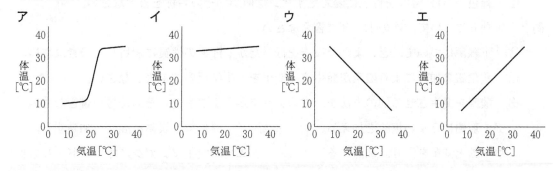

問4 図の鳥は肉食であり，獲物をとらえるために適した特徴をいくつかもっている。そのうち，図からわかる目の特徴について書きなさい。また，その特徴の利点を書きなさい。

3 気体に関する，次の実験を行った。これらをもとに，以下の各問に答えなさい。

［**実験Ⅰ**］　緑色のBTB溶液にアンモニアを通したところ，BTB溶液が青色に変化した。

［**実験Ⅱ**］　図1のように，酸化銀を加熱したところ，気体が発生した。この気体が酸素であることを確かめるために，ある操作を行った。

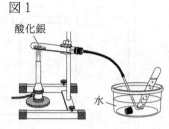

図1
酸化銀
水

［**実験Ⅲ**］　ビーカーA～Eを準備し，すべてのビーカーに，うすい塩酸を20 cm³ ずつ入れ，図2のように，それぞれの質量を測定した。次に，ビーカーAに0.40 gの炭酸カルシウムを加えたところ，二酸化炭素を発生しながらすべてとけた。二酸化炭素の発生が完全に終わった後，反応後のビーカー全体の質量を測定した。また，ビーカーB～Eそれぞれについて，表に示した質量の炭酸カルシウムを加え，二酸化炭素の発生が完全に終わった後，反応後のビーカー全体の質量を測定した。表は，それらの結果をまとめたものである。

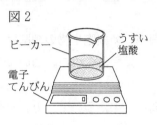

図2
ビーカー
うすい塩酸
電子てんびん

ビーカー	A	B	C	D	E
うすい塩酸20 cm³ が入ったビーカー全体の質量[g]	61.63	61.26	62.01	61.18	62.25
加えた炭酸カルシウムの質量[g]	0.40	0.80	1.20	1.60	2.00
反応後のビーカー全体の質量[g]	61.87	61.74	62.75	62.32	63.79

問1　実験Ⅰについて，次の(1)，(2)に答えなさい。

(1)　アンモニア分子をモデルで表したものはどれか，次の**ア**～**エ**から最も適切なものを1つ選び，その符号を書きなさい。

ア 　　イ 　　ウ 　　エ

(2)　緑色のBTB溶液を青色に変えたイオンは何か，その名称を書きなさい。

問2　実験Ⅱについて，次の(1)～(3)に答えなさい。

(1)　下線部について，どのような操作を行ったか，酸素の性質に着目して書きなさい。

(2)　酸化銀の加熱により酸素が発生する変化を，化学反応式で表しなさい。

(3)　酸素を発生させる別の方法を，次の**ア**～**エ**から1つ選び，その符号を書きなさい。

　　ア　亜鉛にうすい塩酸を加える。　　　　**イ**　酸化銅と炭素を混ぜ，加熱する。
　　ウ　鉄と硫黄を混ぜ，加熱する。　　　　**エ**　二酸化マンガンにオキシドールを加える。

問3　実験Ⅲについて，次の(1)，(2)に答えなさい。

(1)　反応後のビーカーB～Eのうち，炭酸カルシウムの一部が反応せずに残っているものはどれか，**すべて**書きなさい。

(2)　実験Ⅲと濃度が同じうすい塩酸100 cm³ と石灰石5.00 gを反応させたところ，発生した二酸化炭素の質量は1.56 gであった。このとき用いた石灰石に含まれる炭酸カルシウムの質量の割合は何％か，求めなさい。ただし，この反応においては，石灰石に含まれる炭酸カルシウムはすべて反応し，それ以外の物質は反応していないものとする。

4 小球の運動に関する，次の実験を行った。これらをもとに，以下の各問に答えなさい。なお，実験装置は水平な台の上に設置し，図1，図2は実験装置を横から見たものである。ただし，空気の抵抗，小球とレールの間の摩擦，レールの厚さは考えないものとし，小球は点Xをなめらかに通過するものとする。

[**実験Ⅰ**] 図1のように，斜面が直線になるようにレールを設置し，斜面上を運動する小球の速さを測定できるように，速度計A，B，Cをホワイトボードに固定した。小球を水平な台から高さ30cmの位置でそっと離し，各速度計を通過した小球の速さを測定したところ，表のような結果が得られた。

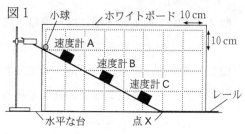

図1

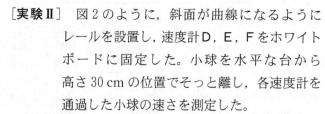

速度計の示す速さ [m/s]

速度計A	速度計B	速度計C
0.97	1.69	2.21

[**実験Ⅱ**] 図2のように，斜面が曲線になるようにレールを設置し，速度計D，E，Fをホワイトボードに固定した。小球を水平な台から高さ30cmの位置でそっと離し，各速度計を通過した小球の速さを測定した。

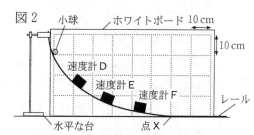

問1 物体が一定の速さで一直線上を進む運動を何というか，書きなさい。

問2 位置エネルギーを別のエネルギーに変換する発電方法はどれか，次の**ア〜エ**から最も適切なものを1つ選び，その符号を書きなさい。

ア 風力発電 　　　　**イ** 水力発電 　　　　**ウ** 原子力発電 　　　　**エ** 火力発電

問3 実験Ⅰについて，次の⑴，⑵に答えなさい。

⑴ 小球が斜面上を運動している間に小球にはたらく重力の，斜面に沿った方向の分力を表す矢印を，解答用紙の図にかき入れなさい。

⑵ 図3のように，速度計は4.0cm離れた2つのセンサーの間を小球が通過する時間を計測し，速さを示す。速度計が示す速さが1.60m/sのとき，2つのセンサーの間を小球が通過するのにかかった時間は何秒か，求めなさい。

問4 実験Ⅱについて，速度計D，E，Fが示す速さはそれぞれ何m/sか，次の**ア〜エ**から適切な組み合わせを1つ選び，その符号を書きなさい。

	速度計D	速度計E	速度計F
ア	1.13	1.75	2.34
イ	1.69	2.18	2.64
ウ	1.69	2.16	2.34
エ	1.13	2.18	2.64

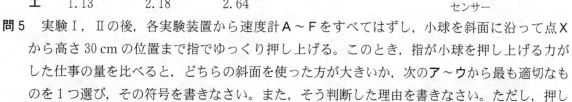

図3

問5 実験Ⅰ，Ⅱの後，各実験装置から速度計A〜Fをすべてはずし，小球を斜面に沿って点Xから高さ30cmの位置まで指でゆっくり押し上げる。このとき，指が小球を押し上げる力がした仕事の量を比べると，どちらの斜面を使った方が大きいか，次の**ア〜ウ**から最も適切なものを1つ選び，その符号を書きなさい。また，そう判断した理由を書きなさい。ただし，押し上げるときの小球とレールの間の摩擦は考えないものとする。

ア 図1の実験装置の斜面 　　　　**イ** 図2の実験装置の斜面 　　　　**ウ** どちらの斜面も同じ

5 日本国内の気象観測について，以下の各問に答えなさい。

問1 「晴れ」を表す天気記号はどれか，次の**ア～エ**から1つ選び，その符号を書きなさい。

ア ◑　　　イ ○　　　ウ ◎　　　エ ●

問2 梅雨や秋雨（あきさめ）の時期には，寒気と暖気がぶつかり合って，ほとんど位置が動かない前線ができる。このような前線を何というか，書きなさい。

問3 表1は，日本国内の地点**X**で，ある年の4月3日，4日に行った気象観測の結果である。これをもとに，次の(1)，(2)に答えなさい。

(1) 地点**X**の，4月3日の9時と15時の，空気1 m³中に含まれる水蒸気の質量の差は何gか，表2をもとに求めなさい。ただし，小数第2位を四捨五入すること。

(2) 地点**X**を，寒冷前線が通過した時間帯はどれか，次の**ア～エ**から最も適切なものを1つ選び，その符号を書きなさい。また，そう判断した理由を，「**気温**」，「**湿度**」，「**気圧**」，「**風向**」の中から2つ選び，それらを用いて書きなさい。

ア　3日の6時から9時

イ　3日の15時から18時

ウ　4日の3時から6時

エ　4日の12時から15時

表1

日	時刻[時]	気温[℃]	湿度[%]	気圧[hPa]	風向
3	0	11.9	90	1017	西南西
	3	14.7	82	1017	南南西
	6	14.8	78	1017	南
	9	21.0	50	1017	南南西
	12	21.5	49	1017	南西
	15	20.0	60	1016	南西
	18	15.4	79	1017	南南西
	21	13.3	85	1018	南南東
4	0	12.1	88	1018	南南西
	3	13.5	91	1016	南南西
	6	10.9	95	1016	北東
	9	11.6	95	1015	北北東
	12	10.7	95	1015	北
	15	7.0	87	1018	北北東
	18	6.3	89	1021	北北東
	21	6.9	77	1024	北北東

表2

気温[℃]	15	16	17	18	19	20	21
飽和水蒸気量[g/m³]	12.8	13.6	14.5	15.4	16.3	17.3	18.3

問4 右の図は，日本国内の地点**Y**で，ある日の0時から20時まで2時間ごとに，風速と風向を観測した結果をまとめたものである。地点**Y**を含む海岸沿いの地域を模式的に表したものはどれか，次の**ア～エ**から最も適切なものを1つ選び，その符号を書きなさい。また，そう判断した理由を書きなさい。ただし，地点**Y**を含む地域では，この日は1日中晴天で，海風と陸風がはっきりと観測されていたものとする。

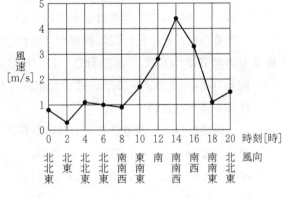

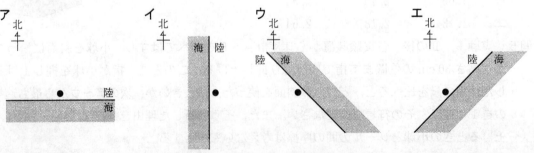

模式図はこの地域を上から見たものであり，図中の●は地点**Y**を示し，海岸線の長さは10 kmとする。

6 次のメモは，山田さんが冬至の日に石川県内の自然教室に参加し，その日のできごとを書いたものの一部である。これを見て，以下の各問に答えなさい。

| Ⅰ　朝，カボチャのスープを飲んだ。 | Ⅱ　午前，太陽の動きを観測した。 | Ⅲ　午後，スノーボードを体験した。 | Ⅳ　夜，満月を観測した。 |

問1 Ⅰについて，次の(1)，(2)に答えなさい。

(1) カボチャのスープから湯気が上がっていた。湯気は固体，液体，気体のどの状態か，書きなさい。

(2) 次の文は，カボチャなどの被子植物における受精についてまとめたものである。文中の①，②にあてはまる語句をそれぞれ書き，文を完成させなさい。

> めしべの柱頭についた花粉は，子房の中の胚珠に向かって，花粉管をのばす。花粉の中にある生殖細胞である（　①　）は，花粉管の中を移動し，（　①　）の核と胚珠の中にある生殖細胞である（　②　）の核が合体し，受精卵ができる。

問2 Ⅱについて，太陽の動きを調べるために，図1のような平らな板に棒を垂直に立てた装置を，水平な台の上に置いた。午前10時から正午まで30分ごとに，太陽の光によってできる棒の影の先端の位置を記録し，それらの点をなめらかな線で結んだ。このときの観測結果はどれか，次のア～エから最も適切なものを1つ選び，その符号を書きなさい。

図1
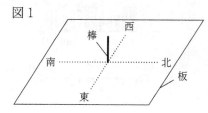

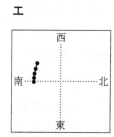

ア　　　　　イ　　　　　ウ　　　　　エ

問3 Ⅲについて，50kgの山田さんが，図2のように，水平な雪の面でスノーボードを履いて立っているとき，スノーボードが雪の面を押す圧力は何Paか，求めなさい。ただし，スノーボードの雪に触れる面積は5000cm² とし，山田さんの体以外の物体の重さは考えないものとする。また，質量100gの物体にはたらく重力の大きさを1Nとする。

図2

問4 Ⅳについて，次の(1)，(2)に答えなさい。

(1) 月の表面に多数見られる円形のくぼみを何というか，書きなさい。

(2) このとき，観測した冬至の満月の南中高度は，同じ場所で観測できる夏至の満月の南中高度と比べるとどうなるか，次のア～ウから最も適切なものを1つ選び，その符号を書きなさい。また，そう判断した理由を書きなさい。

　　ア　夏至より高い　　　イ　夏至と同じ　　　ウ　夏至より低い

（解答は別冊26ページ）

1 次の略地図を見て，下の各問に答えなさい。

略地図

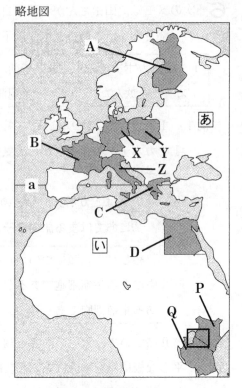

問1 略地図の あ の大陸名を書きなさい。

問2 次のア～エのうち，略地図の緯線 a が通っている日本の県を1つ選び，その符号を書きなさい。

ア 秋田県　　イ 富山県
ウ 兵庫県　　エ 鹿児島県

問3 次のア～エのグラフは，略地図の A～D 国のいずれかの首都における気温と降水量を示している。ア～エのうち，A 国と C 国の首都にあてはまるグラフをそれぞれ1つ選び，その符号を書きなさい。

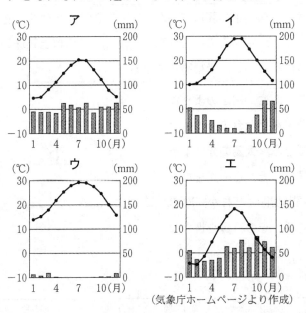

（気象庁ホームページより作成）

問4 略地図の D 国で最も多くの国民が信仰している宗教について，次のア～エのうち，人口にしめるこの宗教を信じる人の割合が最も大きい国を1つ選び，その符号を書きなさい。

ア インド　　イ タイ　　ウ パキスタン　　エ フィリピン

資料1

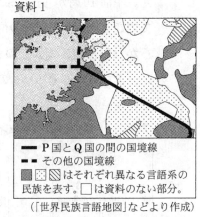

― P 国と Q 国の間の国境線
--- その他の国境線
▨ ▩ ▧ はそれぞれ異なる言語系の民族を表す。□ は資料のない部分。

（「世界民族言語地図」などより作成）

問5 資料1は，略地図の □ 付近を拡大し，民族分布と国境を示したものである。略地図の い の大陸では，資料1の国境線 ― のように，民族の分布と関係なく国境線が引かれているところが多い。 い の大陸にこのような国境線が多いのはなぜか，ヨーロッパ諸国との関係にふれて書きなさい。

問6 資料2のア～ウは，略地図の X～Z 国のいずれかの国の2001年から10年間の自動車の生産台数の変化を表したものである。アはどの国の変化を表したものか，X～Z から1つ選び，その符号を書きなさい。また，その国の自動車の生産台数が2004年以降に急激に増えた理由を，2004年に起こったその国のできごとにふれて書きなさい。

資料2

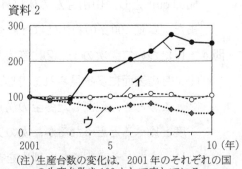

（注）生産台数の変化は，2001年のそれぞれの国の生産台数を100として表している。
（国際自動車工業連合会ホームページより作成）

2　次の年表を見て，下の各問に答えなさい。

年	できごと
1159	①平治の乱で平清盛が源義朝を破る
1185	源頼朝が守護・地頭を置く
1221	②鎌倉幕府と朝廷の戦いが起こる
1333	③鎌倉幕府が滅亡する
	↕④
1577	織田信長が安土に楽市令を出す
1603	⑤徳川家康が江戸に幕府を開く
1716	⑥徳川吉宗が享保の改革を始める
1867	徳川慶喜が大政奉還を行う

問1　①について，この後，平清盛が武士として初めて就いた当時の最高の官職は何か，次の**ア〜エ**から正しいものを1つ選び，その符号を書きなさい。

　　ア　関白　　　**イ**　征夷大将軍
　　ウ　摂政　　　**エ**　太政大臣

問2　②の戦いを何というか，書きなさい。

問3　資料1は，③の翌年に書かれたとされる文書の一部である。この文書にある「都」の位置を，右の略地図の**ア〜エ**から1つ選び，その符号を書きなさい。また，この文書にある「天皇」は誰か，書きなさい。

資料1

　このごろ，都ではやるものは，夜うちや強盗，天皇のにせの命令，逮捕された人や，緊急事態を知らせる早馬，無意味な騒動。

（「建武年間記」より作成。表現はわかりやすく改めた）

問4　次の**ア〜エ**のうち，④の時期におこったできごとを**すべて**選び，その符号を書きなさい。

　　ア　イギリスが南京条約で香港を手に入れた。　　**イ**　首里を都とする琉球王国が成立した。
　　ウ　チンギス・ハンがモンゴルを統一した。　　**エ**　ルターが宗教改革を行った。

問5　⑤について，資料2は，江戸幕府が幕藩体制の維持のために定めた法令の条文である。この条文が大名の力を抑えることにつながるのはなぜだと考えられるか，書きなさい。

資料2

　幕府の許可なく，かってに婚姻を結んではならない。

（「徳川禁令考」より作成。表現はわかりやすく改めた）

問6　⑥の改革では，役職に就任する家臣の家の石高が見直された。資料3は，町奉行を例に石高の変化を模式的に示したものである。幕府が資料3のような見直しを行ったのは，どのような目的があったためだと考えられるか，資料3と資料4を関連づけて書きなさい。

資料3　町奉行に就任する家臣の家の石高

<参考>
　町奉行の仕事には年間3,000石の経費がかかり，その経費は自己負担であった。3,000石未満の家の者が就任する場合は，上のように石高を調整した。

資料4　改革前後約70年間における町奉行の数

就任前の石高	登用した数（人）	
	改革前	改革後
500石未満	0	6
500石以上〜1,000石未満	0	6
1,000石以上〜2,000石未満	15	7
2,000石以上〜3,000石未満	3	2
3,000石以上〜4,000石未満	2	1
4,000石以上〜5,000石未満	1	0
5,000石以上	2	0

（資料3，資料4は「論集　日本歴史」などより作成）

3 次のメモは，花子さんが内閣総理大臣の仕事についてまとめたものである。これを見て，下の各問に答えなさい。

・①内閣を率いて重要政策を決定する……閣議を開催して，予算や法律などを決める。
・国会で説明する……政策の基本方針を説明し，②予算案や法律案などについて質問に答える。
・③国家を守る……いざというときに最高指揮官として自衛隊に出動命令を出す。
・外交を行う……④国際連合の総会など国際会議に出席し，問題解決に向け話し合う。

問1　下線部①について，次の(1)，(2)に答えなさい。

(1) 日本国憲法で内閣に属すると定められている権力を，立法権や司法権に対して何というか，書きなさい。

(2) 日本は議院内閣制である。日本では，国務大臣はどのように選ばれるか，次の2つの語句を使って書きなさい。（　任命　　過半数　）

問2　下線部②について，資料1は，ある年の一般会計予算案の衆議院，参議院のそれぞれの本会議の採決結果をまとめたものである。この予算案はこの後，次の文で示された過程によって成立した。　Ⅰ　，　Ⅱ　にあてはまる適切な語句をそれぞれ書きなさい。

資料1

	衆議院	参議院
総数	476	234
賛成	328	110
反対	148	124

（衆議院ホームページ，参議院ホームページより作成）

　Ⅰ　を開いて意見が一致しなかったので，　Ⅱ　の議決がそのまま国会の議決となった。

問3　下線部③について，次のア～エのうち，国家や国家のもつ権利について述べた文として，正しいものをすべて選び，その符号を書きなさい。

ア　沿岸国の領海の外側には，その国の主権がおよぶ排他的経済水域がある。

イ　公海においては，どの国の船でも漁をし，自由に航行することができる。

ウ　国家の3つの要素とは，国民，領域，主権をいう。

エ　国家の領空は，領土と領海の上空であり，大気圏内とされている。

問4　下線部④について，資料2は，国際連合の総会の1つである緊急特別総会についてまとめたものである。また，資料3は，ある緊急特別総会の開催と決議にいたる経緯を示したものである。緊急特別総会に資料2のような権限が与えられているのはなぜだと考えられるか，資料3の安全保障理事会で反対が2票であったにもかかわらず，決議案が否決された理由にふれて，資料2と資料3を関連づけて書きなさい。

資料2

国際平和・安全の維持や回復について審議する。加盟国の過半数の出席で投票を行い，投票した国の3分の2以上の賛成で決定し，必要な措置を勧告することができる。

（国際連合ホームページより作成）

資料3

1979年12月24日	ソ連がアフガニスタンに侵攻する
1980年 1月 7日	安全保障理事会で「外国軍がアフガニスタンから即時に，無条件で撤退することを求める決議案」が否決される（賛成13，反対2）
1月14日	緊急特別総会で「外国軍がアフガニスタンから即時に，無条件で全面撤退することを求める決議案」が可決される（賛成104，反対18，棄権18）

（外務省ホームページより作成）

4 次の略地図を見て，下の各問に答えなさい。

略地図

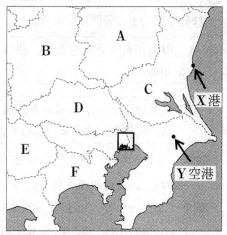

問1 略地図の地域に広がる台地は，富士山などの火山灰が堆積した赤土におおわれている。この赤土を何というか，書きなさい。

問2 次の**a**，**b**の文は，略地図の**X**港，**Y**空港について述べたものである。それぞれの文について，正しいものには○を，誤っているものには×を書きなさい。

　a 北関東工業地域で工業出荷額が最大であるのは化学工業であり，**X**港からの輸出が増加している。

　b 輸出と輸入を合わせた貿易額は，日本の港や空港の中では，**Y**空港が最大である。

問3 資料1は，略地図の**A**県で行われているいちごの生産方法について述べたものである。出荷時期をこのようにずらす栽培方法を何というか，書きなさい。

問4 資料2は，略地図の**B**～**D**県の発電量の内訳を示したものである。**ア**，**ウ**にあてはまる県はどれか，**B**～**D**からそれぞれ1つ選び，その符号を書きなさい。また，その県名を書きなさい。

問5 資料3は，略地図の**E**県と**F**県の夜間人口100に対する昼間人口の割合を示したものである。Ⅱにあてはまる県は**E**，**F**のどちらか，その符号を書きなさい。また，そのように判断した理由を，その県の人の移動に着目して書きなさい。

資料1

> **A**県では，いちごをクリスマスに合わせて出荷するために，夏から高原や冷房のある施設で苗を育て始め，秋にビニールハウス内に移して，照明をあてて栽培する。
> ＜参考＞いちごは露地栽培では，夏ごろから苗を育て翌年の春に実を収穫する。

（**A**県ホームページより作成）

資料2　　　　　　　　　　　　　（2018年度）（百万kWh）

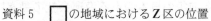

県	火力	水力	太陽光	その他
ア	33,948	68	869	168
イ	609	256	44	1
ウ	170	3,861	236	0

（「データで見る県勢」より作成）

資料3　　　　　　　　　　　　　　　　（2015年）

県	Ⅰ	Ⅱ
割合	99.2	91.2

（「データで見る県勢」より作成）

問6 資料4は，略地図の □ の地域に位置する**Z**区が作成した水害ハザードマップで呼びかけている内容である。**Z**区が資料4の下線部のような呼びかけを行うのはなぜだと考えられるか，資料4，資料5，資料6を関連づけて書きなさい。

資料4

> 巨大台風や大雨が予測されるとき，どうすればいいでしょうか。
>
> ●区内にとどまるのは危険です！
>
> <u>頑丈なビルやマンションなどの高いところにいたとしても，**Z**区やその周辺地域の外へ避難しましょう。</u>

（**Z**区ホームページより作成）

資料5　□の地域における**Z**区の位置

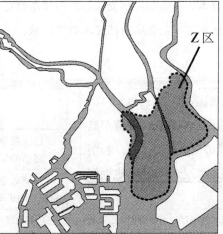

資料6　□の地域の海面からの高さ（m）

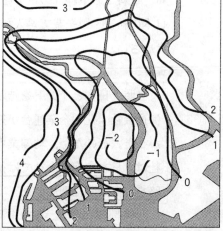

（資料5，資料6は東京都建設局ホームページより作成）

5 次のカードは，「近代以降の日本経済に関するできごと」について書かれたものの一部である。これを見て，下の各問に答えなさい。

A 財閥が解体されるなど，経済の面で民主化が進んだ。	**B** ヨーロッパで起こった第一次世界大戦の影響で，好況となった。
C 地券により，土地所有者に所有権が認められ，売買ができるようになった。	**D** 日清戦争前後に，紡績・製糸業などの軽工業が急速に発展した。

問1　**A**について，このとき財閥の解体以外の民主化政策として，自作農を増やすための政策も行われた。この政策を何というか，書きなさい。

問2　**B**について，次の(1)，(2)に答えなさい。

(1) 資料1は，第一次世界大戦直前の国際関係について示したものであり，**a〜d**は大戦に参加した国である。**a**，**d**にあてはまる国名をそれぞれ書きなさい。

(2) 次の**ア〜エ**のうち，第一次世界大戦中のできごとについて述べた文として最も適切なものを1つ選び，その符号を書きなさい。

　　ア 足尾銅山鉱毒事件が起こった。

　　イ 官営の八幡製鉄所が操業を開始した。

　　ウ 富山県で米騒動が起こった。

　　エ 南満州鉄道株式会社が設立された。

資料1

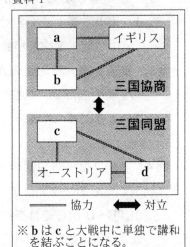

※**b**は**c**と大戦中に単独で講和を結ぶことになる。

問3　**C**について，このとき政府は，それまで不安定であった歳入を安定させる目的で，地券を発行し，地租改正を実施した。地租改正が歳入の安定につながるのはなぜか，改正前の歳入が不安定であった理由にふれて書きなさい。

問4　**D**について，次の(1)，(2)に答えなさい。

(1) 次の**ア〜エ**のうち，日清戦争につながったできごととして最も適切なものを1つ選び，その符号を書きなさい。

　　ア 江華島事件　　　**イ** 甲午農民戦争　　　**ウ** 三・一独立運動　　　**エ** 辛亥革命

(2) 資料2は，日清戦争が起こった前年の日本のある海運会社の動きについて述べたものである。資料2の下線部の事業を日本の紡績業界が支援したのはなぜだと考えられるか，当時の日本の紡績・製糸業で導入が進んでいた生産方法にふれて，資料2と資料3を関連づけて書きなさい。

資料2

当時，日本とインドを結ぶ航路は，ヨーロッパの海運会社3社の企業連合が独占しており，運賃が高かった。そのため，紡績業界の支援を受けて，わが社は，<u>日本の海運会社では初めてとなる遠洋定期航路を，両国間に開設した。</u>

（日本郵船ホームページより作成。表現はわかりやすく改めた）

資料3　日本とインドの貿易額（百万円）

	インドへの輸出	インドからの輸入
日清戦争終結の年	4.4	12.0
日清戦争終結の10年後	8.0	90.2

（「明治以降本邦主要経済統計」より作成）

問5　**A〜D**の4枚のカードを，時代の古いものから順に並べ，その符号を書きなさい。

6 次のメモは，太郎さんが市内のショッピングセンターで調べた内容についてまとめたものである。これを見て，下の各問に答えなさい。

- ・消費者が商品を購入するときに支払った①消費税は，事業者がまとめて納める。
- ・野菜や魚の価格の多くは，市場で決められる②市場価格である。
- ・輸入品の価格は，③為替レート（為替相場）の変動の影響を受けている。
- ・インターネットで注文を受けた商品を④宅配するサービスを行っている。
- ・⑤物価が大きく変動すると，店の売り上げに影響がある。

問1　下線部①について，消費税のように税金を納める人と負担する人が異なる税を何というか，書きなさい。

問2　下線部②について，太郎さんがレタスの市場価格を調べたところ，天候不順のため高くなっていることがわかった。このとき，市場価格が高くなった理由を，「**供給量**」という語句を使って書きなさい。

問3　次の文は，下線部③について，太郎さんがまとめたものの一部である。 Ⅰ ， Ⅱ にはあてはまる数字を， Ⅲ には「**有利**」「**不利**」のいずれかの語句を書きなさい。

> 為替レートが1ドル＝110円から1ドル＝100円に変動したとき，1台500ドルのタブレット端末の価格は，円に換算すると Ⅰ 円から Ⅱ 円になる。また，このような為替相場の変動は，一般に，主に輸入をする日本の企業にとって Ⅲ になる。

問4　下線部④について，資料1は，2015年に採択されたパリ協定にあわせ，政府が消費者に呼びかけを開始した内容の一部である。政府のこの取り組みが，パリ協定の目標達成につながるのはなぜだと考えられるか，書きなさい。

資料1

> ─再配達防止プロジェクト─
> 宅配便できるだけ
> 1回で受け取りませんか

（環境省ホームページより作成）

問5　下線部⑤について，資料2は，物価の安定を目的に，日本銀行が2013年に始めた金融政策の一部をまとめたものであり，下の文は，これについて，太郎さんが書いたものである。 Ⅰ ， Ⅱ にあてはまる語句の組み合わせとして正しいものを，下の**ア～エ**から1つ選び，その符号を書きなさい。また， Ⅲ にあてはまる適切な内容を，次の2つの語句を使って書きなさい。

資料2

> 日本銀行は，物価を前年比2％上昇させることを目標と定めて，様々な金融政策を行うこととしました。

（日本銀行ホームページより作成）

（ 一般の銀行　　景気 ）

ア Ⅰ－一般の銀行に売る　Ⅱ－増やす　**イ** Ⅰ－一般の銀行に売る　Ⅱ－減らす

ウ Ⅰ－一般の銀行から買う　Ⅱ－増やす　**エ** Ⅰ－一般の銀行から買う　Ⅱ－減らす

> 資料2の金融政策の一環として，日本銀行は，国債を Ⅰ 操作や，一般の銀行から預かっているお金の量を Ⅱ 取り組みを行った。日本銀行のこうした金融政策により， Ⅲ ことで，物価の上昇につながると考えられる。

リスニング音声は
こちらから

（解答は別冊 28 ページ）

1 〔聞くことの検査〕

　A （英文を聞いて質問に答える問題）

　B

No. 1

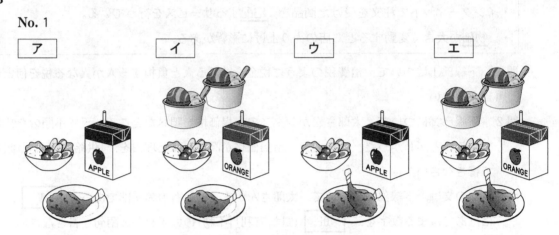

| ア | イ | ウ | エ |

No. 2

ア		イ		ウ		エ	
Schedule		**Schedule**		**Schedule**		**Schedule**	
Mon	Basketball Practice	**Mon**	Basketball Practice	**Mon**	Basketball Practice	**Mon**	Basketball Practice
Tue	Piano Lesson	**Tue**		**Tue**	Library	**Tue**	
Wed		**Wed**	Basketball Practice	**Wed**		**Wed**	Basketball Practice
Thu	Basketball Practice	**Thu**	Library	**Thu**	Basketball Practice	**Thu**	Piano Lesson
Fri	Basketball Practice	**Fri**	Basketball Practice	**Fri**	Basketball Practice	**Fri**	Basketball Practice

　C

Part 1

Today's Goal	To make a plan for Mr. Brown's 　ア　 during her stay
About Her	・Spend one week in our city ・Interested in Japanese pop culture and music ・Likes ⎧ reading Japanese 　イ　 　　　　 ⎩ playing some instruments
Mr. Brown's Plan	The first day: To take her to the summer 　ウ
	The second day: To take her to the biggest bookstore

Part 2

    No. 1   （質問に続けて読まれる選択肢**ア**～**ウ**から1つ選び，その符号を書きなさい。）

    No. 2   （質問に続けて読まれる選択肢**ア**～**ウ**から1つ選び，その符号を書きなさい。）

    No. 3   （質問に対する適切な答えを英語で書きなさい。）

2 中国からの留学生のリー（**Lee**）さんとホームステイ先の家族との会話の意味が通じるように，
    ① ～ ④ に入る文として，下の**ア**～**オ**から最も適切なものをそれぞれ
1つ選び，その符号を書きなさい。

Takao：You have been in Japan for two weeks. How do you like it?

Lee：I love it. I like Japanese culture, especially *washoku*.

Takao：*Washoku*?

Lee：Yes.   ①   I know the word is used as an English word.

Takao：Why is *washoku* so popular?

Lee：Because it has many good points.

Yuka：I know! I know! It is good for our health.

Mother：We can feel the real taste of fish or vegetables because we do not add too much sugar
    or salt.

Takao： ②

Father：Every year, we have the same dishes for some traditional events.

Yuka：Like *Osechi*.

Father：You're right. By eating them, we remember the importance of Japanese tradition.

Lee： ③

Mother：Oh, every culture has its own way of eating.

Takao：Yes. We have to respect it.

Father：You're right. ④

（注）   vegetable：野菜

    ア It is also important to pass on each tradition to future generations.

    イ Many foreign tourists are interested in English culture.

    ウ Many people in my country like *washoku*.

    エ We also enjoy traditional Chinese food on New Year's Day.

    オ We can enjoy different kinds of dishes in different seasons.

3 授業後に，中学生３人がALTのベル先生（**Ms. Bell**）と話しています。ポスター（**poster**）と会話を読んで，あとの各問に答えなさい。

Evacuation Drills in Tsubame Town

What should we do when natural disasters happen?

We will have interpreters all day!

○**Date and Time**
　Sunday September 1st
　9:30～15:30
○**Evacuation Place**
　Tsubame Elementary School

Schedule
9:30	Opening Ceremony
10:00～	Activities
12:00～	Lunch (Try emergency food)
13:00～	Activities
15:00	Closing Ceremony

Activities　You can choose one activity at each time.

Time ＼ Activities	1	2	3	4	5
10:00～11:00	○	○		○	
11:00～12:00	○		○		○
13:00～14:00			○		○
14:00～15:00		○		○	

Activity 1 Practice how to extinguish a fire
Activity 2 Experience earthquakes in a special car
Activity 3 Practice how to use an AED
Activity 4 Make a temporary bed with cardboard
Activity 5 Learn useful Japanese words and how to call 110 or 119 ; only for foreign people

Hikari : Hello, Ms. Bell. We are going to have evacuation drills next Sunday. 　**A**

Ms. Bell : Evacuation drills? No. Can anyone go?

Ken : Of course. Here is the poster about the drills. We are going together. Would you like to come with us?

Ms. Bell : Sure. Where is the event held? Umm... Oh, here it is. I don't know this place.

Sayuri : We're going to meet at Midori Park at nine. If you come by that time, we can go together.

Hikari : What shall we do for lunch?

Ken : Well, I'll get some sandwiches at the convenience store on the way.

Ms. Bell : 　**B**　 Look at this. Let's try some emergency food.

Hikari : Why not? Do you know what kind of food we can try, Ken?

Ken : No. Umm... Cup Ramen?

Sayuri : No, I don't think so because 　(1)　 .

Hikari : Yes, it may be difficult after big natural disasters. Anyway, we will know on the day.

Ken : Ms. Bell, do you often have natural disasters in your country? Are they different?

Ms. Bell : Yes, we do. I can only talk about my hometown, but from my experience earthquakes are bigger here, I think. ①After I came to Japan, there was a big earthquake. I was very surprised, and didn't know what to do.

Sayuri : Then, why don't you do Activity 　あ　 ? You have already experienced a natural disaster, but you can learn how to protect yourself.

Ms. Bell : 　**C**　 I will do that. So, in the event, we can experience four kinds of activities. What are you going to choose?

Ken : Umm. Let's see. I'm interested in AEDs. I want to know what they are like.

Hikari : Oh, you don't know about them! They are used to save people's lives.

Ken : Of course I know, but I just want to try them because I've never touched them.

Hikari : I took the course last year, but I'll try it again. 　(2)　 when we are in an emergency.

Ms. Bell : I agree. Can all of us take part in the same activity together?

Sayuri : I join the same activity with my family every year. This year we are going to learn how to make beds we can use in evacuation places in the morning. After that, I will be free.

Ken : I am going to help with the fire drills as a volunteer.

Hikari : I have to meet my grandmother at the station. I have to leave by two thirty.

Sayuri : Let's check the schedule... Oh, why don't we join Activity い in the う ?

Ken : Sounds good to me. Is everyone OK?

Ms. Bell : Then, I will do Activity 5 in the morning. I want to learn some useful Japanese words for an emergency. Then, I can prepare myself for an emergency. ②How about you? Look! There is a question on the poster. Can you answer it?

Hikari : Well...   My answer to the question is this.

(3)

Ms. Bell : Good. We can be ready for an emergency after we take part in the evacuation drills.

(注) extinguish：消す   temporary：一時的な

問1 A ～ C の中に入る英語として，次のア～エから最も適切なものをそれぞれ1つ選び，その符号を書きなさい。

ア Did you know that?   イ That's a good idea.   ウ What's wrong?   エ Why?

問2 (1) , (2) の中に，それぞれ4語～10語の適切な内容の英語を書きなさい。

問3 下線部①について，最も強く発音される語を次のア～エから1つ選び，その符号を書きなさい。

After I came to Japan, there was a big earthquake.
      ア   イ   ウ   エ

問4 あ , い の中に，適切な数字を書きなさい。また， う の中に，適切な内容の英語1語を書きなさい。

問5 下線部②は，ここではどのような意味で使われているか，次のア～エから最も適切なものを1つ選び，その符号を書きなさい。

ア How do you answer the question?

イ How do you learn some useful Japanese words for an emergency?

ウ How do you like the poster?

エ How do you prepare yourself for an emergency?

問6 (3) について，あなたがひかり (**Hikari**) さんなら何と言いますか。**2文以上の**まとまりのある英文で書きなさい。

問7 次のア～オのうち，ポスター及び会話の内容に合うものを2つ選び，その符号を書きなさい。

ア Ms. Bell doesn't know where the evacuation place is, so she will go there with the students.

イ Ms. Bell will go to the evacuation place just before noon to join the evacuation drills.

ウ Ms. Bell and the three students know they will eat Cup Ramen in the evacuation drills.

エ Ms. Bell was surprised when the earthquake happened after she came to Japan because it was her first earthquake in life.

オ Ms. Bell doesn't need to worry about the language because interpreters can help her when she doesn't understand Japanese.

4 中学生の悟（**Satoru**）さんが，英語のプレゼンテーションコンテストで使ったグラフ（**graph**）と発表の原稿です。グラフと英文を読んで，あとの各問に答えなさい。

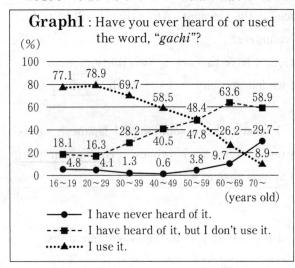

Graph1 : Have you ever heard of or used the word, "*gachi*"?

---- ● ---- I have never heard of it.
---- ■ ---- I have heard of it, but I don't use it.
···· ▲ ···· I use it.

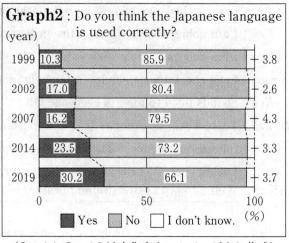

Graph2 : Do you think the Japanese language is used correctly?

▨ Yes   ▨ No   □ I don't know. (%)

(Graph1, Graph2 は文化庁ホームページより作成)

2021

During winter vacation I visited my grandmother with my parents. At dinner we enjoyed the conversation and all the dishes she cooked for us. On the table I found a dish that looked new to me. I asked my grandmother, "What's this?" "Just try it, and you can see how you like it," she answered. "*Gachi-de umai*," I said in a big voice after I put a small piece of it 　あ　 my mouth. My parents laughed, but my grandmother didn't. She said, "What do you mean? I don't know the first word you said." I answered, "　(1)　." I was surprised because she didn't know that the word "*gachi*" means "really." My parents always understand me when I use it.

I wondered how many people know the word. I searched the Internet and found Graph 1. To the question, "Have you ever heard of the word '*gachi*'?" about 30% of people over seventy years old answered that they have not heard of it. And ①(　ア　) young people (　イ　) the word "*gachi*" (　ウ　) elderly people. Most people from forty to forty-nine years old, like my parents, have heard of the word, and more than half of them use it.

I realized that younger generations and older generations use different words. When I found this, I became interested in how people use language and decided to study it.

　(2)

②Graph 2 shows the number of people who think Japanese is used correctly. In 1999 more than 80% of people answered that Japanese people do not use their language correctly. In 2019 about two thirds of people gave the same answer. The number is getting smaller and smaller. What is the reason for this? The Agency for Cultural Affairs says this may be because today people can easily write their ideas or opinions on the Internet and have more chances to see different ways of using words. Because of this, people have become more ready to accept differences.

The Japanese language is changing, but is it getting worse? Younger generations use expressions elderly people do not understand. The world is changing. Many new things are produced every day, so many new words are created and add to our word choices.

But there is one thing we have to be careful about when we use a new word. The word "*gachi*" was the best word for me to express my feelings, but my grandmother did not understand it. So, the word was not the best one for both of us. You should not use a new word if you think the person you are talking ｜ い ｜ will not understand it. You should be sure that the listener understands you. This is the most important thing in communication.

I believe that having more and more words in the Japanese language is good for its speakers. When I express myself, I want to choose the best word for the situation from a large vocabulary.

（注）
correctly：正しく	the Agency for Cultural Affairs：文化庁
express：表現する	vocabulary：語彙

問1　｜ あ ｜ ，｜ い ｜ の中に入る語の組み合わせとして，次のア〜エから最も適切なものを1つ選び，その符号を書きなさい。

ア　｜ あ ｜ into　　｜ い ｜ about　　　イ　｜ あ ｜ into　　｜ い ｜ to

ウ　｜ あ ｜ on　　｜ い ｜ about　　　エ　｜ あ ｜ on　　｜ い ｜ to

問2　｜ (1) ｜ の中に，4語以上の適切な内容の英語を書きなさい。

問3　下線部①の（ ア ）〜（ ウ ）に適切な英語1語をそれぞれ入れて，文を完成させなさい。

問4　｜ ② ｜ の中には次のア〜エが入る。文章の意味が通じるように最も適切な順に並べ替え，その符号を書きなさい。

ア　For example, the word, "*yaora*" means slowly, but they think it means quickly.

イ　For these reasons, many people think that Japanese is changing and getting worse.

ウ　Today many people use some Japanese words in the wrong way.

エ　Also, it is sometimes difficult for elderly people to understand the words young people use because young people use words in their own way, or make new words or expressions.

問5　下線部②について，悟さんが調べた内容をまとめる場合，（ **A** ）〜（ **C** ）に入る語として，下のア〜カから最も適切なものをそれぞれ1つ選び，その符号を書きなさい。

New communication tools give us more chances to read or （ **A** ） various expressions. So, it has become （ **B** ） for us to accept expressions we do not usually use. That's why during the ten years from 1999 to 2019 the number of people who don't think Japanese people use their language correctly went （ **C** ）.

ア　answer　　イ　difficult　　ウ　down　　エ　easier　　オ　hear　　カ　up

問6　プレゼンテーションの後にALTのスコット先生（**Mr. Scott**）が悟さんに質問しました。(a)，(b)に入る英語として，下のア〜エから最も適切なものをそれぞれ1つ選び，その符号を書きなさい。また，(c)には4文以上のまとまりのある英文を書きなさい。

Mr. Scott：Do you think Japanese is getting worse because young people make new words?

Satoru：_____(a)_____

Mr. Scott：Please tell me the reason.

Satoru：_____(b)_____

Mr. Scott：I like your idea about important things in communication. What else can we do?

Satoru：_____(c)_____

(a)　ア　I don't think so.　　イ　I think so.　　ウ　I'm not sure.　　エ　It's not different.

(b)　ア　I'll check new words.　　　　　　　イ　I think having more words is good.

　　ウ　My grandmother didn't understand me.　　エ　The word "*gachi*" was the best word.

（解答は別冊 32 ページ）

1 下の(1)～(5)に答えなさい。なお，解答欄の □ には答だけを書くこと。

(1) 次の**ア～オ**の計算をしなさい。

ア $6 - (-1)$

イ $(-2)^2 - 5 \times 3$

ウ $\dfrac{9}{4}xy^3 \div \dfrac{3}{2}xy$

エ $\dfrac{4a+b}{9} - \dfrac{a-2b}{3}$

オ $\sqrt{32} + 2\sqrt{3} \div \sqrt{6}$

(2) y は x に反比例し，$x = 3$ のとき $y = 2$ である。このとき，y を x の式で表しなさい。

(3) $4 < \sqrt{n} < 5$ をみたす自然数 n の個数を求めなさい。

(4) 右の図のように，半径 3 cm の球を，中心 O を通る平面で切ってできた立体の表面積を求めなさい。ただし，円周率は π とする。

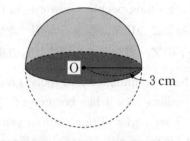

(5) ある川で魚釣りをした 12 人について，釣った魚の数を調べた。右の図は，調べた結果をヒストグラムに表したものである。

このとき，次の**ア～エ**から正しいものを 1 つ選び，その符号を書きなさい。

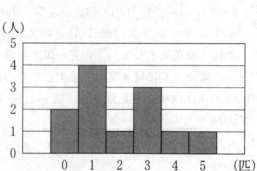

ア 釣った魚の数の最頻値は，4 匹である。

イ 釣った魚の数の平均値は，2.4 匹である。

ウ 釣った魚の数の中央値は，1.5 匹である。

エ 釣った魚の数の範囲は，6 匹である。

2 図1のように，袋の中に1，2，3の数字が1つずつ書かれた3個の白玉が入っている。

このとき，次の⑴，⑵に答えなさい。

図1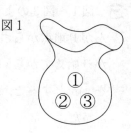

⑴ 袋から玉を1個ずつ2回続けて取り出し，取り出した順に左から並べる。

このとき，玉の並べ方は全部で何通りあるか，求めなさい。

⑵ 図2のように，袋に赤玉を1個加え，次のような2つの確率を求めることにした。

図2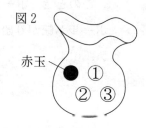

赤玉

> ・玉を2個同時に取り出すとき，赤玉が出る確率を p とする。
>
> ・玉を1個取り出し，それを袋にもどしてから，また，玉を1個取り出すとき，少なくとも1回赤玉が出る確率を q とする。

このとき，p と q ではどちらが大きいか，次の**ア**～**ウ**から正しいものを1つ選び，その符号を書きなさい。また，選んだ理由も説明しなさい。説明においては，図や表，式などを用いてよい。ただし，どの玉が取り出されることも同様に確からしいとする。

ア p が大きい。

イ q が大きい。

ウ p と q は等しい。

3 図1～図3のように，ある斜面においてAさんがP地点からボールを転がした。ボールが転がり始めてから x 秒間にP地点から進んだ距離を y m とすると，x と y の関係は，$y = \dfrac{1}{4}x^2$ になった。

このとき，次の⑴～⑶に答えなさい。

図1
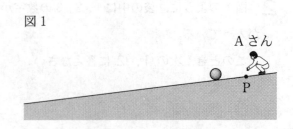

⑴ x の値が3倍になると，y の値は何倍になるか求めなさい。

⑵ 図2のように，P地点から65m離れたところにQ地点がある。AさんがP地点からボールを転がすと同時に，BさんはQ地点を出発し，毎秒 $\dfrac{7}{4}$ m の速さで斜面を上り続けた。

このとき，ボールとBさんが出会うのは，ボールが転がり始めてから何秒後か求めなさい。

図2
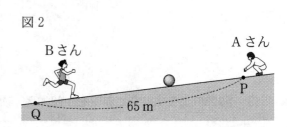
65 m

⑶ 図3のように，AさんがP地点からボールを転がしたあと，遅れてCさんがP地点を出発し，毎秒 $\dfrac{15}{4}$ m の速さで斜面を下り続けた。Cさんはボールを追いこしたが，その後，ボールに追いこされた。Cさんがボールに追いこされたのは，ボールが転がり始めてから10秒後であった。

図4は，ボールが進んだようすをグラフに表したものである。ボールが転がり始めてから x 秒間に，CさんがP地点から進んだ距離を y m として，Cさんが動き始めてから進んだようすを表すグラフをかき入れなさい。また，CさんがP地点を出発したのは，ボールが転がり始めてから何秒後か求めなさい。なお，途中の計算も書くこと。

図3

図4
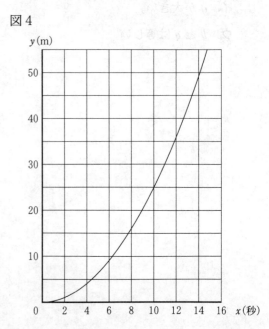

4 ある中学校の美化委員会が，大小2種類のプランターを，合わせて45個使い，スイセンとチューリップの球根を植えた。大きいプランターには，スイセンの球根を6個ずつ植え，小さいプランターには，スイセンの球根とチューリップの球根をそれぞれ2個ずつ植えたところ，植えた球根は全部で216個であった。

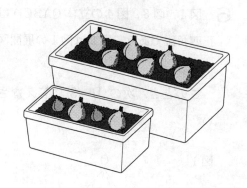

このとき，植えたスイセンとチューリップの球根は，それぞれ何個か，方程式をつくって求めなさい。なお，途中の計算も書くこと。

5 解答用紙に，2点A，Bを通る直線ℓと，ℓ上にない点Cがある。これを用いて，次の ☐ の中の条件 ①～③ をすべて満たす点Pを作図しなさい。ただし，作図に用いた線は消さないこと。

① 点Pは，直線ℓに対して点Cと同じ側にある。

② ∠PAB = $\frac{1}{2}$ ∠CAB

③ AP = $\sqrt{2}$ AB

C•

A   B   ℓ

6 図1, 図3, 図4の立体 OABCD は
正四角錐であり, 図2は図1の展開図
である。

　このとき, 次の(1)～(3)に答えなさ
い。

図1

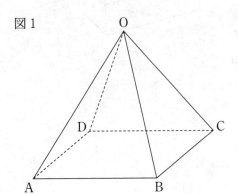

図2

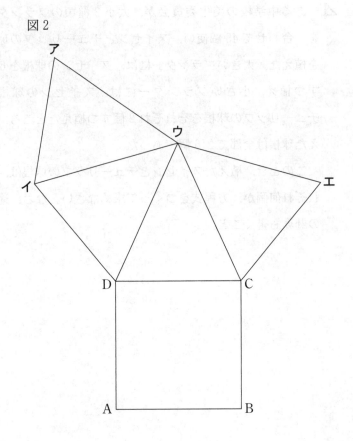

(1) 図2の展開図を組み立てたとき,
　　点Bと重なる点を**ア**～**エ**からすべ
　　て選び, その符号を書きなさい。

(2) 図3のように, 正四角錐 OABCD の中に直方体
　　EFGH－IJKL が入っている。この直方体の頂点のう
　　ち, 4点 E, F, G, H はそれぞれ辺 OA, OB, OC,
　　OD 上にあり, 4点 I, J, K, L は, いずれも底面
　　ABCD 上にある。

　　　OE：EA＝1：3のとき, 正四角錐 OABCD と直
　　方体 EFGH－IJKL の体積比を, 最も簡単な整数の比
　　で表しなさい。

図3

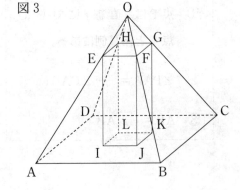

(3) 図4において, 正四角錐 OABCD のすべての辺
　　の長さを4 cm とする。また, 辺 AB, BC の中点をそ
　　れぞれ P, Q とし, 辺 OB 上に点 R をとる。

　　　△RPQ が正三角形になるとき, 線分 RB の長さを
　　求めなさい。なお, 途中の計算も書くこと。

図4

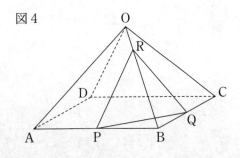

7 図1～図3のように，AD//BCの台形ABCDがあり，3点A，B，Dを通る円Oと辺CDとの
交点をEとする。

このとき，次の(1)～(3)に答えなさい。

(1) 図1のように，∠OAB = 35°のとき，∠ADBの大きさ
を求めなさい。

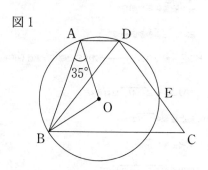

図1

(2) 図2において，△ABE ∽ △DCBであることを証明しな
さい。

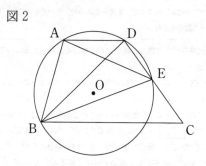

図2

(3) 図3において，BC = 2AD，DE：EC = 2：1とする。
AEとBDとの交点をFとし，△AFDの面積を4cm²と
する。

このとき，台形ABCDの面積を求めなさい。なお，途
中の計算も書くこと。

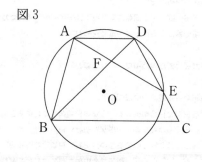

図3

（解答は別冊34ページ）

一　次の各問に答えなさい。

問1　次の(1)〜(4)について、——線部の漢字の読みがなを書きなさい。

(1)　趣味は編み物だ。

(2)　制服を作るために採寸する。

(3)　木々が鮮やかに色づく。

(4)　美しい渓谷を散策する。

問2　次の(1)〜(4)について、——線部の片仮名を漢字で書きなさい。

(1)　過ごしやすいキセツになった。

(2)　銀行に金をアズける。

(3)　友人を家にマネく。

(4)　航空機をソウジュウする。

二　次の文章を読んで、あとの各問に答えなさい。

> 食品商社「コメハン」で米田社長の秘書をしているまりあは、取引先の「恵比須や」の岡本が会社を訪れた際、岡本が持参した、改良中の羽二重餅を試食するよう勧められた。

恵比須やは、老舗の和菓子屋で修業した岡本が独立して四十年前に開店した店だ。

——四十年前、大手商社を退社してコメハンを立ち上げた米田若社長であった。これまで取引をしていた仕入れ先を切ってまで、わざわざ縁もない実績もないコメハンに鞍替えしようという商売人はいなかったのだ。

一日に ☐ を無にしてまわっても、ひとつの契約も取れない日々が続いた。けれど、米田は暗く落ち込むことはなかった。人の笑顔を見て生きる。それが米田が己に課した人生の鉄則だったから、①そのためには笑わず、自らも笑って生きる必要があると米田は信じた。

ある日、新しく店舗らしきものが建つのを見るところに遭遇した。

そこには先客がいて、自分と同じように建物を見つめていた。小柄なその男があたかもその店の主だとは思いもしないで、米田はこう尋ねた。

「なんの店ができるんでしょうね」

それが米田と岡本との出会いだった。以来四十年、ふたりは互いを高め合い、高めあうなかで仕事を続けてきた。

まりあは羽二重餅をひと口、口にされた。

「おいしい」

岡本がまりあを嬉しそうに見た。

「口のなかでとろけてしまいました。こくいつでも食べられちゃいます……すみません、ちゃんとした感想をお伝えできなくて」

「なに、おいしいというのがいちばんなんです。でも残念ね、せっかく褒めてもらったけど、その羽二重餅は今まりあ食べられないんだよ」

「どうしてですか、こんなにおいしいのに」

②「それはね、味噌汁です。あなたが作ってくれた小松菜の味噌汁を飲んで」

②ね、とあり、まやはりまごとおりでこういうして決めたんだ。

岡本の言葉にまりあは首を傾けた。

「かみさん、一昨年、俺より先に逝っちまったんだが、そのかみさんが、小松菜の味噌汁を作ったんだ。具は小松菜だけ。菜っ葉だけの味噌汁なんて、物足りないも俺はと、油揚げの入った味噌汁が好きなんだ」

お気に召さなかったかしらと③配慮し、羽二重餅と小松菜の味噌汁とがどうつながっていくのかわからないままに、まりあはあいづちをうつ。

「油揚げを入れられるよう言ったわけ、若いころだ。それからは大根も味噌汁にもカブの味噌汁も、あいつは油揚げを入れるようになった。

ところが、小松菜の味噌汁を作るときにかぎっては、小松菜だけなんだ」

「どうしてでしょう。そのほうがおいしいんでしょうか」

「どうしてかと訊いて、でも、うまくなったってことはたしかったな」

「すみません」

まりあは思わず詫びた。

「いや、樋口さんはちゃんと出汁を取ってうまかった。かみさんはあんなに丁寧に出汁なんて取らない。インスタントのやつをパッパッとね」

岡本はそう言うと笑った。

「三年ぶりに菜っ葉だけの味噌汁を飲んだよ。懐かしかったよ。それを飲みながら、気づいたんだ。かみさんが作るだけやめたんだって」

「たしかにそうだな」

と、米田も言った。

まりあには言葉が見えない。

「職人ってのはね、もっといいものを、今よりもっといいものをってね、ここうも退りかけてしまうきまものなんだけど、こういう言葉があるよね。変わらない味、こだわりの言葉だから。それとも褒め言葉？」

「褒め言葉です」

「そうだね。何百年経っても、同じ味、上にも下にもいかないってことが、上を目指すのと同じように、いや、それ以上に難しいことなんだ。それを食べれば、記憶のなかの味が醍醐し、甦るのは味だけじゃない」

「記憶そのものが甦るんですね」

「その通りなんだよ。だから変えちゃいけない。うちの羽二重餅を食べて、これを食べたときはあんなことがあったなあって思い出にふけることもあるかもしれないんだ。そんなあれがたいお客さんの思い出を奪っちゃいけない。そのことをあなたの味噌汁が教えてくれたんだ。ありがとう」

岡本の話をうなずきながら聞いていたまりあは、④最後のひとこと首を横に振った。

「じゃあ、岡本さん、米田はこれまりあと同じで、

「そういうことだ。それにしても、菜っ葉がくたくたのところまで、かみさんの味噌汁と一緒だったよ」

「気をつけてはいたんです。でもつい、煮過ぎてしまって」

「いや、くたくたでよかったんだ。こつかまた頼むよ」

「はい、こつでもお作りします。今度こそはインスタントのダシで」

⑤爽快な笑い声が響いた。

（石井睦美「ひとまのキッチン」より。一部省略等がある）

（注）かみさん……ここでは、岡本の妻のこと。

問1　本文中の ☐ に入る語を、漢字一字で書きなさい。

問2　①そのため とありますが、何のため か「ため」につながるように、本文中から五字で抜き出して書きなさい。

問3　②岡本の言葉にまりあは首を傾けた とありますが、その理由を五十字以内で書きなさい。

問4　③配慮 の意味として、次のア〜エから適切なものを一つ選び、その符号を書きなさい。

ア　丁寧な観察　　イ　単純な誤解

ウ　明確な理解　　エ　無用な心配

問5　④最後の……横に振った とありますが、このときの、まりあの心情として、次のア〜エから最も適切なものを一つ選び、その符号を書きなさい。

ア　感動　　イ　混乱　　ウ　謙遜　　エ　失望

問6　⑤爽快な笑い声が響いた とありますが、ここで岡本が笑ったのはなぜか、次のア〜エから最も適切なものを一つ選び、その符号を書きなさい。

ア　まりあが、岡本の苦言を受け入れた返答をしたから。

イ　まりあが、即座にひねりのきいた返答をしたから。

ウ　まりあが、これまでの話と無関係な返答をしたから。

エ　まりあが、取引相手に対し失礼な返答をしたから。

問7　岡本が羽二重餅の味の改良をやめたのは、和菓子職人としてどういうことが大事だと気づいたからか。六十字以内で書きなさい。

三　次の文章を読んで、あとの各問に答えなさい。

[X情報はノイズから生まれます]。

ノイズとは何か。ノイズとは「疑問」づくり……のことです。

自分があたりまえだと思って何の疑問も抱かない環境では、ノイズは発生しません。反対に、自分から距離が離れすぎて受信の網にひっかからない場合も、ノイズは発生しません。

ノイズは、自明性を疎遠な[①外部]とのあいだ、自分の経験の周辺部分のグレーゾーンで発生します。情報の生産性を高めるには、ノイズの発生装置をうまくつくらなければなりません。

ノイズの発生装置を活性化するのはかんたんです。

第一は自明性の領域を縮小すること、第二は疎遠な領域を[A]すること、それを通じて情報の発生する境界領域＝グレーゾーンを[B]することです。どちらも、自分にとってあたりまえのことがあたりまえでなくなるような環境に身を置くことによって得られます。異文化に身を置くことや、生い立ちの違う人と接することです。

情報を生産するには「問い」を立てることがいちばん肝心です。

問いを立てる際、条件が二つあります。第一に、答えの出る問いを立てること。第二に、[②手に負える問い]を立てることです。社会科学は現象を扱う経験科学ですから、「神は存在するか」といった、証明も反証もできない問いは立てません。[C]上記の問いを「神は存在すると考えるのはどんな人々か」と文脈化すれば、答えることができます。人間には時間も資源も限られていますから、問いのスケール感をまちがえず、限られた時間のなかで答えの出る問いを立てることで、同じ答えから答えのプロセスを経験して「問いを解く」にはどういうことかを体感する必要があります。こういった経験をすれば、あとは問いのスケールを拡大したり、問いの対象を変えたりしても、応用が可能になります。

情報は、一次情報と二次情報があります。一次情報は経験的現実から自分の目や手で得た情報、二次情報は second hand と呼ぶように、いったん他人の手を通って加工された情報です。セカンドハンドを略して「セコハン」というように、他人の手でいったん[③加工]された新聞・雑誌、ブログなどのメディアから得られた情報は、すべてセコハン情報です。

セコハン情報の収蔵場所が図書館というところです。図書館の外には膨大な経験という領域が広がっています。その経験の現場から、自分の手で得てきた情報を二次情報と言います。

情報を消費したり収集したりすることを、インプット（入力）と言います。インプットした情報を加工して生産物にする過程を情報処理と言います。情報処理のプロセスは「加工」でもあり「過程」でもあります。情報生産の最終ゴールは情報をアウトプット（出力）することです。それだけ情報をインプットしていても、あるいはそれから多くの情報処理を経ていても、アウトプットしない限り、研究には何もなりません。

情報生産者になるには、アウトプットが相手に伝わらねばなりません。なぜなら情報生産はコミュニケーション行為だからです。情報が相手に伝わらない責任は、もっぱら情報生産者の側にあります。その点、研究という情報生産の特徴は、詩や文学のような多義性を許さない、という点にあります。誤解の余地のない表現で、ゆるぎない論理で構成のもので、根拠を示して自分の主張で相手を説得する技術……それが論文というアウトプットに求められます。

[D]、二次情報はどうしたら手に入れることができるでしょうか。一次情報は言語情報と非言語情報とがありますが、研究という情報生産では言語的生産物ですべての情報を言語に変換しなければなりません。二次情報は観察、経験、インタビュー、アンケート等から得ることができますが、最終的な言語的生産物としてアウトプットするためには、すべての情報を言語に変換しなければなりません。

研究は[④基本]言語情報をインプットし、言語情報を生産物としてアウトプットする情報処理の過程です。学問の世界には知的情報のなかでも言語情報を優位に置く序列があります。しかし非言語情報をインプットし、それを非言語情報としてアウトプットするやりかただってあってよいかもしれません。たとえ映像から映像によってわたしは、というアウトプットだって考えられないわけではありません。わたしはつねに、自分のインプットとアウトプットが言語に偏重していることを感じてきました。世界にはもっと豊かで多様な言語的な情報処理のインプットとアウトプットのしかたを知って、それを伝達できる人々がいるに違いありません。それを学問と呼ばれているだけで、言語を様体に情報処理をする人々は、自分が言語しか扱えないという限界を越えているほうがよいと思います。

わたしは学問を「伝達可能な知の共有財」と定義しています。伝達可能ですから、学習することも可能です。そしてその成果物である情報財は、私有財ではなく[Y公共財]になることが目的です。

（上野千鶴子『情報生産者になる』より。一部省略等がある）

（注）スケール…規模。　ノウハウ…知識や方法。

問1　[①外部]と熟語の構成が同じものを、次のア～エから一つ選び、その符号を書きなさい。

ア　道路　イ　善悪　ウ　着席　エ　青空

問2　本文中の[A]・[B]に入る語の組み合わせとして次のア～エから適切なものを一つ選び、その符号を書きなさい。

ア〔A　縮小　B　縮小〕　イ〔A　縮小　B　拡大〕
ウ〔A　拡大　B　縮小〕　エ〔A　拡大　B　拡大〕

問3　[②手に負える問い]とありますが、これと同じ内容を表している部分を、本文中から二十字以内で抜き出して書きなさい。

問4　本文中の[C]・[D]に入る語の組み合わせとして次のア～エから適切なものを一つ選び、その符号を書きなさい。

ア〔C　ところで　D　なお〕　イ〔C　もし　D　または〕
ウ〔C　たとえば　D　さて〕　エ〔C　つまり　D　しかし〕

問5　[③セコハン情報]とありますが、それはどのような特徴をもった情報のことか。一次情報との違いを明確にして書きなさい。

問6　[④基本]とありますが、筆者がここで「基本」という語を用いた理由を説明した次の文の[Ⅰ]・[Ⅱ]に入る適切な言葉を書きなさい。ただし、[Ⅰ]は本文中から六字で抜き出して書きなさい。[Ⅱ]は本文中の言葉を用いて六十字以内で書くこと。

［研究は[Ⅰ]であることが前提だ[Ⅱ]から。］

問7　[X情報は……から生まれます]とありますが、ノイズから生まれた情報が[Y公共財]になるために、研究者がすべきことは何だと筆者は述べているか。八十字以内で書きなさい。

四　次の文章を読んで、あとの各問に答えなさい。
（------線部の左側は、現代語訳です。）

一休は、幼き（幼い）時より、発明（賢く）なりけるとかや（のことだとか）。あるとき、休の師匠なる和尚、常に来たりて、尚（なお）参り（参上して）などしては、一休の同答など、日那（檀家の人）ありて、発明なるを心地よく思ひて、折々たぶれ（元蔵）などしけり。

ある時、かの旦那、皮はかまを着て来たりけるを、一休外に出でて、くはと書き付けられ

— 83 —

けば、この寺の内へ皮の類、かたく禁制なり。もし皮の物（禁制…）

入る時は、必ずちたるくと書き置かける。

かの旦那これを見て、「皮の類にはちあたるならば、

この お寺の太鼓は何としたまふぞ」と申しける。一休聞き（どういたしましょうか）

たまひ、③されば、夜昼三度づつうちあたる間、その方くも（毎日）（あなた）

大鼓のばちをあて申さん、皮ははかま着られけるほどに（当てましょう）（着ているらしいから）

とおどられけり。

(「一休ばなし」より。一部略等がある)

(注) 旦那…寺を経済的に支援する人。　　参…仏教を学ぶこと。
皮ばかま…皮でできたはかま。　　くま…薄い板。

問1 ①思ひ を現代仮名遣いに直し、すべてひらがなで書きなさい。

問2 ②いふ の主語として、次のア～エから適切なものを一つ選び、その符号を書きなさい。
ア 一休　イ 旦那　ウ 和尚　エ 筆者

問3 ③されば の意味として、次のア～エから適切なものを一つ選び、その符号を書きなさい。
ア だから　イ しかし　ウ そして　エ ただし

問4 次の会話は、本文を読んだあと、佐藤さんがグループで話し合った内容の一部です。 A ～ C に入る適切な言葉を書きなさい。ただし、 A ・ B は現代語で書き、 C は本文中から抜き出して書くこと。

佐藤 ──線部の「このお寺の太鼓は何としたまふぞ」と旦那が質問したのはなぜだろう。

鈴木 くまに A と書かれていることと、 B ことが矛盾しているので、一休がどう答えるか試したんだよ。

高橋 でも一休の方が上手だったよね。旦那が天罰という意味で解釈した語で、実は一休は C という意味を掛けて使っているんだよね。

佐藤 一休って、本当に賢い人だったんだね。

五 次の文章は、ある新聞に掲載された石川さんの【投書】です。これを読んで、あとの問に答えなさい。

【投書】

新しいことにチャレンジしたい　　中学生 石川花子
（石川県 15）

私は「飽きっぽい性格だ」と、よく家族や友達から言われる。

先日も「ピアノを辞めて、水泳を習いたい」と母に言ったら、「ピアノを始めてから、まだ半年も経っていないじゃないの。あなた本当に飽きっぽいから、何をやっても長続きしないわね」とあきれられた。でも、私としては、今取り組んでいることに飽きたというよりも、新しく興味をもてることが見つかったからチャレンジしたいと思っただけなのだ。

世の中では、興味が次々と変わることは、飽きっぽいから良くないことのように言われることが多い。しかし、それは好奇心が旺盛な証拠であり、素晴らしいことだと私は思うのである。

(問)
この【投書】に書かれている「興味が次々と変わること」に関する石川さんの意見について、あなたはどのように考えますか。あなたの意見を、次の条件1～条件3にしたがって書きなさい。

条件1 次の【候補】の中から、ことわざを一つ選び、それを適切に用いて書くこと。

【候補】
・石の上にも三年
・時は金なり
・好きこそ物の上手なれ

条件2 自分の体験や見聞などの具体例を含めて書くこと。

条件3 「だ」「である」調で、二百字程度で書くこと。

2021

（解答は別冊 36 ページ）

1 以下の各問に答えなさい。

問1 岩石について，次の(1)，(2)に答えなさい。

(1) 地層として積み重なった土砂などは，長い年月の間に押し固められて砂岩，泥岩，れき岩などの岩石になる。このような岩石を何というか，書きなさい。

(2) 砂岩，泥岩，れき岩は，岩石をつくる土砂の粒の大きさによって分けられている。砂岩，泥岩，れき岩を，岩石をつくる土砂の粒が小さいものから順に並べたものはどれか，次のア〜エから最も適切なものを1つ選び，その符号を書きなさい。

ア　砂岩 → 泥岩 → れき岩　　　イ　砂岩 → れき岩 → 泥岩

ウ　泥岩 → 砂岩 → れき岩　　　エ　れき岩 → 砂岩 → 泥岩

問2 自然界における生物どうしのかかわりについて，次の(1)，(2)に答えなさい。

(1) 図1は，ある生態系における，植物，草食動物，肉食動物の数量の関係を模式的に表したものである。図1のつり合いのとれた状態からなんらかの原因で草食動物の数量が減少した場合，もとのつり合いがとれた状態にもどるまでに，それぞれの生物の数量は変化していく。このとき，次のA〜Cを変化が起こる順に並べたものはどれか，下のア〜エから最も適切なものを1つ選び，その符号を書きなさい。

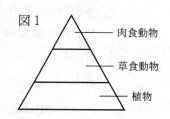

図1　肉食動物／草食動物／植物

A　植物は減り，肉食動物は増える。

B　植物は増え，肉食動物は減る。

C　草食動物が増える。

ア　A→B→C　　　イ　A→C→B　　　ウ　B→A→C　　　エ　B→C→A

(2) 自然界で生活している生物の間には，食物連鎖の関係がある。生態系の生物全体では，その関係が網の目のようにつながっている。このようなつながりを何というか，書きなさい。

問3 原子とイオンについて，次の(1)，(2)に答えなさい。

(1) 原子の中心にある原子核の一部で，電気をもたない粒子のことを何というか，書きなさい。

(2) カリウムイオンのでき方について述べたものはどれか，次のア〜エから最も適切なものを1つ選び，その符号を書きなさい。

ア　カリウム原子が，電子を1個受けとる。　　イ　カリウム原子が，電子を1個失う。

ウ　カリウム原子が，電子を2個受けとる。　　エ　カリウム原子が，電子を2個失う。

問4 図2のように，おもりを2つの糸A，Bでつるした。次の(1)，(2)に答えなさい。

(1) 物体にはたらく重力の大きさを何というか，書きなさい。

(2) 糸A，Bがおもりを引く力の大きさをそれぞれa，b，おもりにはたらく重力の大きさをcとする。おもりが静止しているとき，a，b，cの関係を正しく表している式はどれか，次のア〜エから最も適切なものを1つ選び，その符号を書きなさい。

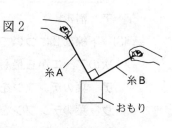

図2　糸A／糸B／おもり

ア　$a < b < c$　　　イ　$b < a < c$　　　ウ　$a = b < c$　　　エ　$a = b = c$

2 タンポポを用いて，次の実験を行った。これらをもとに，以下の各問に答えなさい。

［実験Ⅰ］ タンポポの花を1つ切りとり，手で持ってルーペで観察し，スケッチした。

［実験Ⅱ］ 試験管A～Eを準備し，すべての試験管に，青色の
BTB溶液を入れ，ストローで息をふきこんで緑色に調
整した。その後，図のようにA～Cには大きさがほぼ同
じタンポポの葉を入れ，A～Eにゴム栓をした。次に，
Bをガーゼでおおい，C，Dを光が当たらないようにア
ルミニウムはくでおおった。すべての試験管を日の当た
る場所に2時間置き，BTB溶液の色の変化を観察して
表1にまとめた。その後，A，Cから取り出したタンポ
ポの葉を，①あたためたエタノールにしばらく浸した後，
水洗いし，ヨウ素液につけて葉の色の変化を観察して表2にまとめた。なお，この実験に
用いた鉢植えのタンポポには，②実験結果を正しく読みとるために必要な操作を事前に
行った。

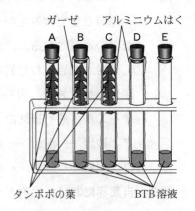

表1

試験管	A	B	C	D	E
BTB溶液の色	青色	緑色	黄色	緑色	緑色

表2

試験管	A	C
ヨウ素液による葉の色の変化	あり	なし

問1 タンポポは，花弁が1つにくっついている。このような花弁の特徴をもつなかまを何という
か，書きなさい。

問2 実験Ⅰについて，切りとったタンポポの花を観察するとき，どのようなルーペの使い方をす
ればよいか，次の**ア～エ**から最も適切なものを1つ選び，その符号を書きなさい。

ア ルーペを目に近づけ，花を動かさず，顔とルーペを前後に動かす。

イ ルーペを目に近づけ，顔とルーペを動かさず，花を前後に動かす。

ウ ルーペを花に近づけ，花とルーペを動かさず，顔を前後に動かす。

エ ルーペを花に近づけ，顔を動かさず，花とルーペを前後に動かす。

問3 実験Ⅱについて，次の(1)～(4)に答えなさい。

(1) 試験管AとCのように，1つの条件以外を同じにして行う実験がある。このような実験を
何というか，書きなさい。

(2) 次の文は下線部①の操作について述べたものである。文中の（ あ ）には下の**ア～エ**のい
ずれか1つの符号を，（ い ）にはあてはまる内容をそれぞれ書き，文を完成させなさい。

> この操作は，葉を（ あ ）して観察しやすくするために行う。また，エタノールは
> （ い ）という性質があるので，エタノールをあたためるときは，エタ
> ノールの入った容器を熱湯であたためる。

ア 消毒　　　　**イ** 洗浄　　　　**ウ** 染色　　　　**エ** 脱色

(3) 下線部②について，鉢植えのタンポポに事前に行った操作について述べたものはどれか，
次の**ア～エ**から最も適切なものを1つ選び，その符号を書きなさい。

ア 葉のデンプンをなくすための操作　　**イ** 葉からの蒸散を行えなくするための操作

ウ 葉のデンプンを増やすための操作　　**エ** 葉からの蒸散を行いやすくするための操作

(4) 試験管AのBTB溶液が青色に変化したのはなぜか，その理由を，表1，2をもとに「**呼吸**」
という語句を用いて書きなさい。

3 金属に関する，次の実験を行った。これらをもとに，以下の各問に答えなさい。

［**実験Ⅰ**］　図1のように，試験管Aにマグネシウム
と塩酸を入れ，発生した気体を水上置換法
で試験管Bに集めた後，続けて試験管Cに
集めた。図2のように，ガスバーナーで加
熱した後，表面が黒くなった銅線を①試験
管Cに入れたところ反応し，②銅線は赤く
なった。

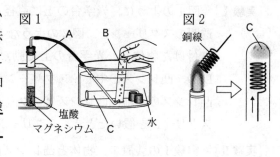
図1　図2

［**実験Ⅱ**］　図3のように，1.2 g のけずり状のマグ
ネシウムをステンレス皿に入れた。この
後，ガスバーナーで3分間加熱し，冷まし
てから，加熱後の物質の質量を調べる操作
を，その質量が増加しなくなるまで繰り返
した。図4は，加熱した回数と加熱後の物
質の質量の関係をまとめたものである。

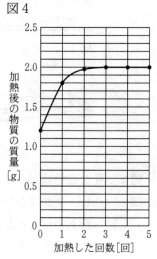
図3　図4

［**実験Ⅲ**］　図5のように，マグネシウムをガスバーナーで加熱し，す
ぐに二酸化炭素で満たされた容器の中に移したところ，激し
い反応が起こった。反応後，容器の内部を観察すると白い粉
末とともに，黒い粒子ができていた。また，銅線を用いてマ
グネシウムと同様の操作を行ったが，銅は二酸化炭素の中で
は全く反応しなかった。

問1　マグネシウムや銅のように，1種類の原子だけでできている物
質はどれか，次の**ア〜エ**から最も適切なものを1つ選び，その符
号を書きなさい。

図5

ア　硝酸　　　　　　**イ**　アンモニア
ウ　硫黄　　　　　　**エ**　水酸化ナトリウム

問2　実験Ⅰについて，次の(1)，(2)に答えなさい。

(1)　下線部①について，この操作では，試験管Cに集めた気体を使う。試験管Bに集めた気体
を使わないのはなぜか，理由を書きなさい。

(2)　下線部②について，この化学変化と同時に，試験管Cに集めた気体にも化学変化が起こっ
た。集めた気体の名称と，この気体の化学変化後の物質の名称を，それぞれ書きなさい。

問3　実験Ⅱについて，次の(1)，(2)に答えなさい。

(1)　マグネシウムの1回目の加熱後に，まだ酸化されていないマグネシウムの質量は何gか，
求めなさい。

(2)　マグネシウムが燃焼する変化を，化学反応式で表しなさい。

問4　実験Ⅲについて，次の文は，この実験について説明したものである。文中の（　あ　）〜
（　う　）にあてはまる物質の名称をそれぞれ書き，文を完成させなさい。

> 　実験結果から，マグネシウム，銅，炭素について，酸素と結びつきやすい物質から順に
> 並べると，（　あ　），（　い　），（　う　）になることが考えられる。

4 凸レンズに関する，次の実験を行った。これらをもとに，以下の各問に答えなさい。

[**実験Ⅰ**] 図1のように，光学台の上に直径4 cmの凸レンズを固定し，1辺6 cmの正方形で半透明のスクリーンと，図2のような1辺6 cmの正方形の板にLED（発光ダイオード）を取り付けた物体を，光学台の上で動かすことができるようにして置いた。物体の中央のLED，凸レンズの中心，スクリーンの中央は，光学台に平行な一直線上にある。物体と凸レンズの距離，凸レンズとスクリーンの距離がともに20 cmになるようにして物体とスクリーンを置いたとき，スクリーンに①はっきりした像がうつった。

[**実験Ⅱ**] 実験Ⅰの装置で，物体と凸レンズの距離を，2.5 cm，5 cm，10 cm，15 cm，30 cmと変えて，そのたびに，スクリーンを動かしてはっきりした像がうつるかを調べたところ，②スクリーンをどの位置に置いてもはっきりした像がうつらない物体の位置があった。

図1

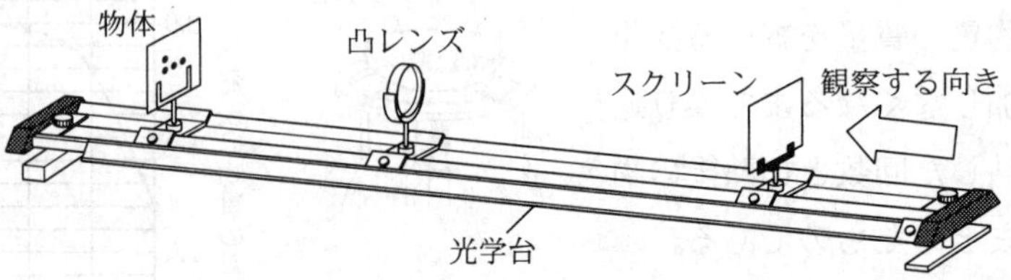

物体　　凸レンズ　　スクリーン　観察する向き

光学台

図2　観察者側から見た物体

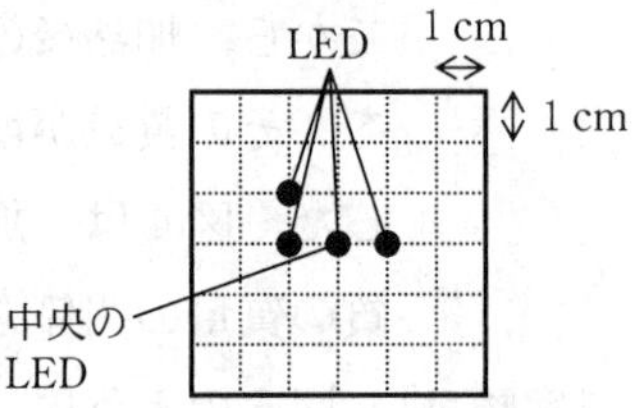

LED

中央のLED

問1　異なる物質どうしの境界面で，光が曲がることを何というか，書きなさい。

問2　凸レンズがスクリーンに像をつくる現象を利用した，身のまわりの凸レンズの活用について述べたものはどれか，次の**ア**〜**エ**から最も適切なものを1つ選び，その符号を書きなさい。

ア　カメラで写真を撮る。　　　　　**イ**　虫眼鏡で字を拡大する。

ウ　光ファイバーで光信号を送る。　**エ**　望遠鏡で遠くのものを見る。

問3　実験Ⅰについて，次の(1)，(2)に答えなさい。

(1)　下線部①について，半透明のスクリーンにうつる像を，解答用紙の図にかき入れなさい。

(2)　図3のように凸レンズの中央に光を通さない直径2 cmの黒色の円形の紙をはりつけると，スクリーンにうつる像は，どのようになるか，次の**ア**〜**エ**から最も適切なものを1つ選び，その符号を書きなさい。

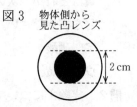
図3　物体側から見た凸レンズ

2 cm

ア　像の全体が消える。　　　　　**イ**　像の中央部分だけが消える。

ウ　像の全体が暗くなる。　　　　**エ**　像の中央部分だけが暗くなる。

問4　実験Ⅱについて，下線部②のように，スクリーンにはっきりした像がうつらない位置の，物体と凸レンズの距離は何cmか，次の**ア**〜**オ**から**すべて**選び，その符号を書きなさい。

ア　2.5 cm　　**イ**　5 cm　　**ウ**　10 cm　　**エ**　15 cm　　**オ**　30 cm

問5　図4のように，凸レンズの焦点の位置に鏡を置き，凸レンズの軸に平行な光A，Bを凸レンズに当てた。このとき，光A，Bは鏡で反射して凸レンズを通過した後，どのような方向に進むか，書きなさい。ただし，次のいずれか1つの語句を用いること。

（凸レンズの焦点　　凸レンズの軸
鏡の面に垂直な直線）

図4

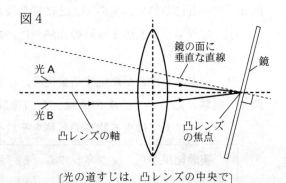

光A

光B

凸レンズの軸

鏡の面に垂直な直線

鏡

凸レンズの焦点

（光の道すじは，凸レンズの中央で1回曲がるものとしてかいてある。）

5 天体について調べるため，次の観察を行った。これらをもとに，以下の各問に答えなさい。

［**観察Ⅰ**］　石川県内の地点 X で，ある年の 1 月 15 日に，21 時から 23 時まで 30 分ごとに，南西の空に見える月の位置を観察した。図 1 の月の位置は，21 時の月の位置を記録したものである。また，この観察は，1 月 17 日にも行った。

図1
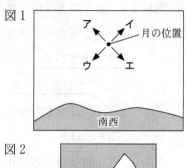

［**観察Ⅱ**］　観察Ⅰの地点 X で，ある年の 5 月 22 日 22 時に，月の形を観察した。図 2 は，月の形を記録したものである。また，月の形の観察と同時に星座の観察も行った。

図2
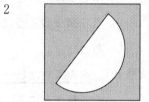

問1　太陽と地球と月が一直線上に並び，月が地球のかげに入る現象を何というか，書きなさい。

問2　観察Ⅰについて，次の文は，この観察の結果についてまとめたものである。文中の①，②には図 1 の**ア**〜**エ**のいずれか 1 つの符号を，③にはあてはまる内容をそれぞれ書き，文を完成させなさい。

> 　1 月 15 日 23 時の観察では，月は，21 時の月よりも（　①　）の方向に見えた。また，1 月 17 日 21 時の観察では，月は，15 日の 21 時の月よりも（　②　）の方向に見えた。同じ時刻に同じ場所で観察しても，2 日後に月の位置が変わったのは，月が（　　　③　　　）からである。

問3　観察Ⅱについて，次の(1)〜(3)に答えなさい。なお，図 3 は，天球上の太陽の通り道と，その付近にある一部の星座を示したものである。

図3
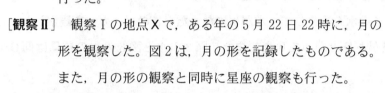

天球上の
太陽の通り道

いて座　てんびん座　しし座　おうし座　みずがめ座

12月　11月　10月　9月　8月　7月　6月　5月　4月　3月　2月　1月

(1)　天球上の太陽の通り道を何というか，書きなさい。

(2)　5 月に，星座の観察を行っても，おうし座が見えない理由を，図 3 をもとに書きなさい。

(3)　5 月 22 日 22 時の月と同じ方向にある星座はどれか，次の**ア**〜**エ**から最も適切なものを 1 つ選び，その符号を書きなさい。

　　ア いて座　　　　**イ** てんびん座　　　**ウ** しし座　　　**エ** みずがめ座

6 山田さんの所属する科学部では，次の実験を行った。これらをもとに，以下の各問に答えなさい。

[**実験Ⅰ**]　図1のように，氷が入ったビーカーがある。そのビーカーの表面を観察したところ，①水滴ができていた。このビーカーを加熱したところ，②氷がとけて水になった。次に，図2のように，この水の液面と同じ位置にビーカーに目印をつけた。さらに，この水を冷やして，水が氷になったときのビーカーを観察したところ，図3のように中央がもり上がっていた。また，図2の水と図3の氷の質量は同じであった。

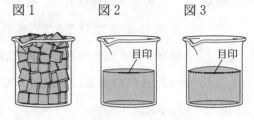

図1　図2　図3

[**実験Ⅱ**]　③水を入れたビーカーの中に，食塩を入れてかき混ぜたところ，食塩は完全にとけて，水溶液が透明になった。このビーカーに，物体Xを上から入れると，水中に沈んでいき，図4のように，底に接触した状態で静止した。次に，物体Xを取り出し，ビーカーにさらに食塩を入れ，かき混ぜた。このビーカーに，物体Xを上から入れると，図5のように，物体Xの一部が水中に沈んだ状態で静止した。その後，ビーカーに水を上から入れたところ，物体Xはゆっくり沈んでいき，図6のように，水中で静止した。

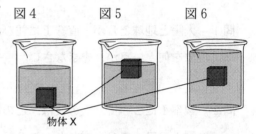

図4　図5　図6

物体X

問1　実験Ⅰについて，次の(1)～(3)に答えなさい。

(1)　下線部①について，ビーカーの表面に水滴ができたのはなぜか，理由を書きなさい。

(2)　下線部②について，固体がとけて液体に変化するときの温度を何というか，書きなさい。

(3)　氷が水に浮く理由を，実験結果をもとに，「**体積**」という語句を用いて書きなさい。

問2　実験Ⅱについて，次の(1)～(3)に答えなさい。

(1)　水200gに食塩50gをとかした水溶液の質量パーセント濃度は何%か，求めなさい。

(2)　下線部③について，この水溶液の性質について述べたものはどれか，次の**ア～エ**から適切なものを**すべて**選び，その符号を書きなさい。

　ア　この水溶液には電流が流れる。

　イ　この水溶液をろ過すると，食塩はろ紙を通りぬける。

　ウ　この水溶液に金属を入れると，気体が発生する。

　エ　この水溶液を加熱すると，水が蒸発して，食塩はこげる。

(3)　図4，図5，図6の物体Xにはたらく浮力の大きさをそれぞれa，b，cとする。a，b，cの関係を正しく表している式はどれか，次の**ア～オ**から最も適切なものを1つ選び，その符号を書きなさい。また，そう判断した理由を書きなさい。

　ア　a＝b＝c　　　　**イ**　a＝c＞b　　　　**ウ**　a＝c＜b

　エ　a＜b＝c　　　　**オ**　a＜c＜b

（解答は別冊 38 ページ）

1 次の略地図を見て，下の各問に答えなさい。

問1 略地図1の **X** は，三大洋の1つである。**X** の海洋名を書きなさい。

問2 略地図1の経線 **ア〜エ** のうち，日本の標準時子午線を選び，その符号を書きなさい。

問3 略地図1の **A** 国では，天然ゴムや油やしなどの特定の商品作物を大規模に栽培する農園がみられる。このような農園をカタカナで何というか，書きなさい。

問4 次の **ア〜エ** のうち，略地図1の **B〜E** 国について述べている文として適切なものを2つ選び，その符号を書きなさい。

ア **B** 国では，小麦栽培と家畜の飼育を組み合わせた混合農業がさかんである。

イ **C** 国では，現在，輸出額が最大となる品目は機械類であるが，以前は石油（原油）であった。

ウ **D** 国では，露天掘りによって鉄鉱石や石炭を採掘している。

エ **E** 国では，パンパと呼ばれる平原で牧畜が行われている。

略地図1

問5 略地図2は，略地図1の □ 付近を拡大したものである。**D** 国では，**a** 山脈にトンネルを掘って **b** 川と **c** 川をつないだことで，**b** 川流域で小麦を安定して生産できるようになった。**b** 川と **c** 川をつないだことにより，小麦の生産が安定したのはなぜだと考えられるか，**b** 川流域の気候の特徴にふれて書きなさい。

略地図2

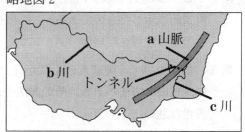

問6 資料1，資料2は，略地図1の **D** 国の **P** 地域に位置する **Q** 公園に関するものである。資料1の下線部で示された **D** 国の方針が，この国がめざす多文化社会を築くことにつながるのはなぜか，資料1と資料2を関連づけて書きなさい。

資料1　P 地域の歴史

3万年前	先住民が暮らし始める
1873 年	イギリス人がウルルを発見する
1985 年	**Q** 公園の所有権が，政府から先住民に返される
1987 年	**Q** 公園が世界遺産（自然遺産）に登録される
1990 年	**D** 国の調査により，**Q** 公園を訪れる人の約7割がウルルに登ることが目的であることがわかる
1994 年	**Q** 公園が世界遺産（文化遺産）にも登録される
2010 年	**D** 国が「ウルルに登らないでほしい」と世界に訴えていくとともに，**Q** 公園において観光地としてウルルに登ることに代わる新たな魅力づくりを進めるという方針を決める
2019 年	ウルルに登ることが正式に禁止される

（資料1，資料2は「ウルル＝カタ・ジュタ国立公園管理計画
2010—2020」などより作成）

資料2　Q 公園の概要

○正式名称：ウルル＝カタ・ジュタ国立公園

○面積：1,326 km²

○特徴：・ウルルと呼ばれる世界最大級の一枚岩（高さ 348m，周囲 9.4 km）がある

・ウルルには，先住民の神話が描かれた壁画が残されている

・先住民は儀式以外でウルルに登ることはほとんどない

○ガイド：主に先住民が従事している

○入場料：1人 25 ドル
このうち，25 ％ は先住民の収入となる

2 次のカードは,「各時代の法やきまり」について書かれたものの一部である。これを見て,下の各問に答えなさい。

A 寛政の改革では,ぜいたくな生活をいましめるために,きびしい倹約令が出された。	**B** 朝廷は,律令国家建設のために,唐にならって大宝律令を完成させた。
C 幕府は,元寇後さらに生活が苦しくなった御家人を救うために,徳政令を出した。	**D** 戦国大名の中には,領国を統治するために,独自の法やきまりをつくる者もいた。

問1 **A**について,次の(1),(2)に答えなさい。
  (1) この改革を中心になって進めた人物は誰か,書きなさい。
  (2) この改革では,倹約令が出されたこと以外にもさまざまな政策が行われた。次の**ア～エ**のうち,この改革の内容について述べている文として適切なものを1つ選び,その符号を書きなさい。
    ア 公正な裁判や刑罰の基準を定めた公事方御定書を編集した。
    イ 参勤交代を制度化し,大名に1年おきに領地と江戸を往復させた。
    ウ 生類憐みの令を出し,動物愛護政策を進めた。
    エ 幕府の学問所をつくり,朱子学以外の学問を禁じた。

資料1

問2 **B**について,資料1は,この法令が制定された後につくられた都を模式的に示したものである。この都を何というか,書きなさい。また,この都の位置を略地図の**ア～エ**から1つ選び,その符号を書きなさい。

略地図

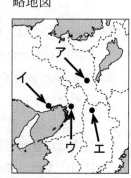

問3 **C**について,御家人の生活が元寇以前から苦しかった理由の1つに,相続の方法がある。その方法を,相続されたものを明らかにして書きなさい。

問4 **D**について,次の(1),(2)に答えなさい。
  (1) このような法やきまりを何というか,書きなさい。
  (2) 下の文は,資料2のようなきまりが各地に出されたことによる影響とその理由について,資料3と関連づけてまとめたものである。 ┃ Ⅰ ┃ には,次の**ア～エ**から最も適切なものを1つ選び,その符号を書き, ┃ Ⅱ ┃ には,適切な内容を座のしくみにふれて書きなさい。
    ア 株仲間や貴族(公家)　　**イ** 株仲間や惣
    ウ 貴族(公家)や寺社　　**エ** 寺社や惣

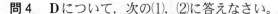

資料2のようなきまりが各地に出されたことで, ┃ Ⅰ ┃ が打撃を受けることになったと考えられる。その理由は, ┃ Ⅰ ┃ は, ┃ Ⅱ ┃ からである。

資料2 ある戦国大名が出したきまりの一部　　資料3 資料2のきまりが出される以前の座に関する記録の一部

この安土の町は楽市としたので,いろいろな座は廃止し,さまざまな税や労役は免除する。	・せんべい座の商人たちは,年貢500文をおさめることでせんべいを売ることを認められた。 ・ある油座は年貢を滞納していた。年貢の減額を願い出たが認められず,その地での取引を停止させられた。

(資料2は「近江八幡市共有文書」より,資料3は「座の研究」より作成。表現はわかりやすく改めた)

問5 **A～D**の4枚のカードを,時代の古いものから順に並べ,その符号を書きなさい。

3 次のメモは，日本の選挙についてまとめたものの一部である。これを見て，下の各問に答えなさい。

●選挙の原則
　・直接選挙，①（　**X**　）選挙などの原則にもとづいて実施されている。

●選挙の主な課題
　・②<u>一票の格差</u>　⇒　2019年7月の参議院議員選挙について，（　**Y**　）裁判所において
　　　　　　　　　「一票の格差を理由とする選挙の無効は認めない」とする内容の判決を
　　　　　　　　　受けた原告が，最高裁判所に（　**Z**　）した。

●選挙への関わり
　・投票する…2016年の③<u>法律の改正</u>により，選挙権を有する年齢が引き下げられた。
　・立候補する…被選挙権が一定の年齢以上の国民に認められている。

●選挙に関する事務を担当する機関
　・国には中央選挙管理会，地方には④<u>選挙管理委員会</u>がおかれている。

問1　資料1は，下線部①について説明した文である。**X**にあてはまる適切な語句を，資料1をもとに書きなさい。

資料1

> この投票は，だれをえらんだかをいう義務もなく，ある人をえらんだ理由を問われても答える必要はありません。

（「あたらしい憲法のはなし」より作成）

問2　次の**ア〜エ**のうち，**Y**，**Z**にあてはまる語句の組み合わせとして正しいものを1つ選び，その符号を書きなさい。

　ア　**Y**－高等　**Z**－控訴　　　　　**イ**　**Y**－高等　**Z**－上告
　ウ　**Y**－地方　**Z**－控訴　　　　　**エ**　**Y**－地方　**Z**－上告

問3　下線部②について，選挙の主な課題となる「一票の格差（一票の価値の格差）」とは，どのようなことか，日本国憲法が保障する基本的人権の内容にふれて，書きなさい。

問4　下線部③について，参議院が衆議院と異なる議決をした法律案は，衆議院で再び可決すれば法律となる。総議員数465人の衆議院で420人の議員が出席した場合，再可決のためには最低何人の賛成が必要か，次の**ア〜エ**から1つ選び，その符号を書きなさい。

　ア　211人　　　　　**イ**　233人　　　　　**ウ**　280人　　　　　**エ**　310人

問5　次の文は，下線部④が行う資料2のような取り組みによって，政治にどのような変化が起きると期待できるかをまとめたものである。　**Ⅰ**　，　**Ⅱ**　にあてはまる適切な内容を，資料2と資料3を関連づけて書きなさい。

> 　資料2の取り組みは，選挙管理委員会が，　**Ⅰ**　ことを目標として行っているものであり，目標が達成されれば，議会制民主主義のしくみを通じて　**Ⅱ**　ことが期待できる。

資料2　選挙管理委員会の取り組みの例

> ・高等学校や大学で模擬選挙を行う。
> ・期日前投票所を高等学校や大学に設置する。
> ・SNSで選挙の情報を発信する。

（資料2は全国の選挙管理委員会のホームページより，
資料3は総務省のホームページより作成）

資料3　2017年の衆議院議員選挙における年代別投票率

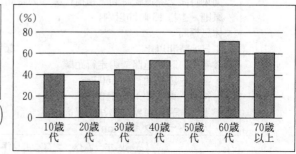

4 次のメモは，中村さんが宮崎県について調べるために作成
したものである。これを見て，下の各問に答えなさい。

メモ

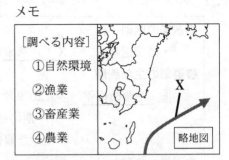

[調べる内容]
①自然環境
②漁業
③畜産業
④農業

略地図

問1 ①について，次の(1)，(2)に答えなさい。

　(1)　宮崎県沿岸の海底は，浅くて平らになっている。こ
のような海底を何というか，書きなさい。

　(2)　宮崎県は，略地図の**X**海流の影響もあり，冬でも
温暖な気候である。**X**海流を何というか，書きなさ
い。

問2 ②について，宮崎県では，とる漁業も育てる漁業もさかんである。次の**a**，**b**の文は，これ
らの漁業についてまとめたものである。それぞれの文について，正しいものには○を，誤って
いるものには×を書きなさい。

　a　排他的経済水域が設けられたことで，遠洋漁業や沖合漁業は規制を受けた。

　b　養殖漁業では，卵からふ化させた稚魚や稚貝をある程度まで育て，海や川に放流する。

問3 ③について，宮崎県は養豚農家の経営の安定のため，
資料1の基準を満たす宮崎県産の豚肉をブランド肉とし
て認定する制度に取り組んでいる。このように宮崎県が
豚肉をブランド肉として認定することが，養豚農家の
経営の安定につながるのはなぜか，資料1をもとに書き
なさい。

資料1　宮崎県のブランド豚肉の
　　　　基準の一部

・生産履歴を記録していること
・衛生管理が行き届いていること
・肉質及び脂肪の質が良好であること

（みやざきブランド推進本部ホームページ
より作成。表現はわかりやすく改めた）

問4 ④について，次の(1)，(2)に答えなさい。

　(1)　宮崎県南部を含む九州南部には，稲作に適していない台地が見られる。九州南部に広がる
このような台地の名称と稲作に適していない理由をそれぞれ書きなさい。

　(2)　資料2は，農産物の生産がさかんな宮崎県が取り組んでいる流通の工夫の1つである。こ
のような工夫に取り組むのは，トラック運転手の不足に対応することの他に，どのような目
的があるためだと考えられるか，資料2，資料3，資料4をもとに書きなさい。

資料2　広島県より遠い地域に農産物を運ぶための工夫の1つ

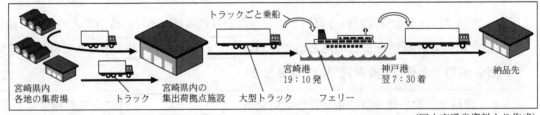

トラックごと乗船

宮崎県内
各地の集荷場　　トラック　　宮崎県内の
　　　　　　　　　　　集出荷拠点施設　　大型トラック　　フェリー
宮崎港
19：10発
神戸港
翌7：30着
納品先

（国土交通省資料より作成）

資料3　トラック運転手の労働時間に
　　　　関するルール

＜運転時間＞
　2日平均で1日あたり9時間以内
＜拘束時間＞（運転時間＋積荷作業等の時間）
　原則，1日13時間以内
＜休息期間＞
　1日8時間以上　　　　　　　　　など
●参考1　高速道路での走行距離
　・宮崎～広島間：約560 km
　・神戸～東京間：約510 km
●参考2　高速道路での法定最高速度
　・大型トラック：80 km/h

（宮崎県ホームページなどより作成）

資料4　宮崎県の主な農産物である
　　　　きゅうりの出荷先割合と総出荷量

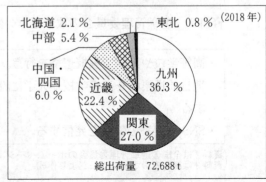

（2018年）
北海道 2.1 %　　東北 0.8 %
中部 5.4 %
中国・
四国
6.0 %
近畿
22.4 %
九州
36.3 %
関東
27.0 %
総出荷量　72,688 t

（農林水産省ホームページより作成）

5 次の年表を見て，下の各問に答えなさい。

年	できごと
1869	①版籍奉還が行われる
1889	◇大日本帝国憲法が発布される
1894	◇日英通商航海条約を結ぶ
	↕②
1919	◇パリ講和会議が開かれる
1921	③日英同盟の解消が決まる
1925	④男子普通選挙を定めた法が成立する
1933	⑤日本が国際連盟からの脱退を表明する
1945	◇ポツダム宣言を受諾する
1946	◇日本国憲法が公布される
1952	⑥サンフランシスコ平和条約が発効し，日本が独立を回復する

問1　①について，このとき全国の藩から朝廷に「版」と「籍」が返された。この「版」と「籍」とは何か，書きなさい。

問2　②の時期について，次の(1)，(2)に答えなさい。

(1)　次の**ア～エ**のうち，②の時期におけるできごととして**あてはまらないもの**を1つ選び，その符号を書きなさい。
　　ア　三国協商が成立する。
　　イ　三国同盟が成立する。
　　ウ　中華民国が成立する。
　　エ　ロシア革命が起こる。

(2)　資料1は，②の時期にロシアが日本に行った勧告の記録の一部である。**X**は略地図の**ア～エ**のどれか，1つ選び，その符号を書きなさい。また，ロシアとともに資料1と同じ内容の勧告を日本に行った2つの国はどこか，その国名を書きなさい。

資料1

> 日本が中国に求めた講和条約を調べてみると，その要求にある（　**X**　）を日本が所有することは，中国の首都をおびやかす。これは極東の平和の妨げになる。(略)（　**X**　）を領有することを放棄するよう勧告する。

（「日本外交年表並主要文書」より作成。表現はわかりやすく改めた）

問3　③について，日英同盟の解消が決まった会議では，海軍の軍備の制限についても話し合われた。この会議は開かれた場所にちなんで何と呼ばれるか，書きなさい。

略地図

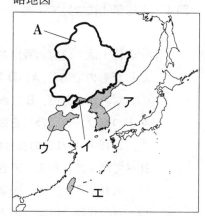

問4　④について，この法律が成立したときの日本の首相は誰か，次の**ア～エ**から正しいものを1つ選び，その符号を書きなさい。
ア　犬養毅　　**イ**　桂太郎　　**ウ**　加藤高明　　**エ**　原敬

問5　⑤について，日本が国際連盟からの脱退を表明したのは，国際連盟が略地図の**A**地域についての日本の主張を認めなかったためである。認められなかった日本の主張はどのような内容か，書きなさい。

問6　資料2は，⑥以降の沖縄の経済に関わるできごとをまとめたものの一部であり，資料3は1971年10月に日本政府の沖縄担当者が述べた談話の一部である。資料3の下線部のように，沖縄の人々が抱いた不安は何だと考えられるか，当時の沖縄のおかれた状況の変化を明らかにして，資料2と資料3を関連づけて書きなさい。

資料2

年月	できごと
1958年9月	アメリカのドルが法定通貨となる
1971年4月	日本銀行那覇支店の開設準備室が設置される
1971年8月	これまで固定されていた為替レートが変動する制度となって，円高となり，それが続く
1972年5月	日本銀行那覇支店が開設され，通貨交換が6日間に渡って行われる

資料3

> 永年にわたる沖縄の人々の労苦に報いることを考慮し，<u>為替レートの変動について沖縄の人々の間に見られる不安を一日も早く解消するため</u>，沖縄の人々の保有するドルの金額が確認された後，それにもとづいて，政府は，通貨交換の際，給付金を支給する。

（「屋良朝苗回顧録」より作成。表現はわかりやすく改めた）

6　次の文は，中学生の田中さんと松本さんの会話である。これを読んで，下の各問に答えなさい。

田中：1950 年代半ばの日本の<u>高度経済成長</u>①はいつまで続いたの。
松本：1973 年に石油危機が起こるまで続いて，そのあと，不景気になったよね。そして，1980 年代後半から続いたバブル経済も，1991 年に崩壊して不景気になったんだ。
田中：なるほど，景気は変動を繰り返しているのね。
松本：不景気の時は賃金が下がったりするけど，好景気の時は<u>企業は生産を拡大し</u>②，<u>雇用も増える</u>③よ。
田中：景気は国民の生活に大きな影響を与えているのね。
松本：だから，国は景気の動向に合わせて，景気の調整をしているよ。その役割を<u>財政</u>④が担っているんだ。

問 1　下線部①について，この時期に大気や水，土壌の汚染などが深刻化した。このような環境の悪化により，地域住民の健康や生活がそこなわれることを何というか，書きなさい。

問 2　下線部②について，次の**ア〜エ**のうち，法人企業の中で代表的なものである株式会社について述べた文として最も適切なものを 1 つ選び，その符号を書きなさい。

ア　株式会社が倒産した場合，株主は出資額を失うが，それをこえて責任を負うことはない。

イ　株式会社は，株式を発行して資金を集めており，金融機関からの融資を受けることはない。

ウ　株主になることができるのは，個人だけであり，法人企業は株主になれない。

エ　株主は，企業の収益に応じて配当を受けるが，経営方針に意見を言えない。

問 3　下線部③について，労働者には労働条件について団体で交渉する権利（団体交渉権）が認められている。このような権利が労働者に認められているのはなぜか，**「使用者」**という語句を使って書きなさい。

問 4　下線部④について，次の⑴，⑵に答えなさい。

⑴　資料 1 は，政府の歳出の内訳の変化を示したものであり，**A〜D**は，次の**ア〜エ**のいずれかである。**B**にあてはまるものを 1 つ選び，その符号を書きなさい。また，2018 年度の**B**の割合が 1960 年度と比べて増えた理由を，書きなさい。

ア　公共事業　　**イ**　国債費
ウ　社会保障　　**エ**　地方交付税交付金

資料 1

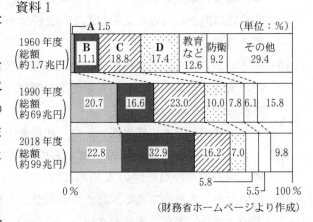

（財務省ホームページより作成）

⑵　資料 2 は，日本の財政に対する田中さんと松本さんの意見をそれぞれまとめたものであり，資料 3 は 2 人の意見を，「大きな政府を支持」「小さな政府を支持」「経済成長を重視」「経済格差の縮小を重視」という観点から整理するために作成したものである。2 人の意見は資料 3 の**ア〜エ**のうちどれにあてはまるか，それぞれ符号を書きなさい。

資料 2

田中：財政赤字を減らすために，規制緩和を進めて政府の支出を減らすべきである。政府は国防や警察の仕事を行うための最低限の税を集めればよい。政府が企業の経済活動に干渉しないで，自由に競争させればよい。

松本：政府は道路などの社会資本の整備をもっと進めるべきである。そのための財源は，消費税の増税で対応すればよい。法人税の増税は，企業の経済活動に影響を与えることがあるので，慎重に考えるべきである。

資料 3

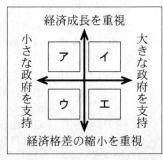

（解答は別冊 40 ページ）

1 〔聞くことの検査〕

　A　（英文を聞いて質問に答える問題）

　B

No. 1

No. 2

| ア | イ | ウ | エ |

　C

Part 1

Course	America Course	U.K. Course	Australia Course
	Learn English every day and		
What to Do and Where to Go	· Visit a famous building or ア · Watch a professional baseball game	· Visit the famous イ and clock tower · Travel to several cities outside London	· Go to school with your host brother or sister · Learn about the ウ of the people of the country

Part 2

No. 1　　（質問に続けて読まれる選択肢**ア**～**ウ**から1つ選び，その符号を書きなさい。）

No. 2　　（質問に続けて読まれる選択肢**ア**～**ウ**から1つ選び，その符号を書きなさい。）

No. 3　　（質問に対する適切な答えを英語で書きなさい。）

2　　2人の生徒と ALT の会話の意味が通じるように，　①　～　④　に入る文として，下の**ア**～**オ**から最も適切なものをそれぞれ1つ選び，その符号を書きなさい。

Ryo : Last night I watched an interesting TV program about Food-Waste. Do you know about that?

Kenji : Food-Waste?

ALT : Today, a lot of food is thrown away while you can still eat it. This problem is called Food-Waste.

Kenji :　①

ALT : Sometimes. But can you believe this?　②

Kenji : I understand. In fact, last night I threw away some milk. My mother bought too much milk three weeks ago.

Ryo : That's too bad.　③　So, we should find a way to give them more food.

Kenji : I agree! Is there a good way to solve this problem quickly?

Ryo : If you buy too much, you cannot eat it all and may throw some away.　④

Kenji : I see. It will be easy to do so, I think. I will also tell my family about it.

　ア　Does it happen in supermarkets and restaurants?

　イ　Let's cook more food for people who cannot buy enough.

　ウ　Many people in the world cannot eat enough food.

　エ　Most of the Food-Waste in Japan happens in our houses, not in stores or restaurants!

　オ　So, the best way to stop the problem is to stop buying too much food.

3 中学生4人と留学生のエミリー（**Emily**）さんが，担任の伊藤先生（**Ms. Ito**）と話しています。ポスター（**poster**）と会話を読んで，あとの各問に答えなさい。

Sumire JHS Summer Volunteer Activity 2020
SSVA CULTURE
Teach Japanese culture to children from abroad!

- *Every year the students of Sumire Junior High School take part in different volunteer activities in summer vacation.*
- *Why don't you use your summer vacation to help the people living in Sumire City?*

When?
→ Three Saturday mornings

Where?
→ School meeting room

How many volunteers?
→ Three to six people

- You can decide when to do the activities yourself!
- Please create an original program to make the children happy!
- If you are interested in *SSVA CULTURE*, please ask your homeroom teacher for more information!

< Sumire Junior High School; 2020 >

Ichiro : Ms. Ito, we saw the poster for this year's SSVA. This year's activity is to teach Japanese culture. We are interested in joining it.

Hanako : Yes! There are a lot of things we can do!

Ms. Ito : Good! I think you can do many things in this year's SSVA. You learned a lot about Japanese culture last year. So, you were good teachers of Japanese culture when people from Canada visited our school. I think you will be good teachers to children from abroad, too.

Yumiko : Yes! We'll take part in SSVA CULTURE together! I think Emily can help us because this is her second year in this school. She learned about Japanese culture with us and her Japanese is very good. Emily, why don't you teach with us? You can help the children as an interpreter, too.

Emily : [A] Thank you.

Ichiro : Ms. Ito, is it OK if I make a leaflet for the Japanese culture classes?

Ms. Ito : Sure! Now you must ①talk about what the classes will be like.

Hanako : Yes. First, what will we do to teach Japanese culture to the children?

Jiro : How about reading picture books of Japanese stories like *Momotaro* and *Kaguyahime* to them? I think ②they will easily understand the stories with pictures.

Hanako : [B] Then, can we do something else to make the classes more interesting?

Emily : I think children from abroad will be happy to play with Japanese toys.

Jiro : Yes! Let's teach them how to play Karuta!

Emily : Wow! That's a good idea because [あ].

Ichiro : The children will be glad to learn these two things together!

Hanako : Next, we must decide the date of the classes.

Ichiro : We must prepare for the speech contest in July, so let's have all the classes in August.

Yumiko : I agree. But I cannot have a class on the 15th because I have to visit my grandparents.

Jiro : We also shouldn't have a class on the 29th. We should finish our homework. . .

Hanako : So we'll have the classes on [　　　　　　　]. Now, what should children do if they want to come?

Ms. Ito : If they want to, their parents should call me.

Emily : Thank you, Ms. Ito. Ichiro, now we have all the information to make the leaflet, right?

Ichiro : Yes. Do you have any ideas for the design?

Hanako : The date and time should be large because they are important and. . .

Yumiko : How about [い] ? Then the children will easily find where to go.

Ichiro : OK. I'll make the leaflet tonight and show it to you tomorrow morning!

Ms. Ito : Good. The classes will be really interesting, so I think a lot of children will join.

Jiro : I have a good idea! Hiroshi got the first prize in the school Karuta contest last year. I think we should invite him.

Emily : You're right! ③I'll send him an e-mail with the leaflet and invite him!

(注) | leaflet：チラシ |

問1 [A] , [B] の中に入る英語として，次の**ア～エ**から最も適切なものをそれぞれ1つずつ選び，その符号を書きなさい。

A **ア** Any other questions?　**イ** Check it out!　**ウ** I'd love to!　**エ** What is it about?

B **ア** Exactly!　　　　　　**イ** Guess what!　**ウ** My pleasure!　**エ** No, not yet!

問2 下線部①は，ここではどのような意味で使われているか，次の**ア～エ**から最も適切なものを1つ選び，その符号を書きなさい。

ア ask children from abroad about what they would like to learn

イ decide how to teach Japanese culture and when to have the classes

ウ find someone who will teach Japanese culture with you all

エ show you want to teach Japanese culture to children from abroad

問3 下線部②について，最も強く発音される語を次の**ア～エ**から1つ選び，その符号を書きなさい。

they will easily understand the stories with pictures
　　　　　　ア　**イ**　　　　　　　　　　**ウ**　　　**エ**

問4 [あ] , [い] の中に，それぞれ6語～10語の適切な内容の英語を書きなさい。

問5 ［ 　 ］に入る日を，右のカレンダーの**ア～コ**からすべて選び，その符号を書きなさい。

			July							*August*			
Sun	Mon	Tue	Wed	Thu	Fri	Sat	Sun	Mon	Tue	Wed	Thu	Fri	Sat
			1	2	3	4							**エ** 1
5	6	7	8	9	10	11	2	3	4	5	6	7	**オ** 8
12	13	14	**ア** 15	16	17	18	9	10	11	12	13	**カ** 14	**キ** 15
19	20	21	22	23	24	**イ** 25	16	17	18	19	20	21	**ク** 22
26	27	28	**ウ** 29	30	31		23	24	25	26	27	**ケ** 28	**コ** 29
							30	31					

問6 下線部③について，エミリーさんは翌日，浩志（**Hiroshi**）さんに次のようなメールを送りました。下線部に，**3文以上**のまとまりのある英文を書き，メールを完成させなさい。

Hi, Hiroshi. I'm going to join SSVA CULTURE with Ichiro, Jiro, Hanako and Yumiko. ___
_____ So, I think you can help us a lot. The date, time and place are on the leaflet. If you can come, please reply!

問7 次の**ア～オ**のうち，ポスター及び会話の内容に合うものを2つ選び，その符号を書きなさい。

ア Emily and her friends will take part in SSVA CULTURE as they did last year.

イ The students will use the school meeting room when they have the culture classes.

ウ Hanako and her friends taught Japanese culture to many people when they visited Canada.

エ Children who want to join the culture classes have to call Ms. Ito themselves.

オ Ichiro thinks it will take only one night to make the leaflet for the culture classes.

2020

4 中学生の悠太（**Yuta**）さんが，最近考えたことを英語版学校新聞の記事（**article**）にしました。グラフ（**graph**）と英文を読んで，あとの各問に答えなさい。

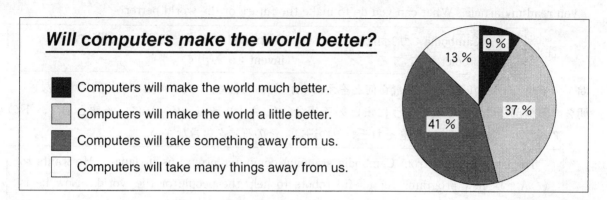

Will computers make the world better?

■ Computers will make the world much better.
▨ Computers will make the world a little better.
▩ Computers will take something away from us.
□ Computers will take many things away from us.

9 %
13 %
41 %
37 %

Look at this graph. This graph shows what the students of our junior high school answered to the question, "Will computers make the world better?" More than 40% of the students think they will live better lives in the future because of computers. On the other hand, about half of the students think they will lose something or many things if they keep using computers. ①What is your answer to the question? If computers do not make us happy, what else can?

My friend, ②Tong, thinks computers will bring us a better world. Tong is a university student from Cambodia. Tong studies computer programs at a university in Tokyo. Last summer he spent a week at my home. あ his stay, I asked him a question, "Why did you decide to study in Japan?" Tong answered, "In my country, Japan is famous for computer technology. I wanted to come to Japan to study and make a useful robot for the people of the world." When I heard his answer, I was surprised to know that he had such a big dream. "I can't imagine that I will be a person who makes something useful for people around the world," I said to myself, and asked him, "Do you believe you can do that?" Tong thought for a while and said, "If I study hard, I can do it! I will be able to make an elderly care robot controlled by a computer program. Elderly care robots are robots which can take care of old people!" In the future we will have to take care of more old people with fewer young people than now. Many countries have to solve this problem. So, Tong decided to make such useful robots for the future of the world. "There will be many different kinds of robots in the near future. You will be able to ask them to ③do anything you want," he said.

い first I couldn't imagine there would be such useful robots in the future. "Will it be possible for robots to do things like taking care of old people?" I asked Tong. Then, my father came to us and told us about Alan Kay. Alan Kay is a computer scientist and some people call him 'The Father of Personal Computers.'

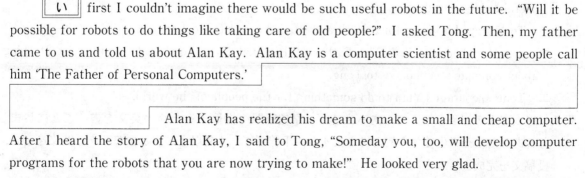

Alan Kay has realized his dream to make a small and cheap computer. After I heard the story of Alan Kay, I said to Tong, "Someday you, too, will develop computer programs for the robots that you are now trying to make!" He looked very glad.

Now I believe that computers will bring us a much better world. Imagine a future world. What will the world be like in 2050? In the year 2050, you and I will be over forty years old. Maybe we will live in a different world from now. Alan Kay said, "The best way to predict the future is to invent it." I want to become someone like Tong and bring a bright future to the people of the world. I'll be happy if you begin to think of something for a brighter future after you read my article. What can you do to make the future of the world better?

(注)

Cambodia：カンボジア	controlled by～：～によって制御される
predict：予言する	invent：生み出す

問1　下線部①について，あなたなら何と答えますか。理由も含め，1文の英語で具体的に書きなさい。

問2　下線部②について次のようにまとめる場合，（　A　）～（　C　）に入る語として，下の**ア～カ**から最も適切なものをそれぞれ1つ選び，その符号を書きなさい。

Tong is a student from Cambodia studying computer programs in Japan. He wants to （　A　） new programs for useful robots to help the people of the world. Now he is trying to develop robots （　B　） help old people. There will be fewer young people to take care of them, so he believes his robots will become （　C　） for our future.

ア　make　　**イ**　necessary　　**ウ**　need　　**エ**　quick　　**オ**　what　　**カ**　which

問3　あ ，い の中に入る語の組み合わせとして，次の**ア～エ**から最も適切なものを1つ選び，その符号を書きなさい。

ア　あ During　い At　　　**イ**　あ During　い In
ウ　あ While　い At　　　**エ**　あ While　い In

問4　下線部③について，あなたなら，英文で述べられていること以外に何をしてもらいたいですか。1文の英語で具体的に書きなさい。

問5　　　　　　　　　　　の中には次の**ア～エ**が入ります。文章の意味が通じるように最も適切な順に並べ替え，その符号を書きなさい。

ア　At that time, he couldn't imagine that everyone would use a computer at work or at home.

イ　His studies went very well and now a lot of people can buy a personal computer and even children can use it.

ウ　So, he tried hard to develop computer technology to make computers smaller and less expensive.

エ　When he was a child, computers were really big and expensive.

問6　次の**ア～エ**のうち，グラフ及び英文の内容に合うものを1つ選び，その符号を書きなさい。

ア　The graph shows more than half of the students in Yuta's school think computers are useful for the world.

イ　Tong stayed in Japan for a week and studied computer technology.

ウ　Yuta's father is called 'The Father of Personal Computers' and taught a lot of things about computer technology to Tong.

エ　Tong encouraged Yuta to do something for the people of the world.

問7　悠太さんの記事を読んで，ある生徒が，学校新聞へ投稿するための英文を書くことにしました。あなたがその生徒なら何と書きますか。下線部に，**4文以上**のまとまりのある英文を書き，投稿文を完成させなさい。

Thank you, Yuta. You gave us a good chance to think about the future. I cannot make robots like Tong, but I came up with a new idea to make the future better. ＿＿＿＿＿＿＿ ＿＿＿＿＿＿＿＿＿＿＿＿＿＿＿＿＿＿＿＿＿ In this way we can make the world better.

（解答は別冊 44 ページ）

1 下の(1)〜(5)に答えなさい。なお，解答欄の ☐ には答だけを書くこと。

(1) 次の**ア〜オ**の計算をしなさい。

ア $-3-6$

イ $7+(-2^3)\times 4$

ウ $(-3ab)^2 \div \dfrac{6}{5}a^2 b$

エ $\dfrac{x+3y}{4} - \dfrac{2x-y}{3}$

オ $\sqrt{60} \times \dfrac{1}{\sqrt{3}} - \sqrt{45}$

(2) 次の方程式を解きなさい。

$x^2 + 5x - 3 = 0$

(3) 折り紙が a 枚ある。この折り紙を 1 人に b 枚ずつ b 人に配ったら，20 枚以上余った。このときの数量の間の関係を，不等式で表しなさい。

(4) $x = \sqrt{7} + \sqrt{2}$，$y = \sqrt{7} - \sqrt{2}$ のとき，$x^2 - y^2$ の値を求めなさい。

(5) 太郎さんのクラス生徒全員について，ある期間に図書室から借りた本の冊数を調べ，表にまとめた。しかし，表の一部が右のように破れてしまい，いくつかの数値がわからなくなった。

このとき，このクラスの生徒がある期間に借りた本の冊数の平均値を求めなさい。

冊数（冊）	度数（人）	相対度数
0	6	0.15
1	6	0.15
2	12	0.30
3		0.25
4		
計		

2 1から6までの目が出る大小2つのさいころと，1から6までの数字が1つずつ書かれた6枚のカードがある。

　このとき，下の(1), (2)に答えなさい。ただし，2つのさいころはともに，どの目が出ることも同様に確からしいとする。

図　

(1)　図のように，6枚のカードを一列に並べる。大きいさいころを1回投げた後，［　　　］の中の規則①にしたがって，カードを操作する。

┌───┐
│　＜　規則①　＞   │
│　　・出た目の数の約数と同じ数字が書かれたカードをすべて取り除く。 │
└───┘

　このとき，残っているカードが4枚になるさいころの目をすべて書きなさい。

(2)　図のように，6枚のカードを一列に並べる。大小2つのさいころを同時に1回投げた後，［　　　］の中の規則②にしたがって，カードを操作する。

┌──┐
│　＜　規則②　＞   │
│　　・出た目の数が異なるときは，大小2つのさいころの目と同じ数字が書かれたカード │
│　　　どうしを入れ換える。   │
│　　・出た目の数が同じときは，何もしない。   │
└──┘

　このとき，右端のカードの数字が偶数となる確率を求めなさい。また，その考え方を説明しなさい。説明においては，図や表，式などを用いてよい。

3 図1のように，関数 $y = x^2$ のグラフがある。A はグラフ上の点で，x 座標は -1 である。また，2点 P，Q はグラフ上を動くものとする。

このとき，次の(1)～(3)に答えなさい。ただし，円周率は π とする。

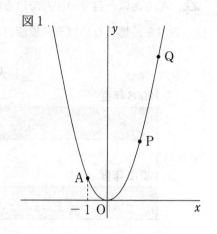

図1

(1) 関数 $y = x^2$ について，x の変域が $-3 \leqq x \leqq 2$ のときの y の変域を求めなさい。

(2) 2点 P，Q の x 座標をそれぞれ1と3とする。図2のように，△APQ を原点 O を中心として矢印の方向に360°回転移動させ，△APQ が回転移動しながら通った部分に色をつけた。

このとき，色がついている図形の面積を求めなさい。

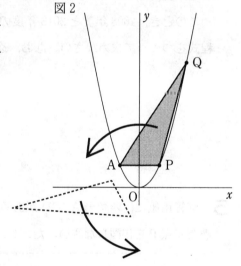

図2

(3) 2点 P，Q の x 座標をそれぞれ3と4とする。直線 OA 上に，四角形 OPQA と △OPR の面積が等しくなるように点 R をとるとき，R の座標を求めなさい。ただし，R の x 座標は負とする。なお，途中の計算も書くこと。

4 Aさんは，自分の住んでいる町の1人1日あたりのゴミの排出量を調べた。下のグラフは，燃えるゴミ，燃えないゴミ，資源ゴミの排出量の割合をまとめたものである。

1人1日あたりのゴミの排出量の割合

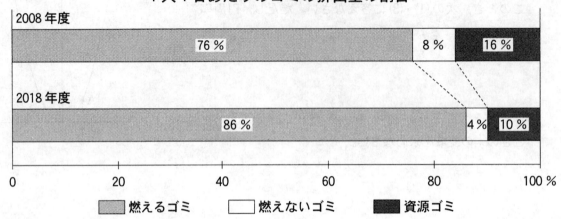

3種類のゴミの排出量の合計を比べると，2018年度は2008年度と比べて225g少なかった。また，燃えないゴミの排出量を比べると，2018年度は2008年度と比べて6割減っていた。

このとき，2008年度と2018年度の3種類のゴミの排出量の合計はそれぞれ何gであったか，方程式をつくって求めなさい。なお，途中の計算も書くこと。

2020

5 解答用紙に，四角形ABCDがある。これを用いて，次の ☐ の中の条件①〜③をすべて満たす点Pを作図しなさい。ただし，作図に用いた線は消さないこと。

> ① 点Pは，直線BCに対して点Aと同じ側にある。
>
> ② ∠ABP = ∠CBP
>
> ③ ∠ADC = ∠APC

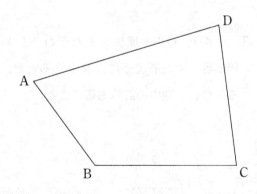

6 図1～図3のように，ABを直径とする円Oと，点Bで接する直線ℓがある。Cは円周上の点であり，直線COと円周との交点のうち，点C以外の交点をDとする。また，直線COと直線ℓとの交点をEとする。ただし，0°＜∠AOC＜90°とする。

このとき，次の(1)～(3)に答えなさい。ただし，円周率はπとする。

(1) 図1のように，∠ACO＝70°のとき，∠xの大きさを求めなさい。

図1

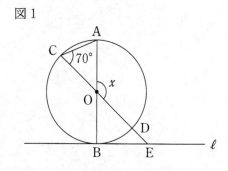

(2) 図2において，AB＝8 cm，∠ACO＝60°とする。このとき，⌢DB，線分BE，EDで囲まれた ▨ 部分の面積を求めなさい。なお，途中の計算も書くこと。

図2

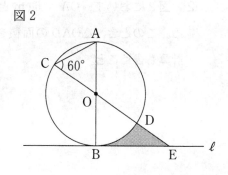

(3) 図3のように，直線ACと直線ℓとの交点をP，直線ADと直線ℓとの交点をQとする。このとき，△CPE∽△QDEを証明しなさい。

図3

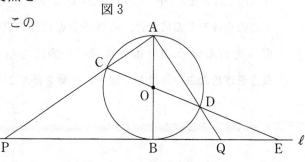

2020

7 図1～図3のように，AB = BC = CA = 6 cm，OA = OB = OC の正三角錐 OABC がある。
このとき，次の(1)～(3)に答えなさい。

(1) 図1において，辺 OB とねじれの位置にある辺を書きなさい。

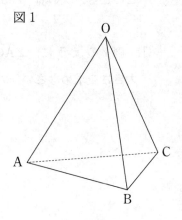

図1

(2) 図2において，OA = 6 cm とし，辺 BC の中点を D とする。このとき，△OAD の面積を求めなさい。なお，途中の計算も書くこと。

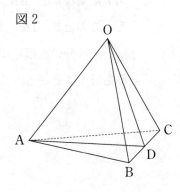

図2

(3) 図3において，OA = 8 cm とし，辺 OA 上に点 E を，辺 OC 上に点 F を，OF = 2OE となるようにとる。平面 EBF でこの立体を2つに分け，点 A を含むほうの立体の体積が，点 O を含むほうの立体の体積の2倍になるとき，OE の長さを求めなさい。なお，途中の計算も書くこと。

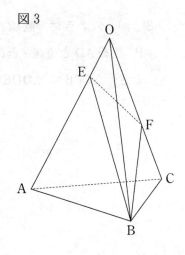

図3

2020

（解答は別冊46ページ）

一　次の各問に答えなさい。

問1　次の(1)〜(4)について、――線部の漢字の読みがなを書きなさい。

(1) 目的地までの道順を尋ねる。

(2) 倹約な生活を改める。

(3) 五月の半ばに完成する。

(4) 国王に拝謁する。

問2　次の(1)〜(4)について、――線部の片仮名を漢字で書きなさい。

(1) コナユキが降る。

(2) ザッソウが生い茂る。

(3) 粘土板に文字をキザむ。

(4) 展望台からゼンケイを眺める。

二　次の文章を読んで、あとの各問に答えなさい。

> 市立動物園の飼育担当者を対象にエンリッチメントコンテストを企画した園長の磯貝は、副園長の森下とホッキョクグマの展示場へ向かっていた。

「森下さん、もしかして答えを知っているんですか」

「まさか、どうしてそう思うんですか」

「ずいぶんと楽しそうじゃないですか」

「知らないから楽しみなんですよ。ただ少なくとも園長にとっては、すでに結果は出ているのではありませんか。コンテストは大成功だ」

「ホッキョクグマ担当者たちは、不参加を表明したんですが」

「あれだけ熱心に取り組んできたのに参加を取りやめる時点で、熱心な議論と決断の過程があったということでしょう。園長は、過程を評価する仕組みを作りたい……そう①おっしゃいましたよね。それなら大成功だ」

そうかもしれない。だがせっかくなら、エンリッチメントの難しい動物の筆頭ともいえるホッキョクグマ担当者には、参加して欲しかった。

園内エンリッチメントコンテストの受け付けは、昨日までだった。ところが期待していたホッキョクグマのエントリーはなかった。朝礼の後、竹崎を呼び止め、なぜ参加しなかったのか訊いた。

――よかったら、展示場にいらしてください。答えをお見せします。

ホッキョクグマ展示場が見えてきた。

ネイブは常同行動をしていなかった。かと言って活発に動き回っているわけでもない。放飼場で寝そべになっている。②人形のように動かない。

「これが、おれたちの出した答えです」

声がした方に顔をむけると、③三人のホッキョクグマ担当が立っていた。

「どういうことですか。なぜネイブは動かないんですか」

竹崎はネイブを見やる。

「あれはステイルベハントと呼ばれる行動です。いわゆる待ち伏せです」

そこからは品川が引き継いだ。

「ホッキョクグマは氷上に開いた穴から出てくるアザラシを捕らえるため、穴の前で何時間も待ち続けることがあるんです」

続いて麻子が口を開く。

「ネイブの前に直径三十センチほどの穴が開いています。穴の下は水を張ったホリカンが取り付けてあり、餌を閉じ込めるため餌を沈めてあります。水に餌をつけると、餌が浮かんでくる仕組みであります」

三人の後輩を頼もしげに見て、竹崎が言う。

「ステイルベハントというアイデアを、もっと早くに思い付いてもおかしくなかったんです。だけど、そうはならなかった。お客さんにとっても楽しめる試み、という固定観念が邪魔したんです。動物が本能を発揮するほど、多くの場合、動物は活発に動きを回るようになります。その結果、お客さんから見ても楽しいものになる。のですが、そうじゃない場合についてであります」

竹崎の手がネイブを指し示す。

「人から見れば休んでいるように見えるかもしれませんが、ネイブは真剣です。野生なら狩りが失敗すれば、生命の危機に繋がるのですから、餌が浮いて来るまでは、ずっとこのままでしょう」

頷きながら話を聞いていた麻子が、真っ直ぐにこちらを見た。

「お客さんにとっては、常同行動をしているほうが、動きがあって楽しいのかもしれません。だけどネイブにとっては、餌を待ち続けるこの状況のほうが、何倍も張り合いがあるはずなんです」

「どちらか一方しか選べないのなら、僕らはネイブの幸せを選びます」

最後に品川が、力強く宣言した。

決意に満ちた三人の顔を見渡して、磯貝は訊いた。

「それで、コンテストへの参加をやめたというわけですか。常同行動を抑えることにしても、お客さんの満足には繋がらないと判断して」

竹崎が答える。

「それもありますが、本来の目的を見失っていたことに気づいたんです。他人に評価されたいと願えば、どうしても一見してわかりやすい成果を追い求めてしまう。ですがそれでは駄目なんです。人間でも夢中で本を読んでいる場合、は目に動きがなくても、本人は幸せというような場合があります。④それを動物の採餌と同じ次元で語るのは適切ではないかもしれませんが……、とか、もしもそういう選択肢が浮かんだとき、躊躇なく実行できる自分でいたいと思います。他人がどう評価するかではなく、動物にとってなにが最善かを真っ先に考えて行動するように」

「たしかにネイブがあんな状態で、コンテストで勝てるはずがないですし。だけど、ネイブが幸せなら……」

麻子がネイブを見ながら、少しだけ残念そうに肩を上下させる。

いっぽう品川は、清々しい表情だった。

「きっかけを与えてくださったことには、感謝しています。ただ、おれたちにとっては、きっかけだけでじゅうぶんだったというこ、とです」

「話はよくわかりました。これがきみ……きみたちの答えなんですね」

磯貝は訊いた。三人が同時に頷く。⑤隣で森下も満足そうに頷いていた。

（佐藤青南「市立ノアの方舟」より。一部省略等がある）

(注) エンリッチメント…ここでは、動物園の動物らしく暮らさせるように生活する環境や与え方など、様々な工夫をしながら飼育すること。
ネイブ…市立動物園で飼われているホッキョクグマ。
常同行動…同じ所を歩き回るなど、目的もなく繰り返す行動のこと。行動が制限されてストレスを感じている動物によく見られる。

問1　①おっしゃい の敬語の種類として、次のア〜ウから正しいものを一つ選び、その符号を書きなさい。
ア　尊敬語　イ　謙譲語　ウ　丁寧語

問2　②人形のように動かない に使われている表現技法として、次のア〜エから最も適切なものを一つ選び、その符号を書きなさい。
ア　倒置　イ　直喩　ウ　擬人法　エ　体言止め

問3　③三人のホッキョクグマ担当 とありますが、三人の関係を説明した次の文の A ・ B に入る人物名を、本文中から抜き出して書きなさい。
「 A と麻子の先輩は、 B である。」

問4　④それと……しれません とありますが、竹崎がそう考える理由について説明した次の文の □ に入る適切な言葉を、本文中から十五字（句読点等を含む）で抜き出して書きなさい。
「人間の読書は娯楽だが、動物の採餌は □ から。」

問5　⑤隣で……頷いていた とありますが、その理由として考えられることを、磯貝の企画の意図を踏まえて、五十字以内で書きなさい。

2020

問6　本文中に、職員が思い出した出来事を書いている部分があります。その部分の終わりの五字（句読点等を含む）を書きなさい。

問7　ホッキョクグマ担当の三人がコンテストへの不参加を決断した理由を、本文の内容をふまえて、七十字以内で書きなさい。

三　次の文章を読んで、あとの各問に答えなさい。

　思考とは、端的に定義するなら（何かを分かろうとして）情報と知識を加工することである（情報と情報、知識と知識の加工でもある）。

　人は色々なことを分かろうとする。目の前にモノが置かれた時には「これは何だろう」と知ろうとするし、風邪をひいた時には「なぜ風邪をひいたのだろう」とかかろうとする。そういう時、目の前のモノの色や形や大きさなどを観察して、それ①に似たようなモノに関する自分の知識を照らし合わせて、目の前のモノについての情報と符合する知識が自分の中に見つかれば「それは○○だ」と分かる。情報と知識が全く同じでなくても、似たものであれば「それは○○だろう」と分かる。このような、情報と知識を照らし合わせたり繋ぎ合わせたりして何らかのメッセージ②を得るプロセスが「思考」である。

　観察情報と自分の知識とが全く符合しない場合は「[　　　]」というメッセージになるが、この場合においても情報と符合する知識を記憶の中で探そうとしているプロセスは思考と言ってよいだろう。思考してみたが有効な答えが得られなかったということである。

　念のため、具体③例を使って確認しておこう。

　春の休日、自分が歩いている田舎道の両側に広がっている畑に一面の黄色い花が咲いていて「この花は何だろう」と知ろうとしたとする。季節は春[ア]、場所は里山近くの田舎道[イ]、咲いている状態は畑一面[ウ]、花の色は黄色[エ]という情報を知識と照らし合わせてみると、そうした情報の内容に合致した花は「菜の花」だという答えに辿り着くことができる。

　このプロセスからも分かるように、良く、思考するためには、多くの知識を持っている方が有利である。思考とは情報と知識を照らし合わせたり繋ぎ合わせたりして意味合いを探す行為なのであるから、情報が一定でも知識は多い方が多くの意味合いを抽出できるわけである。

　知識をたくさん詰め込んで考える力が無ければ無意味であるとよく言われるが、豊富な知識は確かな思考を行うための材料である。菜の花が咲く季節も、菜の花が多く植えられている環境も、菜の花の色も形も知らなければ、目の前に広がる一面の黄色い[エ]花が何の花なのかを分かることはできないのだから。

　このように「それが何か」を分かる能力、すなわち思考力は、得られた情報に対して照らし合わせるための「知識」と、情報と知識を照らし合わせたり繋ぎ合わせたりする「情報の加工力」の2つのファクターで構成されているのである。

　そして、実は「それが何か」を分かるための手段／能力には、「知識」「情報の加工力」の他にもう一つある。それは「情報収集」である。

　目の前に広がる一面の黄色い花が何であるのかを分かろうとするプロセスにおいて、今目に見えている情報に加えて、畑の中に入ってその花の花びらの形や枚数、又は葉の形状を確認するという追加情報を集めることもあるだろう。これが「情報収集」に当たる。

　「それが何か」を分かるためには、基本的には、それに関する情報が多い方が答え／意味合いを導きやすい。自分の持っている知識と照らし合わせるための材料が多い方が、多くの意味合いを得ることができるからである。たとえば先ほどの例に挙げた田舎道の両側に咲いている花に関してであれば、花の色だけではなく、葉の形や丈の情報も得られていた方が何の花かを分かる上での助けになる。このように、知識と照らし合わせるための情報を増やすために行う④「情報収集」も、「それが何か」を分かるための有力な手段なのである。

　思考以外に人が何らかの意味合いを得る手段としては「感じる」ということもあるが、ここでは「分かる」とは区別しておく。「感じる」には情報と知識の意識的な加工プロセスが無い。外界からの刺激や情報に対して、たとえば熱い、かゆい、痛い、という無意識的・受動的に発生するリアクションとしてのメッセージを得ることが「感じる」である。

　補足すると⑤、「思考」と「感じる」の中間に位置するのが「思う」である。「思考」と「思う」は同じ「思」という文字が使われているように共通性がある。その共通性は情報・知識・経験を照らし合わせるプロセスを経て、意味合いが浮かんでくるという点である。

　一方、「思考」と「思う」の相違点は、意味合いを得ることに対する能動性の度合いである。「思考」の場合は意味合いを得るために、すなわち何かを分かろうとして、情報と知識を能動的に加工しようとするスタンスであるが、「思う」はそれほど能動的に意味合いを取りに行っているわけではない。意識は向けているが、能動的に情報・知識の加工をしているわけではないというスタンスである。

　何かについて思っている時、気がついたら積極的に考えている状態に転化しているという感じになった経験があるだろう。このような「思う」と「思考」のシフトに見られるように、「思う」と「思考」は完全に切り分けられるものではなく、能動性（情報・知識の加工）の程度によってグラデーション的に繋がっていると理解することができる。日本語では「思う」と「思考」は使い分けられているが、英語ではどちらともthinkという語が使われているものの共通性・同類性を示すものであろう。

（波頭亮『論理的思考のコアスキル』より　一部省略等がある）

（注）プロセス…過程。
　　　ファクター…要素・要因。
　　　スタンス…事に当たる姿勢。立場。
　　　シフト…移行。転換。

問1　具体①の対義語を次のア～エから一つ選び、その符号を書きなさい。
　　　ア　詳細　イ　象徴　ウ　全体　エ　抽象

問2　②それ①とは何を指すか、本文中から抜き出して書きなさい。

問3　②「メッセージ」とありますが、筆者がこの「メッセージ」と同じ意味で使っている言葉を、本文中から一つ抜き出して書きなさい。

問4　本文中の[　　]に入る内容として、次のア～エから最も適切なものを一つ選び、その符号を書きなさい。
　　　ア　それは○○に間違いない　　イ　それは○○かもしれない
　　　ウ　それは何なのか知りたい　　エ　それは何だか分からない

問5　③情報を……みる とありますが、本文中の━━線部ア～エを筆者の説明をふまえて「情報」と「知識」に分類し、その符号を書きなさい。

問6　④「情報収集」も……有力な手段とありますが、筆者がこのように判断した理由を、ここでの「情報収集」の意味にふれ、「情報収集とは」に続けて、六十五字以内で書きなさい。

問7　⑤「思考」と……「思う」である とありますが、それはどういうことか。「思考」「感じる」「思う」の三つについて、筆者の考える共通点と相違点に着目して、八十字以内で書きなさい。

四　次の文章を読んで、あとの各問に答えなさい。
（━━線部の左側は、現代語訳です。）

尾州に、円浄房といふ僧ありけり。世間貧しくして、年齢も五旬に及びけるが、弟子の僧一人に、小法師一人ありける。年ごろあまりに貧窮なるが悲しければ、貧窮を今は追ひ払はんと思ふなり」とて、十二月晦日の夜、桃の枝を我も持ち、弟子にも、小法師にも持たせて①（呪文を唱えて）、家の内より次第にものを追ふやうに②打ち打ちして、「今は貧窮殿、出でておはせ、出でておはせ」といひて、

門まで送びて（門を開めて）ける。

その後の夢に、やせたる法師一人、古堂にて（座りて）一年ろ

お候（おはしまし）ひつれども、追はせ給ひければ（お別れ申し候ふ）とて、雨に

降りこめられて（降りこめられで）泣きて有りと見て、円浄房語りけるは、

「この貧窮（びんぐ）いかに（どうしたらよいだろうか）と思ひけらん」と、泣きけること

情けありて覚ゆれ。

それより後、世間事欠けて（不自由なく）過ぎけり。

（「沙石集」より。一部省略等がある）

（注）尾州…尾張国。現在の愛知県西部。　世間…暮らし向き。
　　　五句…五十歳。　晦日…月の最終日。

問1　［ある］て を現代仮名遣いに直し、すべてひらがなで書きなさい。

問2　〜〜線部の二つの「年ろ」に共通する意味として、次のア〜エの中から最も適切なものを一つ選び、その符号を書きなさい。
　ア 昔　イ 長年　ウ 若い人　エ 年輩の人

問3　①持たせて の主語として、次のア〜エの中から適切なものを一つ選び、その符号を書きなさい。
　ア 円浄房　イ 小法師　ウ 貧窮殿　エ 筆者

問4　②打ち打ちして とありますが、どのような物を使って行ったのか、本文中から三字で抜き出して書きなさい。

問5　次の会話は、本文を読んだあと、佐藤さんと鈴木さんが話し合った内容の一部です。［A］、［C］に入る適切な言葉を書きなさい。ただし、［A］・［B］は本文中から抜き出し、［C］は現代語で書くこと。

佐藤　円浄房は、大みそかの夜に、貧乏を脱するための儀式を行ったんだね。

鈴木　そうだね。そして、その後の夢に現れた［　A　］は、もしかすると［　B　］と同じなのかな。

佐藤　そうだと思うよ。円浄房はこの後、貧乏から脱することができてよかったね。

鈴木　円浄房が貧乏から脱することができたのは、
　　　［　　　　　　C　　　　　　　］ほど
　　　円浄房がとても優しい人だったからかもしれないね。

五　いしかわ市では、市内のいしかわ公園で、来園者を増やすために、桜の時期に「花見まつり」を行うことになり、四月の第一日曜日の午後にミニコンサートを開催しようと計画中です。
　次の【資料Ⅰ】は、いしかわ公園の見取り図、【資料Ⅱ】は、このミニコンサートに対する市民の主な意見です。これらを見て、あとの問いに答えなさい。

【資料Ⅰ】いしかわ公園の見取り図

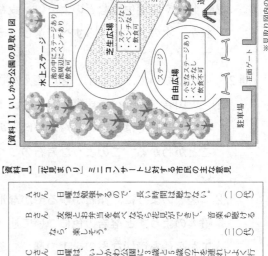

水上ステージ
・池の中にステージあり
・池周辺にベンチあり
・飲食可

芝生広場
・ステージなし
・ベンチなし
・飲食可

自由広場
・小さなステージあり
・ベンチなし
・飲食不可

ジョギングコース（1周800m）

遊具広場

駐車場

正面ゲート

※見取り図内の木はすべて桜の木を示す。

【資料Ⅱ】「花見まつり」ミニコンサートに対する市民の主な意見

Aさん　日曜日は勉強するので、長い時間は聴けない。（一〇代）
Bさん　友達とお弁当を食べながら、花見ができて、音楽も聴けるなら、楽しそう。（二〇代）
Cさん　日曜日は、よくいしかわ公園に三歳と五歳の子を連れて行きます。イベントがあるといいなと思っていました。（三〇代）
Dさん　普段、いしかわ公園に行かないから、そもそも園内の様子がよく分からない。（四〇代）
Eさん　休日の午後は公園内でジョギングを楽しみにしているので、ジョギングコースに人が多くて走れないことは困るなあ。（五〇代）
Fさん　音楽はぜひ座って、ゆっくり聴きたい。（六〇代）
Gさん　音楽を聴きながら散策して、花見を楽しみたい。（七〇代）
Hさん　コンサートは楽しみだけど、足腰が弱いから、広い園内を歩くのは大変だな。（八〇代）

（問）あなたなら、来園者を増やすために、いしかわ公園内のどこでミニコンサートを開くとよいと考えますか。次の【場所】ア〜ウから一つ選び、その符号を解答用紙の決められた欄に書きなさい（どれを選んでもかまいません）。
　また、その場所を選んだ理由を、あとの条件1と条件2にしたがって書きなさい。

【場所】

ア 公園入口の自由広場
イ 公園中央の芝生広場
ウ 公園奥の水上ステージ

条件1　【資料Ⅰ】から読み取れることと、【資料Ⅱ】の意見を関連づけて書くこと。ただし、【資料Ⅱ】については、複数の意見を参考にすること。

条件2　「だ」「である」調で、一二〇字程度で書くこと。

（解答は別冊48ページ）

1 以下の各問に答えなさい。

問1 生殖について，次の(1)，(2)に答えなさい。

(1) 分裂や栄養生殖などのように，受精を行わずに新しい個体をつくる生殖を何というか，書きなさい。

(2) 分裂や栄養生殖などのように，受精を行わずに新しい個体をつくることができる生物はどれか，次の**ア～エ**から**すべて**選び，その符号を書きなさい。

　　ア イソギンチャク　　**イ** オランダイチゴ　　**ウ** ミカヅキモ　　**エ** メダカ

問2 火山について，次の(1)，(2)に答えなさい。

図1

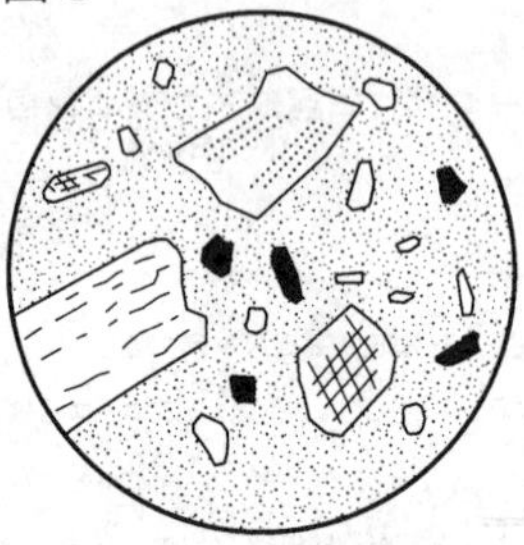

(1) 火山岩をルーペで観察すると，図1のように，比較的大きな鉱物が，肉眼では形がわからないほどの小さな鉱物に囲まれていることがわかる。このような岩石のつくりを何というか，書きなさい。

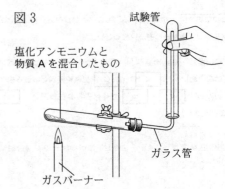

(2) 図2のように，傾斜がゆるやかな形の火山が形成されたときの噴火のようすと溶岩の色について述べたものはどれか，次の**ア～エ**から最も適切なものを1つ選び，その符号を書きなさい。

図2

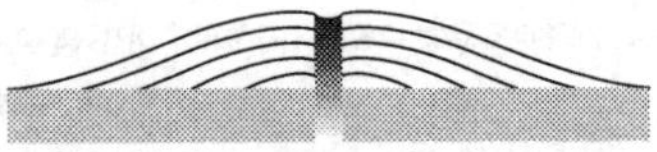

　　ア 噴火のようすは激しく爆発的で，溶岩の色は白っぽい。

　　イ 噴火のようすは激しく爆発的で，溶岩の色は黒っぽい。

　　ウ 噴火のようすはおだやかで，溶岩の色は白っぽい。

　　エ 噴火のようすはおだやかで，溶岩の色は黒っぽい。

問3 アンモニアの気体を集めるために，塩化アンモニウムと物質Aを混合し，図3のような装置を使って実験を行った。次の(1)，(2)に答えなさい。

図3

(1) 物質Aはどれか，次の**ア～エ**から最も適切なものを1つ選び，その符号を書きなさい。

　　ア 硫黄　　　　　　**イ** 塩化ナトリウム

　　ウ 水酸化カルシウム　**エ** 炭素

(2) アンモニアの気体を集めるためには，図3のような集め方が適している。それはなぜか，理由をアンモニアの気体の性質に着目して書きなさい。

問4 音について，次の(1)，(2)に答えなさい。

(1) 音の性質について述べたものはどれか，次の**ア～エ**から最も適切なものを1つ選び，その符号を書きなさい。

　　ア 音は水中でも真空中でも伝わる。

　　イ 音は水中では伝わるが，真空中では伝わらない。

　　ウ 音は水中では伝わらないが，真空中では伝わる。

　　エ 音は水中でも真空中でも伝わらない。

(2) 自動車が10 m/sの速さでコンクリート壁に向かって一直線上を進みながら，音を出した。音がコンクリート壁に反射して自動車に返ってくるまでに1秒かかった。音を出したときの自動車とコンクリート壁との距離は何mか，求めなさい。ただし，空気中の音の伝わる速さを340 m/sとし，風の影響はないものとする。

2 アジサイとトウモロコシを用いて次の実験を行った。これらをもとに，以下の各問に答えなさい。

[**実験Ⅰ**]　図1のように，アジサイとトウモロコシを赤インクで着色した水につけた。1時間後，茎の一部を切り取り，図2のように茎の中心を通る面で縦に切り，その縦断面を観察したところ，一部が①赤く染まっていた。

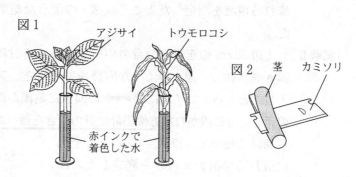
図1

図2　茎　カミソリ

[**実験Ⅱ**]　葉の数や大きさなどがほぼ同じ3本のアジサイA，B，Cを用意した。また，葉の数や大きさなどがほぼ同じ3本のトウモロコシD，E，Fを用意した。A，Dは葉の表側に，B，Eは葉の裏側にワセリンをぬり，C，Fは葉の表側にも裏側にもワセリンをぬらなかった。次に6本のメスシリンダーを用意し，それぞれのメスシリンダーに同量の水を入れて，A～Fを1本ずつさした後，少量の②油を注ぎ，図3のような実験装置を6つ準備した。

図3　実験装置

それぞれの実験装置の質量を測定した後，明るいところに置いた。4時間後にそれぞれの実験装置の質量を調べ，実験装置の質量の減少量を求めたところ，表のような結果になった。

なお，ワセリンは蒸散を防ぐために使用した。

植　物	アジサイ			トウモロコシ		
	A	B	C	D	E	F
実験装置の質量の減少量[g]	3.0	1.8	5.1	2.0	1.8	3.9

問1　アジサイやトウモロコシのように，胚珠が子房の中にある植物を何というか，書きなさい。

問2　アジサイもトウモロコシも，上から見ると葉が重なり合わないようについているのはなぜか，理由を書きなさい。

問3　実験Ⅰについて，下線部①の部分を■，茎の表皮の部分を▨で表したとき，アジサイとトウモロコシの茎の縦断面のようすを模式的に表したものはどれか，次の**ア～エ**から最も適切なものをそれぞれ1つ選び，その符号を書きなさい。

ア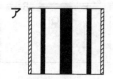　イ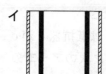　ウ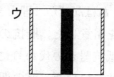　エ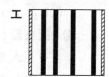

問4　実験Ⅱについて，次の(1)，(2)に答えなさい。

(1)　下線部②について，油を注いだのはなぜか，理由を書きなさい。

(2)　アジサイとトウモロコシの葉のつくりの違いについて，どのようなことがわかるか，実験結果をもとに書きなさい。

3 電流と磁界に関する，次の実験を行った。これらをもとに，以下の各問に答えなさい。

[**実験Ⅰ**]　a，b 2種類の抵抗器それぞれについて，加える電圧と，流れる電流を測定したところ，図1のような結果が得られた。

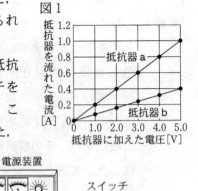

図1

[**実験Ⅱ**]　1辺30cmの正方形の台の中央にコイルを設置し，抵抗器aを接続し，図2のような回路をつくった。スイッチを入れたところ，コイルには ➡ の向きに電流が流れた。このとき，台に置かれた方位磁針の針の向きを調べた。また，電流計を使って，点X，Y，Zそれぞれに流れる電流の大きさを測定した。なお，図3はスイッチが入っていないときの方位磁針を上から見たようすを模式的に表したものである。

図2

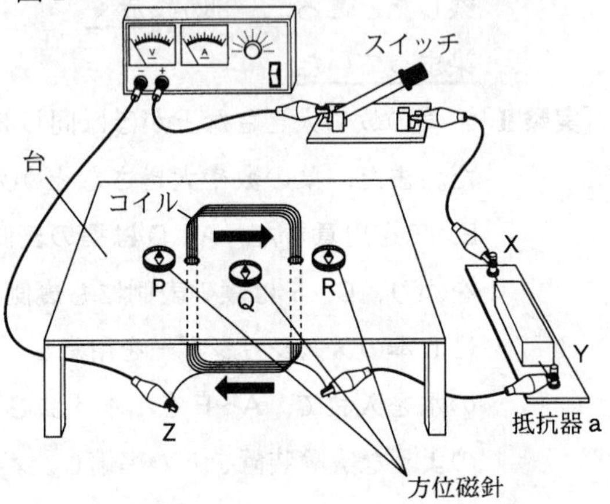

問1　実験Ⅰについて，次の(1)，(2)に答えなさい。

(1)　抵抗器を流れる電流は，抵抗器に加える電圧に比例することがわかる。この関係を表す法則を何というか，書きなさい。

(2)　抵抗器bの抵抗の大きさは，抵抗器aの抵抗の大きさの何倍か，求めなさい。

問2　実験Ⅱについて，次の(1)〜(4)に答えなさい。

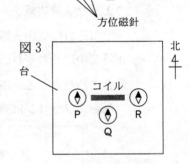

図3

(1)　点X，Y，Zで測定した電流の大きさをそれぞれx，y，zとする。x，y，zの大きさの関係を正しく表している式はどれか，次のア〜エから最も適切なものを1つ選び，その符号を書きなさい。

ア　x＞y＞z　　　イ　x＜y＜z　　　ウ　x＝y＝z　　　エ　x＝y＋z

(2)　下線部について，方位磁針P，Q，Rの針の向きを正しく表しているものはどれか，次のア〜エから最も適切なものを1つ選び，その符号を書きなさい。

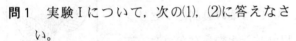

(3)　スイッチを入れた状態で，方位磁針Pを図4の ⟶ の方向にゆっくりと移動させながら，その針の向きを観察したところ，ある地点までは針の向きは変化したが，それ以降は変化しなかった。それはなぜか，理由を書きなさい。

図4

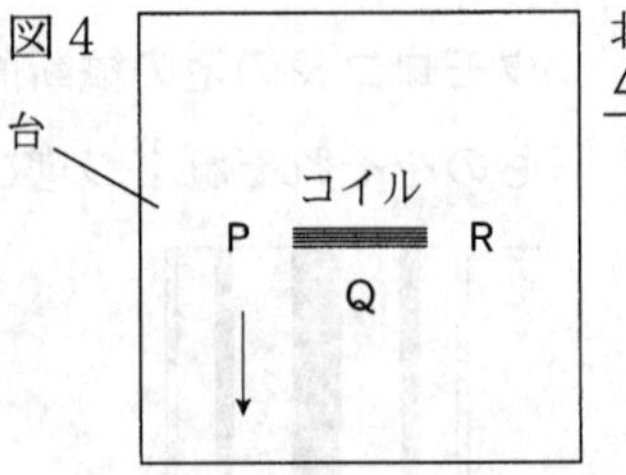

(4)　抵抗器cとdを用意した。抵抗の大きさは抵抗器dがcよりも大きい。抵抗器aの代わりにXY間に次のア〜エのいずれかの抵抗器をつなぎ，どの抵抗器をつないでも点Xで測定する電流の大きさが同じになるように電源装置の電圧を調節した。このとき，次のア〜エを消費される電力が小さいものから順に並べ，その符号を書きなさい。

ア　抵抗器cのみ　　　　　　　　　　イ　抵抗器dのみ
ウ　抵抗器cとdを直列に接続したもの　　エ　抵抗器cとdを並列に接続したもの

4 エタノールに関する，次の実験を行った。これらをもとに，以下の各問に答えなさい。

［**実験Ⅰ**］ 図1のように，少量のエタノールを入れたポリエチレン袋の口を閉じ，熱い湯をかけると，袋がふくらんだ。

［**実験Ⅱ**］ 図2のように，枝つきフラスコにエタノール3 cm³と水17 cm³の混合物を入れ，ガスバーナーで加熱した。しばらくすると沸とうが始まり，試験管に液体がたまり始めた。その液体が2 cm³集まるごとに試験管を取り替え，集めた順に液体をA，B，Cとした。ガスバーナーの火を消した後，A～Cのそれぞれの液体を蒸発皿に入れ，マッチの火を近づけたところ，表のような結果になった。

［**実験Ⅲ**］ エタノール100 cm³と水100 cm³をビーカーに入れて，よくかき混ぜた。この混合物から100 cm³をはかりとり，質量を測定したところ，93 gであった。

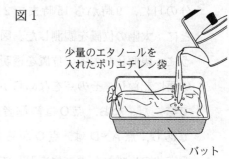
図1

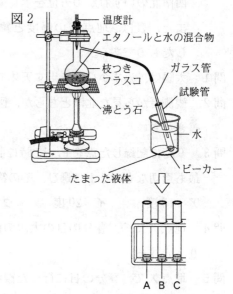
図2

液体	火を近づけた後の様子
A	よく燃えた
B	燃えたが，すぐ消えた
C	燃えなかった

問1 物質は温度によって固体，液体，気体とすがたを変える。この変化を何というか，書きなさい。

問2 実験Ⅰについて，ポリエチレン袋がふくらんだのはなぜか，次の**ア**～**エ**から最も適切なものを1つ選び，その符号を書きなさい。

ア エタノールの分子の数が増えたから。

イ エタノールの分子の大きさが大きくなったから。

ウ エタノールの分子と分子の間隔が広くなったから。

エ エタノールの分子が別の物質の分子に変わったから。

問3 実験Ⅱについて，次の(1)～(3)に答えなさい。

(1) ガスバーナーの火を消す前に，ガラス管の先が，試験管内の液体の中に入っていないことを確認するのはなぜか，理由を書きなさい。

(2) 次の文は，この実験で確認できたことをまとめたものである。文中の①，②にあてはまる内容の組み合わせを，下の**ア**～**エ**から1つ選び，その符号を書きなさい。

> 表の結果より，液体A，B，Cを，水に対するエタノールの割合が高いものから順に並べると（ ① ）になることがわかった。このことより，エタノールの方が，水より沸点が（ ② ）ことが考えられる。

ア ①：A，B，C ②：高い   **イ** ①：A，B，C ②：低い

ウ ①：C，B，A ②：高い   **エ** ①：C，B，A ②：低い

(3) エタノールはC_2H_6Oで表される有機物である。エタノールが燃焼する変化を，化学反応式で表しなさい。

問4 実験Ⅲについて，エタノール100 cm³と水100 cm³を混ぜた後の体積は何cm³か，求めなさい。ただし，小数第1位を四捨五入すること。なお，エタノールの密度は0.79 g/cm³，水の密度は1.00 g/cm³とし，蒸発はしないものとする。

5 太陽の動きに関する，次の観測を行った。これをもとに，以下の各問に答えなさい。

［観測］ 石川県内の地点Xで，よく晴れた春分の日に，9時から15時まで2時間ごとに，太陽の位置を観測した。図1のように，観測した太陽の位置を透明半球の球面に記録し，その点をなめらかな曲線で結んだ。なお，点Oは観測者の位置であり，点A～Dは，点Oから見た東西南北のいずれかの方位を示している。また，表は，地点Xの経度と緯度を示したものである。

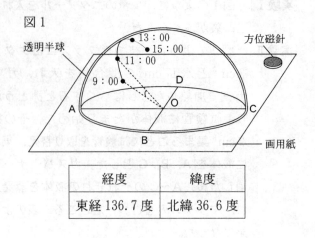

図1

経度	緯度
東経 136.7 度	北緯 36.6 度

問1 太陽は，みずから光を出す天体である。このような天体を何というか，書きなさい。

問2 観測者から見た北はどちらか，図1の点A～Dから最も適切なものを1つ選び，その符号を書きなさい。

問3 9時に記録した点をP，11時に記録した点をQとする。∠POQは何度か，次のア～エから最も適切なものを1つ選び，その符号を書きなさい。

    ア 15度   **イ** 20度   **ウ** 25度   **エ** 30度

問4 地点Xでの，春分の日の太陽の南中高度は何度か，求めなさい。ただし，地点Xの標高を0mとする。

問5 地点Xで，春分の日に行った観測と同じ手順で，夏至の日，冬至の日にも太陽の位置を観測し，9時に記録した点から15時に記録した点までの曲線の長さを調べた。曲線の長さについて述べたものはどれか，次のア～エから最も適切なものを1つ選び，その符号を書きなさい。

    ア 春分の日が最も長い。

    イ 夏至の日が最も長い。

    ウ 冬至の日が最も長い。

    エ すべて同じである。

問6 図2は，太陽の光が当たっている地域と当たっていない地域を表した図である。このように表されるのは地点Xではいつ頃か，次のア～エから最も適切なものを1つ選び，その符号を書きなさい。また，そう判断した理由を，「**自転**」，「**地軸**」という2つの語句を用いて書きなさい。

    ア 夏至の日の朝方

    イ 夏至の日の夕方

    ウ 冬至の日の朝方

    エ 冬至の日の夕方

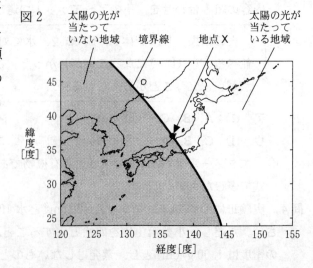

図2

6 太郎さんと花子さんの所属する科学部では，塩酸を使って，次の実験を行った。これらをもと に，以下の各問に答えなさい。ただし，塩酸の濃度は質量パーセント濃度を表すものとする。

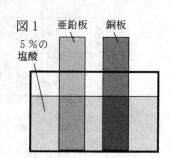

図1

[**実験Ⅰ**] 岩石A，Bは，石灰岩，チャートのいずれかである。岩石 A，Bにそれぞれ，5％の塩酸をスポイトで3滴かけたとこ ろ，岩石Aのみ気体が発生した。

[**実験Ⅱ**] 図1のように，5％の塩酸が入った水そうに亜鉛板と銅 板を入れたところ，塩酸の中の亜鉛板の表面では気体が発生 したが，銅板の表面では気体が発生しなかった。

問1 塩酸の溶質は何か，名称を書きなさい。

問2 5％の塩酸50gに水を加えて2％の塩酸をつくった。このとき，加えた水の質量は何g か，求めなさい。

問3 実験Ⅰについて，岩石Aについて述べたものはどれか，次の**ア～エ**から最も適切なものを 1つ選び，その符号を書きなさい。

　ア　岩石Aは，石灰岩で，炭酸カルシウムが多く含まれている。

　イ　岩石Aは，石灰岩で，鉄くぎで表面に傷をつけることができないくらいかたい。

　ウ　岩石Aは，チャートで，炭酸カルシウムが多く含まれている。

　エ　岩石Aは，チャートで，鉄くぎで表面に傷をつけることができないくらいかたい。

問4 実験Ⅱについて，次の(1)，(2)に答えなさい。

⑴　次の文は，この実験について書かれたものである。文中の①，②にあてはまる内容の組み 合わせを，下の**ア～エ**から1つ選び，その符号を書きなさい。

> 塩酸と亜鉛との化学反応は，熱を（　①　）反応であり，反応後の物質がもつ化学エネ ルギーは，反応前の物質がもつ化学エネルギーより（　②　）。

　ア　①：周囲からうばう　②：大きい　　　**イ**　①：周囲からうばう　②：小さい

　ウ　①：周囲に与える　②：大きい　　　　**エ**　①：周囲に与える　②：小さい

⑵　太郎さんは，反応のようすを観察していたところ， 図2のように液面を境に亜鉛板も銅板も左にずれて見 えることに気づいた。図3は，太郎さんが点Xの位 置から水そうの中の銅板を見たとき，銅板の点Yが 点Y'に見えたことを説明するための図である。点Y で反射した光が点Xに届くまでの光の道すじを，解 答用紙の図にかき入れなさい。なお，　は，銅板 の見かけの位置を表している。また，水そうのガラス の厚さは考えないものとする。

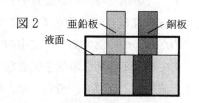

図2

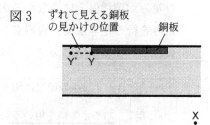

図3

問5 実験Ⅱの後に，花子さんが図4のように2つの金属板 の一部を空気中で触れさせたところ，塩酸の中の銅板の 表面からも気体が発生した。発生した気体は何か，化学 式を書きなさい。また，その気体が発生した理由を，書 きなさい。

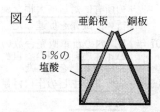

図4

（解答は別冊50ページ）

1 次の略地図を見て，下の各問に答えなさい。

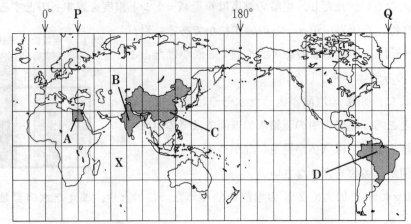

(注)略地図の経線 P と経線 Q は，それぞれ A 国と D 国の首都における標準時子午線である。

問1 略地図の **X** の海洋名を書きなさい。

問2 資料1は，略地図 **A～D** 国についての資料であり，それぞれの国の人口密度と国土面積に占める農地の割合を示したものである。**ア～エ** にあてはまる国はどれか，**A～D** からそれぞれ1つ選び，その符号を書きなさい。

資料1

国	人口密度 （人/km^2）	国土面積に占める 農地の割合（%）
ア	416	54.7
イ	149	55.2
ウ	100	3.7
エ	25	33.3

(注)この資料の農地は，耕地，樹園地，牧場，牧草地を指す。　（「世界国勢図会 2019/20」より作成）

問3 略地図の **A** 国の首都が3月31日午前3時のとき，**D** 国の首都は何月何日の何時か，午前・午後を明らかにして書きなさい。なお，サマータイムは考えないものとする。

問4 次の**ア～エ**のうち，略地図の **B** 国について述べている文として適切なものを2つ選び，その符号を書きなさい。

ア この国は，ASEAN に加盟している国の1つである。

イ この国では，降水量の多いガンジス川流域で稲作がさかんに行われている。

ウ この国は，日本が室町時代のときに，イギリスの植民地であった。

エ この国では，バンガロールなどの都市で情報技術（IT）関連産業が発展している。

問5 右の文は，略地図の **C** 国についてまとめたものの一部である。文中の ☐ にあてはまる適切な語句を書きなさい。

C 国では，シェンチェン，アモイ，チューハイなどの都市を税金などが優遇される ☐ とし，外国の資本や技術などの導入を促進した。

問6 資料2，資料3，資料4は，略地図の **D** 国の環境保全に関するものである。下線部①の取り組みが環境保全につながるのはなぜか，資料3をもとに書きなさい。また，下線部②の取り組みを行った理由を，資料2，資料3，資料4をもとに書きなさい。

資料2　環境保全に関する一連のできごと

1992年	D国で国連の環境に関する会議が開かれた
2002年	①バイオ燃料を用いる自動車の所有に対して大幅な減税を行い，販売を促進した
2007年	D国内の新車販売台数のうちバイオ燃料を用いる自動車の割合が8割をこえた
2009年	②サトウキビの作付け禁止区域を設けた

資料3　サトウキビの燃料利用を示した図

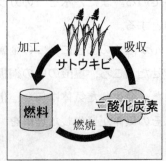

資料4　サトウキビの作付け禁止区域

2 次の年表を見て，下の各問に答えなさい。

問1　①について，中大兄皇子が軍を送り，復興を助けようとした朝鮮半島の国はどこか，国名を書きなさい。

問2　②について，次の(1)，(2)に答えなさい。

　(1)　次の**ア～エ**のうち，朝廷により征夷大将軍に任命された人物を**すべて**選び，その符号を書きなさい。

　　ア　源頼朝　　　　**イ**　北条時宗
　　ウ　足利義政　　　**エ**　織田信長

　(2)　坂上田村麻呂が，アテルイが指導する蝦夷との戦いの拠点とするために築いた城の位置する場所は，現在のどの道県にあるか，次の**ア～エ**から適切なものを1つ選び，その符号を書きなさい。

　　ア　北海道　　　　**イ**　青森県
　　ウ　岩手県　　　　**エ**　山形県

年	できごと	
663	①中大兄皇子が送った援軍が白村江の戦いで敗れる	
797	②坂上田村麻呂が征夷大将軍に任命される	
1404	③明との勘合貿易が始まる	A国 B国 C国 D国
	↕④	
1543	◇種子島に鉄砲が伝わる	
1590	◇豊臣秀吉が全国を統一する	
1613	◇全国にキリスト教禁止令が出される	
1637	◇島原・天草一揆が起こる	
1641	◇D国の商館が長崎の出島に移される	
1853	⑤ペリーが大統領の国書を幕府に渡す	

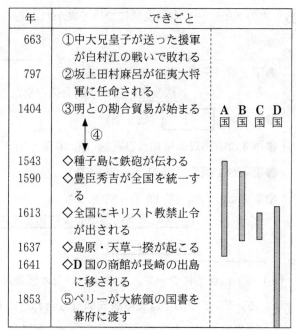

(注)▨▨▨▨は，A～D国が日本と貿易を行っていた時期を示している。なお，貿易の一時的な中断については表していない。

問3　③について，明は朝貢の条件として，明を悩ませていた問題の解決を日本に求めてきた。このとき明が日本に求めてきたのはどのようなことか，書きなさい。

問4　次の**ア～エ**のうち，④の時期におけるできごとを1つ選び，その符号を書きなさい。

　ア　与謝蕪村が俳諧で活躍した。　　　　**イ**　雪舟が水墨画を描いた。
　ウ　道元が禅宗を伝えた。　　　　　　　**エ**　奥州藤原氏が中尊寺金色堂を建てた。

問5　年表中の**A～D**国はそれぞれ，イギリス，オランダ，スペイン，ポルトガルのいずれかである。**A～D**国はどの国か判断し，それぞれの国名を書きなさい。

問6　⑤について，資料1は，大統領の国書の一部である。大統領が下線部のことを求めたのはなぜか，資料2と資料3を関連づけて書きなさい。

資料1

> 強力な艦隊をもってペリー提督を派遣した目的は，友好，通商，石炭と食糧の供給および難破者の保護にあります。

資料2　18～19世紀におけるアメリカのできごとの一部

1776年	イギリスからの独立を宣言する
1844年	清と貿易を開始する
1848年	西海岸に位置するカリフォルニアを領土とする

資料3　ペリー艦隊の日本への航路　　(注)──は航路。●は停泊地

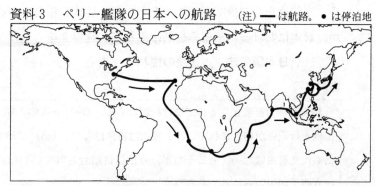

(資料1，資料3は「ペルリ提督日本遠征記」などより作成。表現はわかりやすく改めた)

3 次のメモは，日本国憲法について書かれたものの一部である。これを見て，下の各問に答えなさい。

● 第1章　天皇（第1条～第8条）
　　・①憲法改正の公布，国会の召集などの国事行為を行う。
● 第2章　　② 　（第9条）
● 第3章　国民の権利及び義務（第10条～第40条）
● 第4章　国会（第41条～第64条）
● 第5章　内閣（第65条～第75条）
　　・③衆議院議員総選挙の後に初めて国会の召集があったときは，内閣は，総辞職をしなければならない。

問1　下線部①について，次の文は，日本国憲法の改正の手続きの一部について述べたものである。**X**，**Y**にあてはまる語句の組み合わせとして正しいものを，下の**ア～エ**から1つ選び，その符号を書きなさい。

> 憲法を改正するには，各議院において，総議員の（　**X**　）の賛成で改正案を可決した後，（　**Y**　）がこれを発議し，国民投票を行い，国民の承認を得なければならない。

ア　X－過半数　Y－内閣　　　　**イ**　X－3分の2以上　Y－内閣
ウ　X－過半数　Y－国会　　　　**エ**　X－3分の2以上　Y－国会

問2　次の**ア～エ**のうち，　② 　にあてはまる適切な語句を1つ選び，その符号を書きなさい。

ア　最高法規　　　**イ**　財政　　　**ウ**　戦争の放棄　　　**エ**　地方自治

問3　資料1は，ある選挙の前後に起こったことを示したものである。資料1について，次の(1)，(2)に答えなさい。

(1)　このとき召集された国会を何というか，書きなさい。

(2)　下線部③の規定にしたがって，**Z**さんの内閣は総辞職し，この国会の後，**Z**さんの新たな内閣が作られた。それはなぜか，国会と内閣の関係にふれて書きなさい。

資料1

> 　内閣総理大臣の**Z**さんは衆議院を解散した。総選挙の結果，**Z**さんの所属する政党が引き続き衆議院の総議席数の過半数を占め，その後召集された国会で再び**Z**さんは内閣総理大臣となった。

問4　資料2は，日本国憲法が制定される約200年前にフランスの思想家が著した書物の一部である。立法権をもつ機関が司法権をもつと，日本の場合，どのような問題が生じると考えられるか，日本における司法権の役割にふれて，資料2をもとに，次の2つの語句を使って書きなさい。（ **日本国憲法**　　**国民の権利** ）

資料2

> 　権力が権力を阻止するのでなければならぬ。（略）一人の人間，またはある一つの団体の手の中に立法権と行政権が結合されているときには自由はない。（略）司法権が立法権から分離されていないときにもまた自由はない。もしそれが，立法権に結合されていれば，市民の生命と自由を支配する権力は好き勝手に用いられるであろう。

（「法の精神」より。表現はわかりやすく改めた）

4 中村さんは，上越新幹線の沿線の県について調べた。次の略地図を見 　略地図
て，下の各問に答えなさい。

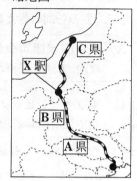

問1　略地図の**A**県で行われているような，東京などの大消費地に近い
　　という条件を生かした，都市向けに野菜を生産して出荷する農業を何
　　というか，書きなさい。

問2　略地図の**B**県を含めた北関東工業地域には，高速道路のインター
　　チェンジ付近で，工場を計画的に集めた地域が見られる。このような
　　工場を計画的に集めた地域を何というか，書きなさい。

資料1

問3　略地図の**C**県で採掘されていて，日本がおもに西アジアの国々か
　　ら輸入している鉱産資源は何か，次の**ア～エ**から1つ選び，その符号
　　を書きなさい。

　　ア 鉄鉱石　　**イ** 石油（原油）　　**ウ** 金　　**エ** ウラン

問4　略地図の**C**県には，資料1のような家屋が見られる地域があり，
　　資料2はこの地域の気温と降水量を示している。次の⑴，⑵に答えな
　　さい。

　　⑴　資料1の家屋に見られる工夫と，そのような工夫をした理由を，
　　　資料2をもとに書きなさい。

　　⑵　資料2に見られるような気温と降水量の特徴をあわせて持つ地域
　　　がある県を，次の**ア～エ**から1つ選び，その符号を書きなさい。

　　　ア 兵庫県　　**イ** 神奈川県　　**ウ** 香川県　　**エ** 沖縄県

資料2

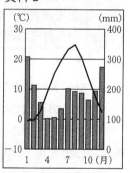

（気象庁ホームページより作成）

問5　次の文は，中村さんが略地図の**X**駅がある町の取り組みをメモし
　　たものの一部である。この町では，どのような方針があって下線部の
　　ような事業に取り組んでいると考えられるか，資料3と資料4をもと
　　に，この町の課題を明らかにして書きなさい。

> 　この町は，総面積のうち約90％を森林が占め，就労者の多くが観光産業を中心とした第
> 3次産業に従事する「観光産業を中核とした産業構造」となっている。そのため，観光振興
> を基本政策の1つとした「まちづくり」を目指し，<u>グリーンツーリズムやエコツーリズムを
> 推進したり，森林散策やキノコ採り，川遊びなどの自然体験などのイベントなどを開催した
> りする他に，外国人の受け入れ体制と多言語の案内ツールを充実する</u>などしている。

（注）グリーンツーリズムとは，農村などで自然，文化，人々との交流を楽しむ滞在型の余暇活動のこと。

資料3　**X**駅のある町の目的別観光入込客数　　資料4　**X**駅のある町の平成10～30年度の
　　　　　　　　　　　　　　　　　　　　　　　　　　月別平均観光入込客数

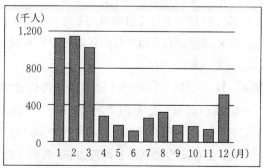

（**X**駅のある町のホームページより作成）　　　　　　（「**C**県観光入込客総計」より作成）

5 次のカードは，20 世紀の世界で起こったできごとについて書かれたものの一部である。これを見て，下の各問に答えなさい。

A 連合国軍総司令部（GHQ）は，日本の政治，教育，経済などの民主化を進めた。	**B** ポーツマス条約で，日本は領土を得るなどの利権を獲得し，戦争は終結した。
C 東京オリンピックが開かれ，それに合わせて東海道新幹線が開通した。	**D** 冷戦の象徴であったベルリンの壁が崩壊した。

問1 **A** について，資料 1 にある「大コンビネーション」とは何か，書きなさい。

問2 **B** について，次の(1)，(2)に答えなさい。

(1) 資料 2 は，この戦争が始まる直前の国際情勢を風刺して表したものである。資料 2 について説明している次の文の **X**，**Y** にあてはまる国名の組み合わせとして正しいものを，下の**ア～エ**から 1 つ選び，その符号を書きなさい。

> 中央に描かれている人物は日本を表している。その横の大きな熊は（　**X**　）であり，日本と対立を深めていることを表している。日本は同盟国である（　**Y**　）に後ろから押され，（　**X**　）との戦争に向かおうとしている。

ア **X** –清　　　 **Y** –アメリカ　　　　 **イ** **X** –清　　　 **Y** –イギリス
ウ **X** –ロシア　 **Y** –アメリカ　　　　 **エ** **X** –ロシア　 **Y** –イギリス

(2) この条約の内容について，締結後，不満を持った日本国民による暴動が日比谷などで起こった。この条約のどのような点に不満を持ったのか，書きなさい。

資料 1　連合国軍総司令部の占領方針

> 日本国ノ商工業ノ大部分ヲ支配シ来リタル産業上及ビ金融上ノ大コンビネーションノ解体計画ヲ支持スベキコト

（「日本外交主要文書・年表」より作成。表現はわかりやすく改めた）

資料 2　ビゴーの風刺画

問3 **C** の前後 10 年間で起こったできごとについて，次の**ア～エ**のうち，資料 3 から読み取れる内容やその背景を説明した文として，正しいものを**すべて**選び，その符号を書きなさい。

ア 鉄道と自動車による輸送の割合の合計は資料 3 にあるいずれの年も 90 % をこえている。

イ 鉄道の整備が進み，**C** の年はその 10 年前と比べると，鉄道の輸送量は増え，割合も大きくなった。

ウ 中東戦争の影響で起こった石油危機の翌年，自動車による輸送量はその 5 年前より増えたが，輸送の割合は小さくなった。

エ 鉄道でもなく自動車でもない輸送手段による輸送量の合計は，**C** の年はその 5 年前より減っている。

資料 3　鉄道と自動車による国内貨物輸送量と輸送量全体に占める割合

	鉄　道		自動車	
	輸送量（百万 t）	割合（%）	輸送量（百万 t）	割合（%）
C の年の 10 年前	189	24.3	535	68.9
C の年の 5 年前	220	16.0	1,062	77.4
C の　年	259	9.8	2,210	83.9
C の年の 5 年後	252	5.3	4,165	87.9
C の年の 10 年後	206	4.1	4,377	86.1

（国土交通省「交通関連統計資料集」より作成）

資料 4

州	a	b	c	d	e	f
D の　年	38	50	29	8	22	12
D の年の 5 年後	45	52	43	11	22	12

（注）a～f 州は，世界を 6 つの地域に区分したもの
（国際連合広報センターホームページより作成）

問4 **D** について，資料 4 は国際連合の加盟国数を地域別に示したものである。a～f の州のうち，ヨーロッパ州を選び，その符号を書きなさい。また，そのように判断した理由を，資料 4 に示された年代の国際政治の情勢にふれて書きなさい。

問5 **A**～**D** の 4 枚のカードを，時代の古いものから順に並べ，その符号を書きなさい。

6 次の吉田さんと山田さんの会話を読んで，下の各問に答えなさい。

> 吉田：山田さんは銀行へ職場体験に行ったんだよね。銀行はどんな役割を果たしているの？
>
> 山田：一般に，①銀行は預金を集めて企業や家計に貸し出しているよ。同じ銀行でも日本銀行には別の役割があって，②景気の調節も行っているよ。ところで，吉田さんが参加したスーパーマーケットでの職場体験はどうだった？
>
> 吉田：とても貴重な体験になったよ。商品の③価格がどのように決まるか理解できたし，④現金を使わずに，クレジットカードやデビットカードを利用するキャッシュレスでの支払いをする人が多くて驚いたよ。

問1 下線部①について，銀行や証券会社のように，資金の融通や貸し借りの仲立ちを行う機関のことを何というか，書きなさい。

問2 下線部②について，日本銀行は，不況のときに企業や家計がお金を借りやすくするために，どのようなことを行っているか，「**国債**」という語句を使って書きなさい。

問3 下線部③について，次の(1)，(2)に答えなさい。

(1) 企業どうしが相談して価格を決めることは禁止されているが，このことを監視する機関を何というか，書きなさい。

(2) 右のグラフは，ものやサービスが自由に売買される市場におけるある商品の需要量，供給量，価格の関係を示したものであり，グラフ中の**a**と**b**は，一方が需要曲線で，もう一方が供給曲線である。この商品の生産効率が上がった場合，一般的に**a**または**b**のどちらかが移動し，均衡価格が変わる。それを示したものとして，次の**ア～エ**から最も適切なものを1つ選び，その符号を書きなさい。また，そのときの均衡価格は，もとの均衡価格と比べて，上がるか下がるか，「**均衡価格はもとの均衡価格と比べて**」という書き出しに続けて書きなさい。

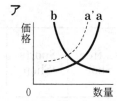 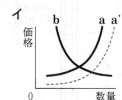 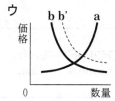 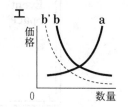

(注)グラフ内の**a'**は**a**の，**b'**は**b**の移動後の曲線を示している。

問4 下線部④について，アメリカでは，キャッシュレスでの支払いに，主にクレジットカードとデビットカードが用いられており，アメリカのある市では，下のような条例が制定された。この条例が制定された理由として考えられることを，資料1と資料2を関連づけて書きなさい。

> 店が現金の支払いを受け付けないことを禁止する。キャッシュレスでの支払いしかできない店には最高2,000ドルの罰金を科す。

資料1　クレジットカードとデビットカードの支払い

	クレジットカード	デビットカード
	後払い	即時払い
代金の支払いの仕組み	・店に支払う代金はカード会社が立て替える。 ・カード会社が立て替えた代金は，後日，銀行口座から，一定期間分が，まとめてカード会社に支払われる。	・店に支払う代金は，カード利用のたび，銀行口座から店に即時に支払われる。
限度額	カード会社が定めた範囲内	預金残高の範囲内

(経済産業省ホームページなどより作成)

資料2　アメリカの世帯年収別の銀行口座開設状況

(2015年)

世帯年収（ドル）	口座を持つ世帯の割合（％）
15,000以下	74.4
15,000超～30,000以下	88.2
30,000超～50,000以下	95.0
50,000超～75,000以下	98.4
75,000超～	99.5
全世帯	93.0

(連邦預金保険公社ホームページより作成)

（解答は別冊 52 ページ）

リスニング音声は
こちらから

1 〔聞くことの検査〕

A （英文を聞いて質問に答える問題）

B

No. 1

| ア | イ | ウ | エ |

No. 2

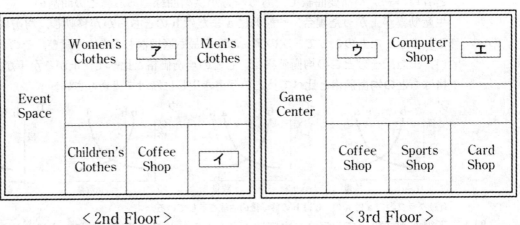

< 2nd Floor >　　　　　< 3rd Floor >

C

Part 1

	Group One	Group Two	Group Three
Things to do	Practice a music ア and show it to the other students	Visit the castle and make a guidebook	Learn about English culture and make English ウ for the other students
Place to meet	At the school theater	At the イ	At the school cafeteria

Part 2

No. 1　（質問に続けて読まれる選択肢**ア**～**ウ**から1つ選び，その符号を書きなさい。）

No. 2　（質問に続けて読まれる選択肢**ア**～**ウ**から1つ選び，その符号を書きなさい。）

No. 3　（質問に対する適切な答えを英語で書きなさい。）

2 教師と2人の生徒の会話の意味が通じるように，　①　～　④　に入る文として，下の**ア**～**オ**から最も適切なものをそれぞれ1つ選び，その符号を書きなさい。

Teacher : Today we're going to talk about this. "Which is better, riding a bike or taking a bus when you go to high school?" Satoshi and Erika, will you tell us your opinions?

Satoshi : I think riding a bike is better.

Teacher : Why do you think so?

Satoshi : It's a good way to save time because you don't have to wait long for a bus. 　①

Erika : If that's true, you should take a bus instead of a bike. 　②　 You can save more time by doing so. What do you think, Satoshi?

Satoshi : 　③　 If you ride a bike to school, it's really good for your health. It's also good for the environment.

Erika : I understand. But what will you do when it rains or if your school is very far from your house? It'll be very dangerous to ride a bike. 　④

Teacher : Thank you. Both riding a bike and taking a bus have good points. Now I'd like to ask other students. Any different opinions?

ア Everyone says high school students are very busy.

イ I think going to school safely is important.

ウ Maybe you are right, but I have some more things to tell you.

エ Sorry, but I have never thought about how to go to school.

オ When you're on a bus, you can study or read a book.

3 ベトナム（**Vietnam**）からの留学生（**exchange student**）のホア（**Hoa**）さんが，ホームステイ先の家族と話しています。パンフレットと会話を読んで，あとの各問に答えなさい。

Hoa : Shinji, do you have any plans for Sunday, June 1st?

Shinji : June 1st? That's two months from now. I don't have any plans.

Hoa : Then, how about coming to the International Food Festival at Hibari Park?

Mother : Oh, is that the one you are preparing with other exchange students at your university?

Father : ☐ **A** ☐ Hoa, can you tell us more about it?

Hoa : Sure. ①Here is the pamphlet for the festival.

Atsuko : Wow! There will be a lot of things we can enjoy. Let's go to the festival!

Hoa : ☐ **B** ☐ There will be many Food Stands and Stage Events.

Mother : How much will the food cost? I'm afraid that ☐ **あ** ☐ .

Hoa : Don't worry. Everything will be cheap because the purpose of this festival is not to make money. We want people to have a good time. You can also get food tickets at a good price.

Atsuko : Look! It says if we buy a ¥2,000 ticket set, we can get three tickets for free. We should buy that set.

Father : That's a good idea. I'd like to have Curry. What will you have, Shinji?

Shinji : I'd like to have Yakisoba. By the way, there is a food I don't know on the pamphlet. What is Fish and Chips?

Hoa : Fish and Chips is a traditional food from the U.K. The fish is fried. "Chips" are called French Fries in other countries, and you call them "fried potato" in Japanese!

Atsuko : Then, why are there two different English names for "fried potato"?

Mother : I have no idea, so let's ⬚い⬚ .

Atsuko : OK. That'll be a good chance to learn English words. By the way, I want to try food from Vietnam. I'd like to have Pho.

Mother : I think I'll have the same food. Hoa, what will you have?

Hoa : Actually, I'll have no time to eat until the Talk Show is finished. I'm going to talk about the food culture in Vietnam. Also, in the morning I'll help with the Concert as an assistant.

Shinji : Then, let's have something together after your Talk Show is finished. You can have a late lunch and we can have dessert together. I'll have Apple Pie.

Mother : I'll buy Gelato and share it with your father.

Atsuko : Dad, will it be all right if I buy all of the desserts?

Father : OK. ②You are a hearty eater! Hoa, use ③the tickets we won't use.

Mother : Oh, that's nice. What will the Cooking Show be like, Hoa?

Hoa : Well, we are still thinking about the food we will make. Could you give us any idea?

Mother : ⬚C⬚ Why don't you show how to make skin for gyoza from flour? It will be nice if some of the audience can try making and eating it.

Hoa : Thanks for the great idea! ④I will send an e-mail to my friends about it tonight.

(注) ⬚ skin：皮　　flour：小麦粉 ⬚

問1　⬚A⬚ ～ ⬚C⬚ の中に入る英語として，次の**ア～エ**から最も適切なものをそれぞれ1つ選び，その符号を書きなさい。

　　　ア I'm glad to hear that.　　**イ** Let's see.　　**ウ** No, thank you.　　**エ** Sounds interesting.

問2　下線部①について，最も強く発音される語を次の**ア～エ**から1つ選び，その符号を書きなさい。

<u>Here</u> <u>is</u> the <u>pamphlet</u> for the <u>festival</u>
　ア　**イ**　　　**ウ**　　　　　**エ**

問3　⬚あ⬚ ， ⬚い⬚ の中に適切な内容の英語を書きなさい。なお， ⬚あ⬚ は 5語以内で， ⬚い⬚ は6語～10語でそれぞれ書きなさい。

問4　下線部②は，ここではどのような意味で使われているか，次の**ア～エ**から最も適切なものを1つ選び，その符号を書きなさい。

　　　ア You eat a lot　　**イ** You eat out　　**ウ** You say nothing　　**エ** You say too much

問5　下線部③は，いくら分になるか，数字で答えなさい。

問6　下線部④について，ホアさんはこの日の夜，友だちに次のようなメールを送りました。下線部に，**3文以上**のまとまりのある英文を書き，メールを完成させなさい。

　　　　Hello, everyone. I've got a great idea about the Cooking Show from my host mother.
　　　_____ What do you think?

問7　次の**ア～オ**のうち，パンフレット及び会話の内容に合うものを2つ選び，その符号を書きなさい。

　　　ア Someone who wants Pizza and Gelato only has to visit Food Stand Y.

　　　イ People cannot buy food during the Opening Ceremony.

　　　ウ Hoa is preparing the International Food Festival alone.

　　　エ Hoa wants to make a lot of money to help developing countries.

　　　オ Before noon Hoa will be busy as an assistant for the Concert.

4 中学生の翔太（**Shota**）さんが，日頃考えていることを英語版学校新聞の記事（**article**）にしました。グラフ（**graph**）と英文を読んで，あとの各問に答えなさい。

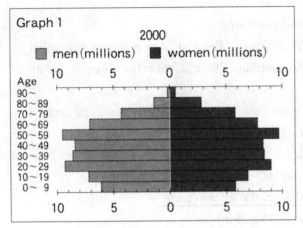
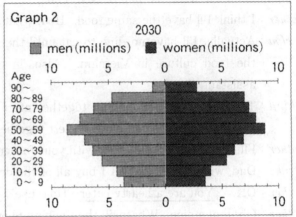

（Graph 1，Graph 2 は総務省統計局ホームページより作成）

Do you know what these graphs are about? Graph 1 shows that more than half of the population in Japan in 2000 was under 50 years old. On the other hand, Graph 2 shows that more than half of the population will be 50 and over 50 in 2030. There will be more elderly people but fewer children in 2030. We call this an aging society with fewer children. Last month I saw a TV program about this kind of society. It said that health care for elderly people costs a lot. Japan can't keep the same health care system in the future. Some families are old couples and elderly people often have to take care of other elderly members in their families. I think these are very serious problems. Do you think we have the same problems around us?

I searched for some examples in my town. First, when I asked my father about his junior high school, I was surprised at the 　あ　 number of homeroom classes. When my father was a student, there were six classes in each grade. Now I go to the same junior high school and there are only three classes. Also, the two elementary schools near here will become one new school next year. These facts show that the number of children in our town is going 　い　 .

Second, around my house there are many houses which only elderly people live in. My grandmother has lived alone in the house next to mine since my grandfather died five years ago. The house across from mine is a household of an old couple. I asked my parents what percent of households in our town are households of elderly people. They said that it is about 20%. My mother and her friends sometimes help elderly people to take out their garbage. Last winter we had a lot of snow and it was very hard for elderly people to clear off the snow. Some young people in my town helped to clear off the snow in front of their houses as volunteers. My mother often says there are ①many small things we can do for elderly people in our daily lives.

Last week I heard ②some sad news. The traditional festival in my town is not going to take place next year. This is because we cannot hold the festival with fewer young people. When my father was a child, young people in my town played important parts in the festival. They carried heavy *mikoshi* around the town. However, there are only a very few young people who can carry it and people in the older generation are not strong enough. Finally, at the town meeting they have decided that they won't hold the festival next year.

Now, imagine what will happen to our town if this situation continues. There will be more elderly people and fewer children.

The problem will be more serious.

What do you think about this problem? I think we should find a way to solve it because this is our hometown. We can't stop this aging society easily, but I believe there is something we can do to make our future bright. I'm still not sure what I can do. I need to think about this problem together with someone. What should we do to make our town an interesting place to live in?

(注)
society：社会	system：制度	couple：夫婦
household：世帯	clear off～：～を除去する	situation：状況

問1 ［あ］，［い］の中に入る語の組み合わせとして，次のア～エから最も適切なものを1つ選び，その符号を書きなさい。

ア ［あ］ smaller ［い］ down　　イ ［あ］ smaller ［い］ up

ウ ［あ］ larger ［い］ up　　エ ［あ］ larger ［い］ down

問2 下線部①について，あなたなら，英文で述べられていること以外に何をしますか。1文の英語で具体的に書きなさい。

問3 下線部②の内容を次のようにまとめる場合，（　A　）～（　C　）に入る語として，下のア～カから最も適切なものをそれぞれ1つ選び，その符号を書きなさい。

> There are not so many young people （　A　） live in Shota's town. Also, it is （　B　） for the older generation to carry *mikoshi* because it is heavy. So people in his town have made a （　C　） that they won't hold the festival next year.

ア chance　　イ decision　　ウ different　　エ difficult　　オ which　　カ who

問4 ［　　　　　　　　　］の中には次のア～エが入る。文章の意味が通じるように最も適切な順に並べ替え，その符号を書きなさい。

ア Living here will be boring for young people without those events.

イ Then, there will be more and more elderly people but fewer and fewer young people.

ウ They will leave their hometown and move to a big city.

エ We may not be able to have many exciting events like festivals.

問5 次のア～エのうち，グラフ及び英文の内容に合うものを1つ選び，その符号を書きなさい。

ア The number of people under 10 in 2030 is one third the number of people under 10 in 2000.

イ In some families elderly people have to take care of other elderly members.

ウ About half of the households in Shota's town are households of elderly people.

エ Shota wants to live in his town because he knows how to make his future bright.

問6 翔太さんの記事を読んで，同級生の美保（**Miho**）さんは，学校新聞へ投稿するための英文を書くことにしました。あなたが美保さんなら何と書きますか。以下に続けて，**4文以上のまとまりのある英文**を書きなさい。

After I read Shota's article, I came up with a good idea to make our town a more interesting place to live in. _____

（解答は別冊 56 ページ）

1 下の(1)～(5)に答えなさい。なお，解答欄の $\boxed{}$ には答だけを書くこと。

(1) 次の**ア**～**オ**の計算をしなさい。

ア $5-(-2)$

イ $-2\times(-3)^2+4$

ウ $2x^3y^2\div\dfrac{1}{2}xy^2$

エ $\dfrac{a+2b}{3}-\dfrac{a-b}{2}$

オ $\sqrt{12}-3\sqrt{2}\div\sqrt{6}$

(2) 次の方程式を解きなさい。

$$2x^2-3x-1=0$$

(3) 1から6までの目が出る大小2つのさいころを同時に1回投げるとき，出た目の数の積が5の倍数になる確率を求めなさい。ただし，2つのさいころはともに，どの目が出ることも同様に確からしいとする。

(4) 関数 $y=ax^2$ について，x の変域が $-1\leqq x\leqq 2$ のとき，y の変域が $-12\leqq y\leqq 0$ である。このとき，a の値を求めなさい。

(5) 生徒10人の上体起こしの回数を測定し，多い方から順に並べると，5番目の生徒と6番目の生徒の回数の差は4回で，10人の回数の中央値は25回であった。欠席したAさんが，次の日に上体起こしの回数を測定したところ28回であった。

このとき，Aさんを含めた11人の回数の中央値を求めなさい。

2 図1, 図2のように, 1辺の長さが1mの正六角形ABCDEFがある。点Pと点Qは, ⬜ の中の規則にしたがって, この辺上を動く。

> **＜ 規則 ＞**
> ・点Pは反時計回りに毎秒2mの速さで辺上を動く。
> ・点Qは時計回りに毎秒1mの速さで辺上を動く。

このとき, 次の(1), (2)に答えなさい。

(1) 図1のように, 2点P, Qは頂点Aを同時に出発し, 辺上を動く。P, Qが出発してから初めて出会うのは何秒後か, 求めなさい。

図1

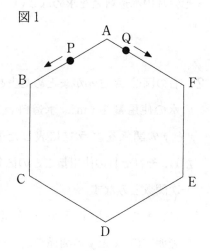

(2) 図2のように, 2点P, Qはそれぞれ頂点A, Dを同時に出発し, 辺上を動く。P, Qが頂点C上でn回出会うとき, それまでにPが動いた長さをnを用いた式で表しなさい。また, その考え方を説明しなさい。説明においては, 図や表, 式などを用いてよい。ただし, nは自然数とする。

図2

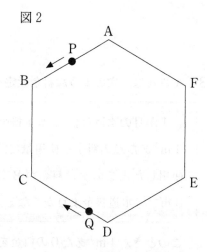

3 右の表は，Aさんが B 市の水道料金を調べて，使用量 30 m³ までの分をまとめたものである。なお，1 か月の水道料金は，次のとおりである。

（基本料金）＋（使用量ごとの料金）

このとき，次の(1)～(3)に答えなさい。ただし，消費税については考えないものとする。

B 市の 1 か月分の水道料金表（税抜き）		
基本料金		
使用量に関わらず定額		1000 円
使用量ごとの料金		
使用量ごとの区分	0 m³ から 10 m³ までの分	1 m³ あたり 20 円
	10 m³ を超えて 20 m³ までの分	1 m³ あたり 100 円
	20 m³ を超えて 30 m³ までの分	1 m³ あたり 150 円

(1) ある月の 1 か月の水の使用量が 4 m³ のとき，その月の水道料金を求めなさい。

(2) 右の図は，A さんがまとめた表をもとに，1 か月の水の使用量を x m³，水道料金を y 円として，x と y の関係をグラフに表したものである。ただし，それぞれの使用量ごとの区分では，y は x の一次関数とみなす。

このとき，使用量が 20 m³ を超えて 30 m³ までの範囲での，x と y の関係を表す式を求めなさい。

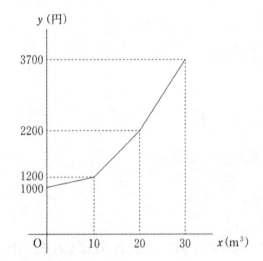

(3) A さんは，次のような料金設定を考えることにした。

> 1 か月の水道料金は，基本料金と使用量ごとの料金の合計とする。また，基本料金を 700 円，1 m³ あたりの料金を使用量に関わらず一定とすることとし，さらに，1 か月に水を 20 m³ 使用したときの水道料金が B 市での水道料金より高く，30 m³ 使用したときの水道料金が B 市での水道料金より安くなるように，1 m³ あたりの料金を設定する。

このとき，1 m³ あたりの料金を何円より高く，何円より安くするとよいか，(2)のグラフを参考にして求めなさい。ただし，水道料金は水の使用量の一次関数とみなす。なお，途中の計算も書くこと。

4 Aさんの町会では，バザーでドーナツとカップケーキを作って販売した。表1は，このとき作ったドーナツとカップケーキの主な材料と分量を表したものである。表2は，ドーナツとカップケーキ1個あたりの販売価格を示したものである。

表1

材料と分量	
ドーナツ（1個分）	カップケーキ（1個分）
小麦粉…………… 40 g	小麦粉…………… 30 g
砂糖……………… 10 g	砂糖……………… 20 g
バター…………… 5 g	バター…………… 10 g
牛乳……………… 10 mL	牛乳……………… 10 mL
卵………………… 15 g	卵………………… 20 g

表2

1個あたりの販売価格	
ドーナツ	100 円
カップケーキ	150 円

用意した小麦粉4 kgをすべて使い，ドーナツとカップケーキを作って販売したところ，どちらも完売し，15400円の売り上げとなった。

このとき，ドーナツとカップケーキはそれぞれ何個販売したか，方程式をつくって求めなさい。なお，途中の計算も書くこと。ただし，小麦粉以外の材料は十分にあったものとする。

5 解答用紙に，△ABCがある。これを用いて，次の ▭ の中の条件①，②をともに満たす点Pを作図しなさい。ただし，作図に用いた線は消さないこと。

① AP = CP

② 線分BPを直径とする円の周上に，点Cがある。

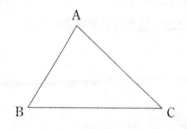

6 図1〜図3のように，∠ABC = 60°の平行四辺形ABCDがあり，Pは辺AB上の点とする。ただし，Pが頂点A，B上にあるときは考えないものとする。

このとき，次の(1)〜(3)に答えなさい。

(1) 図1のように，線分ACとPDの交点をEとする。

∠ACD = 41°，∠ADP = 21°のとき，∠CEDの大きさを求めなさい。

図1

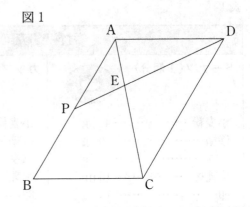

(2) 図2のように，点Qを辺BC上にPQ//ACとなるようにとる。ABとDQを延長したときの交点をFとし，ACとDFの交点をGとする。

このとき，△GCD ∽ △QPFであることを証明しなさい。

図2

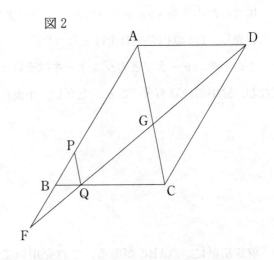

(3) 図3において，AB = 6 cm，AD = 4 cmとする。

CP + PDの長さが最短となるとき，その長さを求めなさい。なお，途中の計算も書くこと。

図3

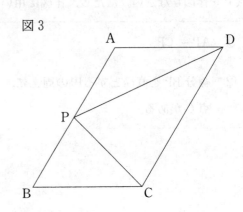

7 図1，図2のように，AB = 3 cm，AD = 1 cm，AE = 4 cm の直方体 ABCD – EFGH がある。辺 DH 上，辺 BF 上にそれぞれ DP = QF = 1 cm となる点 P，Q をとる。

このとき，次の(1)～(3)に答えなさい。

(1) 図1において，辺 AB と平行な辺をすべて書きなさい。

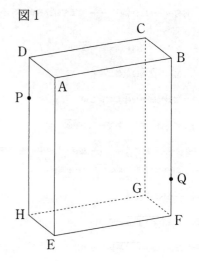

図1

(2) 図2のように，4点 C, P, E, Q を通る平面でこの直方体を切断したとき，切り口の四角形 CPEQ の面積を求めなさい。なお，途中の計算も書くこと。

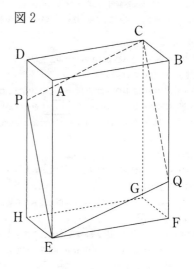

図2

(3) 図3は，(2)で切断してできた2つの立体のうち，頂点 G を含むほうを，さらに4点 P, H, F, Q を通る平面で切断してできた立体である。

このとき，立体 CPQ – GHF の体積を求めなさい。なお，途中の計算も書くこと。

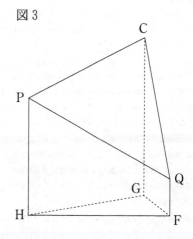

図3

2019

（解答は別冊58ページ）

一　次の各問に答えなさい。

問1　次の(1)～(4)について――線部の漢字の読みがなを書きなさい。

(1) マラソン大会で給水所を設ける。

(2) 旅先で旧懇の先輩に会う。

(3) 彼女は後輩に慕われている。

(4) パソコンでウェブページを閲覧する。

問2　次の(1)～(4)について――線部の片仮名を漢字で書きなさい。

(1) 科学の分野で大きなコウセキを残す。

(2) 小説の構想をネる。

(3) 列車がケイテキを鳴らす。

(4) 休日に畑をタガヤす。

二　次の文章を読んで、あとの各問に答えなさい。

> 九月のある日、幼稚園教諭となって三年目のえな（恵奈）は、手のネイルを取り忘れて出勤した。お弁当の時間、萌香たち数人の園児がそれに気づいた。

「えな先生、おててキレイ！」

えなは両手をひっこめようとしたが、もう遅いか。

「お店でやってもらったの？」

踊々子ちゃんは私の指をつかむ。こうなるともう逃げられないか。

「ううん、お店じゃなくておうちで　　　　　やったんだよ」

私はコップを配り終え、ひきつった笑顔だけ残して退散した。

帰りの際、萌香ちゃんがおずおずとやってきて、ささやくように言った。

「えな先生、また明日もおてて見せてね」

萌香ちゃんの手を見て、私は「あっ」と声をあげそうになった。

「……うん、明日ね」

翌日も、その次の日も、私はネイルをつけたまま出勤した。

「事務室に来て」[ア]

金曜日の夕方のことだ。私は泰子先生の後についていった。

事務室でふたりになり、ドアを閉める泰子先生は言った。

「あなたねえ、手、見せてごらんなさいよ」[イ]

前置きもなく、第一声が①それだった。

「添島瑠々ちゃんのお母さんから苦情がきてるの。あなたのせいで瑠々ちゃんが爪にマニキュアを塗ると困ってて。あなた、自分でもそうって言ったらしいわね。どうしてそんなけしかけるようなことをする」[ウ]

「けしかけたわけじゃ……」[エ]

「言い訳しないで。あなただけじゃなくて園全体の印象が悪くなるのよ」

私は閉口した。頭ごなしに悪いと断定されて何も言えない。

「仕事が終わったら彼氏とデートとかオシャレしたんだろうと。仕事は仕事、プライベートはプライベートってちゃんと分けなさいよ」

違う。ぜんぜん違う。違います。否定しようとして、やめた。私だって、自分なりに一生懸命仕事に取り組んでいる。でも、私がどうしてネイルを取らなかったか、その「理由」をどう説明すればいいのかわからなかった。私にはそれが正解なのかも自信がなかった。

「とにかく、ネイルは取りなさい」

「……わかりました」

その夜、従姉のマユちゃんを思い出した。私よりずっと年上のマユちゃんは、小さいころから私の憧れだった。かわいくて、頭が良くて、髪の毛の結び方やネイルの塗り方も、みんなマユちゃんに教わった。マユちゃんは、大学を出て、今は英会話スクールの講師をしてる。②私が幼稚園教諭を選んだのも、少なからずマユちゃんの影響がある。先生と呼ばれる仕事をしてみたかったからだ。特に大きな理由もないまま、この道を選んだ気がする。子どもがきらいなわけじゃないが、なんなら、その程度の気持ちでこの道を選んで、幼稚園を辞めちゃおうかなと思うほどだが……

十月も半ばに差しかかった頃だ。

お迎えのとき、萌香ちゃんのお母さんから呼び止められた。

「えな先生、萌香ね、爪を噛むのが治ったんですよ」

お母さんが静かな笑みをたたえて言う。

「あの子、前は指の爪をぜんぶ噛んでしまって……。悩みました。こんなに大事に思ってるつもりなのに、どうしてって」

「………」

「一カ月くらい前、えな先生の爪はきれいなピンクなんだよって、うれしそうに話してました。萌香もあなたのような手になりたいって。だから爪はもう噛まないって、自分から。今ではちゃんと揃ってます」

お母さんは声を震わせる。私の願いは通じてた。私がマユちゃんに憧れたように、萌香ちゃんが私のピンクのネイルを素敵だと感じてくれたなら、爪噛みしなくなるかもしれないと思ったのだ。

「ありがとうございます」

④深々とお辞儀をするお母さんに、私はどぎまぎになって言った。

「でも、私、すぐにネイル取っちゃったから」

「いいえ、萌香が言ってたのは、ネイルを取ったあとの爪のことです」

「えっ？」

「泰子先生から、聞いてませんか？」

聞いているなら、泰子先生の名前が出てくること自体、予想外だった。

「最初はネイルをかわいいと思ったみたいですけど、それがきっかけだったのはたしかです。でも、えな先生がネイルを取ったのと、泰子先生がなんか言ったんですって。えな先生の手は、働き者の手だよねって、たくさん笑って、たくさん食べて、なんでも楽しんでいると、えな先生みたいにきれいな爪になるよ。大人になったから爪に色を塗ってオシャレしたいと思ったときに、元気な爪だったら素敵だよって」

⑤……泰子先生が、そんなこと？

びっくりして、何も言えなかった。お母さんは自分の手をじっと見る。

「爪って健康のバロメーターですもんね。私、しばらく自分の爪とか見てなかった。私も萌香とえな先生みたいなピンクの爪になれるよう、元気に笑顔でいたいと思います」

おかあさーん、と萌香ちゃんの明るい声がして、こちらに走ってくるのが見えた。

（青山美智子「木曜日にはココアを」より。一部省略等がある）

(注) ネイル…爪に色や光沢をつけるもの。マニキュア液。
泰子先生…えなと同じ幼稚園に勤める先輩の教諭。
バロメーター…物事の状態・程度を知るための目安となるもの。

問1　本文中の　　　　　に入る最も適切な言葉を、本文中から漢字二字で抜き出して書きなさい。

問2　①それ とはどの言葉を指すか。本文中の会話文[ア]～[エ]から適切なものを一つ選び、その符号を書きなさい。

問3　②先生と呼ばれる仕事をしてみたかった とありますが、その理由を書きなさい。

問4　③お母さんは声を震わせる とありますが、このとき、萌香の母の心情として次のア～エから最も適切なものを一つ選び、その符号を書きなさい。

ア 憧れ　イ 怒り　ウ 恐れ　エ 喜び

問5　④でも、私、すぐにネイル取っちゃったから とありますが、本文を朗読するとき、この一文をどのような口調で読むのがよいか。次のア～エから最も適切なものを一つ選び、その符号を書きなさい。

ア うろたえた口調で読む。　イ やわらかな口調で読む。
ウ 素っ気ない口調で読む。　エ 堂々とした口調で読む。

問6　⑤……泰子先生が、そんなこと？ とありますが、ここには、えなの驚く気持ちが表現されています。えなが驚いたのはなぜか、五十字以内で書きなさい。

問7　萌香ね、爪を噛むのが治ったんですよ とありますが、その理由を、えなが萌香の爪噛みをやめさせるためにとった方法にふれて、八十字以内で書きなさい。

三 次の文章を読んで、あとの各問に答えなさい。

　人間と比較してコンピュータが優れている点は計算能力です。スーパー・コンピュータ「京」は一秒間に一京回計算ができるという意味で、この名前が付けられました。人間の計算能力は10秒に1回くらいでしょうから、①「京」は人間より10京倍頭がいいとさえいえなくもありません。

　しかしもちろん、計算能力は知能のごく一部でしかありません。知能全体を考えた場合、「パターン認識」という能力を無視できません。パターン認識とは画像や音声など雑多な情報を含むデータのなかから意味のあるものを取り出す処理です。

> このパターン認識の能力に関して、人間の脳はとくに優れています。人の顔をすぐに見分けられるのは、この能力のおかげです。
> 　カーツワイルも著作のなかでこう述べています。
> 　「人間の知能に従来からある長所のひとつに、パターン認識する能力がある。人間の脳は②捉えがたい一定した特性をもつべきパターンを認識する。人間の知能の中で重要なものに、頭の中で現実をモデル化し、そのモデルのさまざまな側面を変化させることで「こうなったらどうなるだろう」という実験を頭の中で行う能力がある。」
> 　人間の場合、人の顔を簡単に見分けられますが、これはコンピュータには非常に困難なことです。また人間は、あるイヌが大きかろうと小さかろうとそれがイヌだと認識できます。このパターン認識は、人間なら子どもでも自然に発揮している能力です。③この能力をコンピュータに仕込むことは大変難しいので、特定のイヌをコンピュータに記憶させることはできますが、「イヌ」一般を認知させることは、なかなかできません。

　パターン認識の能力は感覚器官をもっている動物はすべて、何らかの形で備えているでしょう。そのなかでも人間のパターン認識能力はとくに優れていると思われます。この優れたパターン認識の能力は、人間が進化の過程で習得したのでしょう。生物進化において、動物が生き延びるうえで、きっとパターン認識の能力が必要だったと考えられるからです。

　[A] 人間のパターン認識はまた間違いやすいものでもあります。
シャーマーというサイエンス・ライターがこんな話を書いています。

　いまから三〇〇万年前のアフリカに住む原始人が、草むらの近くを歩いてきたとします。草むらからガサガサという音がしました。近くに猛獣がいるのかもしれないし、風で草が揺れているだけかもしれません。そこでこの原始人は逃げることを選んだのですが、結果は単なる風でした。シャーマーはこれを「タイプ1のエラー」と呼びます。

　[B] 別の原始人について同じように草むらがざわめいている状況に遭遇します。今回の原始人は、風と思って逃げませんでした。しかし猛獣がそこにいて、その原始人は食べられてしまいました。シャーマーはこれを「タイプ2のエラー」と呼びます。

　タイプ2のエラーを犯した原始人は、すべて食べられてしまいますから、タイプ1のエラーを犯した人間だけが生き残ってきたということになります。その原始人は術かもしれないと思われるでしょうが、術がなかったら食べられてしまう危険性があるので、安全を優先してきたわけです。タイプ1のエラーは、ガサガサというわずかな情報を手がかりに、過去の経験などを参照して、ライオンがいるのかもしれないというパターンを想像する能力といえるわけです。

　もし、その原始人が合理主義者だったとしたらどうするのでしょうか。[C] という仮説を立てるところまでは同じです。しかし彼は、その仮説が本当だろうかと考え、現場に戻って調べます。安全な距離から石を投げて検証してみたりします。これが科学です。

　いずれにせよ、術がありそうなほうの原始人の子孫が私たちです。だから④ある意味で人間はかない情報から大きなパターンを見出す能力、すなわち優れたパターン認識能力を備えているのです。

（松田卓也「2045年問題」より。一部省略等がある）

（注） 京…数の単位。兆の一万倍。　モデル…標準。

問1 「音声」と熟語の構成が同じものを、次のア〜エから一つ選び、その符号を書きなさい。
　　ア 握力　イ 越境　ウ 合併　エ 伸縮

問2 ①「京」は……ありません。とありますが、ここでの「頭がいい」とはどのようなことか、書きなさい。

問3 次に示す【資料】は、本文中の ☐ 内の記述に関連する内容が書かれています。この【資料】を読んで、あとの(1)(2)の問に答えなさい。

【資料】

> イチゴが「イチゴだ」とわかるためには辞書、つまり論理は無力です。いくら「イチゴ」の項目を読んでもわかるようになりません。実際にイチゴを見て「これがイチゴだよ」と誰かに教えてもらう必要があります。それと同じようなことを機械（AI）でもできないか、という発想です。
>
> 　イチゴには、円錐に近い形で色は赤といった特徴（要素）がありますが、けれども、よく観察するとイチゴは円錐形ではないし、赤味の薄いイチゴもあります。人間はそれらをさまざまな経験から総合的に判断してイチゴであるかどうかを極めて柔軟に判断しています。イチゴをイチゴだと認識するのに一〇〇万個のイチゴを見る必要があるとはいえません。10個くらい見ればわかるようになりますが、機械（AI）にこの柔軟性はなかなか真似できません。
>
> 　柔軟性のない機械に、人間近みの物体検出性能を持たせるために必要なもの。それがビッグデータです。課題にもよりますが、最低でも万、場合によっては億という単位になります。

（新井紀子の文章より。一部省略等がある）

(1) ②捉えがたい……認識する とありますが、人間の認識の過程について【資料】で述べられているイチゴを例にして、六十字以内で書きなさい。

(2) ③この能力を……仕込む とありますが、【資料】では、そのために必要なものは何であると述べられているか、抜き出して書きなさい。

問4 本文中の [A]・[B] に入る語の組み合わせとして次のア〜エから適切なものを一つ選び、その符号を書きなさい。
　　ア ［A しかし B また］　イ ［A ただし B でも］
　　ウ ［A つまり B さて］　エ ［A やはり B なお］

問5 本文中の [C] に入る内容を、五字以上、十字以内で書きなさい。

問6 ④ある意味で……優れたパターン認識能力 とありますが、筆者がこのように判断した理由を「人間のパターン認識能力は」に続けて、六十字以内で書きなさい。

四 次の文章を読んで、あとの各問に答えなさい。
（――線部の左側は、現代語訳です。）

中納言、相撲・競馬を好みて学問をせられざりけるを、父の大臣、①勘発し給ひけれど（お叱りになったけれど）、強ひてはげまされけれど（強ひることはできなかった）。②相撲某とかいふ上手ありけり（相撲某といふ強い力士があった）。敵の腹へ頭を入れて必ずこれによりて転ばしけり（そのやり方で）。これによりて、例の件の相撲を召して（例の件の）、中納言が相撲を好むが憎くて、転ばせしめられば（そうすれば）ほろびぬらむ（ほろびるだらう）亡せなんずるぞ（亡き者にするぞ）とおほせられければ（おおせられて）、則ち中納言に（その後すぐを）、「腹くじと勝負を決す、負けたらむは、この事止すべし」とおほせられければ（おっしゃられたので）。中納言、諾かしこまりて（かしこまってお聞き入れて）、やがて勝負行はれければ、中納言、腹くじが好むままに身をまかせられければ、喜びてけり。その後、中納言、腹くじが四つ辻をとりて、前へ強く引かれたりければ、首も折れぬばかりにおぼえて、うつぶしに倒れけり。大臣、③興ぜめたまふ。腹くじは急ぎ行方を逃電しにけり（急ぎ行方をくらました）。

（『古今著聞集』より。一部省略等がある。）

（注） 某…場所・人名などが不明の場合や、それをかくして指す場合に用いる語。
四つ辻…力士がつきあたっているまわしの、背後の結びの所。

問1 ①たまひ を現代仮名遣いに直し、すべてひらがなで書きなさい。

問2 ②相撲某とかいふ上手 と同じ人物を指す言葉を、本文中から一つ抜き出して書きなさい。

問3 本文には、大臣の言葉で「 」のついていない部分が一箇所あります。その部分を抜き出し、はじめと終わりの五字をそれぞれ書きなさい。ただし、句読点を含む場合は、句読点も一字と数える。

問4 次の会話は、本文を読んだあとに、佐藤さんと鈴木さんが話し合った内容の一部です。 A ・ B に入る適切な言葉を書きなさい。ただし、 A は本文から抜き出し、 B は現代語で答えること。

佐藤 ――線部の「大臣、興ぜめたまふ」ってどういうことかな。「興ぜめ」は現代でも聞くよね。
鈴木 私の持っている国語辞典には「興味がうすれること」「おもしろみがなくなること」と書いてあるよ。
佐藤 ということは、「興ぜめ」は、この相撲対決の結果が関係するのかな。
鈴木 この相撲対決では、大臣は A が負けて、それによって B を期待していたので、実際の結果は A が勝ったから、当てが外れたんだね。
佐藤 それなら、大臣が「興ぜめ」する気持ちも理解できるね。

五 中学三年生の高橋さんの学級では、各学期末に学級新聞を作り、保護者に配付しています。先日、新聞社に勤めている石川さんに、新聞の見出しの付け方について助言をしてもらう機会がありました。次に示す【メモ】は、石川さんの助言をまとめたものです。これを読んで、あとの問に答えなさい。

【メモ】

〈石川さんの助言のまとめ〉
◎目指すのは「記事が読みたくなる見出し」！
・記事に含まれる、最も伝えたい〈情報〉を用いる。
・字数をできるだけ短くする（12字以内にする）。
・例えば表現技法を用いるなど、表現を工夫する。
・一つの記事に複数の見出しを付ける場合、それぞれの見出しの内容や語句が重ならないようにする。

問
高橋さんの学級では、今回、学級新聞の各記事に、石川さんの助言をふまえて見出しを付けることにしました。次のページは、「見出し①」以外が完成したある記事の【新聞原稿】があります。
あなたが「見出し①」を付けるとしたら、どのような見出しを付けますか。「見出し①」と、そのような見出しを付けた理由を、次の条件1～条件3にしたがって書きなさい。

条件1 【メモ】に書かれている内容をすべてふまえて「見出し①」を付けること。
条件2 「見出し①」を付けた理由については、あなたが伝えたいことと工夫点を、具体的に説明すること。
条件3 「見出し①」を付けた理由については、「～だ。～である。」調で二百字程度で書くこと。

【新聞原稿】

見出し①

見出し② 今月末カナダに帰国

外国語指導助手のサラ・ティス先生が、三年間の任期を終え、今月31日にカナダに帰国する。20日、体育館で行われたお別れ会では、田中校長先生から感謝状が手渡され、生徒会執行部から記念品と花束が贈呈された。その後、全校生徒で「Tomorrow（トゥモロー）」を合唱した。中には涙で声をつまらせる生徒も見られた。サラ先生は、これから生徒のみんなが頑張ってほしいことや、帰国後はカナダの子どもたちに日本の文化を伝えていきたいという夢を、上手になった日本語を交えて語り、最後は笑顔で「いろいろな話題について私と英語で話しかけてくれる人が増えてくれたことがうれしかったです。次にみんなと出会ったときには、もっと書くの英語が上達しているのを楽しみにしています」と締めくくった。楽しい三年間をありがとうございました。

2019

（解答は別冊 60 ページ）

1 以下の各問に答えなさい。

問1 宇宙について，次の(1)，(2)に答えなさい。

(1) 地球は，半径約 5 万光年の，多数の恒星からなる集団に所属している。地球が所属するこの集団を何というか，書きなさい。

(2) 日本国内のある地点において 19 時と 21 時に，カシオペヤ座と北極星を観察したところ，カシオペヤ座の位置は変化したが，北極星はほぼ同じ位置に見えた。北極星がほぼ同じ位置に見えたのはなぜか，次のア～エから最も適切なものを 1 つ選び，その符号を書きなさい。

ア　北極星が地球の地軸の延長線上にあるから。

イ　北極星が地球の公転面上にあるから。

ウ　北極星が地球と同じ周期で自転しているから。

エ　北極星が地球と同じ周期で公転しているから。

問2 アルミニウムと銅について，次の(1)，(2)に答えなさい。

(1) アルミニウムや銅のように 1 種類の原子からできている物質を何というか，書きなさい。

(2) アルミニウムと銅に共通の性質は何か，次のア～エから**すべて**選び，その符号を書きなさい。

ア　電気をよく通す。　　　　イ　熱をよく伝える。

ウ　磁石につく。　　　　　　エ　みがくと特有の光沢がある。

問3 だ液のはたらきについて，次の(1)，(2)に答えなさい。

(1) だ液には食物を分解し，ヒトのからだに吸収されやすい物質にするはたらきがある。このはたらきを何というか，書きなさい。

(2) だ液に含まれるアミラーゼのはたらきについて述べたものはどれか，次のア～エから最も適切なものを 1 つ選び，その符号を書きなさい。

ア　タンパク質を分解する。　　イ　デンプンを分解する。

ウ　脂肪を分解する。　　　　　エ　カルシウムを分解する。

問4 右の図のように，ばねばかりに一辺の長さが 3 cm の立方体のおもりを糸でつるし，おもりの下面が水面に接した状態から，ゆっくりと水中に沈めながら，ばねばかりの値を記録した。次の(1)，(2)に答えなさい。

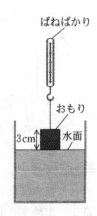

(1) おもりは水中で，水圧によって生じる上向きの力を受ける。このような力を何というか，書きなさい。

(2) おもりの下面が水面に接した状態から 6 cm 沈めるとき，水面からおもりの下面までの距離とばねばかりの値の関係を表すグラフはどれか，次のア～エから最も適切なものを 1 つ選び，その符号を書きなさい。

ア 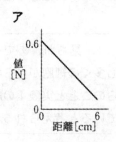　　イ 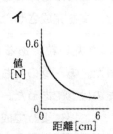　　ウ 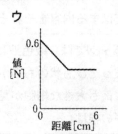　　エ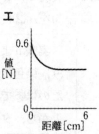

2 タマネギの根の成長に関する，次の実験を行った。これらをもとに，以下の各問に答えなさい。

[**実験Ⅰ**] 図1のように，タマネギの根の表面に，先端から0.5mm間隔で，A～Fの印をつけた。その後，温度を一定にして根を成長させ，15時間後に根の成長のようすを調べたところ，図2のようになり，根の伸びる方向の成長速度は，それぞれの印と印の間では異なっていた。

図1　開始時
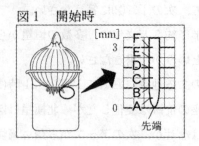
先端

図2　15時間後
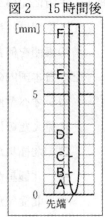
先端

[**実験Ⅱ**] 実験Ⅰと同じタマネギの根を先端から3mm切り取り，うすい塩酸にしばらくつけた。その後，塩酸を取りのぞき，図3のように根の先端から1mmずつX～Zに切り分け，スライドガラスにのせ，染色液で染色してカバーガラスをかけた。その上から，ろ紙をかぶせて指で根を押しつぶし，顕微鏡で細胞のようすを観察した後，デジタルカメラで撮影した。図4のあ～うは，図3のX～Zの各部分を同じ倍率で撮影した画像である。

図3
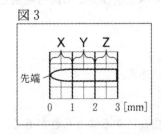

図4
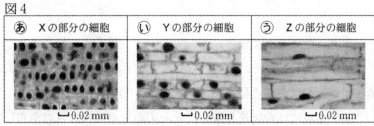

問1 植物の根，茎，葉のように，いくつかの種類の組織が集まって1つのまとまった形をもち，特定のはたらきをする部分を何というか，書きなさい。

問2 タマネギの根には，根毛が見られる。根毛があることで，水や養分を多くとりこむことができるのはなぜか，理由を書きなさい。

問3 実験Ⅰについて，実験開始から15時間後までのそれぞれの印と印の間の成長速度を表すグラフはどれか，次のア～エから最も適切なものを1つ選び，その符号を書きなさい。

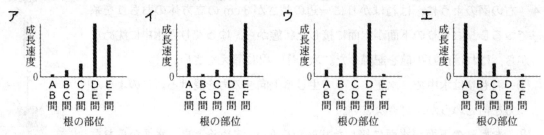

問4 実験Ⅱについて，下線部の操作を行うことで細胞が観察しやすくなる。それはなぜか，理由を書きなさい。

問5 実験Ⅰ，Ⅱについて，次の文は，観察結果をまとめたものである。文中の①にはあてはまる語句を，②にはあてはまる内容をそれぞれ書き，文を完成させなさい。

> 　実験Ⅱより，あ～うでは，染色液に染まった丸い粒である（　①　）が見られ，あでのみ，染色液に染まったひも状のものが見られた。あ～うのうち，最も多くの細胞が見られたのはあであり，最も大きな細胞が見られたのはうであった。これらのことと実験Ⅰの結果から，タマネギの根は（　　　②　　　）ことによって成長していると考えられる。

3 鉄に関する，次の実験を行った。これらをもとに，以下の各問に答えなさい。

[実験Ⅰ] 図のように，①酸素を入れた集気びんを着火したスチールウール（鉄）にかぶせたところ，熱や光を出しながら激しく反応し，②集気びん内の水面が上昇した。また，反応によってできた黒色の物質の質量は，反応前のスチールウールよりも増加していた。

酸素を入れた集気びん　着火したスチールウール
石灰水
バット

[実験Ⅱ] 試験管の中に鉄粉と硫黄の混合物を入れて，ガスバーナーで加熱し，色が赤く変わり始めたところで加熱をやめた。③いったん反応が始まると，加熱をやめても反応が続き，黒色の物質ができた。この物質に塩酸を加えると，④気体が発生した。

[実験Ⅲ] 鉄粉，⑤活性炭，食塩水をビーカーに入れて混ぜ合わせたところ，混合物の温度は10分後に70℃まで上昇し，湯気が出た。混合物の温度が室温に戻ったときに，⑥ビーカーごと電子てんびんにのせ，質量をはかったところ，反応前の質量とほとんど変わらなかった。

問1 実験Ⅰについて，次の(1)〜(3)に答えなさい。

(1) 下線部①について，このような反応を何というか，次のア〜エから最も適切なものを1つ選び，その符号を書きなさい。

　　ア　分解　　　　　イ　還元　　　　　ウ　蒸留　　　　　エ　燃焼

(2) 下線部②について，集気びん内の水面が上昇したのは，集気びん内の気圧が下がったためである。集気びん内の気圧が下がったのはなぜか，理由を書きなさい。

(3) 次の文は，この実験で確認できたことをまとめたものである。文中の（　あ　），（　い　）にあてはまる内容の組み合わせを，下のア〜エから1つ選び，その符号を書きなさい。

石灰水の色が（　あ　）ことから，二酸化炭素が（　い　）ことがわかった。

　　ア　あ：白くにごった　　い：発生した　　　イ　あ：白くにごった　　　い：発生しなかった
　　ウ　あ：変化しなかった　い：発生した　　　エ　あ：変化しなかった　　い：発生しなかった

問2 実験Ⅱについて，次の(1)〜(3)に答えなさい。

(1) 下線部③について，このように反応が続いたのはなぜか，理由を書きなさい。

(2) 塩酸の溶質が水溶液中で電離しているようすを，化学式とイオン式を用いて書きなさい。

(3) 下線部④について，発生した気体の特徴について述べたものはどれか，次のア〜エから最も適切なものを1つ選び，その符号を書きなさい。

　　ア　空気中に約78%含まれる。　　　　　イ　物質の中で，密度が一番小さい。
　　ウ　卵が腐ったようなにおいがある。　　エ　物質を燃やすはたらきがある。

問3 実験Ⅲについて，次の(1)，(2)に答えなさい。

(1) 下線部⑤について，電子てんびんを用いて活性炭 X g をはかりとるには，次のア〜エをどの順番で行えばよいか，最も適切な順に並べ，その符号を書きなさい。

　　ア　電子てんびんに，折り目をつけた薬包紙をのせる。

　　イ　電子てんびんの0点スイッチ（表示を0.00gにするスイッチ）を押す。

　　ウ　電子てんびんを水平な台の上に置き，電源を入れる。

　　エ　電子てんびんの表示がX g になるように，薬さじで活性炭をのせる。

(2) 下線部⑥について，このような結果になったのはなぜか，理由を書きなさい。

4 気象観測について，以下の各問に答えなさい。

問1 日本国内の地点Xで，ある日，行った気象観測について，次の(1)～(4)に答えなさい。

(1) 温度計で気温を測定するのに適した高さと場所を表1のようにまとめた。表1の（　　）にあてはまる内容はどれか，次のア～エから最も適切なものを1つ選び，その符号を書きなさい。

ア　日なたで，風通しのよい場所

イ　日なたで，風の当たらない場所

ウ　日かげで，風通しのよい場所

エ　日かげで，風の当たらない場所

表1

高さ	地上約1.5 m
場所	（　　　　　）

(2) 図1は，観測を行ったときの乾湿計の一部を示している。このときの湿度は何%か，図1から読み取って書きなさい。

(3) この日，風をさえぎる建物などの障害物がない開けた場所で，図2のような軽いひもを使った装置で風向を調べた。図3は，この装置を上から見た図である。このときの風向を図3から読み取って16方位で書きなさい。

(4) 表2は，この日の時刻，気温，湿度，天気の関係を表したものである。9時から14時までの変化に着目すると湿度が下がっているのはなぜか，理由を書きなさい。なお，空気中の水蒸気量はほとんど変化していなかった。

図1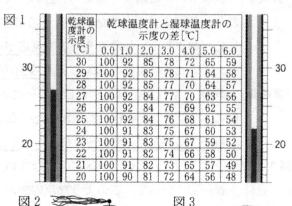

乾球温度計の示度[℃]	乾球温度計と湿球温度計の示度の差[℃]						
	0.0	1.0	2.0	3.0	4.0	5.0	6.0
30	100	92	85	78	72	65	59
29	100	92	85	78	71	64	58
28	100	92	85	77	70	64	57
27	100	92	84	77	70	63	56
26	100	92	84	76	69	62	55
25	100	92	84	76	68	61	54
24	100	91	83	75	67	60	53
23	100	91	83	75	67	59	52
22	100	91	82	74	66	58	50
21	100	91	82	73	65	57	49
20	100	90	81	72	64	56	48

図2　軽いひも　　　図3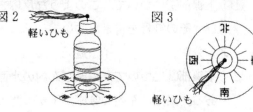

表2

時刻[時]	9	10	11	12	13	14	15
気温[℃]	23.2	25.5	25.8	26.6	26.8	27.1	26.5
湿度[%]	68	57	56	54	53	52	54
天気	晴れ	晴れ	快晴	晴れ	快晴	晴れ	晴れ

問2 図4は，日本国内の地点Y付近を，ある台風が通過したときの，地点Yにおける気圧，風速，風向の関係を表したものである。また，次の文は，この台風の地点Y付近での進路について書かれたものである。文中の①には図4のア～ウのいずれか1つの符号を，②には下のA～Dのいずれか1つの符号をそれぞれ書き，文を完成させなさい。

　図4によると，この台風の中心は（　①　）の時間帯に，地点Yに最接近したと判断できる。また，この台風の1時と3時10分の位置関係は（　②　）のように表すことができる。

図4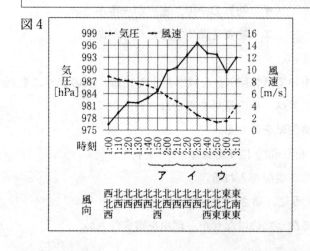

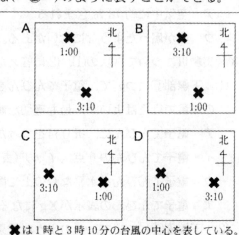

✖は1時と3時10分の台風の中心を表している。

- 142 -

5 仕事とエネルギーに関する，次の実験を行った。これについて，以下の各問に答えなさい。

［実験］　図1のように，水平な台の上にスタンドでレールを固定し，台の上に木片を置いた。質量15.0gと30.0gの小球を，水平な台から高さ10.0cm，20.0cm，30.0cmの位置でそれぞれそっと離して木片に衝突させ，木片が移動した距離を調べた。表は，その結果をまとめたものである。ただし，空気の抵抗，小球とレールの間の摩擦（まさつ），レールの厚さは考えないものとし，小球は点Xをなめらかに通過するものとする。また，小球のもつエネルギーは木片に衝突後，すべて木片を動かす仕事に移り変わるものとする。

図1

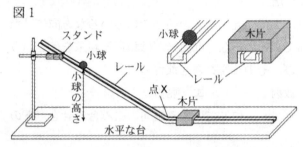

小球の高さ [cm]		10.0	20.0	30.0
木片の移動距離 [cm]	質量15.0gの小球	3.0	6.0	9.0
	質量30.0gの小球	6.0	12.0	18.0

問1　高いところにある物体は，重力によって落下することで，ほかの物体を動かしたり，変形させたりすることができる。このように高いところにある物体がもっているエネルギーを何というか，書きなさい。

問2　質量30.0gの小球を一定の速さで，高さ10.0cmの位置から高さ20.0cmの位置まで持ち上げるのに加えた力がした仕事は何Jか，求めなさい。ただし，質量100gの物体にはたらく重力の大きさを1Nとする。

問3　小球が木片に衝突した瞬間の，小球が木片を押す力を力A，木片が小球を押し返す力を力Bとする。力Aと力Bについて，大きさの関係と向きの関係を，それぞれ書きなさい。

問4　小球が木片に衝突した後，木片が右向きに動いているときに木片にはたらく力をすべて表したものはどれか，次のア〜エから最も適切なものを1つ選び，その符号を書きなさい。なお，⇨ は木片の運動の向きを表し，→ は木片にはたらく力を表し，重なる場合については，少しずらしてかいてある。

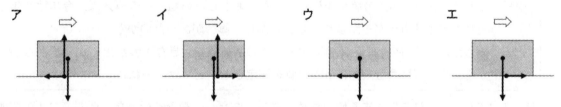

問5　表をもとに，質量25.0gの小球を用いて同様の実験を行ったときの，小球の高さと木片の移動距離の関係をグラフで表しなさい。また，図1の装置を用いて，質量25.0gの小球を離して木片を8.0cm動かすためには，小球を高さ何cmの位置で離せばよいか，書きなさい。

問6　図1のレールの傾きを小さくし，図2のように質量15.0gの小球を高さ20.0cmの位置でそっと離した。このとき，小球が点Xに達するまでの時間と点Xでの小球の速さは，レールの傾きを小さくする前と比べてどうなるか，それぞれ書きなさい。

図2

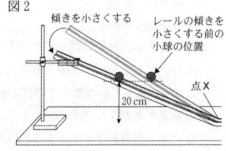

2019

6 吉田さんの所属する科学部では，毎年夏に学校の近くにあるＡ池を調査している。今年は，次のような調査を行った。これをもとに，以下の各問に答えなさい。

[**調査**] ある日の午後5時に，①A池の水面付近を観察すると，②オオカナダモが多く見られ，フナやメダカも見られた。フナの生息数を推定するため，標本調査を行った。まず，A池の数カ所で，網を用いてフナを100匹捕獲し，目印をつけて放した。そして，フナを放してから1週間後の午後5時に，再びA池で同じ方法でフナを50匹捕獲したところ，目印をつけたフナが2匹含まれていた。また，今年の調査では1週間にわたって毎日，早朝と夕方に池の水面付近の水温とpHの値の測定を初めて行った。

問1 下線部①について，池の水面が見えるのは，太陽の光が水面の凹凸（おうとつ）でいろいろな方向にはね返って目に届くからである。このうち，水面でいろいろな方向に光がはね返る現象を何というか，次の**ア〜エ**から最も適切なものを1つ選び，その符号を書きなさい。

　ア　全反射　　　　**イ**　乱反射　　　**ウ**　放射　　　**エ**　屈折

問2 下線部②について，次の文中の（　あ　），（　い　）にあてはまる語句の組み合わせを，下の**ア〜エ**から1つ選び，その符号を書きなさい。

> オオカナダモの葉脈は平行に並んでいることから，根のつくりは（　あ　）である。また，子葉は（　い　）枚である。

　ア　あ：ひげ根　　　　い：1　　　　**イ**　あ：ひげ根　　　　い：2
　ウ　あ：主根と側根　　い：1　　　　**エ**　あ：主根と側根　　い：2

問3 次の文は，調査の後に科学部で行った話し合いの一部である。下の(1)〜(3)に答えなさい。

> 吉田：今年の調査から推定されるA池のフナの個体数は（　　　）匹だったので，先輩たちが昨年調査した結果と比べると減少しているね。なぜだろうね。
> 中村：夏は池の水が循環しにくくなる傾向があるのだけど，今年の夏はすごく暑かったから，水質の変化があったのかなぁ。
> 山口：水質の変化なら，今年はpHメーターで測定したデータがあるから見てみるね。……あっ。A池の水のpHの値は，早朝は小さく，夕方は大きい傾向があるよ。
> 中村：1日でそんなにpHの値が変化するのか。おもしろいね。そういえば，今年は昨年と比べてオオカナダモが多く見られたから，影響があったのかな。
> 吉田：どうかな。1日のpHの値の変化でフナの個体数に大きな影響が出るとは思えないから，来年以降も継続的にpHの値を測定しないといけないね。

　(1)　文中の（　　　）にあてはまる値を求めなさい。ただし，調査を行った1週間でフナの個体数の増減がなく，また，目印をつけた個体は，目印がなくならず，池の中に一様に分散したものとする。

　(2)　文中の下線部について，その理由を，水面付近の水と底の水を比較し，温度と密度に着目して書きなさい。

　(3)　話し合いの翌日の朝，バケツを2個用意し，一方にA池の水を，もう一方にA池の水とオオカナダモを入れ，玄関先の明るい場所に置いた。そして，両方の水のpHの値を測定したところ，6.2であった。その日の夕方に両方の水のpHの値を測定したところ，オオカナダモを入れたバケツの方のみ，水のpHの値が8.1に上昇していた。pHの値が上昇したのはなぜか，理由をオオカナダモのはたらきに着目して書きなさい。

（解答は別冊 62 ページ）

1 次の略地図を見て，下の各問に答えなさい。

略地図1

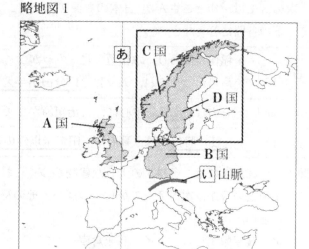

問1 略地図1の あ の線は「本初子午線」である。次の**ア～エ**のうち，本初子午線が通っていない大陸を1つ選び，その符号を書きなさい。

ア アフリカ大陸

イ 北アメリカ大陸

ウ 南極大陸

エ ユーラシア大陸

問2 略地図1の い 山脈の名称を書きなさい。

問3 次の資料は，略地図1の**A**国とオセアニアにあるツバルとの関係についてまとめたものの一部である。文中の [   ] にあてはまる適切な語句を書きなさい。

資料

> ツバルの国旗の左上には，**A**国の国旗が描かれている。その理由は，20世紀初頭に，ツバルは**A**国の [   ] であった歴史があり，現在も**A**国と関係が深いからである。

問4 次の**ア～エ**のうち，略地図1の**B**国について正しく述べている文を2つ選び，その符号を書きなさい。

ア この国には，国際河川であるライン川が流れている。

イ この国の五大湖周辺は，自動車製造の中心地として発展した。

ウ この国は東西に分裂していたが，冷戦の終結が宣言された翌年，統一された。

エ この国の沿岸部では，オリーブの栽培がさかんである。

問5 略地図2は，略地図1の [ ] 付近を拡大したものである。**C**国の沿岸部では，フィヨルドと呼ばれる奥行きのある湾が見られる。この湾はどのようにしてつくられたか，書きなさい。

略地図2

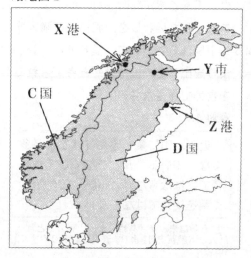

問6 略地図2の**D**国について，**Y**市で採掘された鉄鉱石は通常，**Z**港から輸出されるが，冬に**Z**港が凍結する間は，冬でも凍結しない隣国の**X**港から輸出されている。**X**港の方が**Z**港よりも高緯度にあるにもかかわらず，冬に**X**港が凍結しないのはなぜだと考えられるか，書きなさい。

2019

2 次のメモは，ゆきこさんが「日本の農業の歴史」について調べて作成したものである。これを見て，下の各問に答えなさい。

古 代	・稲作が伝わり，水田近くに①ムラがつくられた。 ・戸籍がつくられ，人々に②口分田が与えられた。
中 世	・有力な③農民を中心に，自治組織がつくられた。
近 世	・④江戸時代には，幕府が⑤田で米以外の作物を栽培することを制限した。

問1 下線部①には，資料1のような建物がつくられた。これを何というか，次のア〜エから1つ選び，その符号を書きなさい。

  ア　蔵屋敷　　　　　**イ**　高床倉庫
  ウ　たて穴住居　　　**エ**　文化住宅

問2 下線部②について，次の(1)，(2)に答えなさい。

  (1) 資料2は，当時の戸籍の一部である。この戸籍にもとづいて，口分田が与えられたのは，資料にある6人のうち何人か，人数を書きなさい。

  (2) 朝廷は，口分田が不足してくると墾田永年私財法を出して，開墾した土地の私有権を認めた。これにより貴族や寺社などが私有地を広げていったが，このような土地を何というか，書きなさい。

問3 下線部③について，資料3は，団結した農民たちの行動の様子が書かれたものである。農民たちがこのような行動をとった目的は何か，資料にある酒屋と土倉が共通して営んでいた仕事の内容にふれて書きなさい。

問4 下線部④の時代に見られた農業の様子について，次のア〜エのうち，適切な文を2つ選び，その符号を書きなさい。

  ア　同じ田畑で米と麦を交互に栽培する二毛作が始まった。
  イ　牛馬や鉄製の農具を使った農業が始まった。
  ウ　千歯こきが発明され，効率よく脱穀ができるようになった。
  エ　干したいわしを，肥料用に購入するようになった。

問5 下線部⑤について，資料4は，1864年に幕府が出したきまりの一部である。幕府がこのきまりを出したのはなぜだと考えられるか，資料4と資料5をもとに，農民が桑を栽培した理由を含めて書きなさい。

資料1

資料2　721年につくられた戸籍

夫	孔王部真熊	四十九歳
妻	孔王部大根売	五十一歳
男	孔王部古麻呂	十四歳
女	孔王部佐久良売	二十九歳
女	孔王部猪売	二 十 歳
女	孔王部嶋津売	三 歳

（「正倉院文書」より。表現はわかりやすく改めた）

資料3

農民たちが一斉に暴動を起こした。徳政と言いたて，酒屋・土倉などを襲い，さまざまなものを勝手に奪いとった。

（「大乗院日記目録」より。表現はわかりやすく改めた）

資料4

近年，田に桑を植え付ける者が多くなっている。五穀をなくして蚕を育ててはならない。（略）田に新しく桑を植えてはならない。

(注)五穀は米，麦，あわ，きび，豆のこと。
（「大日本維新史料」より。表現はわかりやすく改めた）

資料5　横浜での生糸の取り扱い数量と取り扱い額

年度	数量（単位：箇）		額（単位：両）	
	国内向け	貿易向け	国内向け	貿易向け
1857年	514	————	24,160	————
1863年	238	26,552	28,560	3,420,820

（「横浜市史」より作成）

3 次のメモは，人権について書かれたものの一部である。これを見て，下の各問に答えなさい。

- ・①フランス人権宣言では，すべての人間は生まれながらにして人権をもつと宣言された。
- ・20世紀初頭には，②社会権が規定されるようになった。
- ・日本国憲法は，犯罪の捜査や③裁判などにおいて，身体の自由を保障している。
- ・日本では，④主権者が政治に参加する権利が保障されている。
- ・国連で女子差別撤廃条約が採択され，日本では⑤1985年に男女雇用機会均等法が成立した。

問1 次のア～エのうち，下線部①が出される以前に起こったできごとを**すべて**選び，その符号を書きなさい。

　　ア　アメリカ独立宣言が出された。　　　イ　イギリスで名誉革命が起こった。
　　ウ　世界人権宣言が採択された。　　　　エ　ロシア革命が起こった。

問2 下線部②について，1919年に世界で初めてこの権利を規定したドイツの憲法を何というか，書きなさい。

問3 下線部③について，日本の裁判制度では三審制がとられている。三審制によって当事者の人権を守ることができると考えられるのはなぜか，書きなさい。

問4 下線部④について，有権者60,000人のA市で条例の制定を請求する際に，必要となる有権者の署名数とその請求先の組み合わせとして正しいものを，次のア～エから1つ選び，その符号を書きなさい。

　　ア　署名数 - 1,200　請求先 - 市長　　　イ　署名数 - 1,200　請求先 - 選挙管理委員会
　　ウ　署名数 - 20,000　請求先 - 市長　　　エ　署名数 - 20,000　請求先 - 選挙管理委員会

問5 下線部⑤について，次の(1)，(2)に答えなさい。

(1)　この法は制定後，改正が繰り返されている。次のア～エのうち，現行の法にもとづいてつくられた求人広告の内容として，適切なものを1つ選び，その符号を書きなさい。

ア　営業職　募集
募集人員　男性2人，女性2人

イ　看護婦　募集
募集人員　4人

ウ　保育士　募集
募集人員　4人

エ　バス運転士　募集
募集人員　男性4人

(2)　この法の制定後，企業では，資料1のような取り組みが進んでいる。こうした取り組みは，女性が働きやすくなるだけでなく，企業の利点にもつながると考えられる。企業の利点とはどのようなことか，資料2と資料3を関連づけて書きなさい。

資料1　企業の取り組み

- ・育児のための短時間勤務を認める。
- ・社員のための託児所を設置する。
- ・出産や育児が理由で退職した従業員を，退職前の役職のまま再雇用する。

資料3　出産・育児で仕事を辞めた女性の再就職に関する希望調査の結果

すぐに働きたい	26.7%
子どもがある程度の年齢になったら働きたい	23.9%
時期は決めていないが働きたい	43.0%
再び働きたいとは思わない	4.8%
その他	1.6%

資料2　日本の生産年齢人口の推移と予測

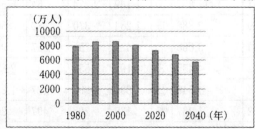

(注)生産年齢人口は15歳から64歳までの人口を指す。

(総務省ホームページより作成)

(厚生労働省資料より作成)

4 次の略地図を見て，下の各問に答えなさい。

略地図

問1　日本を7地方区分に分けたとき，A～F のいずれの道県も属していない地方の名前を書きなさい。

問2　A，B，F は，風力による発電量が多い道県である。風力は再生可能エネルギーの1つであるが，次のア～エのうち，再生可能エネルギーの例として，**あてはまらないもの**を1つ選び，その符号を書きなさい。

　　ア　天然ガス　　イ　バイオマス　　ウ　地熱　　エ　太陽光

問3　次のア～カのグラフは，A～F のいずれかの道県の道県庁所在地の気温と降水量を示している。ア～カのうち，C と E の道県庁所在地にあてはまるグラフをそれぞれ1つ選び，その符号を書きなさい。

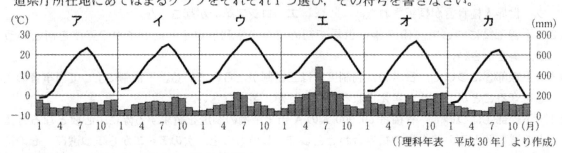

（「理科年表　平成30年」より作成）

問4　資料1は，D のある地域の同じ範囲を示した新旧の地形図である。次の(1)，(2)に答えなさい。

(1)　Ⅰの○の場所は，どのような土地利用であるか，地形図の地図記号を読み取って，次のア～エのうち，適切なものを1つ選び，その符号を書きなさい。

　　ア　果樹園　　イ　針葉樹林
　　ウ　水田　　　エ　茶畑

(2)　Ⅰの○の場所には，2006年に部品組立工場が建設された。この場所に工場が建設されたのは，なぜだと考えられるか，資料1をもとに書きなさい。

資料1

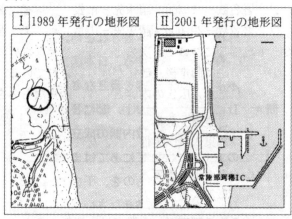

Ⅰ 1989年発行の地形図	Ⅱ 2001年発行の地形図

常陸那珂港IC

（国土地理院5万分の1地形図より作成）

問5　資料2のア～カは A～F の道県のいずれかであり，それぞれの耕地面積と農業産出額を示したものである。ア，エ，カにあてはまる道県はどれか，A～F からそれぞれ1つ選び，その符号を書きなさい。

資料2

(2015年)

	耕地面積 （単位：百ha）		田	畑	樹園地	牧草地	農業産出額 （単位：億円）		米	野菜	果実	畜産
ア	11,470	①	2,230	4,149	29	5,067	11,852	①	1,149	2,224	64	6,512
イ	1,720	②	1,524	163	24	9	2,388	⑬	1,284	370	82	502
ウ	1,533	④	812	345	227	149	3,068	⑦	422	751	857	910
エ	1,208	⑫	387	651	137	32	4,435	③	191	557	85	2,837
オ	1,709	③	990	646	69	4	4,549	②	694	1,890	127	1,290
カ	504	㉙	232	62	208	2	1,237	㉖	135	203	497	293
全国	44,960		24,460	11,520	2,914	6,065	87,979		14,994	23,916	7,838	31,179

（注）○の数字は全国の順位を示している。（「データで見る県勢」より作成）

2019

5 次のカードは，歴代の内閣について書かれたものの一部である。これを見て，下の各問に答えなさい。

A 吉田茂内閣のときに，サンフランシスコ平和条約が結ばれた。	**B** 満州事変後に総辞職した内閣に代わって，犬養毅内閣が誕生した。
C 伊藤博文内閣のときに，日英通商航海条約が結ばれた。	**D** 原敬内閣のときに，第一次世界大戦が終了した。

問1 **A**について，次の**ア〜エ**のうち，サンフランシスコ平和条約と同時に結ばれた条約を1つ選び，その符号を書きなさい。

ア 日米和親条約 　　**イ** ポーツマス条約

ウ ベルサイユ条約 　**エ** 日米安全保障条約

略地図

問2 **B**について，満州事変後に建国された満州国の位置を，略地図の**ア〜エ**から1つ選び，その符号を書きなさい。

問3 **C**の日英通商航海条約によって，不平等条約が見直された。これについて，次の(1)，(2)に答えなさい。

(1) 日英通商航海条約が締結されたときの日本の外務大臣は誰か，書きなさい。

(2) 資料1に関連する，日本国民が改正を求めた不平等条約の内容を書きなさい。

問4 **D**について，次の(1)，(2)に答えなさい。

(1) 次の文は，原敬内閣の成立について述べたものである。**X**，**Y**にあてはまる語句の組み合わせとして正しいものを，下の**ア〜エ**から1つ選び，その符号を書きなさい。

資料1

横浜から神戸に向かっていたイギリス船ノルマントン号が紀州沖で沈没し，乗っていた日本人は全員が犠牲となった。しかし，乗客を救う義務のあるイギリス人の船長，船員は，無事に脱出した。この事件に対して，イギリス領事館は彼らに，責任なしとの判決を申し渡した。

（「時事新報」より作成。表現はわかりやすく改めた）

シベリア出兵を見こして商人が大量に米を（ **X** ）ことで，米価が急に（ **Y** ）なった。このため，富山で暴動が起こり，この動きは全国に拡大した。こうした中で，新たに原敬が首相に指名され，「平民宰相」として国民の期待を集めた。

ア **X**-販売した 　**Y**-安く 　　**イ** **X**-販売した 　**Y**-高く

ウ **X**-買い占めた 　**Y**-安く 　**エ** **X**-買い占めた 　**Y**-高く

(2) 資料2は，大戦開始から大戦終了2年後までの，日本の国別輸出総額を示している。**a〜c**は，次の**ア〜ウ**の国のいずれかである。**a**，**b**にあてはまる国はどれか，**ア〜ウ**からそれぞれ1つ選び，その符号を書きなさい。

ア アメリカ 　**イ** イギリス 　**ウ** ロシア（ソ連）

問5 **A〜D**の4枚のカードを，時代の古いものから順に並べ，その符号を書きなさい。

資料2　　　　　　　　　　　　　（単位：千円）

	a	b	c
大戦開始年	33,086	1,968	196,539
1年後	68,494	11,239	204,142
2年後	102,658	33,421	340,245
3年後	202,646	13,515	478,537
大戦終了年	142,866	162	530,129
1年後	111,453	464	828,098
2年後	97,797	209	565,017

（「明治大正国勢総覧」より作成）

6 次のメモは，太郎さんが授業で「地方の抱える課題とその解決に向けた取り組み」というテーマで発表するためにまとめたものの一部である。これを見て，下の各問に答えなさい。

＜地方が抱える課題の例＞
●少子高齢化とともに，①人口・世帯数が減少している。
●②産業の空洞化などが原因で，経済が低迷している。

＜課題解決に向けた取り組みの例＞
●地方公共団体の取り組み
　○移住・定住を促進するため，住民に対して，住宅や医療にかかわる費用，③水道光熱費や公共交通にかかる費用を助成する。
　○工場・事務所の新設や増設等を行う④企業に対して，費用を助成する。
●国の取り組み
　○⑤平成 19 年に税に関する制度の変更が行われた。

問1 下線部①について，人口が都市部へ流出することにより減少し，地域社会を支える活動が困難になることを何というか，書きなさい。

問2 次の文は，下線部②について，太郎さんがまとめたものの一部である。□□□□にあてはまる適切な内容を書き，文を完成させなさい。

> 国内の企業が _____ ことで，国内の産業が衰退すること。

問3 下線部③について，国や地方公共団体が決定したり，許可したりする価格のことを何というか，書きなさい。

問4 下線部④について，次の**a**，**b**の文は，太郎さんが資料1を読み取って書いたものである。それぞれの文の正誤を判断し，正しいものには○を，誤っているものには×を書きなさい。

a 中小企業のほうが大企業より事業所数が圧倒的に多く，従業者数も大きく上回っている。

b 1事業所あたりの製造品出荷額は，大企業と中小企業とでは，ほぼ同じである。

資料1　日本国内の製造業における大企業と中小企業の比較

（「日本国勢図会 2018/19」より作成）

問5 次の文は，下線部⑤について，太郎さんが資料2をもとに，この変更によって地方公共団体の住民が期待できることをまとめたものである。 Ⅰ ， Ⅱ ， Ⅲ にあてはまる適切な内容を書きなさい。

> 納税者にとって， Ⅰ は同じだが，地方公共団体にとっては Ⅱ ため，住民が期待できるのは Ⅲ である。

資料2　平成 19 年に行われた税の変更を示した資料の一部

●税の負担割合の変更を示したモデルケース（給与収入 300 万円，独身者の場合）

平成 18 年まで

所得税 （円）	住民税 （円）	所得税と住民税の合計 （円）
124,000	64,500	188,500

➡

平成 19 年から

所得税 （円）	住民税 （円）	所得税と住民税の合計 （円）
62,000	126,500	188,500

●地方公共団体の歳入の変化

平成 18 年度

区分	額（億円）	歳入にしめる割合（％）
地方税	365,062	39.9
（うち，住民税）	91,105	10.0

➡

平成 19 年度

区分	額（億円）	歳入にしめる割合（％）
地方税	402,668	44.2
（うち，住民税）	123,247	13.5

（総務省ホームページより作成）

2023年度 私立高校、高専入試問題

金沢高校	152P
金沢学院大学附属高校	204P
金沢龍谷高校	244P
国際高等専門学校	271P
星稜高校	282P
北陸学院高校	333P
遊学館高校	381P
小松大谷高校	409P
鵬学園高校	452P
日本航空高校石川	464P

試験時間は、すべて各教科50分です。

各高校のリスニング音声ファイル、解答用紙は専用サイトからダウンロードできます。

専用サイトはこちらから

（解答は別冊 64 ページ）

1　エルワ川（the Elwha River）に関する次の英文を読んで，あとの各問に答えなさい。

In 2011, the Elwha River in Washington State in America had two dams: Glines Canyon Dam and Elwha Dam.　Do you know what a dam is?　①

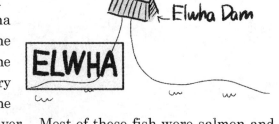

→　　　　　→

Every time it rains or snows, the lake gets more water to make electricity.　This is called renewable energy.　②(X) people think that this kind of energy is good, but (Y) worry about its impact on nature.

There were problems with the dams on the Elwha River.　The dams would not let the fish swim up the river.　Before the dams were built more than one hundred years ago, many fish were in the river.　Every year, almost four hundred thousand fish came from the sea to ③spawn, to make more fish, in the Elwha River.　Most of these fish were salmon and many of them were very big.

After the dams were built, however, the fish could not swim up the river and spawn.　In fact, by 1999, there were only about three thousand fish coming to the Elwha River every year.　④People (　　　) loved the river and the fish felt very sad.　So they had meetings, and they asked the government to remove the dams.　The government started to remove ⑤them in 2011.　On August 26, 2014, the government finished ⑥(　　　) both dams, and the river was free again.

Salmon

The river was free, but there was a problem.　The fish didn't come back because the river was not clean.　The water in the river was full of *sediment.　When the river had dams, the sediment could not move down the river.　When the dams were removed, there was a lot of sediment that had to move down the river from Lake Mills.　⑦This made the water (X) and was not (Y) for the fish.　They couldn't live or spawn in that water.　Researchers think many fish died that year.　However, the sediment eventually moved down the river into the ocean and the river became clean again.　Every year, more and more fish came back, and every year they ⑧[swim] farther up the river to spawn.

Today, there are more fish, and that is good for all the other animals and plants near the river, too.　Bears, for example, love to eat salmon.　They sometimes leave the dead salmon on the ground in the forest.　The bodies of the dead salmon become food for the trees.　These dead fish help the trees grow bigger and stronger.　Also, birds love to eat the salmon eggs which they find in the river.　A woman said, "I am happy to see this.　⑨We can see [only / fish / many / but / not] many animals now.　⑩The rich nature is coming back."　She believes that people across the country have been *inspired by these changes on the Elwha.

For more than one hundred years, people wanted to remove the dams on the Elwha River. They wanted to see lots of salmon swimming freely in the river.　Now the dams are gone, and the fish are coming back.　Nature has finally returned.　The United States is planning to remove more dams all over the country.　People hope that other rivers will also be ⑪（　　　）.

（注）　　sediment：堆積物　　　　　inspire(d)：鼓舞する

問1　空所①の中には次のア～ウが入る。文章の意味が通るように最も適切な順に符号を並べ替えなさい。

　　ア　This water in the lake is used to make electricity.
　　イ　A dam stops the water in a river and creates a lake.
　　ウ　Then, the electricity is used by people and companies.

問2　下線部②の（　X　），（　Y　）に入る語の組み合わせとして，最も適切なものを次のア～エから1つ選び，その符号を書きなさい。

　　ア　（　X　）Some　　　　　　　（　Y　）any
　　イ　（　X　）Any　　　　　　　　（　Y　）others
　　ウ　（　X　）Some　　　　　　　（　Y　）others
　　エ　（　X　）Another　　　　　　（　Y　）any

問3　下線部③の意味として最も適切なものを次のア～エから1つ選び，その符号を書きなさい。

　　ア　泳ぐ　　　　　　　　イ　逃げる　　　　　　ウ　エサをとる　　　　エ　産卵する

問4　下線部④が「川と魚を愛する人々はとても悲しく感じた。」という意味になるように，（　　　　）に入る英語1語を書きなさい。

問5　下線部⑤の内容として，最も適切なものを次のア～エから1つ選び，その符号を書きなさい。

　　ア　fish　　　　　　　　　　　　　　　　イ　meetings
　　ウ　the government　　　　　　　　　　　エ　the dams

問6　下線部⑥に入るのに最も適切なものを次のア～エから1つ選び，その符号を書きなさい。

　　ア　remove　　　　　イ　removing　　　　ウ　removed　　　　エ　to remove

問7　下線部⑦の（　X　），（　Y　）に入る語の組み合わせとして，最も適切なものを次のア～エから１つ選び，その符号を書きなさい。

ア　（　X　）dirty　　　　　　　　　（　Y　）good
イ　（　X　）dirty　　　　　　　　　（　Y　）bad
ウ　（　X　）clean　　　　　　　　　（　Y　）good
エ　（　X　）clean　　　　　　　　　（　Y　）bad

問8　下線部⑧の［　　　　　］内の語を適切な形に変えて書きなさい。

問9　下線部⑨の意味が通るように，［　　　　　］内の語である次のア～オを最も適切な順に並べかえなさい。

ア　only　　　　　イ　fish　　　　　ウ　many　　　　　エ　but　　　　　オ　not

問10　下線部⑩について，本文中で示されているエルワ川の豊かな自然とはどのようなものか。適切なものを次のア～オから2つ選び，その符号を書きなさい。

ア　森が魚をより大きく，より強く育てること。
イ　死んだ魚が他の魚のエサとなること。
ウ　魚自体やその卵が動物のエサとなること。
エ　魚が水を浄化すること。
オ　魚の死がいは土に還り，木々の栄養となること。

問11　下線部⑪に入るものとして最も適切な１語を，本文中より抜き出して書きなさい。

問12　エルワ川の魚の数の変化をまとめた次の表において，（　X　），（　Y　）に入る数字として最も適切なものをあとのア～クから１つずつ選び，その符号を書きなさい。

時期	魚の数の変化
100年以上前	約（　X　）匹の魚が川をさかのぼってきていた。
1999年	約（　Y　）匹まで減少した。
2014年	ほとんど戻ってこなかった。

ア　400　　　　　イ　4,000　　　　　ウ　40,000　　　　　エ　400,000
オ　300　　　　　カ　3,000　　　　　キ　30,000　　　　　ク　300,000

問13 エルワ川に関する出来事をまとめた次の表において，（ A ）〜（ D ）に入る文として
最も適切なものをあとのア〜エから1つずつ選び，その符号を書きなさい。

順番	出来事
1	エルワ川には多くの魚が住んでいた。
2	ダムが建設され，魚が川に戻ってくることができなくなった。
3	（ A ）
4	（ B ）
5	（ C ）
6	（ D ）
7	魚が川に戻ってきたおかげで，エルワの自然が回復した。

ア 少しずつ水がきれいになり，魚が少しずつ川に戻ってきた。
イ 人々はダムの撤去を政府に求めた。
ウ 水質の悪化により，魚が川に戻ってくることができなくなった。
エ ダムは撤去された。

問14 本文の内容に合うものを次のア〜オから2つ選び，その符号を書きなさい。

ア Glines Canyon Dam and Elwha Dam were built to make electricity and catch more fish.
イ Soon after the first dam was removed, a lot of fish came back to the river.
ウ It is difficult for many fish to live and spawn, if the water is not clean.
エ The fish don't play an important part in the Elwha.
オ The nature is coming back because the dams are gone and the fish returned.

2　次の対話文とメールを読んで，あとの各問に答えなさい。

Yosuke and his cousin Kaito go to different high schools in Kanazawa.　They have a school trip tomorrow in different places.　They are talking about their school trips online.

Yosuke : Hi, Kaito.　How is your school?

Kaito : Not bad.　I made a lot of new friends who are really nice to talk with.　My teachers are also good.　They are very friendly to everyone.　We have a school trip tomorrow, and I am very excited about traveling with my friends and teachers.

Yosuke : Me too!　My class is going to go to Notojima.　[A]

Kaito : My class will go to the dinosaur museum in Fukui.　My father told me ①it is really interesting.　Many of the fossils were found in the Hokuriku area.　I wonder if we could find more fossils in Ishikawa.　If I found a new dinosaur, I would call it... "Kaitodon".

Yosuke : What?　I think you should choose a different name!

Kaito : [B]　I don't think I will find a fossil.

Yosuke : Anyway, visiting the museum sounds fun.　What will you do there?

Kaito : I want to take a picture with my friends next to the *Tyrannosaurus skeleton.　Oh, if you are interested in dinosaurs, I will buy you a souvenir from the gift shop.

Yosuke : Thanks!　Will you go anywhere else on your school trip?

Kaito : Yeah.　We are also going to go to Tojimbo in the afternoon.　Our class will go on a walk by the ocean and we will be able to see a great view.　I want to eat some ice cream and take more pictures.

Yosuke : [C]

Kaito : Tell me about your trip to Notojima.

Yosuke : We will go to the aquarium in the morning.　It is my first time to go there.　My class will take a picture by a big fish tank.　I want to take a picture with the big whale shark behind us.

Kaito : It sounds exciting!　There are also many different kinds of fish, aren't there?

Yosuke : I got the aquarium pamphlet from my school.　It says that there are many other animals, ②(　　　　)(　　　　), river otters, sea turtles and penguins.　Oh, there are dolphins!　I want to watch the dolphin show if we have time.

Kaito : I saw the weather report for Ishikawa today.　It said there will be rain in the Ishikawa area in the morning but sunny in the afternoon.　Is that true?

Yosuke : Yes, but it will be no trouble.　We are inside the aquarium all morning so we will not get wet.

Kaito : ③But for the show...

Yosuke : [D]　If it rains tomorrow, we will not be able to watch it!

Kaito : Let's hope the weather is fine.　Where will you go after that?

Yosuke : After the aquarium, we will go to a special hotel with a garden and *onsen*.　We won't take a bath but we will enjoy eating lunch.　It is very relaxing.

Kaito : It sounds like a good trip.　I hope you have a fun time.

Later at night Mr. Yamamoto sent this mail to second year students.

From:	Yamamoto Hiroshi<h.yama@northhighschool.jp>
To:	Second Year Students<2nd-students@cloud.com>
Date:	May 1
Subject:	Our school trip

To all second year students,

Some students forget the rules or even *violate them every year.   If you ④do those things, the teachers will have to talk to you about the rules again.   Please remember the following rules.

1: Don't take any pictures in the museum.
Taking pictures in the museum is bad because some students will become noisy when they take a photo.   That is a trouble for other visitors.

2: Watch the time.
Don't go on a walk alone.   If you are late, all other students and teachers have to wait for you.   Every year, many students go on a walk by the ocean far away from our bus. You can go far, but check the time often.

3: Don't eat on the bus.
Don't bring any food which you buy at shops or restaurants on the bus.   Some students may want to eat ice cream on the bus because it's cold and windy outside, but this is not okay.

For the trip to the museum tomorrow, the weather will be fine, and it will be much warmer than today.   But it will be ⑤(_____) when you leave Ishikawa, so you should bring some clothes to put on.   Finally, you must write a report about this trip next week, so make sure you find some good topics for the report during the trip.

（注）　Tyrannosaurus：ティラノサウルス　　　　violate：〜に違反する

問1 | A | ～ | D | に入るものとして最も適切なものを次のア～エからそれぞれ1つずつ選び，その符号を書きなさい。

　ア　That sounds great.
　イ　How about you?
　ウ　Oh, dear!
　エ　I'm just joking.

問2　下線部①の指すものを本文中より抜き出して書きなさい。

問3　下線部②の（　　）に入るものとして最も適切な英語2語を書きなさい。

問4　下線部③のように Kaito が言った理由はなぜか，次の文の（　X　），（　Y　）にあてはまる表現を日本語でそれぞれ書きなさい。

もし（　　　　X　　　　），（　　　　Y　　　　）かもしれないから。

問5　下線部④の具体的な内容として最も適切なものを次のア～エから1つ選び，その符号を書きなさい。

　ア　遠足でのルールを破ること
　イ　遠足を楽しまないこと
　ウ　先生と話をすること
　エ　メールの内容を読まないこと

問6　下線部⑤に入る最も適切なものを次のア～エから1つ選び，その符号を書きなさい。

　ア　sunny and windy
　イ　rainy and cold
　ウ　sunny and cold
　エ　windy and warm

問7　本文の内容に沿って次の文を完成させるとき，（　　　）に入るものとして適切でないものを
　　　あとのア～エから1つ選び，その符号を書きなさい。

　　　Kaito thinks his school is not bad because (　　　　　　).

　　　ア　he made a lot of friends
　　　イ　his friends are really nice to talk with
　　　ウ　he likes school trips
　　　エ　his teachers are good

問8　Kaito が Yosuke に買ってくるものとして最も適切なものを次のア～エから1つ選び，その
　　　符号を書きなさい。

　　　ア　恐竜のキーホルダー
　　　イ　海の絵のポストカード
　　　ウ　サメのぬいぐるみ
　　　エ　ペンギンのクッキー

問9　Yosuke が撮りたい写真として最も適切なものを次のア～エから1つ選び，その符号を書き
　　　なさい。

ア

イ

ウ

エ

問10　Kaito と Yosuke の旅行行程を示す次の表において，（　A　）〜（　D　）にあてはまる最も適切なものをあとのア〜エから1つずつ選び，その符号を書きなさい。

| Kaito | Kanazawa | → | （ A ） | → | （ B ） | → | Kanazawa |
| Yosuke | Kanazawa | → | （ C ） | → | （ D ） | → | Kanazawa |

ア　the aquarium　　　　　　　　イ　the dinosaur museum
ウ　the hotel　　　　　　　　　　エ　Tojimbo

問11　対話文とメールの内容に合うように，次の（1）〜（3）の質問の答えとして最も適切なものをア〜エから1つずつ選び，その符号を書きなさい。

（1）What can Kaito do during his school trip?

ア　Take a picture with skeleton
イ　Eat ice cream on the bus
ウ　Walk along the beach far away
エ　See big fish

（2）When will Yosuke and Kaito go on their school trip?

ア　May 1
イ　May 2
ウ　May 3
エ　May 4

（3）Who is Mr. Yamamoto?

ア　A teacher of Yosuke's school
イ　A teacher of Kaito's school
ウ　A staff member of a tour company
エ　A staff member of a museum

問12　本文の内容に合うものを次のア〜オから<u>すべて選び</u>，その符号を書きなさい。

ア　Kaito will go to Fukui on a school trip.
イ　The weather in Fukui will be rainy during the school trip.
ウ　Yosuke has not visited the aquarium before.
エ　Both Kaito and Yosuke must do a report by next week.
オ　Mr. Yamamoto said that his students must bring an umbrella.

3 ケン (Ken) が書いた作文を読み，あとの「条件」に従って英文を書きなさい。

夏休みに私は北海道のいとこの家に遊びに行くつもりです。今までにいとこの家には3回行ったことがあります。北海道は石川県より寒いので，上着を持って行くつもりです。私は動物を見るのが好きなので，旭山（あさひやま）動物園に行ってみたいと思っています。その動物園は旭川市にあります。いとこや動物に会うのが楽しみです。

「条件」
①3文の英文でケンの作文の内容を説明し，次にあなたの感想を2文の英文で書くこと。
②内容の1文目は「Ken」，感想の1文目は「I」から書き始めること。

金沢

（解答は別冊 65 ページ）

1　次の (1) ～ (10) に答えなさい。

(1)　$1-\dfrac{1}{2}-\dfrac{1}{3}-\dfrac{1}{4}+\dfrac{1}{12}$ を計算しなさい。

(2)　$\dfrac{3}{4}\times\left(-\dfrac{5}{6}\right)\div\left(-\dfrac{5}{8}\right)^2$ を計算しなさい。

(3)　$\sqrt{48}-\sqrt{75}+\dfrac{6}{\sqrt{3}}$ を計算しなさい。

(4)　$(x-2)^2+3(x-2)-10$ を因数分解しなさい。

(5)　2次方程式 $2x^2-3x-1=0$ を解きなさい。

(6)　底面の半径が 3 cm，体積が 12π cm^3 である円錐の高さを求めなさい。

(7)　$x=-1$ のとき，次の式の値を求めなさい。

$$-x^3+(-x)^3-\dfrac{1}{x^3}-\left(\dfrac{1}{x}\right)^3$$

(8)　次の 5 つの数を小さい方から順に並べたとき，3 番目にくる数を ① ～ ⑤ から 1 つ選び，その番号を書きなさい。

① $\dfrac{2}{\sqrt{2}}$　　② $\sqrt{2}-2$　　③ $\dfrac{\sqrt{2}}{2}$　　④ $2\sqrt{2}$　　⑤ $-\dfrac{3}{\sqrt{2}}$

(9)　2次方程式 $x^2+ax+2b=0$ の解が -3 と 8 のとき，a と b の値をそれぞれ求めなさい。

(10)　関数 $y=-2x^2$ について，x の変域が $-3\leqq x\leqq 1$ のとき，y の変域を求めなさい。

2 表1はあるクラスの生徒10名に対して100点満点の試験を実施したときの試験結果である。また，箱ひげ図は表1の試験結果のものである。このとき，あとの各問に答えなさい。

【表1】

生徒	A	B	C	D	E	F	G	H	I	J	平均点
得点	56	58	74	d	a	48	62	78	84	c	66

【箱ひげ図】

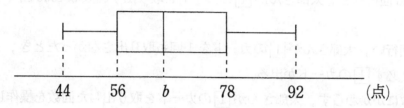

44　56　b　78　92　(点)

(1) 表1および箱ひげ図における a, b, c, d の値を求めなさい。ただし，$a < b < c < d$ とする。

(2) 四分位範囲を求めなさい。

(3) 生徒Fと生徒Hの試験の採点に誤りが見つかったため，正しい点数に修正した。生徒Fは9点の加点，生徒Hは10点の減点となった場合，次の組み合わせとして正しいものをア～クから1つ選び，その符号を書きなさい。

	第1四分位数	第2四分位数	第3四分位数
ア	変更なし	変更なし	変更なし
イ	変更なし	変更なし	変更あり
ウ	変更なし	変更あり	変更なし
エ	変更なし	変更あり	変更あり
オ	変更あり	変更なし	変更なし
カ	変更あり	変更なし	変更あり
キ	変更あり	変更あり	変更なし
ク	変更あり	変更あり	変更あり

3 箱の中に ①②③④⑤ の数がそれぞれ書かれた5枚のカードがある。そのカードをよくかき混ぜてから，太郎さんが1枚取り出す。このとき，次の各問に答えなさい。

(1) 太郎さんが ① のカードを取り出す確率は $\frac{1}{5}$ である。このことを説明した文として最も適当なものを次の ア ～ エ から1つ選び，その符号を書きなさい。

ア　この操作を50回行うと，太郎さんは ① のカードを必ず10回取り出す。

イ　この操作を5000回行うと，太郎さんが ① のカードを取り出す回数は1000回ぐらいである。

ウ　この操作を4回行い，太郎さんが ① のカードを1回も取り出さなかったとき，もう1回この操作を行うと必ず ① のカードが出る。

エ　この操作の回数にかかわらず，太郎さんが ① のカードを取り出した回数を操作した回数で割ると，常に $\frac{1}{5}$ になる。

(2) 太郎さんが1枚取り出した後に，残った4枚のカードから花子さんが1枚取り出す。このとき，次の各問に答えなさい。

①　2人が取り出したカードにおいて，太郎さんが ③ で花子さんが ④ である確率を求めなさい。

②　太郎さんと花子さんは，次のルールで勝敗を決めることにした。

【ルール】
太郎さんと花子さんが取り出したカードに書かれた数の和で勝敗を決める。
・その和が奇数であれば，太郎さんの勝ちとする。
・その和が偶数であれば，花子さんの勝ちとする。

このとき，太郎さんが勝つ確率を求めなさい。

4 次の(1),(2)に答えなさい。

(1) 辺 AB を1辺とする正三角形 ABC を1つだけ作図しなさい。
ただし，作図に用いた線は消さないこと。

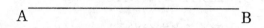

A ———————————————— B

(2) 直角三角形ABC において，∠ABD＝15° となる点 D を辺 AC 上に作図しなさい。
ただし，作図に用いた線は消さないこと。

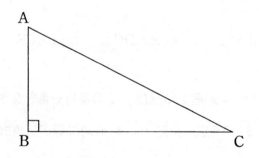

5　△ABCにおいて，∠BACの二等分線と辺BCの交点をDとする。以下は，
AB：AC = BD：DC が成り立つことを証明したものである。これについて，
あとの各問に答えなさい。

【証明】

頂点Cを通り直線ADに平行な直線を引き，

辺ABのAを越える延長との交点をEとすると，

平行線の同位角は等しいから　　∠BAD = ｜　ア　｜ …①

平行線の錯角は等しいから　　∠DAC = ｜　イ　｜ …②

であり，線分ADは∠Aの二等分線だから，　∠BAD = ∠DAC …③

①，②，③より，△ACEは常に ｜　ウ　｜ となることが分かる。

また，平行線の性質から

　　　　BD：DC = BA： ｜　エ　｜ = AB：AC

が成り立つ。

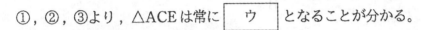

(1) ｜　ア　｜, ｜　イ　｜ に当てはまるものを次の1〜5から1つずつ選び，その番号を書
きなさい。

　　　1 ∠AEC　　2 ∠ABC　　3 ∠ACD　　4 ∠ADC　　5 ∠ACE

(2) ｜　ウ　｜ に当てはまるものを次の1〜4から1つ選び，その番号を書きなさい。

　　　1 正三角形　　2 直角三角形　　3 二等辺三角形　　4 直角二等辺三角形

(3) ｜　エ　｜ に当てはまるものを次の1〜5から1つ選び，その番号を書きなさい。

　　　1 AB　　2 AE　　3 BE　　4 AD　　5 CE

(4) 右の図のように，AB=8，BC=7，CA=4の△ABCがある。
　　証明の結果を利用して，次の各問に答えなさい。

　ⅰ）BD の長さを求めなさい。

　ⅱ）AI：ID を最も簡単な整数比で答えなさい。

　ⅲ）三角形 IBD と三角形 ABC の面積比を最も簡単な整数比で答えなさい。

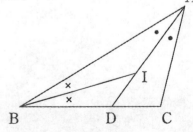

6　右の図において，放物線 $y = x^2 \cdots$ ① と放物線 $y = ax^2\,(\,a < 0\,) \cdots$ ② がある。① 上の x 座標が 2 である点を A，点 A を通り x 軸に平行な直線と ① との交点のうち，点 A と異なる点を B とする。また，② 上に点 C，点 C を通り x 軸に平行な直線との交点のうち，点 C と異なる点を D とする。

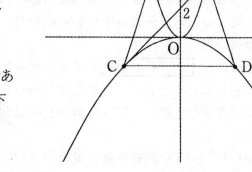

　直線 AC と y 軸との交点の y 座標が 2 であり，また AB : CD = 1 : 2 となるとき，下の (1)～(4) に答えなさい。

(1)　点 B の座標を求めなさい。

(2)　直線 AC の式を求めなさい。

(3)　a の値を求めなさい。

(4)　点 A を通る直線が四角形 ABCD の面積を二等分するとき，その直線と線分 CD との交点の座標を求めなさい。

1　次の文章を読んで、あとの各問に答えなさい。

昔は、歩く以外に移動手段がありませんでした。人間が足で歩ける距離はたかが知れています。山を越えるのも川を渡るのも容易ではありませんでした。集落を出ると隣の集落までは遠く、けわしい山道や無人の所を通らねばなりません。そこで追いはぎや盗賊に会うかもしれません。だから、交通手段が発達するまでは、人は多くの場合、生まれた土地を生涯離れずに暮らしました。

狭い集落の人口は　Ⅰ　多くありません。村人たちは互いによく知った者ばかりでした。自分が生まれたときからの成長過程は多くの村人に知られていました。職業も限られており、多くは農業や漁業で、四季の巡りに合わせて村人同士が力を合わせてする共同作業が日常でした。

そんな生活では、互いの意思が通じあわないことの方がまれだったはずです。生活リズムも価値観も同じで、互いの理解も容易で、　Ⅱ　多くを語る必要のない日常だったのです。農業や漁業はコミュニティでの移動が不可欠で、そこには強いきずなが必要でした。人々はコミュニティの願いや喜びを鎮守の森の祭りで確認しあいました。もっとも、彼らは強い地縁を結ぶために信頼を寄せる努力をしていたわけではありません。彼らの日々は同様のサイクルで営まれ、相違点を探す方が難しいものでした。互いの価値観をすりあわせるという必要などなかったでしょう。

そう考えれば、昔の人の多くがコミュニケーション能力に長けていたわけではないだろうことが想像できます。「コミュニケーション能力」などというものが意識されるようになったのは、人の移動が激しくなり、多様な価値観をもったどこの誰だか分からない多くの人たちと暮らさなければならなくなった現代の都会生活が原因だといえるでしょう。

昔の子どもは、大人たちや異世代の人に囲まれ、様々の役割を担わされていました。大人たちが多くの人と関わりながら仕事をしている場面も見ていました。年齢が上がるに連れて担わされる役割も増え、周囲からの期待も大きくなったものです。弟や妹の世話やまき割りや井戸の水くみから始まり、異年齢集団での遊びや若衆宿や娘組への参入からリーダーになるまでの経験などが人を成長させたのです。

今は、そんな経験は　Ⅲ　しないまま大学卒業を迎え、いきなり厳しい人間関係の中へ放り出されることになっています。多くの若者が人の中へ入るのに臆病であったり、苦手意識を持っていたり、何でもない人間関係につまずきやすかったりするのは当然のように思えます。

でも、だからといって、「昔はよかった」などという懐古趣味や郷愁にひたっていても仕方ありません。今さら、昔のような社会の仕組みをとり戻そうとしても難しいし、そんな社会的な仕組みを改めてつくり直すには長い時間が必要です。それでは、当面のあなた自身やあなたの子どもたちの問題を解決するのに間に合わないでしょう。

戦後、日本は奇跡とも言える急激な復興を遂げました。他国には見られないような速さで近代化や都会化が進み、今では、先進国の一角を担う経済大国になっています。その結果、全国に過疎の町をどんどん増やしながら、急激な人口流入によって膨らんだ都会は、人間

関係の希薄なままの状態が続いています。農業や漁業を村人総出で行っていた濃密な人間関係と、多様な業種が混在し人口移動の激しい都会での希薄な人間関係とには、大きな隔たりがあります。

都会化の進展は「生活の商品化」も進めました。出産から葬儀までの、人生のあらゆる日常が金銭で買い求めることのできる商品として提供されるようになりました。産婆さんを家に呼んで家族総出で行っていた出産も、地域住民総がかりで行われていた葬儀も、今では病院や葬儀社がそのほとんどをとり仕切っています。毎日の食事も、スーパーやコンビニで調理済みのパックや冷凍品を購入して済ませることができます。デリバリーを注文したりファミリーレストランへ出かけたり、というような、より簡便な方法もあるでしょう。二十四時間営業のコンビニでは日用品の多くをいつでも入手できます。スーパーや大型店舗、ショッピングモールも出現しました。

このような巨大スーパーの進出やコンビニの乱立で個人商店の多くが姿を消しました。個人商店では当たり前に行われていた店主と顧客との個別的な会話もあまり見られなくなりました。ネット通販は都会にかぎらずくまなく地にまでますます広がっています。

近隣の個人商店での買い物では、商品を購入するだけに留まらず、日々の様々な出来事を確認しあったり、うわさ話を交換しあったりしたものでした。店主との親しさ次第で、多少の値引きも行われました。「井戸端会議」ということばが表していた主婦たちの日常の会話も「井戸端」そのものの消失とともになくなりました。日常的な会話がなくなれば、近隣に調味料を借りに行ったり料理のおすそ分けをしたりということもなくなります。町内の婦人たちが集まって通夜の炊き出しをすることもほとんどありません。「通夜」というのは、辞書によれば、本来「死者を葬る前に家族・縁者・知人などが体の側で終夜守っていること」であったはずですが、「近年は多く、告別式の前日、夕刻のみに行う半通夜をいう」という説明が加えられるようになり、ここでも「長い会話」がなくなってしまったのです。

都会に暮らす私たちは、避けたければ丸一日、誰ともコミュニケーションせずに暮らせるようになりました。「生活の商品化」による IV 日常生活は、濃密な人間関係の必要性を減少させてきたのです。

私たちの社会は、このように農業・漁業を生業とする村社会から製造業と結びつく工業社会、そしてサービス業を中心とする非製造業の拡大する都市社会へと移行してきました。業種も生活サイクルもスタイルもまちまちな住民が隣りあわせる巨大な都会では住民が互いをよく知らず、だから過剰な自己演出が可能になって「劇場化」するようになりました。服装ばかりではなく、自分を様々に加工して演じてみせる都会人を生みだし、そのことが「消費文化」をさらに後押しして、人々はますます互いを装って本質を隠し、深い所でつながる喜びよりも自分を偽装して差し出すおもしろさの方を選んでいくようになったのです。

（森川 知史 「今考えたい 人と向きあう力」より）

問一 二重傍線部a〜c・eのカタカナは漢字に直し、漢字には読みがなを書きなさい。

問二 二重傍線部d「顧」の漢字の部首名と総画数を書きなさい。

問三 空欄 Ⅰ 〜 Ⅲ に入る語句の組み合わせとして最も適切なものを次のア〜オから一つ選び、その符号を書きなさい。

ア Ⅰ さほど Ⅱ ほとんど Ⅲ 今さら
イ Ⅰ 今さら Ⅱ さほど Ⅲ ほとんど
ウ Ⅰ ほとんど Ⅱ 今さら Ⅲ さほど
エ Ⅰ 今さら Ⅱ ほとんど Ⅲ さほど
オ Ⅰ さほど Ⅱ 今さら Ⅲ ほとんど

問四 空欄 Ⅳ に入る形容動詞を本文中から抜き出して書きなさい。

問五 波線部A「たかが知れています」とあるが、「たかが知れる」の意味として最も適切なものを次のア〜オから一つ選び、その符号を書きなさい。

ア 各人でまちまちである。　　イ 物理的な限界がある。　　ウ 程度が分かる。
エ 危険な範囲が分かる。　　オ 思いがけないことがある。

問六 傍線部1「昔の人の多くがコミュニケーション能力に長けていたわけではないだろう」とあるが、筆者がこのように述べる理由として最も適切なものを次のア〜オから一つ選び、その符号を書きなさい。

ア 狭い集落内では、お互いに顔見知りで自分の意見が通りやすく、理解のために多くを語る必要がなかったから。
イ 幼なじみ同士で構成された社会では、互いに価値観をすりあわせることで、信頼関係が成立するものであったから。
ウ 農業や漁業を行う時には人力に頼る部分が大きく、子どもは必然的に年長者の言うことを聞く必要があったから。
エ 互いによく知った者ばかりの生活では、生活のリズムや価値観も同じで、互いを理解することが容易だったから。
オ 強い地縁で結ばれているために、一人ひとりが自分勝手な行動を慎むことで不必要な衝突を避けてきたから。

金沢

— 170 —

問七　傍線部**2**「都会化の進展は『生活の商品化』をも進めました」とあるが、「生活の商品化」の例としてあてはまらないものを次のア～オから一つ選び、その符号を書きなさい。

　ア　忙しいときにベビーシッターを頼んで子どもの面倒をみてもらう。
　イ　インターネットを介して農家が消費者に野菜や果物を直接販売した。
　ウ　仕事が遅くなったので、フードデリバリーを利用して夕食を済ませた。
　エ　ハウスクリーニングを利用することで、年末の大掃除をする手間が省けた。
　オ　インターネットを使って、墓参りの代行サービスの利用を申し込んだ。

問八　傍線部**3**「過剰な自己演出が可能になって『劇場化』するようになりました」とあるが、「劇場化」した原因は何か。本文中から三十字以内で抜き出して書きなさい。（句読点は字数に含む。）

問九　傍線部**4**「自分を様々に加工して演じてみせる」とあるが、それはどういうことか。「都会人が～とすること」の「～」の部分を本文中の語句を用いて二十字以内で書きなさい。（句読点は字数に含む。）

問十　本文の内容に合致するものを次のア～オから一つ選び、その符号を書きなさい。

　ア　昔の子どもは大人や異世代の人々との交流を通じ、様々な役割を担い経験することで、成長することができた。
　イ　近代日本は都会化が進み、都市への急激な人口流出によって、村人同士の相違点が見つけ出せるようになった。
　ウ　農業や漁業中心の社会から工業社会へ移行する過程で、地方では過疎化が進み、人口の流出が問題となっている。
　エ　戦後の都会化の影響によって、主婦たちが「井戸端会議」をしなくなった結果、多くの個人商店が姿を消した。
　オ　現代の若者は人間関係につまずき、傷つくことを恐れて、誰ともコミュニケーションを取らなくなった。

― 171 ―

　早坂家の長女琴美は、喫茶店「星やどり」を一人で切り盛りする母を手伝い、きょうだいの面倒を見てきた。そんな中、店には立ち退き話が起こり、母は過労で倒れた。きょうだいが店を守ろうとする一方で、自身の妊娠がわかった琴美は、これ以上店を手伝えないことを早坂家に告げるため、店を訪れていた。

金沢

　変なこと言うかもしれないけど、と前置きして、琴美は続ける。
「お父さんが入院する前日、私、言われたんだ。みんなをよろしくって。この子が見せてくれた夢はね、お父さんが私に　　a　　した、長女としての最後の仕事なんだと思う。だけど、私は、そんな長女の最後の仕事も」
　うまくできなかった。
　急に喉が締め付けられるようになって、言葉が出てこなくなった。
　お父さん、家族みんな、お父さんが思っているより、ずっとずっと強い。私は、お父さんが思っているよりも、ずっとずっと弱い。
　父の低い声が、何度も何度も頭の中で蘇(よみがえ)る。
　お母さんは倒れて、店はなくなる。私は、お父さんの大切なものを何一つ守ることができなかった。
「琴美、あなたはもう、早坂家の長女じゃなくていいのよ」
　ことみ。
　ことみ、と、この家族の中でただひとり、私のことをそのままの名前で呼んでくれる声。
「長女の役目はもう終わり」
　その声は、いつだって、私の味方をしてくれる。
「これからは、幸史くんの妻、そのお腹の子の母として生きていきなさい」
　両方の瞳が、奥のほうからあたたかくなっていく。琴美は、体の底から湧き上がる何かを堪えようと大きく息を吐いた。
　家族の顔を見つめながら、言葉が何も出てこない。
　みんな、誰かの子として生まれ、その家族として育つ。だけど、いつかはその家を出て、大切な誰かとまた新しい家族を築いていく。
　家族は生まれ変わっていく。ひとり生まれ、ひとり出ていき、ひとり生まれ、ふたり出ていき、また新しいかたちになる。
「みんな、覚えてる？ お父さんが入院する直前、急にこの天窓を作り始めたこと。それに、真歩の名前を決めるときだけ、お父さんがやたらと自分の意見を押し通したこと」
　ねえ琴美、覚えてる？ 母がそう言って、視線を上に向けた。

「お父さん、この天窓を作った理由、誰にも話さなかったでしょう」
「それって、星やどりって店名に変えるために、窓を作ったんじゃねえの？」光彦はテーブル備え付けの紙ナプキンを細かくちぎっている。

「いくら聞いても、ちゃんと答えてくれなかったよね。店名を変えたのもいきなりだったし、あのときはもうっと、お父さんどうしちゃったんだろうって思った」

るりの言葉に母が頷く。

「天窓を作ってるときね、お父さん、絶対内緒だぞって言ってたのよ。俺がいまこれを作る理由は、誰にも言うなって。だけどもういいよね。この窓の役目も終わった」

母は、すうっと息を吸ってきまうだ、全員を見渡した。

「お父さんの名前は、星則でしょう。そして、お母さんは」

| I |

「りつこ」続いて、ひとさし指が琴美に向けられる。

「ことみ」指先がゆっくりと時計回りに円を描いていく。

「みつひこ」

「こはる」

「るり」

「りょうま」

「まほ」

最後に母は、指先を上に向けた。

「ほしのり」

あ、と、真歩が声を漏らした。

「ほしのり？」

全員が同時に息をのんだのが分かった。

「そう。ほしのりからまた、りつこに戻る。家族がひとつの輪になる」

母はゆっくりと、テーブルに沿って視線を動かした。

「いまあなたちが座っている位置は、お父さんが描いた、私たち家族の輪」

母、律子から時計回りに、琴美、光彦、小春、るり、凌馬、真歩。父、星則が繋ぎたかった家族の輪。

自分がいなくなってしまう前に結びたかった、世界でたったひとつの輪。

「お店の名前、ほしやどり、でしょう。私もそんなロマンチックな名前やめようって止めたんだけどね、でも」

母は天窓を指す。

「お父さんは、ほしのり、が欠けて途切れてしまう輪を、ほしやどり、で繋ごうとしたの」

カン、カン、と、琴美の頭の中で、トンカチと釘がぶつかる音が響いた。

店を休業させてまで、天窓の工事をしていた父の後ろ姿。どうしてそんなものを作ってるの？ まほうだいの誰が聞いても父はこう答えるだけだった。

いつかわかるよ。

いつかわかる。

あのとき、父はもうわかっていた。だから、一番下の子が男の子だと分かったときも、まほという名前を貫き通した。もうすぐ、自分がいまのように動けなくなること。その先、新しいきょうだいが生まれることはもうないということ。

「この天窓、小空って呼ばれているでしょう。私たちが店の中から、空を眺めることができる小さな空。でもお父さんは、こう言ってたのよ」

母は、天窓の向こうを見ている。

― 173 ―

「空から、子どもたちの成長を覗き見られるように、ここにも窓を作っておこう」

そこにいる父と目を合わせているように、目を細めて、母は天窓の向こうを見ている。

「これはね、私たちが空を見るための天窓じゃないの。お父さんが空からこの店の中を見るための、のぞき穴。みんなにはれないように、お父さんは天窓だって言い張ってたけどね」

Ⅱ

「さっき琴美は、夢は、みんなを上から覗いているような映像だったって言ってたよね。それに、夢を見る前に、瞼の裏に星が広がる、とも」

琴美はうなずく。

「お父さんが、この星型の天窓から覗いた光景を、いち早く琴美に教えてあげようとしたのかもね」

笑うとできるしわが、深く、多くなっている。母は続ける。

「お父さんが上から店の中を覗いて、もう安心だって言ってくれるくらいみんなが大きくなるまでは、この店を守り続けようって、私は誓ったの」

でもね、と天窓を見上げたまま、 Ⅲ 今日も連ヶ浜の夜空にはいくつもの星が瞬いている。

「もう、じゅうぶんだよね」

お父さんと、 Ⅳ

「子どもたちだけでお店ができるくらい、みんな立派に育ったんだもの。お父さんも見てたよね。今日の店の中。今日は晴れてたから、よく見えたはず」

店を立て直そうという話し合いがあってから、母は、必要最小限のことしか店のことを手伝わなかった。きょうだいだけで店を営む姿を、たった一日だけでも、天窓越しの父に見せたかったから。

「お父さん、もうじゅうぶん見届けたよね」

だから、と言う母の頬に、涙が一筋、ゆっくりと伝わった。

「もう、『星やどり』の役目も、終わりにしていいよね」

「でも」と、真歩が小さく手を挙げた。

「透切れるよ。この店がなくなったら、今度こそ輪が透切れる」

「そうやって考えると、確かにさみしいかもねえ」

小春の明るい声に、「でもこの輪もいつまでも続けられるわけじゃねえからな」と、光彦が低い声を重ねる。

輪。この言葉を聞いたとき、琴美の頭の中で孝史が笑った。

「名前」

あのときは意味がよくわからなかった孝史の言葉が、頭の中で呼吸をしはじめる。名前？と聞き返してくる母に、琴美は訴えかけるように話した。

「孝史が言ってた。産婦人科の帰り道」

「早坂家の輪の中にどうにかして入れないかなって思ったって、俺にもあったんだよ」

「孝史は気づいてたんだ、この輪のこと」

確かにさっきの案はお父さんに似すぎているかもしれないけど。

「この子はきっと男の子だから、もうそのときのために名前は考えてあるって」

輪をつなげるのは、もう、この子しかないんだから。

— 174 —

「星成。はしなり」

お腹があったか。

「新しい家族が、また、輪を繋いでくれるよ」

無意識のうちに、琴美はまだ、まだ見えない新しい家族の頭を撫でていた。

（朝井リョウ「星やどりの声」より）

問一　二重傍線部a〜dのカタカナは漢字に直し、漢字には読みがなを書きなさい。

問二　波線部A「ない」と同じ意味・用法のものを次のア〜エから一つ選び、その符号を書きなさい。

ア　私は本を読まない。　　イ　今週は宿題がない。
ウ　今年は雪が少ない。　　エ　友人が来ない。

問三　空欄　Ⅰ　〜　Ⅳ　にあてはまるものを次のア〜エから一つずつ選び、その符号を書きなさい。なお、同じものを二度以上使用してはいけません。

ア　母が天を呼ぶ。　　イ　母は頬をゆるませる。
ウ　母は、眉を下げた。　　エ　母は、自分のことを指さす。

問四　傍線部1「お父さんが入院する直前、急にこの天然を作り始めた」とあるが、父が天然を作ったのは何のためか。三十字以内でわかりやすく書きなさい。（句読点は字数に含む。）

問五　傍線部2「全員が同時に息をのんだ」について、次の(1)(2)に答えなさい。

(1)　「息をのんだ」の本文中の意味として最も適切なものを次のア〜エから一つ選び、その符号を書きなさい。

ア　疑いを持った。　　イ　不思議に思った。
ウ　驚いた。　　エ　恐怖を感じた。

(2)　「全員が同時に息をのんだ」のはなぜか。本文中の語句を用いて三十五字以内で書きなさい。（句読点は字数に含む。）

問六　傍線部3「あのとき、父はもうわかっていた」とあるが、どのようなことを父はすでに「わかっていた」というのか。その内容として適切なものを次のア～カからすべて選び、その符号を書きなさい。

　　ア　子どもたちだけでは「星やどり」の店を支えきれなくなってしまうこと。
　　イ　早坂家にはもう新たな家族はできないということ。
　　ウ　店の名前が「星やどり」ではなくなってしまうこと。
　　エ　天窓からきれいな星空を眺めることができるということ。
　　オ　子どもたちが天窓の秘密にたどりつくこと。
　　カ　自分の病気は治癒が望めず、死期が迫っているということ。

問七　傍線部4「もう、じゅうぶんだよね」とあるが、母がそう言った理由として最も適切なものを次のア～オから一つ選び、その符号を書きなさい。

　　ア　きょうだいだけで店を営む姿を、天窓越しに見せることができ、夫を安心させることができただろうと思ったから。
　　イ　夫が死んだ後も店を守り続けようと誓い、残された家族も全員で協力して店を立て直すことができ、夫を満足させることができたと思ったから。
　　ウ　夫が病気になって店を閉じることになってしまったが、最後に家族が一つになることができたので、夫を喜ばせてあげられたと思ったから。
　　エ　病気の夫に見せたかった星型の天窓からの景色を、店を守り続けた長女に見せてあげることができ、かねてからの夢が叶ったと思ったから。
　　オ　夫が守り続けた店がなくなっても、長女に子どもができて家族に新しい命が生まれるので、家族の輪が途切れることはなくなったと思ったから。

問八　傍線部5「あのときは意味がわからなかった孝史の言葉が、頭の中で呼吸をしはじめる」とあるが、どういうことを描写した表現か。その説明として最も適切なものを次のア～オから一つ選び、その符号を書きなさい。

　　ア　生まれる前に名前を考えた孝史の意図がわからないまま、琴美の頭の中には再びその疑問が強く浮かび始めたということ。
　　イ　妊娠を告げられたときにはあまり実感がなかった琴美だが、孝史の提案を聞き、母親としての自覚が生まれ始めたということ。
　　ウ　家族の深いきずなを知った琴美は、早坂家の輪の中に入りたいという孝史の思いを少しずつ理解し始めたということ。
　　エ　生まれてくる子がきっと男の子だという孝史の確信に戸惑っていた琴美が、名前の話題をきっかけに孝史がそう考える根拠に気づき始めたということ。
　　オ　きょうだいの会話をきっかけに、お腹の子の名前に込められた孝史の意図が琴美にわかり始めたということ。

問九　傍線部 **6**「無意識のうちに、琴美はまだ、まだ見えない新しい家族の頭を撫でていた」とあるが、ここに至るまでの琴美の心情について説明したものとして、最も適切なものを次のア〜オから一つ選び、その符号を書きなさい。

ア　店を守ることもできず、母からもこれまでの家族での役目を終えるように言われて落胆した琴美だが、きよみだに対する父の思いを知って家族のきずなを再確認することができ、子育てに対して希望がもてるようになっている。

イ　母が倒れて店を閉めることになり、長女としての責任から解放されて安心した琴美だが、家族に対する父の思いを知り、生まれてくる我が子が父のように強い子に成長することを心から祈るようになっている。

ウ　店を閉めることに対して申し訳なさを感じていた琴美だが、母の優しさと父の愛情を知ったことで、新しい家族を築くことの大切さに気づき、出産への不安が和らぎ始めている。

エ　出産を目前に控えているのに母から突き放されるようなことを言われてがっかりした琴美だが、天窓に込められた父の思いを知って改めて母の言葉をかみしめ、我が子に会える日を待ち遠しく思うようになっている。

オ　一家の長女として母も店も守ることができなかった自分をふがいなく思っていた琴美だが、店と名前に込められた父の思いを知り、家族の思いを受け継ぐ我が子への愛情をいっそう募らせている。

問十　本文の内容と表現の特徴について説明したものとして、最も適切なものを次のア〜オから一つ選び、その符号を書きなさい。

ア　「星」にまつわる比喩表現が多用され、優しい雰囲気の文章になっている。
イ　登場人物一人ひとりの心情が、具体的な表現を用いて丁寧に描かれている。
ウ　母と子のテンポのよい会話によって、文章全体にリズムが生まれている。
エ　過去の回想が効果的に織り交ぜられ、物語が展開する伏線になっている。
オ　読者が客観的に状況把握できるように、「私」の語りが中心になっている。

金沢

③ 次の古文を読んで、あとの各問に答えなさい。

成通卿[1]、年ごろ鞠を好みたまひけり。その徳やいたりにけむ、ある年の春、鞠の精、

懸りの柳の枝にあらはれて見えけり。みづら結びたる小児、十二三ばかりにて、青色の

唐装束して、いみじう美しうつくしげにてありけり。なにごとも始むとならば、底を

きはめてせまほしけれど、かやうの例は

ことありがたし。されば、「学ぶ者は牛毛のごとし。得る者は麟角のごとし[2]」ともあり。

また、「することかたきにあらず。｜　　　　I　　　　｜」ともあらく。

けにもとおぼゆるためしなりけり。[3]

（「十訓抄」より）

＊　成通卿…平安時代の貴族、藤原成通。
＊＊　懸り…庭の四隅に植えた木。鞠の競技用。
＊＊＊　みづら…平安時代の少年の髪型。
＊＊＊＊　唐装束…からしょうぞく、美しく豪華な唐織りの着物。晴れ着。

問一　波線部**A**「いみじう」はどのように音読するか。最も適切なものを次のア〜オから一つ選び、その符号を書きなさい。

　　ア　イミジウ　　　　イ　イミジョウ　　　ウ　イミジュ

　　エ　イミジフ　　　　オ　イミジャウ

問二　傍線部**1**「年ごろ」の意味として最も適切なものを次のア〜エから一つ選び、その符号を書きなさい。

　　ア　近年　　　イ　長年　　　ウ　毎年　　　エ　前年

問三　傍線部**2**「学ぶ者は牛毛のごとし。得る者は麟角のごとし」とあるが、その解釈として最も適切なものを次のア〜エから一つ選び、その符号を書きなさい。

　　ア　学ぶ者は牛の毛のように多い。得る者は麒麟の角のように珍しい。
　　イ　学ぶ者は牛の毛のように柔軟だ。得る者は麒麟の角のように頑固だ。
　　ウ　学ぶ者は牛の毛のように繊細だ。得る者は麒麟の角のように荒々しい。
　　エ　学ぶ者は牛の毛のようにたくましい。得る者は麒麟の角のように弱々しい。

問四　空欄　　　　Ｉ　　　　に入る言葉として最も適切なものを次のア〜エから一つ選び、その符号を書きなさい。

　　ア　よくするいとのやすきなり。
　　イ　くだなるいとのかたきなり。
　　ウ　よくするいとのかたきなり。
　　エ　くだなるいとのやすきなり。

問五　傍線部**3**「げにもとおぼゆるためし」とあるが、その解釈として最も適切なものを次のア〜エから一つ選び、その符号を書きなさい。

　　ア　簡単に解決できると思われる例
　　イ　仕方があるまいと納得できる例
　　ウ　誰でもできるいことだとわかる例
　　エ　たしかにその通りだと思える例

問六　本文全体を前半と後半の二つに分けるとすると、後半はどこからになるか。後半の最初の五文字を抜き出して書きなさい。（句読点は字数に含む。）

— 179 —

（解答は別冊 67 ページ）

1　次の各問に答えなさい。

問1　右の図1のA～Cは，ある種の
シダ植物とコケ植物のからだの一
部をスケッチしたものである。こ
れについて，下の（1），（2）に
答えなさい。

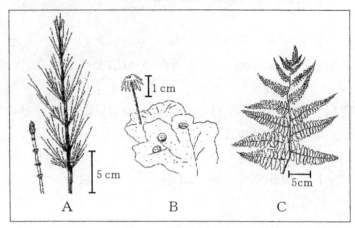

図1

（1）A～Cの植物の名前は何か，正
しい組み合わせを次のア～カから
1つ選び，その符号を書きなさい。

	A	B	C
ア	スギゴケ	イヌワラビ	ゼニゴケ
イ	イヌワラビ	スギナ	スギゴケ
ウ	スギナ	ゼニゴケ	イヌワラビ
エ	ゼニゴケ	イヌワラビ	スギゴケ
オ	スギナ	スギゴケ	イヌワラビ
カ	スギゴケ	ゼニゴケ	スギナ

（2）シダ植物とコケ植物に共通している特徴は何か，次のア～オからあてはまるものをすべて
選び，その符号を書きなさい。
ア　種子をつくらず，胞子でふえる。　　　イ　仮根をもっている。
ウ　花を咲かせない。　　　　　　　　　　エ　根・茎・葉の区別がない。
オ　雄株と雌株がある。

問2　右の図2の装置を用いて，酸化銅と炭素の粉末
を混ぜて十分に加熱したところ，気体が発生して
試験管Qの液体が白くにごった。また，試験管P
に残った物質は色が変わった。この実験について，
下の（1）～（5）に答えなさい。

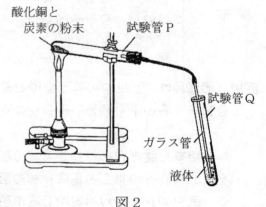

図2

（1）加熱後，試験管Pに残っていた物質の色として最
も適当なものを次のア～エから1つ選び，その符号
を書きなさい。
ア　白色　　　　　イ　黒色　　　　　ウ　赤色　　　　　エ　銀色

（2）残った物質にみられる性質として，正しいものを次のア～エから<u>すべて選び</u>，その符号を書きなさい。
　　ア　薬さじでこすると光沢がみられる。　　イ　水によく溶ける。
　　ウ　磁石につく。　　　　　　　　　　　　エ　電気をよく通す。

（3）加熱後，試験管Q内の液体が白くにごったことから，発生した気体は二酸化炭素であるとわかった。この液体は何か，最も適当なものを次のア～エから1つ選び，その符号を書きなさい。
　　ア　オキシドール　　　　イ　食酢　　　　ウ　エタノール　　　　エ　石灰水

（4）酸化銅と炭素が反応して起こった化学変化の化学反応式を　　　　　　　　をうめて完成させなさい。

　　　2 CuO ＋ C ⟶ 　　　　　　　　　　　　

（5）次の文はこの実験について述べたものである。（ a ），（ b ）にあてはまる適当な語句をそれぞれ書きなさい。

　　| この実験では，炭素が（ a ）され，酸化銅が（ b ）された。 |

問3　次の文章は，地下の岩盤に力が加わることで生じる現象について述べたものである。これについて，あとの（1），（2）に答えなさい。

　　地球表層のプレートの境界部分には，絶えず大きな力が加わり続けて岩盤にひずみが生じている。これにより①地層や岩石の波打つような変形や，②地層や岩石の一部が破壊されて生じるずれなど，岩盤のひずみが地層や岩石の変化として見られることがある。

（1）下線部①，②を何というか，それぞれ書きなさい。

（2）次の図A～Dは，地層に加わる力の向きと地層の変形について模式的に示したものである。これらのうち正しいもの2つの組み合わせを，あとのア～エから1つ選び，その符号を書きなさい。

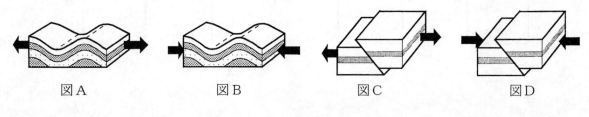

　　　　図A　　　　　　　　図B　　　　　　　　図C　　　　　　　　図D

　ア　AとC　　　　イ　AとD　　　　ウ　BとC　　　　エ　BとD

問4　最新式のスマートフォンの中には，ワイヤレス充電機能「Qi」が搭載されているものがある。充電ケーブルをスマートフォンに接続する必要がなく，右の図3に示される充電スタンドにQi搭載スマートフォンを置くだけで充電することができる。

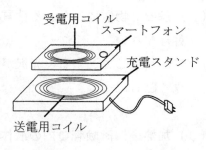

図3

次の文章は，「Qi」の仕組みを説明したものである。これについて，あとの（1），（2）に答えなさい。

充電スタンド内部とスマートフォン内部には，それぞれ送電用・受電用のコイルが内蔵されている。コンセントから得た電力によって，送電用のコイルに（A）電流が流れると，送電用コイルが電磁石になる。この電磁石の上面はN極になったりS極になったりを繰り返すため，受電用コイル側で（a）が起こり，受電用コイルに（B）電流が生じる。（B）電流はそのままではバッテリーに充電できないため，（C）電流に変換して充電回路に送られる。

（1）文中の（a）にあてはまる現象は何か，その名称を<u>漢字</u>で書きなさい。

（2）文中の（A）～（C）には「直流」または「交流」のどちらかが入る。あてはまるものをそれぞれ書きなさい。

問5　右の図4のように，太郎さんは鏡Aの前に立って自分の背中が見えるように斜め後方に鏡Bを設置した。太郎さんが着ているシャツの背中には右の図5のようなプリントが入っている。鏡を通して，太郎さんから見えるプリントはどのようになっているか，次のア～エから1つ選び，その符号を書きなさい。

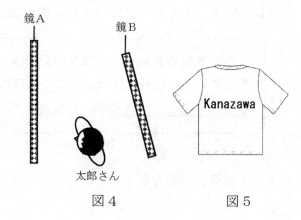

図4　　　　図5

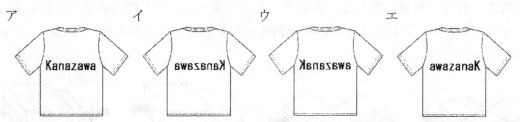

2　さまざまな方法で，物体を引き上げる実験をした。この実験について，次の各問に答えなさい。ただし，ひも，滑車の質量は無視できるものとして考え，100gの物体にはたらく重力の大きさを1Nとする。

問1　右の図1のように，定滑車を使い質量300gの物体を高さ20cmまで引き上げた。このとき，物体を引き上げる力がする仕事は何Jか，答えなさい。

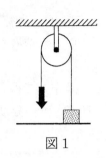
図1

問2　右の図2のように，定滑車と動滑車を使い，質量500gの物体を高さ20cmまで引き上げた。このとき，物体を引き上げる力がする仕事は何Jか，答えなさい。

問3　右の図3のように，定滑車と表面がなめらかな斜面を使い，700gの物体を引き上げた。この実験について，次の（1），（2）に答えなさい。

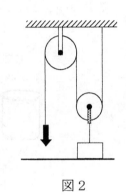
図2

（1）物体を斜面上の高さ80cmの位置まで引き上げた。このとき物体を引き上げる力がする仕事は何Jか，答えなさい。

（2）（1）のとき，引いたひもの長さは140cmであった。ひもを引く力の大きさは何Nか，答えなさい。

問4　右の図4のように，300gの物体を仕事率0.4Wのモーター Aと，仕事率0.5Wのモーター Bを使ってそれぞれ引き上げた。この実験について，次の（1），（2）に答えなさい。

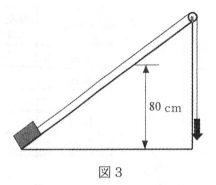
80cm

図3

（1）モーター Aを使って物体を20cm引き上げるのにかかる時間は何秒か，答えなさい。

（2）2つのモーターを同時に動かしはじめて，それぞれ物体を60cm引き上げた。このとき，A，Bどちらのモーターを使った場合が速いか。また，その差は何秒か，それぞれ答えなさい。

モーター A　　モーター B

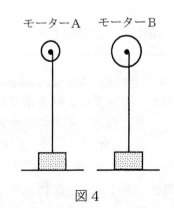

問5　物体を引き上げる仕事をするときに，さまざまな道具を使っても，力の大きさは小さくすることができるが，力を加える距離が大きくなり，仕事の大きさは変わらない。このことを何というか，書きなさい。

図4

3 酸とアルカリの化学変化について，操作1〜6を行った。これについて，あとの各問に答え
なさい。ただし，水は電離しないものとする。

操作1　水196gに純粋な水酸化ナトリウムの固体4gを溶かし，200gの水酸化ナトリ
　　　ウム水溶液をつくった。

操作2　操作1で得られた水酸化ナトリウム水溶液を，5つのビーカーA〜Eにそれぞ
　　　れ40gずつ分けて入れた。

操作3　同じ濃度のうすい塩酸を，ビーカーAには加えずに，ビーカーB〜Eにはそれ
　　　ぞれ20g，40g，60g，80gと質量を変えて加えた。

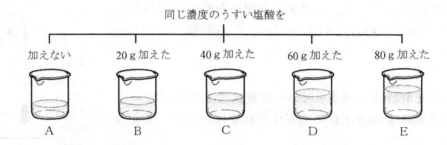

操作4　ビーカーA〜EにBTB溶液を加え，色を調べて下の表にまとめた。

表	ビーカー	水酸化ナトリウム水溶液の質量	加えたうすい塩酸の質量	塩酸を加えた後の水溶液の色
	A	40 g	0 g	（ ① ）色
	B	40 g	20 g	（ ① ）色
	C	40 g	40 g	緑色
	D	40 g	60 g	（ ② ）色
	E	40 g	80 g	（ ② ）色

操作5　ビーカーA〜Eにマグネシウムリボンを加え，変化を観察した。

操作6　水酸化ナトリウム水溶液の濃度を半分にして，操作2〜4と同じ操作を行った。

問1　操作1における水酸化ナトリウム水溶液の濃度として最も適当なものを，次のア〜エから
　　1つ選び，その符号を書きなさい。
　　ア　2%　　　　　イ　2.04%　　　　　ウ　4.9%　　　　　エ　5%

問2　表中の①，②にあてはまる色として最も適当なものを，次のア〜オからそれぞれ1つずつ
　　選び，その符号を書きなさい。
　　ア　赤　　イ　黄　　ウ　黒　　エ　白　　オ　青

問3　操作3において，水酸化ナトリウム水溶液にうすい塩酸を加えていったとき，水溶液中に存在するNa^+，Cl^-，H^+，OH^-の数の変化を表したグラフの形として，最も適当なものを次のア〜カからそれぞれ1つずつ選び，その符号を書きなさい。ただし，ア〜カのグラフは横軸が「加えた塩酸の質量」，たて軸が「イオンの数」を表している。また，同じ符号を何回用いてもよいものとする。

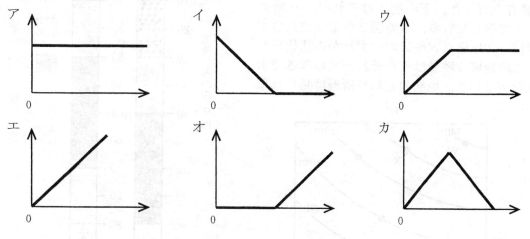

問4　操作5について，次の（1）〜（3）に答えなさい。

（1）マグネシウムリボンから気体が発生したのはどれか，ビーカーA〜Eからすべて選び，その符号を書きなさい。

（2）この化学変化の化学反応式を書きなさい。

（3）発生した気体の性質を説明した文として最も適当なものを，次のア〜エから1つ選び，その符号を書きなさい。

　　ア　炭酸水素ナトリウムを加熱すると発生し，水に少し溶けて弱い酸性を示す。
　　イ　オキシドールに二酸化マンガンを加えたときに発生し，マッチをはげしく燃焼させる。
　　ウ　塩酸を電気分解したときに陽（＋）極に発生し，インクの色を消す作用がある。
　　エ　水酸化ナトリウム水溶液を電気分解したときに陰（−）極に発生し，火のついた線香を近づけると音を立てて燃える。

問5　操作6について，次の（1），（2）に答えなさい。

（1）次の文は，濃度を半分にした水溶液をつくる手順を説明したものである。文中の（ ① ），（ ② ）にあてはまる数値をそれぞれ書きなさい。

> 　純粋な水酸化ナトリウムの固体（ ① ）gに水（ ② ）gを加え，水溶液全体の質量を200gにする。

（2）この操作を行ったとき，水溶液の色が表の結果と変わる可能性があるのはどれか，あてはまるものをビーカーA〜Eからすべて選び，その符号を書きなさい。

4 　次の地質調査について，あとの各問に答えなさい。

　　ある地域の異なる5つの地点O，W，X，Y，Zで，ボーリングによって地下の深さ100mまで地質調査を行った。下の図1はそれぞれの地点を地図上で示したもの，右の図2の①は地点Oでの柱状図，②は地点W〜Zのいずれかの柱状図である。この地域の地層はそれぞれ一定の厚さで水平に重なっており，地層の逆転や断層は見られなかった。

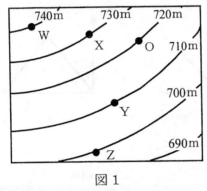

図1

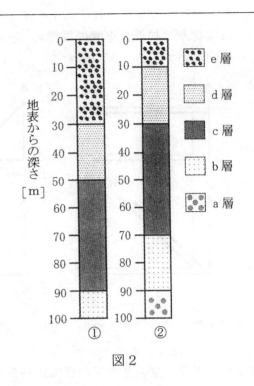

図2

図2の観察結果
1　a層は主としてれき岩からなり，丸みをおびたれきが多く含まれている。
2　b層は主として砂岩からなる。
3　c層は主として泥岩からなり，アンモナイトの化石が見られる。
4　d層は主として砂岩からなる。
5　e層は主としてれき岩からなり，丸みをおびたれきが多く含まれている。

問1　c層の化石について，次の（1），（2）に答えなさい。

（1）c層が堆積した地質年代を何というか，その名称を<u>漢字</u>で書きなさい。

（2）その地層が堆積した年代を知ることのできる化石を何というか，その名称を<u>漢字</u>で書きなさい。

問2　a層，e層のれきは，流水のはたらきによって下流へ運ばれたものである。このはたらきのことを何というか，<u>漢字2字</u>で書きなさい。

問3　図2の②はどの地点の地層の重なりを表したものか，地点W〜Zから1つ選び，その符号を書きなさい。

問4　a層〜e層が堆積する間に，地点Oから河口までの距離はどのように変化したか，図2をもとにして最も適当なものを，次のア〜エから1つ選び，その符号を書きなさい。
　　ア　地点Oから河口までの距離がしだいに短くなった。
　　イ　地点Oから河口までの距離がしだいに長くなった。
　　ウ　地点Oから河口までの距離がしだいに短くなり，その後しだいに長くなった。
　　エ　地点Oから河口までの距離がしだいに長くなり，その後しだいに短くなった。

5 下のレポートは，異なる地域の火成岩の標本Ａ，Ｂを観察してまとめたものである。これについて，あとの各問に答えなさい。

【目的】　火成岩Ａ，Ｂを観察し，鉱物の特徴を比較して，火成岩の分類を行う。

【方法】　・それぞれの火成岩をルーペで観察する。
　　　　　・火成岩全体の色，有色の鉱物と白色（無色）の鉱物の割合，鉱物の特徴を記録する。

【結果】　火成岩Ａの特徴
　　　　　・全体として白っぽい。白色（無色）の鉱物の割合が多く，有色の鉱物は微量である。
　　　　　・同じくらいの大きさの鉱物が組み合わさっている（　①　）組織である。
　　　　　・有色の鉱物は，黒色の鉱物が１種類見られた。

　　　　　火成岩Ｂの特徴
　　　　　・全体として黒っぽい。有色の鉱物の割合が多く，白色（無色）の鉱物は微量である。
　　　　　・比較的大きい鉱物である（　②　）が，細かい鉱物などでできた（　③　）の間にちらばる（　④　）組織である。
　　　　　・大きな鉱物には，緑褐色で形が不規則な鉱物が見られた。

【考察】　・火成岩Ａは（　⑤　）であると考えられる。
　　　　　・火成岩Ｂは（　⑥　）であると考えられる。

問1　（　①　）～（　④　）にあてはまる語句の組み合わせとして最も適当なものを，次のア～エから１つ選び，その符号を書きなさい。
　　ア　①等粒状　②石基　③斑晶　④斑状　　　　イ　①斑状　②石基　③斑晶　④等粒状
　　ウ　①等粒状　②斑晶　③石基　④斑状　　　　エ　①斑状　②斑晶　③石基　④等粒状

問2　（　⑤　），（　⑥　）にあてはまる岩石として最も適当なものを，次のア～エからそれぞれ１つずつ選び，その符号を書きなさい。
　　ア　斑れい岩　　　　イ　花こう岩　　　　ウ　玄武岩　　　　エ　流紋岩

問3　火成岩Ｂをつくったマグマについて，次の（１），（２）に答えなさい。

（１）次の文中の（　⑦　），（　⑧　）にあてはまる語句の組み合わせとして最も適当なものを，あとのア～エから１つ選び，その符号を書きなさい。

　　　火成岩Ｂを作ったマグマのねばりけは（　⑦　），噴火は（　⑧　）である。

　　ア　⑦小さく　⑧激しく爆発的　　　　イ　⑦小さく　⑧比較的おだやか
　　ウ　⑦大きく　⑧激しく爆発的　　　　エ　⑦大きく　⑧比較的おだやか

（２）火成岩Ｂをつくったマグマが噴火するとできる火山の形はどのようになるか，火山の形の模式図として最も適当なものを，次のア～ウから１つ選び，その符号を書きなさい。

ア　　　　　　　　　　　　　イ　　　　　　　　　　　　　ウ

6　オオカナダモとヒメダカを用いて，次の観察と実験を行った。これについて，あとの各問に答えなさい。

観察1　前日から暗い場所に置いていたオオカナダモの葉Aと十分に光を当てたオオカナダモの葉Bを用意した。葉A，葉Bをそれぞれ顕微鏡で観察したところ，いずれも多くの a 緑色の粒が見られた。次に葉A，葉Bを b あたためたエタノールに入れた後，ヨウ素液に浸した。顕微鏡で観察したところ，葉Aでは反応が見られなかったが，葉Bでは緑色に見えていた粒が青紫色に染まっていた。

観察2　ポリエチレンの袋に少量の水とヒメダカを入れた。この袋を顕微鏡のステージの上に置き，ヒメダカの尾びれを観察したところ，血管の中を流れる多くの c 赤血球が見られた。

問1　下線部aを何というか，その名称を漢字で書きなさい。

問2　下線部bの操作の目的は何か，次のア～エから1つ選び，その符号を書きなさい。
　　ア　染色　　　イ　殺菌　　　ウ　脱色　　　エ　消毒

問3　観察1からの結論として適当なものを，次のア～エから2つ選び，その符号を書きなさい。
　　ア　光合成には，光が必要であることがわかる。
　　イ　光合成には，二酸化炭素が必要であることがわかる。
　　ウ　デンプンは，緑色の粒でつくられることがわかる。
　　エ　酸素は，緑色の粒でつくられることがわかる。

問4　次の文章は下線部cについて述べたものである。これについて，あとの（1），（2）に答えなさい。

　　赤血球は（　①　）とよばれる物質を含んでいるため，酸素を運ぶことができる。酸素を多く含んだ血液は（　②　）と呼ばれ，（　③　）や（　④　）を流れている。

（1）（　①　）にあてはまる語句を書きなさい。

（2）（　②　）～（　④　）にあてはまる語句の組み合わせとして最も適当なものを，次のア～クから1つ選び，その符号を書きなさい。

	（②）	（③）	（④）
ア	動脈血	大動脈	肺動脈
イ	動脈血	大動脈	肺静脈
ウ	動脈血	大静脈	肺動脈
エ	動脈血	大静脈	肺静脈

	（②）	（③）	（④）
オ	静脈血	大動脈	肺動脈
カ	静脈血	大動脈	肺静脈
キ	静脈血	大静脈	肺動脈
ク	静脈血	大静脈	肺静脈

金沢

実験　水を満たした同じ大きさの４本のペットボトルW〜Zを用意した。ペットボトルWとペットボトルXには下の図１のようにヒメダカとオオカナダモを入れた。ペットボトルYとペットボトルZには下の図２のようにヒメダカのみを入れた。それぞれふたをして，直後にヒメダカの１分間あたりの呼吸回数を測定した。次にペットボトルWとペットボトルYは光が良く当たる場所に置き，ペットボトルXとペットボトルZは暗い場所に置いた。

　２時間後に，それぞれのヒメダカの１分間あたりの呼吸回数を測定した。下の表はその実験結果である。ただし，ペットボトルW〜Zの中の水の温度は同じであり変化しなかった。ヒメダカやオオカナダモの大きさはどのペットボトルでも同じであるものとし，ヒメダカの呼吸回数は水にとけている酸素の量が少なくなるにつれて増えることがわかっている。

表

ペットボトル	W	X	Y	Z
ふたをした直後の呼吸回数	100回	100回	100回	100回
２時間後の呼吸回数	100回	150回	135回	135回

図１　　図２

問5　次の文章は実験について考察したものである。（　①　）〜（　③　）にあてはまるものとして最も適当なものを，次のア〜カからそれぞれ１つずつ選び，その符号を書きなさい。

　オオカナダモから酸素が放出されていることは，（　①　）を比較することにより判断できる。また，オオカナダモから酸素が発生するために光が必要なことは，（　②　）を比較することにより判断できる。さらに，オオカナダモが呼吸をしていることは（　③　）を比較することにより判断できる。

ア　ペットボトルWとペットボトルX　　　イ　ペットボトルWとペットボトルY
ウ　ペットボトルWとペットボトルZ　　　エ　ペットボトルXとペットボトルY
オ　ペットボトルXとペットボトルZ　　　カ　ペットボトルYとペットボトルZ

問6　ペットボトルXについて，実験の条件の一部を次のア〜オのように変えた。１個体あたりの呼吸回数が150回を超えると考えられるものをア〜オからすべて選び，その符号を書きなさい。ただし，ア〜オのどの条件でも，ふたをした直後の呼吸回数は100回であった。
ア　ふたをしてから３時間後に呼吸回数を測定した。
イ　ペットボトル内に同じ大きさのヒメダカを１個体増やし，ふたをしてから２時間後に呼吸回数を測定した。
ウ　ペットボトル内に同じ大きさのオオカナダモを１個体増やし，ふたをしてから２時間後に呼吸回数を測定した。
エ　ペットボトルの大きさを２倍にして水を満たし，ふたをしてから２時間後に呼吸回数を測定した。
オ　２時間のうち１時間は光を当て，ふたをしてから２時間後に呼吸回数を測定した。

（解答は別冊68ページ）

1　次の資料Ⅰ～Ⅳとその説明を読み，あとの各問に答えなさい。

資料Ⅰ

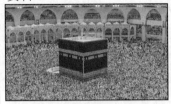

ムスリムの信仰の中心となっている，①イスラム教の建築物である。

カーバ神殿

資料Ⅱ

西アジアなどを起源とする多くの宝物が保管されている，②奈良時代の建造物である。

正倉院宝庫　写真出典：正倉院正倉

資料Ⅲ

③戦国時代の④石山本願寺跡地を利用して，豊臣秀吉によって築かれた城である。

大阪城

資料Ⅳ

⑤徳川家光によって造られた，権現造の華麗な霊廟（れいびょう）である。

日光東照宮

問1　資料Ⅰについて，この神殿がある都市を下の地図中のア～エから1つ選び，その符号を書きなさい。

地図

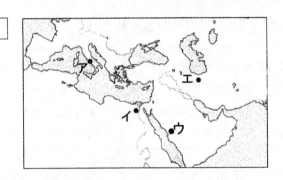

問2　下線部①について，イスラム教が広まらなかった都市を上の地図中のア～エから1つ選び，その符号を書きなさい。

問3　下線部②について，次の（1），（2）に答えなさい。

（1）この時代の人々の暮らしについて述べた文として正しいものを次のア～エから1つ選び，その符号を書きなさい。

ア　一部の農民は農具や肥料を購入するようになり，貧富の差が拡大した。
イ　一般成人男性には，租の他に特産品や布を納める調・庸や兵役などの義務が課された。
ウ　荘園と公領を管理する地頭が，領主と同じくらい強い力を持つようになった。
エ　村では，有力な農民を中心に惣と呼ばれる自治組織が作られた。

（2）この時代に制定された，新たに開墾した田地の私有を永年にわたって保障した法令を何というか，漢字で書きなさい。

問4　資料Ⅱと，写真A，Bの建設された時代を古い順に並べたものとして正しいものを，あとの
　　ア～カから1つ選びその符号を書きなさい。

法隆寺五重塔

鹿苑寺金閣

　　ア　Ⅱ→A→B　　　　　　イ　Ⅱ→B→A　　　　　　ウ　A→Ⅱ→B
　　エ　A→B→Ⅱ　　　　　　オ　B→Ⅱ→A　　　　　　カ　B→A→Ⅱ

問5　下線部③について述べた文として正しいものを次のア～エから1つ選び，その符号を書きな
　　さい。

　　ア　全国の大名が，応仁の乱で東西に分かれて戦った。
　　イ　足利義昭が，バテレン追放令を発布した。
　　ウ　オランダ人が，日本に鉄砲を伝えた。
　　エ　武田勝頼が，長篠の戦いに勝利した。

問6　下線部④について，石山本願寺勢力を降伏させた尾張の戦国大名は誰か，漢字4字で書きな
　　さい。

問7　資料Ⅲに関連して，豊臣秀吉の行った政策として誤っているものを次のア～エから1つ選び，
　　その符号を書きなさい。

　　ア　百姓が，やりや刀などの武器を持つことを禁止した。
　　イ　肥前名護屋に本陣をおき，朝鮮出兵を行った。
　　ウ　大名の居城を一つに限るなど，大名をきびしく統制した。
　　エ　ものさしやますを統一し，生産量を石高で表すことを定めた。

問8　資料Ⅳについて，この建物が築かれたころ，日本は「鎖国」と呼ばれる体制をとっていた。
　　その体制を説明した文として正しいものを次のア～エから1つ選び，その符号を書きなさい。

　　ア　琉球王国との貿易は，長州藩がその窓口となった。
　　イ　幕府は，アイヌとの交易の独占権を対馬藩へ認めた。
　　ウ　長崎の出島では，オランダ・朝鮮との貿易が行われていた。
　　エ　将軍や琉球国王に代替わりがあると，琉球使節が江戸を訪れた。

問9　下線部⑤について，この人物が，大名との主従関係を確認するために義務づけたことを
　　「～を義務づけた」という表現に続くよう，「～」の部分を20字以内で書きなさい。

2　次の文章を読み，あとの各問に答えなさい。

　　われわれが住んでいる石川県にはさまざまな交通網がはりめぐらされ，どこへ向かうにも比較的短い時間で移動できる。県内を通る国道や県道・鉄道は，①江戸時代に整備された北国街道が基準となっている。

　　北国街道は，長野県の追分（おいわけ）から滋賀県の鳥居本（とりいもと）までを結び，江戸と大阪を結んだ　1　や中山道などの五街道に次ぐ重要な街道であった。そのうち石川県内を通る北国街道は，津幡から金沢城下を経由して大聖寺までの約７０kmであり，京都方面を上街道，新潟方面を下街道とそれぞれ呼んでいた。

　　②明治時代に入り，日本初の鉄道が新橋と貿易港のあった　2　の間に敷かれ，その後北陸本線も着工された。北陸本線は，徐々に開通区間を増やしていき，③大正２（1913）年には全線が開業するにいたった。

　　その後，国道８号線や北陸自動車道，そして北陸新幹線などが④昭和・⑤平成・令和を通じて次々と開通・整備された。今日ではさまざまな交通網を用いて，多くの人やモノが行き交い，賑わいをみせている。

問１　下線部①について，次の（１）～（３）に答えなさい。

（１）江戸時代のガイドブックである『東海道中膝栗毛』を書いた人物を，次のア～エから１つ選び，その符号を書きなさい。

　　ア　喜多川歌麿　　　　イ　曲亭馬琴　　　　ウ　安藤広重　　　　エ　十返舎一九

（２）江戸時代末期に，倒幕の中心となった薩摩藩と長州藩とを結びつけた土佐藩出身の人物は誰か，書きなさい。

（３）江戸幕府最後の将軍は，朝廷が出した王政復古の大号令に強く反発した。将軍の名前を明らかにし，その理由を簡潔に説明しなさい。

問２　下線部②について，次の（１）～（３）に答えなさい。

（１）明治政府は税制改革のために土地所有者に対して，次の写真のような書類を発行した。この税制改革を何というか，漢字４字で書きなさい。

　　写真

国税庁 NETWORK 租税史料より

（2）次の史料1・2は，1870年代に日本が結んだ条約である。当時の日本と両国との外交関係について説明した文中の空欄 A ～ C に入る語句の組み合わせとして正しいものを，あとのア～エから1つ選び，その符号を書きなさい。

史料1

> 日清修好条規　第8条
>   日本と清の両国にある貿易港には，互いに役人を派遣し，自国の商人の取り締まりを行う。事件が起こった場合は，裁判を行い，自国の法律で裁くこととする。

史料2

> 日朝修好条規　第10款
>   日本人が朝鮮の貿易港で罪を犯し，朝鮮人に交渉が必要な事件が起こった場合は，日本の領事が裁判を行う。

説明文

> 　史料1・2は，ともに A について述べている。日本と清の外交関係は B であるが，日本と朝鮮の外交関係は C であることが明らかにわかる。

ア	A：関税自主権	B：不平等	C：平等
イ	A：領事裁判権	B：不平等	C：平等
ウ	A：関税自主権	B：平等	C：不平等
エ	A：領事裁判権	B：平等	C：不平等

（3）日清戦争直前に，イギリスの領事裁判権が撤廃された。そのときの外務大臣を次のア～エから1つ選び，その符号を書きなさい。

ア　井上馨　　　イ　大隈重信　　　ウ　陸奥宗光　　　エ　小村寿太郎

問3　下線部③の時代に，パリ講和会議が開かれた。その際，「ヨーロッパ諸国にのみ適用された原則」と，「中国に返還が認められなかった日本の支配地域」の組み合わせとして正しいものを次のア～エから1つ選び，その符号を書きなさい。

ア　原則：植民地独立　地域：山西省　　　　イ　原則：植民地独立　地域：山東省
ウ　原則：民族自決　　地域：山西省　　　　エ　原則：民族自決　　地域：山東省

問4　下線部④に関連して，次の（1），（2）に答えなさい。

（1）日中戦争の最中，近衛内閣は議会の同意なしに，政府が物資や労働力を動員できる法律を制定した。その法律を何というか，書きなさい。

（2）1965年に韓国との間で結ばれた，韓国政府を朝鮮半島で唯一の政府として承認した条約を何というか，書きなさい。

問5　下線部⑤に関連して，平成7（1995）年1月17日早朝に兵庫県南部で発生した地震は，近畿地方の広範囲に深刻な被害をもたらした。この震災を何というか，漢字で書きなさい。

問6　文章中の 1 ・ 2 にあてはまる語句を書きなさい。

金沢

3 次の近畿地方中心の地図を見て，あとの各問に答えなさい。

地図

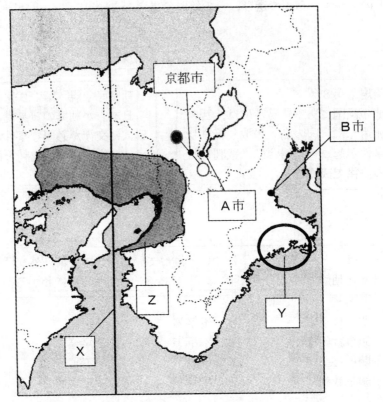

問1 地図中の経線Xは，日本の標準時の基準である。Xの経度と，通っている市の組み合わせとして正しいものを次のア～エから1つ選び，その符号を書きなさい。

ア 東経120度：明石市　　　　　イ 東経135度：明石市
ウ 東経120度：姫路市　　　　　エ 東経135度：姫路市

問2 次の京都市周辺の断面図を参考にし，京都市の気温について正しく述べた文をあとのア～オからすべて選び，その符号を書きなさい。

断面図

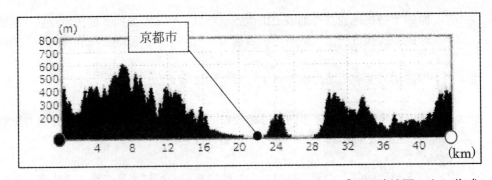

＊「地理院地図」より作成

ア 山地に囲まれているため，熱が逃げにくく，夏季には周囲より気温が上がりやすい。
イ 周囲より標高が高いため，比較的気温が低い。
ウ 冬季には暖かい空気は上昇するため，周囲より比較的気温が下がる。
エ 山地に囲まれているため，熱が逃げにくく，冬季には気温が周囲より高い。
オ 周囲に比べて気温の変化が少ない。

問3　地図中のYにみられるような海岸の地形を何というか，書きなさい。

問4　地図中のZについて，次の（1），（2）に答えなさい。

（1）この地域に広がる工業地帯を書きなさい。

（2）この工業地帯の特徴として正しい文を次のア～エから1つ選び，その符号を書きなさい。

　　ア　機械工業が発達しており，特に輸送用機械の製造が多いのが特徴である。
　　イ　明治時代に官営の製鉄所が作られ，鉄鋼業で栄えたが現在は衰退している。
　　ウ　化学工業が多いのが特徴的であり，また，中小企業の割合が高い。
　　エ　IC工場が非常に多く，シリコンアイランドと呼ばれている。

問5　近畿地方について，次の（1），（2）に答えなさい。

（1）県庁所在地である地図中のA市，B市の名称を漢字で書きなさい。

（2）次の表は，近畿の各府県を昼夜間人口比率が高い順に並べたものである。表中a～cにあてはまるものの組み合わせとして，正しいものをあとのア～エから1つ選び，その符号を書きなさい。（昼夜間人口比率とは，昼間人口を夜間人口で割り100をかけた数値である。）

表

順位	府・県	昼夜間人口比率
1	a	104.4
2	b	102.0
3	三重	98.4
3	和歌山	98.4
5	滋賀	96.6
6	兵庫	95.3
7	c	90.2

＊表は「令和2年度国勢調査資料」より作成

ア　a：大阪　b：京都　c：奈良　　　　イ　a：大阪　b：奈良　c：京都
ウ　a：奈良　b：京都　c：大阪　　　　エ　a：京都　b：大阪　c：奈良

金沢

問6 近畿地方のある地域の地形図Ⅰ・Ⅱを見て，あとの（1）～（3）に答えなさい。

地形図Ⅰ

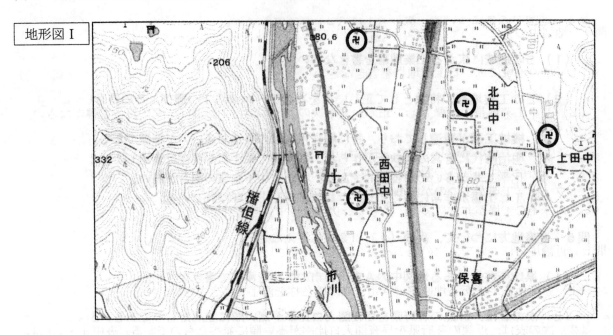

地形図Ⅱ

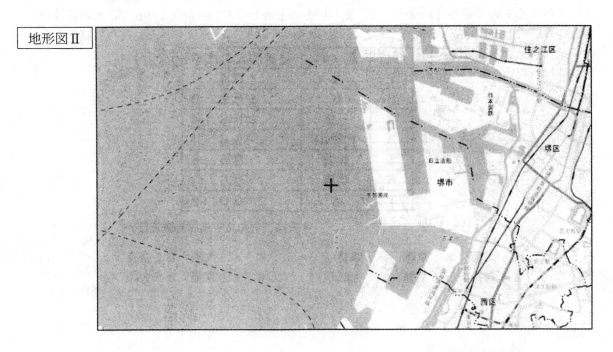

＊地形図Ⅰ・Ⅱとも「地理院地図」より作成

（1）地形図Ⅰは縮尺何分の1の地形図か，書きなさい。

（2）地形図Ⅰ中の◯で囲まれた地図記号は何を表すものか，書きなさい。

（3）地形図Ⅰ中の西田中周辺，地形図Ⅱ中の堺区周辺において災害が発生した場合，それぞれどのような被害が想定されるか，30字以内で書きなさい。

金
沢

4 次の地図 I・II を見て，あとの各問に答えなさい。

地図 I

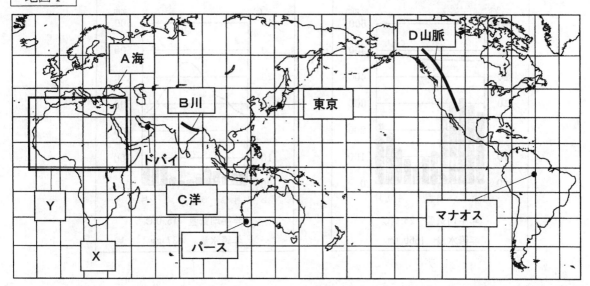

地図 II

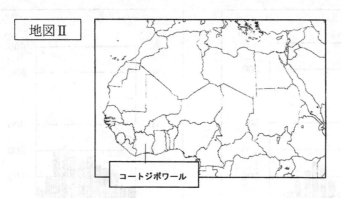

問1 地図 I 中の **A**〜**D** の自然地名を書きなさい。

問2 地図 I 中のドバイ，パース，マナオスのうち，ドバイの生活文化の写真として最も適切なものを次のア〜エから1つ選び，その符号を書きなさい。

問3　地図Ⅰ中のパース，マナオス，東京の気温と降水量を表したグラフを次のア〜エからそれぞれ選び，その符号を書きなさい。

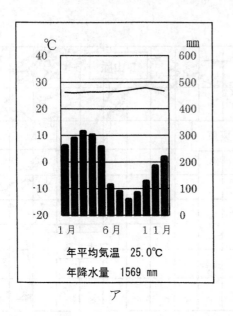

年平均気温　25.0℃
年降水量　1569 mm
ア

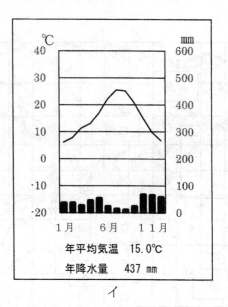

年平均気温　15.0℃
年降水量　437 mm
イ

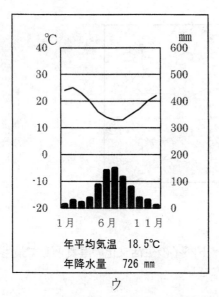

年平均気温　18.5℃
年降水量　726 mm
ウ

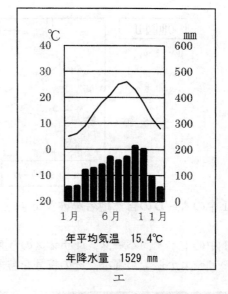

年平均気温　15.4℃
年降水量　1529 mm
エ

＊「理科年表2019」より作成

問4　12月20日正午にロンドンを出発した飛行機は，現地時間の12月20日午後9時に地図Ⅰ中のマナオス（西経60度）に到着した。この飛行機の飛行時間を書きなさい。なお，マナオスへは直行便を利用したものとする。

問5　地図Ⅰ中のXの国についての説明として，正しいものを次のア〜エから1つ選び，その符号を書きなさい。

ア　アパルトヘイトと呼ばれる経済政策により，外国企業を積極的に誘致した。
イ　2010年に，アフリカ大陸ではじめて夏季オリンピックが開催された。
ウ　金やダイヤモンドなどの豊かな鉱産資源により，自動車・鉄鋼などの工業が発達している。
エ　南部のケープタウン周辺は地中海性気候で，12月〜3月にかけて降水量が多くなる。

金沢

問6　地図Ⅱは，地図Ⅰ中のⅩの地域を拡大したものである。この地域の多くは，かつてヨーロッパ諸国の植民地だった。そのことを示す特徴を，地図Ⅱを参考にして，簡潔に書きなさい。

問7　次の表は，日本と地図Ⅱ中のコートジボワールの品目別の輸出額の割合を表している。この表を参考にして，コートジボワールのような特徴を持つ経済を何というか，書きなさい。

表	日本（2019年）		コートジボワール（2019年）	
	品目	割合（％）	品目	割合（％）
	電気機械	17	カカオ豆	28
	一般機械	16	金	9
	自動車	16	石油製品	9
	精密機械	6	原油	7
	その他	45	その他	47

＊帝国書院「地理統計 2022 年版」より作成

5　次の文章を読み，あとの各問に答えなさい。

　私たちは毎日の生活を，自分たちが住む地域という社会で営んでいる。地域を運営する主な場となるのが地方公共団体であり，地方の政治では，その地域に住む住民自身がみんなで問題を解決するという　1　の原則がとられている。このように①地方自治は，住民の身近な民主主義を行う場といえる。
　②地方公共団体が担う仕事は多岐にわたるが，住民により身近な仕事を担当している。それに対し，国は全国的な規模や視点が必要な仕事を重点的に担当しており，地方公共団体と国の間で役割が分担されている。かつては国が強く関与したり，国が行う仕事を地方が国の代わりに行ったりすることがあった。そこで③地方公共団体が国と対等の関係で仕事を分担することが目指され，地方にできることは可能な限り地方に任せるという考え方が重視されるようになった。
　地方公共団体には，議員によって構成される地方議会と，地方公共団体の長である首長が置かれ④地方の議会の議員と首長の両者を，直接選挙によって選ぶことができるという特徴がある。地方議会は，その地域独自の法である　2　の制定・改廃や予算の議決などを行っている。また地方議会と首長はどちらかに権力が集中しないようになっており，もしも議会と首長の意見が対立した場合，首長は議会を　3　することができる。一方，議会は，首長の　4　の決議を行うことができる。
　⑤地方公共団体の様々な事業は地方財政をもとに行われており，議会で話し合って優先順位を付け，どのように支出するかを決定している。
　地方公共団体の住民は，選挙権以外にも直接民主制の考え方を取り入れた⑥直接請求権が認められている。また住民の中において，自分たちの利益を目的にせず公共の利益のために活動する⑦非営利組織の重要性も年々増している。

問1　下線部①について，地方自治は，一人ひとりが主体的に，そして直接参加できる場面が多いことから何とよばれているか，書きなさい。

問2　下線部②について，地方公共団体が担う仕事にあてはまらないものを次のア～オから2つ選び，その符号を書きなさい。

　　ア　ごみの収集　　　　イ　住民登録の管理　　　　ウ　年金の管理・運営
　　エ　消防・水防　　　　オ　弾劾裁判所の設置

問3　下線部③について，これを実現するために1999年に成立し，2000年に施行された法律を何というか，漢字で書きなさい。

金
沢

問4 下線部④について，次の（1），（2）に答えなさい。

（1）この制度を何というか，書きなさい。

（2）次の表は，地方公共団体における首長と議会の議員の選挙権・被選挙権を示したものである。（A）～（C）にあてはまるものを，あとのア～エから1つずつ選び，その符号を書きなさい。

表	選挙権	被選挙権
市（区）町村長	（A）以上	（B）以上
都道府県の知事	（A）以上	（C）以上
都道府県 市町村議会の議員	（A）以上	（B）以上

ア　18歳　　　イ　20歳　　　ウ　25歳　　　エ　30歳

問5 下線部⑤について，次の資料は，ある4つの県の歳入の内訳を示している。このうち，国の財源に依存している割合が最も大きい県をW～Zから1つ選び，その符号を書きなさい。

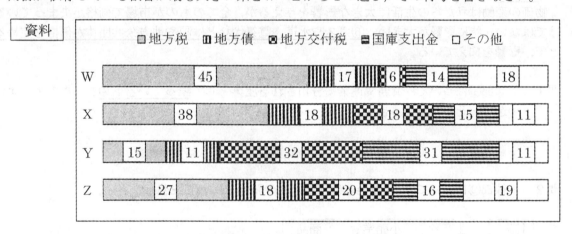

問6 下線部⑥について，直接請求権のうち，住民が議員の解職を請求するには，どのような手続きが必要か，次のア～エから1つ選び，その符号を書きなさい。

ア　有権者の3分の1以上の署名を集めて，首長に請求する。
イ　有権者の3分の1以上の署名を集めて，選挙管理委員会に請求する。
ウ　有権者の50分の1以上の署名を集めて，首長に請求する。
エ　有権者の50分の1以上の署名を集めて，選挙管理委員会に請求する。

問7 下線部⑦について，これらの組織は何と略称されるか，アルファベット3文字で書きなさい。

問8 文章中の　1　～　4　にあてはまる語句を書きなさい。

6　次の文章を読み，あとの各問に答えなさい。

　私たちの生活は，生産者と消費者を結び商品を運ぶ①様々な流通業によって支えられている。流通業の中心となる商業には，②卸売業と小売業がある。商品の価格は，間に業者が入るほど高くなる。そのため，近年では流通を合理化しようとする動きも増えている。

　例えば，情報通信技術の発達により導入されるようになった③販売時点情報管理システムも，その1つである。これは在庫量や，消費者の好みといった情報を小売業者が知ることで，販売の効率化に役立てている。また，大規模な小売業者が，④商品を企画し生産者と直接結びついて独自のブランドを作る動きも増えている。

　このような流通を経て，消費者の手元に届く商品の価格は，様々な影響により変化する。実際に昨年は物価が上昇し，人々の生活に影響を与えた。

　その例として，小麦価格の上昇がある。その原因は世界的な小麦の不作とともに，昨年2月に始まったロシアによるウクライナへの侵攻である。⑤ウクライナは世界有数の小麦の輸出国だが，侵攻の影響により輸出量が減り，日本での小麦の取引価格の上昇につながった。

　次に，円安が急速に進んだことがあげられる。アメリカは金融政策として金利を上げ，逆に日本は金利を下げているため，人々は円を　A　，ドルを　B　結果となった。そして，円安が進み　C　品の価格が高くなり物価が上がった。

　物価の変動は私たちの生活に大きな影響を与えるが，全てのものが市場で価格が決まっているわけではない。特に影響が大きい，⑥ガスや水道，電気代などは国や地方公共団体が価格を定めることで，影響を抑えている。

問1　下線部①について，流通関連業に分類される産業として誤っているものを，次のア～エから1つ選び，その符号を書きなさい。

　　ア　倉庫業　　　イ　広告業　　　ウ　通信業　　　エ　保険業

問2　下線部②について，卸売業とは何か，次の語句を用いて説明しなさい。

　　【語句】　生産者　　小売業者　　商品

問3　下線部③について，このシステムは何と略称されるか，アルファベット3文字で書きなさい。

問4　下線部④について，次の（1），（2）に答えなさい。

　（1）このようなブランドを何というか，書きなさい。

　（2）このような動きが消費者に与えるメリットは何か，書きなさい。

問5　下線部⑤について，次のグラフは侵攻前の小麦の価格を表したものである。侵攻開始後の小麦の価格の変化を表したグラフとして正しいものを，あとのア〜エから1つ選び，その符号を書きなさい。なお，縦軸は価格，横軸は数量を表し，Pは物価上昇前の価格である。

グラフ

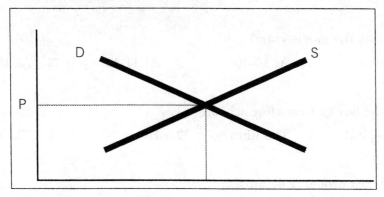

＊Dは需要，Sは供給を表している

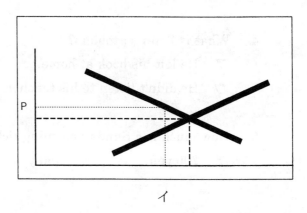

ア　　　　　　　　　イ

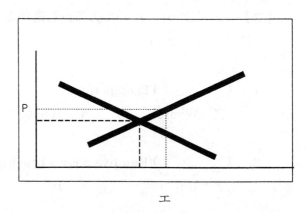

ウ　　　　　　　　　エ

問6　下線部⑥について，このように定められた価格を何というか，漢字4字で書きなさい。

問7　文章中の　A　〜　C　にあてはまる語句の組み合わせとして正しいものを，次のア〜エから1つ選び，その符号を書きなさい。

　　ア　　A：買い　　　　　　B：売る　　　　　　C：輸出
　　イ　　A：買い　　　　　　B：売る　　　　　　C：輸入
　　ウ　　A：売り　　　　　　B：買う　　　　　　C：輸出
　　エ　　A：売り　　　　　　B：買う　　　　　　C：輸入

（解答は別冊 69 ページ）

リスニング音声は
こちらから

【1】リスニング問題

　　次の対話を聞き，質問に対する答えとして最も適切なものを，それぞれア〜エの中から１つ選び，その符号を書きなさい。なお，対話はそれぞれ２回読まれます。

1　What time does the movie start?
　　ア　At 10:30.　　　イ　At 10:40.　　　ウ　At 11:40.　　　エ　At 12:00.

2　Where will the boy go first after school?
　　ア　The hospital.　　イ　The library.　　ウ　Home.　　エ　The station.

3　What will Nancy probably do now?
　　ア　She will stay at home.　　　　イ　She will finish her homework.
　　ウ　She will go shopping with Tom.　　エ　She will play soccer with Tom.

4　What is Peter's problem?
　　ア　He left his book at home.　　　イ　He didn't do his homework.
　　ウ　He didn't listen to his teacher.　エ　He was late for school.

5　How much is a Sunday morning ticket for a Science Club student member?
　　ア　200 yen.　　　イ　550 yen.　　　ウ　750 yen.　　　エ　1,300 yen.

【2】次の英文の(　　　)に入る最も適切なものを，それぞれア〜エから１つ選び，その符号を書きなさい。

1　(　　　　) book is this?
　　ア　Where　　　　イ　Whose　　　　ウ　When　　　　エ　Who

2　(　　　　) Ken live near a beach?
　　ア　Do　　　　イ　Is　　　　ウ　Are　　　　エ　Does

3　Wash your hands (　　　　) you eat.
　　ア　before　　　イ　but　　　ウ　which　　　エ　that

4　She (　　　　) go to the city hospital today.
　　ア　may be　　　イ　have to　　　ウ　has to　　　エ　must to

5　The boy (　　　　) the guitar is my brother.
　　ア　playing　　　イ　played　　　ウ　play　　　エ　to play

金大
沢学
学附
院属

【3】 次の各組の英文がほぼ同じ意味になるように，（　　　　）内にそれぞれ1語を入れなさい。

1　He played basketball yesterday.　He enjoyed it.
　　He enjoyed（　　　　　　　）basketball yesterday.

2　Studying English is important.
　　（　　　　　　）is important to study English.

3　I looked after my little sister when my parents were away.
　　I took（　　　　　）of my little sister when my parents were away.

4　She is my father's sister.
　　She is my（　　　　　　）.

5　Science is more difficult for me than math.
　　Math is（　　　　　　）for me than science.

【4】 次の日本語の文に合うように，英文の（　　　　）内の語(句)を正しく並べかえなさい。

1　私たちはこの川で泳ぐことはできません。
　　We（ in / can't / this / swim ）river.

2　あなたは何冊の本を持っていますか。
　　How（ you / many / do / books ）have?

3　この映画は日本で一番人気があります。
　　This movie（ the / is / popular / most ）in Japan.

4　これは彼女が昨年書いた本です。
　　This（ a book / wrote / is / which / she ）last year.

5　彼はサッカーだけでなくテニスもできます。
　　He can play（ soccer / also / only / but / not ）tennis.

【5】次の英文は，アヤト(Ayato)とナオミ(Naomi)の会話です。これを読んで，あとの
　　問いに答えなさい。

Ayato: Hi Naomi, you look great!　We will be high school students soon.　Do you
　　　　think I can join two clubs?

Naomi: I don't know.　Why do you want to do that?

Ayato: Actually, I love swimming, but I like running, too.　I can't decide *whether
　　　　to join the swimming club or the track and field club.

Naomi: If you are interested in both swimming and running, how about joining the
　　　　*triathlon club?

Ayato: Triathlon?　（　　①　　）

Naomi: Well, 'tri-' means 'three'.　It is a three-sport contest, I mean swimming,
　　　　cycling and running.　My older brother likes two sports, too.　You like
　　　　swimming and running, and he likes swimming and cycling.　He is now
　　　　*training to do a triathlon in spring.

Ayato: It sounds great, tell me more about it.

Naomi: My brother is a member of the triathlon club.　He trains in either swimming
　　　　or cycling every day.　Running is the most （　　A　　） for him.　He doesn't
　　　　like running so much, so he does not train in it as hard as in swimming and
　　　　cycling.　Also, running is the （　　B　　） event in a triathlon race so he is
　　　　very （　　C　　） when he does it.　But he loves doing triathlons because he
　　　　can do his two favorite sports in one contest.

Ayato: Sounds great, but I don't have a good bike.　My bike is very old and not good
　　　　for contests.

Naomi: （　　②　　）　If you are interested in doing triathlons, then you can borrow
　　　　one from my brother.　He has three!　If you join the club and help him
　　　　train to run faster, then ③I think you can borrow one of his bikes.

Ayato: Wow!　（　　④　　） Thank you.　I think I want to do triathlons, so I will
　　　　join the triathlon club.

Naomi: That's great!　［　　D　　］

　（注）whether …かどうか　　triathlon トライアスロン　　train 訓練する

1 ①，②，④の（　　　）内に入る最も適切なものを，それぞれ**ア**〜**ウ**から1つ選び，その符号を書きなさい。ただし，同じ符号を2度使用してはいけません。

　　　ア　That's a good idea.　**イ**　What's that?　　　**ウ**　That's not a problem.

2 A，B，Cの（　　　）内に入る最も適切なものを，それぞれ**ア**〜**ウ**から1つ選び，その符号を書きなさい。ただし，同じ符号を2度使用してはいけません。

　　　ア　last　　　　　　　**イ**　difficult　　　　　　**ウ**　tired

3 下線部③を日本語に直しなさい。

4 次の(1)・(2)の質問に対する答えとなるように，最も適切なものを，それぞれ**ア**〜**エ**から1つ選び，その符号を書きなさい。

　　(1)　Q:　What is Ayato's problem?
　　　　　A:　（　　　　　　）.
　　　　ア　He wants to become a better swimmer
　　　　イ　He does not know which club to join in high school
　　　　ウ　He is very tired and cannot finish the contest
　　　　エ　He does not like running or swimming

　　(2)　Q:　What will Ayato probably do?
　　　　　A:　He will probably（　　　　　　）.
　　　　ア　join both the swimming club and the track and field club
　　　　イ　sell his old bike and buy a new bike
　　　　ウ　train hard to win a swimming contest
　　　　エ　help Naomi's brother and borrow a bike from him

5 　　D　　内に入る最も適切なものを，**ア**〜**エ**から1つ選び，その符号を書きなさい。
　　ア　I will ask my brother to introduce you to the club.
　　イ　You should buy a new bike now.
　　ウ　You can join both clubs when you are in high school.
　　エ　I want to help you train to run faster.

6 本文の内容に合うものを，**ア**〜**エ**から1つ選び，その符号を書きなさい。
　　ア　Naomi's brother likes running very much.
　　イ　Ayato has an expensive new bike for doing triathlons.
　　ウ　Naomi has an older brother who does triathlons.
　　エ　Naomi's brother is a member of the swimming club.

【6】次の英文は，アン(Ann)とヨウコ(Yoko)のメールです。これを読んで，あとの問い
に答えなさい。

Dear Yoko Fujimoto,

My name is Ann Smith and I am a junior high school student. I live in California in the USA, and I have been (①) Japan once before, to Tokyo. I stayed there for one week during winter vacation. I enjoyed it very much. This time, I will be visiting Kanazawa in Ishikawa, and you are going to be my homestay sister! It will be great to meet you!

I have a question about the food in Ishikawa. I like (②) eat food that is good for me. I do not eat a lot of meat, but I like fish. I also eat a lot of vegetables here in California, such as tomatoes, corn, broccoli and green peppers. What kind of vegetables do you have in Ishikawa? I hope you can introduce me to some new foods!

Please say hello (③) the rest of your family.

From,

Ann Smith

Dear Ann Smith,

It is wonderful to hear from you! I am also really looking forward to ④meet you and showing you around my *hometown. I hope (⑤)!

The fish is great in Ishikawa! I live near the (⑥) and we can eat fresh (⑦) every day. Also, we are *lucky here in Ishikawa because we have many different types of (⑧). Some of them are ⑨call Kaga vegetables because they are ⑩grow by farmers in the local area. The name of the area is Kaga and farmers have been growing the vegetables here for a long time. You can definitely try some new vegetables here. For example, we have a special kind of cucumber which is shorter and fatter than the *usual ⑪one. There are many other vegetables for you to try, too.

I hope my answers make you happy!

Yours,

Yoko Fujimoto

（注）hometown ふるさと　　lucky 幸運な　　usual いつもの

― 208 ―

1　①，②，③の(　　　)内に共通して入る最も適切な1語を書きなさい。

2　下線部④，⑨，⑩をそれぞれ1語で適切な形に書きかえなさい。

3　⑤の(　　　)内に入る最も適切なものを，**ア〜エ**から1つ選び，その符号を書きなさい。
　　　　ア　you will enjoy your visit to Tokyo　　**イ**　you can tell me about meat
　　　　ウ　we can understand each other　　　　**エ**　we will have fun in California

4　⑥，⑦，⑧の(　　　)内に入る最も適切なものを，それぞれ**ア〜ウ**から1つ選び，その符号を書きなさい。ただし，同じ符号を2度使用してはいけません。
　　　　ア　vegetables　　　　**イ**　sea　　　　　　　　**ウ**　fish

5　下線部⑪が指すものを，**ア〜エ**から1つ選び，その符号を書きなさい。
　　　　ア　farmer　　　　**イ**　cucumber　　**ウ**　local area　　**エ**　Kaga vegetable

6　次の(1)・(2)の質問に対する答えとなるように，最も適切なものを，それぞれ**ア〜エ**から1つ選び，その符号を書きなさい。
　　(1)　Q:　Why did Ann write to Yoko?
　　　　　A:　(　　　　　　).
　　　　ア　She wants Yoko to tell her about the food in Ishikawa
　　　　イ　She wants to visit Tokyo with Yoko in winter
　　　　ウ　Yoko will do a homestay with Ann in California in the USA
　　　　エ　Ann is interested in eating meat in Japan

　　(2)　Q:　What did Yoko tell Ann?
　　　　　A:　(　　　　　　).
　　　　ア　There are many different kinds of fruit in Ishikawa
　　　　イ　Yoko's family have been growing vegetables in Kaga for a long time
　　　　ウ　There are many different kinds of meat to try in Ishikawa
　　　　エ　Ann will be able to enjoy many different vegetables during her homestay

7　次の質問に対するあなたの答えをその理由も含めて，(　　　)内に英語で書きなさい。ただし，**イ**の(　　　)内は7語以上とします。
　　Q:　What will you introduce to a homestay student from the USA?　Why?
　　A:　I will introduce (　　**ア**　　) to a homestay student, because (　　**イ**　　).

（解答は別冊 71 ページ）

【1】　次の計算をしなさい。

(1)　$-3+2-(-1)$

(2)　$\dfrac{5}{6} \div \left(-\dfrac{2}{3}\right)$

(3)　$2^3 - 2 \times (-3)^2$

(4)　$9a^3b^2 \div (-3a^2b) \times (-2ab)$

(5)　$-xy(x^2 - y)$

(6)　$\sqrt{27} + 2\sqrt{12} - 6\sqrt{3}$

【2】　次の問いに答えなさい。

(1)　$x^2 - 6xy + 8y^2$ を因数分解しなさい。

(2)　$3a - 5b = 4$ を b について解きなさい。

(3)　連立方程式 $\begin{cases} 2x - y - 1 = 0 \\ y = -x + 5 \end{cases}$ を解きなさい。

(4)　2次方程式 $3x^2 + 4x - 4 = 0$ を解きなさい。

(5)　AC＝AD である平行四辺形 ABCD において，
　　　対角線 AC 上に EA＝ED となるように点 E をとる。
　　　∠ABC＝66°のとき，∠CDE の大きさを求めなさい。

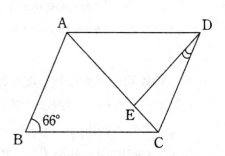

【3】 次の図の ① は関数 $y=\dfrac{1}{2}x^2$ のグラフであり，② は関数 $y=\dfrac{a}{x}$ のグラフである。① と ② のグラフの交点を A とし，その x 座標は 2 である。このとき，次の問いに答えなさい。

(1) 点 A の座標を求めなさい。

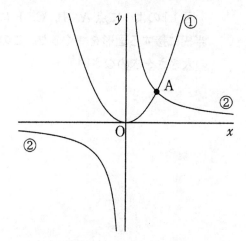

(2) a の値を求めなさい。

(3) ② のグラフ上の点のうち，x 座標と y 座標がともに負の整数となる点はいくつあるか答えなさい。

(4) (3)で求めた点の中で，x 座標の値がもっとも小さい点を B とする。このとき，直線 AB の方程式を求めなさい。

(5) (4)で求めた直線 AB と x 軸との交点を C，y 軸との交点を D とする。このとき，△OAD と △OCD の面積比を求めなさい。

【4】 扇形と半円を組み合わせて図形をつくる。次の問いに答えなさい。

(1) 半径の長さが等しい扇形と半円を組み合わせて，
[図1]のように点 A，B，C，F において扇形が
半円に接する図形をつくった。このとき，∠BAC
の大きさを求めなさい。

[図1]

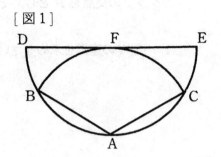

(2) [図2]は[図1]の一部に斜線を引いたもので
ある。DE＝4 cm のとき，斜線部分の面積を求め
なさい。ただし，円周率は π とする。

[図2]

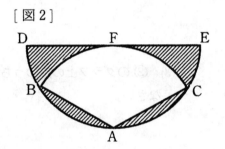

(3) [図3]において，扇形の半径の長さと半円の直
径の長さは等しく，AB＝DE＝4 cm である。斜線
部分の面積をそれぞれ S_1，S_2，T_1，T_2 とする。
$S_1＋S_2＝T_1＋T_2$ であるとき，∠BAC の大き
さを求めなさい。

[図3]

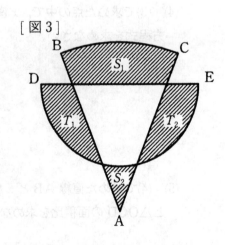

【5】　A，B，Cの3人が，それぞれ3枚のカードを持っており，3枚のカードの表には，1，3，5 の数字が1つずつ書かれている。裏返したカードをよく混ぜて1枚のカードを出し合うゲーム を行う。カードに書かれた数字が一番大きい人を勝ちとし，数字が全て同じ場合は，引き分け とする。このとき，次の問いに答えなさい。ただし，どのカードの出し方も同様に確からしい ものとする。

(1)　A，Bの2人でゲームを行う。

　①　2人が出したカードに書かれている数字の出方は全部で何通りあるか，求めなさい。

　②　引き分けとなる確率を求めなさい。

　③　Aが勝つ確率を求めなさい。

(2)　A，B，Cの3人でゲームを行うとき，Aのみが勝つ確率を求めなさい。

【6】 次のヒストグラムは 30 人ずつの 4 つの組 A，B，C，D のハンドボール投げの記録をまとめたものである。このとき，あとの問いに答えなさい。なお，ヒストグラムの各階級の区間は，左側の数値を含み，右側の数値を含まないものとする。

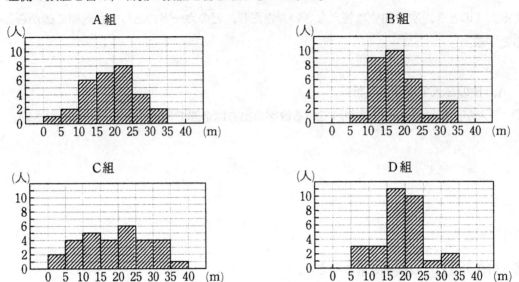

(1) B組の中央値を含む階級の階級値を答えなさい。

(2) 次の ア～エ の 4 つの箱ひげ図は，A，B，C，D の 4 つの組のいずれかのハンドボール投げの記録を表したものである。D 組の箱ひげ図を ア～エ の中から 1 つ選び，その符号を書きなさい。

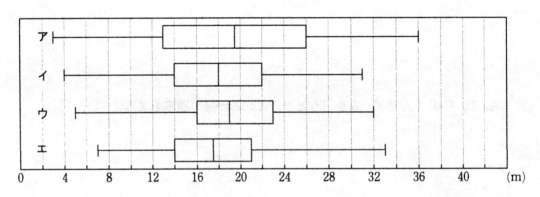

(3) 上のヒストグラムおよび箱ひげ図から読み取れる内容として，正しいものを次の カ～ケ の中から 1 つ選び，その符号を書きなさい。

カ 4 つの組のすべてにおいて，四分位範囲は 12 m 未満である。

キ A 組の第 3 四分位数と C 組の中央値は，ともに 15 m 以上 20 m 未満である。

ク 4 つの組のうちで範囲が最も小さいのは，A 組である。

ケ D 組のヒストグラムでは，度数が最大の階級に中央値が入っている。

【7】

次の図のように，自然数をある規則にしたがって並べていく。ある数が上から m 番目で，左から n 番目だった場合 (m, n) と表す。たとえば 5 は $(1, 3)$ と表し，15 は $(4, 2)$ と表す。このとき，あとの問いに答えなさい。

1	2	5	10	17	⋯
4	3	6	11	⋯	⋯
9	8	7	12	⋯	⋯
16	15	14	13	⋯	⋯
⋯	⋯	⋯	⋯	⋯	⋯

(1) 34 はどのように表されるのかを答えなさい。

(2) $(15, 1)$ で表される数字を求めなさい。

(3) $(1, 9)$ で表される数字を求めなさい。

(4) $(1, a)$ で表される数字を a を用いて表しなさい。

【一】次の文章を読んで、あとの問いに答えなさい。ただし、設問の関係から原文を一部編集してあります。

近代以後の哲学は大きく二つの課題をもっている。一つは人間関係や社会をうまく調整するために必要な思考を考える、もう一つは、個々人がよく生きるための考えを成熟させるということ。そして、前者と後者の考えから取り出されるのは、やはり基本は「自己了解」の鍛錬という点にある。

カントによると、各人が、自己の「道徳」のルール（よし悪しのルール）を自分の理性の力で内的に打ち立てる点に、近代人の「道徳」の本質がある。たしかにそのとおりですが、私はこれにつけ加えて、そのためには、人は、青年期のうちに、それまで形成されてきた「自己ルール」の形をもう一度了解しなおす必要がある、と言いたらだと思います。

I　　、どうしたら自分の「自己ルール」を了解しなおすことができるか、というのがポイントがあります。まず重要なのは言葉が、だまるということです。

われわれは教育で、ふつうに日常で使う言葉以外のさらなる言葉を覚えていくのだけど、自分を理解するのに必要な言葉がたまっているのは、ふつうは高校から大学にかけてです。ショウチョウ的に言えば、それは「批評する言葉」ということです。

中学、高校くらいになると、誰でも、まず親に対して批判的になり、批判の言葉をもちます。お母さんはいつもこうだからとか、自分はそうは思わないとか、お父さんはもっと勉強しろと言うけどとか、と考えるようになる。

子供は、自分をまず親と素朴にイコール（一個）させるのだけど、周りのいろんな人と比較する言葉をもちはじめる。いうならこれは人間の心の「自由」の開始点です。哲学ではこれを「自己意識の自由」と言います。「自己意識」の内側で自分のまわりのいろんなものを批判する。でもまだ言葉が十分に成熟していないこともって子供の「批判」は、単なる不平不満、つまりそれは「気にくわない」です。

しかし大学生くらいになると、「批判」はしだいに「批評」にかわっていく。「私、あの音楽大好きなんだけどヴォリューム·レベルの歌があるからあったんだけど、あー、わかる」だけど、やめてほしいとかはないけど。

「批評」は、単なる「好き嫌いの批判」ではなく、好きともうもの理由が入ってきます。好き嫌いの理由がちゃんと言えるようになると、趣味は「批評」に近づいて文化となりうるから。単に好きだと言うのではなく、趣味の違いがキョウヨウとなるようになる。つまり、趣味自体よりも、美意識をもちあっているかどうかが問題となります。ともあれ、このしだいと大事なのが「批評」があるには「言葉」がたまらないといけない。

友だちどうしで「批評」がしあえる、というのは、二人は、互いに「自己ルール」を交換しあっているということです。「自己ルール」は、その人がその間に身につけてきた「よし悪し」のルール、また「美醜」のルールです。「美醜のルール」は簡単に言って、各人が身につけた美的なセンス、美意識です。自己ロゴスの強い人は美醜のルールが強く形成される傾向がある。

ともあれ、高校くらいまでに、人は、自分の「よし悪し」と「美醜」のルールを形成していくが、「自己意識」が強くなるとしたがって、それらいろんなものを「批判」（趣味判断）するものになる。でも、大事なのは、こういうものを「批評」しあうことで、友だちと自分の「自己ルール」を交換しあって、確かめあって、そうやって
自分のルールを調整しているということです。

われわれは誰でも、自分だけの善悪・美醜の「自己ルール」をもつは感性のメガネとしてかけている。そしてそれは長い時間をかけて形成されたものなので、誰もこのメガネを外すことはできない。

もしもわれわれが、自分の好き嫌い、　II　　趣味判断だけで生きていれば「自己ルール」の形をとっているのか理解することはできない。「批評」をあうことではじめて、人は自分の「良し悪し・美醜」のルールが他人と違うことに気づきます。それを交換することができるのです。

もちろん、他の人もみな自分の「自己ルール」を自分のメガネとしてかける。だから、例えば相手の感受性や美意識が「正しい」とはかぎらない。厳密に言ってすべての人が自分の「メガネ」をかけているので、絶対に正しい「メガネ」とはどこからはないのです。

しかし、われわれ相互の批評を通して、さまざまな人の「自己ルール」と自分の「自己ルール」との偏差をみずから理解しそのりどけはじめと、自分の「自己ルール」の大きな傾向性や問題性を了解することができるわけです。

（竹田青嗣『中学生からの哲学「超」入門』より）

※　カント　…　ドイツの哲学者。あらゆる権威の徹底的な批判を根本精神とする批判哲学を大成し、近代哲学の祖といわれる。

　　ロゴス　…　感覚的・理性的なもの、といったニュアンス。

　　偏差　…　標準となる数値・位置・方向などからのずれ・かたより。

問一　──部①〜⑤の漢字は読みをひらがなで、カタカナは漢字に直して書きなさい。

問二　本文中の　I　・　II　に入る言葉として最も適当なものを次のア〜エから一つずつ選び、その符号を書きなさい。
　ア　たとえば　イ　しかし　ウ　では　エ　つまり

問三　──部a「打ち立てる」の語句の意味として最も適当なものを次のア〜エから一つ選び、その符号を書きなさい。
　ア　しっかり定める　イ　何度も確認する
　ウ　再確認する　エ　前もって相談する

問四　──部b「本質」の熟語の成り立ち（構成）を説明したものとして最も適当なものを、Ⅰ群のア〜エから一つ選び、その符号を書きなさい。また「本質」と同じ成り立ち（構成）の熟語として適当なものを、Ⅱ群のア〜エから一つ選び、その符号を書きなさい。
　Ⅰ群…ア　上の漢字が下の漢字を修飾している。
　　　　イ　上の漢字と下の漢字が反対または対応の意味を持っている。
　　　　ウ　上の漢字と下の漢字が似た意味を持っている。
　　　　エ　下の漢字が上の漢字の目的や対象を示している。
　Ⅱ群…ア　指名　イ　拡大　ウ　干満　エ　絵画

問五　──部c「それ」がさす部分を、本文中から十四字で抜き出して書きなさい。

問六　——部d「批判」は……する「批評」になってゆく」とありますが、「批判」と「批評」の違いを本文中の言葉を使って、二十字以内で書きなさい。（句読点も含む）

問七　次の文は、本文の前半部に即した文章です。 ⬚III ・ ⬚IV に本文中の言葉を使って、文章を完成させなさい。

・人間関係や社会をうまく調整するための智恵を蓄えるとは、個々が人として生きるための考え方の成熟から取り出されるものである。自己ルールを理解しておすには・ ⬚III ことが大切である。「批判」が「批評」へ変化し成長するとき、趣味自体問題ではなくなり、 ⬚IV が問題になる。

問八　——部e「自分の『自己ルール』の大きさや傾向や個性や同質性を了解することができるわけです」とありますが、どうすれば「了解」することができるか、筆者は述べていますが、最も適当なものを次のア～エから一つ選び、その符号を書きなさい。

ア　特定の人と「自己ルール」を交換し、自分の「批判」できる力を高め、親しむことで。

イ　他者との関わりの中で「批判」する力だけを養い「自己ルール」を調整しあうことで。

ウ　さまざまな人と「自己ルール」を交換し、偏りをなくして理解する中で「自己ルール」を調整しあうことで。

エ　自分と他者との関係を構築する中で、相手を「批評」するだけでなく、「批判」する力も養うことで。

【二】次の文章を読んで、あとの問いに答えなさい。ただし、設問の関係から原文を一部編集してあります。

> クラスで一番ならをなりたがりのカシュウ（あだ名）が、重い病気の疑いで入院することになり、転校してしまった。担任の先生から、見舞いに行ってはどうと提案され、「僕」たちは寄せ書きをして持っていくことにした。しかし、日頃カシュウにあまり好意をもっていなかったクラスメイトからは、彼女をからかうようなメッセージは寄せられることはなかった。

病室は六人部屋だった。カシュウのベッドはいちばん奥の窓わ

カシュウはベッドに座って本を読んでいた。病室に入ってきた僕たちに気づいて顔を上げ、ちょっと照れくさそうに頬をゆるめ、笑いかけたけれどもすぐ照れ隠すように、また本に目を戻した。

「岩本さん、みんなを連れてきたわよ」

先生は、学校で僕たちに話しかけるときと同じ口調で、カシュウに言った。その隣で美代子も「ひさしぶり」と隣の前で手を振って笑った。

僕たち男子は、先生の後ろに隠れるような格好になった。前に出て行けなかったうつむいてカシュウのベッドの脚を見つめる。頬の内側を奥歯で噛むとカシュウベが足を合わせながらをして、つま先をたててリノリウムに当たり……カシュウはあ

Aとの指で頬爪をかじっているのかな、また爪を噛むんだな、柄a

かったな、帰りたいな、と思った。

カシュウはは、僕たちの知っているカシュウではなかった。

先だ先生に言われて覚悟していたせいもあるが、思っていたほど痩せてはいなかった。逆に頬がふっくらとして顔せたせいか大きくなったように見えた——いまだしと思っては顔がふっくらていたためかもしれないが、ベッドの上から身を乗り出すようにがっしりとした体つきもそのままだったし、太い眉毛も鼻の下の運毛のかげも以前と変わらない。

だが、カシュウは、六年二組の教室にいた頃とは、どこかが違っていた。

「 ⬚I が薄くなる」というのは、いのいことを指しているのだろうか体のきは変わらないので、普通気が絵の具を水で落としたように薄くなった。浅くなった。ずけすきキツいことを言って女子を泣かす男子と口喧嘩をするときには「ぶっ殺す」と平気で言い放つ、あらっぽいカシュウは違う。

ベッドのせいだろうか、窓からの陽射しがまぶしいせいだろうか、部屋に染みついた②消毒薬のにおいのせいだろうか。点滴のスタンドがベッドの脇に置いてあるせいだろうか、北方の壁に設えた棚に、お菓子が残った袋と、小さなスヌーピーの人形が並んでいるせいだろうか。

重い病気だからというので、僕が勝手に思い込んで、決めつけているから——ではないことだけは、わかる。

付き添らいのおばあさんだったのかもしれない。カシュウは「しまってあるんだから」とそっけなく返し、本のページをめくる。書店のカバーが描いた文庫本だった。僕らはまた本を文庫で読んだりしながら、文庫本はおとなの読むものと思っていたし、同級生で文庫を学校に持ってくる子はいなかった。カシュウはおとなびた。カシュウが、人きり潜っている世界は、僕たちの世界より早く時間が流れて、おとなになって、そして、早くb……。

「あなたもういいわね、入院したから、すこしからだがままにならなくちゃったのよ」

おばあさんは申し訳なさそうに言って、先生に言い言い語をした。両親だけは付き添らいの手が足りないので、おばあさんを手伝っているのだという。静岡に住んでいるおばあさんは、わざわざ病院の近くにアパートを借りて、昼間はほとんど毎日病院に詰めているらしい。

「親とは違うのぐ、い甘やかしちゃうで、よくないと思うんですけどねえ……」

おばあさんは言って、カシュウにまた「ほら、お友だちが来てくれるのよ」

と声をかけ、大きな目を機嫌そうにため、「ちょっと待ってって言ってるじゃん」と返したカシュウは、また文庫本のページをめくる。僕らにはちらりも目を向けない。

間が持てなくなった美代子が、先生に目配せして、肩に掛けていたバッグをおろした。

「岩本さん、クラスのみんなで寄せ書きをしたから……」

色紙を差し出され、カシュウはやっと顔を上げた。文庫本を開いたまま伏せ、サイドテーブルに置き、ちょっとした顔で自分をして、「終わりの会」でクラスメイトが配られるともものように、片手で色紙を受け取った。

僕もわたし足を前に踏み出し、「いつも男子のぶんだから」と色紙をくくるタシュウ出した。

カシュウは、ちらっ、まあにやつでもらうだけ、という感じで、面倒くさそうに二枚の色紙を膝の上に並べた。

励ましの言葉がクラス全員——三十七人から、みんなカシュウの体を心配して早くよくなってほしいと願って、手術が成功することを祈ってる。誰一人として悪口を書いてない。嘘をついてるわけじゃない。だけど、そこに書いた言葉がせいぜいなんだろうかと問い詰められたら、僕はなにも言えなくなる。そう考えると、もう僕は、いろんな言葉で胸を張れなくなってしまう。④サイゲツが、いまはうらめしい。居心地悪そうに、色紙からカシュウからも目をそらしている。

「あらあら、よかったねえ、お友だちがいっぱい書いてくれて」

おばあさんが嬉しそうに言った。僕たちを見て、ニッコリと笑って何度もお辞儀をしてくれる。その上投げ出したカシュウの脚を軽くたたく。

「タカコちゃん、よかったねえ、お友だちがみんな心配してくれてるんだね、がんばって早く良くなってあげないとねえ……」

ああ、カシュウはタカコというのだ。——あらためてそう思うと、胸がきゅうとした。カシュウは六年一組だけのあだ名で、家に帰れば「タカコちゃん」で、この病院でも「カシュウ」なんて呼ぶひとは誰もいない。だからもう、カシュウは僕たちとは別の世界にいて、二つの世界はもう交わることはないのだろうか。

カシュウはじっと色紙を見つめていた。寄せ書きの一つ一つをゆっくりと読んでいる。なにもしゃべらない。顔をうつむけて、向けようとはしない。長い沈黙の時間が流れた。言葉が降り積もるように、うっすらと僕たちの⑤肩にもツカえる沈黙の重さがじわじわとのしかかる。

「タカコちゃん……タカコちゃん、よかったねえ……こんなものもらって……早く良くなって、みんなと遊ばないとねえ……」

おばあさんの声は涙交じりになった。よかったねえ、よかったねえ、と泣きながらカシュウの足をさすりつづける。ベッドのそばのすき間から僕の隣の女子が見えた。棒を呑みこんだように痩せて脚がこわばった。

カシュウは黙ったまま、まだ色紙のメッセージを読んでいる。何度か肩を大きく上下させて深い息をつき、そのたびに頰が少しずつゆるんでいった。

d僕は唇を噛みしめる。色紙をひきさいて破ってしまいたくなる。僕たちが勝手に渡したじゃないか、と悔やんだ。ああ、謝りたい。もう一度書き直したい。手を伸ばせば届く色紙を破ることはできる。だが、体がこわばってしまって、つっ立っているだけで苦しい。

カシュウは最後に一大きな息をついて、僕たちを見た。

「ありがとう」

それだけ言って、一枚重ねた色紙を棚のサイドテーブルに置き、入れ替わりに文庫本を手に取って開いた。

「リハだけ読んだから……」

誰にも訊かれてないのにつぶやいて、一ページめくって、またたく涙が目からこぼれ落ちた。

（重松清『その日のまえに』（文藝春秋）より）

問一 ——部①〜⑤の漢字は読みをひらがなで、カタカナは漢字に直して書きなさい。

問二 ——部a「術から帰りたい、と思った」のはなぜですか。その理由として最も適当なものを次のア〜エから一つ選び、その符号を書きなさい。
ア 入院しているカシュウに対する接し方がわからなかったから。
イ 初めて来た病院の雰囲気が何となく不気味だったから。
ウ カシュウの様子が教室にいた頃と違っていたから。
エ カシュウにした悪事を思い出し、怒鳴られると思ったから。

問三 [I] に入る言葉を漢字一字で書きなさい。

問四 ——部b「……」にあてはまる「僕」の思いを考えて、十五字以内で書きなさい。

問五 ——部c「色紙」の読みをひらがなで二通り書きなさい。（リハの読みを最初に書くこと）また、リハの言葉と同様に、音で読む場合、訓で読む場合を表すものが異なる二字の熟語を一つあげ、その読みをひらがなで二通り書きなさい。

問六 ——部d「僕は……苦しい」での僕の思いを説明した次の文の [II]〜[IV] にあてはまる言葉を考えて、それぞれ漢字で書きなさい。
・クラスメイトの [II] ではなく寄せ書きを [III] に読んでくれているカシュウを見て、みんなのものを渡してしまったことを [IV] している。

問七 「カシュウ」の様子について A・B・C・D の四人で討論した次の会話文の [V]・[VI] にあてはまる言葉を考えて、それぞれ十字以内で書きなさい。
A 「カシュウ」が「僕」だちを無視して文庫本を読んでいたのは、入院前の彼女の様子から考えると [V] からだね。
B そうだね。そんな彼女でも、最後に「涙が目からこぼれ落ちた」とあるから、色紙に感動してくれたじゃないか。
C 私たちのことはおこらない。いままで通りの学校生活を送っているクラスメイトからのメッセージを見て、 [VI] からじゃないかな。
D 僕もそう思うよ。リハの涙は嬉しくて涙じゃないと思うな。

問八 ——部「励ましの言葉がクラス全員」以降の本文中から、比喩表現を用いた一文を四十字以内で探し、最初と最後の五字を書きなさい。（句読点を含む）また、そこに用いられている比喩の種類を、次のア〜カから一つ選び、その符号を書きなさい。
ア 隠喩 イ 直喩 ウ 倒置法 エ 擬音語 オ 体言止め
カ 換人法

【三】次の文章を読んで、あとの問いに答えなさい。ただし、設問の関係から原文を一部編集してあります。

これも昔、田舎の児の比叡の山へ登りたりけるが、桜のめでたく咲きたりけるに、風のはげしく吹きけるを見て、この児さめざめと泣きけるを見て、僧のやはら寄りて、「などかうは泣かせ給ふぞ。此の花の散るを惜しう覚えさせ給ふか。桜ははかなき物にて、かく程なくうつろひ候ふなり。されども、さのみぞ候ふ」と慰めければ、「桜の散らむは、あながちにいかがせん、苦しからず。我が父の作りたる麦の花の散りて、実の入らざらん思ふがわびしき」といひて、さくりあげて、よよと泣きければ、うたてしやな。

（日本古典文学大系『宇治拾遺物語』より）

問一 ——部①・③を現代仮名遣いに直して、すべてひらがなで書きなさい。

問二 ——部a〜dの「の」の中で、文法の意味・用法が他と異なるものを一つ選び、その符号を書きなさい。

問三 「僧」は「児」が泣いている理由をどのように推測しましたか。それを説明した次の文の ┃ Ⅰ ┃・┃ Ⅱ ┃ にあてはまる言葉を、┃ Ⅰ ┃ は本文中から漢字一字で抜き出し、┃ Ⅱ ┃ は現代語でそれぞれ書きなさい。

・┃ Ⅰ ┃ が散るのを ┃ Ⅱ ┃ 思ったと推測した。

問四 実際に「児」が泣いていたのはどのような理由でしたか。三十字以内で書きなさい。（句読点も含む）

問五 ——部②は、話の流れからどのような意味だと考えられますか。最も適当なものを、次のア〜エから一つ選び、その符号を書きなさい。

ア かわいくおもわれる話だ　　イ ぞっとさせられる話だ
ウ 同情させられる話だ　　　　エ がっかりさせられる話だ

（解答は別冊 73 ページ）

【1】呼吸と光合成について調べるため，次の実験を行った。あとの問いに答えなさい。

【実験】

① ビーカーに青色の BTB 溶液を入れ，ストローで息を吹き込んで，BTB 溶液の色を緑色（中性）にした。

② 4本の試験管 A～D に，①でつくった溶液を同量入れ，試験管 A，B には暗室に一昼夜置いたオオカナダモを入れ，試験管 C，D にはオオカナダモを入れずに，それぞれゴム栓をした。

③ 試験管 B，D には光が入らないようにアルミニウムはくで包んだ。

④ 4本の試験管を日当たりのよい窓際に置き，十分に光を当て，2時間後に試験管の BTB 溶液の色の変化を調べた。その結果，試験管 A，B では色の変化が見られたが，試験管 C，D では色の変化は見られなかった。

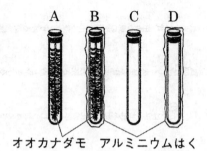

オオカナダモ　アルミニウムはく

（1）オオカナダモの葉の細胞には見られるが，動物の細胞に見られないのは何か，次の**ア～オ**からすべて選び，その符号を書きなさい。

　ア　細胞壁　　　**イ**　核　　　　**ウ**　葉緑体　　　**エ**　細胞膜　　　**オ**　細胞質

（2）オオカナダモを入れなかった試験管 C，D の実験は，どのようなことを確かめるために行ったか，書きなさい。

（3）試験管 A，B の BTB 溶液はそれぞれ何色に変化したか，最も適当なものを，次の**ア～エ**から1つずつ選び，その符号を書きなさい。

　ア　赤色　　　　　**イ**　黄色　　　　　**ウ**　白色　　　　　**エ**　青色

（4）試験管 A，B それぞれのオオカナダモについて述べた文として最も適当なものを，次の**ア～エ**から1つずつ選び，その符号を書きなさい。

　ア　呼吸は行っていたが，光合成は行っていなかった。
　イ　光合成は行っていたが，呼吸は行っていなかった。
　ウ　呼吸と光合成のどちらも行っていなかった。
　エ　呼吸と光合成のどちらも行っていた。

（5）くもりの日に，同じ実験を行ったところ，試験管 A の BTB 溶液は，2時間放置しても緑色のままだった。その理由を「光合成」と「呼吸」という語句を用いて書きなさい。

【2】だ液のはたらきについて調べるため，次の実験を行った。あとの問いに答えなさい。

【実験】
① 4本の試験管A〜Dに，それぞれうすいデンプンの液を 5cm³ ずつ入れた。
② 試験管A，Cには水でうすめただ液を，試験管B，Dには水をそれぞれ 2cm³ 加えた。
③ 図1のように，試験管A，Bを約40℃の湯が入ったビーカーに，試験管C，Dを約0℃の氷水が入ったビーカーに，10分間おいた。
④ その後，それぞれの試験管を半分ずつに分け，一方にはヨウ素液を，他方には<u>ベネジクト液を加え，色の変化を調べた</u>。下の表は，そのときの色の変化を表している。

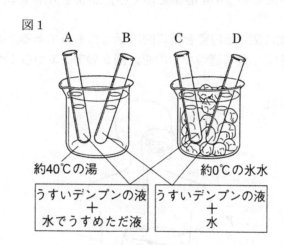

図1

	試験管A	試験管B	試験管C	試験管D
ヨウ素液を加える	変化なし	変化あり	変化あり	変化あり
ベネジクト液を加える	変化あり	変化なし	変化なし	変化なし

（1）次の文は，下線部のベネジクト液の色の変化を見るために行う実験方法である。文中の(X)〜(Z)にあてはまる語句を答えなさい。

> ベネジクト液の色の変化を見るために，ベネジクト液と(X)石を入れて(Y)する。(X)石を入れるのは(Z)を防ぐためである。

（2）次のⅠ，Ⅱから，だ液のはたらきでわかることとして最も適当なものを，あとのア〜エから1つずつ選び，その符号を書きなさい。

Ⅰ ヨウ素液を加えた，試験管A，Bの結果
Ⅱ ベネジクト液を加えた，試験管A，Bの結果

ア 麦芽糖などが生成された。
イ 麦芽糖などが分解された。
ウ デンプンが生成された。
エ デンプンが分解された。

（3）実験結果から，温度とだ液のはたらきの関係についてどのようなことがいえるか，書きなさい。

（4）だ液に含まれる消化酵素を何というか，答えなさい。

（5）食物の消化について述べた文として，**誤っているもの**を，次の**ア〜エ**から1つ選び，その符号を書きなさい。

    ア　胃液は，ペプシンという消化酵素をふくみ，タンパク質を分解する。
    イ　胆汁は，数種類の消化酵素をふくみ，脂肪の分解を助けるはたらきがある。
    ウ　すい液は，トリプシンという消化酵素をふくみ，タンパク質を分解する。
    エ　すい液は，リパーゼという消化酵素をふくみ，脂肪を分解する。

（6）図2は，ヒトの消化に関する器官を模式的に示したものである。消化されてできた栄養分の多くが吸収される器官として最も適当なものを，図2の**ア〜エ**から1つ選び，その符号を書きなさい。

図2

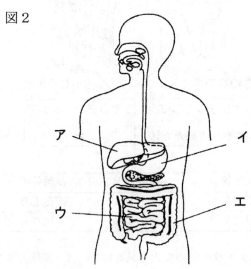

【3】以下の会話文は，先生と生徒が写真の2つの活火山を比べて，噴火のようすや火山の形の違いについて話している内容である。あとの問いに答えなさい。

噴火中

噴火後

火山 X

火山 Y

新興出版社啓林館「未来へひろがるサイエンス1」(2020年)より

先生：火山の形は何によって決まっていると思いますか。

生徒：火山が噴火したときのようすの違いから考えると，火山の内部にあるマグマの性質に何か違いがあると思います。

先生：噴火のようすの写真を見ると，火山Xの溶岩は流れていますが，火山Yの溶岩は山頂付近にたまっているように見えますね。

生徒：マグマのねばりけの違いから，溶岩の流れ方にも違いが見られるのでしょうか。

先生：それでは，小麦粉と水の混合物を用いて実験で確かめてみましょう。

【実験】

① 小麦粉と水を，以下の割合でそれぞれポリエチレンの袋に入れて，混合物をつくった。

　袋A：小麦粉 100g＋水 100g

　袋B：小麦粉 80g＋水 100g

② 図1のように，板の中央に穴をあけ，板の下から袋Aの口を通してテープで固定し，三脚の上にのせた。ゆっくりとポリエチレンの袋を押し，混合物を板の上に押し出した。袋Bも同じように押し出した。図2は袋A，図3は袋Bの結果を表している。

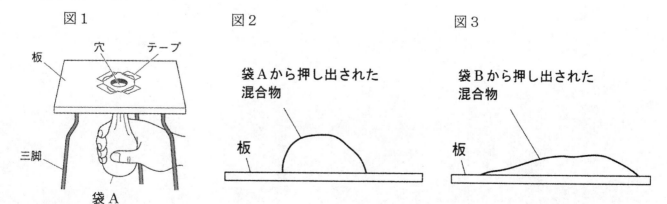

図1

板
穴　テープ
三脚
袋A

図2

袋Aから押し出された
混合物

板

図3

袋Bから押し出された
混合物

板

先生：図2，3を見比べると，混合物の盛り上がり方に違いが見られますね。

生徒：はい。袋Bの方が火山（　　　　　）を表したモデルだと分かります。

先生：そうですね。この実験から，火山の形はマグマのねばりけで決まると分かりますね。

（1）【実験】の①で袋Aと袋Bで小麦粉の量を変えたのは，どのようなことを再現しようとしたためか，答えなさい。

（2）文章中の（　　　　　）にはXとYのどちらがあてはまるか，答えなさい。

（3）火山Xの噴火の特徴を表すものとして最も適当なものを，次のア〜エから1つ選び，その符号を書きなさい。

	火山灰の色	噴火のようす
ア	白っぽい	激しい
イ	白っぽい	おだやか
ウ	黒っぽい	激しい
エ	黒っぽい	おだやか

（4）火山Yのような形をもつ火山の例として最も適当なものを，次のア〜エから1つ選び，その符号を書きなさい。

ア　桜島　　　　　イ　三原山　　　　　ウ　富士山　　　　　エ　昭和新山

（5）火山Yのように，火山の噴火にともなって火山灰が高速で山の斜面を流れ下る現象を何というか，答えなさい。

【4】図のような装置をつくり、雲の発生について調べる実験を行った。あとの問いに答えなさい。

【実験】
　フラスコに<u>少量の水</u>と線香の煙を入れ、注射器のピストンを押したり引いたりした。ピストンを引いたときにフラスコの中が白くくもり、ピストンを押すとくもりは消えた。

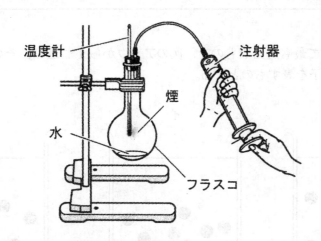

温度計　　注射器
煙
水
フラスコ

（1）下線部について、フラスコの中に少量の水を入れるのはなぜか、その理由を書きなさい。

（2）フラスコの中が白くくもったときの温度を何というか、答えなさい。

（3）ピストンを引くと白くくもったのは、フラスコの中の水蒸気が何に変化したからか、答えなさい。

（4）（3）の変化が起こったのはなぜか、最も適当なものを、次の**ア～エ**から1つ選び、その符号を書きなさい。

　　ア　フラスコの中にある空気の体積が大きくなり、温度が下がったから。
　　イ　フラスコの中にある空気の体積が小さくなり、温度が下がったから。
　　ウ　フラスコの中にある空気の体積が大きくなり、温度が上がったから。
　　エ　フラスコの中にある空気の体積が小さくなり、温度が上がったから。

（5）ピストンを引いたときの空気の変化に最も近い変化が起きるのは、「上昇気流」と「下降気流」のどちらがあるところか、答えなさい。

（6）この実験で起こった現象とほぼ同じ理由で説明できる現象はどれか、最も適当なものを、次の**ア～エ**から1つ選び、その符号を書きなさい。

　　ア　眼鏡をしてお風呂に入ると、眼鏡がくもった。
　　イ　炭酸飲料が入っているペットボトルのフタを開けると、液面付近に白いもやがただよった。
　　ウ　ヤカンでお湯を沸かすと、ヤカンの口から湯気が出ているのが見えた。
　　エ　寒いとき、ストーブで室内を暖めると、窓ガラスの内側に水滴がついた。

【5】砂糖水について，以下の問いに答えなさい。

（1）次の文の（X）～（Z）にあてはまる語句を答えなさい。

> 　砂糖を水に溶かすと砂糖水ができる。砂糖のように水に溶けている物質を（X）といい，水のように（X）を溶かしている液体を（Y）という。また，（X）が（Y）に溶けた液を（Z）という。

（2）砂糖水のモデルとして最も適当なものを，次の**ア～ウ**から１つ選び，その符号を書きなさい。ただし，●は砂糖の粒子を表すものとする。

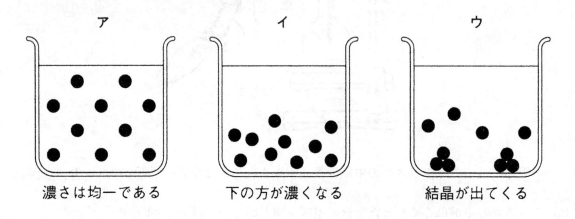

ア　濃さは均一である　　　イ　下の方が濃くなる　　　ウ　結晶が出てくる

（3）水 270g に砂糖が 30g 溶けた砂糖水の質量パーセント濃度は何%か，答えなさい。

（4）（3）の砂糖水の質量パーセント濃度を 5%にするためには，水を何 g 加えればよいか，答えなさい。

【6】酸やアルカリに関する実験を行った。あとの問いに答えなさい。

【実験1】
　うすい塩酸とうすい水酸化ナトリウム水溶液を用意し、フェノールフタレイン溶液、リトマス紙を使って、それぞれの水溶液の性質を調べ、下の表のようにまとめた。

	うすい塩酸	うすい水酸化ナトリウム水溶液
無色のフェノールフタレイン溶液を加えた時の色の変化	変化しなかった	X
赤色リトマス紙の色の変化	Y	青色になった
青色リトマス紙の色の変化	赤色になった	変化しなかった

【実験2】
　うすい塩酸 4cm³ をビーカーに入れ、BTB 溶液を数滴加えた。次に、こまごめピペットを用いて塩酸と同じ濃度の水酸化ナトリウム水溶液を少しずつビーカーの中に加えていき、加えた体積とビーカー内の水溶液の色の変化を観察すると、4cm³ 加えたところで中和が完了した。その後、水酸化ナトリウム水溶液を色の変化がなくなるまで加え続けた。

（1）【実験1】について、表の $\boxed{\quad X \quad}$, $\boxed{\quad Y \quad}$ にあてはまるものとして最も適当なものを、次のア〜オから1つずつ選び、その符号をそれぞれ書きなさい。

　　ア　変化しなかった
　　イ　黄色になった
　　ウ　緑色になった
　　エ　青色になった
　　オ　赤色になった

（2）【実験1】について、青色リトマス紙を赤色に変化させたイオンを何というか、その名称を答えなさい。

（3）【実験2】について、水酸化ナトリウム水溶液を加え始めてから加え終わるまでの pH の変化として最も適当なものはどれか、次のア〜ウから1つ選び、その符号を書きなさい。

　　ア　大きくなる
　　イ　変わらない
　　ウ　小さくなる

（4）【実験2】について、ビーカーでは水溶液の温度が上昇していた。この理由を説明した次の文の（　　　）にあてはまる語句を、漢字2字で答えなさい。

　　　酸とアルカリが中和する化学反応は、（　　　）反応であるため。

（5）【実験2】について，加えた水酸化ナトリウム水溶液の体積と，ビーカー内の水溶液に含まれ
ている水酸化物イオンの数との関係をグラフに表したものとして最も適当なものはどれか，次の
ア～ウから1つ選び，その符号を書きなさい。

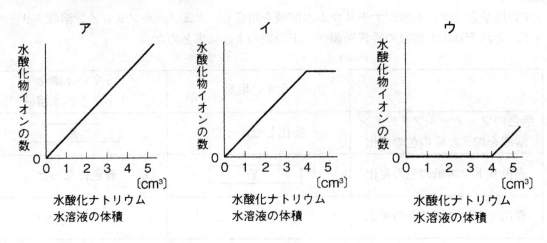

【7】表は太郎さんの家の電気器具の消費電力である。太郎さんの家
では，電力会社との契約から，100Vの電圧で合計20Aまでの電
流しか同時に使用できない。以下の問いに答えなさい。

電気器具	消費電力[W]
電子レンジ	1,500
電気ケトル	1,300
ドライヤー	1,200
エアコン	700
加湿器	160

（1）家の中の電気配線は並列回路になっている。並列回路の特徴
として適当なものを，次のア～エから2つ選び，その符号を書
きなさい。

　ア　各電気器具に流れる電流が等しい。
　イ　各電気器具に流れる電流の和が，全体を流れる電流に等しい。
　ウ　各電気器具に加わる電圧が等しい。
　エ　各電気器具に加わる電圧の和が，全体に加わる電圧に等しい。

（2）電気ケトルを使ったときに流れる電流は何Aか，答えなさい。

（3）ドライヤーと同時に使用できる電気器具として適当なものを，次のア～エからすべて選び，そ
の符号を書きなさい。

　ア　電子レンジ　　　　　イ　電気ケトル　　　　ウ　エアコン　　　　エ　加湿器

（4）ドライヤーを10分間使ったときに消費する電力量は何kJか，答えなさい。

（5）図のように，延長コードを使って1つのコンセントに複数の
電気器具をつなぐことを「たこ足配線」という。次の文は，「た
こ足配線」の危険性について説明した文である。文中の(X)～
(Z)にあてはまる語句を，あとのア，イからそれぞれ1つずつ選
び，その符号を書きなさい。

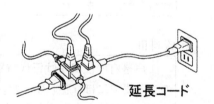
延長コード

　　延長コードの電気配線は並列回路になっていて，消費電力が大きくなるほど，回路全体では，(X)が
(Y)なり，発熱量が(Z)なる。そのため，容量をこえて使用すると発火し，火災の原因となる恐れがある。

　（X）　　ア　電圧　　　　　イ　電流
　（Y）　　ア　大きく　　　　イ　小さく
　（Z）　　ア　大きく　　　　イ　小さく

【1】　次の資料Ⅰ～Ⅳは，歴史の授業で生徒が異なる時代の政治の仕組みについて調べ，まとめを書いたものです。あとの問いに答えなさい。

資料Ⅰ

　唐の制度にならい，わが国のきまりや制度をつくる動きは，701 年大宝律令として完成しました。律は［　A　］について，令は［　B　］についての定めであり，これによってわが国は法に基づいて政治を行う律令国家となりました。これに基づき神々のまつりを受けもつ神祇官と，国の政治を担当する［　C　］が置かれました。

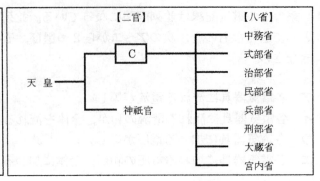

資料Ⅱ

　源頼朝は，1185 年に国ごとに軍事・警察を担当する［　D　］，荘園や公領ごとに現地を管理する［　E　］の設置を朝廷に認めさせました。頼朝は 1192 年に征夷大将軍に任命されると，役所などの政治の仕組みを整備しました。頼朝の死後に，北条氏は将軍を補佐する［　F　］として幕府の政治を動かしました。

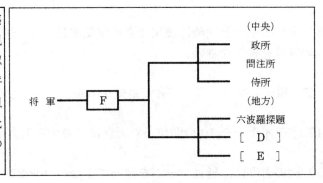

資料Ⅲ

　江戸幕府の仕組みは三代将軍［　G　］のころまでにほぼ整いました。幕府の政治は，将軍が任命した［　H　］が行い，若年寄が補佐しました。ほかにも，寺社奉行・町奉行・勘定奉行など多くの役職がおかれました。幕府の重要な役職には譜代大名や旗本が任命されました。

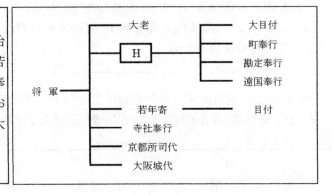

資料Ⅳ

　1885 年に内閣制度を作り［　Ⅰ　］が初代の内閣総理大臣になりました。1889 年 2 月 11 日，大日本帝国憲法が発布され，憲法では天皇を国の元首とし，各大臣の輔弼（助言）と責任によって統治を行うと定めました。また，帝国議会では衆議院と［　J　］の二院が置かれ法律を定める権限があたえられました。

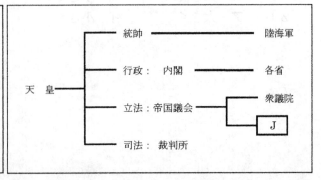

問1　資料Ⅰの空欄 A，B にあてはまる語句の組み合わせとして最も適当なものを，次の**ア**～**エ**から 1 つ選び，その符号を書きなさい。

ア　A：刑罰のきまり　B：役人の心構え　　**イ**　A：刑罰のきまり　B：政治の仕組み
ウ　A：政治の仕組み　B：刑罰のきまり　　**エ**　A：政治の仕組み　B：役人の心構え

問2　資料Ⅰの空欄 C にあてはまる語句は何か，書きなさい。

問3　資料Ⅱの空欄 D，E にあてはまる語句の組み合わせとして最も適当なものを，次の**ア**～**エ**から 1 つ選び，その符号を書きなさい。

ア　D：国司　　E：地頭　　　**イ**　D：国司　　E：名主
ウ　D：守護　　E：地頭　　　**エ**　D：守護　　E：名主

問4　資料Ⅱの空欄 F にあてはまる語句は何か，書きなさい。

問5　資料Ⅱの「六波羅探題」は幕府設立当初には設置されておらず，1221 年に設置された。幕府が六波羅探題を設置したねらいを説明しなさい。

問6　資料Ⅱの時代にみられたできごとについて，次の文 X～Z の正誤の組み合わせとして最も適当なものを，下の**ア**～**ク**の中から 1 つ選び，その符号を書きなさい。

X　地中海を中心に広大な地域を支配したローマ帝国が成立した。
Y　フビライ＝ハンに仕えたイタリア人のマルコ・ポーロが『世界の記述(東方見聞録)』の中で「黄金の国ジパング」を紹介した。
Z　ローマ教皇が免罪符を売り出すと，これを批判したルターやカルバンが宗教改革を始めた。

ア　X：正しい　Y：正しい　Z：正しい　　**イ**　X：正しい　Y：正しい　Z：誤り
ウ　X：正しい　Y：誤り　Z：正しい　　**エ**　X：正しい　Y：誤り　Z：誤り
オ　X：誤り　Y：正しい　Z：正しい　　**カ**　X：誤り　Y：正しい　Z：誤り
キ　X：誤り　Y：誤り　Z：正しい　　**ク**　X：誤り　Y：誤り　Z：誤り

問7　資料Ⅲの空欄 G にあてはまる人物として最も適当なものを，次の**ア**～**エ**から 1 つ選び，その符号を書きなさい。

ア　徳川家康　　　**イ**　徳川家光　　　**ウ**　徳川吉宗　　　**エ**　徳川慶喜

問8　資料Ⅲの空欄 H にあてはまる語句は何か，書きなさい。

問9　資料Ⅲについて，この時代に制作されたものとして最も適切なものを，次の**ア～エ**から
　　１つ選び，その符号を書きなさい。

ア

イ
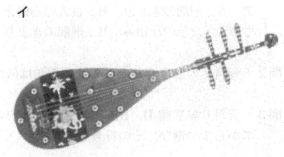

写真出典：正倉院正倉

ウ

エ

出典：国立文化財機構所蔵品統合検索システム

問10　資料Ⅳの空欄Ⅰにあてはまる人物として最も適当なものを，次の**ア～エ**から１つ選び，
　　その符号を書きなさい。

　　ア　板垣退助　　　　**イ**　大隈重信　　　　**ウ**　大久保利通　　　**エ**　伊藤博文

問11　資料Ⅳの大日本帝国憲法の内容として最も適当なものを，次の**ア～エ**から１つ選び，そ
　　の符号を書きなさい。

　　ア　天皇は，国と国民統合の象徴とした。
　　イ　内閣が国会に責任を負う議院内閣制を導入した。
　　ウ　国民の権利は，法律の範囲内で保障した。
　　エ　国家として，国際紛争を解決する手段としての戦争を放棄した。

問12　資料Ⅳの空欄Ｊにあてはまる語句として最も適当なものを，次の**ア～エ**から１つ選び，
　　その符号を書きなさい。

　　ア　貴族院　　　　**イ**　参議院　　　　**ウ**　枢密院　　　　**エ**　正院

【2】　次の資料を見て、あとの問いに答えなさい。

年　代	ヨーロッパでのできごと	アジアでのできごと
17世紀	イギリスでA市民革命が起こる。	インドがイスラム教徒により統一される。
18世紀	フランス革命が起こり、B人権宣言を発表する。イギリスでC産業革命が起こる。	イギリスがインドとの貿易をひろげる。
19世紀	アメリカで[a]戦争が起こる。	イギリスがDインドを植民地とし、中国に進出する。

問1　下線部Aについて、**適当でないもの**を、次の**ア～エ**から１つ選び、その符号を書きなさい。

　　ア　クロムウェルが議会派の中心となり革命を起こした。
　　イ　「国王といえども神と法の下にある」という伝統を守らない国王を議会が追放した。
　　ウ　「(国王は)君臨すれども統治せず」という立憲君主制と議会政治を始めた。
　　エ　議会は「代表なくして課税なし」として国王を追放した。

問2　下線部Bについて、下の文中の空欄Xにあてはまる語句を書きなさい。

人権宣言(部分要約)
第1条　人間は生まれながらに［　X　］で平等である。
第4条　「　X　」とは、他人に害をあたえないかぎり、すべてのことを行えることである。

問3　18世紀の下線部Cで実用化された動力(源)として最も適当なものを、次の**ア～エ**から１つ選び、その符号を書きなさい。

　　ア　石油　　　　　イ　原子力　　　　　ウ　蒸気機関　　　　　エ　水車

問4　空欄aにあてはまる語句は何か、書きなさい。

問5　下線部Dで、次の資料は三角貿易でのアヘン・綿織物・茶や絹の流れを示している。アヘンの流れにあたるものとして最も適当なものを、下の**ア～ウ**から１つ選び、その符号を書きなさい。

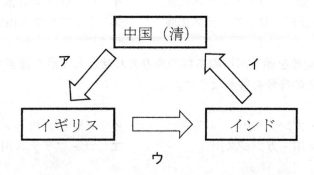

【3】　次の地図をみて，あとの問いに答えなさい。

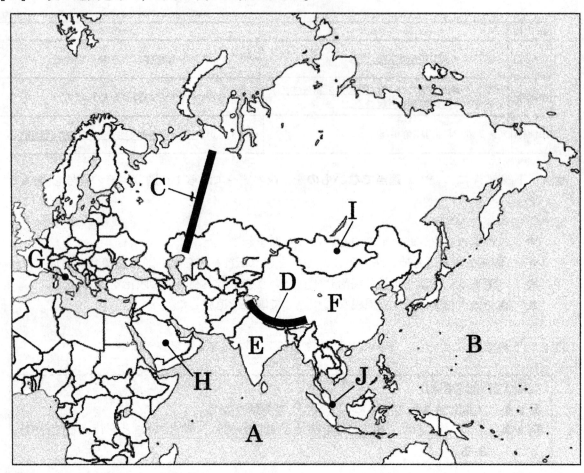

問1　地図中の A，B の海洋の名称の組み合わせとして最も適当なものを，次のア～エから1つ選び，その符号を書きなさい。

ア　A：カスピ海　　　B：大西洋　　　イ　A：カスピ海　　　B：太平洋
ウ　A：インド洋　　　B：大西洋　　　エ　A：インド洋　　　B：太平洋

問2　地図中の C，D の山脈の名称の組み合わせとして最も適当なものを，次のア～エから1つ選び，その符号を書きなさい。

ア　C：ウラル山脈　　D：アンデス山脈　　イ　C：ウラル山脈　　D：ヒマラヤ山脈
ウ　C：アルプス山脈　D：アンデス山脈　　エ　C：アルプス山脈　D：ヒマラヤ山脈

問3　地図中の E の地域を通る河川の名称の組み合わせとして最も適当なものを，次のア～エから1つ選び，その符号を書きなさい。

ア　インダス川・ガンジス川　　　　　イ　インダス川・メコン川
ウ　ユーフラテス川・ガンジス川　　　エ　ユーフラテス川・メコン川

問4　地図中の F の国について述べた文として最も適当なものを，次のア〜エから 1 つ選び，その符号を書きなさい。

　　ア　先住民が，木の実などの採集や焼畑農業などの自給的な生活をしている。
　　イ　原油や天然ガス，レアメタルなどの鉱産資源に恵まれた国である。
　　ウ　長年おこなわれてきた 1 人っ子政策の結果，少子高齢化が進んでいる。
　　エ　高温で乾燥する夏には，オリーブやオレンジなどの果樹を栽培している。

問5　次のア〜エの雨温図は，地図中の G〜J 地点のいずれかのものである。H 地点の雨温図として最も適当なものを，下のア〜エから 1 つ選び，その符号を書きなさい。

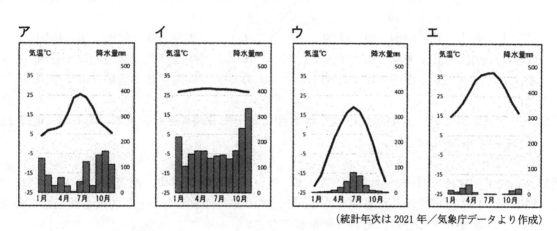

（統計年次は 2021 年／気象庁データより作成）

問6　次の資料は，それぞれインドネシア，フィリピン，タイの主な宗教人口比を示したものである。空欄 X にあてはまる宗教として最も適当なものを，下のア〜エから 1 つ選び，その符号を書きなさい。

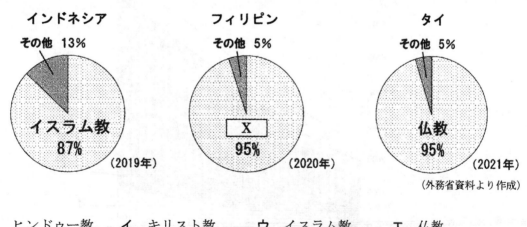

（外務省資料より作成）

　　ア　ヒンドゥー教　　イ　キリスト教　　ウ　イスラム教　　エ　仏教

金沢大学附属学院

問7　次のⅠ～Ⅲは，中国，香港，韓国から日本への主な輸出品とその割合を示したものである。Ⅰ～Ⅲにあてはまる国・地域名の組み合わせとして最も適当なものを，下の**ア～カ**から1つ選び，その符号を書きなさい。

	輸出額 （百億円）	日本への主な輸出品 ※（）内はその割合（%）
Ⅰ	1,845	機械類（46.6），衣類（10.5），金属製品（3.3），せんい品（2.8）
Ⅱ	20	機械類（5.5），ダイヤモンド（4.0），精密機械（2.7），金（2.3）
Ⅲ	315	機械類（30.0），石油製品（10.7），鉄鋼（10.4），有機化合物（4.4）

（統計年次は2017年/財務省「貿易統計」より作成）

ア　Ⅰ：香港　Ⅱ：中国　Ⅲ：韓国　　　　**イ**　Ⅰ：香港　Ⅱ：韓国　Ⅲ：中国
ウ　Ⅰ：中国　Ⅱ：香港　Ⅲ：韓国　　　　**エ**　Ⅰ：中国　Ⅱ：韓国　Ⅲ：香港
オ　Ⅰ：韓国　Ⅱ：中国　Ⅲ：香港　　　　**カ**　Ⅰ：韓国　Ⅱ：香港　Ⅲ：中国

問8　イラクのバグダッド（東経45度）が1月1日午前9時のとき，日本の明石市（東経135度）の日時を答えなさい。

問9　次の**ア～オ**は，ヨーロッパ，アフリカ，アジア，北アメリカ，南アメリカのいずれかの地域別人口の推移を示したものである。アジアにあてはまるものとして最も適当なものを，下の**ア～オ**から1つ選び，その符号を書きなさい。

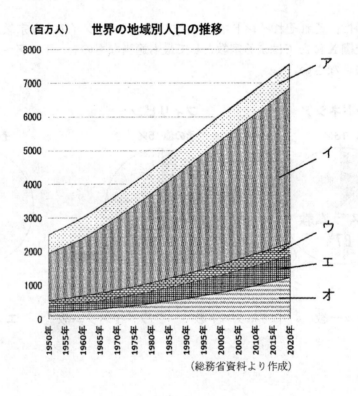

（百万人）　　世界の地域別人口の推移

（総務省資料より作成）

【4】　次の地図をみて，あとの問いに答えなさい。

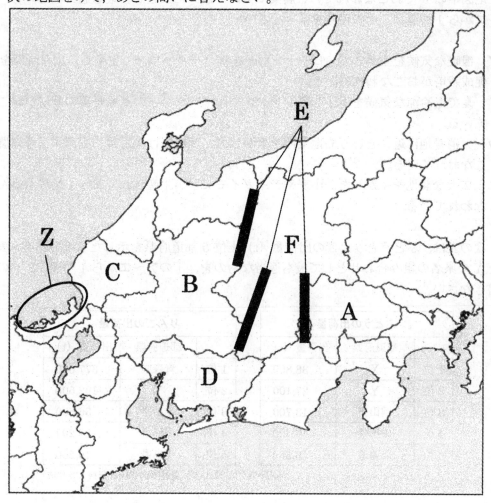

問1　地図中のAの県の県庁所在地，Bの県名を書きなさい。

問2　地図中のC，Dの地域について述べた文Ⅰ，Ⅱの正誤の組み合わせとして最も適当なものを，次の**ア～エ**から1つ選び，その符号を書きなさい。

Ⅰ：Cの地域は，農家の内職から始まった眼鏡枠（フレーム）作りが盛んである。
Ⅱ：Dの地域は，オートバイや，ピアノなどの楽器の生産が盛んである。

ア　Ⅰ：正しい　　Ⅱ：正しい　　　**イ**　Ⅰ：正しい　　Ⅱ：誤り
ウ　Ⅰ：誤り　　Ⅱ：正しい　　　**エ**　Ⅰ：誤り　　Ⅱ：誤り

問3　地図中のEは，「日本アルプス」とよばれる3つの山脈である。それぞれの山脈の名称の組み合わせとして最も適当なものを，次の**ア～エ**から1つ選び，その符号を書きなさい。

ア　日高山脈・越後山脈・奥羽山脈　　　**イ**　日高山脈・木曽山脈・奥羽山脈
ウ　飛驒山脈・越後山脈・赤石山脈　　　**エ**　飛驒山脈・木曽山脈・赤石山脈

問4　地図中の F でおこなわれている農業について述べた文として最も適当なものを，次の**ア**〜**エ**から１つ選び，その符号を書きなさい。

　　ア　温暖な気候を生かして，ピーマンなどをビニールハウスで生産し，出荷時期を早める促成栽培がおこなわれている。
　　イ　夏でも冷涼な気候を生かして，レタスやキャベツなどの高原野菜の栽培がおこなわれている。
　　ウ　大消費地に近いという立地条件を生かして，都市向けに野菜を出荷する近郊農業がおこなわれている。
　　エ　広大な農地を生かした，小麦やジャガイモなどが生産されており，酪農も盛んにおこなわれている。

問5　次の表は，ぶどうとりんごの出荷量（t）上位５都道府県を示したものである。表中の X と Y の県名の組み合わせとして最も適当なものを，下の**ア**〜**エ**から１つ選び，その符号を書きなさい。

ぶどうの出荷量		
	都道府県	出荷量（t）
1位	X	38,800
2位	Y	27,100
3位	岡山県	13,700
4位	山形県	13,200
5位	北海道	6,580

りんごの出荷量		
	都道府県	出荷量（t）
1位	青森県	377,000
2位	Y	102,500
3位	岩手県	36,500
4位	山形県	28,200
5位	福島県	16,200

（統計年次は 2021 年／農林水産省統計資料より作成）

　　ア　X：山梨県　　Y：長野県　　　　　　**イ**　X：山梨県　　Y：新潟県
　　ウ　X：静岡県　　Y：長野県　　　　　　**エ**　X：静岡県　　Y：新潟県

問6　地図中の Z のように，小さな岬と湾が入り組んだ海岸の名称を何というか，書きなさい。

問7　日本海側は冬に降水量が多いという特徴をもつ。その理由を，次の語句を使って説明しなさい。

　　【　季節風　　山地　】

【5】 あとの問いに答えなさい。

問1　次の文章は立憲主義に関するものである。空欄Aにあてはまる国名を書きなさい。

> 　多くの国では，国家権力は，戦争・人権侵害・独裁を繰り返し，人々を苦しめてきた。そうした過ちを繰り返さないように，戦争や軍隊をコントロールしたり，戦争・人権侵害・独裁などを禁止したりするルール（憲法）を作り，国家権力の濫用を防ぐ考え方が生まれてきた。これを立憲主義という。
> 　立憲主義に基づく憲法を最初に発展させた　A　は，憲法をまとまった法典にしなかった（不文憲法）。これに対し1788年発効のアメリカ合衆国憲法やフランスの1791年憲法は，体系的な法典にまとめた（成文憲法）。

問2　次の文章があらわしているものとして最も適当なものを，下のア～エから1つ選び，その符号を書きなさい。

> 　1951年に日本とアメリカで結ばれ，1960年に改定された。これによって，日本の領域が他の国から攻撃された場合に，アメリカと日本が共同して日本を防衛することを定めている。そのため日本は，日本とその周辺において，日本の法律の範囲内でアメリカ軍と協力することと，日本の国土にアメリカ軍が駐留することを認めている。

　　ア　サンフランシスコ平和条約　　　イ　テロ対策特別措置法
　　ウ　イラク復興支援特別措置法　　　エ　日米安全保障条約

問3　次のⅠ～Ⅲのできごとは，日本の防衛や自衛隊に関するものである。Ⅰ～Ⅲを年代の古い順に並べかえたものとして最も適当なものを，下のア～カから1つ選び，その符号を書きなさい。

　　Ⅰ　防衛庁が防衛省に昇格した。
　　Ⅱ　PKO協力法が成立し，自衛隊がカンボジアに派遣された。
　　Ⅲ　政府は憲法解釈を見直し，集団的自衛権の行使を容認する閣議決定をおこなった。

　　ア　Ⅰ→Ⅱ→Ⅲ　　　　　イ　Ⅰ→Ⅲ→Ⅱ　　　　　ウ　Ⅱ→Ⅰ→Ⅲ
　　エ　Ⅱ→Ⅲ→Ⅰ　　　　　オ　Ⅲ→Ⅰ→Ⅱ　　　　　カ　Ⅲ→Ⅱ→Ⅰ

問4　2018年6月，国会で民法が改正され，2022年4月から成年年齢が20歳から18歳に引き下げられた。18歳（成年）になったらできることとして適当でないものを，次のア～エから1つ選び，その符号を書きなさい。

　　ア　携帯電話の契約など，親の同意を得ずに契約をする。
　　イ　大型・中型自動車運転免許を取得する。
　　ウ　10年有効のパスポートを取得する。
　　エ　結婚をする。

問5　国会の主な仕事として**適当でないもの**を，次のア〜エから1つ選び，その符号を書きなさい。

　　　ア　外交関係の処理　　イ　法律案の議決　　ウ　予算の議決　　エ　弾劾裁判所の設置

問6　人種，民族，宗教，国籍，性別などをおとしめたり，それらへの差別をあおったりする表現のことを何というか，書きなさい。

問7　次の文章は1922年に採択された宣言であり，日本初の人権宣言といわれている。空欄Bにあてはまる語句として最も適当なものを，下のア〜エから1つ選び，その符号を書きなさい。

> 　吾々（われわれ）は，かならず卑屈（ひくつ）なる言葉と怯懦（きょうだ）なる行為（こう）によつて，祖先（そせん）を辱（はずか）しめ，人間を冒瀆（ぼうとく）してはならぬ。そうして人の世の冷たさが，何（ど）んなに冷たいか，人間を勸（いたわ）ることが何（な）んであるかをよく知つてゐ（い）る吾々は，心から人生の熱と光を願求礼讃（がんぐらいさん）するものである。
> 　　B　は，かくして生（う）れた。
> 　人の世に熱あれ，人間に光あれ。
>
> 　　　　　　　　　　　　　　　　　　　　　　　大正11年3月3日
> 　　　　　　　　　　　　　　　　　　　　　　　　全国　B

　　　ア　立志社　　　　イ　青鞜社　　　ウ　水平社　　　　エ　労働総同盟

問8　次の文章は違憲審査に関するものである。空欄Cにあてはまる語句を書きなさい。

> 　日本国憲法第81条は，　C　裁判所が，国会の作る法律や内閣の定める政令などが憲法に違反していないか審査すると規定している。　C　裁判所は，違憲審査について最終的に判断する権限をもち，憲法の番人とよばれている。

問9　日本の選挙制度に関する記述Ⅰ〜Ⅲについて正しいものをすべて選び，その組み合わせとして最も適当なものを，次のア〜クから1つ選び，その符号を書きなさい。

Ⅰ　衆議院ではかつて，一つの選挙区から複数の国会議員を選ぶ中選挙区制が採られていたが，選挙制度改革によって，小選挙区比例代表並立制が導入された。
Ⅱ　参議院では，都道府県を単位とする選挙区選挙と，全国を一つの選挙区とする比例代表制を組み合わせている。
Ⅲ　参議院では，都道府県を単位とする選挙区選挙と，比例代表制の両方に立候補する重複立候補が認められている。

　　　ア　Ⅰ　　　　　　　イ　Ⅱ　　　　　　ウ　Ⅲ　　　　　エ　ⅠとⅡ
　　　オ　ⅠとⅢ　　　　カ　ⅡとⅢ　　　　キ　ⅠとⅡとⅢ　ク　正しいものはない

問10　図1に関する次の文Ⅰ，Ⅱの正誤の組み合わせとして最も適当なものを，下の**ア〜エ**から1つ選び，その符号を書きなさい。

図1

						×を書く欄	注意
○川○男（まる・かわ・まる・お）	○田○子（まる・た・まる・こ）	中○○一（なか・まる・まる・いち）	小○○奈（こ・まる・まる・な）	○村○美（まる・むら・まる・み）	大○○之（おお・まる・まる・ゆき）	○山○太郎（まる・やま・まる・たろう） 裁判官の氏名	一　やめさせた方がよいと思う裁判官については，その名の上の欄に×を書くこと。 二　やめさせなくてよいと思う裁判官については，何も書かないこと。

Ⅰ　図1は，下級裁判所を含めたすべての裁判所の裁判官に対しておこなわれるものであり，司法権の暴走を防ぐために重要な役割を担っている。

Ⅱ　図1は，権力の濫用を抑制し合うために，衆参両院の議員によっておこなわれるものであり，これまでに罷免された裁判官はいない。

ア　Ⅰ：正しい　　**Ⅱ**：正しい　　**イ**　Ⅰ：正しい　　**Ⅱ**：誤り
ウ　Ⅰ：誤り　　**Ⅱ**：正しい　　**エ**　Ⅰ：誤り　　**Ⅱ**：誤り

問11　次の文章は1972年に公布された法律の一部である。この法律名を書きなさい。

第1条［目的］
　この法律は，法の下の平等を保障する日本国憲法の理念にのっとり雇用の分野における男女の均等な機会及び待遇の確保を図るとともに，女性労働者の就業に関して妊娠中及び出産後の健康の確保を図る等の措置を推進することを目的とする。

第5条［性別を理由とする差別の禁止］
　事業主は，労働者の募集及び採用について，その性別にかかわりなく均等な機会を与えなければならない。

問 12 次の文章は，地方公共団体の財政に関するものである。空欄 D〜F にあてはまる語句の組み合わせとして最も適当なものを，下の**ア〜カ**から 1 つ選び，その符号を書きなさい。

> 　　多くの地方公共団体は，事業を行うにあたって，自主財源だけでは十分ではありません。そこで，地方公共団体間の格差を減らすため，使い方が限定されていない　D　が国から配分されています。また，義務教育や公共工事などの事業に対しては，使い方が限定されている　E　が国から支払われています。
> 　　これら自主財源以外の財源を　F　とよびます。それでも不足する場合には，地方債を発行して借金をしますが，将来，返済しなければなりません。地方財政が健全な運営を続けていくためには，歳入と歳出のバランスをとることが必要です。

ア　D：地方交付税交付金　　E：国庫支出金　　　　F：依存財源
イ　D：地方交付税交付金　　E：依存財源　　　　　F：国庫支出金
ウ　D：国庫支出金　　　　　E：地方交付税交付金　F：依存財源
エ　D：国庫支出金　　　　　E：依存財源　　　　　F：地方交付税交付金
オ　D：依存財源　　　　　　E：地方交付税交付金　F：国庫支出金
カ　D：依存財源　　　　　　E：国庫支出金　　　　F：地方交付税交付金

問 13 住民からの要求を受けて，税金の使い方や行政の不正などを調査・監視し，地方公共団体に改善を勧告する人のことを何というか，書きなさい。

問 14 次のグラフは，日本の 2010 年，2016 年の発電量の内訳について示したものである。原子力発電の割合をあらわしているものとして最も適当なものを，下の**ア〜エ**から 1 つ選び，その符号を書きなさい。

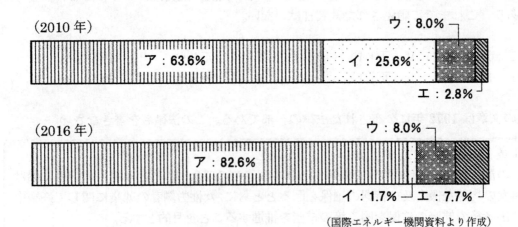

（2010 年）
ア：63.6%　イ：25.6%　ウ：8.0%　エ：2.8%

（2016 年）
ア：82.6%　イ：1.7%　ウ：8.0%　エ：7.7%

（国際エネルギー機関資料より作成）

問15　次の図2は，日本国憲法改正の手続き（衆議院先議の場合）に関するものである。図中のX，Yにあてはまる語句の組み合わせとして最も適当なものを，下のア～エから1つ選び，その符号を書きなさい。

図2

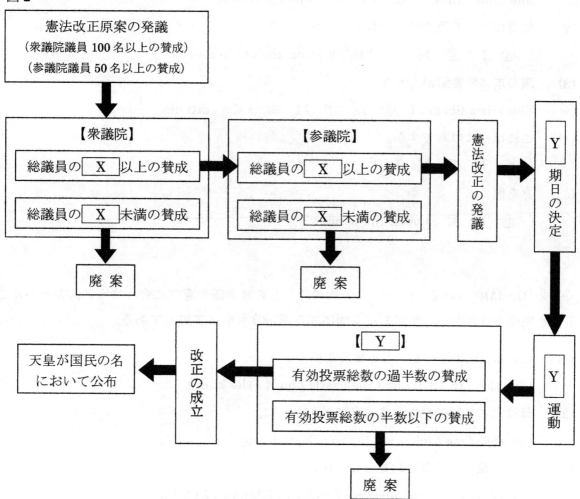

　　　ア　X：4分の1　　Y：国民投票　　　イ　X：4分の1　　Y：総選挙
　　　ウ　X：3分の2　　Y：国民投票　　　エ　X：3分の2　　Y：総選挙

（解答は別冊 75 ページ）

1　次の(1)〜(5)について，日本語の意味に合うように，英文の（　①　）〜（　⑫　）に入る最も適切な語(句)を 1 語ずつ書きなさい。

(1)　彼女はどこで電車を乗り換えればいいかわかりませんでした。

She didn't know (　①　)(　②　) change trains.

(2)　環境について考えることは大切です。

(　③　)(　④　)(　⑤　) think about the environment.

(3)　駅の前に図書館があります。

There is a library (　⑥　)(　⑦　)(　⑧　) the station.

(4)　これはだれの傘ですか。

(　⑨　)(　⑩　) is this?

(5)　窓を開けましょうか。

(　⑪　)(　⑫　) open the window?

2　次の(1)〜(5)について，（　　　　）内の語(句)を日本語の意味に合うように，並べかえて英文を完成させなさい。ただし，文頭に来る語(句)も小文字にしてある。

(1)　これは 1800 年にその王が建てた城です。

(is / this / in 1800 / by / the castle / built / the king).

(2)　母は私に英語を勉強するように言いました。

(mother / me / told / study / to / English / my).

(3)　石川で撮った写真をお見せします。

(you / show / I / the pictures / took / in Ishikawa / I'll).

(4)　宿題はもう終わりましたか。

(done / your / have / yet / homework / you)?

(5)　彼はあまりにも疲れていたので部屋を掃除することができませんでした。

(was / to / his room / he / too / clean / tired).

3 次の広告を読んで，あとの各問に英語で答えなさい。

Ryukoku Restaurant
Lunch Special

Hungry? *Only $10*

We *serve lunch special Thursday through Saturday between 10 a.m. and 3 p.m.
The price is only $10.   You can choose 1 main dish, 2 side dishes, 1 dessert, and
1 drink from the menu below.

*serve ～　～を出す

Main dish ($5 each)	Side Dish ($3 each)	Dessert ($2 each)	Drink ($1 each)
· Hot Dog	· Corn Soup	· Apple Pie	· Milk
· Hamburger	· Onion Soup	· Doughnut	· Coffee
· Chicken Burger	· Mixed Salad	· Pudding	· Tea
· Egg Sandwich	· French Fries	· Banana Ice Cream	· Orange Juice
· Tomato Spaghetti	· Tomato and Cheese	· Strawberry Cake	· Grape Juice

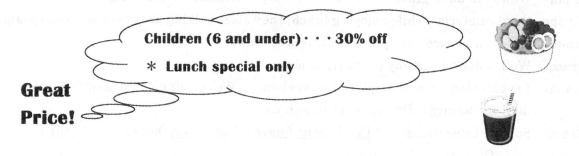

Children (6 and under)···30% off

＊ Lunch special only

**Great
Price!**

When you choose more than 5 *items, you have to pay more.

Please pay at the *cashier before you eat lunch.　　*item 品目　*cashier レジ

Ryukoku Restaurant　　　　Tel: 123-456-789

Open: 9 a.m. — 5 p.m.

問 1　When do you have to pay at the restaurant?

問 2　Is lunch special served on Sunday?

問 3　大人１人，子供２人（３歳と８歳）で lunch special を注文したら，合計いくらになりますか。

問 4　５歳の子供が lunch special の他に飲み物をもう１杯注文しました。合計いくらになりますか。

4 次の囲みにある英文を参考にして，2人（Grace と Linda）の対話文を読んで，あとの各問に答えなさい。ただし，*印のついた語句は，対話文のあとにある囲みの（注）を参照しなさい。

Grace saw her friend Linda at the college *campus.   They talked about their lunchtime and weekend plans.

Grace: Hi, Linda!

Linda: Hi, Grace.

Grace: How's everything going?

Linda: Good.   How about you?

Grace: I'm doing *pretty well.   Thanks.   Are you done with the classes for today?

Linda: Not yet.   I had two morning classes, but I have another class this evening.   Do you have any more classes?

Grace: No, 1) I'm finished today.   Now, I'm feeling so hungry.

Linda: [A   ] I'm going to have today's lunch special at the school cafeteria. Won't you come with me?

Grace: Good idea!   2) I like the cafeteria very much.   We can always find our favorite *items on the menu at a *discount.   And they *offer a good lunch special 3) Tuesday through Saturday.   If I remember right, today they offer a lunch special called the Lucky Sunshine Lunch.   It is just 4) $8 and *includes a spaghetti with Italian pork *sausages, fresh vegetable salad, chicken soup, and a drink.

Linda: Wow!   Sounds great.   [B   ] My *stomach is *growling.

[At the school cafeteria: While enjoying lunch, they start talking about the weekend plans.]

Linda: Grace, what are your plans for this weekend?

Grace: Well, I don't have any plans right now.

Linda: I'm catching up with Sophia this weekend.   We're going to the new *shopping mall in the city.   Do you want to join us?

Grace: Sounds interesting.   5) I've { about / never / mall / anything / heard / the }. [C   ]

Linda: The new mall is in a *suburb of the city and it opened just a couple of weeks ago. 6) The mall is a large four-story building and will catch your eyes with its nice and beautiful design.   7) It has more than 300 shops and restaurants, and it comes with a lot of products and services.   It has different popular *brands with nice shopping items.   Among popular brands, it has *H&M, *FENDI, *COACH, *STARBUCKS, *GODIVA, ...   And there are so many good restaurants in the mall, so we can enjoy some food at one of 8) them there.

Grace: Wow, that sounds nice.   I'd love to go with you.   [D   ]

Linda: Well, we have no car, but we can go there by (① use) local buses.   And 9) they have their free *shuttle buses which run between the center of the city and the mall every five minutes.   It'll take about only 15 minutes (② get) there by shuttle bus.   Why don't we meet downtown and take a shuttle bus to the mall?

Grace: Cool! 10) <u>When and where should we meet?</u>

Linda: Well, if we get there before noon, we can have lunch there. I'm going to meet Sophia downtown in the city at 11 a.m. on Saturday. Can you make it?

Grace: Oh, it's fine with me. I'll get there on time.

Linda: Good.

Grace: I'm feeling so (③ excite). I look forward (④) *sharing a wonderful time with you.

Linda: I'll call Sophia and tell her about this plan for the weekend. I'll *LINE you later.

Grace: Thank you so much. [E]

Linda: OK, I will.

Grace: Thanks (⑤) everything. See you soon. Bye, Grace.

Linda: Bye!

(注)

campus キャンパス　　pretty 非常に　　item 品目　　discount 割引
offer ~ ~を提供する　　include ~ ~を含む　　sausage ソーセージ
stomach お腹　　growl (お腹が)鳴る　　shopping mall ショッピングモール
suburb 郊外　　brand ブランド, 名柄　　H&M, FENDI, COACH 有名ファッション
ブランド名　　STARBUCKS コーヒーチェーン店名
GODIVA チョコレートメーカー名　　shuttle bus シャトルバス(近距離往復バス)
share ~ ~を共有する　　LINE ~ ~にライン(LINE)する

問 1　下線部 1) について，どのような状況であるのか，文脈に即して日本語で書きなさい。

問 2　下線部 2) について，Grace がこのように思っている理由を日本語で書きなさい。

問 3　下線部 3) の表現を次のように書きかえた場合，（　　）に入る単語を書きなさい。

　　　Tuesday through Saturday ＝ （　　　　） Tuesday to Saturday

問 4　下線部 4) が表している金額 $8 を<u>英語のつづりで</u>書きなさい。

問 5　下線部 5) の英文の {　　　　} の中にある語を並べかえて，正しい表現にしなさい。

問 6　下線部 6) を日本語に直しなさい。

問 7　下線部 7) の代名詞 It が指しているものを英語で書きなさい。

問 8　下線部 8) の代名詞 them が指しているものを英語で書きなさい。

問 9　下線部 9) を日本語に直しなさい。

問 10　下線部 10) について，待ち合わせの時間と場所を，文脈に即して日本語で書きなさい。

問 11　文中の（① use ），（② get ），（③ excite ）の動詞をそれぞれ適切な形に直しなさい。ただし，1語とは限らない。必要に応じて2語表現にしなさい。

問 12　文中の（ ④ ）と（ ⑤ ）に入る前置詞を書きなさい。

問 13　文中の [A] ～ [E] に入る最も適切な表現を，次の中から1つずつ選び，その番号を書きなさい。ただし，<u>どの表現も1回かぎりの使用</u>とする。

　　　1) What's it like?　　2) I'm so tired.　　3) Me too.　　4) How can we get there?
　　　5) No, thank you.　　6) Let's go now.　　7) For what?　　8) Please say hello to Sophia.

5 次の剣道(kendo)に関する英文を読んで，あとの各問に答えなさい。ただし，*印のついた語句は，本文のあとにある囲みの(注)を参照しなさい。

"*Meeeeeeen!*"　When you hear this, what comes to your mind?　Is it kendo?　Kendo is a traditional martial art which began in Japan and "Men" is one of the four skills in kendo. Today around 1) <u>1.8 million</u> people practice kendo in Japan and about 2.6 million people enjoy it around the world.

In kendo, players wear traditional Japanese clothes called *hakama*.　They use *protective armor to protect their head and body.　Two players face each other and fight with bamboo *swords called *shinai*.　You can get a point by hitting the parts of the *opponent's body. The first player to get two points wins the match.　The rules sound simple, don't they?

The history of kendo dates back to the Heian period.　In those days, samurai worked to protect and fight for their *lords with swords.　They fought *fearlessly with each other.　To build a strong body and mind, they developed their swordsmanship, or *kenjutsu*.　Through their hard practice, they realized the *value of all life – even the life of their opponents. They practiced very hard and wanted to be a respected opponent.　In the Edo period, samurai didn't fight with each other.　*Kenjutsu* changed into kendo, the way of the samurai sword.　(① 〜の代わりに) real swords, they started to use bamboo swords for training and take manners more seriously.

Kendo is one of the most important Japanese sports and you can learn various things through kendo.　According to *the All Japan Kendo Federation, practicing kendo helps you develop your *character.　This means you can improve yourself through practicing kendo. For example, you will learn to be kind to others and help them.　2) <u>Kendo players don't show pleasure when they get a point</u>, and they show respect for their opponents.　All kendo players practice hard and want to show thanks to each other for their good work and manners.　Kendo players always start and end their practices and matches with a *bow to each other.　You probably know the words, "Start and end with a bow."　In kendo, 3) <u>this</u> is very important and bowing shows respect to the opponent.

Moreover, you will learn self-control.　In a match, for example, you must keep moving and at the same time watching every *move of your opponent.　You can't hit your opponent immediately – you need to wait until the timing is right.　In addition, kendo encourages players to have good posture.　In kendo you have to keep the right posture all the time even during the match and practice.　This helps you to have better posture in your everyday life.

You can enjoy practicing kendo your *whole life.　It is said that people who practice kendo get injured in their daily life less often than people who play other sports.　Today, kendo plays an important role in school education, and it is very popular among people of all ages.

Moreover, 4) <u>both children and elderly people can enjoy kendo together.</u>   Through kendo, you can improve yourself and learn important things about Japanese culture.   Why don't you try kendo?

（注）

| protective armor 防具 | sword 刀, 剣 | opponent 相手 | lord 領主 |

protective armor 防具　　　sword 刀, 剣　　　opponent 相手　　　lord 領主
fearlessly 恐れずに　　value 価値　　the All Japan Kendo Federation 全日本剣道連盟
character 人格　　bow お辞儀　　move 動き　　whole ～ すべての～

問 1　下線部 1）の 1.8 million を算用数字に直しなさい。

問 2　次の英語の問に英語で答えなさい。

　　ア　How many points do players need to win the match?

　　イ　How did samurai work in the Heian period?

問 3　文中の（ ①　～の代わりに ）に入る最も適切な英語を 2 語で書きなさい。

問 4　下線部 2）で書かれていることは剣道に限らず，他の武道でも見られますが，それはなぜか，文脈に即して日本語で書きなさい。

問 5　下線部 3）の代名詞 this が指しているものを英語で書きなさい。また，それを具体的に説明している文を本文から抜き出しなさい。

問 6　本文によると，剣道をすることでどのようなことができるようになりますか。間違っているものを，次の中から 1 つ選び，その記号を書きなさい。

　　ア　You can protect your head and body.

　　イ　You can develop your character.

　　ウ　You can keep good posture.

　　エ　You can learn to be kind and helpful to others.

問 7　下線部 4）を日本語に直しなさい。

問 8　<u>剣道の他に</u>，あなたが高校に入学して取り組んでみたいスポーツについて，<u>平易な英語を使って 5 文以上で，理由を 2 つ以上入れて</u>書きなさい。語数は解答欄の指定箇所【　　】に記入しなさい。

金沢龍谷

（解答は別冊 76 ページ）

1　次の (1)〜(5) の計算をしなさい。

(1)　$4 \times 5 - 7 \times 3$

(2)　$7^2 - (2^2 - 5)$

(3)　$(1 - 2\sqrt{3})^2$

(4)　$2(a + 3b) - (5b - a)$

(5)　$\dfrac{5x - 7y}{3} - \dfrac{4x - 3y}{2}$

2　次の (1)〜(4) に答えなさい。

(1)　$x(x + 10) - 24$ を因数分解しなさい。

(2)　2 次方程式 $(-x + 5)^2 = 10$ を解きなさい。

(3)　球 A の半径が球 B の半径の $\dfrac{1}{2}$ 倍であるとき，球 A の体積は球 B の体積の何倍か，答えなさい。

(4)　$a = 3$, $b = -\dfrac{1}{3}$ のとき，$15b \times \dfrac{(2a^2b)^2}{5} \div (12a^3b^2)$ の値を求めなさい。

3 次の (1)〜(3) に答えなさい。

(1) 下の図において，△ABCは AB = AC，∠BAC = 40° の二等辺三角形である。また，△PQCはPC // AB となるように，△ABCを点Cを中心として回転させたものである。
このとき，∠xの大きさを求めなさい。

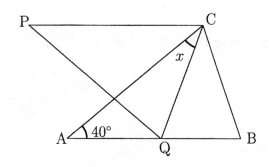

(2) 下の図は，生徒10人が行った，数学の100点満点のテストの得点を，低いほうから順に並べた表とその箱ひげ図である。
平均値が60点のとき，a，b，cの値を求めなさい。

得点	40	45	a	55	56	b	65	71	c	82

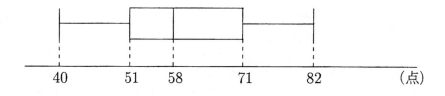

(3) ある高校の今年の生徒数は全体で480人である。昨年の生徒数と比べると，男子の人数が10％減り，女子の人数が10％増えて，全体では20人減った。
今年の男子の人数を求めなさい。

金沢龍谷

4 袋の中に，1, 2, 3, 4, 5, 6 の数字を1つずつ書いた6枚のカードが入っている。
この袋からカードを1枚取り出したとき，そのカードに書かれた数字を a とする。
カードを袋に戻し，もう一度この袋からカードを1枚取り出したとき，そのカードに
書かれた数字を b とする。
このとき，次の (1)〜(3) に答えなさい。
ただし，どのカードが取り出されることも同様に確からしいものとする。

(1) a と b がともに3の倍数である確率を求めなさい。

(2) $a + b$ の値が6になる確率を求めなさい。

(3) $\sqrt{ab + 1}$ の値が正の整数になる確率を求めなさい。

5   右の図において，①は関数 $y = ax^2$ のグラフ，②は関数 $y = \dfrac{b}{x}$ のグラフである。

　グラフ①とグラフ②の交点を A とし，A の x 座標は 3 である。グラフ②上に点 B($-1, -3$) をとる。

　また，グラフ①上の点で y 軸に関して点 A と対称な点を C とする。

　このとき，次の (1)〜(4) に答えなさい。

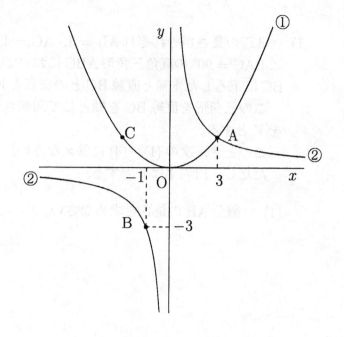

(1)　定数 a, b の値を求めなさい。

(2)　2 点 A，B を通る直線の方程式を求めなさい。

(3)　y 軸上に点 P をとる。このとき，△PAB の面積が 30 となるように点 P の y 座標を求めなさい。

(4)　点 C を通り直線 AB に平行な直線とグラフ①との交点で，点 C 以外の点の x 座標を求めなさい。

6 3辺の長さがそれぞれ AB = 3，AC = 4，BC = 5，
∠BAC = 90° の直角三角形ABCにおいて，頂点Aから辺
BCに下ろした垂線と直線BCとの交点をHとする。

この三角形を直線BCを軸として回転させてできる立体
を V とする。

このとき，次の (1)〜(4) に答えなさい。

ただし，円周率は π とする。

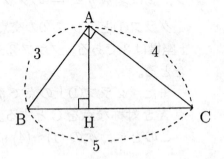

(1) 線分 AH の長さを求めなさい。

(2) 線分 AH が動いてできる図形の面積を求めなさい。

(3) 立体 V の体積を求めなさい。

(4) 立体 V の表面積を求めなさい。

7 連続する奇数の積に，自然数をたしたりひいたりして4の倍数にする問題について，太郎さんと花子さんは以下のように話している。

このとき，次の (1)〜(3) に答えなさい。

太郎さんと花子さんは連続する2つの奇数の積について，以下のように考えた。

> 太郎 ：連続する2つの奇数を文字を使って表せないかな。
> 花子 ：整数 n を使って小さいほうを $2n-1$ とすると，大きいほうは (**A**) と表せるね。
> 太郎 ：この2つの数の積に (**B**) をたすと4の倍数になるよ。

(1) 空欄 (**A**) に n を用いた式を入れなさい。また，空欄 (**B**) に入る1桁の自然数をすべて求めなさい。

次に，太郎さんと花子さんは連続する3つの奇数の積について，以下のように考えた。

> 太郎 ：連続する3つの奇数の積も4の倍数にならないかな。
> 花子 ：そのままだとならないね。でも連続する3つの奇数のそれぞれを使って，工夫するとうまくいかないかな。
> 太郎 ：すごい！（　　　**C**　　　）と4の倍数になるね。

(2) 空欄（　　**C**　　）に入る文を，次の (**ア**)〜(**カ**) からすべて選びなさい。

(**ア**) ：連続する3つの奇数のうち，一番小さい数をたす

(**イ**) ：連続する3つの奇数のうち，一番小さい数をひく

(**ウ**) ：連続する3つの奇数のうち，真ん中の数をたす

(**エ**) ：連続する3つの奇数のうち，真ん中の数をひく

(**オ**) ：連続する3つの奇数のうち，一番大きい数をたす

(**カ**) ：連続する3つの奇数のうち，一番大きい数をひく

太郎さんと花子さんは連続する4つの奇数の積についても，以下のように考えた。

> 太郎 ：連続する4つの奇数のうち，一番目に小さい数を $2n-1$ としよう。連続する4つの奇数の積は $\underline{(2n-1)(\quad)(\quad)(\quad)}$ と表せるね。
> 花子 ：これに (**D**) をたすと4の倍数になるね。

(3) ＿＿＿ 部の $(2n-1)(\quad)(\quad)(\quad)$ について，（　　　）内に入る式を書きなさい。

また，空欄 (**D**) に入る1桁の自然数をすべて求めなさい。

（解答は別冊77ページ）

一　次の文章を読んで、あとの各問に答えなさい。

　主人公の矢口風は弓道に入門したばかりの高校一年生。早人、ヨシノと知り合う。同じ弓道会の国枝老人に指導を請うが、そこに風と同じ弓道に通った高校三年生の乙矢がやってきた。

　その翌日、風は朝のジョギングの途中で神社に寄ることにした。

　お盆休みだけど、国枝さんは来ているはず。あの人は里帰りする年でもないむしろ来てもらう方だ。だから今日も練習しているにちがいない、とそう予想を立てたのだ。

　道場に近いペースを落とし、クールダウンしながら境内を歩いていると、奥の方からスパンと小気味よい音が聞こえてきた。

　やっぱり、国枝さん、来ているんだ。

　風は奥の弓道場まで小走りで行った。射場では、国枝がひとりだけ立って、矢を取りに行くため①に蹲踞をしていた。弓を引き終わったところで、カケを外そうとしていた。そんな時でもぴんと背筋が伸びている。

　ああ、ああいう何気ない姿勢が決まっているの、長くやっている人はそうなのかしら。

　風が足を止めて見惚れていると、国枝が気がついてにこり笑った。

「おはよう。また来たんだね」
「はい。いまはお盆休みで」と指摘も②「お休みなんです」

「では、また一緒にやりますか?」

　思わず敬語になった。それだけ言い方では失礼になる、そう思わせるようなたたずまいが国枝にはあるのだ。

「迷惑なんてとんでもない。また一緒に引けるのは嬉しいです。今日は道着は持って来ていますか?」

「はい。リュックに入れてました」
「じゃあ、弓に弦を張ったら、着替えてください」
「先に弦を張るんですか?」
「そうですよ。弓はしばらく置いた方が落ち着きますから」
「わかりました」

　言われた通りに弦を張り、更衣室で胴着に着替えていると、射場から声が聞こえてきた。国枝が誰かと話をしているようだ。

　嫌だな。また、あの厳格そうな笠原さんが来てるのかな。

　着替えを終えると、風はおそるおそる射場の方へ出て行く。

「それで、あなたは私に何をしてほしいのですか?」

　国枝の声がはっきり聞こえてきた。

「僕の射を見てほしいんです」

　相手の声には聞き覚えがある。乙矢だ。声の調子が切実とどこか居合わせてしまった、と思った。更衣室に戻って隠れているべきかと迷ったが、それより先に乙矢の視線が風をとらえた。乙矢の目を避けきれず見開かれた。

「なんで、きみがここに?」

　乙矢の声は裏返っている。風が答えあぐねていると、国枝が代わって返事をした。

「ジョギングでここを通りかかったので、私がこの子を無理だけどこちらの弓道会に所属しているのでしょうから」

「そうだったんですね」

　納得したようだ。それはこういう返事だった。それでというわけではないと③切羽詰まった雰囲気を乙矢は漂わせていた。

「では、僕の方を見てもらえますか?」
「ここで待ってますから、あなたも着替えてらっしゃい」

　それで、乙矢は自分の使っている弓を取り出し弦を張ると、更衣室へと向かった。

　国枝は乙矢のことなど気にしてない様子で、風に話し掛ける。
「さて、あなたも巻藁をやってみましょうか?」
「はい」

　そして、巻藁の前で国枝の指導を受けていると、着替えを終えた乙矢が出て来た。

「せっかく二人いるんだから、審査の動きをやりましょう」

　乙矢は少し驚いたようだったが、「はい」とうなずいた。
「立ち位置どうしましょう?」
「乙矢が前」

「あなたに大前をやってもらって、私が後ろでいいですか?」

「はい」

　乙矢が同意した。風は真ん中に立って、大前のタイミングに合わせて真ん中に入ること。日頃の練習で、大前を続ける人たちの呼吸をうまく感じて自分の経験の浅い人間が真ん中に……

　いちばん格上の人間が落ちまってしまうのは、後ろを務めることが多い。そして、射場の隅に三人立つ。乙矢の背中が目の前にある。背筋がぴんと伸びて、その分歩幅を広い。風はいつもより少し速くテンポで歩くと風はまだ座ったり立ったりするタイミングが少し遅れ気味だ。そして、厳粛の姿勢を取ると、後ろから立っている乙矢を見る。乙矢の身体はぴくりとも動かない。その目、風の位置からは見えないが、きっと④視線の先ほど鋭く的をにらんでいるのだろう。いつもそうであるように。

　乙矢の射は力強く一直線に的に中った。風は的の方向に矢が命中した。

　それだ。国枝は力みがなく、真ん中で中てる。二射目も同様に、乙矢と国枝は的に中った。

　退場し矢取りをして戻って来ると、乙矢が待ち構えるように国枝に尋ねた。

「どうでしたか?」

　国枝はやや乙矢を、ままあ、というように国枝は制した。

「私よりも先に、この子のお嬢さんに感想を聞いてみましょう。この前、からやった時と比べて、どうでしたか?」

「あの時とふたりだったし、立ち順も違うので、単純な比較は難しいんですけど」

　いきなり話を振られて、風は少し口ごもる。何と言えば、乙矢のことをうまく表現できるだろう。

「今回、二番目だったので、大前に合わせなきゃ、ということを考えてしまって無理がありました。歩幅が違うので、早く歩かなきゃいけないし、前に自分が大前だったので、自分のペースでできたんです」と言うことを言うだろうか、と風は思う。

「乙矢くんの射についてどう思いましたか?」

「カッコよかったです。⑤的を絶対外さない、という気迫を感じました」

　風は乙矢をフォローしたつもりだったが、乙矢の顔は歪んだ。逆効果だったようだ。

「わかりましたね。この、お嬢さんが、あなたの⑥射の欠点をみごとに見抜いている」

　乙矢はそうなられる。風には、訳がわからない。

「あなたは何をそんなに焦っているのですか? それが射に表れている」
「焦ってる………?」
「審査当日に射を見てないので、これはあくまで私の考えですが」

　国枝は優しい目で乙矢を見ながら、一語一語言葉を選ぶようにゆっくり語った。

「あなたの型はそれだし、的中もする。普段の会なら合格にしてもよかったかもしれない。だけど、若い方に正しい射を身に付けてほしい、という思いが我々先人にはあるんです。だから、あえて厳しくみる。そういうことだったのかもしれません」

　国枝の言葉を噛みしめるように乙矢は視線を下に向けている。

「今言われているのは技術ではなく、弓に向かう姿勢を正しくしなさい、ということでしょうか」

　乙矢は深い溜息を出した。

「ありがとうございます。もっと精進いたします」

　精進なんて古い言葉、よく使えるなあ、と風は感心して聞いている。

　乙矢は弓と矢を持ち、「ありがとうございます」と弓道場を出て行った。その顔は暗く、もやもやしたものを胸に抱えているようだった。乙矢の姿が見えなくなると、風は国枝に聞いた。

「私、何か乙矢くんについて、まずいことを言ったのでしょうか? 乙矢くんの射、何ともないと思っているんですけど」

　それを聞いて、国枝は微笑んだ。

「いえ、正直に話してくれて、乙矢くんも感謝していると思いますよ」
「だけど………」

　自分の言葉を聞いて、乙矢はショックを受けたようだ。乙矢を気にしている。

　風の想いを察したのか、国枝は優しい目をしたまま説明した。

「そうって弓矢を引く場合に大前のタイミングで……が一方で大前を続ける人たちのリズムをキャッチしておかなければならない、双方がお互いのことを意識して、初めて三人が一体となるんです。あなたの歩く速度を考慮してくれなかったのが乙矢なんです」

　確かに、国枝もやった時のような安心感、一緒に弓を引いている、という充……

せん。そういう姿勢は嫌いとされているんです」
「なぜですか？　弓を引く時は誰だって中てよう、と思うんじゃないですか？」
楓の言葉に、国枝は再び微笑んだ。
「教本通りの答えで言うなら、的に囚われているのは美しくない、ということになります」
「教本ですか」
弓道会に入会した時、『弓道教本』があることを教えられた。全日本弓道連盟が作った、弓道の教科書のようなものだ。第一巻の射法篇というものを購入するように言われ、母に頼んでネットで購入してもらった。だけど、写真が古めかしく、言葉も難しいので、楓はぱらぱらめくるだけで、ちゃんと読んではいない。
「教本通りじゃないとダメなんですね」
「ええ。ですが、ただ教本に書かれているのを鵜呑みにして、それを形だけ真似するというのも、よくないことだと私は思います。教本は道しるべではありますが、なぜそうなるのか、自分の射がどういうものかは、毎日エジュウレンシして自分でみつけねばならない。※畢竟それが弓を引くことの意味だと私は思っています」
「よく……わかりません」
だとしたら、別に乙矢が悪いわけではない、ということにならないだろうか。
「わからなくてもいいのです。いまわからなくても、いつかわかる時が来るかもしれない」
「ずっとわからないこともあるんですか？」
楓が聞くと、逆に国枝が問い返す。
「それは嫌ですか？」
「ええ」
楓がきっぱりと返事すると、国枝は※破顔一笑した。

（『凜として弓を引く』　碧野　圭　講談社文庫）

※跪坐…正座からつま先だけを立てた座り方　※カケ…矢を射るとき弦を持つ手にはめる手袋のようなもの（ゆがけの略）　※巻藁…的の代わりに矢を射る姿勢などを確認する道具　※大前…集団で弓を射る時に最初に動作に入る人（先頭）　※落ち…集団で弓を射る時の最後の人　※畢竟…要するに、最終的に　※破顔一笑…にっこりと笑うこと

問1　━線部①「そんな時」とはどういう時か、二十五字程度で書きなさい。
問2　━線部②「思わず敬語になった」とあるが、その理由を本文中から抜き出し、文末を「〜ため」となるように書きなさい。
問3　━線部③「切羽詰まった」と同義語を本文中から漢字二字で抜き出しなさい。
問4　━線部④の部分で使われている表現技法を漢字で書きなさい。
問5　━線部⑤「的を絶対外さない、という気迫」とあるが、楓は乙矢のどのような様子から感じとったのか、それがわかる一文を本文中から抜き出して書きなさい。
問6　━線部⑥「射の欠点をみごとに見抜いている」とあるが、乙矢の欠点とはどのような点か、二つ書きなさい。
問7　━線部⑦「だけど……」に込められた楓の心情はどのようなものなのか書きなさい。
問8　━線部ア〜エのカタカナは漢字に直し、漢字にはひらがなで読みを書きなさい。

二　次の文章を読んで、あとの各問に答えなさい。

（文章Ⅱについては出題の都合上省略した部分がある）

【文章Ⅰ】

日本人は罪悪感を感じやすく、さらに罪悪感を抱くこと自体ストレスと感じる。そう考えると、思い当たる節があった。わたしはドイツのとあるカフェで働いているとき、とにかくすぐに謝っていたのだ。
「パンを焼いてくれた？」と聞かれたら、自分の仕事ではなくとも「すみません、やっていません」と答えた。「なんでコーヒーマシーンをきれいにしてないの？」と言われたら、一度もやったことがなくとも「すみません、すぐにやります」と答えた。
それを見ていたボスニア・ヘルツェゴビナ出身の面倒見の良い女性が、「あなたの仕事じゃないのになんで謝るの？　都合よく使われてるわよ」と教えてくれた。
なるほど、たしかにパンを焼くのもコーヒーマシーンを掃除するのも、わたしの仕事ではない。それでも謝った瞬間、わたしに非があることになってしまうのだ。
では、なぜわたしはすぐに謝るのだろう。それは、わたしの仕事ではないとはいえ、知らなかったとはいえ、他人に迷惑をかけていたかもしれないと思ったからだ。だから、無意識に「すみません」という言葉が出る。
それは心からの謝罪というよりもむしろ、日本人として①反射的にとってしまう行動だ。「あなたの仕事でしょ。わたしは関係ないわ」と言うよりも、自分の至らなさを反省する方向に思考回路が動く。
日本だったらそのあとに、相手が「悪いけどお願いね」とか「教えてなくてごめんね」と言って、平和的に収まるだろう。だがドイツでは、「じゃあ頼んだ」となる。「謝ったってことはもうあなたの責任よ、あなたがやりなさいよ」という考えの裏には、他人に仕事を押し付ける罪悪感なんてものはない。
「イヤなら断ればいいでしょ。断らないから問題ないんでしょ」という、ごくごくわかりやすいAイエス・オア・ノーの考え方だ。
わたしは自分のことを「ノーが言える日本人」だとアジフしていたので、「ノーと言えずに雑用を押し付けられていた」という状況、そしてそれに無自覚で損をしていたことに気づいて、猛烈に腹が立ってきた。わたしの「ノーが言える力」は、どうやらドイツイキジュンではまだまだ甘かったらしい。

（『日本人とドイツ人 比べてみたらどっちもどっち』　雨宮 紫苑　新潮社）

【文章Ⅱ】

アメリカ・ビジネスマンの中には、日本人が、なかなか「ノー」と言わない独特の癖をよく知っている人がいる。その一人が、自分のこれまでの経験から、日本人が断ったと判断する一般的な※常套句は、"Very difficult（それは難しいね）"だと言う。
日本人同士なら「そいつは難しいね」と言われたら、大方の人は「断られた」と直ちに判断するに違いない。だが、その※婉曲的な表現を知らない彼は、初めのうちは、この表現をウガクメン通りに受け取って、「どうやら難しいが、まだ※一縷の望みがある」と考えていたようだ。しかし何時まで経っても返答がないので、間もなく、これが断るときの常套句であることに気づいたのだ。
別のアメリカ人によれば、日本人が断るときの、もう一つの決まり文句は、"I will consider."だとする。
これは「考えておきましょう」の直訳だが、先の"Very difficult"よりも、英語ではより重みのあるニュアンスだ。というのは、"think（考える）"よりも、"consider"は「考慮する」や「熟慮する」という、より真剣な意味合いを含んでいるからである。
（　A　）、"I will consider."と言われると、アメリカ人は、相手の日本人によって真剣に検討されるものだと考え、近く何らかの真面目な回答が返ってくるものと期待している。ところが、回答がないのが普通であり、やがて日本人特有の婉曲的な断り方であることに気づく。
（　B　）、"I will consider."の表現は、誤解を招きやすいので避けるべきであり、エブナンな言い方は、"Let me think about it.（考えさせてほしい）"だ。これなら、相手に大きな期待を持たせないから、誤解が避けられる。
（　C　）、日本語を習う外国人が戸惑うのは、日本語独特の※曖昧表現である。その好例は②「結構です」だ。「結構です」と言われると、「イエス」なのか「ノー」なのか、③さっぱり分からない。例えば、「コーヒーはいかがですか？」と聞いて、「結構です」と答えられると、「要るのか」、それとも「要らないのか」が、はっきりしないのでまごつく。
そもそも「結構」は、「結構なドレスですね」と使われるように、「優れていて、欠陥がない」や「それでいい、満足だ」と、賞賛や賛美の言葉であり、否定の意味はない。それが、「……しなくても結構です」の「ノー」の打消しの部分が省略されて、遠慮する際の遠回しの断り方にも使われ出したといわれる。「結構」を否定する意味で使う場合は、否定することを相手に明確に伝えるため、言葉の頭に「もう」とか「いいえ」を付け足せばいいようだ。
日本の政治家や官僚は、「前向きに検討します」とよく口にする。その言葉は、意欲に溢れているように思えるが、実際は「多分無理でしょう」を意味している。これも引き延ばして断る決まり文句なのである。
また日本では、「※可及的速やかに」という言葉も役人はよく使う。例えば、「可及的速やかに対応を協議し、適切に対処して参りたい」のように言う。表向きは「できるだけ早く」だが、大抵は「すぐにはできません」を意味し、この表現も、引き延ばして断っている語なのだ。
もちろん、「ノー」と断るときは、相手の気持ちを一切無視してただ「ノー」とさえ言えばよいというものではない。あるアメリカ人の識者は、「『ノー』を丁寧に、また気持ちよく言えるようになれば、その人にとって結局はプラスになる」と忠告する。だが、「『ノー』は即刻に、しかも明確に言うべきだ」とも付け足している。
その場で、はっきりと「ノー」と言えば、決断に迷うストレスから解放される上に、すぐに断らなかったために後になって後悔することがなくなる利点もある。できないときは、きっぱりと「I can't.（できない）」と断れば、心残りがなくなると同時に期待を持たせずに相手をあきらめさせられる。相手の抵

抗感を和らげるために、「今はできません」と言う前に「I am sorry（すみません）」の語を足すのも一策だと思う。
　決断がつかないときに、"Yes and no"（イエス・アンド・ノー）と答えることもできる。これは利害半する提案などに答えたり、返答をにごすときに「何とも言えない」とか「さあ、どうかな」を意味する。

（『日本人の七不思議』鳥賀陽正弘　論創社）

※常套句…決まり文句　※婉曲…遠まわしで穏やかな言い方　※一言にくくる…ひとことで言う
※曖昧な…あやふやな　※司及的…できる限り

問1　一線部①「反射的にとってしまう行動」とは、どのような行動か書きなさい。
問2　【文章I】と【文章II】にそれぞれにタイトルをつけるとしたら、次のどの組み合わせが最も適当か、次のア〜エより一つ選び、符号を書きなさい。
　ア　I 日本人の利便性　　II 日本人の抵抗感
　イ　I 日本人の謝り方　　II 日本人の曖昧さ
　ウ　I 反射的な日本人　　II 婉曲的な日本人
　エ　I 謝罪する日本人　　II 日本人の断り方
問3　文中の空欄（A）〜（C）にあてはまる語の組み合わせとして最も適当なものを次のア〜エより一つ選び、符号を書きなさい。
　ア　A すると　　B あるいは　　C そもそも
　イ　A ところで　　B だが　　C あたかも
　ウ　A しかし　　B そのうえ　　C もちろん
　エ　A つまり　　B 従って　　C さらに
問4　一線部②「結構です」を誤解のないように否定の意味で使う場合には、どう言っているか、本文中から三十五字以内で抜き出しなさい。
問5　一線部③「きっぱり分からない」について、次の問題に答えなさい。
　A　「きっぱり」の品詞名を漢字で書きなさい。
　B　「分から」は動詞だが、この動詞の基本形（終止形）と活用の種類を書きなさい。
問6　【文章I】の最後にある一線部A「イエス・アンド・ノー」および【文章II】の最後にある一線部B「"Yes and no"（イエス・アンド・ノー）」の違いを、本文の趣旨をふまえて四十五字程度で説明しなさい。
問7　【文章I】と【文章II】を読んで、次のあげる四人の生徒が意見を述べた。これを読んで、最も正しい意見を述べている人物を書きなさい。

生徒A　一般的に外国人の多くは日本人に比べ、自分の意見を大切にしている人が多く、それは国の文化や価値観、または土地柄等に関係しているようだ。中でもイタリア人はその傾向が最も強く見られるようだ。

生徒B　一般的に日本語は、世界でも難しい言語だと言われている。また日本は島国であるがゆえに、他国の文化が入りにくい土地であるため、日本語はもちろんそのこと、文化そのものも独特なものと考えられているようだ。

生徒C　一般的に日本人は、欧米の人に比べると「ノー」とはっきり言えないことが多く、そのような場面においても曖昧で婉曲的な表現をしなければ真意が伝えられないことが多く、外国人との誤解を招きやすいようだ。

生徒D　一般的に日本人は、ドイツやアメリカ人に比べると優柔不断な人が多く、自分の意思を明確に相手に伝えることができない場合があり、そのことが日本語の特徴ともよく表れており、外国語よりも曖昧なようだ。

問8　一線部ア〜エのカタカナを漢字に直して書きなさい。

三　次の【I】の漢文（白文と書き下し文）及び【II】の古文は、『御伽草子集』にある「大舜（たいしゅん）」と名付けられた一節である。よく読んで後の問題に答えなさい。（本文は発表に合わせ変更している部分がある）

【I】
象　耕　春　隊々①
禽　転　草　紛々
心　動　感　孝
宝位　嗣　尭　登

　※隊々（たたら）として春に耕す象
　※紛々（ふんぷん）として草を転（くさぎ）る禽（とり）
　孝感（かうかん）天心（てんしん）を動かす
　尭（げう）に嗣（つ）いで宝位（はうゐ）に登る

【II】
　※大舜は、いたつて孝行なる人なり。父の名は瞽叟（こそう）といふ。※一段とかたくなしき人なり。母は人なし。弟をば象（ざう）といふ。おほきに④驕（おご）れり。

……たいといたはられけり。ある時、※歴山（れきざん）のほとりにて、大象はひたすら〈　〉をいたせり。あたりをば耕作けるが〈　〉まり、耕作の助けをしたるなり。さて、その時、天下の御主を尭王（げうわう）と申し、その尭王、舜の〈　〉なる田を耕し、又鳥飛び来つて田の草をくさぎり、耕作の助けをしたるなり。姫君まします。姉をば娥皇（ががう）と申し侍（はんべ）る。妹をば女英（ぢよえい）を后（きさき）となし、ひとつには天下を譲り給くへ。これ、ひとくくに〈　〉の深きを感じ起これり。

（『御伽草子集』日本古典文学全集　小学館）

※隊々として…列をなすさま　※紛々として…乱れもつれるさま　※転を取り除く
※一段…ひときわ　※かたくな…心のねじけた人　※歴山…中国山東省の山
※尭・舜…ともに中国古代の聖天子　※大舜…偉大な舜帝の意味

問1　【I】の文中の一線部①を「尭に嗣いで宝位に登る」という書き下し文に従って解答の白文に必要な返り点を打ちなさい。（送り仮名は不要）
問2　【I】の文中の一線部②とは、どういうことか、説明しなさい。
問3　【II】の文中（　）には本文中にある漢字二字の語が入る。その語を抜き出して書きなさい。
問4　【II】の文中の傍線部③④は、それぞれ「頑（がん）」「徒」の漢字が当てられる。この漢字が使われた次の選択肢の中で、文中の語句の意味に最も近い熟語を選び、符号を書きなさい。
　③　ア 頑文　イ 頑迷　ウ 頑強　エ 頑健
　④　ア 徒歩　イ 徒卒　ウ 徒食　エ 徒弟
問5　一線部ａ〜ｃは歴史的仮名遣いを含んだ語句である。現代仮名遣いに直して書きなさい。
問6　一線部⑤「参る」について、次の問題に答えなさい。
　A　読み方を書きなさい。
　B　この語は次にあげる敬語の種類の中のどれに属するか、符号を書きなさい。
　ア 尊敬語　イ 謙譲語　ウ 丁寧語
問7　本文の内容に合っているものを、次から一つ選び、符号を書きなさい。
　ア　舜は大変賢かったが、両親に育てられず、弟とも仲が悪かった。
　イ　大変貧しい中で育った舜であるが、弟には食べ物を与えな……
　ウ　舜は動物と話すことができ、自分の仕事を動物たちに手伝わせた。
　エ　舜は天子である尭王に認められ、天下を治めるために……

四　教室に掲示してある次のポスターを見て、校内の美化活動に関してあなたの考えを書きなさい。
　なお、記入の際しては次の三点に注意すること。
①百字以内で、二段落構成にすること。
②文末は「〜だ」「〜である」調にすること。
③意見を述べる際は「Aさん」か「Bさん」の立場に立つこと。

（解答は別冊78ページ）

1 化学変化と熱について，次の文章を読み，以下の各問に答えなさい。

　現在，私たちの生活の中で最も利用されている化学変化は燃焼である。私たちは石油や天然ガスなどの燃料を燃焼させて得られる熱を，家庭では暖房や調理などに直接利用したり，火力発電で電気に活用したりしている。

　発電方法の一つである火力発電では，石油や天然ガスなどの化石燃料のもつ（　あ　）エネルギーを燃焼して得られる（　い　）エネルギーにより，ボイラーの中の水蒸気を高温・高圧にして発電機のタービンを回転させることで（　う　）エネルギーを得る。このとき，化石燃料の燃焼により発生する二酸化炭素が地球温暖化の原因とされていることが問題点である。

問1　家庭用の燃料の1つにはメタンCH_4がある。メタンが空気中の酸素と反応して，二酸化炭素と水が生じる化学変化の化学反応式を書きなさい。

問2　右の図は，メタンの質量とメタンと反応した酸素の質量の関係を表している。メタン32gと反応する酸素は何gか，求めなさい。

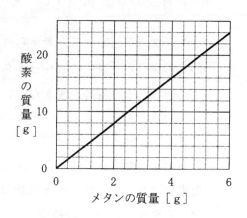

問3　文中の（　あ　）～（　う　）にあてはまる語句を書きなさい。

問4　メタン1gを完全燃焼させたときに発生する熱量は56000Jである。ある自動車はメタンを完全燃焼させて，生じた熱エネルギーの20%を運動エネルギーに変換することができた。メタン1gから得られた運動エネルギーは何Jか，求めなさい。

問5　「化学かいろ」は，鉄と水と酸素から，水酸化鉄が生成するときに発生する熱を利用している。このように，熱が発生する反応を何というか，漢字4字で書きなさい。

2 食塩水を入れたビーカーがある。右の図のように発泡ポ
リスチレンに固定した金属板A，Bを入れ，モーターが回
転するかどうかを調べた。以下の各問に答えなさい。

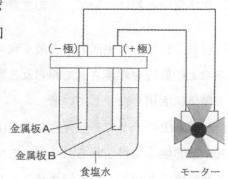

問1 水50gに食塩10gを溶かした食塩水の質量パーセン
ト濃度は何％か，求めなさい。ただし，小数第2位を
四捨五入すること。

問2 図のように，電気エネルギーを取り出す装置を何と
いうか，漢字2字で書きなさい。

問3 2枚の金属板の組み合わせを，右の表のように変え
て実験を行った。次の（1）〜（3）に答えなさい。

	金属板A	金属板B
a	亜鉛板	銅板
b	銅板	銅板
c	亜鉛板	亜鉛板
d	銅板	亜鉛板

（1）モーターが回転すると考えられるのはどの組み合
わせの場合か，表中の**a**〜**d**から最も適切なものを
1つ選び，その符号を書きなさい。

（2）（1）の金属板の組み合わせで，食塩水のかわりに別の液体を用いて実験を行った。モー
ターが回転するのはどの液体か，次の**ア**〜**エ**から最も適切なものを1つ選び，その符号
を書きなさい。また，そう判断した理由を書きなさい。
　　ア 蒸留水　　　**イ** 砂糖水　　　**ウ** エタノール　　**エ** うすい塩酸

（3）（1）の組み合わせで−極となる金属板のようすを表しているものはどれか，次の**ア**〜
クから最も適切なものを1つ選び，その符号を書きなさい。ただし，●は金属，⊖ は電子，
○はイオンを表し，右肩にそれが帯びている電気の種類（＋か−）と数を表している。

　　ア ● ＋ ⊖ → ○$^+$　　　　**イ** ● ＋ ⊖ → ○$^-$

　　ウ ● → ○$^+$ ＋ ⊖　　　　**エ** ● → ○$^-$ ＋ ⊖

　　オ ● ＋ 2⊖ → ○$^{2+}$　　**カ** ● ＋ 2⊖ → ○$^{2-}$

　　キ ● → ○$^{2+}$ ＋ 2⊖　　**ク** ● → ○$^{2-}$ ＋ 2⊖

3 図のように，蛍光板付きの真空放電管（クルックス管）の電極A，Bに高い電圧を加えたとき，蛍光板に明るい光線が観察できた。以下の各問に答えなさい。

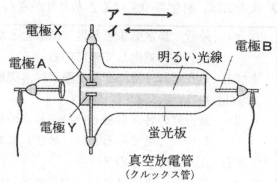

真空放電管
（クルックス管）

問1 蛍光板に観察された明るい光線を何というか，漢字3字で書きなさい。

問2 問1の光線は何という粒子の流れか，その名称を書きなさい。

問3 電極A，Bの電流の流れる向きは，図中の**ア**，**イ**のどちらか，その符号を書きなさい。

問4 別の電源を使って，電極Xを－極，電極Yを＋極にした。明るい光線は電極X，電極Yのどちら側に曲がるか，書きなさい。また，そう判断した理由を光線をつくっている粒子に着目して書きなさい。

4 図のような質量0.8kgの直方体がある。以下の各問に答えなさい。ただし，質量100gの物体にはたらく重力の大きさを1Nとする。

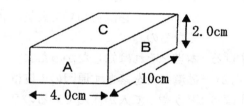

問1 直方体のA面を下にして床の上に置いたとき，直方体が床の面を押す力は何Nか。また，床が直方体から受ける圧力は何Paか，求めなさい。

問2 直方体のA～C面をそれぞれ下にして床の上に置いたとき，直方体から床が受ける圧力の大きさは異なる。「圧力の大きさ」と「直方体と床が接する面積」の間には，どのような関係があるか，簡単に説明しなさい。

問3 直方体のC面を下にして複数個積み重ねて柱をつくった。床がこの柱から受ける圧力が1000hPaになるのは，この直方体を何個積み重ねたときか，求めなさい。

5 次の文は，科学部のすばるさんとりかさんの会話の一部である。以下の各問に答えなさい。

> り か：最近，異常気象とか地球温暖化とか問題になっているね。①降水量が多いことによる被害も深刻化してきている。
>
> すばる：そうだね。特にゲリラ豪雨は，突風が吹いて強い雨が降って，まるで熱帯のスコールみたいだね。
>
> り か：最近夏の暑さも厳しいね。日本の夏が熱帯化してきているという人もいるわ。地球レベルで見てみると，「暑さ」にもいろいろあるって知ってる？
>
> すばる：えっ，そうなの？
>
> り か：じゃあ，まずブラジルのアマゾン川中流域に見られる熱帯雨林気候をイメージしてみて。
>
> すばる：ジャングルだね。
>
> り か：そう。②高温多湿で，生物種も豊富で全世界の生物種の半数以上が生息していると言われているわ。それから，強風を伴う激しい雨，スコールが有名ね。季節風モンスーンの影響で雨季と乾季がある地域では，水位が10メートルくらい変化するらしいの。
>
> すばる：えっ，それじゃ人が住めないね。
>
> り か：それがね，③山に高床式の木の家の集落があったり，川にも，水面より高い高床式の水上集落が見られるのよ。
>
> すばる：驚いた。工夫して生活しているんだね。
>
> り か：次に，別の「暑さ」を考えてみるわよ。サハラ砂漠をイメージしてみて。
>
> すばる：砂漠というと，サボテン，雨が少ない，乾燥している。
>
> り か：そうね。降水量が極めて少なく，草木もほとんど生えていないわね。あと，気温差が大きくて昼は約40℃で真夏の暑さだけど，夜は10℃以下になって真冬のように寒くなるの。
>
> すばる：本当？それは知らなかったよ。
>
> り か：砂漠で命を落とす原因の1位は，凍死らしいの。とても危険ね。
>
> すばる：どうやって人が住んでいるの？
>
> り か：④泥やレンガを使って家の壁を厚くして，窓をとても小さくしているの。
>
> すばる：へえ，気候や自然環境や住んでいる地域によって全然違うんだね。もしかしたら，これからの環境変化に対応していくヒントがあるかもしれないね。もっと他の地域についても自分で調べてみるよ。いろいろ参考になったよ。ありがとう。

問1 下線部①について，次の（1）～（3）に答えなさい。

（1）降水量が多い原因に低気圧が考えられる。日本付近にある低気圧の中心付近の空気の流れと風の向きとを，模式的に表したものはどれか，図1の4つから正しく組み合わせたものを次のア～エから1つ選び，その符号を書きなさい。

　　ア　Aとa　　　イ　Aとb
　　ウ　Bとa　　　エ　Bとb

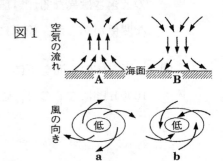

図1

（2）図2は，ある日の日本付近の気圧配置図である。次の（i），（ii）に答えなさい。

（i）雲が多く天気が悪くなるのはXとYのどちらか，その符号を書きなさい。

（ii）Rの地点の気圧は何hPaか，書きなさい。

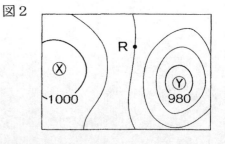

図2

金沢龍谷

（3）雲のでき方を調べるために，実験を行った。図3の
　　ように2本のペットボトルP，Qをゴム管でつないで，
　　Pに少量の水を入れて，線香の煙を入れた。Qを手で
　　押したりはなしたりした。P内のようすを観察したと
　　ころ，P内は白くくもった。この現象が起こった理由
　　を，気圧と温度の変化に着目して書きなさい。

図3

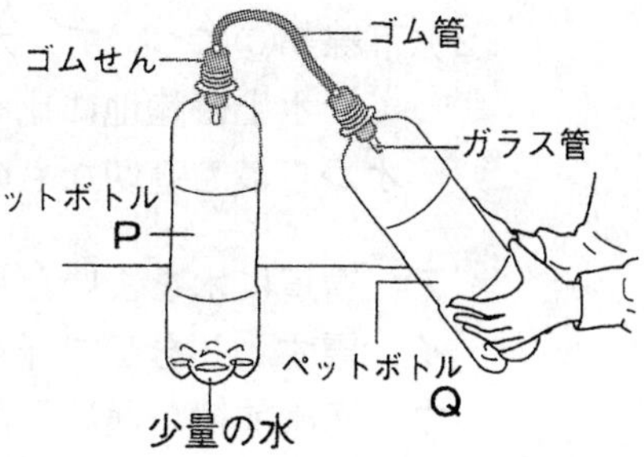

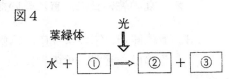

問2　下線部②について，次の（1），（2）に答えなさい。
（1）高温多湿であることによって，多くの生物種が生息
　　できる。その要因に，植物が行う光合成のはたらきが
　　考えられる。図4は光合成のしくみを模式的に表した
　　ものである。①～③にあてはまる物質名をそれぞれ書
　　きなさい。ただし，①，③は気体である。

図4

葉緑体　　　　　光
　　　　　　　　↓
水 ＋ ① ⟶ ② ＋ ③

（2）図5は，植物を分類したものである。次の
　　（ⅰ）～（ⅲ）に答えなさい。
　（ⅰ）図5の □□□□ に入る語句を書きなさい。
　（ⅱ）シダ植物やコケ植物は種子をつくらない。
　　　　何によってなかまを増やしているか，書き
　　　　なさい。
　（ⅲ）裸子植物，離弁花類にあてはまる植物を
　　　　次のア～カからそれぞれ1つずつ選び，そ
　　　　の符号を書きなさい。
　　　　ア　サクラ　　　イ　マツタケ　　　ウ　トウモロコシ
　　　　エ　ツツジ　　　オ　スギナ　　　　カ　ソテツ

図5

植物 ─┬─ 種子植物 ─┬─ 被子植物 ─┬─ 双子葉類 ─┬─ 合弁花類
　　　│　　　　　　　│　　　　　　　│　　　　　└─ 離弁花類
　　　│　　　　　　　└─ 裸子植物
　　　└─ 花のさかない植物 ─┬─ シダ植物
　　　　　　　　　　　　　　　└─ コケ植物

問3　下線部③，④について，次の（1），（2）に答えなさい。
（1）下線部③，④の異なる家の造りについて，それぞれ優れている特徴を述べたものは
　　どれか，次のア～クから最も適切なものをそれぞれ1つずつ選び，その符号を書きな
　　さい。
　　ア　断熱性を高くして，室温を変化させるため。
　　イ　断熱性を高くして，室温を一定に保つため。
　　ウ　断熱性を低くして，室温を変化させるため。
　　エ　断熱性を低くして，室温を一定に保つため。
　　オ　通気性を高くして，湿気を防ぐため。
　　カ　通気性を高くして，湿気を保つため。
　　キ　通気性を低くして，湿気を防ぐため。
　　ク　通気性を低くして，湿気を保つため。

（2）下線部③について，水上集落では，水が蒸発するとき周囲の熱をうばう気化熱によって，水上は陸地に比べて涼しく快適である。この現象と同じものはどれか，次のア〜オから最も適切なものを1つ選び，その符号を書きなさい。

    ア　雪道に水をまいたら，雪がとけた。
    イ　雪すかしをして汗をかいた後，急に体が冷えた。
    ウ　寒冷前線が通過した後，気温が下がった。
    エ　エアコンの冷房をかけたら，室内の温度が下がった。
    オ　夏の暑い日に，首に乾いたタオルをかけた。

（3）下線部③，④のように，気候や地域によって家の素材が木や泥，レンガのように異なるのはなぜか，その理由を，2人の会話に着目して書きなさい。

6 すべての生物は，構造的・機能的単位としての細胞からできている。右の図は，細胞のつくりを模式的に示したものである。ヒトのほおの内側とオオカナダモの葉を用いて次の実験を行った。以下の各問に答えなさい。

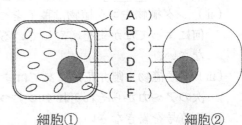

細胞①　　　　　　　　細胞②

[**実験**]　ヒトのほおの内側の細胞とオオカナダモの葉の細胞を，それぞれ酢酸カーミンで染色し，顕微鏡で観察した。

問1　実験で酢酸カーミンによって染色されて見やすくなるつくりを，図中のA〜Fから1つ選び，その符号を書きなさい。また，そのつくりの名称を書きなさい。

問2　オオカナダモの葉の細胞と考えられるのは，細胞①，細胞②のどちらか。また，そう判断した理由を書きなさい。

問3　ヒトなど，体が多くの細胞からできている生物を何というか，漢字5字で書きなさい。また，次のア〜オの生物のうち，この生物をすべて選び，その符号を書きなさい。
    ア　ゾウリムシ　　イ　ミカヅキモ　　ウ　ワカメ　　エ　アメーバ　　オ　ミジンコ

（解答は別冊 79 ページ）

1 次の先生と生徒の会話を読んで，あとの各問に答えなさい。

先生「2022 年の大河ドラマの影響で，鎌倉幕府への関心が高まりました。そこで今回は，鎌倉時代を通して歴史を掘り下げていきたいと思います。まず武士は，平安時代から登場して，やがて武士団を作りました。特に源氏と平氏が有力で，源氏は清和天皇の，平氏は①桓武天皇の子孫だね。」

生徒「その後②武士は，内乱や反乱を起こしたり関わったりして，やがて平清盛が台頭してきたのですね。③その様子は『平家物語』にも描かれています。」

先生「一方，平氏に敗れて伊豆に流されていた源頼朝は，弟の源義経などに命令して平氏を攻めさせ，壇ノ浦で平氏を滅ぼしたんだ。」

生徒「その頃の頼朝は何をしていたのですか。」

先生「この間，頼朝は鎌倉幕府を作っていたんだ。特に弟の義経と対立して，義経をとらえることを口実に国ごとに守護を，④荘園や公領ごとに地頭を置いて地方の支配を広げていったんだね。」

生徒「そして頼朝の死後は，北条氏が執権として将軍に代わって実権を握っていったんですね。⑤このように，組織の頂点ではない人物が実権を握っているケースは多いですね。」

先生「他にも鎌倉時代で大切なポイントは，1232 年に定められた御成敗式目だね。この法の一文には⑥"女性が養子をとることは，律令では許されていないが，頼朝公のとき以来現在に至るまで，子どものない女性が土地を養子にゆずりあたえる事例は，武士の慣習として数えきれない。"とあるんだ。」

生徒「大河ドラマのクライマックスとなった 1221 年の⑦承久の乱も，鎌倉時代での大きなできごとなんですよね。」

先生「そうだね。このできごとによって鎌倉幕府は西日本にも支配が及ぶことになったからね。そしてその後の⑧2 度の元の襲来も鎌倉幕府にとっては大きなできごとだったんだ。」

生徒「活躍した御家人に十分な恩賞が与えられなかったり，北条氏の一族に権力が集中して御家人たちが不満を持ち，鎌倉幕府滅亡の要因ともなったんですね。」

問1　下線部①について，桓武天皇の在位期間に東北地方に築かれた城を，右の地図から 1 つ選び，書きなさい。

問2　下線部②について，武士の内乱や反乱と**関係のないもの**を，次のア～エから 1 つ選び，その符号を書きなさい。

　　ア　保元の乱　　　イ　前九年合戦
　　ウ　平将門の乱　　エ　壬申の乱

問3　下線部③について，次の『平家物語』の部分要約を読み，平清盛が 1167 年に就任した身分を明確にして，その身分の高さを簡潔に書きなさい。

> 六波羅殿の一族のご子息たちといえば，たとえ華族や英雄といった家柄の高い貴族でも肩を並べることや顔を合わせることもできなかったのです。

問4　下線部④について，荘園の成立と関係するものを，次のア～エから 1 つ選び，その符号を書きなさい。

　　ア　墾田永年私財法　　イ　口分田　　ウ　班田収授法　　エ　公地公民

問5　下線部⑤について，組織の頂点ではない人物で実権を握ったといえる人物を，次のア～エから 1 つ選び，その符号を書きなさい。

　　ア　後醍醐天皇　　イ　天智天皇　　ウ　藤原道長　　エ　足利義満

問6　下線部⑥について，この御成敗式目の部分要約からわかることとして，**誤っているもの**を，次のア～ウから 1 つ選び，その符号を書きなさい。

　　ア　貴族の時代から続く決まりを大切にしている。
　　イ　武士の慣習を決まりとしている。
　　ウ　この時代の武士の女性は土地の相続に関与している。

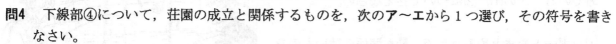

733 年　秋田城
802 年　胆沢城
767 年　伊治城
724 年　多賀城

問7　下線部⑦について，このとき鎌倉幕府を倒そうとした後鳥羽上皇が支配していた領域としてあ
　　てはまるものを，次の**ア～エ**から**すべて選び**，その符号を書きなさい。
　　　　ア　関東地方　　　　**イ**　中国地方　　　**ウ**　東北地方　　　　**エ**　近畿地方

問8　下線部⑧に関連して，次の(1)，(2)について答えなさい。
　　(1)この時代ののち，1592年と1597年に豊臣秀吉が中国の征服をめざして朝鮮へ大軍を派遣した
　　　ときの中国の王朝名を書きなさい。
　　(2)この頃のヨーロッパのようすとして正しいものを，次の**ア～ウ**から1つ選び，その符号を書き
　　　なさい。
　　　　ア　世界最大級の都市ローマを首都としてローマ帝国が繁栄した。
　　　　イ　ローマ教皇の呼びかけに応じた西ヨーロッパ諸国による十字軍の派遣が続いていた。
　　　　ウ　ポルトガルとスペインが先がけとなって大航海時代が始まった。

2　右の年表を見て，次の各問に答えなさい。

問1　年表中の**A**よりも古い時代のできごとを，次の
　　ア～エから1つ選び，その符号を書きなさい。
　　　　ア　琉球藩の設置　　　　　**イ**　関東大震災
　　　　ウ　フランス革命　　　　　**エ**　ベトナム戦争

問2　年表中の**B**について，どの国とどのような内容の条
　　約を結んだのか簡潔に書きなさい。

問3　年表中の**C**について，資料1はどのような国際関係
　　を示しているか簡潔に書きなさい。

問4　年表中の**D**について，これに関係のある講和条約を
　　書きなさい。

問5　「第一次世界大戦は日本にどのような影響を与えた
　　のか？」というテーマで資料を調べ，レポートをまと
　　めている。次の(1)，(2)について答えなさい。

　　(1)レポートをまとめるうえで，最も関係の薄いものを
　　　次の**ア～エ**から1つ選び，その符号を書きなさい。
　　　　ア　原敬内閣が成立する
　　　　イ　第一次護憲運動がおこる
　　　　ウ　財閥
　　　　エ　シベリア出兵を行う

　　(2)この時期に日本が常任理事国となった国際的な組織の正式名称を書きなさい。

問6　年表中の**E**の時期にGHQが日本政府に指示した農地改革のねらいを簡潔に書きなさい。

時期	おもなできごと
19世紀	北海道開拓使が設置される…A
	樺太・千島交換条約…………B
	日清戦争………………………C
20世紀	日露戦争………………………D
	サンフランシスコ平和条約…E

資料1

（「魚釣り遊び」ビゴー「トバエ」1887年2月15日号）

3 次のオセアニア州に関する各問に答えなさい。

問1 オセアニア州の先住民の祖先は，ユーラシア大陸から島づたいに移住し定着したと考えられています。これについて次の(1)，(2)に答えなさい。

(1)オーストラリアの先住民を何と呼ぶか，カタカナで書きなさい。

(2)ニュージーランド先住民を何と呼ぶか，カタカナで書きなさい。

問2 右の図はオーストラリアの国旗のデザインである。オーストラリアをはじめとしたオセアニア州の国々の国旗には，南十字星の入った国旗やイギリスの国旗の入った国旗が多く見られます。これについて次の(1)，(2)に答えなさい。

(1)南十字星は何を意味しているか書きなさい。

(2)なぜイギリスの国旗が入っているのか簡潔に書きなさい。

問3 下の資料1は外国生まれのオーストラリア人とその出身地を，資料2はオーストラリアの輸出相手国をそれぞれ表している。これを見て，あとの(1)～(3)に答えなさい。

資料1

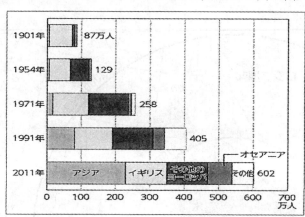

資料2

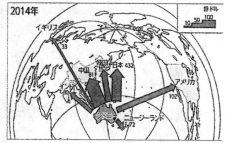

(東京書籍「地理A」より抜粋)

(1)1971年まではそれ以降と比べてどのような特徴があるか書きなさい。

(2)その理由としてあげられる20世紀はじめから1970年代にかけてとられていた政策名を書きなさい。

(3)2つの資料から1970年代以降21世紀にかけて，オーストラリアとアジアとの関係について簡潔に書きなさい。

問4 日本とオセアニア州について，次の(1)，(2)に答えなさい。

(1)オーストラリアのシドニーはおよそ東経150度である。したがって，日本時間はシドニーに比べて（　　）時間（　　）くなる。空欄に入る数字と漢字をそれぞれ1字書きなさい。

(2)近年日本とオーストラリアやニュージーランドとの間で移動する観光客が増加している。その理由を次の2つの語句を使って簡潔に書きなさい。

【語句】　時差　季節

4 「1年間のニュースを振り返る」というテーマでレポートをまとめることになった。テーマ1「領土問題」，テーマ2「防災」，テーマ3「冬の北陸」というテーマで各班レポートを作成するためのメモを持ちよった。次の各問に答えなさい。

問1 テーマ1に関連して下の資料1・2を見て，次の(1)～(3)に答えなさい。

(1)資料1を見て，**A**（領海も含む）は何を表しているか書きなさい。

(2)中国が 1970 年代から領有権を主張するようになってきた場所を資料 1 の**ア～エ**から 1 つ選び，その符号を書きなさい。

(3)資料2を見て，日本は国土面積に対して**A**（領海も含む）が広い。その理由を簡潔に書きなさい。

資料1

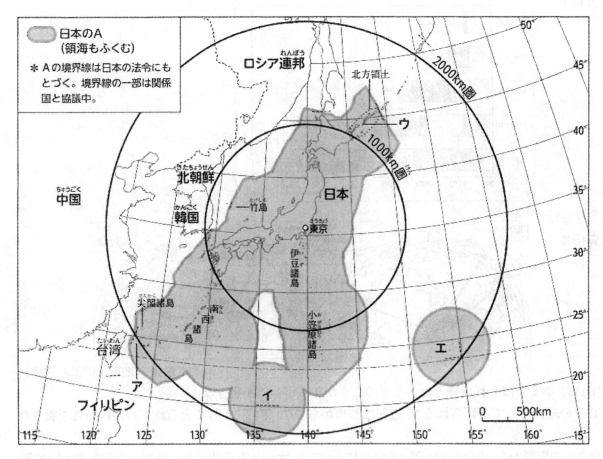

資料2

国名	A（万km²）	国土面積（万km²）
アメリカ合衆国	762	983
オーストラリア	701	769
日本	447	38

（「世界の統計」「世界国勢図会」より作成）

金沢龍谷

問2 テーマ2についての資料3・4を見て，次の(1)，(2)に答えなさい。

資料3

標高 (m)
2,500
2,000 B
1,500
1,000
500
0(km)   500   1,000
河口からの距離
（「日本の水資源」ほか）

資料4

B川とC川の主な川の河況係数 ※かきょう

	河況係数
B川	1782
C川	18

※河川の年間最大流域を最小流域で割った
値。値が小さいほど流量の変化は小さい。

（「世界の統計」「世界国勢図会」より作成）

(1)資料3・4を使ってB川とC川を比較し，次のようにまとめた。 $\boxed{\text{I}}$ ， $\boxed{\text{II}}$ に入る語句を
書きなさい。

> まとめ
>
> B川と国際河川のC川を比較して，資料3からB川は $\boxed{\text{I}}$ という特色があり，また，
> 資料4から流量の変化が $\boxed{\text{II}}$ ということがわかる。

(2)日本の河川の特色から心配される災害にはどのようなものがあるか。また，それを防ぐために
どのような対策が必要か書きなさい。

問3 テーマ3について下のメモを見て，あとの(1)，(2)に答えなさい。　　資料5

> ≪メモ≫資料5は12月の大雪に関する新聞の切り抜き写真。
> 北陸地方に雪が多い理由は，北西からふく冷たい $\boxed{\text{III}}$ 風
> と，暖流の $\boxed{\text{IV}}$ 海流の影響を受けるため。

(1) $\boxed{\text{III}}$ ・ $\boxed{\text{IV}}$ にあてはまる語句を書きなさい。

(2)冬になると雪におおわれる北陸地方では副業が発達した。北陸
地方の副業を次のア〜エから1つ選び，その符号を書きなさい。

ア 常滑焼　　**イ** 江戸べっ甲　　**ウ** 琉球漆器　　**エ** 小千谷つむぎ

5　次の文を読み，あとの各問に答えなさい。

　民法が改正され，2022年4月1日から，成年年齢が20歳から18歳に引き下げられました。2015年6月，①選挙権年齢や，②憲法改正国民投票の投票権年齢を18歳と定めるなど，国政の重要な判断に参加してもらうための政策が進められてきました。また，成人は様々な契約ができるようになり契約に対して責任を負います。契約には多くのルールがあり，そうした知識がないまま，安易に契約を交わすと③トラブルに巻き込まれる可能性があります。

問1　下線部①について，一定年齢に達したすべての人々に平等に選挙権が与えられる選挙のことを何というか，漢字4字で書きなさい。

問2　下線部②に関して，次の文中のA・Bの【　】内ア・イ・ウのうち，正しいものを選び，その符号を書きなさい。

　　憲法の改正は，各議院の総議員のA【ア：3分の1　イ：過半数　ウ：3分の2】以上の賛成で，国会がこれを発議し，国民に提案してその承認を経なければならない。この承認には，特別の国民投票または国会の定める選挙の際行われる投票について，そのB【ア：3分の1　イ：過半数　ウ：3分の2】の賛成を必要とする。

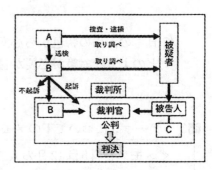

資料1

問3　下線部③について，次の(1)～(3)に答えなさい。
　　(1)資料1は，刑事裁判の流れを表した模式図である。資料中のA～Cにあてはまるものを，次のア～ウから1つずつ選び，その符号を書きなさい。
　　　　ア　検察官　　イ　警察官　　ウ　弁護人

　　(2)日本の裁判において，第一審の判決に不服がある時，第二審の裁判所に再度裁判のやり直しを求めることができる。このことを何というか書きなさい。また，第二審の判決に対しても不服な場合，さらに裁判のやり直しを求めることができる三審制を採用している。その理由を書きなさい。

資料2

　　(3)資料2は裁判の様子を表している。これは，刑事裁判と民事裁判どちらの法廷の様子を表しているか書きなさい。また，そのように判断した理由も書きなさい。

（解答は別冊 80 ページ）

I. （　　）内の語（句）を正しく並びかえなさい。

必要であれば、文頭に来る語は、最初の文字を大文字にしなさい。

Use the words and phrases in the parentheses to complete the sentences below correctly.

Change the first letter of the sentence to a capital letter, if necessary.

(1) **I** (sing / sleeping / started / the song / they / to / was / when).

(2) (before / finish / going / have / projects / students / their / to / will) **on vacation**.

(3) **Studying in** (exciting / in / is / more / much / New Zealand / studying / than) **Japan**.

(4) **The engineer** (be / designs / drone / fastest / invited / the / to / who / will) **the ceremony**.

II. 次の会話文の（1）～（5）に入る最も適切な表現を（a）～（j）から1つずつ選び、その記号を書きなさい。

Fill in the blanks (1) ~ (5) in the conversation below with the most appropriate expressions. Choose one answer for each blank from (a) ~ (j) in the box below. Write the appropriate letter (a) ~ (j) on the answer sheet.

Student: Excuse me.

Staff: Yes, can I help you?

Student: Yes. I want to take out this book from the library but I don't know how. (　1　)?

Staff: Of course. Let's go to the computer.

Student: OK, thank you. I've never used the library before.

Staff: Don't worry, it's really easy. (　2　). Then, click the box for the user ID.

Student: Right.

Staff: (　3　) your ID card with you?

Student: Yes. Just a moment. Let me take it out of my wallet. Here it is!

Staff: Good. Use the scanner and scan the barcode on the back of your ID card. Next, click the box for the book ID and scan the barcode on the book. (　4　).

Student: Great! That was easy.

Staff: Oh, and don't forget to click "OK" at the end.

Student: Got it.

Staff: By the way, sometimes this computer doesn't work. (　5　), just call the office and someone will come and help.

Student: All right. Thank you.

Staff: You're welcome.

(a) Can you show me	(b) Click on "borrowing" as the first step
(c) Do you have	(d) Do you need
(e) If there's a problem	(f) That's it
(g) There are lots more things to do	(h) What time does it open
(i) When it's working	(j) You need to choose "returning"

III. 次の（1）～（8）に入る最も適切な語を（a）～（h）の中から選び、その記号を書きなさい。

Choose the most appropriate word for each blank (1)~(8) from (a)~(h) and write the letter on the answer sheet.

Social Media

These days, almost everyone has a smartphone. It is convenient to use a smartphone to do things such (1) searching for information, playing online games, and using social media. Social media is also called social networking sites (SNS).

Most of us use some social media to (2) with our family and friends. When we can't meet our friends, we can stay connected to (3) online. We can share photos and (4) very quickly with many people. Also, we can follow interesting people and topics.

However, have you thought about some of the problems that (5) because of social media? First, there are some (6) people who attack other people online, which can make other people feel sad. Second, social media sites are used by some people for many hours every day. If people spend too much time online, they will not get enough (7) or exercise, so social media can be bad for their health. Do you think that these problems can be fixed? Third, social media changes very quickly. In the future, using social media may be very (8) from today.

| (a) angry | (b) as | (c) communicate | (d) different |
| (e) happen | (f) news | (g) sleep | (h) them |

- 273 -

IV. 次の (1) ~ (12) に入る最も適切な語を (a) ~ (n) の中から選び、その記号を書きなさい。
ただし、必要のない単語が2語含まれています。

Choose the most appropriate word for each blank (1) ~ (12) from (a) ~ (n) and write
the letter on the answer sheet. <u>Note that two unused words are included in the choices.</u>

Sound of Music

Do you enjoy listening to music? Is it a part of your daily life? You are not the only person (1)
enjoys music. Many people like listening to it on their phones or on their computers (2) exercising
or studying. However, the problem is that some people like to play their music (3). When they hear
their favorite songs playing, they turn up the volume and make the music louder.

Your science teacher (4) say that when you make the music louder, the sounds are louder
because the intensity (5) up. When the intensity rises, the sound travels faster and further through
the air.

That said, (6) far can a sound go? If the intensity is low, then the sound is (7). A quiet
sound does not travel very far, but a loud one can travel for hundreds of kilometers. For example, a car
alarm can be (8) many meters away. That loud (9) can make it difficult for people to sleep.

You should be careful, too. Listening to very loud music is not (10). It can harm your hearing.
People who work around loud sounds all day long must (11) their ears to protect them. Do not turn
up the volume (12) much if you like to listen to music. Be kind to yourself and people around you.

(a) cover	(b) far	(c) goes	(d) healthy
(e) heard	(f) how	(g) loudly	(h) music
(i) noise	(j) too	(k) weak	(l) while
(m) who	(n) will		

（解答は別冊 81 ページ）

1 次の問いに答えよ.

Answer the following questions.

(1) $-3^2 \div \dfrac{6}{5} - \dfrac{7}{2}$ を計算しなさい.

Calculate the value of $-3^2 \div \dfrac{6}{5} - \dfrac{7}{2}$

(2) $-\dfrac{a+b}{2} + \dfrac{5a+3b}{4}$ を計算しなさい.

Simplify the expression $-\dfrac{a+b}{2} + \dfrac{5a+3b}{4}$

(3) $\left(-2x^3y\right)^3 \times 4xy^2 \div \left(-2xy\right)^2$ を計算しなさい.

Simplify the expression $\left(-2x^3y\right)^3 \times 4xy^2 \div \left(-2xy\right)^2$

(4) $\sqrt{32} - \sqrt{45} - 3\sqrt{2} + 7\sqrt{5}$ を計算しなさい.

Calculate the value of $\sqrt{32} - \sqrt{45} - 3\sqrt{2} + 7\sqrt{5}$

(5) $\sqrt{98} \times \sqrt{27}$ を計算しなさい.

Calculate the value of $\sqrt{98} \times \sqrt{27}$

(6) $\dfrac{14}{\sqrt{7}}$ の分母を有理化しなさい.

Simplify the expression $\dfrac{14}{\sqrt{7}}$ such that the denominator contains no root.

(7) 数 $-1, -\dfrac{6}{5}, -\dfrac{3}{2}$ の大小を不等号を使って表しなさい.

Use inequality signs to line up the numbers $-1, -\dfrac{6}{5}, -\dfrac{3}{2}$

(8) 数 $\dfrac{21}{5}, \sqrt{15}, 4$ の大小を不等号を使って表しなさい.

Use inequality signs to line up the numbers $\dfrac{21}{5}, \sqrt{15}, 4$

(9) 半径が r cm, 中心角が $a°$ のおうぎ形の弧の長さが l cm であるとき、r を a と l を用いて表しなさい.

A sector of a circle has a radius "r" cm, a central angle "$a°$" and an arc length "l" cm. Express the value of "r" in terms of "a" and "l".

(10) $(a-5)^2 - (a+4)^2$ を計算しなさい.

Simplify the expression $(a-5)^2 - (a+4)^2$

(11) $A = 2x - 3y$, $B = x + y$ のとき, $3(2A-B) - 2(A-2B)$ を計算し, x と y で表しなさい.

If $A = 2x - 3y$ and $B = x + y$, express $3(2A-B) - 2(A-2B)$ in terms of x and y.

2 次の式を因数分解しなさい.
Factorize the following expressions.

(1) $4xy^3 + 6x^3y^2 - 3x^2y^4$

(2) $x^2 - 11x + 24$

(3) $a^2 - 4b^2$

(4) $(x+2)^2 + 6(x+2) + 5$

3 次の方程式を解きなさい.
Find the unknown variables in each of the following equations.

(1) $\dfrac{2}{3}x - \dfrac{5}{2} = \dfrac{1}{2}x - 4$

(2) $4 : x = 6 : 10$

(3) $\begin{cases} 5x - 2y = -8 \\ 3x - 5y = -1 \end{cases}$

(4) $x^2 - 2x - 35 = 0$

(5) $x^2 + 4x - 2 = 0$

4 2個のサイコロを同時に投げる．出た目の差の絶対値が3以下になる確率を求めなさい．

If two ordinary dice are thrown at the same time, what is the probability that the absolute value of the difference between the dice's values is less than or equal to 3?

5 y は x に反比例し，$x=6$ に対応する y の値が $y=9$ である．x の変域が $2<x<9$ であるとき，y の変域を求めなさい．

Suppose y is inversely proportional to x such that when $x=6$, $y=9$. If the range of x is $2<x<9$, find the range of values that y can take.

6 右の図の $\angle x$ の大きさを求めなさい．
Find $\angle x$ in the figure to the right.

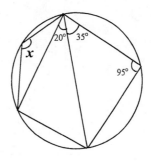

7 2点 $A(-5,2)$，$B(3,-4)$ の間の距離を求めなさい．

Find the distance between two points $A(-5,2)$ and $B(3,-4)$.

8 次の問いに答えなさい.

Answer the following questions.

(1) 1次関数 $y = -\dfrac{2}{3}x - 1$ のグラフをかきなさい.

Sketch the graph of the linear function $y = -\dfrac{2}{3}x - 1$.

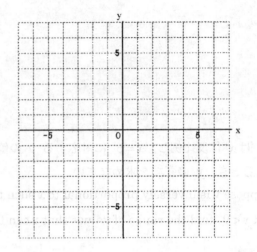

(2) 右の図の直線 m の式を求めなさい.

Find the equation of the line "m" in the figure to the right.

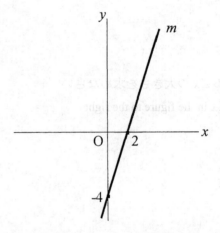

(3) 方程式 $5x + 2y - 3 = 0$ のグラフに平行で、点 $(4, -3)$ を通る直線の式を求めなさい.

Find the equation of line which is parallel to the line $5x + 2y - 3 = 0$ and passes through the point $(4, -3)$.

(4) 関数 $y = -\dfrac{3}{4}x^2$ のグラフをかきなさい.

Sketch the graph of the function $y = -\dfrac{3}{4}x^2$.

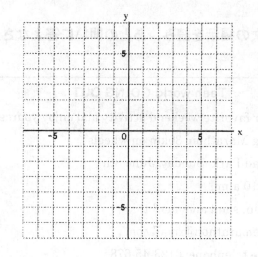

(5) 関数 $y = \dfrac{1}{3}x^2$ について、x の変域が $-6 \leqq x \leqq 3$ のときの y の変域を求めなさい.

For the function $y = \dfrac{1}{3}x^2$, find the range of values for y if the range of x is $-6 \leqq x \leqq 3$.

（解答は別冊 82 ページ）

【1】 次の掲示を読み、あとの問いに答えなさい。

Teen world GOING OUT

Find your favorite weekend activity and enjoy yourself.

Skating Marathon: 30km on wheels

At Broad Park, Sunday, June 8th

Starts 10 a.m.

To join, send an e-mail to:

skatemarathon@xmail.com

Office telephone: 0123-45-678

OLIVER!

The Musical

· At the Central Theater on Beach Street

· Tuesday, June 10th – Sunday, July 6th

· Tickets are sold at the Central Theater ticket office

· For more information:

www.centraltheater.com

NEW 3D-screen Theater

Opens Saturday, July 26th

12 screens with digital sound and 3D systems

On the opening day, you will be able to see

★Space Adventure Ⅲ

★The Shock

… and more!

CINEMA PARADISE

Victory Road, New South City, NS1

For more movies, see

www.cinepara-nsc.co.com

INTERNATIONAL MARKET

Shepton Town Square

July 1st – 31st

Friday – Sunday 10 a.m. – 8 p.m.

Local food, Asian food, African food and crafts, clothes, sports and games from around the world!

You can get

· Food until 8:00 p.m.

· Clothes until 5:00 p.m.

· Sports and games until 5:00 p.m.

問1 You have a holiday on Saturday, July 26th.　Which events can you go to?

あ．The International Market and the Teen world GOING OUT.

い．Oliver! and the International Market.

う．Oliver! and the New 3D-screen Theater.

え．The International Market and the New 3D-screen Theater.

問2 How can you see the musical?

あ．By sending an e-mail.　　い．By going to the website.

う．By sending a fax.　　え．By getting a ticket at the ticket office.

問3 You want to buy some food at the International Market.　When can you buy them?

あ．On Friday, at 9 a.m.　　い．On Saturday, at 7 p.m.

う．On Monday, at 4 p.m.　　え．On Tuesday, at 7 p.m.

【2】 次の会話と広告を読み、あとの問いに答えなさい。

Mother: Hey, what are you doing?

Father: I'm just looking for the ski and snowboard sales at Blizzard Sports. We will have our ten-day vacation in Hokkaido soon, and I thought we should buy some new goods before we go.

Mother: Good idea. What's on sale now?

Father: A lot of goods. Take a look.

Mother: Wow! The prices are good. You said that you need to buy new snowboarding goods. The *complete set is a big sale. It is a $35 *discount.

Father: Yeah, but I don't want another snowboard, and the boots and the helmet will be OK for now. But I need new snowboard wear and goggles.

Mother: And gloves?

Father: Hmm. They're too expensive. Maybe not this time.

Mother: Hey! Look! Children under 12 get a $50 discount! Why don't we buy a new ski set for Mary now before she becomes thirteen next month? Little Tommy can use her old goods.

Father: Sounds good, but her skis are too big for Tommy, so let's get him new skis and ski poles. Do you need anything?

Mother: No, thanks. I'm OK now.

Father: All right. I'll get my credit card.

BIG SALE

November 25th ~ 30th

Snowboard Goods

Snowboard + Carry Bag	$	450
Boots	$	150
Jacket + Pants	$	90
Helmet	$	60
Gloves	$	55
Goggles	$	30
total	**$**	**835**

Complete Set Special

$ [A] !!

★ <u>Children Under 12</u>
$30 off !!

Ski Goods

Skis	$	100
Poles	$	50
Ski Wear	$	130
Boots	$	130
Helmet	$	60
Gloves	$	30
total	**$**	**500**

Complete Set Special

$ 470 !!

★ <u>Children Under 12</u>
$ [B] off !!

【注】complete: 完全な　discount: 割引

問1　A と B に入る適当な数字を算用数字で答えなさい。

問2　この家族が支払う合計額を1つ選び、記号で答えなさい。
　　　あ．$420　　い．$570　　う．$690　　え．$740

問3　本文の内容に合うものを1つ選び、記号で答えなさい。
　　　あ．They are planning to go to the sports shop in Hokkaido during their ten-day vacation.
　　　い．The father decided to buy boots, a jacket, pants and goggles.
　　　う．They decided to buy Tommy a complete ski set.
　　　え．Mary will be thirteen next December.

【3】次の新型コロナウイルス (coronavirus) に関する2つのニュース記事A、Bを読み、あとの問いに答えなさい。

A

Coronavirus Around the World

By May 2020, more than 350,000 people around the world died from the new coronavirus.　The number of deaths was about 100,000 in the U.S. and 170,000 in Europe.　On the other hand, the number of deaths was not so high in Japan and other Asian countries.　[　　あ　　]

We do not understand the reason for the low death *rate in Asia.　Some researchers think that it is because of Asian cultures.　Many people in Japan and China wear masks, but masks are not (a) in North America and Europe.　Masks are (b) to protect us from *virus because the virus goes into the body through the nose and mouth.　[　　い　　] People touch their face too many times every day, and that carries the virus to their nose and mouth.

On the other hand, the coronavirus can be more dangerous for people in North America and Europe.　People in the world have different *risk of illness.　[　　う　　] For example, *skin cancer is a very dangerous illness for people in Europe, but it is not so dangerous for people in Africa.

Some people from all over the world are studying this question.　But the reason is very difficult to find.　However, washing your hands and wearing a mask in crowds may be helpful.

B

Handwashing

The coronavirus has become a very big problem around the world.　Because of this, handwashing with *soap has become very important.　Parents, teachers, and leaders are telling everyone to wash their hands many times a day.　Many famous people have made songs and videos about handwashing.

Handwashing is important, but it is not easy for some people in the world.　"Handwashing with soap is one of the cheapest and most effective things you can do," said UNICEF.　"It can protect you and others against coronavirus and other illnesses." However, there are billions of people in the world who cannot do this.

UNICEF says that 40 percent of the world's people, or 3 billion people, do not have a handwashing place with water and soap at home.　Also, 47 percent of schools do not have a place for handwashing, and 16 percent of *healthcare centers do not have handwashing places.　Many people in *developing countries are getting sick because they cannot wash their hands.

Today, most people know that handwashing is very important, but people in developing countries don't know how to solve the problem.　Japan and other countries should do something to help all people around the world wash their hands.

【注】rate: 率　virus: ウイルス　risk of illness: 病気の危険性　skin cancer: 皮膚がん　soap: 石けん

healthcare center: ヘルスケアセンター　developing country: 発展途上国

【Aの記事に関する問い】

問1　(a)(b)に入る語として最も適当なものを1つずつ選び、記号で答えなさい。

　　　(a) あ. common　　い. helpful　　う. cute　　え. large

　　　(b) あ. unique　　い. helpful　　う. popular　　え. common

問2　次の1文を入れるとしたら、最も適当な箇所を[あ]～[う]から選び、記号で答えなさい。

　　　Another reason may be that Asian people do not shake hands.

【Bの記事に関する問い】

問3　Bの記事の第2～第4段落それぞれに書かれている話題として最も適当なものを1つずつ選び、
　　　記号で答えなさい。

　　　(a) 第2段落　(b) 第3段落　(c) 第4段落

　　　あ. 手洗いに関して先進国が行うべきことについて。
　　　い. 発展途上国における手洗いの実践状況について。
　　　う. 手洗いの重要性とその効果について。

【両方の記事に関する問い】

問4　本文の内容に合うものを2つ選び、記号で答えなさい。

　　　あ. In Asian countries, more people died from the new coronavirus than in the U.S. and in
　　　　　Europe.
　　　い. Wearing a mask is not useful for people in North America and Europe.
　　　う. Skin cancer is more dangerous for people in Europe than people in Africa.
　　　え. Billions of people in the world died from the new coronavirus.
　　　お. About half of schools in the world don't have a place for handwashing.
　　　か. Most people in developing countries do not know that handwashing is important.

【4】次の英文と表（table）を読み、あとの問いに答えなさい。

Japanese eating *habits have changed in the past 50 years. The graphs below show how ①they changed. Table 1 shows the amount of seafood and meat products Japanese people ate. In 1960, when this survey started, Japanese people ate more seafood than meat products. Each person ate more than 25kg of seafood at that time. The amount of seafood each Japanese ate increased to its *peak in 2002: 40kg *per person. Then it decreased.

However, the *situation is different in meat products. We ate only 5kg of meat products in 1960, ☐ A ☐ the amount was more than 30kg in 2015. In fact, in 2010, the *consumption of meat products became larger than that of seafood. This may show that our eating habits have become similar to that of Westerners.

When we look at Table 2, we can see what kind of meat products we ate most. Table 2 shows the consumption of beef, pork, chicken and other types of meat. In 1960, we ate less beef, pork and chicken than the total of other meat products such as whale, horse, lamb, rabbit and so on. This shows that we had different kinds of meat products. Since then, pork and chicken have been getting very popular. A peak in beef consumption came in 2000. Pork was the most popular meat for a long time, but in 2015 it fell to the second position. In that year, ②we ate more than (   ) (   ) much chicken as beef.

【注】habit: 習慣　　peak: 最大　　per person: 一人につき　　situation: 状況　　consumption: 消費

Table1:The consumption of meat and seafood per person / year (kg , 1960-2015)

	1960	1965	1970	1975	1980	1985	1990	1995	2000	2005	2010	2015
seafood	27	25	31	35	35	33	36	39	40	35	29	25
meat	5	9	14	17	23	23	26	28	28	28	30	32

Table2:The consumption of meat products per person / year (kg , 1960-2015)

	1960	1965	1970	1975	1980	1985	1990	1995	2000	2005	2010	2015
A	1	2	4	5	8	9	9.5	10	10	10	11	13
B	1	3	5	7	10	10	10.5	10.5	11	12	12	12
C	1	2	2	3	4	4	5.5	7	8	6	6	6
D	2	3	2	3	2	1	1	1	0.5	0.5	0.3	0.2

星稜

問1 下線部①の they が指している内容を日本語で答えなさい。

問2 A に入る語として最も適当なものを1つ選び、記号で答えなさい。
   あ．when　　い．but　　う．so　　え．because

問3 Table2 の A〜D の組み合わせとして正しいものを1つ選び、記号で答えなさい。
   あ．A:pork　　B:chicken　　C:horse　　D:beef
   い．A:chicken　B:beef　　C:others　　D:pork
   う．A:chicken　B:pork　　C:beef　　D:others
   え．A:beef　　B:pork　　C:chicken　　D:others

問4 下線部②の英文が『私たちは牛肉の 2 倍以上の鶏肉を食べていました。』という意味になるように（ A ）（ B ）に適当な英語を1語ずつ入れなさい。
   we ate more than (A) (B) much chicken as beef.

問5 本文の内容に合うものを2つ選び、記号で答えなさい。
   あ．Eating many kinds of meat is good for our health.
   い．In 1960, Japanese people ate less meat products than seafood.
   う．Japanese fishers caught less fish after 2010.
   え．Japanese people ate more fish than meat because meat was expensive.
   お．Japanese people eat more and more meat like Westerners.
   か．Japan started to import more meat in 1960.

星
稜

【5】 次の英文を読み、あとの問いに答えなさい。

There once was a hunter who thought he was the greatest hunter in the world.　One day, he was hunting in the forest.　①<u>He came to the forest (　　) he didn't know</u>.　Suddenly, there was the sound of beautiful music and a voice:

"Keep your *promise or be sorry."

The hunter looked for the musician and was amazed to see a little *tortoise.　It was sitting on a rock with a small guitar.　"②<u>I (　　) (　　) (　　) (　　) an interesting animal</u>," he thought.　"I want to catch it and show it to all my friends."

So, the next day, he went back and spoke to the tortoise, "Your music is so beautiful," he said. "Please come back with me to my house. Then I can listen to your song every day."　The tortoise didn't want to leave the forest, but the hunter asked her again and again.　In the end, she said, "Yes, I'll come back with you, but you must not tell anyone ③<u>my secret</u>.　I'll only sing to you."

So, the hunter took her home.　After some months, ④<u>he decided to tell the people in his village about his singing tortoise</u>.　"They will be amazed!"　he thought.　"And they will all agree that I am the greatest hunter."　So, he told everyone, but no one believed him.

The Village *Chief heard the story, too, and ⑤<u>he (to / the tortoise/ the hunter / bring / told)</u> to the meeting place in the village.　Many people came.　The hunter put the tortoise on a table. Everyone waited, but the tortoise didn't sing.　Hours went by.　The hunter said to her again and again, "Please sing," but [　　　　⑥　　　　].

Finally, the Chief said, "This man isn't the greatest hunter.　His story isn't true."　The people *laughed.　The man got angry at the tortoise and the people.　He left the village and never returned. The people started to leave the meeting place.　Then the tortoise said, "I was happy in the forest with my music, but the hunter didn't keep his promise."　And, as she walked back into the forest, she sang:

"Keep your promise or be sorry."

【注】promise: 約束　tortoise: 陸生のカメ　Chief: (部族の)首長　laugh: 笑う

問1 下線部①が、「彼は知らない森へやって来ました」という意味になるように（　A　）に適当な英語1語を入れなさい。

①He came to the forest (　A　) he didn't know.

問2 下線部②が「私はそのような興味深い動物を一度も見たことがない」という意味になるよう、（　A　）～（　D　）に最も適当な英語を1語ずつ入れなさい。

②I (　A　)(　B　)(　C　)(　D　) an interesting animal

問3 下線部③my secret の表す内容として最も適当なものを1つ選び、記号で答えなさい。

あ．カメが森を去りたくないという秘密

い．猟師がカメを家に連れて帰るという秘密

う．カメがギターを弾きながら歌うという秘密

え．猟師のために村へ行くという秘密

問4 下線部④he decided to tell the people in his village about his singing tortoise の理由を表すものとして最も適当なものを1つ選び、記号で答えなさい。

あ．カメが森から逃げてしまわないようにするため。

い．猟師が毎日カメの歌を聞けるようにするため。

う．自分が一番素晴らしい猟師だと村人に思ってもらうため。

え．カメについて自慢しないと、猟師は村人に笑われるため。

問5 下線部⑤の(　　　)内の語(句)を、下の日本語に合うように並べ替えたとき、[　A　]・[　B　]に入る語(句)をそれぞれ答えなさい。

「彼は猟師にカメを連れて来るように言った」

⑤he (to / the tortoise/ the hunter / bring / told) to the meeting place in the village.

he ＿＿＿ [　A　] ＿＿＿ [　B　] ＿＿＿ to the meeting place in the village.

問6 [　⑥　]に入る最も適当な英文を1つ選び、記号で答えなさい。

あ．she didn't go by

い．she didn't sing

う．she sang

え．she didn't put the tortoise

問7 本文の内容に合うものを1つ選び、記号で答えなさい。

あ．The tortoise agreed that she sang to people in the village.

い．Everyone in the village thought that the hunter is the best one in the world.

う．The tortoise was sorry that she didn't sing at the meeting place in the village.

え．The Chief said, "He isn't the greatest hunter because he couldn't hunt the tortoise."

お．The tortoise left the village because the hunter said to people that she could sing.

星
稜

（解答は別冊 83 ページ）

【1】次の問にそれぞれ答えなさい。

(1) $a = -2$, $b = 0.4$ のとき，$a^2 + 3ab - 10b^2$ の値を求めなさい。

(2) $\sqrt{5} = 2.236$ とするとき，$\sqrt{\dfrac{1}{20}}$ の値を求めなさい。

(3) 図 1 のように，1 辺の長さが 2 cm の正方形を組み合わせた図形があります。この図形を，直線 ℓ を回転の軸として 1 回転させてできる回転体の体積を求めなさい。

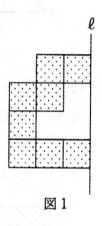

図 1

(4) 図 2 のように，半直線 OA，OB によってできる∠AOB があり，また半直線 OB 上に点 C があります。点 C で半直線 OB に接し，さらに，半直線 OA にも接する円を作図しようとするとき，必要な作図を次のア～エの中からすべて選び記号で答えなさい。

　　ア　∠AOB の二等分線
　　イ　線分 OC の垂直二等分線
　　ウ　点 C を通り，半直線 OA に垂直な直線
　　エ　点 C を通り，半直線 OB に垂直な直線

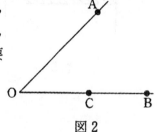

図 2

(5) 図 3 は，あるクラス 40 人の通学時間を調べて，学級委員の A さんと B さんが，それぞれつくったヒストグラムです。たとえば，A さんがつくったヒストグラムでは，通学時間が 4 分以上 8 分未満の生徒が 5 人いることを示しています。2 つのヒストグラムを見て，通学時間が 16 分以上 18 分未満の生徒の人数を答えなさい。

A さんがつくったヒストグラム

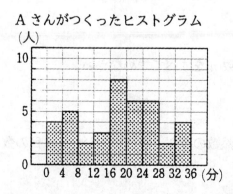

B さんがつくったヒストグラム

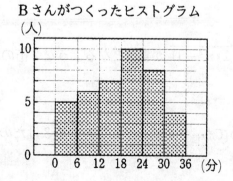

図 3

(6) 図4において，∠xの大きさを求めなさい。

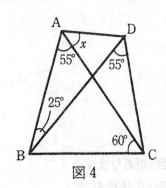

図4

(7) $x^2-2x-15$を因数分解すると，$(x-5)(x+3)$となります。この結果を長方形の面積で表したとき，式が表す部分に斜線をひくと，図5のようになります。同じようにして$(x-3)y+3-x$を因数分解した結果を長方形の面積で表したとき，式が表す部分に斜線をひきなさい。

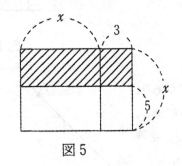

図5

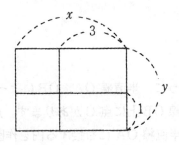

(8) 図6で，点Aから書き始めて一筆書きする方法は全部で何通りあるかを求めなさい。

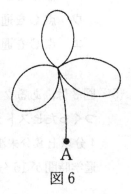

図6

(9) $\sqrt{60(n+1)(n^2-1)}$が整数となるような2桁の整数nをすべて求めなさい。

(10) 8で割っても，9で割っても7あまる3けたの自然数のうち，小さい方から6番目の数を求めなさい。

星
稜

【2】向かい合う面の和が 7 になるように各面に 1 から 6 までの数字が書かれている，立方体の形をしたさいころを考えます。このさいころを，ある面が下になるように置き，その面と隣り合う 4 つの面のどれかが下になるように置きなおす作業を「R」と呼びます。最初，1 と書かれた面が下になっているとき，次の問に答えなさい。なお，1 回「R」したときに次に下になる面がどの面になるかはすべて同様に確からしいとします。

(1) 最初の状態からこのさいころを 1 回「R」したとき，2 と書かれた面が下になる確率を求めなさい。

(2) 最初の状態からこのさいころを何回か「R」し，ある面が下になった状態を考えます。この状態からさらにさいころを 1 回「R」したとき，偶数が書かれた面が下になる確率を求めなさい。

(3) 最初の状態からこのさいころを 1 回「R」し，下になった面に書かれた数字を a，その状態でもう一度「R」し，下になった面に書かれた数字を b とします。$a+b=8$ となる確率を求めなさい。

星稜

【3】 「四角形の各辺の中点を結んでできる四角形は，平行四辺形である。」…… ①

このことについて，次の問に答えなさい。

(1)　カズヤくんは ① について，図7を用いて，次のように証明しました。

　　　[　　　　　] にあてはまるものを《選択肢Ⅰ》のア～ウの中から1つ選び記号で答えなさい。

　≪証明≫

　　　四角形 ABCD の対角線 BD をひくと，△ABD において，点 E, H はそれぞれ辺 AB, AD
　　　の中点であるから，

　　　中点連結定理により

　　　$EH \parallel BD$，$EH = \dfrac{1}{2} BD$

　　　△CDB においても同様にして，

　　　$FG \parallel BD$，$FG = \dfrac{1}{2} BD$

　　　よって，$EH \parallel FG$，$EH = FG$

　　　したがって，[　　　　　　　　　]から，

　　　四角形 EFGH は平行四辺形である。

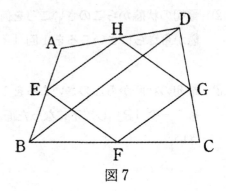

図7

(2)　カヨコさんは，カズヤくんとはちがう方法で ① の証明を考えました。このとき，《選択肢Ⅰ》
のア～ウの条件のうち， ① の証明に使えないものをすべて選び記号で答えなさい。ただし，ど
れも ① の証明に使える場合は，解答欄に「なし」と記入しなさい。

(3)　AC ⊥ BD であるとき，四角形 EFGH の形としてもっとも適切なものを《選択肢Ⅱ》の
ア～エの中から1つ選び記号で答えなさい。

《選択肢Ⅰ》

　ア　2組の対辺がそれぞれ平行である

　イ　2組の対辺の長さがそれぞれ等しい

　ウ　1組の対辺が平行でその長さが等しい

《選択肢Ⅱ》

　ア　台形

　イ　長方形

　ウ　ひし形

　エ　正方形

【4】 図 8 のように，関数 $y=ax^2$ のグラフ上に 2 点 A，B，
y 軸上に点 C があります。点 A の座標は $(-4,\ 8)$，
線分 AC は x 軸と平行，点 B の x 座標は正です。
　△OBC の面積が 12 であるとき，次の問に答えなさい。

(1)　a の値を求めなさい。

(2)　点 B の座標を求めなさい。

(3)　点 A を通り，四角形 OACB の面積を 2 等分する直線
　　の式を求めなさい。

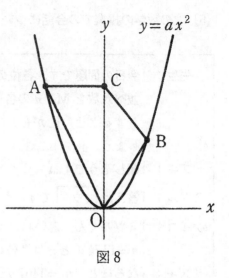

図 8

【5】 次の数学の授業での会話について，文中の ア ～ エ にあてはまる数を答えなさい。

先生：「今日の問題です。各位の数がちがう自然数 n に対して，n の各位の数を大きい順に並べた数を M，n の各位の数を小さい順に並べた数を m とします。K＝M－m とするとき，K がもとの自然数 n と同じ数になる 3 桁の自然数 n を考えてみましょう。」

ミズキ：「難しそうですね。」

ミツル：「答えは ウ です。ちなみに 4 桁であれば 6174 です。」

ケイコ：「ミツルくん，速いね。ミズキ，一緒に考えてみよう。
　　　　$n＝6174$ のときは各位の数を大きい順に並べたものが M だから M＝7641 だね。」

ミズキ：「なるほど。m＝1467 だから K＝7641－1467＝6174，ほんとうですね。
　　　　6174 になりましたね。」

先生：「ミツルさんが正解を言ってくれましたが，どのように考えるとその正解にたどり着けるのか考えてみましょう。」

ケイコ：「とりあえず実験してみよう。たとえば，$n＝326$ だと K＝632－ ア ＝ エ になるからちがうわね。」

ミズキ：「$n＝206$ だと…。あれ？先生，このときは m＝26 と考えればよいですか？」

先生：「ミズキさん，その通りです。」

ミズキ：「そうすると，$n＝206$ だと K＝594，$n＝891$ だと K＝792 …，きりがないですね。
　　　　でもなんだか似たような数ばかりでてきますね。
　　　　もしかすると，どの K もある数の倍数になっているのかな？」

ケイコ：「そうかもしれないわね。では，たしかめてみよう。
　　　　たとえば，$n＝123$ でも $n＝132$ でも $n＝321$ でも同じ K になるから，
　　　　各位の数が a，b，c（$a<b<c$）である自然数 n に対して，K を計算すると
　　　　K＝ イ ×$(c-a)$ になるわね。そうすると K は イ の倍数だね。」

ミズキ：「なるほど。あとは イ の倍数の中から正解を探せばよいので…。」

ケイコ＆ミズキ：「 ウ です！」

先生：「よくたどり着きましたね。それにしてもミツルさんはこのような性質をもつ数のことを知っていたのですか？」

ミツル：「以前，本で読んだことがありました。」

（解答は別冊84ページ）

【一】次の文章を読んで、後の問いに答えなさい。

経済とは？

中学校や高校で学ぶ社会科の中で、「経済」は何となく難しい、とっつきにくいと感じる生徒が多いようです。地形や地図を実際に見ることのできる地理、史料や史跡から過去の出来事を推理する歴史、ニュースで首相や国会の動向を日々追うことのできる政治などと比べると、経済はその対象を摑みにくいものなのかもしれません。

けれども、私たちの生活は経済活動なしには一日として成り立ちません。私たちはアメリカ産の小麦を使ったパンを食べ、バングラデシュで作られたTシャツを着て、オーストラリアで掘られた鉄を使った車に乗っています。好みのひとそれぞれなので、コンビニやスーパーに行けば、自分の欲しいものは列が並べられていて、それを手に入れることができます。これらはすべて世界中をめぐる経済活動の恩恵です。

私たちは経済活動から恩恵を一方的に享受するだけの存在ではありません。私たち自身が経済活動の構成員です。地球の限りある資源を使ってモノやサービスを生産し、円滑に流通させるためには人々の働きが必要です。労働を提供する社会人は何らかの職業に従事し、生活に貢献しています。労働を提供することで得られた所得を使って有用なモノを購入することも、経済活動の大切な一部です。誰もがTシャツを買わなければ、Tシャツを生産する人は成り立ちません。また、私たちは所得を全部使ってしまうわけではなく、一部を貯金しています。このおカネは銀行などを通じて企業に貸し出され、生産に必要な機械を購入する資金となります。誰も貯金しなければ、必要な設備を整える生産活動を低下させてしまいます。

このように、私たち自身が経済の構成員であり、地理や歴史や政治よりも身近な存在であるはずなのに、なぜ「経済」は何となく難しいと感じてしまうのでしょうか。それは、現代の経済システムがあまりにも大きなものになってしまったからだと思います。

ダニエル・デフォーの物語の主人公ロビンソン・クルーソーのように孤島にヒョッコリ漂着したとするならば、働いて必要なモノや道具を作って衣食住を享受するという活動のすべてのプロセスを、実感をもって（ア）経験できます。

これに対して、現代では職業の細分化され、ひとりひとりの労働がどのように全体の経済活動に貢献しているのかは、大変分かりにくくなっています。全体のシステムの中で、ひとりひとりの人間は非常に小さな部分にしか貢献していないにもかかわらず、それぞれの好みに応じて多種多様なモノ・コトを享受できる現代の経済。その現代の経済システムの中心が、市場システム——「価格」を媒介とする取引のシステム——なのです。

（イ）「経済」とは、「多様な好みや価値観をもつ人々が、限りある資源を用いてモノやサービスを生産し、分配し、消費するシステム」です。私たちひとりひとりがそのシステムの構成員であり、システムを動かす貢献者であると同時に、システムの成果を享受する受益者でもあります。

では、（ウ）「経済」の目的とは何なのでしょうか。何のために私たちは経済システムを構築し、その中で活動しているのでしょうか。それは、参加する人々の福祉を高めるため、人々がより良い生活を実現するためです。当たり前のことと思えるかもしれませんが、公共政策や制度改革の議論の中で、ともすればこのことは忘れられがちですが、それを忘れることがあります。「経済システムは人々の福祉を高めるためにある」この基本原理を忘れないようにしたいものです。

経済の仕組みは、政治や社会の仕組みと同様に、長い歴史を経て進化してきたものです。白紙にすべての設計図を書いて一から建設されたわけではありません。国によって、民族によって、あるいは宗教によって、さまざまな慣習が形成され、それが経済システムに理由となります。それらは短期間で変えることはできません。

しかし、その一方で、経済システムは構成員である人間の意思によって改良することが可能です。歴史の中には、経済システムの大きな転換点となった事実がいくつも見出せます。二〇世紀初めのロシアにおける社会主義経済システムの構築、同世紀終わりにおける市場経済システムへの再転換は、最もドラスティックな例といえるでしょう。

体制移行のような大きな変革はなくとも、国でも毎年、公共政策を策定して実行しています。私たちは常に集団としての意思を決める社会経済システムを改良しようとしているのです。民主主義の社会である私たちは、その意思決定プロセスは私たちひとりひとりが参加しています。つまり、私たちは、どのような経済システムが望ましいのかという意思表明する権利と義務を有しているといえます。

（中略）

限りある資源の配分

（エ）「経済」という言葉には、「節約すること」という意味もあります。「経済的」というと、費用が安く済むことを指します。これは、ある意味で経済システムの一つの特徴を表現しているとも言えます。それは、経済活動の根源となっている資源に限りがあるので、なるべく節約して使わなければならないということです。

「人々の福祉を高める」ということも、資源がいくらでも使え、何も制約がないならば、難しい問題ではありません。誰もが好きなだけ、自分の満足がいくまで、モノやサービスを消費すればよいことになります。〔　Ａ　〕現実には地球上に存在する石油などの資源の量は限られています。人間が利用可能な土地にも限界があります。〔　Ｂ　〕私たち自身が人生において使うことのできる「時間」も、実は大切な「資源」なのです。私たちは自分の時間を使って労働することで、生産活動を支えています。言うまでもなく、人間ひとりのもつ時間の量にも、地球上の人間の数にも限りがありますから、供給できる労働の総量にも限りがあります。

このように経済活動の源泉である資源の量に限りがあるため、経済問題とは常に「制約のもとでベストなものを選ぶ」問題であるといえます。かつて、飛行機などの超高速交通機関の開発が、熱心に行われた時代がありました。従来よりもはるかに速く移動できること自体には〔　Ｃ　〕価値があります。しかし、経済問題としては、そのモノやコトに「価値がある」ということを示すだけでは解決したことにはなりません。資源の量に限りがあるため、そのモノやコトを実現する資源を使ってしまうと、なにか他のモノやコトのために使える資源が減ってしまいます。〔　Ｄ　〕他のモノやコトとの相対的な比較が重要です。経済学は、他のモノやコト——それを経済学では「機会費用」と呼びます——と比べて、そのモノやコトの方により高い価値があるといえるために、実現すべきであるという結論に至ります。ココルドは、あまりにも燃費が悪い上に環境破壊を伴う「速く移動できる」という価値に比べて、それにともなって犠牲になるモノやコトの方が大きすぎたため、その生産はうち打ち切られてしまいました。

人間の　Ｉ　性

経済問題を複雑にしているもう一つの要因は、社会の中には実にさまざまな人間が存在するという事実です。ロビンソン・クルーソーのようにひとりぼっちで孤島に生きているならば、自分の好きなモノやコトを実現するために資源を使い、労働し、消費すればよいだけです。しかし、現代の地球上には何十億という人間が共存していて、その好み、性格、価値観、能力などみな異なっています。

資源に限りがあるということと、人間が　Ｉ　であるということから、社会経済システムには二つの面があります。一方は、人々の協働によって、同じ量の資源から有効に生産活動を営むことができます。ひとりひとりの能力はさまざまですが、それぞれのひとが自分の得意とする分野に特化し、協働することによって、同じ量の資源からより多くのモノやサービスを生産することができるのです。この点に関しては、人々の利害は一致します。

他方、人々が協働したとしても、生産されたモノやサービスの量に依然として限りがあり、すべての人にそれぞれの望む量を与えることは不可能であるため、モノやサービスの分配を巡っては常に利害の対立があります。

このように経済システムは、人々の利害が一致する面と、利害が対立する面の両方をもっています。どのような社会経済システムが望ましいかということを判断するためには、⑤両方の面を考慮しなければなりません。

『幸せのための経済学』（蓼沼宏一）

（語注）

* 享受する——あるものを受け、自分のものとすること。

問一　波線部（ア）〜（エ）の「経済」の中で、異なる意味で使われているものを一つ選び、記号で答えなさい。

問二　傍線部①「私たちは、どのような経済システムが望ましいのかという意識を磨き、意見表明する権利と義務を有しているといえます。」とあるが、それはなぜですか。次の文の空欄〔　　　　　　〕に入る語句を本文中から十五字以内で抜き出しなさい。

　　経済システムは〔　　　　　　〕から。

問三　空欄〔Ａ〕〜〔Ｄ〕に当てはまる語の組み合わせとして最も適切なものを次の中から一つ選び、記号で答えなさい。

ア　Ａ　しかし　　Ｂ　さらに　　Ｃ　もちろん　　Ｄ　そして
イ　Ａ　けれども　Ｂ　さらに　　Ｃ　そのうえ　　Ｄ　したがって
ウ　Ａ　そして　　Ｂ　ただし　　Ｃ　もちろん　　Ｄ　そして
エ　Ａ　しかし　　Ｂ　さらに　　Ｃ　もちろん　　Ｄ　したがって
オ　Ａ　そして　　Ｂ　ただし　　Ｃ　そのうえ　　Ｄ　したがって

問四　傍線部②「コンコルド」の具体例を通して、筆者はどのようなことを述べようとしたのですか。八字以上九十字未満の一文を本文中から抜き出し、最初の五字を答えなさい。

問五　[I] に当てはまる二字の熟語を本文中の「経済とは？」の章から抜き出しなさい。

問六　傍線部③「両方の面」の内容として適切なものを次の中から二つ選び、記号で答えなさい。

ア　経済活動の源である資源の量には限りがあるという面。
イ　社会にはさまざまな能力を持つ人が存在するという面。
ウ　協働で同量の資源からより多くのモノやサービスを生産できる面。
エ　限られた資源をなるべく節約して使うための工夫が必要な面。
オ　それぞれの人の持つ能力で経済問題を解決する方法を工夫する面。
カ　モノやサービスの分配に限度があり人々の衝突が避けられない面。
キ　経済システムの構成員があるため問題が複雑であるという面。

問七　本文中の「経済とは？」の章は次の一文が抜けています。どこに補うのが適切ですか。その直前の五字を答えなさい。

　　その代わり、ひとりの人間にできることには限りがありますから、享受できるモノ・コトは、極めて限定された範囲に留まります。

問八　本文の内容に合致するものを次の中から一つ選び、記号で答えなさい。

ア　人々の福祉を高めるためには、経済の構成員である私たち一人一人がそれぞれ満足のいくまでモノやサービスを消費することが最も有効な手段である。
イ　経済活動に私たちが貢献するためには、社会人として何らかの職業に就いて働くことにより賃金を得て、それをモノの購入や貯金に充てるという方法がある。
ウ　現代の経済システムは、個人の好みに応じて多種多様な物事を享受できるようになったため、それに伴って一人の人間が貢献できる部分も大きくなった。
エ　私たちは経済システムを担う構成員であると同時に、その成果を受け取る受益者でもあるので、そのことが経済問題を複雑にしている最大の要因である。
オ　日本では現在の経済システムに至るまで様々な変革が起こった歴史があり、その歴史をふり見直すことで、さらに経済を発展させていくことができる。

問九　二重傍線部ａ〜ｄのカタカナを漢字に、それぞれ直しなさい。

【三】次の文章は澤田瞳子の小説『星落ちて、なお』（文藝春秋）の一節である。大正二年の春、三百人以上の弟子を持ち、多彩な画風で名をはせた画人・河鍋暁斎の二十五回忌に際し、娘で河鍋の画風を継いだ「とよ」は主催者として河鍋暁斎遺墨展覧会を開催することとなった。以下の文章は、その展覧会での一場面である。これを読んで、後の問いに答えなさい。

「ああ、姉ちゃん。いま、光明先生が帰って行かれた。これは親父のお供だって」

新書院の玄関に引返したとよに、式台に座っていた記六が金封を差し出した。不惑を越えて白いものが目立ち始めた鬢の毛が、縮まりの顔で堕落しな気配を添えていた。

「それはお気遣いをいただいてしまいましたね。明日にでもお礼状を書こう。石川先生のご自宅に届けておくれ」
「わかったよ。それにしても、こんな盛大な展覧会になろうとは思わなかったべ。掛け巡らされている絵だって、百作以上はあるだろう。おやじのおの絵があんなにたくさん集まったものだ」

半年近くに及んだ遺墨展の準備を口実にして、一切尽力しなかった。このため弟の口調は他人事めいた気の強さがあったが、それは別に今から始まった話ではなかった。①とよは思わず鳴らしかけた舌打ちを堪えた。

「そりゃあ、あちらこちらのお人が頭を下げてお借りしたからね。親父どのの絵がこれほど [I] に会する機会は、もう二度とないだろう。お前もしっかり見ておきな」

「はいはい。分かったよ。総領の兄さんが死んじまったら、今度は姉さんそっくりの口を叩くようになったもんだ」

記六からすれば、それこそ深い意味のある軽口なのだろうが、とよは常吉の──兄の周三郎と同じく胃癌で没したのは、とよが常吉の別居先から半年後──

──絵を描くな。

初めて血を吐いた折、医者から半年保つかも言われた周三郎は、元々大柄だった身体を痩せ衰え、最後には黒い髪と頭蓋の形相にまで肉を失って平たく変じ、その割に黒々とした机に両目だけをぎょろつかせているさまは、小ちゃやすげなくにほとんど恐れをなした。

──当然分かってやるだろう。河鍋の絵はやはり時代遅れだ。俺なんぞと言われるのはまっぴら御免だ。けど、根が真面目なおまえはそうは行かねえ。展覧会なんぞには色気を出すな。気に入ってくれる奴にだけ絵を売りな。

※以下、河鍋暁斎の弟子たちや浮世絵師らについての記述が続く。

この数年、居ずまいを正して筆を執れば、身を孕ませて留め、撮み取め、屏風を描く準備を整えてきたはず、この顔をまじまじと見つめる口を開け、鯉のぼりが描いた絵の光景である気づき、とみは唖然とした。

初めて手本を与えられた五つの春から、とみは華やかな暁斎の絵に似て暁斎の絵は、己の絵を描くことはなく、すなわち父の絵に寄り添うことでしかない。

並みの弟子であれば師の軛を逃れ、世人のもてやす絵にからめ取られるだろうが、とみが世間に暁斎を凌ぐと言われるのは、ましてや己の筆が暁斎に及ぶなど、娘のとみよく分かっていれば、己の絵を描き続けることなのだ。

周三郎の言葉は正しかった。暁斎は獄、そして自分たちは彼に捕らわれた哀れな囚われ人、絵を描くとすなわち、あの父に捕らわれた哀れな囚われ人。

そんな暁斎への僧悪と愛着が驚くほど強く、胸の中で渦巻く。

とみは筆を投げ捨てて、目前の画箋紙を両手で引き裂いた。周三郎が筆を握り締めたまま息を引き取ったのは、真夏としては妙に冷たい風が吹く夕刻であった。酒以外はほとんど口にしなくなった周三郎のため、女房のお絹が根岸の豆腐屋・笹乃雪まで出かけていた間の出来事だった。

それから五年。当初から分かってはいたものの、暁斎の遺風を留める絵は案の定ほとんど売れない。ただ一方で、近年、富商や爵位を有する家々から「娘の絵の師に」と招かれるようになっていた。

良家の子女がみな調った顔でおとなしく、筆を持つ手の動かし方、顔料の選び方、筆の運び方のいちいちを教える日々は平穏でそれだけかえって自分の画業に立ち返るとみ暁斎の作に似て、その軛を越えられるものか、広がった手習い今回の遺墨展に、とみは周三郎と自分の絵を半幅ずつ付ける。

とみは周三郎の華蓋の夜に描いた観音図を、周三郎のそれを死の間近に彼が完成させた猫又図と、観音図はもともと暁斎が好んで描いた画題の一つ。だがわざわざ波が躍る白浪を行く白衣観音の絵をやに、野の美が盛んを挑む暁斎の弟子たちはみな「さすがは先生の娘だ」と褒めてくれるが、その讃美がとみますます目に見ぬ軛を感じさせる。

風狂だったあの父。死んでも己の絵を描きながら、こんな苦悩のただなかにあったのか。あまりにも偉大過ぎる父を愛しつつ、同じ病に倒れた周三郎の死は長冷ややかな笑いが口元に絶えず浮かべながら、そう思えば暁斎と同じ憎みに足掻いていたのか。

そもそも本来、遺墨展を取り仕切るべきは、娘の自分ではなく長男の周三郎。職やかなこの歴を背負って立つ実に苦い笑みが腹の底にゆらりと立った。

「まあ、このたびはおめでとうございます。大変お見事でございますね」

折しも新しい客が訪れ、とみは記六に後を任せて広間へ向かった。果ての画巻まで広げられた五十畳を余る広間へ向かった、大小の掛幅や屏風、衝立。果ての画巻相まって近くに屈託のない華やかな色彩であふれていたそのため、なからなきだけ分け、かきわけ、とみは羽織袴姿の八十五郎がとみの袖をそっと引いた。

（語注）
*1 遺墨――故人の書き残した書画。
*2 光明先生――石川光明。暁斎の旧友で、有名な彫刻家。
*3 記六――とみの弟。画業には一切関わっていない。
*4 不惑――四十歳の別称。
*5 周三郎――とみの兄。画業を継ぎ、暁斎の後継者として注目されていたが、胃癌により没した。

星稜

*6 常吉――とみの元夫。
*7 よし――常吉ととみの娘。
*8 旧弊――昔からの風習や思想を頑固に守って改めないさま。
*9 八十五郎――とみより後に暁斎に入門した弟子。
*10 軛――自由を束縛するもの。
*11 覚束なき――様子がはっきりしないこと。
*12 風狂――ここでは絵を描くことに人生を捧げたことを意味する。

問一 「思っていた通りに」という意味で用いられている言葉を、本文中から三字で抜き出しなさい。

問二 傍線部①「とみは思わず鳴らしかけた舌打ちを構えた」とあるが、この時の心情の説明として最も適切なものを次の中から一つ選び、記号で答えなさい。
ア 今回の一件に限らず、以前から記六は画業に関して非協力的であったため、今さら腹を立てても仕方がないと諦める気持ち。
イ 幼少期から優秀な兄の周三郎と比べられ続けてきたことで、何事にも消極的になってしまった記六を心からあわれむ気持ち。
ウ 今は人目があるため記六を叱責することはしないが、展覧会が終わった後に始めとして厳しく注意しようと決意する気持ち。
エ 記六の他人事のような言い方で腹を立てそうな自分を冷静に見つめ、つまらないことで怒るのはよそうと反省する気持ち。
オ 父の二十五回忌の際に開催する遺墨展覧会の客足を少しでも回復させるため、記六への怒りを静めて我慢する気持ち。

問三 Ⅰ・Ⅱに入る語をそれぞれ漢字二字で答えなさい。

問四 傍線部②「その言葉」の内容を本文中から一文で抜き出し、最初の五字を答えなさい。

問五 波線部（ア）～（エ）の中で品詞の異なるものを一つ選び、記号で答え、その品詞名を漢字で書きなさい。

問六 傍線部③「その讃美がとみますます目に見ぬ軛を感じさせる」とあるが、とみがそのように感じた理由を説明した次の文の空欄〔 Ｘ 〕〔 Ｙ 〕に入る最も適切な語句を本文中からそれぞれ抜き出しなさい。ただし、〔 Ｘ 〕は七字、〔 Ｙ 〕は九字で抜き出しなさい。

周囲から賞讃されればされるほど、自分の作品として〔 Ｘ 〕を指摘されてしまうような気持ちになり、改めてとみ兄が言った通り、絵を描いていく限り〔 Ｙ 〕という宿命を感じさせられるから。

問七 周三郎が生涯、真剣に絵を描き続けていたことがよくわかる表現を含む一文を本文中から抜き出し、最初の五字を答えなさい。

問八 本文の表現の特徴について述べた説明として最も適切なものを次の中から一つ選び、記号で答えなさい。
ア 記六と周三郎の対照的な外見を描くことで、同じ暁斎の子でとみも絵に捕らわれずに生きていく道があったことを暗示している。
イ 「その軛、あるいは蔵せられるかもしれぬ」というリフレインは、周三郎が父暁斎への愛憎と葛藤に苦しみ続けていたことが示されている。
ウ 遺墨展の盛況する覚えやかな華やかな人の群れの賑わいを描くことで、かえってとみの心の闇を際立たせている。
エ 「――絵を描くんだ」「――そのつもりだ」といった「――」を多用することで周三郎の言外の心情を伝えることに成功している。
オ 五年前の回想シーンを挿入することで、周三郎と同様にとみも苦悩な運命をたどることを暗示している。

問九 二重傍線部a～dの漢字は平仮名に、カタカナは漢字にそれぞれ直しなさい。

【三】次の文章は『徒然草』の魅力について書かれた随筆の一節である。これを読んで、後の問いに答えなさい。

亀山院が大納言の源雅房を大将に任じようかと考へていた頃、雅房が飼っている鷹の餌にするために犬の足を切って与えているということを、近習から聞いて、①昇進をとりやめた、ということがあります。院の心ばえはとてもりっぱだとあって、兼好は続けます。

（おほかた、生ける物を殺し、傷め、闘はしめて、遊び楽しまん人は、畜生・残忍の類なり。万の鳥獣、小さき虫までも、心をとめて有様を見るに、子を思ひ、親をなつかしくし、夫婦を伴ひ、妬み、怒り、欲多く、身を愛し、命を惜しめること、偏に愚かなる故に、人よりもまさりて甚だし。）

「益もなきに、生き物を殺したり、傷つけてはいけない。どんな鳥獣、小さな虫に至るまで、親は子を思い、子は親を慕っている。それらが身を愛し命を惜しむのは人と同じである。あらゆる生き物に対して、慈悲の心を感じなければ＊人倫にもとる。」

兼好は【A】が大事であると説き問わせます。

（人ごとに恥を言ひ脅し、恥かしめて興ずる事あり。おとなしき人はまことともなさず、恥をも思はず、幼き心には身にしみて恐ろしく、恥かしく、②あさましく思ひ、まことに切なるべし。③これを悩まして興ずる事、慈悲の心にあらず。）

「幼い子供をおどしたり、怖がらせたり、辱めたりして喜んでいる人がいる。大人だったらたいしたことはないが、幼い子供心にはどんなに悲しく、辱く、恥かしく思うことだろう。子供を悩ませて面白がるのは、慈悲の心とはいえない。」

現在、児童虐待が大きな問題となっていますが、【B】も前に兼好はこう指摘しているのです。子供に優しい人なのですね。こんな話も描いています。

後嵯峨天皇の皇女・延政門院が幼かった頃、父・後嵯峨院の御所に参る人へ言づてを頼みました。それがとても可愛いので、同じ歌を言づけました。

ふたつ文字 牛の角文字 直ぐな文字 歪み文字とぞ 君は覚ゆる

「ふたつ文字」というのは、ひらがなの【C】の字のことです。上下に二つありますよね。「牛の角文字」は、牛の角のかたちをした「い」、「直ぐな文字」は【D】です。現在「【D】」の最後を右上にはねるようにしますが、昔は真っすぐ下へ垂らしていました。そして「歪み文字」というのは「く」です。あわせると、「【C】い【D】く」となります。こういう話を楽しそうにかきとどめています。

実は延政門院に仕えていた二条という女房と兼好は歌を詠み交わしています。この話もおそらく彼女から聞いたものでしょう。二人は恋仲だったのかもしれません。

最後の第二百四十三段は短いので、全文を紹介します。

（八つになりし年、父に問ひて云はく、「仏はいかなるものにか候ふらん」（どういうものでしょうか）と云ふ。）

と云ふ。父が云はく、「仏には人の成りたるなり」（人がなったのだ）と。また問ふ、「人は何として仏には成り候ふやらん」（なるのでしょうか）と。父また、「仏の教へによりて成るなり」（なるのである）と答ふ。

また問ふ、「教へ候ひける仏をば、何が教へ候ひける」（誰が教えたのですか）と。また答ふ、「それもまた、先の仏の教へによりて成り給ふなり」（なるのである）と。また問ふ、「その教へ始め候ひける第一の仏は、如何なる仏にか候ひける」（どんな仏ですか）と云ふ時、父、「④空よりや降りけん。土よりや湧きけん」（天からか、地からか）と言ひて笑ふ。「問ひ詰められて、⑤え答へずなり侍りつ」と、諸人に語りて興じき。（人々に語って面白がっておられた）

この最後のエピソードにより、『徒然草』の印象がぐっと明るくなります。序段で兼好法師が「あやしう【E】ものぐるほしけれ」と語ったのは、そういう子供時代のことを思い出したからかもしれません。何十年の生涯を振り返って、自分が愛した人、自分を愛してくれた人、そういう人たちの思い出、それから人生観、処世観、恋愛観、そういうことを書き続けているうちに、兼好はだんだん「生きているというのはいいものだ」と感じるようになったのではないでしょうか。

（「田辺聖子の古典まんだら 下」新潮社）

（語注）
＊1 近習──主君の側に仕える人。
＊2 人倫にもとる──人として守るべき道にそむく。
＊3 御所──お住まい。
＊4 女房──宮中や院の御所に仕え、一室を与えられていた女官。

問一 傍線部①「昇進をとりやめた」のは雅房がどのような存在だと考えたためか。「このような存在」に続くように本文中から五字以内で抜き出しなさい。

問二 波線部a「まもりて」b「興じき」の主語を次の中からそれぞれ一つずつ選び、記号で答えなさい。
ア 兼好 イ 子 ウ 父 エ 亀山院
オ 雅房 カ 鳥鷂 キ 小さき虫 ク 仏

問三 空欄【A】に入る四字の言葉を本文中から抜き出しなさい。

問四 傍線部②「あさましく」⑤「え答へずなり侍りつ」の意味として最も適切なものを次の中からそれぞれ一つずつ選び、記号で答えなさい。
②「あさましく」
　ア 愉快な
　イ 悪意地が深い
　ウ 意地汚い
　エ 情けない
　オ 異常に多い

⑤「え答へずなり侍りつ」
　ア 答えられなくなりました
　イ 答える気が失せました
　ウ 答えるべきではありませんでした
　エ 答えて仕方がありませんでした
　オ 答えなければなりませんでした

問五 傍線部③「これ」について後の問いに答えなさい。
(1)「これ」が指し示す語を本文中の古文の部分から六字で抜き出しなさい。
(2)「これ」の指し示す語の対義語を本文中の古文の部分から抜き出しなさい。

問六 空欄【B】に入る最も適切な語句を次の中から一つ選び、記号で答えなさい。
ア 千二百年 イ 千年 ウ 八百年 エ 五百年 オ 三百年

問七 空欄【C】・【D】に適切な平仮名をそれぞれ一字入れて「【C】い【D】く」を完成させなさい。

問八 傍線部④「空よりや降りけん。土よりや湧きけん」とあるが、この時の父の気持ちとして最も適切なものを次の中から一つ選び、記号で答えなさい。
ア 息子の、真理を追い求める明確な答えを得ようとする様子に戸惑う気持ち。
イ 息子の、物事の本質を突き詰めて追及する様子に返答に窮しながらも嬉しく思う気持ち。
ウ 息子の成長を実感しつつも、答えられない自分の情けなさをわびる気持ち。
エ 息子の問いかけに質問で返すことによって、自ら答えを見つけることを期待する気持ち。
オ 息子の問いかけに質問で返すことによって、会話をいつまでも楽しみたい気持ち。

問九 空欄【E】と二重傍線部「ものぐるほしけれ」は係り結びの関係です。空欄【E】に入る語として最も適切なものを次の中から一つ選び、記号で答えなさい。
ア ぞ イ なむ ウ こそ エ か オ や

（解答は別冊 85 ページ）

【1】　下の各問に答えなさい。

（問1）無機物として正しいものはどれか。下の解答群から**すべて選び**，**番号で**答えなさい。

　　　1．（水）　　2．（砂糖）　　3．（エタノール）　　4．（食塩）　　5．（プラスチック）

（問2）質量パーセント濃度が8.0％の食塩水200gに水100gを加えると，水溶液の濃度は何％になるか。

　　　小数第2位を四捨五入して**小数第1位まで**答えなさい。

（問3）図1に示すような装置を組み立て，うすい塩化銅水溶液に十分な電圧を加えて電流を流すと，陽極の表面か
　　　らは気体が発生し，陰極の表面には赤色の物質が付着した。発生した気体の特徴として正しいものはどれか。
　　　下の解答群から**すべて選び**，**番号で**答えなさい。

　　　1．（水に非常に溶けやすく，その水溶液はアルカリ性を示す。）

　　　2．（空気中で火をつけると音を立てて燃え，水ができる。）

　　　3．（黄緑色をしている有毒な気体で，水溶液は酸性を示す。）

　　　4．（無色無臭で，空気中に約78％ふくまれる。）

　　　5．（空気より密度が大きいので，下方置換で集めることができる。）

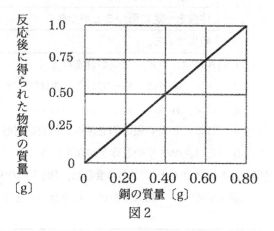

（問4）（問3）において，陰極の表面に付着した物質の性質として正しいものはどれか。
　　　下の解答群から**すべて選び**，**番号で**答えなさい。

　　　1．（亜鉛より，陽イオンになりやすい。）

　　　2．（みがくと特有の光沢がある。）

　　　3．（電気をよく通す。）

　　　4．（磁石につく。）

　　　5．（熱をよく伝える。）

（問5）図2のグラフは，銅の粉末を完全に燃焼させたときの，銅
　　　の質量と反応後にできる物質の質量との関係を表している。
　　　反応後の物質の**化学式**を答えなさい。

（問6）図2のグラフから，銅2.8gを完全に燃焼させると，何g
　　　の物質ができるか。**小数第1位まで**答えなさい。

【2】　次の文章を読んで，下の各問に答えなさい。

　　　動物には，背骨を中心とした骨格を持つものと，持たないものがいる。背骨をもたない動物を無セキツイ動
　　物という。無セキツイ動物には，昆虫やカニのように，体が①かたい殻におおわれ，体やあしが多くの節に分か
　　れている節足動物と，イカやアサリのように，あしは筋肉でできており②内臓が膜でおおわれている軟体動物な
　　どがある。一方で，ヒトや鳥，魚などのように背骨を持つ動物をセキツイ動物という。セキツイ動物は魚類，
　　両生類，ハチュウ類，鳥類，ホニュウ類の5種類に分類される。

（問1）下線部①のかたい殻を何というか**名称**を答えなさい。また，下線部②の膜の名称として正しいものはどれか。
　　　下の解答群から**一つ選び**，**番号で**答えなさい。

　　　1．（横隔膜）　　2．（外とう膜）　　3．（角膜）　　4．（網膜）

（問2）節足動物は昆虫類，甲殻類，その他に区分される。昆虫類を下の解答群から**すべて選び**，**番号で**答えなさい。

　　　1．（エビ）　　2．（バッタ）　　3．（クモ）　　4．（カブトムシ）　　5．（アリ）

（問3）動物の特徴の説明として正しい文を下の解答群から**一つ選び**，**番号で**答えなさい。

　　　1．（昆虫類は，頭部，胸部，尾部の3つの部分からなる。）

　　　2．（甲殻類は，頭部，腹部の2つの部分からなる。）

　　　3．（軟体動物には，えら呼吸をする動物だけでなく，肺呼吸をする動物も含まれている。）

　　　4．（ヒトが感覚器官から受けとる刺激は，視覚，聴覚，味覚，嗅覚の4種類のみである。）

(問4）次の図1はイカを解剖をしたときの模式図で，図2はアサリを解剖したときの模式図を示している。図2において，図1の矢印で示された黒く塗りつぶされている器官と同じ役割をしている器官を，解答欄の図に黒く塗りなさい。

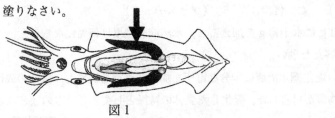

図1　　　　　　　　　　　　　　　図2

(問5）次の表1は，一般的なセキツイ動物の特徴をまとめた途中のものである。A〜Eには魚類，両生類，ハチュウ類，鳥類，ホニュウ類のいずれかの分類が入り，各分類はA〜Eのそれぞれ一カ所にしか入らないものとする。A〜Eに関する説明として最も適するものを下の解答群から一つ選び，番号で答えなさい。

表1

	A	B	C	D	E
背骨がある	○	○	○	○	○
親は肺で呼吸する		×			
子は水中で生まれる		○	○		
体温を一定に保つことができる	×		×		○
胎生である。		×		×	

1．（Aには，コイやフナが含まれる。）
2．（Bは，体表はしめっており，親は陸上で生活する。）
3．（Cは，体表が，体毛でおおわれており，子育てを行う。）
4．（Dは，かたい殻の卵を産み，体表が羽毛でおおわれている。）
5．（Eは，ヤモリやトカゲが含まれる。）

(問6）次のZさんとYさんの会話は，（問5）の表1を完成させた上で，○の数について考えている様子である。会話文中の[　　]に入る分類の組み合わせを下の解答群から一つ選び，番号で答えなさい。

Zさん：表1を使って，生物の進化を考えられないかな。

Yさん：面白そうだね。2種類の分類間で共に○である数を数えてみようか。

Zさん：そうすると，表2のように，魚類と両生類は○が2個そろっている。魚類とホニュウ類は1個だけだね。

Yさん：すべて調べると，[　　]の組み合わせのときに，そろっている○が一番多いね。

Zさん：そうだね。表1だけでは比較する内容が少ないのかもしれない。もっとたくさんの共通点について調べて，セキツイ動物の進化の順を調べたいね。

表2

魚類				
2	両生類			
		ハチュウ類		
			鳥類	
1				ホニュウ類

1．（ホニュウ類と鳥類）　　　　　　　2．（ホニュウ類とハチュウ類）
3．（鳥類とハチュウ類）　　　　　　　4．（ハチュウ類と両生類）

【3】 次の問題 [1]，[2] について，下の各問に答えなさい。

[1] 日本で見える四季の星座の移り変わりを調べるために，次の実験を行った。

〔実験〕図1のように，教室の床に2本の直交する直線を描き，その交点に電球を置き，太陽のモデルとした。次に，電球から4m離れた4カ所に，それぞれ四季を代表するさそり座，みずがめ座，オリオン座，しし座の星座の絵を置いた。そして，電球とそれぞれの星座の絵の位置との中間点をA，B，C，Dとし，その4カ所に正しい地軸の傾きとなるように，それぞれ地球儀を置いた。

中間点Aにある地球儀において，日本の位置を真夜中のころになるようにした場合について，その日本の位置から見える東，南，西の方角の星座を調べた。次に，日本の位置を日の出のころになるようにした場合についても，同様に調べた。さらに，B，C，Dにある地球儀においても，それぞれ同じ操作を行って調べた結果が表1である。

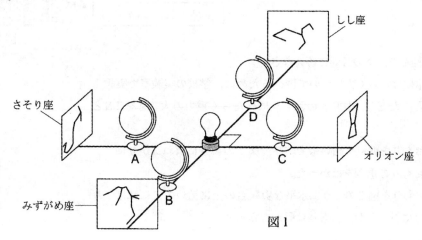

図1

表1

位置	真夜中のころ			日の出のころ		
	東の方角	南の方角	西の方角	東の方角	南の方角	西の方角
A	みずがめ座	さそり座	しし座	オリオン座	みずがめ座	さそり座
B	オリオン座	みずがめ座	さそり座	しし座	オリオン座	みずがめ座
C	しし座	オリオン座	みずがめ座	さそり座	しし座	オリオン座
D	さそり座	しし座	オリオン座	みずがめ座	さそり座	しし座

(問1) 地球儀の位置A，Bの季節は，春夏秋冬のいずれであると考えられるか。適切な季節を一つずつ下の解答群からそれぞれ選び，**番号**で答えなさい。

1．（春）　　　2．（夏）　　　3．（秋）　　　4．（冬）

(問2) 図1中のDの位置で，日本が日没のころ南の空に見える星座として正しいものはどれか。解答群から一つ選び，**番号**で答えなさい。

1．（さそり座）　　　2．（みずがめ座）　　　3．（オリオン座）　　　4．（しし座）

— 303 —

[2] 図2は，ある日の理科室の乾湿計の一部を拡大したものである。下の各問に答えなさい。

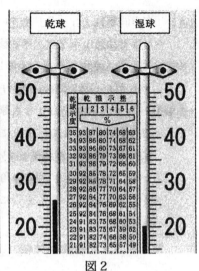
図2

(問3) このときの湿度は何%か。**整数**で答えなさい。

(問4) (問3) において，この理科室内にある内容積 250 L の箱を冷却し 10℃まで下げると水滴は何 g 生じると考えられるか。小数第1位を四捨五入して**整数**で答えなさい。ただし，それぞれの気温における飽和水蒸気量は表1の通りとし，箱の中の気圧は一定で，冷却時に箱と外の間で空気や水蒸気の出入りはないものとする。1000 L＝1 m³ とする。

表1

気温〔℃〕	飽和水蒸気量〔g/m³〕
10	9.4
14	12.1
18	15.4
22	19.4
26	24.4

【4】 次の文章を読んで，下の各問に答えなさい。

Sさんは，物体にはたらく力について調べるために，学校の実験室で実験I～実験Vを行った。ただし，100 g のおもりにはたらく重力の大きさを 1 N とする。

〔実験I〕300 g のおもりを軽くて細い糸で結び，図1のようにばねばかりに取り付けておもりの重さをはかった。

〔実験II〕300 g のおもりを図2のように水平な実験台の上に置いて，ばねばかりで水平右向きに引いたが，おもりは動かなかった。
このときばねばかりは 0.3 N を示した。

〔実験III〕300 g のおもりを図2のように水平な実験台の上に置いて，ばねばかりで水平右向きに一定の速さで動かしてばねばかりの値を観察した。

〔実験IV〕300 g のおもりを図3のように水中におもりを沈めると，ばねばかりは 2.3 N を示した。（おもりはすべて水中に入っている。）

〔実験V〕〔実験IV〕の状態からさらに深く沈めてばねばかりの値を観察した。

図1

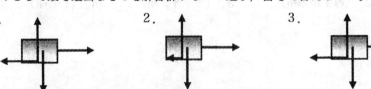
図2

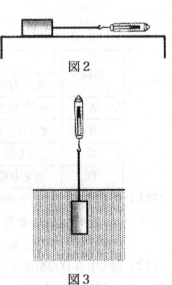
図3

(問1) 〔実験I〕で，ばねばかりが示す値は何Nか。**整数**で答えなさい。

(問2) 月面上で同じ〔実験I〕を行うことを考える。ばねばかりが示す値は何Nか。**小数第1位**まで答えなさい。ただし，月の重力は地球の6分の1とする。

(問3) 〔実験II〕で，おもりにはたらいている摩擦力の大きさは何Nか。**小数第1位**まで答えなさい。

(問4) 〔実験III〕のような運動の名称を答えなさい。また，おもりにはたらく力を図示したものとして最も適当なものを解答群から一つ選び，**番号**で答えなさい。

1.　　　　　　　　　　2.　　　　　　　　　　3.

(問5) 〔実験IV〕で，ばねばかりの値が変わった原因となる，水中ではたらく力の名称を答えなさい。また，その大きさは何Nか。**小数第1位**まで答えなさい。

(問6) 〔実験V〕で，さらに深く沈めても，ばねばかりの値は変わらなかった。「水圧」という語句を用いて，理由を簡単に答えなさい。

星稜

【5】 うすい硫酸とうすい水酸化バリウム水溶液について次の実験を行った。ただし，硫酸は H_2SO_4，水酸化バリウムは $Ba(OH)_2$ とする。下の各問に答えなさい。

〔実験Ⅰ〕うすい硫酸とうすい水酸化バリウム水溶液に関して，フェノールフタレイン溶液，BTB溶液を使って，それぞれの水溶液の性質を調べた。

〔実験Ⅱ〕うすい水酸化バリウム水溶液を 20 cm³ はかりとり，ビーカーに入れた。このビーカーにうすい硫酸を 10 cm³ はかりとり加えた。このとき，ビーカー内に白い沈殿が生じた。この白い沈殿をろ過して乾燥させ，沈殿した物質の質量を測定した。ろ過したろ液に緑色の BTB 溶液を 2 滴加え，色の変化を確認した。加えるうすい硫酸の体積を 15 cm³，20 cm³，25 cm³，30 cm³ と変えて，その結果を表2のようにまとめた。

表2

加えたうすい硫酸の体積〔cm³〕	10	15	20	25	30
沈殿した物質の質量〔g〕	0.19	0.28	0.37	0.47	0.47
緑色の BTB 溶液を加えたときの色の変化	青色になった。			変化なし。	黄色になった。

(問1)〔実験Ⅰ〕において，うすい硫酸水溶液に無色のフェノールフタレイン溶液を数滴加えたときの溶液の状態に当てはまるものはどれか。下の解答群から一つ選び，番号で答えなさい。

1．（変化なし。）
2．（黄色になった。）
3．（緑色になった。）
4．（青色になった。）
5．（赤色になった。）
6．（黒色になった。）

(問2)〔実験Ⅰ〕において，うすい水酸化バリウム水溶液に緑色の BTB 溶液を加えると，青色に変化した。BTB 溶液を青色に変化させたイオンを何というか。**名称**を答えなさい。

(問3)〔実験Ⅱ〕では，硫酸と水酸化バリウムが中和している。このときの中和反応を**化学反応式**で答えなさい。

(問4)〔実験Ⅱ〕において，加えたうすい硫酸の体積と，混合溶液中の硫酸イオンの数の関係をグラフに表すと，どのようになると考えられるか。下のグラフから一つ選び，**番号**で答えなさい。

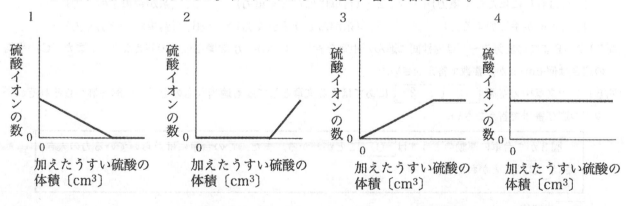

(問5)〔実験Ⅱ〕で用いたうすい水酸化バリウム水溶液 30 cm³ と，うすい硫酸水溶液 40 cm³ を混ぜ合わせたときに生じる沈殿の量は何 g か。**小数第2位**まで答えなさい。

(問6)〔実験Ⅱ〕で用いたうすい水酸化バリウム水溶液を2倍にうすめた溶液をつくり 20 cm³ はかりとった。ちょうど中和するのはうすい硫酸を何 cm³ 加えたときか。**小数第1位**まで答えなさい。

【6】次の文章［1］，［2］を読んで，下の各問に答えなさい。

［1］　コイルとU字形磁石を用いて図1に示すような装置を組み立て，コイルに電流を流した。

(問1) コイルの受ける力の向きはア，イのどちらか答えなさい。

(問2) コイルにはたらく力を大きくする操作として，適切なものを下の解答群から一つ選び，**番号**で答えなさい。ただし，コイルにかかる電圧は変わらないものとする。

　1．(電気抵抗の大きいエナメル線でつくったコイルに変える。)

　2．(コイルのエナメル線の巻き数を少なくする。)

　3．(U字形磁石を裏返してS極を上にする。)

　4．(U字形磁石をより磁力の大きいものに変える。)

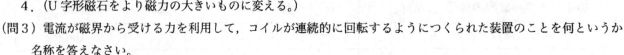

図1

(問3) 電流が磁界から受ける力を利用して，コイルが連続的に回転するようにつくられた装置のことを何というか名称を答えなさい。

［2］　物体の運動について調べるために，図2のような実験装置をつくった。水平面に記録タイマーを設置し，台車を手で押さえて止めたまま，糸をおもりにつないだ。台車から静かに手をはなすと台車はまっすぐ進み続けた。台車から手をはなしたあとの台車の運動を，1秒間に60回打点する記録タイマーで記録した。図3は，テープを6打点ごとに切り取り，グラフ用紙に貼りつけたものである。

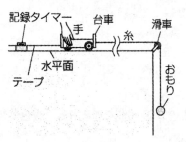

図2

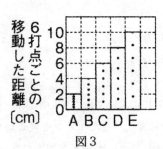

図3

(問4) 図2で，台車を手で止めているとき，手が台車に加えている水平方向の力とつり合っている力を下の解答群から一つ選び，**番号**で答えなさい。

　1．(おもりにはたらく重力)　　2．(台車にはたらく重力)　　3．(糸が台車を引く力)

　4．(台車が手に加える力)　　5．(糸がおもりを引く力)　　6．(台車が糸を引く力)

(問5) A～Eまでの記録テープは何秒間に進んだ距離を表しているか。**小数第1位**まで答えなさい。また，Cの平均の速さは何cm/sか。**整数**で答えなさい。

(問6) 次の文章中の空欄　①　，　②　にあてはまる文章として最も適当なものを，下の解答群からそれぞれ一つずつ選び**番号**で答えなさい。

> 　図3から台車の運動のようすは　①　ことがわかる。また，この台車にはたらいている力の大きさは　②　ことがわかる。

　①　の解答

　1．(しだいに速くなった)　　　　2．(一定の速さであった)　　　3．(しだいに遅くなった)

　4．(途中まで速くなり，そのあと遅くなった)

　②　の解答

　1．(しだいに大きくなった)　　　2．(一定の力であった)　　　3．(しだいに小さくなった)

　4．(途中まで大きくなり，そのあと小さくなった)

星稜

【7】　次の会話文を読んで，下の各問いに答えなさい。

> Aさん：昨日，産地直送のジャガイモを食べたら，甘くておいしかったよ。
>
> Bさん：私もジャガイモは大好き。幼稚園の時，ジャガイモを植える体験や収穫する体験をしたね。
>
> Aさん：でも，ジャガイモを植える体験のとき，ジャガイモは種ではなくて，種芋という芋を植えていたよね。Bさんが，「食べれるジャガイモを植えるのはもったいない」と言っていた記憶があるよ。
>
> Bさん：そのときは，①仲間をふやすのは種子であって，ジャガイモみたいにイモを植えて，仲間をふやす方法があるなんて知らなかったんだよ。イチゴも，サツマイモもそうだと知って驚いたよ。
>
> Aさん：そうだね。同じおいしさの作物を大量に作るには適切な方法だよ。
>
> Bさん：石川県が新たに作ったお米もそうなのかな。
>
> Aさん：同じおいしさの作物を大量に作るのだから，同じようにふやしたと思うけど，新しく作られたということは，②遺伝子組換えとかの技術なのかな。

(問1) 下線部①のように，被子植物は種子をつくる。右の図1は，花粉がめしべの先端についた後に起こる様子を模式的に示している。(A)は花粉の通る管であり，(B)は中を通る粒，(C)は(B)と合体する相手である。(A), (B), (C)をそれぞれ何というか答えなさい。

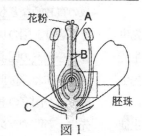

図1

(問2) 下線部①に対して，種子をつくらずになかまをふやすことを無性生殖というが，サツマイモ，ジャガイモ，イチゴに見られる無性生殖を特に何というか答えなさい。

(問3) 無性生殖には，(問2)以外に，分裂，出芽，胞子生殖がある。ミカヅキモと同じふえ方をする生物を下の解答群から一つ選び，番号で答えなさい。

　1．(酵母)　　　2．(アメーバ)　　　3．(イソギンチャク)　　　4．(スギゴケ)

(問4) 下線部②の遺伝子組換えの例として間違っているものを下の解答群から一つ選び，番号で答えなさい。

　1．(害虫に強い形質をつくる遺伝子を持たせる。)

　2．(良い形質を持った個体どうしを受粉させて，目的の形質を持つ作物をつくり出す。)

　3．(甘味の元になる物質をより多く作るため，一部の遺伝子の機能をなくす。)

　4．(青いバラの花のような，自然界にはない植物をつくり出す。)

(問5) 植物の根では，どこで細胞分裂が盛んに起こっているか調べるために，図2の左図のように根に等間隔で印をつけた。5日後に，その根を取り出して印がどのように移動したかを調べると図2の右図のようになった。このとき，真ん中の点bはどこになると考えられるか。解答用紙の図中に点をはっきりと書きなさい。ただし，1マスを5mmとする。

最初　　　　　　　　　　　　　　　　　5日後

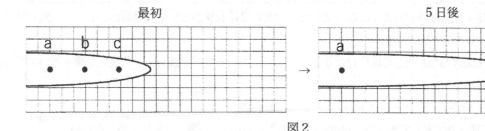

図2

(問6) 動物の場合，受精してできた受精卵から生体へと成長していく過程を何というか。また，下の図3はイモリの成長過程の各時期を示している。順番に並び替えた時に3番目となる図はどれか。下の図3から一つ選び，番号で答えなさい。

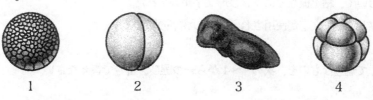

【1】 情報伝達の歴史やその手法についての対話を読み、各問いに答えなさい。

先生　人類は、古来より様々な方法で情報を伝達してきました。①文字は情報を伝達する手段の一つとして、生み出されました。

生徒　そうですね。昔から石碑や書簡などで情報を伝達してきましたよね。

先生　例えば好太王（広開土王）碑から、（ ② ）ということがわかります。

生徒　なるほど。文字を利用して人類は様々なことを、当時の人々や後世の私たちに伝えてきたのですね。

先生　もちろん文字だけに頼っていたわけではないと思われます。③遣唐使で派遣された人々などは、そこで見聞きしたものを周囲に語り聞かせただろうから、口頭での伝達、というのも情報伝達手段として活用されてきたはずです。

生徒　確かにそうですね。文字にしろ口頭にしろ、他の国の情報も、昔から伝達しあってきたのですね。④キリスト教の宣教師なども情報の伝達に関わってきたのでしょうか？

先生　その通り。国のリーダー同士の対話も、文字などを使用し行われてきました。

生徒　⑤リーダーの国書が使者を介して日本に届く、ということがありましたよね。

先生　そうですね。⑥国によって使用する文字は違うものの、それを翻訳する者が各国にいることで、政治的・文化的交流が国家の垣根をこえて行われたのです。

生徒　先生、新聞やラジオなどの（ ⑦ ）の登場も、情報伝達手段の一つ、と捉えることができるでしょうか？

先生　そうですね。ただ、（ ⑦ ）が登場したことで、情報伝達の危険性に人類が気付かされることになります。

生徒　どういうことですか？

先生　例えばこの新聞報道を見てください。この新聞報道を見たものは、どういう印象を持つでしょうか。この記事では、「（ ⑧ ）」と書かれていますが、実際は「⑨アメリカ合衆国側の空母1隻(せき)沈没したのに対し、日本側は空母4隻、巡洋艦1隻が沈没」しているのです。

生徒　どのような情報にも、それを発信する側の意図が込められている、ということなのでしょうか。情報を信じられないなんて、つらい時代です。

先生　でも、石碑も書物も、ありとあらゆる情報にこれまでも発信する側の意図が込められてきたのです。情報を100％信頼することができる時代なんて、常にあり得ないのです。だからこそ、資料を読むときには、「いつ、どこの誰が、何のために」この情報を発信したのか確かめる必要があるのです。特に、政治的な意図を持つ宣伝広告や風刺画を読み解く際は慎重にすべきですね。

生徒　⑩戦後、（ ⑦ ）は発達し、変化し、大きな影響力を持つようになりました。そして現在、私たちの世代は新たな情報伝達手段も獲得するようになりました。情報の受け取り手としても発信側としても、気を付けて行動しないといけないと感じます。

先生　そうですね。未来はあなたたちの世代にかかっています。正しく情報を扱い、より良い未来を築いてくださいね。

問1　下線部①について述べた文として誤っているものを、次の1～4から一つ選び、番号で答えなさい。

1. エジプト文明において、象形文字が使用された。
2. インダス文明においては文字の使用が確認されておらず、政治の様子があまりわかっていない。
3. メソポタミア文明において、粘土板などにくさび形文字が刻まれた。
4. 黄河の流域に殷が成立し、甲骨文字が使用され、のちの漢字の原形となった。

問2　空欄②に入る文として適当なものを、次の1～4から一つ選び、番号で答えなさい。

1. 邪馬台国の卑弥呼が中国（魏）に使者を送り、珍しい贈り物や王の地位を得ることによって優位に立とうとした
2. 倭の五王が、倭の王としての地位と、朝鮮半島南部の軍事的な指揮権とを中国の皇帝に認めてもらおうとしてたびたび使いを送った
3. 奴国の王が中国（漢）に使者を送り、皇帝より金印を与えられた
4. 大和政権が、百済や伽耶地域（任那）の国々と結んで、高句麗や新羅と戦った

問3　下線部③について述べた文として**誤っているもの**を、次の1〜4から一つ選び、番号で答えなさい。
1. 最澄と空海は遣唐使とともに唐に渡り、最澄は延暦寺を建て天台宗を伝え、空海は金剛峯寺を建て真言宗を伝え、ともに仏教の新しい教えを日本に広めた。
2. 遣唐使の派遣によって、国際的な文化が日本で栄え、都を中心に天平文化が成立した。
3. 9世紀末に遣唐使に任命された菅原道真は、唐の衰えと往復の危険を理由に派遣の停止を訴えて認められ、これ以後遣唐使は派遣されなかった。
4. 桓武天皇が使用した道具や楽器など、東大寺の正倉院宝物の中には、西アジアやインドから唐にもたらされ、それを遣唐使が持ち帰ったと考えられているものが数多く含まれている。

問4　下線部④に関連する以下の写真を見て、これに関する文章を読み、空欄（　a　）には**カタカナ**の語句を、（　b　）には**漢字**の語句を、（　c　）には**20字以内**の文を入れなさい。

京都大学附属図書館蔵

> 　1582年、（　a　）会は、布教の成果を示すため（　b　）使節を、豊後の大友宗麟などのキリシタン大名が派遣した使節としてローマ教皇の元へ連れていった。現地では熱烈な歓迎を受けたものの、1590年に帰国したときには（　c　）ため、現地で得た知識を十分に活かせなかった。

問5　下線部⑤について、以下のある国書の抜粋を読み、この国書の差出人及び受取人の組み合わせとして正しいものを、次の1〜6から一つ選び、番号で答えなさい。

> 　・・・高麗は私の東方の属国である。日本は高麗に近く、ときどき中国に使いを送ってきたが、私の時代になってからは一人の使いもよこさない。・・・今後は互いに訪問し友好を結ぼうではないか。・・・武力を使いたくはないのでよく考えてほしい。（部分要約）

1. 差出人・・・李舜臣　受取人・・・北条時宗
2. 差出人・・・李舜臣　受取人・・・源頼朝
3. 差出人・・・チンギス　受取人・・・源頼朝
4. 差出人・・・チンギス　受取人・・・北条泰時
5. 差出人・・・フビライ　受取人・・・北条泰時
6. 差出人・・・フビライ　受取人・・・北条時宗

問6　下線部⑥について述べた文として正しいものを、次の1〜4から一つ選び、番号で答えなさい。
1. 江戸では、医師の杉田玄白や前野良沢らがポルトガル語の人体解剖書を翻訳して『解体新書』を出版した。
2. 横浜のオランダ商館長から提供された情報は翻訳され、オランダ風説書として老中に届けられた。
3. 日朝修好条規は、領事裁判権を互いに認め合うものであるが、この条約締結の背景には、西洋人が当時通訳や従者として多くの朝鮮人を日本の貿易港に連れて来ていたことがある。
4. 森鴎外は、ゲーテの『ファウスト』をドイツ語から日本語に翻訳するなど、翻訳家としても活躍した。

星稜

問7　空欄⑦にあてはまる語句を、カタカナで答えなさい。

問8　空欄⑧には以下の文が入るが、このことを記した右の新聞報道（「朝日新聞」1942 年 6 月 11 日）を読み、あてはまる数字を答えなさい。

アメリカ側の空母（　a　）隻沈没したのに対し、日本側は空母（　b　）隻沈没(喪失)および（　c　）隻大破、巡洋艦（　d　）隻大破

朝日新聞

東太平洋の敵

ミッドウエー沖に大海戦

アリューシャン列島猛攻

陸軍部隊も協力要所を奪取

米空母二隻（エンタープライズ、ホーネット）撃沈

わが二空母、一巡艦に損害

大本營發表（十日午後三時三十分）東太平洋全海域に作戰中の帝國海軍部隊は六月四日アリューシャン列島の敵據點ダッチハーバー並に同列島一帶を急襲し四日、五日兩日に亘り反復之を攻撃せり、一方同五日洋心の敵根據地ミッドウエーに對し猛烈なる強襲を敢行すると共に、同方面に増援中の米艦隊を捕捉猛攻を加へ敵海上及航空兵力並に重要軍事施設に甚大なる損害を與へたり、更に同七日以後陸軍部隊と緊密なる協同の下にアリューシャン列島の諸要點を攻略し目下尚作戰續行中なり、現在迄に判明せる戰果左の如し

一、ミッドウエー方面
（イ）米航空母艦エンタープライズ型一隻及ホーネット型一隻撃沈
（ロ）彼我上空に於て撃墜せる飛行機約百二十機
（ハ）重要軍事施設爆碎
二、ダッチハーバー方面
（イ）撃墜破せる飛行機十四機
（ロ）大型輸送船一隻撃沈
（ハ）重油槽許二ケ所、大格納庫一棟爆破炎上
三、本作戰に於ける我が方損害
（イ）航空母艦一隻喪失、同一隻大破、巡洋艦一隻大破
（ロ）未歸還飛行機三十五機

米海軍の至寶
◇撃沈兩空母の性能
エンタープライズ
ホーネット

問9　下線部⑨について説明した文として正しいものを、次の 1～6 から一つ選び、番号で答えなさい。

1.　人口は約 13 億 5000 万人（2012 年）で、主に東部の平野に分布しています。約 7 割が漢民族で、それ以外の少数民族は主に西部で生活をしています。
2.　10 世紀より、北西部ではゲルマン系言語、南部ではラテン系言語、東部ではスラブ系言語が使われています。
3.　多くの民族が暮らし、それぞれが独自の言語を持っています。同じ国内で言葉が通じないと不便なため、ヨーロッパ諸国の植民地時代から使われてきたドイツ語やイタリア語を共通の言語としている領域が多くを占めています。
4.　もともと先住民が住んでいました。15 世紀以降、ヨーロッパの北西部やイベリア半島から移民がやってきました。現在は、近隣諸国からスペイン語を話す移民が増えています。
5.　16 世紀になると、スペイン人やポルトガル人によって、先住民の国がほろぼされ、こうした人々に支配されました。そのため、スペイン語とポルトガル語が話されるようになり、キリスト教が広まりました。
6.　18 世紀後半にイギリスの植民地になり、イギリス系の移民が増加しました。19 世紀後半から中国系の移民が増加し、イギリス系の移民との対立が生じました。1970 年代から、白豪主義と呼ばれるヨーロッパ系以外の移民の制限が行われ、現在も続いています。

問10　下線部⑩について述べた文として**誤っているもの**を、次の 1～4 から一つ選び、番号で答えなさい。

1.　高度経済成長期において「三種の神器」の一つとしてテレビが普及すると、文化を発信する側にも受け取る側にも多くの人が参加する「文化の大衆化」が進んだ。
2.　イラク軍がイランに侵攻すると、アメリカ軍を主体とする多国籍軍がイラクを攻撃し湾岸戦争が始まったが、この戦争はテレビで生中継された史上初の戦争となった。
3.　1990 年代後半からインターネットが普及し、文字や音声、画像など大量の情報を、国境を越えて高速で双方向的にやりとりできるようになった。
4.　2022 年に起こったロシアによるウクライナ侵攻において、ツイッターやインスタグラムなどの SNS を駆使した情報伝達が活発に行われる反面、フェイクニュースも大量に出回ることになった。

星稜

【2】 次の世界各国に関する、各問いに答えなさい。

問1　次の地図①中のヨーロッパの4つの都市と地図②中の北アメリカの2つの都市の中から、金沢市（北緯36度）
　　　の緯度ともっとも近い都市の組み合わせとして正しいものを、下の表の1〜8から一つ選び、番号で答えなさい。

地図①　　　　　　　　　　　　　　　地図②

	1	2	3	4	5	6	7	8
地図①	ロンドン	パリ	ローマ	アテネ	ロンドン	パリ	ローマ	アテネ
地図②	シアトル	シアトル	シアトル	シアトル	サンフランシスコ	サンフランシスコ	サンフランシスコ	サンフランシスコ

問2　右の雨温図は、南半球のマナオス・ケープタウン・
　　　ブエノスアイレス・シドニーのいずれかである。また、
　　　下の表は、上記いずれかの都市に属する国の輸出品目
　　　である。これらを参考に、雨温図の都市名を答え、位
　　　置を下の地図の1〜4から一つ選び、番号で答えなさい。

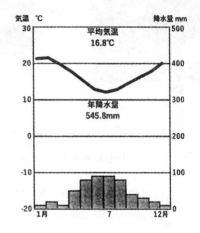

表

2017年 計883億ドル	自動車	機械類	プラチナ	鉄鋼	石炭	金	鉄鉱石	その他
	11.1%	8.1%	7.5%	7.1%	6.5%	6.0%	5.4	48.3%

地図

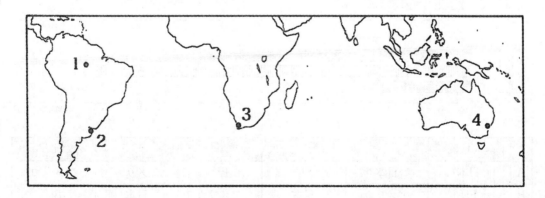

問3　ヨーロッパが高緯度のわりに温暖な理由を、「海流」と「風」の用語を用いて**20字以内**で答えなさい。

問4　下の写真❶は、ノルウェーでみられる地形である。写真を参考に、氷河によって削られた谷に海水が深く入り込んだ地形のことを何というか答えなさい。

問5　次の文はアフリカで多く生産される農産物について述べている。下の写真❷も参考にしてその農産物名を答えなさい。
・赤道付近を中心に栽培される
・果実には甘みと酸味がある
・果実の中の種を乾燥させたものが、チョコレートの原料となる
・コートジボワールやガーナは、世界有数の生産地である

問6　下の写真❸は、アラブ首長国連邦にある高さ828mの世界一の人工建造物「ブルジュ・ハリファ」である。この建造物がある都市名を答えなさい。

❶

❷

❸

問7　次の表は、2015年における日本・EU・アメリカ合衆国の面積・人口・GDPを示したものである。A・B・Cに該当する組み合わせとして正しいものを、下の表の1〜6から一つ選び、番号で答えなさい。

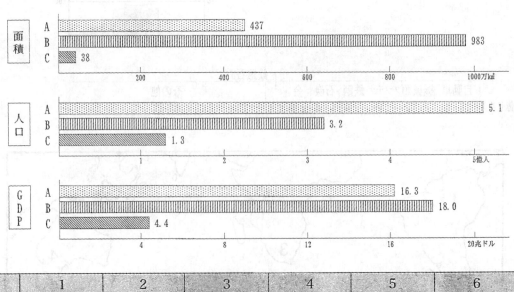

	1	2	3	4	5	6
A	日本	日本	EU	EU	アメリカ	アメリカ
B	EU	アメリカ	日本	アメリカ	日本	EU
C	アメリカ	EU	アメリカ	日本	EU	日本

【3】 次の対話文を読み、各問いに答えなさい。

先生　現代社会の特色について、それぞれの考えを発表してください。

生徒A　私は少子高齢社会について取り上げたいと思います。少子高齢社会とは（　①　）歳未満の子どもの数が減る少子化と、（　②　）歳以上の高齢者の割合が増える高齢化が同時に進んでいる社会を指します。日本は先進国の中でも急速に少子高齢化が進んでおり、その対策が求められています。少子化の対策としては、安心して③子どもを産み育てられる環境を整えることが必要だと思います。高齢者の生活を支えるためには④年金保険や介護保険などの社会保障制度を維持できるよう⑤税金の制度を検討する必要があると思いました。

生徒B　私はグローバル社会について発表します。グローバル化により国境を越えてヒトやモノ、カネ、情報の移動が進みました。例えば多くの日本企業が海外へ進出し、⑥海外に生産拠点や販売の拠点を置くようになり、逆に日本国内にも多くの外国企業が見られるようになりました。異なる文化・習慣をもつ人々と触れ合う機会が増えたグローバル社会では、それらの違いや習慣を互いに理解し尊重することを学ぶことが大事です。

生徒C　私は情報社会について思うことをまとめました。情報社会の大きな特徴は、（　⑦　）にあると思います。私はインターネットを利用して調べ物や買い物をしたりすることがよくあるのですが、その時の履歴が自動で分析され、新たな関連情報が提示される機能が非常に便利だと思っています。ただ、個人的な情報の扱いや間違った情報を流すことはないように気をつけながら使う必要があるとも感じています。また、インターネットで買い物をしていると、つい気軽に購入してしまうことがあるので、よく考えながら賢い⑧消費者でありたいと思います。

先生　色々な視点からの発表をありがとうございました。現代社会にはさまざまな課題がありますが、私たちは常に現在の世代だけではなく、将来の世代のことまで考えた社会作りを心がけていかなければなりませんね。

問1　空欄（　①　）と（　②　）に入る適切な数字の組み合わせとして正しいものを、下の表の1〜6から一つ選び、番号で答えなさい。

	1	2	3	4	5	6
（　①　）	18	15	10	18	15	10
（　②　）	70	65	60	65	60	70

問2　下線部③に関連して一人の女性が一生の間に産む子どもの平均人数を何というか。**漢字**で答えなさい。

問3　下線部④に関連して、日本の社会保障制度についてまとめた下の表A〜Dのうち、「公的扶助」に該当するものを一つ選び、記号で答えなさい。

A	医療保険、年金保険、雇用保険、労災保険、介護保険
B	生活保護（生活・住宅・教育・医療などの扶助）
C	高齢者福祉、児童福祉、障がい者福祉、母子・父子・寡婦福祉
D	感染症予防、予防接種、廃棄物処理、上下水道処理、公害対策など

問4　下線部⑤に関連して、税金は納め先の違いにより国税と地方税、納め方の違いにより間接税と直接税に分かれるが、国税かつ間接税である税金を次の1〜4から一つ選び、番号で答えなさい。

1. 法人税　　2. 所得税　　3. 消費税　　4. 相続税

問5　下線部⑥のような企業を何というか。**漢字**で答えなさい。

星稜

問6　空欄（　⑦　）にあてはまる文として最も適切なものを、次の1〜4から一つ選び、番号で答えなさい。

1.　互いの文化や価値観を尊重し、社会の中で共に生活していく多文化共生
2.　現在の世代だけではなく、将来の世代まで考えて持続可能な社会を作り出すこと
3.　情報リテラシーが不必要なものとなり、インターネットなどの情報への信頼度が増すこと
4.　ICTの発達と人工知能の進化

問7　下線部⑧に関連して、次の状況の場合、契約が成立する時点として正しいものを、次の1〜4から一つ選び、番号で答えなさい。

Aさんがスマートフォンを買いに店にきました。

1.　Aさんが「これをください」と言い、店員が「はい」と合意したとき
2.　契約書を書いたとき
3.　代金を支払ったとき
4.　スマートフォンを受け取ったとき

【4】次の資料は、江戸時代の儒学者であった新井白石が著した『読史世論』の一部を現代語訳したものである。これを読み、各問いに答えなさい。

日本の政権は、a 古代から公家政権が九回変わって b 武家政権となり、武家政権は五回変わって、徳川氏の政権となった。武家は源頼朝が鎌倉幕府を開いて、天下の軍事に関する権力を握った（一変）。北条義時が（　X　）のあと、天下の権力を握った（二変）。後醍醐天皇の建武の新政の後、c 足利尊氏は、光明天皇を北朝の天皇に立てて幕府を開いた（三変）。織田信長が興こり、信長は天下を治めようとした。（　Y　）は、古人の知恵を利用して、みずから関白となって、天下の権力を思いのままにした（四変）。その後ついに d 徳川家の世となった（五変）。

問1　儒学者の新井白石に関連して、中国で「思いやりの心（仁）で行いを正し、日常生活や政治に取り組むことにより、国はよく治まる」と説き、日本や朝鮮にも大きな影響を与えた「儒学の祖」と称される思想家は誰か。**漢字で**答えなさい。

問2　資料中（　X　）にあてはまる出来事と、（　Y　）にあてはまる人物が行った政策の組み合わせとして適切なものを、下の表の1〜4から一つ選び、番号で答えなさい。

	（　X　）の出来事	（　Y　）の人物が行った政策
1	壬申の乱	守護・地頭を設置し、征夷大将軍に任命され幕府を開いた。
2	壬申の乱	兵農分離を進め、その後の身分制社会の土台をつくった。
3	承久の乱	守護・地頭を設置し、征夷大将軍に任命され幕府を開いた。
4	承久の乱	兵農分離を進め、その後の身分制社会の土台をつくった。

問3　下線部aについて、この頃に起こった次のA〜Dの出来事を年代の古い順に左から並べたものとして正しいものを、下の1〜8から一つ選び、番号で答えなさい。

A)　唐にならい大宝律令を完成させ、中央集権を推し進めた。

星稜

B)　十七条の憲法が制定された。

C)　東北地方に坂上田村麻呂を派遣し、支配を広げた。

D)　鎮護国家の思想から大仏造立の詔を出し、盧舎那仏の建造を開始した。

1.　A→B→C→D
2.　A→B→D→C
3.　B→A→C→D
4.　B→A→D→C
5.　C→A→D→B
6.　C→A→B→D
7.　D→B→A→C
8.　D→B→C→A

問4　右の写真は、下線部b崩壊後、欧米に向け出発したある使節
　　　団の様子であるが、この使節団の代表として派遣された人物は
　　　誰か。**漢字**で答えなさい。

問5　下線部cについて、次の表は、室町幕府が行った日明貿易における幕府、守護大名の大内氏・細川氏、その他の
　　　各勢力が派遣した貿易船が明国に渡航した年（入明年）を示したものである。表を参考にして、室町時代の海外と
　　　の交流を説明した文A・Bの正誤の組み合わせとして正しいものを、次の1〜4から一つ選び、番号で答えなさい。

入明年	1401	1403	1404	1405	1407	1408	1410	1433	1435	1453	1468	1477	1484	1495	1511	1523	1540	1549
幕府	○	○	○	○	○	○	○	○	○		○	○	○					
大内氏										○	○				○	○	○	○
細川氏											○				○	○	○	
その他								○	○	○			○	○				

A)　日明貿易は幕府が朝貢形式で始めたため、最初の7回は幕府が貿易を独占した。

B)　応仁の乱が始まると、幕府は一度も貿易船を明へ派遣できなかった。

1.　A…正　　B…正
2.　A…正　　B…誤
3.　A…誤　　B…正
4.　A…誤　　B…誤

問6　下線部dについて、5代将軍徳川綱吉のころにみられるようになった産業の様子として最も適切なものを、次の
　　　1〜4から一つ選び、番号で答えなさい。

1.　米と麦などの二毛作が西日本を中心に広がっていき、稲の品種も増加した。

2.　農村では、小作人が地主に小作料の引き下げを求める小作争議を起こした。

3.　千歯こきなど新しい農具の開発が進み、耕地面積や米の生産量が飛躍的に増加した。

4.　班田収授法が定められ、戸籍に基づき口分田が与えられ、税負担を課せられた。

【5】次の日本に関する、各問いに答えなさい。

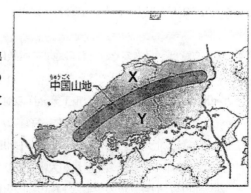

問1　中国地方には1000m前後のなだらかな山並みが続く中国山地
　　　が広がっている。右の地図中に示されている、中国山地より北の
　　　地域Xと南の地域Yの名称の組み合わせとして正しいものを、次
　　　の1〜4から一つ選び、番号で答えなさい。

1. X…山陽　　Y…山陰
2. X…山陰　　Y…山陽
3. X…南海　　Y…山陽
4. X…山陰　　Y…南海

問2 次の説明文は、日本のある都道府県を説明したものである。文章を読み、適する都道府県名を**漢字**で答えなさい。

> 　果樹栽培が盛んなこの都道府県は、すいかやメロン、ぶどうなどの生産量がいずれも上位であるが、さくらんぼと洋なしの生産量は日本一となっています。稲作も盛んに行われており、2021年の全国生産量は第4位です。豊富な日照時間と昼夜の気温差の下で生まれたオリジナル品種「はえぬき」は銘柄米として全国に販売されています。
>
> 　8月に行われる「花笠まつり」はこの地域に受け継がれる伝統行事のひとつとなっています。スゲ笠に赤い花飾りをつけた花笠を手にし、花笠音頭にあわせて街を踊り練り歩く祭りです。

問3 次の文章は、日本の人口に関して述べたものである。文章中の下線部①〜⑤のうち一カ所誤っている部分がある。その部分の記号と正しい文言に直したものの組み合わせとして正しいものを、次の1〜5から一つ選び、番号で答えなさい。

> 　日本の人口は、世界でも有数の人口の多い国です。①1960年代前半に誕生する子どもが急激に増えた「ベビーブーム」以降、経済成長や医療の発達などの影響もあって、増加し続けてきました。人口密度は1k㎡あたり338人（2012年）とアメリカやオーストラリアより②高くなっています。高齢化とともに少子化が進んだ日本は、少子高齢化を迎えました。現在の日本の人口ピラミッドは、年少人口が少なく、老年人口が多い③つぼ型となっています。人口の大部分は平野や盆地に分布し、なかでも都市部に集中しています。④東京・大阪・名古屋を中心とする三大都市圏や各地方の中心都市として、地方中枢都市が成長しました。これらに加え、政令指定都市と呼ばれる、横浜市、新潟市などの⑤人口50万人以上の大都市が地域の中心都市になっています。

1.　①1960年代前半 → 1940年代後半
2.　②高くなっています → 低くなっています
3.　③つぼ型 → つりがね型
4.　④東京・大阪・名古屋 → 東京・大阪・札幌
5.　⑤人口50万人以上 → 人口100万人以上

問4 次の文章は、日本のそれぞれの地域の産業について述べたものである。文章を読み、**誤っているもの**を、次の1〜4から一つ選び、番号で答えなさい。

1.　九州地方は、日本の近代的な重工業発祥の地です。20世紀の初め、筑豊炭田や鉄鉱石の輸入先であった中国に近かったことから、現在の北九州市に、官営の八幡製鉄所が建設されました。この製鉄所を中心として鉄鋼業が発達した地域は、北九州工業地帯とよばれ、九州地方の工業の中心的役割を果たしてきました。エネルギー革命が進むと、この地域での鉄鋼の生産量が大幅に減り、全国の工業生産額にしめる九州の割合も低下しました。その後IC（集積回路）や自動車の企業に工場の建設を働きかけ、機械工業への転換を図りました。

2. 海上交通の便が良い瀬戸内海沿岸には、1960 年代に広大な工業用地が整備され、さまざまな工業が発展しました。倉敷や福山には、鉄の精錬から製品の製造までを一貫して行うことができる製鉄所が、水島（現在は倉敷市）や徳山（現在は周南市）、新居浜などには石油化学コンビナートが建設され、一帯には当時最新鋭の工場が集まりました。このようにしてできたのが、瀬戸内工業地域です。ここで生産された工業原料は、瀬戸内海を利用して船で全国の工業都市に運ばれ、日本の経済成長を支えてきました。近年、瀬戸内工業地域では、携帯電話などに使われるリチウムイオン電池といった新しい工業製品が製造されています。

3. 豊田市周辺では、以前は、豊富な地下水とこの地域で生産された綿花を活用したせんい工業が盛んでした。この地域にあったせんい機械の会社が、それまでつちかってきた技術力を結集して、1930 年代に自動車を造ったのが、現在盛んな自動車生産の始まりです。その後、周辺にはたくさんの関連工場が進出し、今日では地域全体で自動車生産が行われています。伊勢湾の臨海部には輸入された工業原料を加工する工場が集まり、内陸にはそれらを組み立てる工場などが集まっています。名古屋市を中心とする中京工業地帯を形成しており、世界をリードする先端工業地域となっています。

4. 江戸時代、東京は「天下の台所」と呼ばれ、明治時代にかけて日本を代表する商業都市に発展しました。その後、せんい工業を中心に発展し、戦後は沿岸部の製鉄所や石油コンビナート、医薬・化学品工場が生産の中心になりました。また東京湾岸に沿った埋め立て地の工場跡地には、太陽電池を生産する新しい工場やテーマパークなどが造られてきました。東京都・神奈川県・埼玉県にまたがる京浜工業地帯は日本最大の工業地帯に発展し、横浜港や川崎港などの工場が周辺にある貿易港では、原材料の輸入や製品の輸出が行われており、現在では工業生産額は日本一となっています。

【6】下の図を見て、各問いに答えなさい。

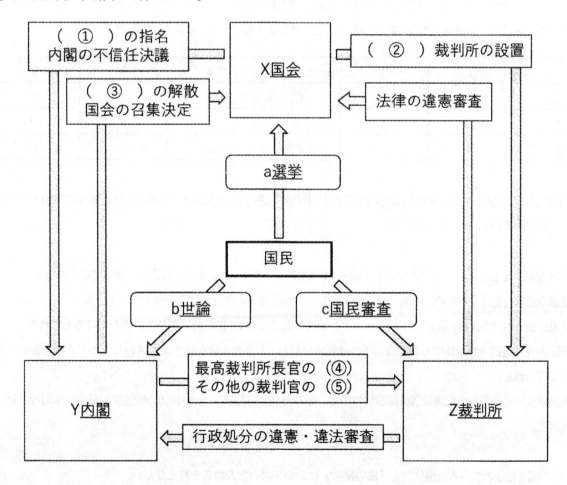

星稜

問1　（　①　）～（　③　）にあてはまる語句の組み合わせとして正しいものを、下の表の1～6から一つ選び、番号で答えなさい。

	1	2	3	4	5	6
（　①　）	国務大臣	国務大臣	国務大臣	内閣総理大臣	内閣総理大臣	内閣総理大臣
（　②　）	特別	特別	弾劾	弾劾	弾劾	特別
（　③　）	衆議院	参議院	衆議院	参議院	衆議院	参議院

問2　（　④　）～（　⑤　）にあてはまる語句の組み合わせとして正しいものを、下の表の1～4から一つ選び、番号で答えなさい。

	1	2	3	4
（　④　）	指名	任命	指名	任命
（　⑤　）	任命	任命	指名	指名

問3　下線部X～Zに関して、それぞれ日本国憲法でその役割が明示されている。以下の下線部X～Zに関する日本国憲法上での表記の正誤の組み合わせとして正しいものを、下の表の1～6から一つ選び、番号で答えなさい。

X)　国会は、民主主義の最高機関であって、国の唯一の立法機関である。

Y)　内閣は、行政権の行使について、国会に対し優越して責任を負う。

Z)　すべて司法権は、最高裁判所及び法律の定めるところにより設置する下級裁判所に属する。

	1	2	3	4	5	6
X	○	○	○	×	×	×
Y	○	○	×	×	×	○
Z	○	×	○	×	○	×

問4　下線部aに関連して、日本の衆議院の選挙では、小選挙区制と比例代表制を組み合わせた制度が採用されているが、その制度を何というか答えなさい。

問5　下線部b、cに関連して述べた文として誤っているものを、次の1～4から一つ選び、番号で答えなさい。

1.　世論の動向を把握するため、内閣府や新聞・テレビ・雑誌などの会社が独自調査を行っている。

2.　市民社会における世論の起源は、ピューリタン革命が起こった17世紀のイギリスにさかのぼるとされる。

3.　国民審査は最高裁判所長官と下級裁判所の裁判官に対して、その人物が任務にふさわしいかどうかを審査するために行われる。

4.　国民審査は任命後初の衆議院議員総選挙の際と、その後10年経過後ごとの最初の衆議院議員総選挙の投票日に行われる。

問6　この図で描かれている三権分立を『法の精神』において説いた人物名を答えなさい。

【1】 次の対話を読んで、あとの問いに答えなさい。

Peter:　I'm hungry.　Do you want to order a pizza with me?

Meg:　Sure, I'd love to.　Here's an advertisement for Pizza Paradise.

Peter:　Thank you.　Which one should we order?

Meg:　Well, I don't like to eat meat, so let's order vegetable toppings.

Peter:　Oh really?　I don't like vegetables very much.

Meg:　Look!　There's a special.　We can order our own pizzas and it will be cheaper than buying a medium size.

Peter:　That sounds great!　I'm going to order mine with all meat toppings.　I'm hungry!

Meg:　Me too!　But my pizza will have all the vegetable toppings.

問1　Which pizza will Peter and Meg order?

　　あ．　They will order one large pizza.

　　い．　They will order two medium pizzas.

　　う．　Meg will order one small pizza and Peter will order one medium pizza.

　　え．　Meg and Peter will order one small pizza each.

問2　Which toppings will Peter choose?

　　あ．　He will choose ham, pineapple, and extra cheese.

　　い．　He will choose sausage, green peppers, mushrooms, and extra cheese.

　　う．　He will choose sausage, chicken, ham, and beef.

　　え．　He will choose sausage, chicken, ham, and extra cheese.

問3　Which toppings will Meg choose?

　　あ．　She will choose green peppers, mushrooms, chicken, and extra cheese.

　　い．　She will choose green peppers, olives, onions, and mushrooms.

　　う．　She will choose sausage, green peppers, olives, and pineapple.

　　え．　She will choose pineapple, extra cheese, beef, and mushrooms.

問4　本文の内容に合うように、空所にあてはまる1語を英語で答えなさい。ただし、<u>算用数字は使わないこと</u>。

　　Q:　How much will their pizza order cost?

　　A:　It will cost (　　　　) dollars.

【2】 次の英文を読み、あとの問いに答えなさい。

Ueda Keiichi, an animal doctor in Okinawa, found that something was wrong with a dolphin, Fuji. Her tail fin was damaged by sickness.　She got worse day by day, and finally she (　a　).　Fuji was going to die.

Ueda decided to (1)remove most of her fin.　The operation was a success.　As a result, however, Fuji was not able to swim.　Fuji looked up at Ueda with sad eyes.

Ueda performed the operation successfully to save her life, but he still felt sorry for her.

A dolphin's fin is like rubber, so Ueda thought of making an (2)artificial fin with it.　He visited Kato Shingo, an engineer at a tire maker.

あ

Ueda said, "I really want Fuji to swim again with her friends."　Kato and the other engineers (3)were moved.　They decided to develop the first (2)artificial fin in the world.

い

The engineers spent their free time researching dolphin fins.　They had developed several fins before they finally made a good one.　Fuji swam very well with it.

One day, when Fuji (　b　), the fin broke.　It was made for swimming, not for jumping.

う

Two years had passed since the project first started.　The members put (4)the newest fin on Fuji. Everyone cheered, "She did it!　We did it!"

【注】　rubber：ゴム　tire：タイヤ

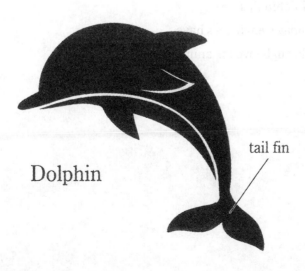

Dolphin

tail fin

問1　空所(a)・(b)に入れるのに最も適当なものをそれぞれ1つずつ選び、記号で答えなさい。

(a)　あ．stopped eating　　い．began to eat　　う．stopped to eat　　え．began eating

(b)　あ．tried to swim　　い．tried jumping　　う．tried swimming　　え．tried to break

問2　下線部(1)〜(3)の意味として最も適当なものをそれぞれ1つずつ選び、記号で答えなさい。

(1)　あ．修理する　　　い．取り除く　　　う．移動する　　　え．掃除する

(2)　あ．偽物の　　　　い．芸術的な　　　う．手術による　　え．人工的な

(3)　あ．感動した　　　い．引っ越した　　う．協力した　　　え．意気投合した

問3　二重下線部の to save とほぼ同じ用法のものを1つ選び、記号で答えなさい。

　　あ．I want <u>to save</u> more money.　　　　　　い．We all worked together <u>to save</u> the child.

　　う．It is very important <u>to save</u> her daughter.　　え．He knew the way <u>to save</u> the dolphin.

問4　次の段落を本文中に入れるのに最も適当な箇所を　あ　〜　う　から1つ選び、記号で答えなさい。

　　The dolphin trainers were surprised that Fuji still wanted to jump.　They hoped to help her. Ueda asked the engineers to make a stronger fin.　They tried every possible idea.

問5　下線部(4)の最新型のひれの性能について最も適当なものを1つ選び、記号で答えない。

　　あ．ゆっくりとしか泳げず、ジャンプにも対応できない

　　い．泳ぐことはできないが、ジャンプには対応できる

　　う．速く泳ぐことができるが、ジャンプには対応できない

　　え．速く泳ぐことができ、ジャンプにも対応できる

問6　本文全体を通して伝えたい内容として最も適当なものを1つ選び、記号で答えなさい。

　　あ．Special power only dolphins have

　　い．Future power of dolphin fins

　　う．Scientific power today's engineers have

　　え．Scientific power through love for animals

星稜

【3】 次の英文を読み、空所にあてはまるアルファベットと算用数字を答えなさい。

The Jones family is going on vacation.   There are four people in the family.   The father's name is Tom and the mother's name is Jill.   They have two children.   The older daughter's name is Veronica. She is 13 years old.   The younger son is 8 years old and his name is Peter.   Read their conversation and answer the questions below.

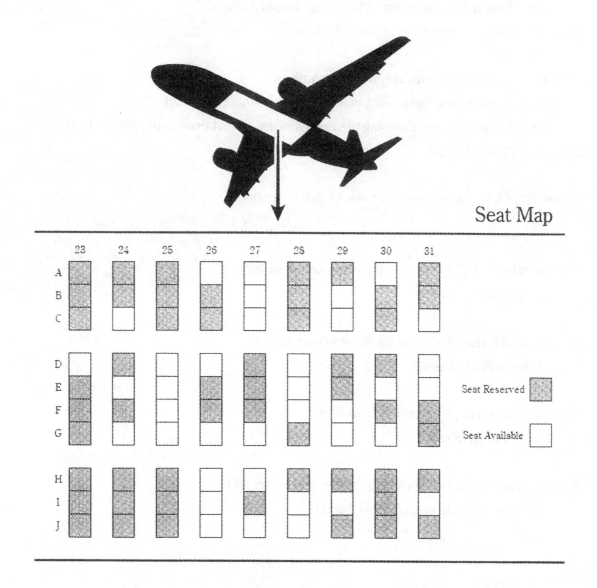

Seat Map

Jill:	Tom, I'm ready to reserve the seats.
Tom:	That's great! It's going to be a long flight.
Jill:	I know. I think we should sit together as a family.
Tom:	Yes, I think that's a good idea, but I want to sit next to you.
Jill:	OK, Tom. I'll choose these seats for us. Veronica and Peter, come look at the seats. Where do you want to sit?
Veronica:	I want to sit in 30-A alone.
Tom:	Your mom and I want us to sit together as a family.
Veronica:	Fine. I want to sit in the aisle then.
Jill:	OK.
Peter:	I want to see outside on the airplane.
Tom:	If we choose these seats, you both can sit where you want.
Jill:	Great, I'm done choosing the reservations. I just need to pay for the tickets.
Everyone:	Thanks mom!

【注】 reserve：予約する　　Seat Available：空席　　aisle：通路(側)

問1　Q: What row (23 – 31) will the Jones family sit in?

A: They will sit in row (　　　).

問2　Q: Which seat (A – J) will the daughter sit in?

A: She will sit in seat (　　　).

問3　Q: Which seat (A – J) will the son sit in?

A: He will sit in seat (　　　).

問4　Q: Which seats (A – J) will the mother and father sit in?

A: They will sit in seats (　　　) and (　　　).

【4】 次のＡ、Ｂの各問いについて、それぞれの指示に従って答えなさい。

Ａ　次の手紙やポスターなどを読み、それらの意図する文を１つ選び、記号で答えなさい。

問1

> Hello Robert,
>
> Thanks for inviting me to dinner.　I'd love to come.　I don't eat meat and I can't eat food with milk in it because it makes me sick.　I hope that's not too much trouble!
>
> 　　　　　　　　　　　　　　　　　　　Kate

あ．　Robert must buy meat and milk for dinner.

い．　Robert may need to prepare special food for Kate.

う．　Kate doesn't want dinner because she feels too sick.

問2

NOTICE

Heating comes on between 7am and 10am, and between 4pm and 11pm.

Please do not try to change these times.

あ．　The heating may not come on every morning.

い．　Someone will come here to turn on the heating.

う．　Don't try to turn on the heating between 10am and 4pm.

問3

Clothes on sale cannot be returned.
Try them on before you buy them!

あ．　The sale will end soon, so you should buy clothes soon.

い．　There isn't anywhere for customers to try on clothes here.

う．　If you buy something that's too big, you can't bring it back.

問4

Hi, David. I'm going to be late. Don't wait for me at the cafe. I'll go straight to the restaurant and see you there.

Emma

あ．Emma will meet David at the cafe.

い．David should go to the restaurant without Emma.

う．Emma can't go to the restaurant. She will meet David at the cafe.

問5

If you take this journey often, you can save money with our Super Weekly Saver Ticket.

あ．People who travel often can get cheaper tickets.

い．You need a special type of ticket if you travel often.

う．The Super Weekly Saver Ticket can help all travelers to save money.

B　各問の(a)と(b)が同じ意味を表す文になるように、各空所に適当な1語を、それぞれ英語で答えなさい。

問1　(a) I got into the bath, and then the phone rang.

　　　(b) I (　　　) having a bath (　　　) the phone rang.

問2　(a) You don't have to write the date.

　　　(b) (　　　) is not (　　　) to write the date.

問3　(a) Please read this book.

　　　(b) I (　　　) like (　　　) to read this book.

（解答は別冊88ページ）

【1】次の問いに答えなさい。

（1）$5-(-4)^2 \div \left(-\dfrac{8}{3}\right)$ を計算しなさい。

（2）$\dfrac{x-y}{3} - \dfrac{x+y}{4}$ を計算しなさい。

（3）連立方程式 $\begin{cases} \dfrac{x}{2} + \dfrac{y}{3} = 1 \\ 2x+y=7 \end{cases}$ を解きなさい。

（4）方程式 $x^2 - x - 56 = 0$ を解きなさい。

（5）$\sqrt{20-n}$ が整数となる自然数 n の値をすべて求めなさい。

（6）y は x の2乗に比例し，$x=2$ のとき $y=\dfrac{4}{5}$ です。このとき y を x の式で表しなさい。

(7) 図1において，∠x，∠yの大きさを求めなさい。

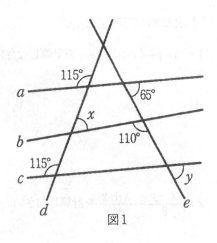

図1

(8) 図2において，∠A＝70°である △ABC があります。∠Bと∠Cの
それぞれの二等分線の交点をDとし，∠Bの二等分線と∠Cの外角の
二等分線の交点をEとします。このとき，∠DECの大きさを求めなさい。

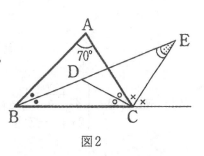

図2

(9) 図3は，立方体の展開図です。
この展開図を組み立てて立方体をつくるとき，面ウと
垂直になる面をア～カの中からすべて選びなさい。

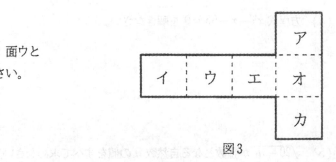

図3

(10) 図4の台形ABCDを，辺ADを軸として1回転させてできる回転体の体積を求めなさい。

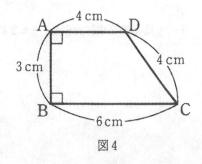

図4

星稜

【2】 ③④⑤⑥⑦⑧ の6枚のカードから同時に2枚を引いて組をつくるとき，次の問いに答えなさい。

（1） 全部で何通りの組ができますか。

（2） 引いた組の数の積が奇数になる確率を求めなさい。

（3） 引いた組の数の差を計算したとき，その絶対値が奇数となる場合の確率を求めなさい。

【3】図5の長方形ABCDにおいて，点Pは辺BCを，点Cから点Bまで秒速3cmで動きます。点Pが点Cを出発してからx秒後における△ABPの面積を$y$cm²とします。このとき，次の問いに答えなさい。

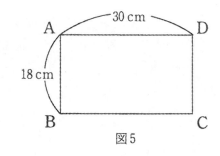

図5

（1） xの変域を不等式で表しなさい。

（2） yをxの式で表しなさい。

さらに，辺DAを，点Pと同じ速さで動く点Qを考えます。点Qは点Pが点Cを出発してから4秒後に点Dを出発し，点Aまで動きます。

（3） △ABQの面積が△ABPの面積の3倍となるのは，点Pが点Cを出発してから何秒後か求めなさい。

【4】図6のような正五角形 ABCDE について，次の問いに答えなさい。

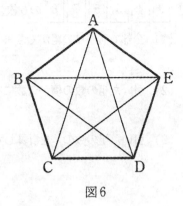

図6

(1) ∠ECD の大きさを求めなさい。

(2) △ACD はどのような三角形であるか答えなさい。

(3) 辺 CD の長さが 1 cm のとき，線分 AD の長さを求めなさい。

【5】次のデータはある年のA市における，1時間に1mm以上の降水量を観測した月別の1か月分の降水日数です。

A市　26　14　10　9　15　7　14　15　10　11　13　25

また，図7の箱ひげ図は，同じ年のB市における，1時間に1mm以上の降水量を観測した月別の1か月分の降水日数のデータをもとに作られたものです。

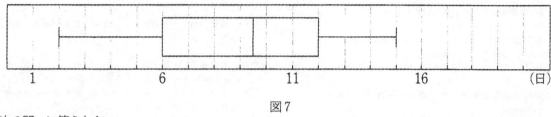

図7

次の問いに答えなさい。

(1) A市のデータの第1四分位数を求めなさい。

(2) 図8は，A市をふくむ6つの市の1時間に1mm以上の降水量を観測した月別の1か月分の降水日数のデータをもとに作られた箱ひげ図です。次の①〜⑥の中からA市にあてはまるものを1つ選びなさい。

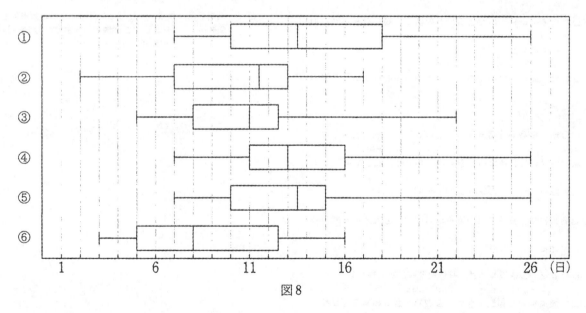

図8

(3) A市とB市のデータから読み取れる内容として，必ず正しいといえるものを次の①〜⑤の中からすべて選びなさい。

① この年は毎月どちらの市も，1時間に1mm以上の降水量を観測した日が必ずある。

② この年のB市のデータの最大値は16日である。

③ B市のデータの四分位範囲の方が，A市のデータの四分位範囲より大きい。

④ B市のデータの範囲の方が，A市のデータの範囲より大きい。

⑤ この年のA市は，1時間に1mm以上の降水量を観測している日数が，ひと月の $\frac{2}{3}$ 以上となる月が3か月以上ある。

（解答は別冊89ページ）

【一】　次の文章を読んで、後の問いに答えなさい。

（茂木健一郎「脳の上手な使い方」）
※作者の承諾が得られなかったため掲載を見送ります。

【二】　次の文章を読んで、後の問いに答えなさい。

（池澤夏樹「砂浜に坐り込んだ船」）
※作者の承諾が得られなかったため掲載を見送ります。

【三】　次の文章を読んで、後の問いに答えなさい。

　ある時、都のねずみ、かたゐなかにくだりける。

　ゐなかのねずみども、これをいつきかしづくこと限りなし。
　これによつてゐなかのねずみを召具して①上洛す。しかもその住所は、都の有徳者の蔵にてむありけり。ゆたかにして、食物足つてともしき事なし。

　都のねずみ申しけるは、「上方にはかくなん②いみじき事のみおはすれば、いやしきゐなかに住み給ひて、何にかは「し給ふべき」など、語りなぐさむところに、家主、蔵に用の事ありて、bにはかに戸を開く。京のねずみはもとより案内者なれば、穴に逃げ入りぬ。ゐなかのねずみは無案内なれば、慌て騒げども隠れ所もなく、cからうじて命ばかり③たすかりける。

　その後、ゐなかのねずみ、参会して、このよし語るやう、「御辺は『都にいみじき事のみある』とのたまくども、ただ今の気遣ひ④一夜白髪といふ伝ふることになくなり。ゐなかにては、事足らはぬ事も侍れども、⑤かゝる気遣ひなし」となん申しける。

　その如くいやしき者は、上つ方の人に伴ふ事なかれ。もし、強めてこれを伴ふ時は、いたづがはしき事のみにあらず、たちまちわざはひ出できたるべし。「貧を楽しむ者は、万事かくつて満足す」と見えたり。ゆゑに、ことわざにはく、「⑥貧楽」とこそ、いひ侍りき。

（『伊曾保物語』中巻　第十八）

問一　二重傍線部a「ゆゑに」、b「にはかに」、c「からうじて」をそれぞれ現代仮名遣いに直しなさい。

問二　波線部で用いられている法則は何ですか。法則名を書きなさい。

問三　傍線部①「上洛す」とはここではどうすることを表していますか。最も適当なものをア〜エの中から一つ選び、記号で答えなさい。
ア　「ゐなかのねずみ」と一緒に京へ上ること。
イ　「ゐなかのねずみ」と一緒に食物を探すこと。
ウ　「ゐなかのねずみ」のことをさげすむこと。
エ　「ゐなかのねずみ」に自慢すること。

問四　傍線部②「いみじき」の本文中での意味として最も適当なものをア〜エの中から一つ選び、記号で答えなさい。
ア　おもしろい　　イ　すばらしい
ウ　おそろしい　　エ　取るに足らない

問五　傍線部③「たすかりける」の主語は誰ですか。本文中から抜き出し、答えなさい。

問六　傍線部④「一夜白髪」とはどういうことですか。最も適当なものをア〜エの中から一つ選び、記号で答えなさい。
ア　一夜で白髪になってしまうほど、都での生活はきらびやかなものだということ。
イ　一夜で白髪になってしまうほど、都での生活は心配や苦悩が尽きないということ。
ウ　一夜で白髪になってしまうほど、都の人間は残忍で恐ろしいということ。
エ　一夜で白髪になってしまうほど、都の人間は欲深く意地が悪いということ。

問七　傍線部⑤「かゝる気遣ひ」とありますが、具体的にどのようなことを指しますか。十五字以内で答えなさい。

問八　傍線部⑥「貧楽」とはここではどのような意味で用いられていますか。「生活」という語を必ず用いて、「こと。」に続くように、十五字以内で答えなさい。

（解答は別冊 90 ページ）

リスニング音声は
こちらから

1 リスニングテスト【必要に応じてメモをとってもかまいません。】
それぞれの問題について放送を聞きながら、問いに答えなさい。

問1　次に放送されるそれぞれの問いについての会話を聞き、最後の発言に対する相手の
応答として最も適切なものを、4つの選択肢 a〜d の中から1つずつ選び記号で答
えなさい。会話はそれぞれ2回読まれます。

No.1
a. Lemon　　　b. Tomato　　　c. Avocado　　　d. Apple

No.2
a. Since Monday　b. Yesterday　　c. For three years　d. Next year

No.3
a. For 5 minutes　b. For 5 cm　　　c. For 5 people　　d. For 5 times

No.4
a. It was sunny.　b. Really?　　　c. Just about.　　d. Yes, I do.

No.5
a. It's open from Monday to Friday.　　b. It's open from nine to six on weekdays.
c. It's open from nine to one on Saturday.　d. It's closed on Sunday.

問2　あるレストランで2人が会話をしています。次ページのメニューを見ながら会話を
聞き、□1□ 〜 □3□ に当てはまるものを3つの選択肢 a〜c の中から1つずつ選び、記
号で答えなさい。会話は1回だけ読まれます。

1.　Both of them have　□1□
a. never been to this restaurant before.
b. been to this restaurant only once.
c. been to this restaurant twice.

2.　One of them will eat　□2□
a. Japanese Zaru-soba.
b. Bikkuri Ramen.
c. Hamburg Steak.

3.　One of them　□3□
a. wants a dessert but won't order it.
b. will drink coffee and tea after eating.
c. doesn't have enough money to eat lunch.

北陸学院

SOKKURI DONKEY

No.1 Seller!
Hamburg Steak ¥1100

Mission Hamburger ¥950
Potato Set ¥1200

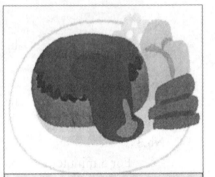

Sokkuri Hamburg ¥650

Beef Steak ¥1300
Rice Set ¥1500

Kanazawa Curry ¥850
Kanazawa Curry Set ¥1300

Yukkuri Parfait ¥800

Special Coffee ¥350

Bikkuri Ramen ¥780

Japanese Zaru-soba ¥1100

北陸学院

問3　次に流れるのは、高校１年生の花子が書いたレポートです。下のグラフ (pie chart) を見ながら英文をよく聞いて、印刷されているあとの質問に答えなさい。英文は２回読まれます。

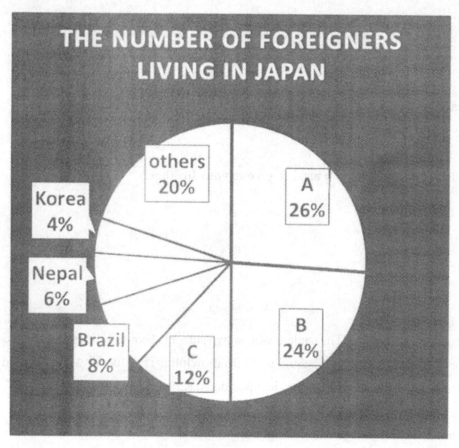

THE NUMBER OF FOREIGNERS LIVING IN JAPAN

others 20%
Korea 4%
Nepal 6%
Brazil 8%
C 12%
B 24%
A 26%

No.1 What is the reason Vietnamese people are working at her father's company?
a. They want to use the skills which they learned in Vietnam.
b. They want to learn new skills and take them back to Vietnam.
c. They want to teach English at online schools.

No.2 Which countries are A, B and C in the pie chart?
a. A. Vietnam　　　B. Philippines　　C. China
b. A. China　　　　B. Vietnam　　　C. Philippines
c. A. Vietnam　　　B. China　　　　C. Philippines

No.3 How many foreigners are living in Japan?
a. 2,188,000
b. 2,818,000
c. 2,880,000

No.4 Would you like to work abroad? Tell us your idea with the reason(s) in two sentences or more.

以下の文をよく読み、質問の答えを A〜D の中から選びなさい。*がついた語句には注があります。

2

1. When you were studying at home, you recognized that your red pen was almost out of ink. At the same time, your brother was just leaving for a convenience store to buy something to drink. So, you asked him to buy a new red pen. 15 minutes later, your brother came back with a red pen and a pack of orange juice. He said that he paid 200 yen and the red pen was 40 yen more expensive than the juice.

Question: How much do you need to give to your brother?

    A   120 yen.
    B   140 yen.
    C   160 yen.
    D   240 yen.

2. Five students are in a line. The student who is two students behind Julie is Sarah. Kate is behind or in front of Julie. Alice is not behind or in front of Julie. The student who is behind Emily is Sarah. Emily and Kate are in *symmetrical positions. Kate is the second in line.

Question: Which names are in the right order?

A	Alice	Kate	Sarah	Emily	Julie
B	Alice	Kate	Julie	Emily	Sarah
C	Julie	Kate	Emily	Sarah	Alice
D	Julie	Kate	Sarah	Alice	Emily

Kate

注　symmetrical　対称的な

— 336 —

3 中学3年生のサクラ (Sakura) とサクラの家に2週間のホームステイをしているアメリカ人のリリィ (Lily) が話をしています。以下の会話を読み、問いに答えなさい。*がついた語句には注があります。

Sakura: My father can take us *somewhere on this weekend. ①(place / have / you / you / do / any / want) to go to?

Lily: Oh, last Saturday you took me to Kanazawa Castle. It was *amazing. There is no castle in my hometown. So, I was happy to see the things which I can't see in my hometown.

Sakura: I introduced some traditional places in Kanazawa to you last week. I want to show you the beautiful view of nature in Ishikawa *prefecture next time. (A   )

Lily: I'm very glad to hear that because there is no sea in my hometown. There is only one big lake there.

Sakura: Can you swim in the lake there?

Lily: No. I can't swim there because there are many dangerous animals. We must not go in the lake.

Sakura: OK. I hope you will like the sea in Ishikawa. Actually, my uncle *runs a tourist home at *the northern end of the Noto Peninsula.

Lily: Sounds great. (B   )

Sakura: It takes about two hours by car.

Lily: Two hours by car? That is far! We can go to Tokyo in three hours by Shinkansen from Kanazawa.

Sakura: Yes. We can't go there by train. But we can drive on the beach and enjoy the view of sea on the way to the north of Ishikawa, Suzu city.

Lily: (C   ) How can we drive on the beach?

Sakura: There is a part of seaside beach like road made by sand. We can drive a car on the seaside road. It is very *pleasant to drive there with the windows open.

Lily: It's unbelievable. (D   )

Sakura: *Moreover, we can take my dog, Kota, to the tourist home and stay with him.

Lily: Really? Why does your uncle *allow guests to bring their pets?

Sakura: He also has pets, a dog and a cat. He wants guests' pets to play with them and ②(enjoy / wants / with / staying / to / guests) their pets there.

Lily: Wonderful! I wish my cat, Lucy, could come.

Sakura: Oh, you also have a pet. I think you can find a hotel which you can stay with your cat in the U.S. someday. (E   )

Lily: I hope so. By the way, (③   ) for Suzu on that day?

Sakura: My father told me that he wanted to leave here after eating lunch.

Lily: No problem. I'll have to go to our school to check the schedule for my *departure from Japan with my assistant teacher in the morning. I can leave any time after noon.

Sakura: Perfect. I'll check the schedule for our trip to Suzu city with my father again. I'll tell you about it tomorrow.

Lily: Thank you very much.

— 337 —

注
somewhere　　どこかへ
amazing　　驚くほどすばらしい
prefecture　　県
run a tourist home　　民宿を経営する
the northern end of the Noto Peninsula　　能登半島の北端
pleasant　　心地よい
moreover　　さらに
allow ~ to …　　～が…するのを許す
departure　　出発

1．①（　　　　）、②（　　　　）内の語句を、適切な文になるように並べかえなさい。ただし、
　　文頭に来る語は大文字で始めること。

2．次のア〜エの英文は、文中の（　　A　　）〜（　　E　　）のいずれかに入る。それぞれの適
　　切な箇所を記号で答えなさい。ただし、何も当てはまらない箇所が１つある。その箇所
　　には×を記入すること。
　　　　ア　What does it mean?
　　　　イ　I can't imagine what the road is like.
　　　　ウ　How about going to the sea?
　　　　エ　How long does it take to get there from here?

3．（　　③　　）にあてはまる英語を５語以上の文で答えなさい。

4．次の英文のa〜fが、本文の内容と一致していれば〇を、異なっていれば×を書きなさ
　い。

　　　　a.　Lily has never gone in the lake in her hometown.
　　　　b.　It takes over three hours to go to Tokyo from Kanazawa by Shinkansen.
　　　　c.　Sakura and Lily will go around Kanazawa city that morning before going to Suzu city.
　　　　d.　There is a road made by sand along the sea in Suzu city.
　　　　e.　Lily will not take her cat to Sakura's uncle's tourist home.
　　　　f.　Lily will check her departure schedule with Sakura's mother next Saturday.

以下のポスターをよく読み、質問に答えなさい。*がついた語句には注があります。

SUMMER PROGRAMS
AT EIKOU HIGH SCHOOL

Keep learning this summer! Eikou High School will give you a great chance to have fun and learn new things. All classes are in English.

Term 1: Monday, July 24 - Thursday, August 3

Course	What we will do	Day and Time
Computer Programming (PC room)	Computer skills are necessary for all students. In this course, you will learn a basic way to write and design computer programs.	Tuesday, Thursday, 10:00-11:30
English Conversation	You will enjoy English conversation with Ms. Clinton.	Monday, Wednesday, 9:00-9:45
Science Project (Science room)	Science experiments are fun! Even if you don't like science, you will enjoy this course.	Monday, Friday, 10:00-11:00

Term 2: Wednesday, August 9 - Thursday, August 24

Course	What we will do	Day and Time
Nature Club (outdoors)	Go to the forest! You will go to Iozen mountain, and find various plants.	Monday, 8:30-15:00
English Writing	This course is designed for students who want to take the grade pre-2 Eiken.	Tuesday, Thursday, 9:00-9:45
Gospel Music Lesson	Let's enjoy singing and dancing!	Wednesday, Thursday, 11:00-12:00

★ Your homeroom teacher will give you *the registration form if you are interested in these summer programs.

★ There will be no classes Monday, August 14 - Tuesday, August 15.

★ All programs without room information will take place in the seminar room C.

★ Students who want to volunteer to help with setting up and cleaning up will be asked to attend a special meeting on Friday, July 15 at 15:00 in the Gloria Chapel.

注　　the registration form　　登録用紙

1. **In what course can students learn necessary skills?**
   あ   Computer Programming
   い   Science Project
   う   Nature Club

2. **Who can you enjoy the English Conversation course with?**
   あ   Students who want to how to write in English
   い   Ms. Clinton
   う   Students at Eikou High School

3. **Where will the English Conversation course take place?**
   あ   In the PC room
   い   In the seminar room C
   う   Unknown

4. **Who should join the English Writing course?**
   あ   Students who want to learn English culture
   い   Students who want to learn about English men
   う   Students who will take an English exam

5. **On what date will the Gospel Music Lesson take place?**
   あ   July 26
   い   August 9
   う   August 14

6. **In what course can you go to a mountain?**
   あ   English Conversation
   い   Science Project
   う   Nature Club

7. **What should you do if you want to do volunteer work?**
   あ   You should go to set up the rooms on July 15.
   い   You should join a meeting on July 15.
   う   You should ask your homeroom teacher on July 15.

5

以下の英文を読み、質問に答えなさい。＊がついた語句には注があります。

Do you like fresh fruit? Many people love eating fresh fruits in every season. In the United States, a popular family tradition is going "u-picking". "U-pick" is a ＊combination of two words: "you" and "pick". When people go u-picking, they go to a farm and pick the fruits or vegetables they want directly from the plant, ＊bush or tree. They also get to pick, or choose, exactly which fruits or vegetables they want and how much to pick.

Many families take a trip to the farm together and every family member picks fruit, from the oldest (A) the youngest. Most farms open early in the morning when it is not yet too hot, so some customers are picking their own fruit and vegetables in the field by 8:00. After they have finished picking all they want, they go into the store and ①(vegetables / the fruits / they / for / have / pay / picked / or).

Once they return home, many people use the fresh food they have picked to make delicious jams, pies or other dishes. Freshly picked strawberries can be used to make strawberry shortcake, tart or even milkshakes. U-pick pumpkins are used to ＊carve jack-o-lanterns in the fall season near Hallowe'en. And you can make great pickles with fresh cucumbers. Some people even freeze fresh fruit to use it in the cold winter months because there is no fresh fruit.

So, what fruits and vegetables can you pick? The answer changes with the area you live in. In Oregon state, for example, berries, cherries and apples are very popular u-pick fruits. Peaches and corn can also be picked. In Florida state, which is warmer, customers can pick citrus fruits such as oranges, grapefruit, lemons and limes. ②(lemon meringue pie / a piece of / have / ever / you / tried)? It is delicious!

Not only is it fun to be able to pick and buy delicious fruit, but also going u-picking is a great way to save money. The customers pick their own berries so the farms do not need to ＊hire people to pick the fruits and vegetables. Because they save money, they can sell their fruits and vegetables for a (③) price. Customers are happy to pay (④) money and to get very fresh food and farms are happy to sell their ＊produce to happy customers.

You can even go u-picking here in Japan! But the way to do it is different. For example, in Kaga Fruit Land in Ishikawa prefecture, you can go to the farm and eat as much as you want to in 30 or 40 minutes for a set price but you cannot take any of the fruit home. They have strawberries, cherries, blueberries and grapes to pick and eat. If you are very hungry for fresh fruit, this is a fun way to spend time (B) a Saturday or Sunday.

U-picks are a fun way to get fresh fruits and vegetables in season. You can enjoy nature, spend time (C) family and friends and eat delicious food. Why don't you try u-picking your favorite fruit this summer?

北陸学院

注

combination　組み合わせ
bush　背の低い木
carve　彫る
hire　雇う
produce　生産物

1. "U-Pick" とはどこで何をすることか。本文に即して日本語で説明しなさい。

2. （ A ）～（ C ）に当てはまる前置詞を下から選んで解答欄に書き入れなさい。

　　　　　　　to　　　at　　　with　　　on　　　of

3. ①(　　　)、②(　　　)内の語句を文意が通るように並べ替えなさい。ただし、文頭に来る語は大文字で始めること。

4. （ ③ ）（ ④ ）に入る適切な単語を下から選んで解答欄に書き入れなさい。

　　　　　　higher　　　lower　　　more　　　less

5. 以下の質問に英語で答えなさい。

　　1. Why do most farms open early in the morning?

　　2. What can you do for a set price in Kaga Fruit Land?

　　3. If you could go u-picking in America, what fruit(s) or vegetable(s) would you choose to pick and what do you want to make with them? Answer in about 20 English words with your reason(s).

（解答は別冊 93 ページ）

1　次の問いに答えなさい。

(1) 以下の①〜④より<u>正しいもの</u>を一つだけ選び，番号で答えなさい。

① $\sqrt{3}+\sqrt{2}=\sqrt{3+2}$　　　　② $\sqrt{(-5)^2}=-5$

③ $\dfrac{2\sqrt{3}}{\sqrt{6}}=\sqrt{2}$　　　　④ $\sqrt{96}=6\sqrt{6}$

(2) 以下の①〜④より<u>間違っているもの</u>を一つだけ選び，番号で答えなさい。

①　三角形の外角は，それととなり合わない2つの内角の和に等しい。

②　四角形の内角の和は 360° である。

③　五角形の外角の和は 360° である。

④　正六角形の一つの内角の大きさは 108° である。

2　次の計算をしなさい。

(1) $-2^2 \div 4 \times (-2)^2$

(2) $\dfrac{12}{5} \times \left(\dfrac{2}{3} - \dfrac{3}{4} + \dfrac{1}{2}\right)$

(3) $(-3x)^2 \times 2xy^2 \div 6x^2 y$

(4) $\sqrt{12} - \sqrt{48} + \dfrac{8}{\sqrt{3}}$

北陸学院

3 次の問いに答えなさい。

(1) 次の式を因数分解しなさい。

① $2ax^2 + 14ax - 36a$ ② $ax - a - 2x + 2$

(2) 次の方程式を解きなさい。

① $\dfrac{4}{3}x = \dfrac{5}{2}x + 1$ ② $(x+1)^2 - 6(x+1) = -9$

4 ある新幹線が全長 2260 m のトンネルに入り始めてから，完全に抜け出るまでに 35 秒かかった。また，この新幹線が同じ速さで全長 1180 m の橋を渡り始めてから，完全に渡り終えるまでに 20 秒かかった。この新幹線の長さと秒速を求めなさい。

5 兄と弟は一緒に使う図鑑を買いに本屋へ行った。兄は 12000 円，弟は 7200 円を持っており，2 人で相談をして，兄と弟で 2：1 の割合でお金を出し合って買うことにした。図鑑を買い，代金を支払うと，兄と弟の残金の割合が 7：5 になった。このとき，次の問いに答えなさい。ただし，消費税は考えなくてよい。

(1) 図鑑の代金を求めなさい。

(2) 図鑑を買った後，兄は残ったお金で 1 冊 880 円の文庫本を何冊か買うことにした。この同じ金額の文庫本は最大で何冊買うことができるか。また，そのときの兄の残金を求めなさい。

6 「連続する 2 つの整数では，大きい整数の 2 乗から小さい整数の 2 乗をひいた差は，はじめの 2 つの整数の和に等しくなる。」ということを，以下のように証明したい。

   (1) ～ (4) に最も適するものを，下記の選択肢ア～コの中から選びなさい。

ただし，同じ番号には同じものが入り，異なる番号には異なるものが入る。

証明)

   連続する 2 つの整数のうち，小さい整数を n とすると，大きい整数は， (1) と表すことができる。これより，大きい整数の 2 乗から小さい整数の 2 乗をひいた差は，

$$\left(\boxed{(1)} \right)^2 - n^2$$ と表せる。これを計算すると (2) となるので，

さらに，この式を変形して (3) と表してみると，これは連続する 2 つの整数の

(4) を表していることがわかる。   (証明終)

---

(1) ～ (4) の選択肢

| ア $2n-1$ | イ $2n+1$ | ウ n | エ $n-1$ | オ $n+1$ |
| カ $n+(n+1)$ | キ $(n-1)+n$ | ク 2乗 | ケ 和 | コ 差 |

北陸学院

7 図のように袋Aには 1, 3, 6, 8 の数字が 1 つずつ書かれたカードが 4 枚入っており，袋Bには 2, 4, 5, 7 の数字が 1 つずつ書かれたカードが 4 枚入っている。袋Aと袋Bからそれぞれ 1 枚ずつカードを取り出し，袋Aから取り出したカードに書かれている数字を a，袋Bから取り出したカードに書かれている数字を b とする。

このとき，次の問いに答えなさい。

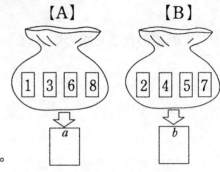

(1) カードの取り出し方は全部で何通りあるか求めなさい。

(2) $a+b$ の値が 4 の倍数となる確率を求めなさい。

(3) $\dfrac{ab}{4}$ の値が整数となる確率を求めなさい。

8 点Aを頂点としてABを母線とする円錐があり，図のようにAB上の点Mで接している円柱がある。円錐の高さAHが 30 cm，円柱の底面の半径が 8 cm，AM＝BM のとき，次の問いに答えなさい。ただし，円周率を π とする。

(1) 円柱の体積と表面積を求めなさい。

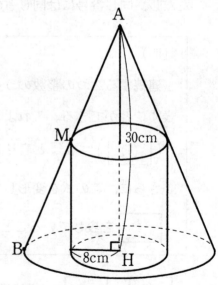

(2) ABを母線とする円錐の体積を求めなさい。

9 　下の図は，各学年の生徒がそれぞれ120人ずつ在籍しているある学校において，夏休み
期間中に１人が読んだ本の冊数を調べ，各学年ごとにその分布の様子を箱ひげ図で表した
ものである。次の問いに答えなさい。

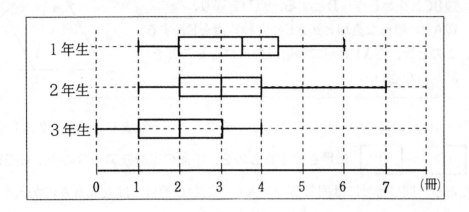

(1) 　１年生の最大値と最小値を答えなさい。

(2) 　２年生の第１四分位数と第３四分位数を答えなさい。

(3) 　３年生の中央値を答えなさい。また，四分位範囲を答えなさい。

(4) 　この箱ひげ図からわかることで，①～⑤のうち正しいとはいえないものを一つだけ
選びなさい。

　　① 　学校全体で一番多く読書をした生徒は２年生にいる。
　　② 　各学年を比べると，範囲が一番大きいのは２年生である。
　　③ 　各学年を比べると，四分位範囲が一番大きいのは１年生である。
　　④ 　学校全体で本を読まなかった生徒が１人はいる。
　　⑤ 　学校全体で３冊以上読書をした生徒が220人以上いる。

北陸学院

10　下記の問題について，次の問いに答えなさい。

問題　右の図のように△ABCの∠Aの二等分線が，
辺BCと交わる点をDとする。点Dを通り，
辺ABに平行な直線と辺ACと交わる点をEとする。
このとき，△AEDが二等辺三角形になることを
証明しなさい。

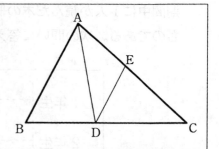

(1) この証明についてケンタさんとマチコさんが会話をしている。2人の会話を読み，
① 〜 ④ に最も適するものを，下記の選択肢ア〜コの中から選びなさい。
ただし，同じ番号には同じものが入り，異なる番号には異なるものが入る。

【ケンタさんとマチコさんの会話】

ケンタさん：この証明を考えてみようね。

　　　　　　線分ADは∠Aの2等分線だから，∠BAD＝∠ ① がいえる。

マチコさん：そうだね。次に AB∥EDより，平行線の ② が等しいことから，

　　　　　　∠BAD＝∠ ③ がいえるね。

ケンタさん：そうそう。それらのことから，∠ ① ＝∠ ③ がわかるよ。

マチコさん：ということは，△AEDの2つの角が等しいということだね。

ケンタさん：つまり，△AEDは，それらの角を ④ とする二等辺三角形だ。

① 〜 ④ の選択肢

ア 同位角	イ 対角	ウ 底角	エ 頂角	オ 錯角
カ EDA	キ AED	ク ABD	ケ ACD	コ EAD

(2) この図において，AC＝BCで，∠C ＝ 40° であるとき，∠ADBを求めなさい。

11　図1のように，辺ABが12cmの平行四辺形ABCDがあり，辺ABを3等分して点Aに近いほうの点をEとする。線分ECと対角線BDの交点をFとするとき，次の問いに答えなさい。

(1)　EF：FCを求めなさい。ただし，最も簡単な整数の比で答えなさい。

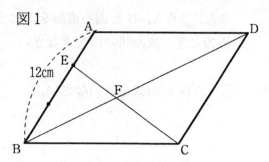

図1

(2)　△FEBの面積と△FCDの面積の比を求めなさい。ただし最も簡単な整数の比で答えなさい。

(3)　さらに図2のように，点Fを通り，辺BCに平行な直線と辺ABとの交点をG，辺DCとの交点をHとするとき，線分HCの長さを求めなさい。

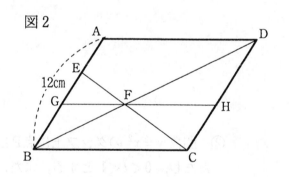

図2

(4)　(3)のとき，EG：DHを求めよ。ただし，最も簡単な整数の比で答えなさい。

12　図のように，関数 $y=x^2$ のグラフ上に
3点A，B，Cがあり，点A，B，Cの
x 座標はそれぞれ -4，-2，1である。
また，2点A，Bを通る直線を ℓ とする。
このとき，次の問いに答えなさい。

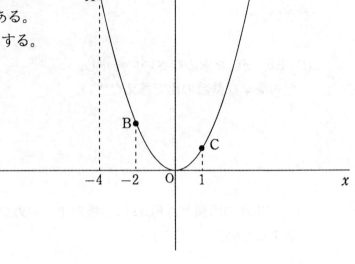

(1)　直線 ℓ の式を求めなさい。

(2)　点Cを通り，直線 ℓ に平行な直線を m とし，m と y 軸との交点をDとする。
　①　△BCDの面積を求めなさい。

　②　関数 $y=x^2$ のグラフ上に点Pをとり，Pの x 座標を t とする。
　　ただし，$0<t<1$ とする。また，点Pを通り，y 軸に平行な直線と m との交点を
　　Qとする。四角形BPCQの面積が△BCDの面積と等しくなるときの t の値を求め
　　なさい。

（解答は別冊94ページ）

① 次の文章を読んで、後の問いに答えなさい。

世の中には、同じものように見えて、実際には同じではないものがたくさんある。不満や不安、怒りや恐れや苦しみと共に発せられる問いは、多くの場合、問いではなく、拒絶、否定、非難、侮蔑、呪詛である。

「なんでやりたくないことをしなきゃならないんだ」は「やりたくない！」という拒絶であり、「なんでこんなのができないんだ」は「わからないだろう！」という否定、「何を言ってるの？」は「スカをきいて言うな！」という非難である。「なんでこんなこともできないんだ」は「無能な奴だ！」という侮蔑、「なんであんな奴がのうのうと生きてるんだ？」は「スチ当たれ死ねばいいのに！」という呪詛である。

こうした問いは、実際にはそれが問いではないということだけでなく、「イヤだ」とか「ダメだ」とか「クソ」とか「アホ」とか、すでに答えが出ている。それなのに解消されることのない不満と共に、@符が開かないまま、ずっと、a────問いとしてその人に付きまとう。そのせいでちゃんと考えることができなくなる。

この状態から抜け出す選択肢は二つある。問うのをやめるか、問いを立て直すかである。

問いでない問いを、考えることのできる問いを考えられる問いに変えられるならば、もう問われないほうがマシだ。何でもかんでも問えばいいというものではない。

問う能力は、人によって違う。手に負えない問いを問うというのは、誰にとって簡単ではない。だから「どうしてそんなことを問うのか？」「その問いを問うことに意味はあるのか？」と問う。そう問うことから抜け出せるかもしれない。

問うことをどうしてもやめられない、やめたくない、やめるえをえない場合は、もう一つの選択肢になる――問いを立て直すにはどうすればいいのか。

たとえば「なぜ授業を受けなければならないのか？」（大人だったら「仕事」と言い換えればいい）というのを取り上げよう。これは、学校へ行っている生徒ならから自由に問いを出してもらって、よく出てくる問いである。本当に疑問に思って出てきた問いかもしれないが、そのb────はしばしば「意味があるんだとやるか」「つまんない」「退屈だ」「できれば受けたくない」という不満や拒絶がある。

普通の答えは（とくに教師からの） ［ 1 ］ となるが、当然これで終わりにはならない。続いて生徒からは ［ 2 ］ という問いが出てくる。あるいは「自分が受ける大学ではこの科目（理系なら歴史、文系なら理科とか）は必要ないから受けなくていいか」となる。

教師としては、これは手詰まりだろう。あるいは ［ 3 ］ と、原理的には否定不可能なことを言うかもしれない。それなら ［ 4 ］ と開ける。もちろん続けることはできるが、いずれにせよ、先生としては分の悪い問いだ。

だがこれは、教師をやり込めることが目的ではない。教師がちゃんと答えられるかどうか重要ではない。そうではなく、教師も含めてみんなで考えられるかどうか、それを哲学的な問いにしていくにはどうすればいいか、である。

これを、自分自身をその問いに結びつけてみるといい。「なぜ自分はこの授業に意味がないと思うのか？」「なぜその授業を受けたくないのか？」――そんな問いに対してはこう答えるだろうか。「そもそもやっていることが分からないし、受験で不要だから分かる必要もないし、結局自分の人生には関係ない」

そこからさらに次のような問いをつくることができる――「受験には不要でも分かるためになるか、人生に関係があるようなことは何か？」「それは不要だと思う科目（歴史や理科）について言えば、どのようなことか？」「それは学校で学べるか、学べないとすればそれはなぜか？」「そもそも学校で学ぶということは何か？」「ある科目を学ぶ意義があるのはどのようなものか？」という具合に。

こうすれば、問いは奥が深くなり、哲学的になる。堂々巡りをしたり、人を怒らせたり憎んだりするのではなく、一歩でも前に出ても考えを進めていける。

こんなことを考えたくてやってられないと思うかもしれない。そんなことをやるくらいなら、もうおとなしく授業を受けたほうがマシだと考える――その通り、こんな面倒なことは、生徒であっても教師であっても、一人では考える気にもなれないだろう。

それどころか、問うことは恐ろしいことでもある。 ［ A ］ 答えがわからないとき、どうするのか？ あるいは、自分の無力さを愚かさをd────引

ョクメイするかもしれない。ならば、ただ文句を言って、誰かを責めてるたほうがいい。そのほうがずっと楽だ。

［ B ］ 答えが出るかどうかは問題ではない。生徒からすれば、授業を受ける意味があるかどうか、先生が納得のいく答えを示してくれなくても、それがまっとうな問いであることを認めてくれればいいのだ。

［ C ］ 疑問を共有するということは、すでに大きな意味がある。自分が疑問に思うことを、同じように疑問のように扱われたり、間違っていると間違っているとか、クランと思われたりするのは、誰にとってもつらいことである。自分の疑問がまっとうと受け止められること、問うてもらうことだと認められることが重要なのである。

［ D ］ 答えが出なくても、その問いから考えていくことを、恐れや怒りや苦しみ、不満や不安から身を離すことができる。そうすれば、その人自身、少しでも【　】になる。

大事なのは、問いからはじめ、恐れることなく問いを作る必要はない、ということにとどまる問う。それから問いを積み重ねていく。

ただ、一人ではなかなか思いつかないし、何よりも退屈だ。だから、他の人と対話をする。自分だけでは思いつかないような問いを他の人が思いつく。他の人が間違えば、自分も問う勇気が出る。そこに対話の意義がある。

（梶谷真司『考えるとはどういうことか』）

（注）　＊1　手詰まり…打つべき手段・方法がつきて困ること。

　　　　＊2　分の悪い…形勢が悪い・不利なこと。

問一　二重傍線部のa～dのカタカナを漢字に直しなさい。漢字は楷書で丁寧に書きなさい。

問二　傍線部①とはどのような問いのことか。本文中から抜き出し、二十五字以内で答えなさい。

問三　傍線部②「符が開かない」とはどのような意味が最も適当なものを次から選び、記号で答えなさい。

ア　仕組みがわからない

イ　物事が片づかない

ウ　計画が立てられない

エ　目立った特色のない

問四　本文中の空欄［ 1 ］～［ 4 ］にあてはまる語をそれぞれ次から選び、記号で答えなさい。

ア　「たとえば、どんな時？」

イ　「義務教育は、学校の授業は必要なのか」

ウ　「受験に必要だから」

エ　「とにかく勉強しておけば、いつか何かの役に立つかもしれない」

問五　本文中の空欄［ A ］～［ D ］にあてはまる言葉をそれぞれ次から選び、記号で答えなさい。ただし、同じ語は二度使用しないこと。

ア　だが　　イ　そして　　ウ　つまり　　エ　もし

問六　傍線部③について、筆者は「答えが出るかどうか」よりも何が大切だと言っているのか。本文中の言葉を用いて答えなさい。

問七　本文中の【　】に入る最も適当な語を次から選び、記号で答えなさい。

ア　自由　　イ　安全　　ウ　気楽　　エ　謙虚

問八　傍線部④について、哲学的で深い問いとはどのような問いだと、筆者は考えているますか。本文の内容をふまえて、八十字以内で説明しなさい。

② 次の文章を読んで、後の問いに答えなさい。

私・藤木朋香は、今年短大を卒業して、総合スーパー「エデン」で働いている。同じ建物内に眼鏡屋のZZがあり、桐山くんはそこで働いている。出社後すぐに、客からのクレームを受けた私は、休憩を取ろうと、場所を探している場面である。

今朝は遅刻しそうだったからコンビニに寄れなかった。バッグの中にスナック菓子の袋があるからそれを食べようと思っていたけど、そういえばおととい家で食べてしまったんだ。お昼ご飯、どうしようか。制服を着たまま食品売り場に行くことは禁止されているし、外を歩きまわるのも嫌だ。窮屈だ。

でも、気が重いせいかおなかはぜんぜんすいてないし、わざわざ着替えるのも社員食堂に行くのも気が進まない。ふと、非常階段に続く扉が目についた。

そういえばここって、開けられるのかな。

扉に手をかけたら、きぃっと開いた。非常階段なんだから当然といえば当然だった。

風入ってくる。私は逃げるみたいに外へ出た。

「あ」

「あ」

同時に声が出た。そこに桐山くんがいたのだ。踊り場に座って。階段に足を下ろして。

「見つかった」

桐山くんはそう言って笑い、耳からワイヤレスイヤホンを外した。スマホで音楽でも聴いていたのだろう。片手に文庫本。座っている腰の近くには、ペットボトルのお茶と、アルミホイルに包まれた丸い玉がふたつあった。桐山くんは私を見上げながら言う。

「どうしたの。こんなとこに飛び出してきて」

「……桐山くんは」

「俺はね、わりとここの常連なの。ひとりでいたいときとか。今日は小春日和のいい天気だしね」

そう言いながら桐山くんはアルミホイルの玉を指さした。

「おにぎり、食う？俺が作ったのでよければ」

「桐山くんが作ったの？」

「うん。ちょっと一個食っちゃったから、イチオシの鮭はないけど。焼きたらこと昆布、どっちがいい？」

不意に空腹をおぼえた。そういえばぜんぜん食欲がなかったのに。

「……焼きたらこ」

「座れば」と桐山君が言うので、私は隣に腰を下ろした。

おにぎりを受け取り、アルミホイルを剥いてラップに包まれたおにぎりが顔を出して、私はさらにその透明の包みを開いた。

「お料理、するんだね」

私が言うと桐山くんは「するようになった」と短く答えた。

おにぎりを一口食べる。ごはんにしっとりついている塩加減がいい感じだ。ぷっくりした焼きたらこと、しっかりにぎられたごはんが絶妙な好相性だった。白い紬かれているようなコーティング。私は黙ったまま、ぱくぱくと夢中で食べた。

「そんなにうまそうに食べてくれて、嬉しいな」

桐山くんが笑った。なんだか急に、元気が出てきた。おにぎりに即効性があるんだ。

「……おにぎり、すごい」

「だろ。すごいよな！」

予想以上に反応のいいリアクションだったので、ちょっと驚いて桐山くんを見ると、彼は言った。

「メシ、大事だよ。しっかり働いてしっかり食う」

なんだかすごく、想いのこもった声だった。私は訊ねた。

「桐山くん、なんで出版社辞めちゃったの」

桐山くんはおにぎりのアルミホイルを剥き始めた。

「出版社じゃなくて、編集プロダクションにいたんだ。スタッフ十人くらいの」

そうか。雑誌を作るって出版社だけじゃないのか。いろんな会社があるし、いろんな仕事ある。私は知らないことばかりだ。

桐山くんは続けた。

「雑誌だけじゃなくて、何でも屋っていうか。チラシとかパンフレットとか、映像にまで手を出しかけてた。社長が仕切りで、発車まではほぼ仕事受けてくるから実際に作業するのはもうぼくらくらいで、このデータひとりだったりまえだし、会社の床に上着敷いて寝たりとか、風呂も三日入ってないとか」

桐山くんは笑いながら、ふと遠くに目をやる。

「でも、この業界ってこういうもんかなと思ってたし、それも含めて、雑誌の仕事して俺ってすごいじゃんって……って勘違いした」

それから桐山くんは、黙っておにぎりを三口食べた。私も黙る。

「……メシ食う時間もぜんぜんなくて、体調ガタガタで、栄養ドリンクの空き瓶がそこらじゅうに転がってて。あるとき、それを見たら急に、あれ？俺なんで働いてるんだっけって疑問がわいてきた」

桐山くんは最後のかたまりを口に放り込んだ。

「食うために仕事してるのに、仕事してるせいで食えないなんて、そんなのおかしいと思ったんだ」

アルミホイルをくしゃっと握り、桐山くんは「うまかった」というみたいにこちらに顔を向けて明るく言った。

「今は人間らしい生活してるよ。ちゃんと食ってるし、寝てるし。戦略的な目でしか見られなかった雑誌や本を、心から楽しんでる。毎日のことを立て直して、体調を整えてるところ」

「……雑誌作るのって、そんなに大変なんだね」

「いや、そんな会社ばっかりじゃないから！たまたま俺がいたところはそうだったってだけで」

桐山くんは手をぶんぶん振る。何かをかばうように。私が悪い印象を持たないよう、としているのかもしれない。やっぱり彼は、雑誌の仕事が好きだったんだろう。過酷な状況が、その気持ちをくじけさせてしまっただけで。

「それに、ある会社や、あるやつがこんなこてる人を否定する気はないし、自分をコントロールできればあるいはやり方が合ってる人もいるかもしれない。仕事漬けになっていることに充実感を得る人もいるんだと思う。ただ俺は、違ったっていうこと」

桐山くんはお茶をゆっくりと飲んだ。

私は遠慮がちに訊ねる。

「眼鏡屋さんって、ぜんぜん違う職じゃない。そこに不安はなかったの？」

「前に雑誌で眼鏡特集の記事を書いたことがあったんだけど、そのときたか取材したの。それで、眼鏡面白いなって思ったのもあるし、受けるまうかだ。採用試験のとき、面接官がたまたまその雑誌を読んでくれてたらしくて、さ。大盛り上がりだよ。インタビューした眼鏡デザイナーが知り合いだったりみたいで」

桐山くんは嬉しそうに続けた。

「そういうのって、狙ってできることじゃないんだから、まず俺に必要なのは、目の前のことに誠実に取り組んでいくことなんだと思うんだ。そうやってるうち、過去のがんばりが思いがけず学校に立ったり、いい縁ができたりね。正直、ZZに転職して、これから先のことなんてまだ決めてるわけじゃないよ。決めてもそのとおりにいくかもわからない、何が起きるかわからない世の中で、今の自分にできることを今やってるんだ」

そして一度区切ると、桐山くんは静かに言う。

私にとなく、自分に話しかけるように。

（青山美智子『お探し物は図書室まで』）

（注）＊１　ベンダーズ…いつも留め金のない女性の靴。

問一 二重傍線部a〜dのカタカナは漢字に直し、漢字は読みをひらがなで答えなさい。漢字は楷書で丁寧に書くこと。

問二 傍線部①「着替えるもの」の「の」と同じ意味のものを、次から一つ選び、記号で答えなさい。

　ア 座っている腰の近く
　イ 想いのこもった声
　ウ 不安はなかったの?
　エ そういうので

問三 傍線部②「小春日和」の季節はいつか、次から一つ選び、記号で答えなさい。

　ア 晩春から初夏
　イ 晩夏から初秋
　ウ 晩秋から初冬
　エ 晩冬から早春

問四 傍線部③について、この表現にはどのような意味が含まれていますか。最も適当なものを次から選び、記号で答えなさい。

　ア 変化　イ 再開　ウ 強制　エ 継続

問五 傍線部④について、「私」にどのような変化が起こったのか、具体的に五十字程度で説明しなさい。

問六 傍線部⑤について、「疑問」の内容が具体的に書かれている部分を、本文中より抜き出し、最初と最後の四字を答えなさい。

問七 傍線部⑥について、「桐山くん」はなぜそう考えたのか、八十字程度で説明しなさい。

問八 本文を読んだ後に、生徒達が表現の特徴について話しています。表現の特徴について適当ではない発言をしている生徒を一人選んで答えなさい。

生徒A 「ぱくぱく」や「ガタガタ」「ぶらぶら」など擬声語がいろいろ使われていることで臨場感があって、自分もそこにいる感覚になれたよ。

生徒B 一文が短く、テンポよく進んでいるね。「一口食べる」や「三口食べる」なんか、会話のつなぎにおにぎりを食べる描写が面白いよね。

生徒C おにぎりがポイントだよね。「アルミホイルの玉」や「白己抱かれているようなコーラルピンク」なんて、おにぎりの比喩(?)いや比喩だよね。

生徒D 会話の途中に「うまかった」というつぶやきや「お茶をゆっくりと飲んだ」とか描かれていて、桐山くんが食事を大切に思っている様子が伝わってきたね。

---

③ 次の文章を読んで、後の問いに答えなさい。

ある在家人*1、山寺の僧を信じて、世間・出世深く憑みて*2、病む事もあれば、薬をも問ひけり。この僧、医骨もなかりけれども、万の病に、「藤のこぶ*3を煎じて召せ」と教へける。①これを信じて用ゐるに、万の病癒えずといふ事無し。

ある時、馬を失ひて、「いかが仕るべき」と②云く、例の「藤のこぶを煎じて召せ」と③云ふ。心得がたけれども、やうあるらんと信じて、まことに取り尽くして近辺には無かりければ、④山の麓を尋ねける程に、谷のほとりにて失せたる馬を見付けたり。これも信の致す所なり。

（『沙石集』より）

(注)
＊1 在家人…出家せず、世の中で一般的な生活をしながら仏教を信仰している者。
＊2 世間・出世深く憑みて…日常生活・仏道に関わらず深く信頼すること。
＊3 煎じて…薬を煮詰めて成分を取り出すこと。

問一 二重傍線部ⅰ「用ゐる」、ⅱ「失ひ」を現代仮名遣いに直し、すべてひらがなで答えなさい。

問二 傍線部①「これ」の内容について説明した次の文の、空欄A・Bに適当な語を入れなさい。ただし、Aは現代語で答え、Bは本文中から四字で抜き出して答えなさい。

（ A ）病は、（ B ）によって治るということ。

問三 傍線部②「云く」③「云ふ」の主語として適当なものをそれぞれ次から選び、記号で答えなさい。

　ア ある在家人
　イ 山寺の僧
　ウ 世間の人々
　エ 馬

問四 傍線部④について、山の麓まで探しに行かなければならなかった理由を答えなさい。

問五 本文の趣旨として最も適当なものを次から選び、記号で答えなさい。

　ア 信じる心を強く持つことで、救われるということ。
　イ 努力をすれば、難しい問題も解決できるということ。
　ウ 相手を過信すると、思わぬ不利益を被るということ。
　エ 相手を思いやることで、自分も幸せになるということ。

問六 『沙石集』は鎌倉時代に成立した作品です。これより後の時代に成立した作品を次から一つ選び、記号で答えなさい。

　ア 『枕草子』　イ 『おくのほそ道』
　ウ 『平家物語』　エ 『徒然草』

（解答は別冊 95 ページ）

1 次の各問いに答えなさい。

①ある生徒が、運動時の心拍数を計測したところ、1 分間に 112 回でした。このとき、1 分間に何 L の血液が全身へ送りだされますか。ヒトの心臓は、1 回の収縮で約 60mL の血液が送り出されたとします。

②湿度の観測をしようと乾湿計を確認したところ、図 1 のようになりました。図 2 の湿度表を用いて、湿度を答えなさい。

図 1

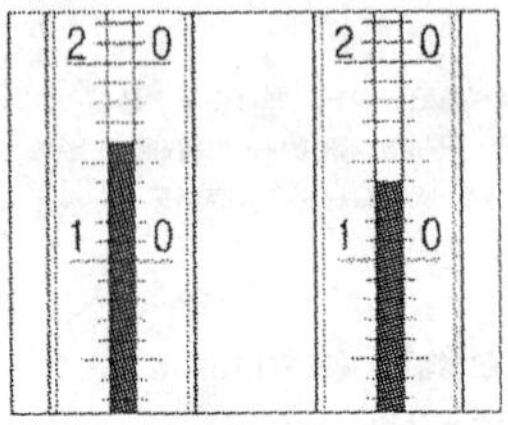

図 2

乾球の示度 [℃]	乾球と湿球の示度の差 [℃]					
	0.0	0.5	1.0	1.5	2.0	2.5
20	100	95	90	86	81	77
19	100	95	90	85	81	76
18	100	95	90	85	80	75
17	100	95	90	85	80	75
16	100	95	89	84	79	74
15	100	94	89	84	78	73
14	100	94	89	83	78	72

③純粋な金属からできている 71.1 g のカギを、水 50.0cm³ の入った 100cm³ 用のメスシリンダーに入れたところ、カギ全体が水に沈み、水面付近が図 3 のようになりました。また、図 4 は、純粋な金属 A〜D について、同様にそれぞれの質量と体積を調べ、グラフにまとめたものです。(a)、(b)に答えなさい。

(a)カギの密度は何 g/cm³ ですか。
(b)カギと同じ金属であると考えられるものはどれですか。図の A〜D から 1 つ選びなさい。

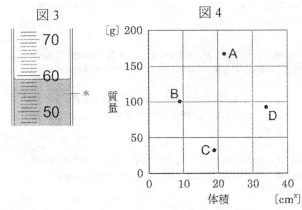

④図 5 のように 500g の物体を、面積が 0.5m² の板の上に乗せ、下にスポンジを置きました。このとき、スポンジにはたらく圧力は何 Pa ですか。ただし、100g の物体にはたらく重力の大きさを 1N とします。

図 5

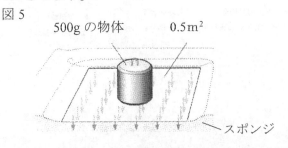

2 身近にいる生物について、A～Gのグループに分け、下図にまとめました。あとの問いに答えなさい。

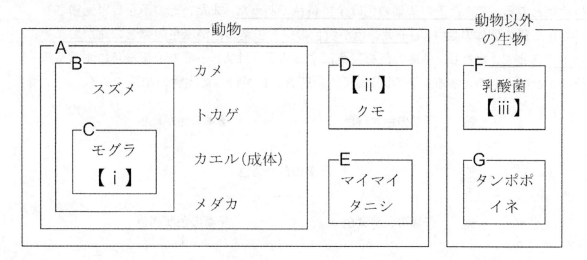

（1）図中のグループAの動物を何といいますか。その名称を書きなさい。

（2）図中の【i】～【iii】に入ると考えられる動物名を次のア～オからそれぞれ1つ選びなさい。

　　ア．カニ　　イ．サンショウウオ　　ウ．イモリ　　エ．イヌ　　オ．シイタケ

（3）グループB、D、Fは、それぞれどのような特徴をもとに分けたものですか。最も適当なものを次のア～キからそれぞれ1つ選びなさい。

　　ア．背骨がある。

　　イ．外とう膜で内臓がある部分を包んでいる。

　　ウ．子のうまれ方が胎生である。

　　エ．からだが外骨格でおおわれていて、からだとあしには節がある。

　　オ．体温をほぼ一定に保つしくみをもつ。

　　カ．種子でふえる。

　　キ．分裂または胞子でふえる。

3 〔 研究者 〕がエンドウを用いて行った遺伝の実験について調べました。

〔 研究者 〕が、①子葉の色が黄色の純系の親と子葉の色が緑色の純系の親をかけ合わせたところ、できた子の子葉の色は全て黄色であった。また、その子を自家受粉させてできた孫の個体の数は、②子葉の色が黄色の孫と子葉の色が緑色の孫との比がおよそ3：1であった。ただし、子葉の色を黄色にする遺伝子はA、子葉の色を緑色にする遺伝子はaと表すものとする。下の図は、〔 研究者 〕が行った実験の結果である。

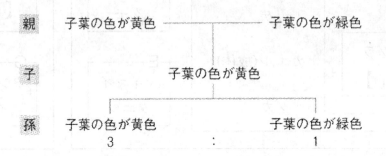

（1）文章中の〔 研究者 〕に当てはまる人物名を書きなさい。

（2）〔 研究者 〕によって提唱された、「対になっている遺伝子は、減数分裂によってそれぞれ別々の生殖細胞に入る」という法則を何といいますか。

（3）下線部①の子の遺伝子の組み合わせを、A、a を用いて表しなさい。ただし、子葉の色が黄色の純系の親の遺伝子の組み合わせは AA、子葉の色が緑色の純系の親の遺伝子の組み合わせは aa と表すものとします。

（4）下線部②の個体が全体で約 8000 個体だったとします。そのうち遺伝子の組み合わせが AA である個体の数は、何個であると考えられますか。次のア～エのうち、最も適当なものを 1 つ選びなさい。

　　　ア．約 1500 個　　イ．約 2000 個　　ウ．約 3000 個　　エ．約 4000 個

（5）下線部②の子葉の色が黄色の個体をすべてまいて自家受粉させました。1 つの株からできる次の代の種子の数が同じだとすると、できた種子のうち、子葉の色が黄色の個体と、子葉の色が緑色の個体の比（黄色の子葉：緑色の子葉）はおよそいくつになりますか。次のア～オから 1 つ選びなさい。

　　　ア．2：3　　イ．3：1　　ウ．1：1　　エ．5：1　　オ．1：5

（6）遺伝子に関する説明として、次のア～エから正しいものをすべて選びなさい。

　　ア．核(かく)の中の染色体には、遺伝子がふくまれている。

　　イ．遺伝子はまれに変化し、子孫の形質が変化することがある。

　　ウ．有性生殖においては、一方の親の遺伝子だけが子に受けつがれる。

　　エ．医学や農業の分野で、遺伝子に関する科学技術が利用されている。

4 下図は、温暖前線と寒冷前線付近の断面を模式的に示したものです。また、地表より上の境界線は寒気と暖気の境を示しており、図中の矢印は寒気または暖気の流れの向き、A～D は地表の4つの地点を示しています。

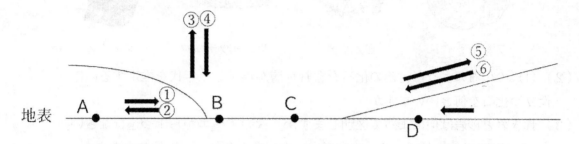

（1）2つの境界線の両側に、寒気と暖気の流れがあります。正しい寒気と暖気の流れを示す矢印を①～⑥からそれぞれすべて選び、番号で答えなさい。

（2）（1）の暖気は、同じ質量の寒気と比べた場合、体積と密度はそれぞれどうなっていると考えられますか。

（3）図のような場合、B地点、D地点を前線が通過した後のそれぞれの地点の気温の変化と風向きについて、正しいものを次のア～エからそれぞれ選びなさい。
　　ア．気温が急激に下がり、北よりの風　イ．気温が上昇し、北よりの風
　　ウ．気温が急激に下がり、南よりの風　エ．気温が上昇し、南よりの風

（4）B地点において、前線が通過する際に、その地点で発生する可能性が高い雲は何ですか。最も適切なものを次のア～エから1つ選びなさい。
　　　　ア．巻雲　　　　イ．高積雲　　　　ウ．乱層雲　　　　エ．積乱雲

（5）A地点の気温は6℃、湿度80%でした。気温6℃の飽和水蒸気量が 7.3g/m³ のときの空気 1m³ 中に含まれる水蒸気の量を四捨五入して、小数第1位まで答えなさい。

5 右の図1は、ある地層の断面図を示したものであり、石灰岩層からはサンゴ、泥岩層からは中生代の化石がみつかっています。次の問いに答えなさい。

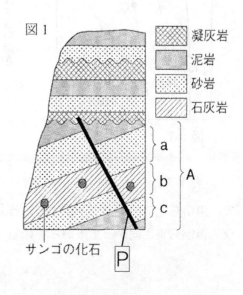

図1

凝灰岩
泥岩
砂岩
石灰岩

サンゴの化石　　P

（1）泥岩層から見つかった化石はどれですか。次のア〜エから1つ選びなさい。

ア　アンモナイト　　イ　ビカリア　　ウ　サンヨウチュウ　　エ　リンボク

（2）(1)の化石のように、その化石を含む地層が堆積した年代を推定するのに役立つ化石を何といいますか。

（3）れき岩と砂岩は何によって区別しますか。次のア〜エから1つ選びなさい。

　　　ア．岩石のかたさ　　イ．粒の形　　ウ．粒の色　　エ．粒の大きさ

（4）石灰岩が形成された当時の環境を示しているものを、次のア〜エから1つ選びなさい。

　　　ア．あたたかく、浅い海　　　　イ．あたたかく、深い海
　　　ウ．冷たく、浅い海　　　　　　エ．冷たく、深い海

（5）火山活動に関係している岩石を図1から選びなさい。

（6）図1の P のようなところを何といいますか。

（7）図1の地層Aの中でもっとも古い層はa〜cのどれですか。

（8）下の図2-1は、A〜Dの地点の位置関係、図2-2はA〜Dの地点でボーリングして得られた柱状図である。これらの情報から得られる地層の傾きについて、最も適するものを次のア〜エから1つ選びなさい。

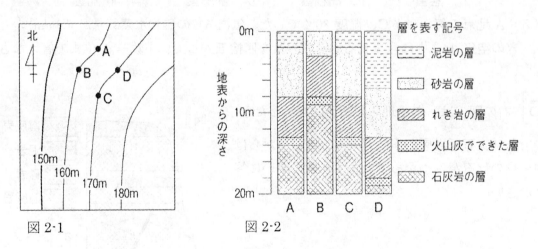

図2-1　　　　　　　　　図2-2

層を表す記号
泥岩の層
砂岩の層
れき岩の層
火山灰でできた層
石灰岩の層

ア．南から北に向かって下がっている　　イ．北から南に向かって下がっている
ウ．西から東に向かって下がっている　　エ．東から西に向かって下がっている

6 ホットケーキが大好きな A さんは、ベーキングパウダーの成分表示を見て、炭酸水素ナトリウムが含まれていることを知り、炭酸水素ナトリウムが何からできているのか知りたくなったので、実験を行うことにしました。次の各問いに答えなさい。

実験
(Ⅰ)炭酸水素ナトリウム 3.0g を乾いた試験管に入れ、下図のような装置を組み立てる。
(Ⅱ)試験管を弱火で加熱して、発生した気体を水上置換法で試験管に集める。ただし、1 本目の試験管に集めた気体は使わずに捨てる。
(Ⅲ)気体が発生しなくなったら、ₐ<u>ガラス管を水そうから取り出し、加熱をやめる。</u>
(Ⅳ)加熱後の試験管の内側についた液体と ₆<u>残っている白い固体</u>、および炭酸水素ナトリウムの性質を調べる。

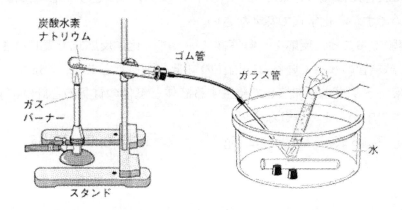

【結果】 下の表は、(Ⅳ)で加熱した試験管の内側についた液体と残っている白い固体、および炭酸水素ナトリウムの性質を調べるための操作をまとめたものである。

	操作	結果
試験管の内側についた液体	青色の塩化コバルト紙をつける。	赤色に変わる。
試験管に残っている白い固体	水に溶かす。	水によく溶ける。
	フェノールフタレイン溶液を加える。	溶液は赤色に変わる。
炭酸水素ナトリウム	水に溶かす。	水に少し溶ける。
	フェノールフタレイン溶液を加える。	溶液はうすい赤色に変わる。

(1) 実験のように、加熱により、1 種類の物質が 2 種類以上の別の物質に分かれる化学変化を何といいますか。漢字で答えなさい。

(2) 下線部 a について、このような操作をする理由を答えなさい。

（3）下線部 b について、実験の結果から、試験管に残っている白い固体は、炭酸水素ナトリウムとは別の物質であることがわかります。次の問①②に答えなさい。

　　① 白い固体の物質名を答えなさい。

　　② ①の理由を説明した文について、（　）に適切な語句をあてはめなさい。

　　　説明文：白い固体は炭酸水素ナトリウムに比べ、水に溶けやすく、水溶液は
　　　　　　　強い（　　性）を示すから。

（4）炭酸水素ナトリウムはベーキングパウダーの他に、ふくらし粉にも含まれています。この実験から、ホットケーキが膨らむ理由を説明した文について、解答欄の（　）に適切な語句をあてはめなさい。

　　　解答：（　　　　）が発生するから。

（5）ホットケーキミックスの箱をよく見てみると、「しっとりで美味しい」と書いてあることにＡさんは気づきました。ホットケーキがしっとりする理由は何の物質が生じるためですか、化学式で答えなさい。

（6）この実験でおこった反応を、解答欄に従って、化学反応式で表しなさい。

（7）実験で試験管の残っている白い固体の質量を測ったところ、2.5g でした。4.5g の炭酸水素ナトリウムを加熱して発生する液体と気体の質量の合計は何 g ですか。次のア～エの中から１つ選びなさい。

　　　　　ア．3.75g　　　　イ．2.75g　　　　ウ．1.75g　　　エ．0.75g

7 物質のとけやすさについて、理科の授業で実験を行った。【実験Ⅰ】〜【実験Ⅲ】について、次の各問いに答えなさい。

〈 実験目的 〉食塩、硝酸カリウム、ミョウバンについて、水の温度によるとけ方のちがいを調べよう。

【実験Ⅰ】ビーカーA、B、Cに30℃の水を100gずつ入れた。その後、ビーカーAに食塩15gを、ビーカーBに硝酸カリウム20gを、ビーカーCにミョウバン30gをそれぞれ入れて、十分にかき混ぜ、ビーカーの中の様子を確認した。

【実験Ⅱ】実験ⅠのビーカーA、B、Cに水100gを加えて、全部で水200gとした。これを加熱し、水溶液の温度を50℃まであげ、よくかき混ぜた後、ビーカーの中の様子を確認した。

【実験Ⅲ】実験Ⅱで加熱したビーカーを冷やして、水溶液の温度を10℃まで下げ、ビーカーの中の様子を確認した。

（1）図1は、ビーカーA、B、Cに入れた物質についての、100gの水にとける物質の質量と水の温度との関係を表したものです。

① 【実験Ⅰ】を終えた後、水30℃のビーカーA、B、Cに入れたそれぞれの物質が水にすべてとけている場合には○を、とけ残っている場合には✕を書きなさい。

図1

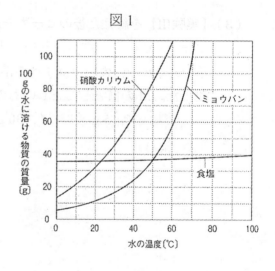

② 【実験Ⅱ】を終えたあと、ビーカーBに硝酸カリウムは、あと約何gとかすことができますか、次のア〜オから最も適当なものを1つ選びなさい。ただし、実験をとおして、溶媒の水の蒸発は考えないものとします。

　　ア．15g　　　　イ．40g　　　　ウ．65g　　　　エ．150g　　　　オ．200g

（2）【実験Ⅲ】について、図1のグラフから、10℃の100gの水にとける食塩、硝酸カリウム、ミョウバンの質量を読み取ったところ、食塩は36.3g、硝酸カリウムは22.0g、ミョウバンは7.6gでした。ただし、【実験Ⅲ】のビーカーには水が200g入っています。次の①～③の各問いに答えなさい。

① 【実験Ⅲ】を終えたあとのビーカーの様子をよく観察していると、A～Cのあるビーカーから固体がでてきました。固体が出たビーカーはどれですか、次のア～カの中から選びなさい。

ア．Aのみ　　イ．Bのみ　　ウ．Cのみ
エ．AとB　　オ．AとC　　カ．BとC

② ①のように、温度による溶解度の差を利用して再び固体としてとり出すことを何といいますか。漢字で答えなさい。

③【実験Ⅲ】を終えた後のビーカーBの硝酸カリウム水溶液の質量パーセント濃度は何％ですか。ただし、答えは四捨五入して、小数第1位まで答えなさい。

（3）【実験Ⅲ】を終えた後のビーカーAに食塩、ビーカーBに硝酸カリウム、ビーカーCにミョウバンをMgずつ加え、60℃に加熱しよくかき混ぜたところ、2つのビーカーではすべて溶けたが、残り1つのビーカー内の物質はとけ残った。Mの値として正しいものを、次のア～エから1つ選びなさい。

ア．5g　　　イ．30g　　　ウ．70g　　　エ．120g

8 以下の文章を読み、問いに答えなさい。

太郎：最近、[A]電気料金が値上がりしていますね。

先生：そうだね。日本全体では、火力発電で半分以上の電気をまかなっているけど、その火力発電の燃
料は、[B]LNG（液化天然ガス）がよく使われるんだ。その LNG を最近、日本が仕入れるのが難し
くなっているんだ。それも関係して電気料金が値上がりしているんだ。

太郎：そうなんですね。じゃあ燃料を使わない発電のほうがいいですね。

先生：水力発電は燃料を使わないね。これはダムをつくり、水をせき止めて水面を上げることで、水が
もっている重力による（　a　）エネルギーを大きくしているんだ。

太郎：その水が重力によって落ちるときに発電しているんですね。

先生：その通り。水力発電所では、ダムに貯めた水を落下させて、[C]発電機を回転させて発電してい
る。あまり知られていないんだけれども、[D]わざわざ発電した電気を使って、発電所の上部の貯水
池に水を揚げることもあるんだ。

太郎：節電するためにはどうしたらいいんでしょうか？

先生：部屋の暖房について考えてみようか。そのまま部屋を暖めたら、[E]暖まり方に差が出てしまうの
で、[F]部屋全体をまんべんなく暖かくするためには、どう工夫したらいいかな？

太郎：暖房の設定温度をあげなくても部屋全体が暖まるように考えてみますね。

（1）空欄（　a　）に当てはまる語句を答えなさい。

（2）下線部[A]について、消費電力が 1500W のエアコンを 1 日に 1 時間使用したとし
て、エアコンによる電気代は、30 日でいくらかかりますか。ただし、電気料金は
1kWh あたり 20 円とします。

（3）下線部[B]について、日本は海外から天然ガスを液化した状態で輸入していま
す。どうして気体である天然ガスを液化して運んでくるのですか。理由を、「体
積」という語句を使って説明しなさい。

（4）下線部[C]について、手回し発電機に例えて考えてみました。図のように回路を
つなぎ、手回し発電機を回すと発光ダイオードが光りました。発光ダイオードを
もう 1 個、直列につなぎ、それぞれを最初
に光ったときと同じ明るさで光らせようと
したとき、強く回さないといけなくなる
が、そうなる理由を、次のア〜ウから 1 つ
選びなさい。

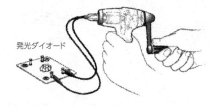

発光ダイオード

ア．電球を 1 個より、2 個光らせるほうが必要なエネルギーが大きいから。

イ．手回し発電機の電気エネルギーに変換する効率が低いから。

ウ．発光ダイオードが発電するから。

（5）（4）において、発光ダイオードを豆電球に変えて、最初と同じくらいの明るさ
　　で光らせようとしたとき、さらに強く回さないといけませんでした。このことか
　　ら、発光ダイオードの利点は何ですか。説明しなさい。

（6）下線部[D]について、発電した電気を使って、発電所の上部の貯水池に水を揚げ
　　る理由を次のア～エから1つ選びなさい。

　　　　ア．夏の季節に水を揚げることで、雨雲を人工的につくり、水不足の解消に
　　　　　　つなげるため。
　　　　イ．田植えの時期に水を揚げることで、平野にまんべんなく水が行き届くよ
　　　　　　うにするため。
　　　　ウ．夜の間に水を揚げることで、電力需要の多い昼間に水力発電に使える水の
　　　　　　量を多くするため。
　　　　エ．半年おきに水を揚げることで、流れ出た土砂を元にもどすため。

（7）下線部[E]について、一般的に部屋を暖めた場合、部屋のどこが暖かくなりますか。次のア～ウから1つ選びなさい。

　　　　　ア．部屋の上部　　　　　イ．部屋の中部　　　　ウ．部屋の下部

（8）（7）のようなかたよりを無くして、部屋全体を暖めるために、あなたならどの
　　ような工夫をしますか。

9　図1のように、光学台に凸レンズ、スクリーン、電球をとりつけた物体を置き
　ました。図2は、その様子を模式的に表した図です。以下の問いに答えなさい。た
　だし、点F、F'は光軸に平行に入射した光がレンズを出た後に集まる点とします。

図1
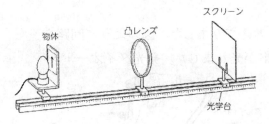

図2
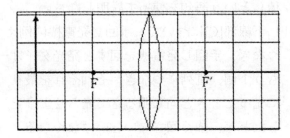

（1）図2のF、F'の点を凸レンズの何といいますか。

（2）物体から出た光の進み方として、間違っているものを、次のア～エから１つ選びなさい。

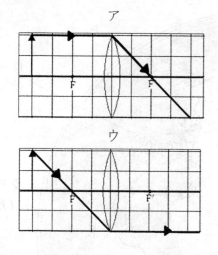
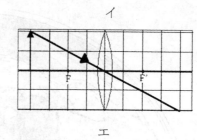
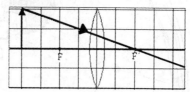

（3）図３の位置に物体を置き、スクリーンにはっきりとした実像をうつしたとき、その①大きさと、②スクリーンの位置は、図２のときと比べてどうなりますか。それぞれア～ウから１つ選びなさい。

図３

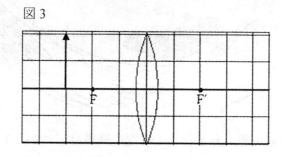

①大きさ：ア．小さくなる。　　イ．大きくなる。　　ウ．変わらない。

②位置　：ア．レンズに近づく。　　イ．レンズから遠くなる。　　ウ．変わらない。

（4）凸レンズの上半分を黒い紙で覆うと、スクリーンにうつる像の形は、どれが一番適切ですか。次のア～エから１つ選びなさい。ただし、図４が黒い紙が無いときの実像です。

図４　　　ア　　イ　　ウ　エ

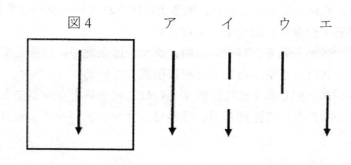

北陸学院

Ⅰ　次の地図は、中心からの方位と距離が正確な世界地図である。地図をみながら、各設問に答えなさい。

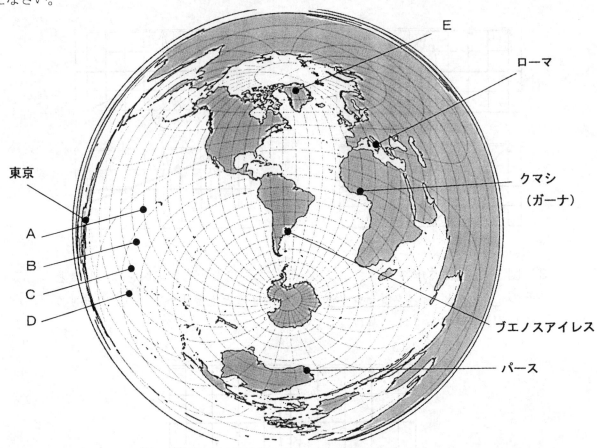

（1）図のA〜Dのうち、日付変更線の元となる180度の経線はどれか。1つ選び、記号で答えなさい。

（2）図のEの島の名前を何と呼ぶか、次から1つ選び、記号で答えなさい。
　　　（ア）アイスランド
　　　（イ）ニュージーランド
　　　（ウ）ラップランド
　　　（エ）グリーンランド

（3）図の中心はブエノスアイレスを示している。地図上に示されている都市との関わりで、**明らかに間違っているもの**を1つ選び、記号で答えなさい。
　　　（ア）ブエノスアイレスから見て、パースは南、クマシは東北東に位置している
　　　（イ）ブエノスアイレスは、東京から見ると東に位置している
　　　（ウ）ブエノスアイレスと同じ南半球に位置するのは、パースとクマシである
　　　（エ）ブエノスアイレスからみて距離が近い順番は、クマシ、パース、東京である

（4）ブエノスアイレス周辺で、小麦の栽培や牛の放牧が盛んにおこなわれている草原地帯を、何と呼ぶか、書きなさい。

（5）次は、東京、ブエノスアイレス、ローマ、クマシの、いずれかの雨温図を示している。このうち、ブエノスアイレスとローマの雨温図の組み合わせで正しいものを1つ選び、番号で答えなさい。

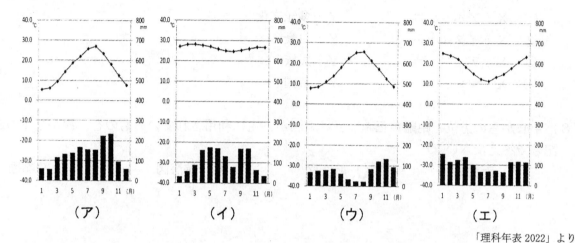

「理科年表 2022」より

①　ブエノスアイレスの雨温図は（イ）、ローマの雨温図は（ア）である。
②　ブエノスアイレスの雨温図は（エ）、ローマの雨温図は（ウ）である。
③　ブエノスアイレスの雨温図は（ウ）、ローマの雨温図は（イ）である。
④　ブエノスアイレスの雨温図は（ア）、ローマの雨温図は（エ）である。

（6）次の表は、ブエノスアイレス、ローマ、クマシ、パースが属する国の、輸出上位5品目と輸出総額に占める割合および輸出総額を表している。このうち、クマシが属する国にあてはまるものを次から1つ選び、記号で答えなさい。

輸出上位5品目と輸出総額に占める割合および輸出総額（2020年）

	第1位	第2位	第3位	第4位	第5位	輸出総額（百万ドル）
ア	金 37.0%	原油 31.3%	カカオ 11.0%	ココア 2.4%	野菜・果実 2.4%	16768
イ	機械類 24.7%	医薬品 7.6%	自動車 7.3%	衣類 4.6%	金属製品 3.7%	498804
ウ	油かす 13.8%	トウモロコシ 11.0%	大豆油 6.8%	肉類 6.0%	自動車 5.0%	54884
エ	鉄鉱石 32.7%	石炭 12.3%	金 7.2%	肉類 4.1%	機械類 2.7%	245046

「世界国勢図会 2022/23」より

北陸学院

（7）地図中のパースが属する国について述べた次の文の（　X　）と（　Y　）にあてはまる語
　　句の組み合わせで正しいものを１つ選び、番号で答えなさい。

> この国では、（　X　）と呼ばれる先住民や、ヨーロッパやアジアからの移民などの
> 多様な民族が共存し、それぞれの文化を尊重する（　Y　）主義を国の方針としている。

① X：アボリジニ　　　　　Y：多元文化
② X：イヌイット　　　　　Y：白豪
③ X：アイヌ　　　　　　　Y：民族
④ X：マオリ　　　　　　　Y：帝国

（8）中心からの方位と距離が正確な世界地図が、主に利用されているものを、次から１つ選び、
　　記号で答えなさい。
　　　（ア）面積図　　　　　　（イ）航空図　　　　　　（ウ）航海図　　　　　　（エ）分布図

Ⅱ 次の北海道地方の地図を見ながら、各設問に答えなさい。

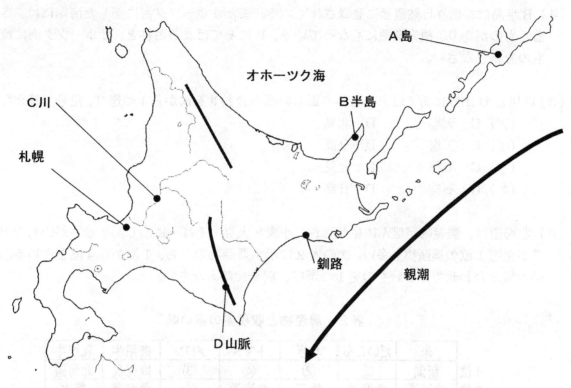

（１）札幌の雨温図を次から１つ選び、記号で答えなさい。

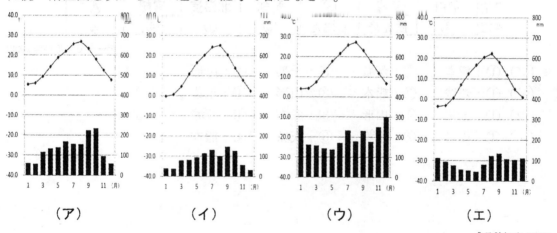

（ア）　　　　　（イ）　　　　　（ウ）　　　　　（エ）

「理科年表2022」より

（２）次の表１を見ると、同じ北海道の中でも、札幌と比較して釧路の夏の日照時間が短いことが
　　分かる。この原因を、季節風・親潮・濃霧の３つの語句を用いて、「釧路の夏の日照時間が
　　短い理由は」に続けて説明しなさい。

表１：札幌と釧路における８月の平均気温と日照時間

	気温（℃）	日照時間（時間）
札幌	22.3	168.1
釧路	18.2	117.6

「理科年表2022」より

（3）日本の最北端の島の、Aにあてはまる名称を書きなさい。

（4）B半島は、世界自然遺産に登録されている。またオホーツク海に面した海岸には、冬に流れ着くものがあり、観光資源にもなっている。Bにあてはまる名称と、オホーツク海に流れ着くものを書きなさい。

（5）C川とD山脈にあてはまる名称の正しい組み合わせを次から1つ選び、記号で答えなさい。
  （ア）C：天塩　　　　D：北見
  （イ）C：天塩　　　　D：日高
  （ウ）C：石狩　　　　D：北見
  （エ）C：石狩　　　　D：日高

（6）北海道は、農産物が盛んに生産され、小麦・大豆・そば・にんじん・じゃがいもなど、収穫量が全国1位の農産物も多い。次の表2に示す農産物のうち、1位から4位を占める①〜④の県の組み合わせで正しいものを1つ選び、記号で答えなさい。

表2：農産物と収穫量の多い県

	米	だいこん	ねぎ	トマト	メロン	肉用牛	乳用牛
1位	新潟	②	②	④	③	鹿児島	北海道
2位	北海道	北海道	埼玉	北海道	④	北海道	栃木
3位	秋田	青森	③	愛知	北海道	宮崎	④
4位	①	鹿児島	北海道	③	①	④	②

「データで見る県勢2022」より

  （ア）①：熊本　　②：茨城　　③：千葉　　④：山形
  （イ）①：茨城　　②：熊本　　③：山形　　④：千葉
  （ウ）①：千葉　　②：山形　　③：熊本　　④：茨城
  （エ）①：山形　　②：千葉　　③：茨城　　④：熊本

北陸学院

Ⅲ 下の年表を見て、あとの問いに答えなさい。

西暦(年)	出来事
1543	ポルトガル人が種子島に漂着し、（　あ　）を伝える
1549	①キリスト教が日本に伝わる
1573	（　い　）幕府滅亡
1576	②織田信長が（　う　）城を築く

（1）上の年表中の空欄にあてはまる言葉をそれぞれ答えなさい。

（2）年表中の下線部①キリスト教について、以下のAとBの質問に答えなさい。

　A．この時、日本にキリスト教を伝えたイエズス会宣教師はだれか、答えなさい。
　B．この当時、貿易や布教のため日本にやってきたポルトガル人やスペイン人との貿易のことを何というか、答えなさい。

（3）年表中の下線部②織田信長について、以下のAとBの問いに答えなさい。

　A．市場の税を免除し、座の特権を廃止して、城下で自由に商工業ができるようにした政策を何というか、答えなさい。
　B．織田信長について述べた文として**誤っているもの**を、次から1つ選び、記号で答えなさい。
　　（ア）比叡山延暦寺を焼き討ちにした。
　　（イ）各地の金山・銀山も直接支配して開発を進め、天正大判を鋳造させた。
　　（ウ）一向一揆をおさえ、その中心だった石山本願寺を降伏させた。
　　（エ）家臣である明智光秀の反逆により、本能寺で自害した。

（4）以下の写真は、美しい白壁から、白鷺城（しらさぎ）の名でも知られ、世界遺産にも登録されている。何という城か、答えなさい。

（5）豊臣秀吉は、1588（天正16）年に刀狩令を出したが、この目的について説明しなさい。

北陸学院

Ⅳ ダイスケさんとマキコさんは授業で学んだ戦争について思い出し、次のような会話をした。下記の【会話】をみて、あとの問いに答えなさい。

ダイスケ：昨日社会の授業で a 第二次世界大戦当時の人々の様子を調べたけれど、ひどい状況だったよ。たった七十数年前のことで、本当に日本でおきたことだとはとても思えなかったよ。

マキコ　：そうね、そして日本は、その後戦争に参加することはなく、私たちはこうして平和に暮すことができているけれど、世界は決してそうじゃないよね。

ダイスケ：うん。確かに、第二次世界大戦が終結して、b 世界の平和と安全を維持する機関が設立されたけれど、世界各地で戦争や紛争は起こっているよね。テレビで見るウクライナの様子もつらいものだよね。

マキコ　：解説者は、ウクライナとロシアで起こっていることは、第二次世界大戦後、資本主義の国々と共産主義の国々が、西側と東側の c 2 つの陣営に分裂し、対立したことが大きく関わっていると言っていたよ。

（1）下線部 a のあと、日本国憲法が公布された。日本国憲法の説明として適切なものを次から**全て選び**、記号で答えなさい。
　　（ア）　人権は、法律の範囲内で認められている。
　　（イ）　日本国憲法は、大日本帝国憲法の改正案として成立したものである。
　　（ウ）　国民には、兵役の義務がある。
　　（エ）　日本国憲法は、ドイツの憲法を参考にして制定された、欽定憲法である。
　　（オ）　主権者は、国民である。

（2）下線部 b について、この国際平和機関を何というか漢字 4 文字で答えなさい。

（3）次のア～エは下線部 b の機関について述べている。この機関の説明として**誤っているものを次から全て選び**、記号で答えなさい。
　　（ア）　1945 年に発足した。
　　（イ）　本部はスイスのジュネーブである。
　　（ウ）　制裁手段は、経済制裁のみで武力制裁は行えない。
　　（エ）　安全保障理事会では、常任理事国が拒否権を持っている。

（4）下線部 c によって、西側の軍事同盟として設立された組織を次から 1 つ選び、記号で答えなさい。
　　（ア）ワルシャワ条約機構　　（イ）三国同盟　　（ウ）北大西洋条約機構　　（エ）三国協商

（5）下線部 c について、これを象徴的に表す壁が東ドイツに築かれた。この壁を何というか、答えなさい。

（6）下線部 c について、この両陣営は全面的な戦争には至らなかったが厳しい対立を続けた。実際の戦争と対比してこれを何と言うか、答えなさい。

（7）下線部 c の時期に起きた世界の出来事として当てはまるものを次から**2つ選び**、記号で答えなさい。

　　（ア）　ロシアでは、レーニンの指導のもとでソビエトによる政府が樹立された。

　　（イ）　中国では、毛沢東の共産党が内戦に勝利し、中華人民共和国を建国した。

　　（ウ）　北朝鮮が南北の統一を目指して韓国に侵攻し、朝鮮戦争がはじまった。

　　（エ）　アメリカではローズベルト大統領のもとニューディール政策が実施された。

北陸学院

Ⅴ 下の文章は、日本国憲法前文の一部です。読んで、あとの問いに答えなさい。

> そもそも国政は、国民の厳粛な信託によるものであつて、その ①権威は国民に由来し、その ②権力は国民の代表者がこれを行使し、その ③福利は国民がこれを享受する。これは人類普遍の原理であり、この憲法は、かかる原理に基くものである。

語群	あ．児童福祉法	い．公職選挙法	う．政党交付金法
	え．育児休業法	お．生活保護法	か．公務員選挙法
	き．ルソー	く．モンテスキュー	け．ロック

（1）下線部①について、以下のA～Cの問いに答えなさい。

A．人民主権（国民主権）をとなえたフランスの思想家を、上の語群から1つ選び、記号で答えなさい。

B．憲法第1条の、欠けている部分をおぎなって完成させなさい。（ただし、2つの空欄には同じことばが入る。）

> 天皇は、日本国の（　　　）であり日本国民統合の（　　　）であつて、この地位は、主権の存する日本国民の総意に基く。

C．憲法を改正するかどうかについて、主権者である国民の意思を問うために行われるのは何か、答えなさい。

（2）下線部②について、以下のA～Cの問いに答えなさい。

A．国民の代表者を選ぶための方法について定められた法律を、上の語群から選び、記号で答えなさい。

B．選挙において重要とされる4原則のうち、**正しくないもの**を1つ選んで記号で答え、さらに正しいことばに直して答えなさい。

（あ）普通選挙　　　（い）平等選挙　　　（う）直接選挙　　　（え）公開選挙

C．日本では、内閣総理大臣を選ぶ選挙の際、投票するのは誰か、答えなさい。

（3）下線部③について、以下のA～Cの問いに答えなさい。

A．社会保障制度のうち、公的扶助について定められた法律を、上の語群から選び、記号で答えなさい。

B．憲法第25条1項の、欠けている部分をおぎなって完成させなさい。

> すべて国民は、健康で文化的な（　　　　　　　）の生活を営む権利を有する。

C．かつて、ヨーロッパやアメリカでは政府の役割を、安全保障や治安の維持など最小限にとどめる考えが一般的であったが、現代では、政府は人々の暮らしを安定させるため、社会保障や教育、雇用の確保など、さまざまな役割をになうべきだと考えられている。このことを言い表すことばを、解答欄の形式にしたがって答えなさい。

ここから選択問題です。このあとの6題から4題を選び解答しなさい。
なお、選択した問題の番号を解答欄の左側に必ず書いてからはじめなさい。

1 地図を見てあとの問いに答えなさい。

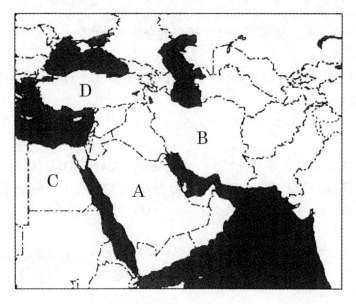

（1）A国に聖地メッカがあり、世界中から信者が巡礼する宗教は何か、答えなさい。

（2）A国とB国の間にあり、多くの石油タンカーが行きかう湾の名は何か、答えなさい。

（3）A国やB国をはじめ、世界十数か国が加盟している石油輸出国機構の略称を、アルファベット大文字4文字で、答えなさい。

（4）C国の南側の国境は何に沿って決められているか、次から1つ選び、記号で答えなさい。
　　（ア）緯線　　　（イ）経線　　　（ウ）本初子午線　　　（エ）赤道

（5）C国の首都カイロが、ほぼ位置する東経30度は、この国の標準時の基準です。日本時間が2月1日午前9時の時、カイロは2月1日の何時か、次から1つ選び、記号で答えなさい。
　　（ア）午前4時　　　（イ）午前2時　　　（ウ）午後4時　　　（エ）午後2時

（6）D国の沿岸部では、その気候からオリーブやブドウなどが多く栽培されています。この気候名を、次から1つ選び、記号で答えなさい。
　　（ア）西岸海洋性気候　　（イ）温暖湿潤気候　　（ウ）地中海性気候　　（エ）サバナ気候

（7）A、B、C、Dいずれの国でも、最も食用の消費が少ない食肉はどれか、次から1つ選び、記号で答えなさい。
　　（ア）鶏肉　　　　（イ）牛肉　　　　（ウ）羊肉　　　　（エ）豚肉

北陸学院

2 次の各問いに答えなさい。

（1）下の地図は中国・四国地方を示したものである。Aの平野名を**漢字**で答えなさい。

（2）雨の少ないAの平野で農業用水確保のため古くから多く作られているものを答えなさい。

（3）下の地図のBで示される、愛媛県の県庁所在地を答えなさい。

（4）瀬戸内地域の沿岸で、雨の少ない気候と潮の干満を生かして作られたものを、次から1つ選び、記号で答えなさい。
　　　（ア）砂丘　　　　　（イ）ビニールハウス　　　　（ウ）棚田　　　　（エ）塩田

（5）瀬戸内工業地域では、石油化学コンビナートが発達していますが、その中で効率よく原燃料を輸送できるよう、関連企業どうしを結んでいるものを、次から1つ選び、記号で答えなさい。
　　　（ア）本四連絡橋　　　（イ）製造ライン　　　（ウ）パイプライン　　　（エ）フェリー

（6）中国・四国地方の中でブドウの生産量が最も多い県を、次から1つ選び、記号で答えなさい。
　　　（ア）高知県　　　　（イ）岡山県　　　　（ウ）愛媛県　　　　（エ）山口県

（7）中国・四国地方についての説明として**正しくないもの**を、次から1つ選び、記号で答えなさい。
　　（ア）本州四国連絡橋や多くの自動車道の建設により、地方都市を素通りして大都市へ人が吸い寄せられ地方都市が衰退する現象が起こっているが、これをドーナツ化現象という。
　　（イ）南四国では、温暖な気候を利用して促成栽培を行い、特に夏野菜の端境期（はざかい）に大都市の市場に出荷し、収入を増やす工夫をしている。
　　（ウ）山間部や離島では過疎化が進み、人口減少が深刻化しているので、いろいろな自治体が観光資源を広く宣伝したり、ICTを活用した地域おこしに取り組んでいる。
　　（エ）ミカンの一大生産地だったが、国内外の他の産地との競争により出荷量が減少し、現在は、伊予かん、デコポン、レモンなど、他のかんきつ類の生産をすすめている。

3 鎌倉時代の将軍と御家人の関係について表した次の表の（1）～（2）に当てはまる語句を解答欄に漢字で記入し、（3）以下の問いに答えなさい。

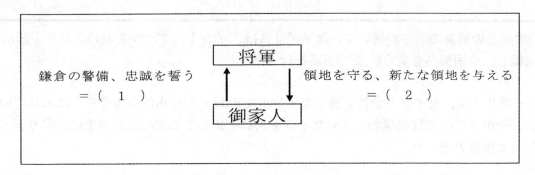

（3）1192年に征夷大将軍に任命されたのは誰か、答えなさい。

（4）鎌倉時代の日本の対外関係について述べた文として正しいものを、次から1つ選び、記号で答えなさい。
　　（ア）元は、二度にわたり日本に襲来したが、暴風雨や日本の反撃などにより退却した。
　　（イ）スペインの宣教師たちにより、医学、天文学、航海術などが日本に伝えられた。
　　（ウ）大陸から移り住んだ渡来人により、初めて仏教が伝えられた。
　　（エ）遣唐使として唐にわたった最澄と空海は、仏教の新しい教えを日本に伝えた。

（5）鎌倉時代の武士や民衆の暮らしとして**正しくないもの**を、次から1つ選び、記号で答えなさい。
　　（ア）武士たちの住まいでは、馬が飼われ乗馬の訓練が行われた。その中で、「弓馬の道」と呼ばれる名誉を重んじ恥を嫌う態度や武士らしい心構えが育った。
　　（イ）惣領が亡くなったり引退したときには分割相続が行われた。この頃は男尊女卑の風潮が強く、所領は男子にのみ分け与えられ、女子の地頭は存在しなかった。
　　（ウ）同じ田畑で米と麦を交互に作る二毛作が始まった。
　　（エ）寺社の門前や交通の便利なところには定期市が開かれ、人々が集まり町が生まれた。

（6）新仏教のうち法然が開いた宗派として正しいものを次から1つ選び、記号で答えなさい。
　　（ア）浄土真宗　　　（イ）浄土宗　　　（ウ）時宗　　　（エ）日蓮宗

（7）琵琶法師によって語り伝えられた軍記物の作品として正しいものを次から1つ選び、記号で答えなさい。
　　（ア）「徒然草」　　（イ）「新古今和歌集」　　（ウ）「方丈記」　　（エ）「平家物語」

北陸学院

4 次のA〜Dの文中の（1）〜（3）に当てはまる語句を解答欄に記入し、（4）以下の問いに答えなさい。

A　中国との貿易で赤字が続いていたイギリスは、インドでアヘンを栽培させ、中国に密輸し、中国製品を買う（　1　）貿易を行った。

B　イギリスは、東インド会社を通じてインドでの貿易の独占的な地位を手に入れていた。やがてその会社に雇われていたインド人兵士がおこした反乱が全土に広がり、インド大反乱となった。

C　江戸幕府は、2度にわたって来航したペリーと（　2　）条約を結び、2港を開港し、さらにアメリカ船へ食料や燃料を提供することに同意した。

D　中国では、清朝打倒を目指す（　3　）の乱がおこり、またたく間に広がっていった。アヘン戦争の戦費や賠償金などで国力を使い果たしていた政府は、有効な手が打てず、鎮圧に10年余りを要した。

（4）　Aに関連して、これによって起こった戦争では、イギリスが圧倒的な軍事力で勝利を収めた。その戦争の講和条約として結ばれた条約を次から1つ選び、記号で答えなさい。

　　（ア）南京条約　　　（イ）下関条約　　　（ウ）ポーツマス条約　　　（エ）ヴェルサイユ条約

（5）　Bに関連して、もともとインドでは織物業が盛んで、産業革命前にはその製品がイギリスなどのヨーロッパにも輸出されていた。その織物として適切なものを次から1つ選び、記号で答えなさい。

　　（ア）絹織物　　　（イ）毛織物　　　（ウ）綿織物　　　（エ）麻織物

（6）　Cについて、このときに開港された2港はどこか。正しい組み合わせを次から1つ選び、記号で答えなさい。

　　（ア）浦賀・長崎　　　　　（イ）浦賀・下田
　　（ウ）横浜・長崎　　　　　（エ）函館・下田

（7）　A〜Dで述べたことがらが全ておきた時代を、次から1つ選び、記号で答えなさい。

　　（ア）17世紀　　　（イ）18世紀　　　（ウ）19世紀　　　（エ）20世紀

5 下の図は、1ドル100円のときに日本円で3600円の地球儀をアメリカに輸出した場合、この地球儀が36ドルになることを示している。同様に、1ドル80円のときと1ドル120円のときに輸出した場合では、それぞれ何ドルになるか。図中の空欄（1）と（2）にあてはまる語句を記入し、あとの（3）以下の問いに答えなさい。

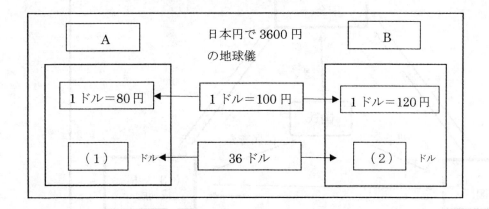

（3）上の資料で説明されているような異なる通貨同士の交換比率を何と呼ぶか、答えなさい。

（4）図中のAとBに当てはまるものとして正しいものを次から1つ選び、記号で答えなさい。

  （ア）　A円高　　B ドル安　　（イ）　A円安　　B ドル高
  （ウ）　A円高　　B ドル高　　（エ）　A円安　　R ドル安

（5）海外に進出し、世界の国々で生産や販売の拠点を広げている企業のことをなんというか、次から1つ選び、記号で答えなさい。

  （ア）公企業　　　　（イ）個人企業　　　（ウ）多国籍企業　　　（エ）組合企業

（6）2008年、アメリカの投資銀行が経営破たんし、世界の経済が大きく混乱した。日本では円高の勢いが止まらず、輸出業にとても大きな負の影響を与えた。この出来事を何というか、次から1つ選び、記号で答えなさい。

  （ア）アジア通貨危機　　　（イ）世界金融危機
  （ウ）失われた10年　　　　（エ）いざなみ景気

（7）近年、貿易の自由化などの経済関係強化を図る地域主義の動きが活発になっている。そのうちのひとつである環太平洋経済連携協定の略称は何か。次から1つ選び、記号で答えなさい。

  （ア）TPP　　（イ）GATT　　（ウ）NAFTA　　（エ）FTA

北陸学院

6 日本の三権分立のしくみを示した以下の図を見て、図中の（1）～（3）に当てはまる語句を
解答欄に記入し、あとの（4）以下の問いに答えなさい。

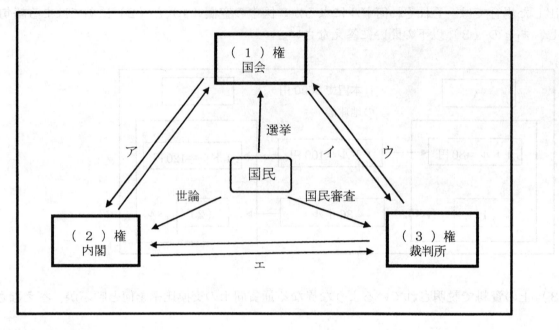

（4）「弾劾裁判所を設けて裁判官を罷免することができる」ことを示す矢印は、図中のア～エの
　　どれか。1つ選び、記号で答えなさい。

（5）三権分立のしくみを唱えたフランスの思想家を、次から1つ選び、記号で答えなさい。

　　（ア）ルソー　　　（イ）モンテスキュー　　　（ウ）ロック　　　（エ）ホッブズ

（6）**内閣の仕事ではないもの**を、次から1つ選び、記号で答えなさい。

　　（ア）憲法改正を発議すること　　　（イ）外国と条約を結ぶこと
　　（ウ）予算案をつくること　　　　　（エ）天皇の国事行為に助言と承認をすること

（7）高等裁判所について述べた文として正しいものを、次から1つ選び、記号で答えなさい。

　　（ア）おもに第二審を扱う裁判所で、各都府県に1か所設置されている。
　　（イ）おもに第三審を扱う裁判所で、各都府県に1か所設置されている。
　　（ウ）おもに第二審を扱う裁判所で、全国に8か所設置されている。
　　（エ）おもに第三審を扱う裁判所で、全国に8か所設置されている。

（解答は別冊 97 ページ）

1 次の (1) ～ (5) の日本語が表すように（　　　）内から適する語を選び, 記号で答えなさい。

(1) 山田さんは車を2台持っています。

Mr. Yamada （ ア has ／ イ have ）two cars.

(2) 机の上にノートが3冊あります。

There（ ア is ／ イ are ）three notebooks on the desk.

(3) こちらはムギという名前の猫です。

This is the cat（ ア which ／ イ who ）was named Mugi.

(4) ベッドで寝ている赤ん坊は私の妹です。

The baby （ ア sleeping ／ イ sleeps ）on the bed is my sister.

(5) 母のおかげで, 宿題を終えることができました。

Thanks（ ア by ／ イ to ）my mother, I could finish doing my homework.

2 次の (1) ～ (5) の日本語が表すように（　　　）に適する語を書きなさい。

(1) 窓を閉めましょうか。はい, お願いします

（　　　）（　　　　） close the window? ― Yes, please.

(2) マークはツトムよりも若い。

Mark is （　　　）（　　　） Tsutomu .

(3) 今すぐ家に帰りたい。

I （　　　）（　　　　） to go home right now.

(4) まだ遊子にメールを送っていません。

I （　　　） not （　　　　） Yuko an e-mail yet.

(5) 英語と数学ではどちらが好きですか。

（　　　） do you like （　　　　）, English or math?

3 次の (1) ～ (4) の日本語が表すように（　　　）内の語(句)を並べかえ, その中で3番目と5番目にくる語(句)を記号で答えなさい。ただし, 文頭の文字も小文字で示してあります。

(1) 遊子（ゆうこ）にとって, その曲をピアノで演奏することは簡単だ。

（ ア to play　イ is　ウ for Yuko　エ it　オ the music　カ easy ）on the piano.

(2) 学（まなぶ）は人々を幸せにする歌手です。

Manabu （ ア who　イ people　ウ is　エ happy　オ a singer　カ makes ）.

(3) 昨日, 図書館で会ったとき, 何を読んでいたのですか。

（ ア were　イ you　ウ when　エ what　オ reading ）I met you at the library yesterday?

(4) このテレビは日本製ではありません。

（ ア made　イ in　ウ is　エ this TV　オ not　カ Japan ）.

4　次の英文を読み，各問に答えなさい。

"Kanazawa Cat *Rescue"

"Kanazawa Cat Rescue" is a *group which finds a new family for rescued cats. ① Since 2008 we (rescued / already / 1,000 cats / have / more than) and found them a new family. We hold the events on weekends. ② We want to give them a good life with a new family! If you want to have much information about them, please see below!

<Dates>

3　MARCH

MON	TUE	WED	THU	FRI	SAT	SUN
		1	2	3	4	5
6	7	8	9	10	11	12
13	14	15	16	17	18	19
20	21	22	23	24	25	26
27	28	29	30	31		

On Saturday　　11:00〜16:00
On Sunday　　　10:30〜15:00

<Waiting Cats!>

(A)

1 . boy
2 . active
3 . black and white
4 . about 1-year-old

(B)

1 . girl
2 . friendly
3 . light brown
4 . about 2-year-old

(C)

1 . boy
2 . shy
3 . black
4 . about 3 months

※ 28 cats are waiting for a new family!

※ If you want to get more information about our cats, check here. ⇒

— 382 —

<Reservation>

You have to make a reservation before your visit. (online or phone)

TEL: 076-262 -×-×-×-× (Monday to Friday 10:00~17:00)

<Place>

KINJO *Bldg 3F

Address: ×-×-×, Honda-machi, Kanazawa-shi, Ishikawa

<*Note>

1．You must pay $5 *per person. (We use the money for their food, health check and *vaccination.)　※ Children under 12 don't need to pay.

2．③ The first and third Saturdays are (　close　).

3．Reservation must be finished three days before your visiting day.

We are going to produce a cat cafe in July on the first *floor of KINJO Bldg. You can meet many kinds of cats which you have never seen in Japan!

・There is a beautiful *garden and you can play with the cats.

・We have some drinks and original foods. Please enjoy them only in the cafe room.

・You can buy a variety of interesting goods from many countries for your *pets. (*toys, foods, useful things for pets)

※ Don't bring your own pets.

---

*rescue...救助, 救助する　　*group...団体　*Bldg... building の短縮形　　*note...注意

*per... ～につき　*floor...階　　*Vaccination...ワクチン接種　*garden...庭　*pet...ペット

*toy...おもちゃ

遊学館

（1）下線部①を意味が通るように（　　　）内の語（句）を並べかえて書きなさい。

（2）下線部②を them が指す内容を明らかにして，下線部全体を日本語になおしなさい。

（3）下線部③の（　close　）を適切な形になおしなさい。

（4）以下の各質問に英語で答えなさい。

　　ア　Can people make a reservation by phone on weekends ?

　　イ　How many cats are waiting for their new family?

　　ウ　How much money does this family (father, mother, a boy 14, two girls 11, 9) have to pay for
　　　　the event?

（5）本文の内容に合っていれば○，そうでなければ×を記入しなさい。

　　ア　"Kanazawa Cat Rescue" is a hospital of animals.

　　イ　If you visit on March 12, you should make a reservation by March 9.

　　ウ　The event will be held on March 25.

　　エ　You can't meet only Japanese cats at the cat cafe.

　　オ　You can't come to the cat cafe with your own pets.

（6）ちひろ，ともみ，まさひろの3人が猫を探しに来ました。<Waiting Cats!> のプロフィールを読
　　み，彼らの好みに合う猫を(A)，(B)，(C)から選び，それぞれ記号で答えなさい。

　　＜ちひろ＞　　「私，人懐っこくて，茶色い猫がほしいな。」

　　＜ともみ＞　　「外で一緒に，たくさん走り回れるような猫が飼いたいな。」

　　＜まさひろ＞「男の子で，生まれたばかりの子猫がいいな。」

5 次の英文と説明書（Instructions）を読み,各問に答えなさい。

James is a 17-year-old boy living in New Zealand.   Last weekend on October 31st, James watched a sport which he saw for the first time on TV.   In the sport, people walked and jumped on a narrow belt between trees.   It looked easy and fun. James thought he could enjoy the sport because he was not good at playing sports with a ball.   Soon after the TV show, he asked his father to buy a *beginner's *set.   James always plays video games in his room, so his father *allowed him to buy it.   They bought one made in the U.K. on the Internet.   James wanted to play the sport with his best friend Emma and called her to play it together.   They *promised to meet at East Park Saturday afternoon and James was looking forward to playing it with Emma. After the call, he told his father to come with them because he needed some help to prepare. His father said "sure!!"

On that day, they met at East Park.   James knew the sport needed two big trees and decided to meet at the park.   However, there were a lot of children and their parents.   His father told them to change the place to West Park.   They *agreed to that idea.   When they arrived at West Park at three, there were only a few people.   Emma asked James the name of that new sport.   He answered that it was called "Slackline" and comes from the U.S. She didn't hear the name before.   They didn't know how to play the sport, so they read the instructions and began to prepare for it.

First, they put the tree wear to protect trees before holding the belt.   After that, they held the belt by using the *ratchets but it was difficult for children to use ratchets.   All of them helped each other and finished preparing.   It took 30 minutes after they arrived there.

They started playing Slackline.   James said that he wanted to play the Trick Line because he watched someone playing the Trick Line on TV.   However, his father gave him advice to play the Long Line first because even walking on the belt was hard for beginners.   James didn't listen to his father's advice and tried to play the Slackline but he couldn't get on the belt and fell down.   ① They were worried about him.   Emma tried to walk next.   She was good at many kinds of sports and she could get on the belt and walk a little.   Emma told them how to walk.   The first was to *take off your shoes.   Walking on the belt without shoes was easier than with shoes.   The second was to walk little by little.   When you walk slowly, you could *balance easier.   After hearing her advice, they practiced for an hour.   It was getting dark, and they decided to play a game of the Long Line.

They practiced hard and all of them could walk better than their first try.   The result was that Emma walked for 8 m and James walked for 3 m, his father walked for half of Emma.   They had a good time and went back home.

After James had dinner with his family, he called Emma and enjoyed talking about the thing which they did today.   Then, she asked him "Do you know *Mölkky ?"   He answered "No". She said "Now I found a new sport.   Why don't we try it?"

*beginner...初心者 *set...一式 *allow...～を許す,許可する *promise...～を約束する *agree to... ～に賛成する

*ratchet...ラチェット *take off...～を脱ぐ *balance...バランスをとる

*Mölkky...モルック（フィンランド発祥の伝統的なスポーツ）

遊学館

＜Instructions＞

【What is the Slackline?】

This is a sport that comes from the U.S. We can enjoy this sport by walking or jumping on the belt.

【*Tools】

・Slackline …　a belt which is 5cm wide

・*Ratchet …　a tool which can hold the tree and the belt

・Tree wear …　a cloth which is put between the tree and the belt to protect trees

【How to prepare?】

1. Choose a safe place to play

2. Look for two strong trees

3. Put the tree wears between the belt and the tree

4. Hold trees with the belt by using the ratchets

*Length … From 4 m to 8 m

*Height … 50 cm

※Children under 18 need some help of parents.

【How to play?】

There are many kinds of *styles. Choose the best style for you!!

・Trick Line … To do *tricks like jumps and *somersaults

・Long Line … To walk on the belt for a long time

・High Line … To walk on the belt which is set higher

※We *recommend beginners playing "Long Line" first.

*tool …道具　　*length…長さ　　　　　*height…高さ　　　　　　　*style…型

*trick…技　　　*somersault…宙返り　　*recommend…〜を薦める

（1）Slackline を表しているものはどれか，記号で答えなさい。

ア　　　　　　　　　　イ　　　　　　　　　　ウ

（2）3人が準備を終え，Slackline を始めた時刻は何時何分ですか，英語で答えなさい。

（3）下線部①の理由を日本語で答えなさい。

（4）本文中に書かれている Slackline のコツを2つ，それぞれ5語の英語で抜き出しなさい。

（5）最後に3人が勝負をしたときの順位を解答欄に合うように以下の記号から選びなさい。

　　　ア　James　イ　Emma　ウ　James's father

（6）英文と Instructions を読み，内容に合っているものには○を，そうでないものには×を記入しなさい。

　　　ア　Slackline はイギリス発祥のスポーツである。

　　　イ　18歳以下の子どもは準備に大人の手伝いが必要である。

　　　ウ　East Park で3人は Slackline を楽しんだ。

　　　エ　James はテレビで Long Line をする選手を見た。

　　　オ　Emma が3人の中で一番上手に Slackline に乗ることができた。

（7）英文の後に予想されることを以下の記号から選びなさい。

　　　ア　They will play a Slackline again.

　　　イ　They will go to the East Park.

　　　ウ　They will try another new sport.

（解答は別冊 98 ページ）

1．次の計算をしなさい。

（1）$(16+4\times 6)\div 5$

（2）$-\dfrac{1}{5}+\dfrac{2}{7}\div\left(-\dfrac{5}{14}\right)-6$

（3）$5.04\div 8.4$

（4）$(3\sqrt{2}-4\sqrt{3})(3\sqrt{2}+4\sqrt{3})$

2．次の各問の　ア　～　コ　に入る数字を答えなさい。

（1）1次方程式 $4(2x-1)-5(x+1)=6$ を解くと，$x=$　ア　である。

（2）x，y について連立方程式 $\begin{cases} \dfrac{x}{2}=\dfrac{y}{3} \\ 2x+y=14 \end{cases}$ を解くと，$x=$　イ　，$y=$　ウ　である。

（3）$(a-2)^2-(a-2)-12$ を因数分解すると，$\left(a-\boxed{\text{エ}}\right)\left(a+\boxed{\text{オ}}\right)$ となる。

（4）2次方程式 $0.5x^2+2.5x=3$ を解くと，$x=$　カ　，$-$　キ　である。

（5）2次方程式 $5x^2+3x-3=2x^2-x-2$ を解くと，$x=\dfrac{-\boxed{\text{ク}}\pm\sqrt{\boxed{\text{ケ}}}}{\boxed{\text{コ}}}$ である。

3．右の図において，直線 l は $y=-2x+8$ である。直線 l，m，$y=2$ が3点A，B，Cで交わっているとき，次の問に答えなさい。

（1）直線 m の式を求めなさい。
（2）点Cの座標を求めなさい。
（3）線分BCの長さを求めなさい。
（4）△ABCの面積を求めなさい。

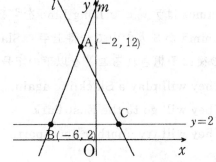

4．$y=ax^2$について，次の問に答えなさい。

（1）グラフが点（-2，8）を通るとき，a の値を求めなさい。

（2）x が -1 から4まで増加したときの変化の割合が $\dfrac{3}{2}$ となるとき，a の値を求めなさい。

（3）x の変域が $-3\leqq x\leqq 2$ のとき，y の変域が $0\leqq y\leqq 6$ となるような a の値を求めなさい。

（4）x の変域が $-3\leqq x\leqq b$ のとき，y の変域が $\dfrac{1}{3}\leqq y\leqq 3$ となるような a，b の値を求めなさい。

5．2個のさいころを同時に投げるとき，次の確率を求めなさい。
（1）出る目の数の和が4の倍数になる確率。
（2）出る目の数の和が5以下になる確率。
（3）出る目の数の和が6以上になる確率。

6. ある高校で, エコ活動としてペットボトルのキャップを集めている。次のデータは, 1か月ごとに集まったキャップの重量を半年間記録したものである。

> 3.2　1.2　2.3　2.0　2.7　2.4　(単位は kg)

（1）中央値と平均値を求めなさい。

（2）上記の 6 個の数値のうち 1 個が誤りであることがわかった。正しい数値に基づく中央値と平均値は, それぞれ 2.55 kg と 2.4 kg であるという。誤っている数値を選び, 正しい数値を求めなさい。

次のデータ　29, 17, 23, 12, 15, 31, 35, 26, 21に対して

（3）このデータの箱ひげ図を, 下の①〜③から選びなさい。

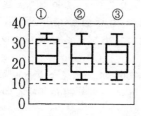

次のデータは, ある8店舗での1kg あたりのみかんの価格である。ただし, a の値は0以上の整数である。

> 525　550　498　560　550　555　500　a　(単位は円)

（4）a の値がわからないとき, このデータの中央値として何通りの値があり得るか答えなさい。

（5）このデータの平均値が535 円であるとき, このデータの中央値を求めなさい。

7. 次の問に答えなさい。

（1）下の図において, $l /\!/ m$ のとき, $\angle x$ の大きさを求めなさい。

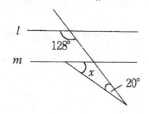

半径4 cmの球に対して, 次の問に答えなさい。ただし, 円周率はπとする。

（2）この球の体積を求めなさい。

（3）この球の表面積を求めなさい。

右の図は, ある立体の投影図である。これについて次の問に答えなさい。

（4）この立体の名称を答えなさい。

（5）AB= 10, BC=12のとき, この立体の表面積を求めなさい。

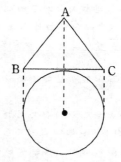

一、次の文章を読んで、後の問に答えなさい。

自分の文脈が通じない他者と、単なる自分の好き・嫌いを超えたところで向き合う、自分を通用させていく。自分の外とコミュニケートを、通じ合う力。

これが、仕事には不可欠だと思う。このシリーズが始まって以来、勉強でない「仕事」に求められる力として、もっとも多くの人があげているのも①「コミュニケーション力」だ。

他者の気持ちをつかむ、動かす、自分を表現し、信頼を得る、役立つ、もう一度、他者の反応から、自分を見つめ直す。

勉強から仕事にスイッチチェンジするとき、コミュニケーション力を全開にすることは不可欠だが、現場から聞こえてくる声は、とまどいが大きい。

──── 中略 ────

いったいなぜ、仕事の現場に出て行ったとき、私たちのとまどいは、こんなにも大きいのだろうか？

いま、大学生と接していると、彼らは、ほんとうにいろんなことをよく「わかって」いるなと思う。

小さいころから、テレビや映画や音楽や、漫画や、洗練されたたくさんの情報を②インプットしてきただけあって、瞬時に「ものの質」をかぎ分ける。つまり、インプットに関しては、目が肥えている、うるさいのだ。

何かを投げかけると、それが面白いか、面白くないか？　自分に関係あるか、ないか？　うそをついているか、ほんとうのことを言っているか？　すぐ見抜いて、つまらないものにはしらけようとする。まらいものには、鮮やかに反応する。

一方、自分の考えを、話したり、書いたりして　Ⅰ　する力を、ほとんど使っていないから、潜在力はあるし、ちょっと鍛えればできるようになるのに、もったいなくてならない。

そして、自分の身内でない、外の人物と関わったり、話を通じさせていくような力は、ほんとうに鍛えていない。

それ以前に、③「他者」がいないのだ。

もちろん、大学生の中にも、介護福祉士を目指していたり、消防士を目指していたり、自分が将来関わっていく「他者」がはっきりしている人がいる。そういう人は、たとえ1年生でも、就職の志望理由をプレゼぜンしてもらうと、自分の考えを、実にわかりやすく人に話す。彼らの夢の中に他者がいる。

　A　、かなり多くの学生が、自分と家族、恋人、気の合う友人……、そこから先がスドンと欠落している感じなのだ。その先の「1人の他人」との接点がない。その先は、もう「人類」みたいなところにいってしまう。

　B　、人と向き合うとき、好きか嫌いかで見て、好きな人とだけ、自分のいまの文脈から一歩も外に出なくてもいられる人とだけ一緒にいる。それで、とくに問題は起きない。

彼らだって、自分の世界を広げたいと思っている。だがいざ、距離のある人間に自分を開こうとすると、なんとなく恐い、ちょっと面倒くさい。

「他者」がいない。

そういう人に、どうやって、身内でも、恋人でもない「他者」の存在を理解してもらうか？

これがとても難しいと思っている。

自分をふりかえっても、受験勉強は大変だったが、暗記と応用でコツコツと実力を高めていきさえすれば、よく。他人の痛みがわからなくても責められることもなく、自己表現も求められず、④葛藤を超えて、他人と通じ合うスキルも要求されず、なんとも守られたというところだったのかと思う。

社会に出たら、他者とのせめぎ合いだらけだ。表現しなければ、存在すら認められない自分、自分の文脈が通じない他人。自分の仕事を最終的に受け取るのも、自分の仕事を評価するのも、友人や家族のように⑤気心の知れた人ではない、赤の他人だ。

上司や、同僚とのコミュニケーションをもっととろうと言うと、

「あの嫌いな上司を好きにならなくてはいけないのか？」

とか、

「職場のみんなと仲良くしなければいけないのか？」

とか、そこにはまって苦しむ人がいる。

好きか嫌いかを超えた、人間との向き合う方があると言っても、想像はできても、経験をしてきていない人には、どうにもなると難しいのかもしれない。

好きか嫌いか、仲良くなるかならないか以前に、他人が何を目指し、何を想い、どんな問題を抱え、自分に何を期待し、自分をどう見ているかを、まず、把握できればいいのではないか。

同様に、自分の考えも伝達し、知ってもらえれば、それだけでも、意味がある。

コミュニケーションにおいては、偏差値よりも、どれくらいの距離感のある人間と、何人くらい、どう関わってきたか、という経験値がものを言う。

アプローチしてもわかり合えなかったという痛みも、相手の反応を直視すれば、大事な経験値になる。

（山田ズーニー「おとなの進路教室」より　一部省略等がある）

問1　傍線部①「コミュニケーション力」とは具体的にどのような力か、文中から二十一文字で抜き出しなさい。（句読点を含む）

問2　　I　　に入る傍線部②「インプット」の対義語を書きなさい。

問3　傍線部③「他者がいない」を言い換えた箇所を文中から二十文字以内で抜き出しなさい。（句読点を含む）

問4　　A　・　B　に入る語句を次のア〜オからそれぞれ一つ選び、符号で書きなさい。
　　ア　たとえば　イ　もしくは　ウ　しかし　エ　だから　オ　ところで

問5　傍線部④「葛藤」の意味を次のア〜オから一つ選び、符号で書きなさい。
　　ア　心の中に相反する動機・欲求・感情などが存在し、そのいずれをとるか迷うこと。
　　イ　なんでもないことを恐ろしく感じられたり、煩わしく思えたりすること。
　　ウ　身心を悩まし苦しめ、煩わせる精神作用のこと。
　　エ　まぎれて、進むべき道や方向がわからなくなること。
　　オ　心が乱れてよくない方向に行き、欲望・誘惑に負けること。

問6　傍線部⑤「気心の知れた」と同じような意味の語句を次のア〜オから一つ選び、符号で書きなさい。
　　ア　気が尽きる　イ　気がいい　ウ　気が置けない　エ　気に掛かる　オ　気を入れる

問7　コミュニケーションに大切なのは何か、筆者の主張を踏まえて文中から漢字三文字で抜き出しなさい。

二、次の文章を読んで、後の問に答えなさい。

食事会の帰り、「わたし」（富田）に奥平がクリスマスまで持っているように と一言添えて傘を貸してくれた。後日、「わたし」は傘を返すという名目で奥平とカフェで会い、雪の話になった。
本文はそれに続く場面である。

「わたし、これが好きなんです」六花のうちの一つを指差して、奥平さんに見せる。
「ああ、星六花」
六本の針が等方にのびているだけの、一番シンプルな六花だ。「星六花」という名前も、素敵だと思った。
「わかる気がします」奥平さんは続けた。「何ていうか……富田さんっぽい」
「A　えっ」①ドキッとした。「それって、わたしが地味ってことですか」
「いや、違います違います」奥平さんが、見ていて可お笑しくなるほどうろたえる。「そういう意味じゃなくて……」
「冗談ですよ」と笑って返しながら、心が　X　に満たされるのを感じていた。実はわたしも、星六花に自分を重ねていたからだ。
「見られますかね、星六花」わたしはつぶやくように言った。
「可能性は十分あると思いますよ。去年十二月の降雪でも、樹枝状以外の六花が見られましたしね。他には、針状、柱状、十二花や枝付き角板なんかも投稿されてきますよ。一般的には、水蒸気の量が多ければ針状は多い、柱状、十二花など樹枝状六花などの複雑な結晶ができやすくなるんです。B　水蒸気量が少ないと単純な角柱、角板のままで――」
奥平さんは熱心に語りかけてくるが、②その声は心地よい音としてしか届かない。
目の前のこの人は、恋人どころか、友人とさえ呼べるかわからない。それでも、ただただ幸せな気分だった。星六花もプロジェクトも、本当はどうだっていい。とにかくこの冬、雪がたくさん降ってくれればいい。ぼんやりとそんな思いにひたっていた。
「降るとしたら、いつ頃になるでしょうね」わたしは言った。
「数値予報によると、どうやら来週中頃から後半にかけて上空に強い寒気が南下してきそうです。そこに南岸低気圧が発生すれば、もしかしたら、というところでしょうかね」

遊学館

「来週後半ということは、ちょうどクリスマスですね。ホワイトクリスマスになるかもしれないってことですか」

「可能性はあると思います。今日これから、そのあたりに詳しい予報官に会うので、最新情報を仕入れておきますよ」

「あれ？　C——まだお仕事ですか？　半休をとったんじゃ——」

「つくばの気象研究所でプロジェクトの打ち合わせがあるんです。僕の場合、これは本来の業務というので、休みをとって行かなきゃいけないんですよ」奥平さんは腕時計に目をやり、「そろそろですね」と言い添える。

「あ、だったらもう出ましょう。わたしも会社に戻らなきゃ。その前に、肝心なものを」わたしはバッグから折りたたみ傘を取り出し、両手で差し出した。「これ、本当にありがとうございました」

結局使うことはなかったが、きれいにたたみ直してある。

けれど奥平さんは、それに手をのばすことなく、③かぶりを振った。

「だから、まだ持っていてください。雪が降ったときのために」

「え、どういうことですか？」

「雪結晶の写真を撮るのに、黒とか紺の傘が一番いいんですよ。降ってきたら傘を差して、そこに付着した結晶をそのまま接写すればいいだけですから。傘の生地は撥水性があるので、結晶が崩れにくいんですね」

「④——ああ……」のどが詰まった。

「きっと、黒い傘なんてお持ちじゃないだろうと思って」

「D——ええ、そうですね」

さも納得したというようなすをしながら、顔が火照るのを感じていた。

そういうことだったのか。あの夜、⑤この人が傘を強引にわたしに握らせた理由も、クリスマスぐらいまでという言葉の意味も、やっとわかった。そんなことにわたしは、10パーセントもの期待をこめていたのだ。

わたしはそっと傘を引っ込めた。考えてみれば、当たり前のこと。そんな甘い展開が、あるわけない。わたしは、本当にバカだ——。

恥ずかしくて奥平さんの顔を見られないまま、店を出た。

（伊与原新「月まで三キロ」より）

注）
＊「星六花」……雪の結晶の一つ

問1　傍線部①「ドキッとした」とあるが、このときの「わたし」の心情の説明として最も適当なものを次のア～エから一つ選び、符号で書きなさい。
　ア　奥平が星六花を「富田さんっぽい」と言ったことで、思いを寄せる奥平にとって自分が地味な存在だと言われているように感じて傷ついた。
　イ　奥平が星六花を「富田さんっぽい」と言ったことで、彼が自分のことを理解してくれているように感じられて胸がいっぱいになった。
　ウ　星六花が好きだという自分の気持ちを奥平が分かっていたことに、言葉にしなくても思いが伝わったと感じて驚いた。
　エ　星六花が好きだという自分の気持ちを奥平が分かっていたことに、自分の本当の気持ちを見透かされているように感じて焦った。

問2　　X　に当てはまる心情として最も適当なものを次のア～エから一つ選び、符号で書きなさい。
　ア　困惑　　イ　期待　　ウ　喜び　　エ　悲しみ

問3　傍線部②「その声は心地よい音としてしか届かない」とはどういうことか、その説明として最も適当なものを次のア～エから一つ選び、符号で書きなさい。
　ア　奥平が熱心に雪の結晶について話しているが、専用用語が難解で頭に入ってこないため、心地よい彼の声に耳を傾けている。
　イ　奥平が熱心に雪の結晶について話しているが、彼と自分の考えが重なっていたことに喜びを感じ、彼の話が入ってこない。
　ウ　奥平が熱心に雪の結晶について話しているが、目の前にいる彼が恋人などではなく友人とさえ呼べない存在だと気づき、絶望して話を聞くことができないでいる。
　エ　奥平が熱心に雪の結晶について話しているが、雪が降ることに対する期待で胸がいっぱいになり、周りの様子に気を配れなくなっている。

遊学館

問4　傍線部③「かぶりを振った」について、次の各問に答えなさい。
(1)「かぶり」とは身体のどの部分か。漢字一文字で書きなさい。
(2)この場面で奥平が「かぶり」を「振った」方向は、上下または左右のどちらが適当だと考えられるか、書きなさい。

問5　傍線部④「ああ……」とあるが、本文を朗読するとき、この一文をどのような口調で読むのがよいか。最も適当なものを次のアからエから一つ選び、符号で書きなさい。
　ア　淡々とした口調で読む　　イ　うろたえた口調で読む
　ウ　晴れやかな口調で読む　　エ　堂々とした口調で読む

問6　傍線部⑤「この人が傘を強引にわたしに握らせた理由も、クリスマスぐらいまでという言葉の意味も、やっとわかった」とあるが、ここでの「理由」や「意味」とはどのようなことか。文中から二十五文字で抜き出しなさい。(句読点を含む)

問7　波線部AからDの「――」の効果の説明について誤っているものを次のアからエから一つ選び、符号で書きなさい。
　ア　波線部Aの「――」は、「わたし」が奥平の言葉に驚き、思わず漏れた声に続く言葉が出てこないことを表している。
　イ　波線部Bの「――」は、続く言葉が視点人物である「わたし」の頭の中に入ってこない様子を表している。
　ウ　波線部Cの「――」は、会話中の言葉がある種の含みや余韻を持っていることを表している。
　エ　波線部Dの「――」は、奥平に対して感謝の気持ちがあふれ、答えられなかった沈黙を表している。

三、次の文章を読んで、後の問に答えなさい。

　「木簡」がときどき発掘されては、話題になる。墨で書かれた木片の書類のことで、一九六一年に平城宮跡から発掘されたのが最初。最近では一九八八年、徳島市国府町の観音寺遺跡から、新たに「天平勝宝二年」の年号をもつ木簡が出土した。この木簡は「解」という公文書で、当時のようすがわかるa貴重な史料という。天平勝宝二年とは西暦七五〇年のこと。奈良平城京時代。千年以上もすぎ去った往時のことを今に伝えた情報力はすごい。古代の文書がよみがえり、すぎた年をゆうにこすことになる。

　さて、現代は、これまたすごい情報化時代。大量の情報が文書化され電子化されて、私たちの暮らしを豊かにさせてくれる。だが、この情報群だけが、千年先、二千年先まで残っているのだろうか。二〇年ほど前にせっせとワープロで打ち込んだ文書がほとんど読めなくなったり、しかしおそらくワープロの文書が千年以上も残ることはまずない。今はもっと技術が進んだことだろうが、すると色あせてほとんど読めなくなったり、論文を書くのに必要だから取り出したら、もっとも長く保存できるものだろう。

　研究論文を書きはじめてから四〇年になる。で、今も手元にある鉛筆や万年筆でつくった手書き原稿は、対応するワープロの機種がもうなくなってしまって、ディスプレー上からマウスイヤー―くくで、つまりごく古くなる。このピッチでパソコンに乗り移って読めるものに、今の保存文書が将来も呼び出せるかはあやしい。

　それにしても、このような電子情報は、電気エネルギーがなくなったらどうだろう。墨と木片に残された古代の情報の確かさと、電気と電子との精巧なマシーンで残した木片だけという、この木簡に残されたようさを思うと、科学技術の発展は、今便利にはしたが、人類の歴史には不便や不都合をもたらしてはいないだろうか、とふと思う。

　たとえばプラスチック。二〇世紀最大の発明のひとつで、可塑性が、つまり変形できるという英語の形容詞がそのままあてられた。dプラスチックはギリシャ語のplastos(形成される)で、①要するにままに思いどおりの形につくれる、すくえるもの――合成樹脂一般をさす。その原料液を、さまざまな形態にしながらe州にまにせばつくることができる合成樹脂一般をさす。

　古くは一八五一年に発明されたエボナイトが先駆けだが、一九〇七年に開発されたベークライトが本格化の幕開けともいう。つまりすでに開発されたが、軽い、かたい、電気を通さないなどの特性があり、安く生産できる。第二次世界大戦中には軍事用に新製品がどんどん開発された。今日のポリ塩化ビニル、ポリスチレン、ポリプロピレン、ポリエチレン、ポリウレタンが四大プラスチックなどが典型である。生活のあらゆるところで役立つ必需品となった。

「 A 」、堅牢で長持ちし、傷まない、ということは、同時に②変質しない腐食しない、ということでもある。プラスチック製品をゴミとして出すと、そのままで堆積し、出した量だけゴミのスペースが増えるわけだ。土に埋めて処理しても、腐食して自然の大地に溶け帰ることがない。

　「 II 」というのは、ほんのわずかな物でも積もり積もれば大きな物になるということわざで、川古い仏書が出典として使われる。だがプラスチックが積もると、かさばって始末の悪いゴミの山ができるだけ。これが、便利を生んだ科学技術の一面である。

　「 B 」科学技術は、自分が生んだ弊害を、自分の力で克服しようとはする。というので最近はずいぶんともてはやされているのが、「生分解プラスチック」が開発された。おもにでんぷんをプラスチックと原料とし、地中に埋めれば微生物によって完全に分解されるという。ただ、なかにでんぷんを原料とし、地中に埋めてつくるものもある。この場合、一応でんぷんだけで、ポリエチレン高分子をないでいるでんぷんだけで、ポリエチレン高分子そのものは残っているということだ。しかし、ベクテリアが分解していくれば、かさばってかりというのである。これがそのまま地中にしみこみ、地下水、海水に入り込むとすると、新たな難問を自然と人類社会に残したのかもしれない―。

　つまり、つぎつぎと開発して便利にしてくれるのはいい。だが、その便利さが生活にしみこまれてしままれるまで前提になると、それを前提にした食材流通システムができてしまった。もう冷蔵庫がないと食材gコウニュウ・保存もままならない、という日常が「②自然」になってしまった。

　人間は自然の一部でありながら、③自然を変えて文明を進めてきた。だが、その成果が生活の前提となったとき、それは新しい④自然になってしまう。文明が吸収された⑤自然は、しかし決して元の自然ではない。⑥自然とは、よほど節度と注意深くつきあうべきだろう。

（森英樹「国際協力と平和を考える50話」より　一部省略等がある）

注）
＊「ワープロ」…ワードプロセッサーの省略
＊「フロッピー」…フロッピーディスクの省略
＊「コンバート」…元の状態から違う状態にすること

問1　二重傍線部a～gについて、漢字はその読みをひらがなで、カタカナは漢字で書きなさい。

問2　[I]に入る最も適切な四字熟語を次のア～エから一つ選び、符号で書きなさい。
　ア　一日千秋　イ　無我夢中　ウ　弱肉強食　エ　日進月歩

問3　傍線部①「要するに、思いどおりの形に作れる、すぐれもののこと。」に使われている表現技法を書きなさい。

問4　[A]・[B]に入る語の組み合わせとして、次のア～エから適切なものを一つ選び、符号で書きなさい。
　ア　A　やはり　B　さて
　イ　A　では　B　まり
　ウ　A　だが　B　もちろん
　エ　A　すると　B　このように

問5　[II]に入る最も適切なことわざを次のア～エから一つ選び、符号で書きなさい。
　ア　海老で鯛を釣る
　イ　一寸の虫にも五分の魂
　ウ　焼け石に水
　エ　塵も積もれば山となる

問6　傍線部②「変質しない腐食しない」ということは結果としてどのようなことにつながるか、文中から漢字二文字で抜き出しなさい。

問7　二重波線部⑥「自然」と同じ意味の「自然」を傍線部②～⑤から一つ選び、符号で書きなさい。

（解答は別冊100ページ）

1　図1は陸上の植物をグループ分けしたものである。以下の問に答えなさい。

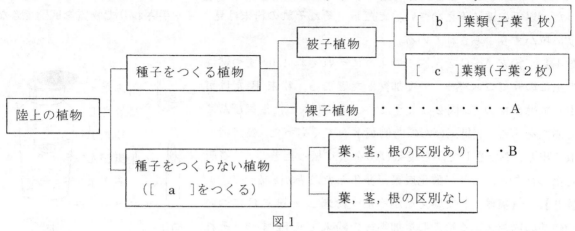

図1

（1）　図1中の［　a　］，［　b　］に当てはまる語句をそれぞれ答えなさい。

（2）　種子をつくる植物を分類すると，被子植物と裸子植物に分けることができる。この2つのグループの違いについて，簡単に答えなさい。

（3）　［　c　］葉類の特徴について，次のア～エから適切なものを**すべて**選び，符号で答えなさい。

　　ア　葉脈が網目状である。　　イ　葉脈が平行である。

　　ウ　根はひげ根からなる。　　エ　根は主根と側根からなる。

（4）　図1中のAとBに分類される植物を，下の植物名から**すべて**選び，それぞれ植物名を答えなさい。

【植物名】　イヌワラビ　アブラナ　タンポポ　マツ　ゼニゴケ　イネ　ユリ　サクラ　イチョウ

2　表1は，震源のごく浅いある地震について，震源からの距離とP波やS波の到着した時刻をまとめたものである。以下の問に答えなさい。

震源からの距離	P波が到着した時刻	S波が到着した時刻
16km	午前4時29分20秒	午前4時29分22秒
40km	午前4時29分23秒	午前4時29分28秒
56km	午前4時29分25秒	午前4時29分32秒

表1

（1）　震源距離と初期微動継続時間には，どのような関係があるか，簡単に答えなさい。

（2）　表1をもとに，P波とS波が1秒間に伝わる距離を，次のア～オからそれぞれ1つずつ選び，符号で答えなさい。

　　ア　2km　　イ　4km　　ウ　6km　　エ　8km　　オ　12km

（3）　表1をもとに，地震の発生時刻は午前4時何分何秒と考えられるか，求めなさい。

（4）　震源からの距離が同じ地点でも地震のゆれの大きさが異なることがある。これにはどのような原因が考えられるか，簡単に答えなさい。

（5）　過去にくり返しずれ動き，今後も活動する可能性がある断層のことを何というか，答えなさい。

遊学館

3　砂糖，食塩，炭酸水素ナトリウムのいずれかである白い粉末A～Cを区別するために，次の実験を行った。以下の問に答えなさい。ただし，それぞれの粉末は見た目や手ざわりで物質を区別できないように粒がすりつぶされている。

【実験1】　粉末A～Cを，図1のようにそれぞれ1.0gずつ燃焼さじの上にのせてガスバーナーで加熱したところ，粉末Bだけが炎を出して燃えたので，図2のように，石灰水の入った集気びんに入れてふたをすると，集気びんの内側が水滴でくもった。炎が消えたら取り出し，ふたをしてから集気びんをよく振ったところ，石灰水が変化したことから，二酸化炭素が発生したことがわかった。

【実験2】　【実験1】で燃えなかった，粉末Aと粉末Cについて，加熱前の粉末とよく冷やした加熱後の粉末を0.5gずつ，それぞれ水5㎤に溶かし，水への溶け方を調べた。表1は，それらの結果をまとめたものである。

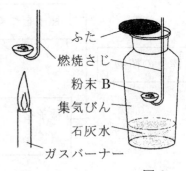

ふた
燃焼さじ
粉末B
集気びん
石灰水
ガスバーナー

図1　　　　　図2

	加熱前の粉末A	加熱後の粉末A	加熱前の粉末C	加熱後の粉末C
水への溶け方	溶け残った	すべて溶けた	すべて溶けた	すべて溶けた

表1

（1）　【実験1】で使用したガスバーナーについて，次のア～クはその操作手順に関するものである。火をつけてから消すまでの操作として正しい手順に次のア～キを並べ，符号で答えなさい。ただし，最後はクで終わるものとする。

ア　ガス調節ねじをおさえて，空気調節ねじを閉める。

イ　マッチに火をつけ，ガス調節ねじを少しずつ開いて，点火する。

ウ　ガスの元栓を開き，その後，コックを開く。

エ　ガス調節ねじをおさえて，空気調節ねじだけを少しずつ開き，青色の安定した炎にする。

オ　上下2つのねじが閉まっているか確かめる。

カ　ガス調節ねじをさらに開いてガスの量を調節し，炎を適当な大きさに調節する。

キ　ガス調節ねじを閉めてガスを止める。

ク　元栓を閉める。

（2）　【実験1】について，二酸化炭素が発生したことがわかったのは，石灰水がどのように変化したからか，簡単に答えなさい。

（3）　粉末Bのように，炎を出して燃えて，水や二酸化炭素が発生する物質を何というか，答えなさい。

（4）　【実験2】の粉末Aについて，加熱前と加熱後を比べると，水への溶け方に違いがみられることから，粉末Aが加熱によって別の物質に変化したことが分かる。加熱後の粉末は何か，その物質名を答えなさい。

（5）　【実験1】，【実験2】の結果から，粉末Cは，砂糖，食塩，炭酸水素ナトリウムのうち，どの物質と考えられるか，答えなさい。

4　塩酸と水酸化ナトリウム水溶液を混ぜ合わせ，その混合溶液の性質を調べるために，次の実験を行った。図1はその様子を表したものである。以下の問に答えなさい。

【実験】うすい水酸化ナトリウム水溶液10cm³に緑色のBTB溶液を数滴加えると，①水溶液の色が変化した。次に，その水溶液に，ガラス棒でかき混ぜながら，こまごめピペットを用いて塩酸を少量ずつ加えていくと，10cm³加えたところで，②水溶液の色が緑色になった。

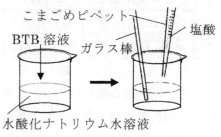

図1

（1）　この実験で下線部①に「水溶液の色が変化した」とあるが，何色に変化したか。最も適切なものを，次のア～エから1つ選び，符号で答えなさい。

　　ア　赤色　　イ　青色　　ウ　黄色　　エ　紫色

（2）　塩酸と水酸化ナトリウムを混ぜ合わせたときに起こった反応を，化学反応式で書きなさい。

（3）　この実験で使ったうすい水酸化ナトリウム水溶液10cm³に同じくこの実験で使った塩酸を0cm³～20cm³まで加えていくとき，ビーカーの中のイオンの数がどのように変化するかを考えた。図2の灰色線（—）はそのときのナトリウムイオンの数を表している。塩化物イオンの数の変化と，水酸化物イオンの数の変化を，それぞれ図2にかき加えたものを，次のア～エからそれぞれ1つずつ選び，符号で答えなさい。

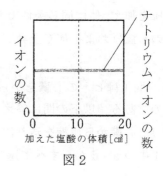

図2

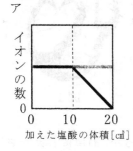
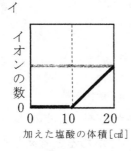
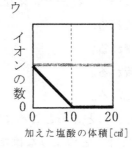
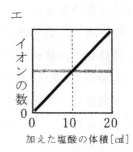

（4）　この実験で下線部②の緑色になった水溶液を少量とり，水を蒸発させると結晶が残った。この結晶は何か，化学式で答えなさい。

（5）　（4）の結晶のように，酸とアルカリを混ぜ合わせたときにできる物質を総称して何というか，答えなさい。

5 図1のような装置で、電熱線に6Vの電圧を加え、2Aの電流を4分間流したときの水の温度変化を1分ごとに測定した。表1は、それらの結果をまとめたものである。以下の問に答えなさい。

時間［分］	0	1	2	3	4
水温［℃］	23.0	24.0	25.1	26.1	27.0

表1

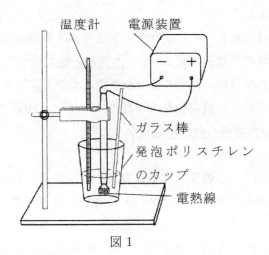

図1

（1） この電熱線の抵抗は何Ωか、答えなさい。

（2） この電熱線が消費した電力は何Wか、答えなさい。

（3） 電圧を加えてから10分後の水の温度はおよそ何℃になっているか、答えなさい。

（4） この電熱線が4分間で消費した電力量は何Jか、答えなさい。

（5） この電熱線を2Ωの電熱線に交換してから6Vの電圧を加え、他は同じ条件でもう一度実験を行った。4分後の水温はおよそ何℃上昇しているか、答えなさい。

6 図1はヒトの心臓をからだの正面から見たときの模式図であり、血液の流れを矢印（→）で示したものである。以下の問に答えなさい。

（1） 心臓から血液を送り出すときに収縮する心臓の部屋はどれか。図1中のa～dから**すべて**選び、符号で答えなさい。

（2） 図1中のXで示した血管について述べたものはどれか。次のア～エから最も適当なものを1つ選び、符号で答えなさい。

 ア　肺静脈で、動脈血が流れる。

 イ　肺静脈で、静脈血が流れる。

 ウ　肺動脈で、動脈血が流れる。

 エ　肺動脈で、静脈血が流れる。

（3） ヒトの血管のうち、静脈にはところどころに弁がある。血液の循環のしくみから、これらの弁には、どのようなはたらきがあると考えられるか、簡単に答えなさい。

（4） 酸素は血液中の赤血球によって運ばれる。赤血球にふくまれ、酸素と結びつく物質を何というか、答えなさい。

（5） 細胞の生命活動によって、出される二酸化炭素やアンモニアなどの不要な物質は、血液中のある成分に溶け、運ばれる。ある成分とは何か、答えなさい。

（6） 次の文章は血液によって運ばれたアンモニアがどのように体外に排出されるかについて、述べたものである。①、②にそれぞれ当てはまる語句は何か、答えなさい。

> アンモニアは（　①　）で尿素に変えられる。それから、（　②　）で血液中から取り除かれ、尿として排出される。

遊学館

7 教室の空気中の水蒸気量の変化について調べるため，次の実験を行った。以下の問に答えなさい。

図1

【実験】室温を測定した後，表面をふいた金属製のコップにくみ置きの水を入れた。図1のように，氷を入れた試験管をその金属製のコップの中に入れ，ガラス棒でよくかき混ぜながら水温を徐々に下げた。しばらくするとコップの表面がくもり始めた。このときの室温と水温を表1に記録し，同じ操作を1時間ごとにくり返した。なお，コップの表面の温度と水温は等しいものとする。表2は気温と飽和水蒸気量の関係を表したものである。

（1）この実験で下線部のようにガラス棒でよくかき混ぜるのはなぜか，簡単に答えなさい。

（2）10時のとき，この教室の湿度は何％か，**整数**で答えなさい。

時刻[時]	8	9	10	11	12	13
室温[℃]	27	29	31	33	34	34
水温[℃]	24	25	26	25	24	25

表1

（3）この実験を行った時間の中で，教室の湿度が最も低い時と最も高い時はいつであったと考えられるか。次のア〜カからそれぞれ1つずつ選び，符号で答えなさい。

気温[℃]	23	24	25	26	27	28
飽和水蒸気量[g/m³]	20.6	21.8	23.1	24.4	25.8	27.2
気温[℃]	29	30	31	32	33	34
飽和水蒸気量[g/m³]	28.8	30.4	32.1	33.8	35.7	37.6

表2

　ア　8時　　イ　9時　　ウ　10時　　エ　11時　　オ　12時　　カ　13時

（4）この実験をした教室の容積は170 m³であった。9時のとき，この教室の空気中には，教室を閉め切ると，湿度が100%になるまでにあとどれくらいの水蒸気をふくむことができると考えられるか。次のア〜エから最も適当なものを1つ選び，符号で答えなさい。

　ア　約630g　　　イ　約800g　　　ウ　約970g　　　エ　約1140g

（5）次の文章は，この実験で金属製のコップの中の水の温度を測定することによって，教室の空気中の水蒸気量を推測することができる理由を述べたものである。適切なものになるように，選択肢からそれぞれ語句を選び，答えなさい。

　金属は熱を伝えやすいため，水と金属製のコップと，そのコップに接している空気の温度は，ほぼ同じと考えられる。氷を入れた試験管を金属製のコップの中に入れると，コップに接している空気の温度が下がり，その飽和水蒸気量は（①大きく・小さく）なり，湿度が100%になると，コップの表面がくもり始める。このくもり始める温度を（②露点・凝固点）といい，この温度から教室の空気の水蒸気量を推測できる。

遊学館

8 物体にはたらく浮力の大きさについて調べるために，高さ 4.0cm の 2 つの物体 a，b を用いて，次の実験を行った。以下の間に答えなさい。

【実験】図 1 のように，ばねばかりにつるした物体 a を，水の中につけ，物体 a を沈めた深さ（水面から物体 a の底面までの長さ）と，そのときにばねばかりが示した値を測定した。表 1 は，それらの結果をまとめたものである。また，物体 b でも同様の測定を行った。

（1）あるばねに物体 a をつるすと，ばねは 12cm 伸びた。同じばねに物体 b をつるすと，ばねは 3.0cm 伸びた。物体 b の重さは何 N か，答えなさい。

（2）表 1 の X に入る値は何か，答えなさい。

（3）表 1 の数値をもとに，物体 a を 4.0cm 沈めるまでの間の，物体 a を沈めた深さ[cm]と物体 a にはたらく浮力の大きさ[N]との関係を表すグラフを，解答用紙に**直線**で作成しなさい。

（4）物体 a を沈めた深さが 4.0cm よりもさらに深くなったとき，物体 a にはたらく浮力の大きさはどのようになるか，答えなさい。

図 1

物体 a を沈めた深さ

物体 a を沈めた深さ[cm]	0	1.0	2.0	3.0	4.0
ばねばかりが示した値[N]	1.6	1.4	1.2	1.0	0.8
物体 a にはたらく浮力の大きさ[N]	0				X

表 1

（5）物体 b を用いて，同様の実験を行った。物体 b がすべて水中に沈んだときに，物体 b の表面にはたらく水圧のようすを表しているものとして最も適当なものを，次のア～エから 1 つ選び，符号で答えなさい。ただし，矢印の長さは水圧の大きさを示しているものとする。

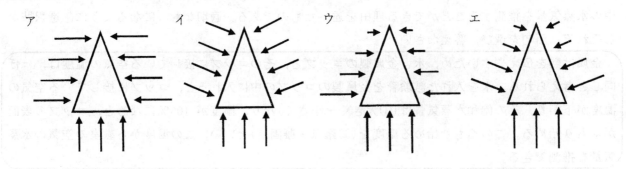

ア　　　　　イ　　　　　ウ　　　　　エ

（解答は別冊101ページ）

1 次の(1)から(9)の説明文は「日本史の中の外交」について述べたのです。それぞれの説明文を読み、各問いに答えなさい。

(1) 元の ☐1☐ は日本を従えようと使者を派遣してきました。執権の北条時宗がこれを無視したため、二度にわたって攻めてきましたが、幕府は御家人に守りを命じてこれを退けました。しかし A恩賞の出なかった御家人は借金に苦しみ、幕府は次第に衰退していくことになりました。

(2) 唐の進んだ制度や文化を学ぶため十数回にわたり遣唐使が派遣されました。B白村江の戦いの影響のため一時中断することもありましたが、多くの留学生や留学僧が派遣されました。その中には、唐の高官に就いた ☐2☐ のような人物もいます。

(3) C豊臣秀吉は明の征服を目指して二度にわたり、軍勢を派遣しました。文禄の役では一旦朝鮮半島の北部にまで攻め込みましたが、明の援軍によって押しもどされました。その後、講和は成立せず再び戦争になりました。

(4) 朝鮮で政府・外国に対する農民の暴動が起こりました。清は要請に応じて出兵し、朝鮮を保護国としました。この動きを承認しない我が国も朝鮮に出兵し、両国軍は交戦状態におちいり（　①　）戦争が始まりました。その結果、日本は勝利し D下関条約 が結ばれました。

(5) ☐3☐ は推古天皇の摂政となり、E人材登用制度として冠位十二階を制定し、憲法十七条で役人の心構えを説くなどしました。また、隋の進んだ制度や文化を取り入れようと小野妹子たちを中心に多くの留学生や僧を派遣しました。

(6) 政治的混乱や内乱などによって唐が衰えてくると、☐4☐ の建議を採用して F遣唐使は中止され、最終的に廃止となりました。

(7) 幕府は再びやってきたペリーと（　②　）条約を結び、G長らくとってきた鎖国を改めることになりました。この条約を結んだ結果、下田と箱館を開港しアメリカの船に対して食料や水、燃料を提供することになりました。

(8) 新たに建国された明に、（　③　）と呼ばれる海賊が大きな被害を与えました。幕府は、明の要求に応じて（③）を取り締まるとともに、H明との貿易 も行うことにしました。

(9) I白河上皇の近臣たちの対立が原因となって平治の乱が起こり、勝利した ☐5☐ は武士として初めて太政大臣の位に就き政治の実権を握りました。その後、大輪田泊（兵庫）を整備して宋と貿易を行い、大きな利益を得ました。

問1. 上の説明文の ☐1☐ から ☐5☐ に入る人物名を下の語群の中からそれぞれ一つ選び、答えなさい。

〔語群〕　聖徳太子　・　阿倍仲麻呂　・　平清盛　・　フビライ＝ハン　・　菅原道真

問2. 上の説明文の（　①　）から（　③　）に入る語句をそれぞれ答えなさい。

問3. 上の説明文(1)から(9)を、古い順に並べ直しなさい。（ただし4、6、8はすでに解答欄に記入されている。）

問4. 下線部Aについて、借金に苦しむ御家人を助けるため、1297年に幕府の出した御家人救済令を何というか答えなさい。

問5. 下線部Bについて、この戦いに敗れた我が国はおもに東国から集めた兵士を3年交代で北九州を中心に防備に就かせた。この兵士を何というか答えなさい。

問6. 下線部Cについて、この人物の行った兵農分離を目的とした政策を何というか答えなさい。

問7. 下線部Dについて、この条約によって清から得た遼東半島をロシア、ドイツ、フランスの三国の圧力によって清に返還するようになった事柄を何というか答えなさい。

問8. 下線部Eについて、(5)の □3 の人物が推古天皇や蘇我馬子らと共に目指した政治とはどのようなものであったのか、「天皇」をキーワードに15文字以内で説明しなさい。

問9. 下線部Fについて、遣唐使が中止された結果、ひらがななど我が国独自の文化が発達しました。この文化を何文化というか答えなさい。

問10. 下線部Gについて、幕府がこの政策をとっていた頃の諸外国での出来事について適切なものを下のア～エの中から一つ選び、記号で答えなさい。

　ア．人間そのものに価値を認め、生き生きとした姿を表現するルネサンス（再生・復活）が花開いた。

　イ．専制的な政治を行った国王に対して革命が起こり、議会を尊重する新国王が選ばれ「権利章典」が定められた。この一連の革命を名誉革命という。

　ウ．ローマ教皇の呼びかけに対して西欧諸国の王たちは十字軍を編成し、合計13回に及ぶエルサレム遠征が行われた。

　エ．三民主義を唱えた孫文は、南京を首都にアジアで最初の共和国である中華民国を建国した。

問11. 下線部Hについて、朝貢貿易として始まったこの貿易に関係する日本側の中心人物名を答え、X群の人物画像とY群の関係する建築物の組み合わせで正しいものを表1中の①～⑨の中から選び、記号で答えなさい。

〔X群〕　　　　　　　　　　〔Y群〕

ア．

Ａ．

イ．

Ｂ．

ウ．

六波羅蜜寺所蔵

Ｃ．

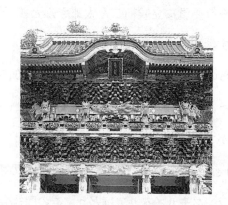

	①	②	③	④	⑤	⑥	⑦	⑧	⑨
X群	ア	イ	ウ	ア	イ	ウ	ア	イ	ウ
Y群	A	B	C	B	C	A	C	A	B

〔表1〕

問12. 下線部 I について、この人物のように天皇の位を退いた後も上皇として実権を握り続け行った
政治を何というか答えなさい。

問13. 説明文 1、7、9 について、下の日本地図の記号ア〜オの中で最も関係の深い場所についてそれ
ぞれ選び、記号で答えなさい。

2 修学旅行委員に立候補した太郎さんと花子さんは、世界地図を見ながら旅行先について話し
ています。次の会話文はその時のものです。会話文を読み、各問いに答えなさい。

太郎：「僕らのクラスの旅行先の希望はどうする、海外で考えてみようよ。」

花子：「じゃあ、A韓国はどう。距離も近いしなじみ深い隣の国だよ。その分時間的にも予算的にも余
裕ができると思うよ。」

太郎：「気候も日本と似ているしいいね。次は反対に遠い所で考えてみよう。」

花子：「フランスやBイタリアはどう。この間社会の授業で学んだように、Cヨーロッパ連合（EU）
が成立して、EU内の移動もスムーズになったんだよね。通貨も共通通貨の（①フラン）だし。」

太郎：「パリやローマもいいね。だけどヨーロッパ連合には加盟していない国だけどノルウェーに行っ
てみたいな。」

花子：「どうしてノルウェーに行ってみたいの。」

太郎：「うん、D巨大なU字谷で有名な奥行きのある湾を見てみたい。あとは、緯度の高い地方の夏の

　　　　夜に見られる（②白夜）を見てみたいな。」

花子：「ノルウェーって日本からずいぶん離れたね。じゃあアメリカだったらどこに行きたいかな。」

太郎：「北アメリカ大陸の西側にある雄大な（③アンデス）山脈を見てみたいな。それに首都である

　　　　（④ワシントンD.C.）にあるホワイトハウスも見たいよね。」

花子：「そうなんだ。でもアメリカといえば工業も発達しているけど、農業も盛んなんだよ。」

太郎：「Eアメリカの農業といえば、大規模経営的な農業が有名だよね。」

花子：「でも農場見学は難しいかな。」

太郎：「それなら、気分を変えて、太平洋の島々はどうかな。」

花子：「火山の噴火やサンゴ礁でできた島々のことだよね。」

太郎：「ＳＤＧｓでも学んだけど、温暖化の影響で水没の危機にある国や島があるんだよね。」

花子：「経済格差の解決も重要だけど、環境破壊はすぐには直すことはできないし、取り返しのつかな

　　　　いことになる前に早急に世界中の人々で協力して取り組まないといけないよね。」

太郎：「話は変わるけど、海外旅行に行く時には、F東経西経の違いによる時差に注意しないといけな

　　　　いよね。」

花子：「経度が（⑤30）度違うことで1時間の時差が生じるんだよね。その結果、アメリカやヨーロッ

　　　　パとは時差が大きいんだ。逆に、韓国や東南アジアの国々とは時差も少ないんだよ。」

太郎：「なるほど。世界を見渡すと魅力的なG国や行ってみたい地域が沢山あるね。早くコロナを克服

　　　　して世界中自由に旅行できるようになるといいね。」

問1．上の会話文の（　①　）から（　⑤　）の語句について、正しければ○を間違っていれば正しい

　　語句を答えなさい。

問2．下線部Aについて、韓国も含みシンガポールや香港、台湾のように国際的な企業が進出して経済

　　活動が盛んになった国々を何というか、答えなさい。

問3．下線部Bについて、イタリアを含むこの地域の気候を示す雨温図を下のア～オの中から選び、

　　記号で答えなさい。また、その気候名を答えなさい。

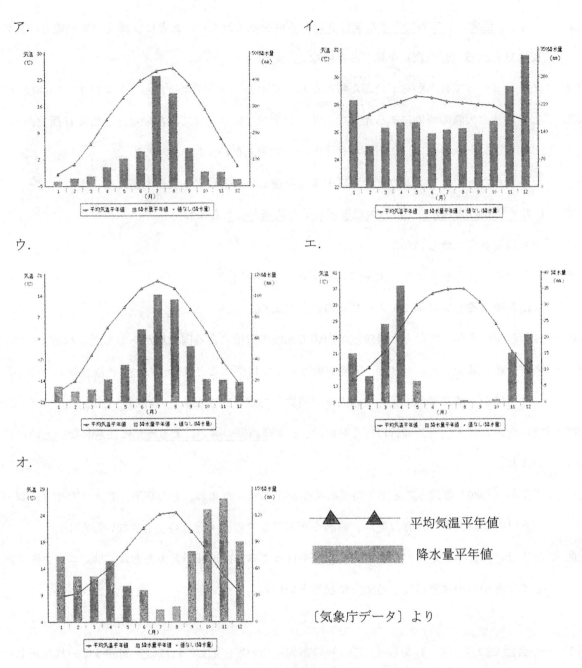

ア.

イ.

ウ.

エ.

オ.

━━▲━━ ▲━━ 平均気温平年値

▨▨▨▨ 降水量平年値

〔気象庁データ〕より

問4. 下線部Cについて、ヨーロッパ連合の抱える課題として、新たに加盟した東欧の多くの人々が西欧に出稼ぎに行った結果、西欧の人々の職が少なくなるという問題があります。この問題の背景には一つの大きな格差があります。どのような格差か簡単に説明しなさい。

問5. 下線部Dについて、下の写真のようなU字谷を特に何というか答えなさい。

問6. 下線部Eについて、アメリカの農業の特徴の説明について適するものを下のア～エの中から全て選び、記号で答えなさい。

　　ア．少ない労働力を大きな農業機械で補い、広大な面積を経営する農業がおこなわれている。

　　イ．野菜や果物の栽培に外国系の労働者は全く使用せず、自国民を積極的に採用し使用している。

　　ウ．フィードロットと呼ばれる大規模な肉牛肥育場が発達し、とうもろこしなどを飼料として肉牛の飼育が盛んに行われている。

　　エ．農薬や化学肥料はほとんど使用せず、家畜の排出物を肥料にするなどの栽培が行われている。

問7. 下線部Fについて、世界の国々はそれぞれの国で基準の時刻を示す経線を定めています。日本では、兵庫県明石市を通る東経135度を基準としています。この線を何というか答えなさい。

問8. 下線部Gについて、国の主権の及ぶ範囲である領海の外ではあるが、その国が水産資源や海底資源を利用する権利を持つ水域を何というか答えなさい。

3　「日本国憲法と平和主義」について次の説明文を読み、各問いに答えなさい。

　1945年8月、我が国は連合国軍の出したポツダム宣言を受け入れました。その後、連合国軍総司令部（GHQ）の指導のもとで人権を保障し民主主義を確立するためA 大日本帝国憲法を改正し新しい憲法を作成する作業に入りました。当時の政府は連合国軍総司令部の案をもとにして帝国議会で審議を繰り返し、その案の一部を修正しB 日本国憲法として1946年11月3日に公布し、翌年の1947年5月3日に施行しました。

　この様にして制定された日本国憲法は、国内外にC 大きな犠牲を出した戦争への反省を踏まえてかかげたD 基本的人権の尊重や平和主義を含むE 三大原則を基礎としました。その平和主義とは、憲法第（　a　）条において国際紛争解決のための武力行使と交戦権を放棄するとともに、戦力と交戦権を持たないと憲法に規定されました。しかし、その後サンフランシスコ講和条約締結と同時にアメリカ合衆国との間でF 日米安全保障条約が結ばれ、我が国を守るための最低限度の実力として警察予備隊及び保安隊をもとに1954年に（　b　）隊が組織されました。

　今日、世界を見渡せば大きな戦争が起こっています。この様な中で我が国の防衛費予算も年々増えています。我が国に求められている責任も大きくなってきている中で、私達国民はG 我が国は世界平和に向けてどのように協力すべきかそれぞれが考えていかなければなりません。

問1. 上の説明文の（　a　）には数字を、（　b　）には適切な語句を答えなさい。

問2. 下線部Aについて、この憲法の説明文として当てはまらないものを下のア～エの中から一つ選び、記号で答えなさい。

　ア．臣民を代表して伊藤博文らが作成し、明治天皇にささげた民定憲法であった。

　イ．天皇は神聖不可侵にして統治権を持つ主権者であった。

　ウ．我々国民は臣民として規定され、法律によって制限された中で自由が認められていた。

　エ．帝国議会は貴族院と衆議院に分かれた二院制であったが、選挙で選出されるのは衆議院議員のみであった。

問3. 下線部Bについて、国民の権利を守るため国権を立法、行政、司法に分けて権力の集中をさけた仕組みを何というか、答えなさい。

問4. 下線部Cについて、第二次世界大戦末期に世界で初めて原子爆弾を投下された日本の都市を二つ答えなさい。また、日本の唱える非核三原則とはどのようなものか、次の「　　　」の文章の中の（　　　）に言葉を入れて文章を完成させなさい。

　　　　「持たず、（　　　　　　　　　）ず、（　　　　　　　　　）ず。」

問5. 下線部Dについて、基本的人権の尊重に当てはまらないものを下のア～エの中から一つ選び、記で答えなさい。

　ア．侵すことのできない永久の権利として、現在および将来の国民に与えられる。

　イ．国民の権利については、公共の福祉に反しない限り最大限尊重される。

　ウ．何人も公共の福祉に反しない限り、住居、移転及び職業選択の自由を有する。

　エ．国民は法の定めるところにより、その能力に関係なく希望する教育を受ける権利を有する。

問6. 下線部Dについて、情報化社会が進んだ近年において個人の生活に関する情報は公開されないとする権利が認められています。この権利を何というか、答えなさい。

問7. 下線部Eについて、日本国憲法の三大原則について基本的人権の尊重、平和主義以外の残りの一つを答えなさい。

問8. 下線部Fについて、この条約により多くのアメリカ軍基地が残ることになりました。その結果現在でも最も多く基地が設置されている県はどこか答えなさい。また、集団的自衛権について、「自国が攻撃・同盟関係・防衛活動」の三つの語句を使って説明しなさい。

問9. 下線部Gについて、1954年に組織された（b）の組織が行っている国際平和協力法に基づいた国際貢献は何か、答えなさい。

遊学館

1 A. 次の会話を聞いて、最後の文に対する応答として適切な文をア～エから選び、符号で答えなさい。

(1) ア Yes, I do.　　　イ Me, too.　　　ウ It's interesting.　　　エ Sure.

(2) ア I have no idea.　　イ Ok. I will.　　ウ At a supermarket.　　エ It's 11 o'clock.

(3) ア At a new restaurant.　イ I don't know.　ウ This is my favorite.　エ I want pizza.

(4) ア It's too difficult.　　イ It's exciting.　　ウ Don't give up.　　エ You can do it.

(5) ア In the kitchen.　　イ No, I don't.　　ウ Thanks.　　エ I see.

(6) ア About 50 minutes.　イ At 8:30.　ウ For 2 hours.　エ It's 770 yen.

B. 中学生の Emi が新しく来た ALT のスティーブン先生に地図を示しながら学校付近の様子を説明しています。その内容に合うように、①～⑤の建物の位置を、地図上のア～オからそれぞれ 1 つずつ選び、符号で答えなさい。

① Convenience store　　② Fruit store　　③ Movie theater

④ Museum　　⑤ Ice cream shop

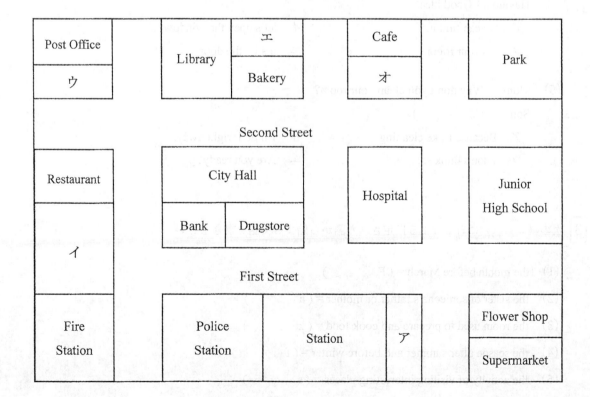

2 次の会話について、空欄に入る適切なものをア～エから選び、符号で答えなさい。

(1) Taiga : I went to a new Italian restaurant near Komatsu City Hall last weekend.
   Suzu : (　　　)
   Taiga : It was great. I want to go there again.

   ア　I like Italian restaurant.　　　イ　How much was it?
   ウ　How was it?　　　　　　　　　　エ　What did you eat?

(2) Ryo : Are you going to the fireworks festival next Sunday?
   Kana : I like fireworks but I don't like crowds. So (　　　)

   ア　I can eat delicious food.　　　イ　I probably won't go.
   ウ　I love fireworks festivals.　　　エ　I can walk there.

(3) Clerk : (　　　)
   Man : Yes, please. I'm looking for a T-shirt.
   Clerk : How about this one?
   Man : May I try it on?

   ア　May I help you?　　　　　　　　イ　Can I open the window?
   ウ　Can I take a message?　　　　　エ　How are you?

(4) Hayato : It's warm in this room.
   Miku : Yes, (　　　)
   Hayato : Good idea.

   ア　we can find it.　　　　　　　　イ　let's open the window.
   ウ　it's your room.　　　　　　　　エ　it's by the door.

(5) Mom : Why don't you clean your room?
   Son : (　　　)

   ア　Because I like cleaning.　　　　イ　I'll do it right away.
   ウ　I don't think so.　　　　　　　　エ　Are you ready?

3 次の（　　　）に当てはまる指定された語から始まる英語を書きなさい。

(1) the month before March = (F　　　)
(2) the sister of someone's father or mother = (a　　　)
(3) the room used to prepare and cook food = (k　　　)
(4) the season after summer and before winter = (f　　　)
(5) the activity of visiting interesting places = (s　　　)

4 次の＜メモ＞は、Haruka が学校新聞の記事を書くために、新しく着任した Ms.Brian 先生にインタビューしながら書いたものの一部である。2 人の会話のメモを見て、下線部(1)、(2)、(3)には適切な英語1 語を抜き出し、下線部(4)には適切な英語を 5 語以上で補いなさい。なお、太字の単語には（注）があります。

＜メモ＞

Questions	Ms. Brian's Answers
Things she wants to try	To join some Japanese ___(1)___ events. For example, "Awa Odori."
Places she wants to visit	· Fushimi Inari Shrine because it's ___(2)___ to people around the world. · She's interested in Japanese ___(3)___ . She wants to visit Japanese **historical** buildings.
Things she wants to say to us	· She wants ___(4)___ when we see her at school.

（注）**historical** 歴史的な

Haruka : Ms. Brian, what do you want to try in Japan?

Ms. Brian : I'd like to join some traditional events. I'm interested in "Awa Odori." It's a beautiful event. When I watched a movie of the festival, I wanted to join it, too.

Haruka : There are a lot of similar festivals. You can enjoy them. Now I'll ask you the next question. What do you want to visit in Japan?

Ms. Brian : Fushimi Inari Shrine! It's very beautiful. It is known to people around the world. I'd like to walk there someday.

Haruka : I see. There are a lot of places to visit in Japan.

Ms. Brian : That's right. Also, I'm interested in Japanese history. So, I want to visit Japanese traditional buildings.

Haruka : You can learn Japanese history when you visit there. Also, you can get a lot of information.

Ms. Brian : I have been studying Japanese. I want to know about Japan more.

Haruka : I'm glad to hear that. Ms. Brian, this is the last question. Do you have anything to say to the students and teachers?

Ms. Brian : Well, I'm looking forward to talking with everyone and doing something together. Please talk to me when you see me at school.

Haruka : Thank you very much, Ms. Brian.

小松大谷

5　次のこども食堂のポスター内容を読んで、あとの各問に答えなさい。なお、太字の単語には（注）があります。

Children's Cafeteria

Children's cafeteria is a dining room for children and parents. Children can enjoy it. It tries to help parents take care of their children.

We are going to hold a dining room for children at Ishikawa Community Center. It opens from 10:00 a.m. to 3:00 p.m. (　①　) Saturday, March 26th. We will be waiting (　②　) you with curry rice and a lot of lunch boxes. Each meal is **limited** to 150 meals. It is free for children between the ages of 0 and 18. However, it **costs** 300 yen for adults. If the meals **are sold out**, we will give you bread and snacks. Please come when you are hungry!

Also, we will have a study program. Children can study with high school students at Room 3. They will help the children (　③　) their homework. If you want to study with them, please bring your notebooks, textbooks, and pencils. It will be held between 11:00 a.m. and 2:00 p.m.

We are looking for some volunteers for this children's cafeteria. Would you like to have a wonderful experience with us? If you have any questions and you are interested in the volunteer work, please call the host, Ms. Suzuki at 876-2654.

| （注） | **limited** 限られた | **cost** (お金が)かかる | **be sold out** 売り切れる |

(1) 次のア～ウの問いに英語で答えなさい。

　　ア　Where is the children's cafeteria held?

　　イ　How long does the children's cafeteria open?

　　ウ　What should the children bring when they study with high school students?

(2) 空欄①～③に適する語をそれぞれ英語1語で書きなさい。

(3) 次の質問にそれぞれ日本語で答えなさい。

　　A　カレーライスや弁当が売り切れた場合、食堂は何を提供しますか。

　　B　もしボランティアに興味がある場合、どうすればよいですか。

小松大谷

6 留学生の Mike さんが Japan Expo について授業で発表しました。以下の文章を読んで、あとの各問に答えなさい。なお、太字の単語には（注）があります。

I went to the Japan Expo in France this summer. It is a big event that introduces Japanese culture to the world. Foreigners are interested in Japanese culture. There were many performances there. People enjoyed buying comics and taking pictures of their favorite characters. ①I did, too. Japanese anime characters are very attractive. I love Japanese anime characters. Especially, *Naruto*. *Naruto* is a Ninja, so it is a symbol of Japanese culture. When we read the comic, we can imagine Japanese Ninja. ②ナルトはたくさんの人々に愛されている。

We can experience Japanese culture at the Japan Expo. I experienced **Budo** there.
Budo is Japanese sports. For example, it has judo, kendo, karate and so on. I did kendo for the first time. Kendo is a traditional sport of **swordsmanship**. When I wore a kendo clothes, I **looked like** a samurai. ③I was so excited because I wanted to become a samurai. After experiencing kendo, I ④was able to learn about the Japanese spirit and understand it. **More and more** people around the world are interested in Budo. Recently, a lot of Budo has been **adopted** as an Olympic sport. There was a **tea ceremony** in the event. I was taught how to drink Japanese tea. It has some manners. ⑤(to / was / these manners / it / difficult / for me / remember). We can eat Japanese food at the Japan Expo. I had *takoyaki*. Many other kinds of Japanese food are **served**. *Dorayaki*, *gyudon* and *sushi* are also **sold**.

Many people eat Japanese food at the Japan Expo. Sushi has become popular in foreign restaurants. It is a famous Japanese dish. **Nowadays**, sushi is served at restaurants all over the world. A new type of sushi is made at the restaurants in the United States and France. In the United States, we call it California Roll. This is sushi with **seaweed** inside. In France, people eat sushi as a dessert like **crepe**. Japanese food will be eaten by foreign people in the future.

Japanese culture is becoming popular in the world. More and more people around the world understand the country. The number of visitors to Japan will keep **increasing**. I hope many people will visit Japan and enjoy Japanese culture.

（注）	**Budo** 武道	**swordsmanship** 剣術	**look like** ～のように見える
	more and more ますます多くの	**adopt** 採用する	**serve** ～を出す
	sold sell の過去分詞	**tea ceremony** 茶道	**nowadays** 今日では
	seaweed 海藻、海苔	**crepe** クレープ	**increase** 増加する

小松大谷

(1) 次の問いに英語で答えなさい。

What is the Japan Expo?

(2) 下線部①は、Mike さんが具体的にどのようなことをしたのか日本語で答えなさい。

(3) 下線部②の日本語を英語に直しなさい。

(4) Mike さんが下線部③の I was so excited になった理由を日本語で答えなさい。

(5) 下線部④と同じ意味になるように英語1語で書き換えなさい。

(6) 下線部⑤「私がこれらのマナーを覚えるのは難しかった。」という意味の文になるように並び替えなさい。

(7) 次のア〜オを読んで本文の内容に当てはまるものを2つ符号で答えなさい。

　　ア　Mike visited France last year.
　　イ　*Naruto* is famous for a Ninja comic.
　　ウ　Mike experienced judo for the first time at the Japan Expo.
　　エ　Tea ceremony has the only manner.
　　オ　The number of visitors to Japan has been increasing.

7 次の(1)〜(5)の日本語の意味に合うように、[　　]内の語（句）を並べ替えて適切な英文を作りなさい。

(1) 私は何か温かい飲み物が欲しい。

I [drink / want / hot / to / something].

(2) カレンはどの季節が一番好きですか。

Which [Karen / like / season / does / the] best?

(3) 翔太は夕食の前に宿題をし終えました。

Shota [before / his / doing / dinner / finished / homework].

(4) 彼女たちは一時間ずっと話している。

They [been / for / talking / have / an hour].

(5) 木の下で歌っている男の人は私の友達です。

The man [under / singing / my friend / is / the tree].

（解答は別冊 105 ページ）

$\boxed{1}$ 次の各問いに答えなさい。

(1) 次の計算をしなさい。

   (a) $5-(-2^2)$

   (b) $\dfrac{3x-2}{2}-x+1$

   (c) $\dfrac{6}{5}a^2b \div \dfrac{3}{2}ab^2$

   (d) $\sqrt{32}-\sqrt{6}\times\sqrt{12}$

(2) x についての方程式 $ax-2=3x+4a$ の解が $x=2$ であるとき，a の値を求めなさい。

(3) $(x+2)(x-1)+x-1$ を因数分解しなさい。

(4) 2次方程式 $2x^2-5x+1=0$ を解きなさい。

(5) 右の図で四角形ABCDは平行四辺形であり，3点E，A，D，3点B，A，G，3点G，C，Fはそれぞれ一直線上にある。∠AEF＝40°，∠EFC＝30°，∠AGC＝49°のとき，∠ADCの角度を求めなさい。

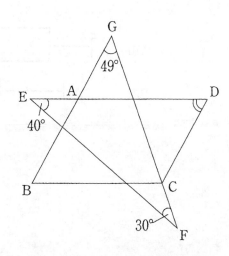

(6) 一辺の長さが 4 cm の立方体 ABCD－EFGH
がある。辺 AB の中点を S，辺 DC の中点を T
とし，4 点 S，F，G，T を通る平面でこの立方
体を切断する。頂点 A を含む立体について次の
問いに答えなさい。

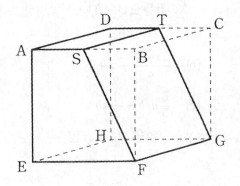

(a) 次の辺のうち，辺 AS とねじれの位置にあ
るものをすべて選び記号で答えなさい。

　　ア　辺 DT

　　イ　辺 FS

　　ウ　辺 EH

　　エ　辺 EF

　　オ　辺 FG

(b) この立体の体積を求めなさい。

(7) 次の箱ひげ図は、A市とB市の8月の31日間の最高気温を表したものである。この箱ひげ図か
ら読み取れることとして正しいものをすべて選び記号で答えなさい。

　　ア　A市とB市では，B市の方が四分位範囲は大きい。

　　イ　A市とB市では，A市の方がデータのちらばり具合は大きい。

　　ウ　A市とB市のどちらも，最高気温が 36 度だった日が必ず 1 日はあった。

　　エ　A市とB市のどちらも，最高気温が 35 度を越えた日が 7 日以上あった。

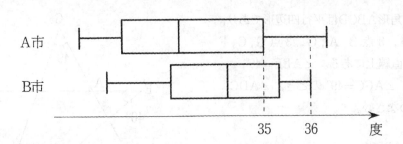

(8) 下の資料は，10名が行ったあるゲームの得点を表したものである。この10名の平均値が72となるとき，xの値を求めなさい。

$$65 \ , \ 57 \ , \ 70 \ , \ 92 \ , \ 75 \ , \ 72 \ , \ 76 \ , \ 65 \ , \ 71 \ , \ x$$

(9) 正多角形の各頂点の○がついていない数は，その両隣りの頂点の○がついている数の和となっている。例えば下の図では，③と⑤の和 8 が③と⑤の間の頂点に書かれている。

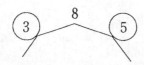

このとき，次の図の a , b の値をそれぞれ求めなさい。

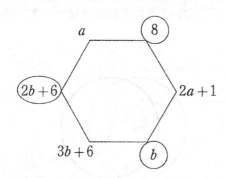

2 大小2つのさいころを投げ，大のさいころの出た目を点Pの x 座標とし，小のさいころの出た目を点Pの y 座標とする。ただし，大小2つのさいころの目の出方は同様に確からしいとする。

(1) 点Pが関数 $y=x$ のグラフ上にある確率を求めなさい。

(2) 点Pが関数 $y=\dfrac{4}{x}$ のグラフ上にある確率を求めなさい。

(3) 点Pが関数 $y=x$ と関数 $y=\dfrac{4}{x}$ のどちらのグラフ上にもない確率を求めなさい。

3 以下の問題は，円周率を π として計算すること。

(1) 半径4cm，中心角が270°のおうぎ形がある。このおうぎ形の面積を求めなさい。

(2) 中心が点Aで半径4cmの円がある。この円を滑らないように1回転させたとき，中心Aが動いた長さを求めなさい。

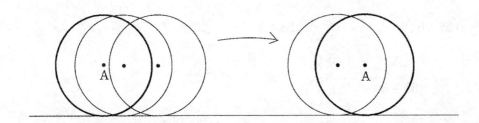

(3) 中心が点Bで半径4cmの半円がある。この半円を滑らないように1回転させたとき，中心Bが動いた長さを求めなさい。

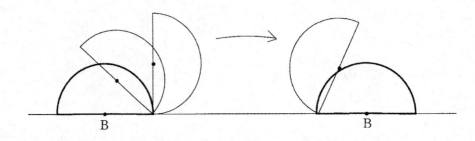

小松大谷

4 右の図のように，正三角形 ABC があり，長方形 DBEC は辺 BC を対角線とする。また，頂点 B から辺ACに垂線を下ろし交点を F，線分 DC と線分 BF との交点を G とする。

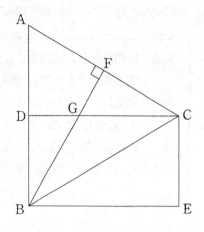

(1) △ABF と △CBF が合同な三角形となることを，次のように証明した。 □ にあてはまる合同条件を書き入れて，証明を完成させなさい。

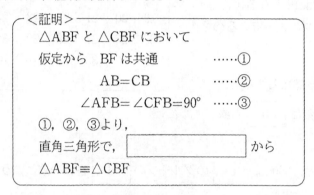

＜証明＞

△ABF と △CBF において

仮定から　BF は共通　　　……①

　　　　　AB＝CB　　　　……②

　　　　　∠AFB＝∠CFB＝90°　……③

①，②，③より，

直角三角形で，□ から

△ABF≡△CBF

(2) △BGD と △BCE が相似な三角形となることを証明しなさい。

(3) BC＝4 cm，BE＝$2\sqrt{3}$ cm のとき，BG の長さを分母に根号を含まない形で求めなさい。

5 右の図のように，関数 $y＝ax^2$ のグラフ上に，x 座標が $-3,4$ となる点 A，B をとる。x の変域が $-3≦x≦4$ のときの y の変域は $0≦y≦4$ である。また，2 点 A，B を通る直線を ℓ とし，直線 ℓ と x 軸との交点を C とする。このとき，次の問いに答えなさい。

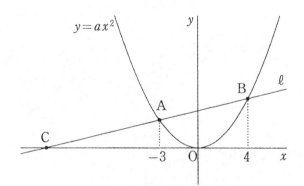

(1) a の値を求めなさい。

(2) 直線 ℓ の方程式を求めなさい。

(3) △OAC：△OAB の面積比を最も簡単な整数比で求めなさい。

6 太郎くんと花子さんの会話を読んで問いに答えなさい。

太郎：自然数を右の図のように並べて「水金地火木土」
　　　の6つのグループに分けてみたよ。
　　　例えば、「火」のグループは点線[ ]で囲まれ
　　　た数字のことで、火グループの1番目の数は4，
　　　2番目の数は10，3番目の数は16となるよ。
花子：そうしたら、77はどのグループに入っているの？
太郎：　a　のグループだよ。
花子：なるほどね。それなら、nを自然数とすると、
　　　「水」のグループのn番目の数は　b　と表
　　　すことができるよね。
太郎：そうだね。同じように考えると、500は　c　のグループの　d　番目の数というのも
　　　わかるよ。

水	金	地	火	木	土
1	2	3	4	5	6
7	8	9	10	11	12
13	14	15	16	17	18
19	20	21	22	23	24
25	26	27	28	29	30
31	32	33	34	…	…

(1) 空欄aに当てはまるグループ名を求めなさい。

(2) 空欄bに当てはまる数式を求めなさい。

(3) 空欄c，dに当てはまるグループ名と数字を求めなさい。

（解答は別冊106ページ）

一　次の文章を読んで、あとの各問に答えなさい。

　スリランカに降りたったのは夜だった。日本とは温度も湿度も違う空気に全身を包まれる感覚をよく覚えている。この旅で得たものは計り知れないけれど、全部書いてしまったら何十枚もの原稿用紙が必要になってしまいそうだ。それほどのことを持った旅になるとは①思えもしなかった。旅の中で、私が日本に持ち帰った大切な変化を、数点に絞ってここに書き留めておきたいと思う。

　一つ目は②「からだ」に対する意識の変化だった。スリランカに行った目的の一つに、※アーユルヴェーダがあった。東京では、身体は仕事道具の私は、aウンドウすることも不便な重いお荷物だった。無理をする故障してしまう、薬で症状をおさえて動かし続ける道具だった。不摂生の自覚はあるので、最初のドクターの診察では少し緊張した。ドクターは私の脈にそっと触れ、という身体を読み取った。何かサプリメントを飲んでいるのではないか、栄養がbカタヨっている。同じものを食べ続けているのではないか。ドクターの指摘は③耳が痛むものばかりだった。何を考えず毎日同じものを貪ることに仕事をし、野菜不足をとりサプリメントを口に放り込む日々。身体は正直でたちまちサインを出しているのだ。

　それからドクターの指示で調合されたオイルでトリートメントをしてもらう。ガチガチだった肩の筋肉が柔らかくなり、全身が何かから解けたようだ。リラックスしている。旅の間、何度かトリートメントをしてもらう。最後にはこれから日本でどういう風に暮らしていくか、身体にいいか丁寧にアドバイス紙に書かれたものを頂戴した。一時的な気休めではなく、これからも「からだ」の声をちゃんと聞いていきたい。道具ではなく、生きものとしての自分を向き合うこと。この間にか、「からだ」に対しての認識が、ふと自然に変化していた。

　二つ目は、風景の見え方の変化だった。この大切な変化は、とある建築との出会いと共に訪れた。※ジェフリー・バワの建築を訪れるというのは、この旅の大きな目的だった。旅をする前、自分は美しいcチョウボウを眺めるのだろうと、彼の作品を味わうのだろうと思っていた。でも、それは少し間違っていた。実際に彼が創った作品の中に立つまで、その建築に宿っている世界はわからなかった。

　ジェットウィング・ラグーンのスイートに宿泊したのだが、私とって建築の出会いとなった、そしてそれは④「生きられない体験」になってしまった。スイートは、今までの人生で泊まった中で一番素敵な部屋だった。スイートだからゴージャスだからという理由で言っているわけではない。部屋が素敵らしいこのはあるのだが、それだけではない。緑の呼吸が感じられる部屋だったから。窓という窓に映え込む緑の空間は、そのまま窓の向こうに広がる緑と緑と繋がれている。部屋の中に立っているというこ

とが、同時に緑の広がる美しい光景の中に立っているということでもある。その開放感に満ちた不思議な安らぎを、生まれて初めて味わい感じた。

　ジェットウィング・ラグーンに泊まった日のことは忘れられないだろうが。力のある作品が纏う濃密な重厚な雰囲気の螺旋階段をゆっくりと上がっていくと、暗がりから突然景色が開け、プラスの向こうに水平線が広がっていた。わたし、自然と歓声をあげていた。

　バワの設計した建築の中に佇むと、明確に気付けることを考えさせられる。毎日起こっているのに、東京では毎日見逃していること、ある空の変化を、この素敵な場所で何時間でも眺めるという衝動にかられる。建築を味わうだけではなく、その向こうにある空と、光と、海の音と対して、もっと感じたい、もっと見つめたいと不思議な興奮さを滞列に感じさせられるのだ。

　ジェットウィング・ラグーンでは、一時間ほど、いつかプラスティー向う横に並べられた椅子に腰掛けて、⑤空の変化を眺めていた。何時間いても少しも飽きるのは、なんという贅沢なことだろうか。

　※アヌラーダプラを訪れ、少しだけ、その魔法の秘密を知ることができたような気がした。バワが好きだったという椅子に腰掛けて、そこから広がる生きている、同じに完璧な風景を存分に味わった。そのとき、私は「この星を味わっている」という感覚に襲われた。空と、風景の緑を、少しずつ変化しながら永遠にここにある、地球という星の美しさをこんなにも長い時間をかけて見つめられるまるで、そんな気持ちにもさせられるのだ。私はこのとき、この美しい星と、出会い直したと思う。その感覚は、忘れられないものとなって、今私に残り続けている。

　三つ目の変化は、異国文化を味わうたびに感じた「戻りたい」感覚だった。スリランカの食べ物も遺跡も、未知のものなのになぜか懐かしい。理由はわからないけど、身体が反応しているような気があった。

　最初の朝に紅茶を飲んだときのことだ。シナモンが入った

セイ、手でから回して紅茶を味わう。手で撫でて親指で口の中に持って込むアーユルヴェーダ式で食べてみるとその味がdセイカイだ、複雑に混ざり合う、もっと美味しく感じられた。

　※アヌラーダプラで寺院を訪れた印象的だったのは、人々がこんなにも祈り続けているということだ。「祈る」というは、ニューヨークのときにも絡められたことでもあった。自分のいる場所で何時間か祈ってみたら感じた、それからも自分とって自然というのはある意味があるのだ。⑥初めて出会う文化はずかしいので、自分の中でもいた自然に入っているのが不思議だった。スリランカの文化を感じるたびに、懐かしい自分が目覚める感覚だったり、それらの変化に、旅を終えた今も私の中に存在し続けている。それは私の精神も身体にもたらしたものであった。尊く、そして生き方が、旅をすることで目覚めたので、それは変化であり、「変わらないもの」との出会いでもあった。

　日本に帰り、お土産にも頼まれていたサクッとしたシナモンスティックを飲んでみた。少しの甘みとシナモンの香り。スリランカの空港で嗅いだときには新鮮だった香りが、今は最も馴染み、懐かしいものになっていた。

　この旅から始まった私が、今も確かにここに存在している。そんな風に実感していると旅は、生まれて初めてだった。ここから続いていく未来の私は、きっともう少し前と変化している。明日から、前日とは違う私が生きていく。新しい、そして懐かしい私がeカクセイする。特別な体験をするたびに、心から感謝し、そしているのかまた訪れたいと願っている。

（村田沙耶香「楽園から始まる私へ（SPUR二〇一八年六月号）」より）

（注）
※アーユルヴェーダ … インド、スリランカの伝統医学。
※ジェフリー・バワ … スリランカ出身の建築家。
※ルヌガンガ … ジェフリー・バワの別荘。
※アヌラーダプラ … スリランカ中北部の都。

問1　本文中の二重傍線部 a〜e の片仮名を漢字で書きなさい。

問2　傍線部①「いえもしなかった」とありますが、(1)「いえもた」とはどのようなことが書きなさい。また、(2)「思っていなかった」というのはどういうことを思っていなかったのか、簡潔に書きなさい。

問3　傍線部②「『からだ』に対する意識の変化」とありますが、この変化を具体的に説明している連続した二文のはじめの五文字を、本文から抜き出して書きなさい。

問4　傍線部③「耳が痛む」とありますが、(1)この慣用句の意味を書きなさい。また、(2)Ⅰ「非常に驚いたり、感じたりする」Ⅱ「理解が早く、手抜かりなくすばしこい」という意味の慣用句の組み合わせとして、次のア〜エから最も適切なものを選び、その符号を書きなさい。
　　ア　Ⅰ　舌を巻く。　Ⅱ　鼻から目へ抜ける。
　　イ　Ⅰ　舌を巻く。　Ⅱ　目から鼻へ抜ける。
　　ウ　Ⅰ　舌を巻く。　Ⅱ　鼻から目へ抜ける。
　　エ　Ⅰ　舌を巻く。　Ⅱ　目から鼻へ抜ける。

問5　傍線部④「『生きられない体験』になってしまった」とありますが、その理由として、次のア〜エから最も適切なものを一つ選び、その符号を書きなさい。
　　ア　スイート仕様の呼吸が感じられ、開放感に満ちた不思議な安らぎがあったから。
　　イ　スイートが緑に包まれ、それと触れられているから開放感のある場所に立っているから。
　　ウ　スイートの見た目が普通だが、初めての経験を味わう感覚に満ちているから。
　　エ　スイートのプラスの向こうに水平線が広がっているのを見て、自然と歓声をあげてしまったから。

問6　傍線部⑤「空の変化」とありますが、どのような時間帯の空のことを言っているのが、本文中から七字で抜き出して書きなさい。

問7　傍線部⑥「初めて出会う文化はずかしいので、自分の中でもいた自然に入っていく」とありますが、これと同じ意味を表している部分を、本文中から十五字以内で抜き

出して書きなさい。

問8　本文の内容の説明として、次のア～エから最も適切なものを一つ選び、その符号を書きなさい。

ア　スリランカでは異国文化を味わうたびに懐かしい自分が目覚める感覚を感じ、日本に帰ってからは、旅から始まった私が確かに存在することや、未来にはまた少し違う私が生きていくことを感じている。

イ　スリランカで感じた「からだ」に対する意識の変化は、筆者が癒しを求めて世界中を旅した際に感じた「解放感」と「祈る」ことであり、旅が終わった今でもその感覚は筆者の中に存在し続けている。

ウ　スリランカでバワ建築に触れるたびに、自然を「もっと見つめたい」と感じるなど「風景の見え方」が変化し、日本に帰ってからも、未来の私がその風景に存在しているという感覚を持っている。

エ　スリランカで感じた「ホテル」に対する意識の変化として、ラグーンのバワスイートの内装に感じた「高揚感」を挙げ、旅を終えた今、そのような特別な体験ができたことを心から感謝している。

二　次の文章を読んで、あとの各問に答えなさい。

玄関の引き戸をガラガラと開けると、お母さんがあわてたように私をでむかえた。

「どうしたの?ケンカでもしたの?」

「してないよ」

私は下駄をぬぐと、とぼとぼと自分たちがねとまりしている客間のほうに向かった。

「でも千絵ちゃん、すっごくおこった顔して一人で帰ってきたわよ」

「知らないよ」

なんだか、ひどくつかれていた。

「千絵ちゃんにあやまってきなさい」

客間にもどると急に力がぬけて、ペタンと床に座りこんでしまう。

「いいからあやまってきなさい」

aハイゴでお母さんの声がする。

「［Ⅰ］悪くないのにあやまらなきゃいけないの?」

思わず大きな声がでた。

「あなたのほうがお姉さんでしょ?」

お母さんが真正面に座って私の手をとっていう。

「でも私は、千絵ちゃんのお姉さんじゃない!」

私はお母さんににぎられているその手を、パッとひっこめた。

「私はあやまらない!」

お母さんをにらみつけてそうどなりかえした瞬間、頬に衝撃がはしった。お母さんが頬をたたいたのだとわかるまで、少し時間がかかった。

「どうして・・・?」

とたんに、目からはらはらと涙が落ちた。

「どうして、我慢するのは、いつも私なの?」

お母さんに頬をはたかれるなんてはじめてで、ショックだった。

「どうしてあやまるのはいつも私なの?」

お母さんもまた、私の頬をたたいた手を見つめて、ぼうぜんとしている。

「どうして私にこんなつんつるてんの浴衣を着せるの?」

ファッション雑誌の編集者をしているお母さんが、浴衣のたけの長さが気にならないわけないでしょう?

「どうして私はほしくもないあみぐるみを、うれしそうにもらわなきゃいけないの?」

千絵ちゃんはプレゼントをもらって文句をいっても、だれにもしかられないじゃない。

「お世話になってるんだから、気づかうのが当然でしょう?」

お母さんが私の目を見ないままでいう。

「ちがうよ!」

だから私は思いきっていった。

「お母さんは、私をいい子にしたいだけだよ!」

もう、限界だった。

「お母さんは、光子おばさんに、負けたくないんだよ!」

その言葉に、お母さんがハッとした顔を見せた。

「私が千絵ちゃんより、いい子でいることで、光子おばさんより、ずっと上手に子育てしてるって、おばあちゃんにアピールしたいんだよ」

おばあちゃんたちが、お母さんが働いていることをよく思ってないことは、小さいころからわかっていた。

「子どもを保育園にあずけて、働くって、なーはわがままらのぉ」

おばあちゃんにそんな風にいわれているのを、見たことがあったから。

「小さいうちは、親がそばにいてあげなきゃかわいそーだてぇ」

光子おばさんにそういわれてるのも、きいたことがあるから。

そのときお母さんは、いつものように「そうねぇ」と気のない返事をしていたけど、すごくくやしそうだった。けして言い返さなかったけれど、うつむいてこっそりbクチビルをかんでいた。

「有里ちゃん、お母さんに家にいてもらいたいよね。働いてなんてほしくないよね」

だからそう話しかけるおばさんに、私はいったものだ。

「うんん、保育園楽しいよ。お友だちもいっぱいいるし、先生もやさしいから、有里は保育園にいきたいの」

本当は、保育園にいきたくないなぁっていう日もあった。お母さんが家にいてくれたらなぁって思うことだってあった。だけど、私はお母さんの味方になりたかった。お母さんをこまらせるようなことはしたくなかった。お母さんにとって仕事が大切だって知ってるから自分のために辞めてほしくなかったのだ。だって楽しそうに仕事をしているお母さんが、大好きだったから。私も大人になったら、お母さんみたいになりたいってあこがれていたから。

「働いてるせいで子育てを失敗してるって思われたくないんでしょう?」

お母さんが悪くいわれないために、おばあちゃんたちの前では、いい子でいるようにしてきた。千絵ちゃんにムカつくことをいわれても、じっとたえてきた。

「だけど、もう我慢するのはイヤ」

お母さんがうつむいて、cメガシラをおさえている。

「いい子でいるのはもう無理なの」

そんなお母さんを見て、私もまたひどくせつない気持ちになった。だけど、もうとめられない。

「もう私、自分の思うとおりにしていいよね」

だまって首をたてにふるお母さんのスカートに、涙が［1］と落ちる。

「じゃあ・・・」

私はこれでやっと、千絵ちゃんにあやまれると思った。

「千絵ちゃんのとこに、いってくる」

いい子ぶるわけじゃなくて、千絵ちゃんにウソなんかついて気分が悪かったから、自分のためにあやまりたかったのだ。

「有里」

立ち上がると、お母さんが呼び止めた。

「ごめんね」

ふり向くと、鼻を真っ赤にしたお母さんが私を見上げていた。

「ずっと、ごめんね」

「うん」

私は小さくうなずくと、あわてて部屋をでた。

正直、お母さんのきずついた顔を見るのは、つらかった。だけどもうこの程度のトラブルで、お母さんは仕事をやめたりしない。それぐらい私は十分に育っている。だから、お母さんには、もっと正々堂々としてほしい。自分の生き方がまちがってないことを証明するのに、育てている「むすめ」を見せるんじゃなくて「自分自身」を見せてほしい。自分の人生はまちがってないってことを、自信をもってアピールしてほしい。

本当は自慢のお母さんだから。［2］働くお母さんをすごく格好いいと思っているから。

私は二階にある千絵ちゃんの部屋に向かった。足をのせるたびに、みしみしと音がする階段をのぼる。階段をのぼりきったところにある窓から、お祭りをしている神社が見えて、そこだけがパッと明るくてにぎやかだった。陽気なおはやしがきこえてくる。

私は千絵ちゃんの部屋のドアをノックした。

「千絵ちゃん」

返事はなかった。だけど電気もついてるし、部屋の中にはたしかに人の気配があった。

「入るよ」

そっとドアを開けると、千絵ちゃんは浴衣のまま、ベッドにねころがっていた。

「田舎だなんて、バカにしてごめんね」

千絵ちゃんの身体は、dカベのほうにむけられていたけれど、ねむってしまっているわけではなさそうだった。

「［Ⅱ］、本心じゃないから」

私は勉強机の椅子に腰かけて、つづけた。

「本当は、私、千絵ちゃんのこと、うらやましいんだ」

机の上に千絵ちゃんの書いてくれた手紙をひろげておく。

「だから、ごめんなさいね」

それでは、ファッション雑誌みたいなものだ。

「ごめんね」

それでもお互いに条件をつけた難題だ。

「本当は、松嶋菜々子さんと見たいよ」

ちょっと千絵ちゃんがいらつくのだろうか。

「五年の洋服買って、平気で着てる」

なんとなく、それをめくりだ。

「総合だよ、一回しかやらないよ」

それは三十代のキャリアウーマン向けの雑誌で、うちのお母さんが毎月よんでいて、私もいつかはと見たいなあ……。

「うん？」

そばにいた千絵ちゃんが声をした。

「有里ちゃんなの？」

「うん、そうよ」

私は雑誌をめくる手をとめて、姿勢を正した。

「ちがうよ」

すぐに千絵ちゃんはゆっくり身体を起こして、こちらを向いた。

「本当は私のこと、うらやましいと思いなさいよ」

だけど私の顔を見ながら、理解をもらしている。

「私のことなんか、田舎育ちで、ダサイと思いなさいよ」

私と視線をあわせながらしらその顔は、いつもの強気な千絵ちゃんではなく、ちがった表情をしている。

「私立の中学にいったんだって、格好いいよね」

言葉が標準語で、ついきはっきりもしゃべるので、なんとなくあこがれていた。

「お母さんが雑誌の編集者だなんて格好いいよね」

ぴかぴかしてまぶしかったのだと 3 というわけだ。

「私だって、東京に生みたかった」

千絵ちゃんが私のことをうらやましいなんて初めてだ。

「こんな田舎、信濃をあきらめて」とつづけた。

千絵ちゃんが自分のほうが貧しいみたいなことをいうなんて、言じられなかった。だけど、そんな風にうらやましがられても、私はうれしくなかった。私のほうが勝ったなんて、全然思えなかったのだ。

「 III 私たちおなじ」

千絵ちゃんが、うらやましいものを見つ。

「うらやましいなんてだって、私たちおなじ」

私はそんな千絵ちゃんをじっと見つめたが。

「そのかわり、学校にこなくなったら生まれつきなえるよ」

こんなふうにいうのは、小学五年二学期だ。

「お母さんに相談しなかったの」

だけど、今のお母さんはそのことを知らない。

「お母さんは仕事でもういそがしいから、エイやかきがたくないよ」

私はいつものように、お母さんを気づかった。

「夕食をコンビニ弁当ですましても、文句あるもんか」

お母さんを思わせるものだ。

「夜おそいときも、くったり千絵ちゃんならいけど、おこりだからね」

本当の気持ちでいえていた。

「明日あさっても、くったり起きて学校にいかない。お母さんは明日はゆっくりだろうから」

だから、自分の思ったことをそのまま口にできる千絵ちゃんが、うらやましいのかもしれなかったのだ。

「お手伝いするんだね」洗濯、食器だけづけるが、ばかりことではないよ」

気分屋で、わがまま、自由奔放、それがゆるされる千絵ちゃんをうらやましく思っていた。

「格好よく働くお母さんなんて、①そういうことだからね」

私はそれだけいって、千絵ちゃんの話をだした。

こんな風に自分の不満をあれこれ打ち明けたのは、せいあいたぶん、うらやましい心の奥にしまっていたものを、見せられないからだった。

私は階段のところで、壁にもたれて、いつになってもせかなかったので、我慢がきかなかった。カッとなるだった。

「 IV 千絵ちゃんがうらやましいなんてうらから……」

そんな風に本音をもらしたから、でも、私も本音を見せていました。なんて、いつもうしからうちあうような生活をしているわけじゃないだろうという、②白状したかったのだ。

私は大きなため息をついた。

窓の外から「佐渡おけさ」がながれてくる。盆おどりがはじまったようだ。

私はゆっくり立ち上がる。

「有里ちゃん、いっしょにおどろう、せかからうらやましいーよ、いうのは、楽しいことなら勝ったんだ」

うらと、無邪気といって楽しそうにおどる千絵ちゃんの姿思い出す。

私は手にとった千絵ちゃんにありがたれたが、明るくて、すなおで、天真爛漫で、まぶしいのだ。

そんなことを思い出しながら、私はみんなの音のする階段をおりていった。

（草野たき「くらふたらうた」より）

（注）
※松嶋菜々子…実在の女優。ファッションモデル。
※佐渡おけさ…新潟県佐渡市に伝わる民謡のひとつ。

問1 本文中の二重傍線語a～eの片仮名を漢字を書きなさい。

問2 本文中の I ～ IV に入る語として、次のア～エから最も適切なもの をそれぞれ一つずつ選び、その符号を書きなさい。
ア だったら　イ だって　ウ でも　エ だから

問3 本文中の 1 ～ 3 に入る語として、次のア～カから最も適切なもの をそれぞれ一つずつ選び、その符号を書きなさい。
ア はりり　イ ぴたりと　ウ ブッキカ
エ くどくど　オ ポツンと　カ ぽたぽた

問4 有里と千絵は互いに相手に対してどのような感情を持っているかを書きなさい。

問5 傍線語①「そのこと」とありますがどういうことかを書きなさい。

問6 傍線語②「白状」を使った主語、述語、修飾語の整った文を書きなさい。

問7 この物語の内容として、次のア～キから適切なものを二つ選び、その符号を 書きなさい。
ア 有里は、忙しく働く母に気を配るため日々の生活を送っている。
イ 千絵は、天真爛漫な性格が、気がかりながらないという一面がある。
ウ 千絵の母は、娘を保育園に預けていた有里の母を快く思っていなかった。
エ 「私だって、東京に生みたかった」というのは千絵の本心からである。
オ 有里は、母が編集を携わっている雑誌をこっそり見たことがある。
カ 有里の母は、以前、有里がうらやましいと思っていたことを知っている。
キ 有里は、地域のお祭りを楽しむ千絵とふれあいを深めていた。

三　次の古文は鴨長明の『無名抄』の一節である。この文章を読んで、あとの各問に答えなさい。（-----線部の左側は現代語訳です。行頭のA〜Fは行番号です）

A　らくだかの一位のらんは、れば、歌はらくしき物にて候也。

B　さと見るに、おもしろく①あしからず手お候くにも

C　次の日は又見候は、ゆゆしく②見ざめのし候

D　これをよしと思ふ候けるに　Ⅰ　③あしきに候ふ

E　なとおはゆる物にて候云々、と　Ⅱ　らはける

F　まいりとそのことなり。

問1　二重傍線部a「らくだか」を現代仮名遣いに直し、すべてひらがなで書きなさい。

問2　傍線部①「あしからず」②「見ざめ」の意味として、次のそれぞれのア〜エから最も適切なものを一つ選び、その符号を書きなさい。
①　ア　分かりにくい　　イ　近くない
　　ウ　徒歩でない　　　エ　悪くない
②　ア　いつでも景色が良いと感じること。
　　イ　目が覚めるような心地がすること。
　　ウ　見ているうちに驚きを覚えること。
　　エ　見通しがよく気持ちのよいこと。

問3　次の会話は、本文で使われている「係り結び」について先生と生徒たちがみなさんが話し合った内容の一部です。空欄　Ⅰ　・　Ⅱ　に入る言葉として、次のア〜オから最も適切なものを一つ選び、その符号を書きなさい。

> 先生　みんなは係り結びの法則を覚えていますか。しっかり覚えると空欄に何が入るか分かるでしょう。
> たけし　空欄Ⅰを含む文の現代語訳には「疑問」も「反語」もなく「強意」が反映していて、結びが「候ふ」という終止形なので　Ⅰ　が入ると思います。
> まみ　空欄Ⅱを含む文の現代語訳も「疑問」や「反語」の意味はなくすべて「強意」の意味を成れます。結びは「ける」で連体形となっているので、一文字のものと二文字のものがありますが、一文字なら　Ⅱ　です。
> 先生　素晴らしいです。よく勉強してありますね。

ア　ぞ　　イ　そ　　ウ　なむ　　エ　ね　　オ　が

問4　傍線部③「あしきに候ふ」とあるが、「藤原家隆」が「あしき」であると言っていることとして、次のア〜エから最も適切なものを一つ選び、その符号を書きなさい。
ア　次の日に多くの人に見えてる最も歌のよさが、前日に見えてはいた良い歌と見えたい。
イ　前の日で悪く見えた歌のよさを、次の日に見たときには良い歌と感じたい。
ウ　良い歌は見るときに関係なく、いつ見ても良い歌に見えるということ。
エ　良い歌であっても、あまり見ただけではその良さに気づかないということ。

問5　この六行の文章中、筆者の感想が書かれている行として、A〜Fから最も適切な行を一つ選び、その符号を書きなさい。

問6　この文章の筆者が活躍した時代として、次のア〜エから最も適切なものを一つ選び、その符号を書きなさい。

ア　奈良時代　　イ　平安時代
ウ　室町時代　　エ　江戸時代

四　あなたが日本以外の国に行けるとしたら、どこの国に行って何をしたいか、またそれをしたい理由を、あとの【条件】にしたがって書きなさい。

【条件】　1　一マス目から埋めること。
　　　　　2　改行をしないこと（段落を作らないこと）。
　　　　　3　二百字程度で書くこと。
　　　　　4　「〜だ」「〜である」調で書くこと。

リスニング音声は
こちらから

1　リスニング問題

A．5つの対話文が流れます。それぞれの対話文の後に質問を読みますから、その質問に対する最も適切な答えを、ア～エの中から1つずつ選び、符号で答えなさい。英文と質問は2回繰り返して読まれます。

（1）　ア　Washing her hands　　　　　イ　Looking for a key
　　　　ウ　Closing a window　　　　　エ　Waiting in the car

（2）　ア　Every day　　イ　On Mondays　　ウ　On Thursdays　　エ　On Saturdays

（3）　ア　Mike forgot to buy a present.　　　イ　Her mother caught a cold.
　　　　ウ　Mike can't come to her party.　　　エ　No one liked her birthday cake.

（4）　ア　Two　　　　イ　Three　　　　ウ　Four　　　　エ　Five

（5）　ア　Yuri's　　　イ　Yuri's sister's　　ウ　Yuri's mother's　　エ　Yuri's father's

B．5つの短い英文が読まれます。それぞれの英文の後に質問を読みますから、その質問に対する最も適切な答えを、ア～エの中から1つずつ選び、符号で答えなさい。英文と質問は2回繰り返して読まれます。

（1）　ア　At 11:00　　イ　At 12:00　　ウ　At 12:30　　エ　At 1:00

（2）　ア　Swimming　　イ　Tennis　　ウ　Baseball　　エ　Soccer

（3）　ア　After finishing her homework　　　イ　After washing the dishes
　　　　ウ　After playing tennis　　　　　　　エ　After going to a sports store

（4）　ア　In Canada　　　　　　　　　　　イ　In Japan
　　　　ウ　In Australia　　　　　　　　　　エ　In the United States

（5）　ア　Meeting his friend　　　　　　　イ　Watching the rugby game
　　　　ウ　Going to the Olympic Games　　エ　Taking some pictures

小松大谷

2 次の対話について、( ) に入れる最も適切なものを 1〜4 の中からそれぞれ一つ選び、解答用紙にその符号を記入しなさい。

（１） A: Why don't we go out to dinner tonight?

B: OK. ( )

1. What about Italian food?   2. Let's eat at home.

3. Can you pass the salt?   4. I'll clean the table.

（２） A: How are you feeling today?

B: ( ) I still have a fever.

1. After I have breakfast.   2. Not at the moment

3. Not so good.   4. If I have time.

（３） A: When is your big tennis match?

B: Tomorrow. I haven't practiced much this week, so ( )

1. it starts at two o'clock.   2. I'm a little worried.

3. it's going to rain.   4. I really like your racket.

（４） A: Can your sister come to the beach tomorrow?

B: ( ) If she can come, maybe she can drive us.

1. I'll be there soon.   2. I bought a new swimsuit.

3. I got chairs for us.   4. I'll ask her tonight.

（５） A: I've never seen this comic book before. Where did you get it?

B: ( ) but it's sold at that bookstore, too.

1. You should read it.   2. I bought it on the Internet.

3. It was only five dollars.   4. I left it at school.

（６） A: Look at the monkey ( ) a banana over there.

B: Oh, it's very cute.

1. to eat   2. ate   3. eating   4. eats

（７） A: When ( ) your violin lesson start?

B: At five, Dad.

1. is   2. are   3. do   4. does

（８） A: Hello. Can I speak to Mr. Smith?

B: ( ) Shall I ask him to call you back?

1. Yes, I do.   2. O.K. Come in.

3. Sorry. He's on another line.   4. Will you come again tomorrow?

小松大谷

3 夏休みにアメリカに家族で来ている高校生の健（Ken）が友人のトム（Tom）さんと市立図書館のウェブサイトを見ながら話しています。ウェブサイトと対話を読んで、あとの各問に答えなさい。なお、太字の単語には（注）があります。

Summer Vacation Week Programs for Students
At Chicago Public Library

Chicago Public Library will have special programs for students during the summer vacation week. Join the programs that you are most interested in. All programs are **free of charge**. Just bring your library card!

Dates	Program	Time
August 18	Mystery book club We will discuss our favorite mystery books.	11am-1pm
	Programming Studio* Mr. Ben will teach you computer programming.	12pm-2pm
August 19	Let's move! A famous dancer will show you some easy **moves**.	10am-12pm
August 20	Origami time* Learn Origami with our Japanese teacher.	1pm-2pm

	Meet an **astronaut**
	    Astronaut Bruce spent 5 years on the International
	    Space Station. Listen to his stories and ask questions.
		1pm-3pm

August 21	Learn ASL Learn to communicate by using American **Sign Language**.	10am-2pm
August 22	Movie night We will watch some short movies.	5pm-7pm

* If you want to join these two programs, you have to call our library before August 17.

Ken: Look! I found an interesting program at the website. Let' go together and have fun.

Tom: Umm…. There are many programs in this event. I want to join Programming Studio
because if I can get some computer **skills** [1   ].
Oh! I can learn origami, too. I have been to Japan many times, so I [2   ]
Japanese culture.

Ken: I can make **a paper crane** using color paper. Shall I teach you [3   ] ?

Tom: Yes, please. Thanks. **By the way**, what programs do you want to join?

Ken: There are a lot of programs I want to join, but I have to go to the party on August 21,

so I can't join (A).

Tom: Party? What kind of party is it?

Ken: My grandfather's birthday party. He will be 88 years on August 21. Also, 88 is a special number in Japan. (あ) <u>The **kanji characters** for eight, ten and eight make the single kanji character rice</u>. Because we read the character for "rice" as "bei" and the character for " **celebration**" as "ju", we call the 88th birthday "beiju".

Tom: That's interesting. How do you celebrate "beiju"?

Ken: The birthday person often wears gold clothes, but my grandfather says (い) <u>he won't</u>.

Tom: I think he is very shy. Please enjoy the party.

Look! We can meet an astronaut. I like SF stories very much. Will you join the program with me?

Ken: Of course. I often enjoy [4] at night. So I'm interested in space.

Tom: Good. Let's meet at the library [5] .

(注)	free of charge 無料	move 動き	astronaut 宇宙飛行士	Sign Language 手話
	skills 技術	a paper crane 折り鶴	By the way ところで	
	a kanji character 漢字	celebration お祝い	celebrate 祝う	

問1　1〜5の空欄にそれぞれ2語以上の適切な英語を書きなさい。

問2　（A）に入るプログラム名を英語で書きなさい。

問3　下線部（あ）で Ken が Tom に説明している漢字を書きなさい。

問4　下線部（い）の後ろに省略されている語句を3語の英語で答えなさい。

問5　次のア〜オのうち、ウェブサイトおよび会話の内容にあうものを2つ選び、その符号を書きなさい。

ア　During the week, the students can join two programs in one day.

イ　If you want to join Programming Studio, you will have to call the library.

ウ　Students who want to join the program have to bring their library card.

エ　Students who are interested in movies will go to the library on August 18.

オ　Tom has never been to Japan.

小松大谷

4 Ken はフードロスについて調べて、授業で発表しています。次の文を読んで、あとの各問に答えなさい。なお、太字の単語には（注）があります。

Today, about 700 million people **suffer** from **hunger** in the world. This is 9 % of the world **population**. Most of the hungry people are in Africa and Asia. On the other hand, people in Europe and the United States keep (A) **(throw) away** food.

Many scientists say that if we cut food **waste** we have enough food to eat. For example, the world throw away 1.4 **billion** tons of food every year. That's about one-third of all the food (B) (produce) in the world each year.

Strictly speaking, "food loss" and " food waste" are not the same thing.

First, when farmers do not want to sell their products , "food loss" happens. This is because they can't get enough money if they sell their products. For example, a lot of vegetables are not (C) (sell) at stores because their color or size is not good. On the other hand, "food waste" happens in shops, restaurants, or at home. Much food is not (D) (eat), and is **thrown** away.

Therefore, both **businesses** and **customers** should **take actions** to **decrease** " food loss" and " food waste ". First, businesses should try to use vegetables that are not good in color or size. Also, restaurants should **offer** smaller sizes on their **menus**.

There are many things customers can do. For example, if we make a shopping list before we go shopping, we don't have to buy **extra** food. Also, we should buy fruits and vegetables that 　　1　　. At restaurants, if we can't finish the dishes, we can take them home.

（注）suffer 苦しむ　　hunger 飢え　　　population 人口　　throw away 捨てる　　waste ごみ

billion 10 億　　strictly speaking 厳密にいうと　　　therefore それゆえ

thrown　throw の過去分詞　　businesses 企業　　customer 消費者　　take actions 行動する

decrease 減らす　　offer 提供する　　menu メニュー　　　extra 余分の

問1　毎年世界で生産される食物の量は何トンか。数字で答えなさい。

問2　（A）〜（D）の動詞を適切な形に変えなさい。

問3　　　1　　に入る適切な英語を本文中より7語で抜き出しなさい。

問4　本文を読んで、次の質問に英語で答えなさい。ただし、解答用紙に指定された語で始めなさい。

　　1. Where do the people who suffer from hunger live?

　　2. What can we do when we can't finish the dishes at restaurants?

問5　本文を読んで、次のA〜Eの内容が "food loss" の例であれば「1」を、" food waste"の例であれば「2」を解答欄に記入しなさい。

A　コンビニで賞味期限が過ぎたお弁当を廃棄する。

B　農家の人が輸送費が売値より高くなるのでキャベツを捨てる。

C　レストランで注文したサラダを残して、レストランを出る。

D　冷蔵庫の牛乳がくさって、捨てなければならなくなった。

E　農家の人が形の悪いナスを捨てる。

5　次の英語にあてはまる英単語を書きなさい。ただし、（　　）内の文字ではじめること。

（1）　to come into a room or a building (e)

（2）　an activity that you do for fun in your free time (h)

（3）　something that covers the top of a bottle (c)

（4）　the brother of your father or mother (u)

（5）　the place which you go to when you are sick (h)

6　次の各語を並べ替えて、日本語に合うように（　　　　）内の各語を並べ替えて、適切な英文を作りなさい。ただし、文頭にくる語も小文字で示してあります。

（1）　(that / from / see / things / day / many / overseas / we / come / every).

　　　　私たちが毎日目にする多くのものは海外からきている。

（2）　(this / call / "himawari" / we / flower).

　　　　私たちはこの花を「ひまわり」と呼びます。

（3）　(room / know / who / do / cleaned / this / you) ?

　　　　あなたは誰がこの部屋を掃除したか知っていますか。

（4）　(is / the / used / old / Tom / guitar / by / very).

　　　　トムによって使われているギターはとても古い。

（5）　(possible / show / anything / that / athletes / us / is).

　　　　アスリートたちはどんなことも可能だと私たちに示してくれます。

7　グラフを参考にして、次の質問に20語〜30語程度の英語で答えなさい。

（質問）　What's your favorite school memory?

＊なお、このグラフはある学校の中学3年生に
好きな学校行事についてとったアンケートの集計です。
グラフの下の数字はその人数です。

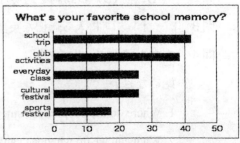

小松大谷

（解答は別冊 111 ページ）

1　次の問いに答えなさい。

(1)　次の計算をしなさい。

①　$(-6-2^2)\div 2-4$

②　$\dfrac{3a+2b}{5}-\dfrac{a-b}{3}$

③　$\dfrac{3}{8}x^2y\div\dfrac{3}{2}xy^2$

④　$(\sqrt{2}-3)(1+\sqrt{2})-\dfrac{4}{\sqrt{8}}$

(2)　2次方程式　$3x^2-2x-1=0$　を解きなさい。

(3)　$(a+3)^2-(5-a)(a+3)$　を因数分解しなさい。

(4)　1つの内角の大きさが1つの外角の大きさの5倍である正多角形がある。このとき，
次の問いに答えなさい。
①　この正多角形は正何角形か答えなさい。

②　この正多角形の内角の和を求めなさい。

(5)　関数$y=ax+b$と$y=-\dfrac{8}{x}$について，xの変域が$1\leqq x\leqq 3$のとき，yの変域が同じになる。
このとき，次の問いに答えなさい。
①　yの変域を求めなさい。

②　$a<0$のとき，定数a，bの値をそれぞれ求めなさい。

2 図のように，箱Aには$\boxed{1}$，$\boxed{2}$，$\boxed{3}$の数字のカード，箱Bには$\boxed{+}$，$\boxed{\times}$の加法と乗法の記号カード，箱Cには$\boxed{4}$，$\boxed{5}$，$\boxed{6}$の数字のカードがそれぞれ1枚ずつ入っている。箱A，B，Cのそれぞれから1枚ずつカードを取り出し，この順に左から並べて式を作るとき，次の問いに答えなさい。ただし，どのカードが取り出されることも同様に確からしいとする。

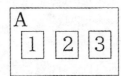 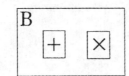 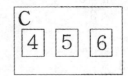

(1) 式の計算結果が6となるカードの取り出し方は全部で何通りあるか。

(2) カードの取り出し方は全部で何通りあるか。

(3) 式の計算結果が8以上となる確率を求めなさい。

3 下の図のように，関数$y = \dfrac{1}{2}x^2$のグラフと直線ℓが2点A，Bで交わっており，A，Bのx座標はそれぞれ-2，6である。また直線ℓとx軸との交点をCとする。このとき，次の問いに答えなさい。

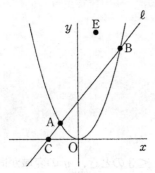

(1) 直線ℓの式を求めなさい。

(2) 点Eは四角形AOBEが平行四辺形となるようにとった点である。点Eの座標を求めなさい。

(3) △AOEの面積は△AOCの面積の何倍か答えなさい。

4 右の図のように，正三角形ABC において，辺 AC 上に AD : DC = 3 : 1 となるように点 D をとり，AE ∥ BC，AD = AE となるように点 E をとり，四角形ABCEをつくる。
このとき，次の問いに答えなさい。

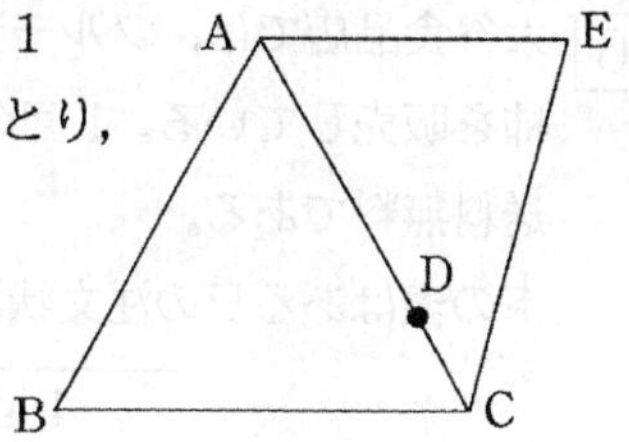

(1) △ABD ≡ △ACEであることを証明しなさい。

(2) △ABD は△ACE を点 A を中心に回転移動した図形とみることができる。AB = a とするとき，この回転移動で線分 AE が動いた部分の面積を a を用いて表しなさい。ただし，円周率はπとする。

(3) 直線 DE と辺 BC の交点を F とする。四角形ABCE の面積は△CDF の面積の何倍か。

5 下の図のように，ある規則にしたがって自然数を1から順に書き加えていく。例えば，上から3個目，左から2個目に書かれている数字は6である。このとき，次の問いに答えなさい。

1

（1番目）

1	4
2	3

（2番目）

1	4	9
2	3	8
5	6	7

（3番目）

(1) 上から6個目，左から6個目に書かれている数を求めなさい。

(2) 135 は上から何個目，左から何個目に書かれている数か求めなさい。

(3) 上から n 個目，左から n 個目に書かれている数を n を用いて表しなさい。

6 大谷食品店では，フルーツのインターネット販売を行っており，1個400円のりんごと1個500円の柿を販売している。1回の注文が1000円未満の時は送料として500円かかるが，1000円以上のときは送料無料である。

下の表はある日の注文状況である。

1回の注文	注文数(件)
りんご1個	1
りんご1個柿1個	4
りんご1個柿2個	(ア)
柿1個	(イ)
柿2個	2

この日の注文数は合計20件で，送料を含んだ入金額は23900円であった。このとき，次の問いに答えなさい。ただし，消費税等は商品代金に含まれているものとする。

(1) 表中の（ア）をx件，（イ）をy件とするとき，x，yについての連立方程式を作って解き，（ア），（イ）にあてはまる数を求めなさい。

(2) この日にりんごと柿はそれぞれ何個ずつ売れたか求めなさい。

（解答は別冊112ページ）

一　次の文章を読んで、あとの各問に答えなさい。

（ジャレド・ダイアモンド著・倉骨彰訳「続・銃・病原菌・鉄（上）」）
※著者の承諾が得られなかったため掲載を見送ります。

二　次の文章を読んで、あとの各問に答えなさい。

明鷹では、一年生対二年生の対抗戦をする。バスケットボールのゲームを取ったほうの勝ち。四面のコートに分かれて、合計二十四試合をして、白星の多い学年はそのままコートで練習をつづける。負けた学年は球給と育にまわる。

力試しとはいうものの、一年生の実力差は大きいし、それまで一年生が勝ち越したことはなかった。武藤や未来たちは三回に一回戦うかどうか。久保は一度も勝ったことがない。でも勝負は圧倒的にキャプテンらしい団体を出場するキャプテンクラスには歯が立たなかった。ただ一度だけ中田さんから会館をうけたことがある。ベースライトの打ちあいを持ちこんで、ねばりにねばってラリーをものにしたのだ。誰が相手であれ、もうからもキャッチをしないのだと、長いきつい一度も勝ちたかった。

というが、①弱気は禁物。ぼくは、ポイントを取るよりも負けてしまった。武藤や未来やみなチームが多く決まらず、ダブルオーバーを連発して自滅。久保も、ほかの一年生たちも、手も足も出ないままに、年生たちも負かされ、りれまでになかったら星もが勝負のらだ。

「どうした一年。それらしくやれよ」

キャプテンの中田さんに命じられて、ぼくたちはせっせとボールを走らせた。この先頭をしているので、みなの姿を手本に走るのはれるのだが、今日だけは武藤や未来や久保がどんな顔でいているのか、気になってしかたがなかった。

誰かが、Xまの内未来をくじけにと後援しているのぞ。足を止めて、一年生全員で語しあうをして、最本のコート整理を担当したをもらもらもらキャプテンに頼むと言うのだった。おそれられるまま、ぼくはコートを走りつづけた。

「よし、ラスト一周。タメルな歩けていいぞ」

中田さんの声を合図に全力a「　」ぶりで、ぼくは最後まで全速をやりたい。

「ボールはかたくれておくからな。最本のコート整備はやってくれよ」

八時二十分をまわりていたので、ネットのむこうは葉もした先生や生徒たちがらほとんだ。武藤に、まちがらうでも今日はやまよと何を言おうと同じ顔を見ておきかかったが、意切れて、ことも口をきくいうのはなかった。

ラケットを持ったと同時まで階段を降りながら、②ぼくは武藤と話もあいていたおもれ。ぼくが武藤を見ためとしたら、ほかの一年生はぼくが話をするだらと言っているのかも。気にしていたからだらら。武藤ではでも、久保や未来を呼びためとしても同じだろあいたばかだ。危険に考えば、もうこのには一度もり悪いみたいとおもわせるわけだ。嫌なさせるだけがならる事実をた。

もしかすると、みなは今日未来をくじくとして、自分だけそれを知らせれているのかもしれない。もしかすると、もうこのりさえて、未来がなだにかけまわっているのかもしれない。もしかすると、一三人の仲の良い者というものをあわせて、全員がいじめともかならないと安全をいじているのかもしれないがなら。

さうした、うちあいの可能な手が、なもらり頭になりかが、それはおもっている以上に厄介だと、ぼくは頭をまげた。

やせのキャプテンの中田さんに助けてもらいたいことから。そのおもいが、それをおもいているまいのだせ、もうこのなるも今日のかに、一番きついとおもらもおるといるのは未来だと気づいたからだ。未来がる一年生に語まに二十三人は、自分がbカメダしたと感じている。うちとしてた不安におくっているいるだすまよた。それに対して未来は、今日までくよくよれるかもしれないという恐さをかかえながら、勝機を出てきたのだ。最終的に中田さんに頼るとしても、まずはぼくが未来に近まり、そのぞ相撲をするのが筋だろう。

そう結論したのは、三時間目のおわるおわれだった。おかけで授業はまるで頭に入ってこなかったが、ぼくはいくらか自分が好きになりに気が③いかった気がからた。チャイムが鳴り、コートに行くと勝てた中田さんが、武藤や順をうかがうかうに歩いていてた。

「よし」

「おっ、おお」

武藤はおどろき、気弱げに笑顔をかくた。そのうえ姿を見ていられたので、ぼくからすると自分から顧問の浅井先生かキャプテンの中田さんにこちらあけたのではなら

かど、ほくはおもった。

それなら、最本みと浅井先生が中田さんがデリストのコートに来るのだが、だのり怒られるだろうが、それでクラリがしかまかまわなかった。

給食の時間がおわり、ぼくはリスコートにもむかった。しかし集まりのは一年生だけだった。ぼくは④落胆すると同時に自分の甘さに腹が立った。

このうちもうに二十四くり幡をついた。誰の顔も緊張で青ざめているよろで、未来らだけては、指をいにはすをまだ、りいろからさ、みからがいかいあいのというと、しまうりながら、ぼくは未来に悪いさをしたと反省した。

しかし、こんな状況で、ものすけメト悪かったと未来にあやまったら、ことな展開になるかわからない。武藤をはじめとするみんなからは、そもらもけつをいきながかってしまうが、未来だけに終らせ中るものを逃しいまうだろう。

だから、一番こうなは、りいままからのチャーンをもう一発をするけたいだ。う中分かかってれれだったらが、ウオムでちャームくーがあろうとたなら、同同級生にのである。くくなをもっあがあるもなら、未来がなだにものかとしいしまだら、事態はリルして、d「　」ヨホうかがかになる。

みんなは青ざめた顔のまま、どちたく空をなしようしていた。とうか、ターゴーがかいめ、均等に分かれたにしろ。

にろいと顔の横に持って立たてき、ぼくの頭が父の姿がかったた。一緒とテリスックーに通っているが、父は試合が会らのミットを決めるたみ、始慢していたぼくらよとからって⑤ボーズをするのだ。ぼくも母も、同じポーズをしたんだ。

「ターマー、とんどば」

かか青とおもとすもをあもおらとに、ぼくはフヨミをにしているだ。本当はウナイトのもめたため、りり状況がせいっとたアナムとミサンっかを見ながら、ぼく以外はぼく一がが十五人とグーンが入って、未来ベーア、武藤と久保はグーンをにしているだ。

ぼくが頭をあげると、むかうからくる久保と目があった。

「よし、わかったよ、おもうチャキなとするの」

久保はそう言いにりーからがチャキがつかえると、とからさせたロから息を出した。

「なあ、武藤。グーンはもうあやるよ」

久保と言うんで、武藤はなりらうきを懸するに口をあやぐ、なはやいみすぶだ。そして、武藤はわりたっこいあいから差と指と中田を伸てし、ぼくにとむかけたその手を築たんだ。

武藤からのサインをうけて、ぼくは未来にサインを送る。未来は自分の手のらを見つめながらグーをもミサんに変えて、輪のなかにとこんだ。

「明日からのコート整備ををどうするかは、放課後の練習のあとで決めるように。時間なかと、今日はチャキンクャンをかけるよ」

もう言いのて、ぼくが道員企業にさせると、何くから企業が言りら、ありみえら、久保と武藤と未来のあいとを同もがついてして、ぼくは本あうひきを上すらまわんたんた。

コート整備をするのだ。誰も口をきかなかた。ぼくの横とは久保がらて、いうきうんが離れないように歩幅をあわせ歩いているど、もうからおだまりが消えていく気がした。

ひとりのコートは武藤と未来が並み、長身の二人は大股でアンろ引ろていると、コートの端までいくと、内側の武藤が歩幅をセゼマして足れる孤独を描とと直線とまも、れはいくいちまた大股でなたりたろ引ろにしろ。

⑥ぼくたちはたまどもより強いんだろう。チーム全体として、もものすも強くなれるはずだ。

（佐川光晴「大きくなる日」より）

（注）
※クラスオーバー　…　サーブを一回ごとに失敗すること。

問1　本文中の二重傍線部 a 〜 c の片仮名を漢字で書きなさい。

問2　傍線部①「やる気とは裏腹に」とありますが、「裏腹」の意味として、次のア〜オから最も適切なものを一つ選び、その符号を書きなさい。

ア　背中側のこと
イ　無気力なこと
ウ　相反していること
エ　技術がないこと
オ　空回りすること

問3　傍線部②「ぼくは武藤と話をしたくなかったのだ」とありますが、その理由として、次のア〜オから最も適切なものを一つ選び、その符号を書きなさい。

ア　冷静に考えた末、ものつりにはもう一度もの機会がないと思ったから。
イ　ウエアをよくものわかせ、大きなのら所ができることを考えたから。
ウ　武藤とは一時間目が終わった後にゆっくりと話ができると感じたから。
エ　ほかの年生みんなを、もっと緊張と暗い気持ちにさせてしまうと考えたから。
オ　走った直後なため、息が切れてうまくしゃべれないのではないかと思ったから。

問4　傍線部③「おっと気がした」とありますが、どのようなことがわかったから、書きなさい。

問5　傍線部④「落胆」とありますが、なぜ落胆したのか、その理由を書きなさい。

問6　傍線部⑤「ボースをとった」とありますが、どのようなポーズか、本文中から五字以内で抜き出して書きなさい。

問7　次の1〜4の文の傍線部の修飾語が修飾している文節を、それぞれ1〜4の文中から抜き出して書きなさい。

1　久保が未来を呼びとめたことも同じに不安を広がっていたはずだ。
2　二十四人の編をついたが、誰の顔も緊張で青ざめていた。
3　武藤からのサインをうけ、ぼくは未来にサインを送った。
4　フラフラとフラフラが離れないように肩幅もおさせて歩いていた。

問8　波線部X「きのう未来をくんだ」とありますが、未来に対して誰がどのようなことをしたと読み取れるか、具体的に書きなさい。

問9　傍線部⑥「ぼくたちはいままでよりもっと強くなれるつ……チーム全体としても、もっともっと強くなれるんだ」とありますが、「ぼく」のりの実感を表すための慣用句として、次のア〜オから最も適切なものを一つ選び、その符号を書きなさい。

ア　肩の荷が下りる　イ　後悔先に立たず　ウ　三人寄れば文殊の知恵
エ　親の心子知らず　オ　雨降って地固まる

三　次の古文は『枕草子』の一節である。この文章を読んで、あとの各問に答えなさい。
（──線部の左側は、現代語訳です）

（縦書き古文本文）

陰陽師のもとなる a小童こそ いみじう物は ア知りたれ。

b祓などしに 出でたれば 祭文など イよむを 人は

猶 エきけ おどろむつ走りて「酒　水 ウかけせよ」

ともオいはぬに ①しありくこそ、例の、いはるるかに

物カはせぬ A 、うらやましけれ、②さらん物が使はむ。

とこそおぼゆれ。

（注）
※陰陽師…陰陽道によって占いをした呪術師。
※祓…神に折って罪・けがれを清め、災ひを除くこと。
※祭文…神に告げる言葉。

問1　二重傍線部 a「小童」b「祓」をそれぞれ現代仮名遣いに直し、すべてひらがなで書きなさい。

問2　本文中の A には、係り結びの法則により、文末の形容詞「うらやまし」を已然形「うらやましけれ」に活用させる係助詞が入る。 A に入る適切な係助詞を本文中から抜き出して書きなさい。

問3　波線部ア〜カの中で主語が「小童」であるものを二つ選び、その符号を書きなさい。

問4　傍線部①「しありくこそ」の内容として、次のア〜エから最も適切なものを一つ選び、その符号を書きなさい。

ア　酒、水を振りかけまわる様子。
イ　突然立ち上がって走り回る様子。
ウ　得意顔で思わせる歩く様子。
エ　周囲に気を使って世話をする様子。

問5　次の会話は、傍線部②「さらん物が使はむ」について、小松さんと大谷さんが話し合った内容の一部です。 Ⅰ ・ Ⅱ に入る適切な語句をあとのア〜エからそれぞれ一つ選び、その符号を書きなさい。

┌──────────────────────────────┐
│ 小松「さらん物」とは「そのような者」という意味を含む。本文の Ⅰ │
│　を指していますね。 Ⅰ のひとつのことを言っているのかな。 │
│ 大谷　直前に「うらやましけれ」とあるように Ⅰ の良い面を描いて │
│　いると思う。 │
│ 小松　とめ、本文中の Ⅰ の動きを考えると「さらん物」とは Ⅱ │
│　という意味ですね。 │
│ 大谷　つまり傍線部は「さらような Ⅱ を使えるものだ」という作者 │
│　の感想が書かれているということだね。 │
└──────────────────────────────┘

Ⅰ　ア　陰陽師
　　イ　小童
　　ウ　人
　　エ　主

Ⅱ　ア　人知を超えた能力を備えた者
　　イ　博識ですくいものを理解できる者
　　ウ　非の打ちどころなく立派な者
　　エ　慈愛に満ちた無私の奉仕ができる者

問6　この文章の作者として、次のア〜エから適切なものを一つ選び、その符号で書きなさい。
ア　小野小町
イ　和泉式部
ウ　紫式部
エ　清少納言

四　あるテレビでの金メダリストが「僕の場合、悔しさがすべての原動力」と言っています。あなたにとっての「原動力」は何か、またそれを活かして高校生になったらどのようなことをしたいか、あとの【条件】にしたがって書きなさい。

【条件】
1　一マス目から書くこと。
2　改行をしないこと（段落を作らないこと）。
3　三百字程度で書くこと。
4　「だ・である」調で書くこと。
5　原動力について、どんなことなのかを明確にして書くこと。

1 次の問1〜問4に答えなさい。

問1 動物を卵や子のうまれ方，からだの特徴などで下の図のように分けた。これについて下の各問いに答えなさい。ただし，AからEは動物の分類の名称が入る。

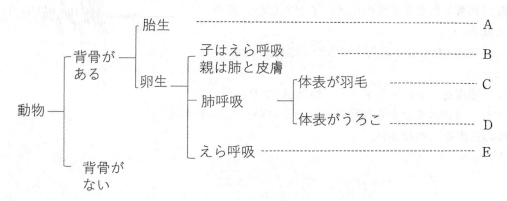

（1）図のA〜Eに入る名称の組み合わせとして最も適当なものを次のア〜オより1つ選び，符号で答えなさい。

ア　A哺乳類　　B鳥類　　　C魚類　　　D爬虫類　　E両生類
イ　A哺乳類　　B爬虫類　　C鳥類　　　D両生類　　E魚類
ウ　A哺乳類　　B両生類　　C鳥類　　　D爬虫類　　E魚類
エ　A魚類　　　B両生類　　C哺乳類　　D鳥類　　　E爬虫類
オ　A魚類　　　B爬虫類　　C哺乳類　　D鳥類　　　E両生類

（2）A〜Eより変温動物をすべて選び，符号で答えなさい。

（3）背骨がない動物の仲間として節足動物が挙げられるが，これらの体をおおっているかたい殻の名称を答えなさい。

（4）ネコは1回の出産で約4匹の子を産み，フナは1回の産卵で約3000〜14000個の卵を産むが，卵や子の数の違いは大人になるまでのある数の違いから生まれている。何の数が違うか答えなさい。

問2 右の表のように，さまざまな質量の水と食塩を用いて，食塩水A〜Fを作った。これについて次の各問いに答えなさい。

（1）食塩水Aの濃度は何％か。小数点以下第1位まで答えなさい。割り切れないときは小数点以下第2位の数を四捨五入して答えなさい。

（2）食塩水Aと濃度の同じものを，食塩水B〜Fより1つ選び，符号で答えなさい。

（3）食塩水A〜Fのうち，最も濃度の高いものと最も濃度の低いものはどれか。それぞれ1つずつ選び，符号で答えなさい。

	水の質量	食塩の質量
A	100g	20g
B	50g	9g
C	110g	25g
D	150g	30g
E	200g	50g
F	300g	70g

小松大谷

問3　震源から 72km 離れた地点 A で地震を観測した。小さな揺れの 6 秒後に大きな揺れが起こった。右の図は地点 A における地震のゆれを観測したものである。これについて次の各問いに答えなさい。

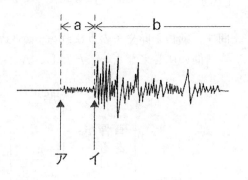

（1）P波が到着した点を表すのはア，イどちらか。符号で答えなさい。

（2）a，b の揺れをそれぞれ何というか。名称を漢字で答えなさい。

（3）P波の速度を 6 km/s とすると，地点 A に P 波が到着するのは地震発生から何秒後か求めなさい。

（4）S波の速度を求めなさい。

問4　レンズや鏡のものの見え方について，次の各問いに答えなさい。
（1）凸レンズの軸上に物体（図の⬆印）を置き，右側に置かれた左右自由に動くスクリーンにどのような像ができるかを調べた。スクリーンにできる像は，スクリーンの位置を左右に調節し最もはっきり見える状態になったものをいうこととする。

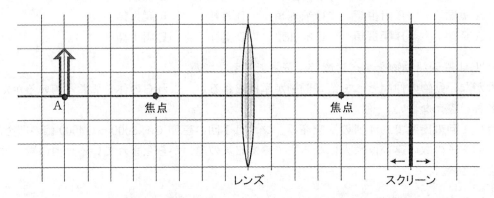

ⅰ）A の位置にある物体によりできる実像を解答欄の図に作図しなさい。格子は作図の参考になるように入れてある。

ⅱ）物体の虚像を見るためには，物体の位置をどこにすればよいか。簡単に説明しなさい。

（2）身長 160cm の人が，直立した状態で全身を鏡に映してみるために必要な鏡の高さは最低何 cm か求めなさい。

2 大谷君たちは，水溶液に電流を流す実験をした。

　まず図1のように，塩化銅 $CuCl_2$ 水溶液をビーカーに入れ，電源装置を用いて電流を流したところ，電極Aは赤い金属におおわれ，電極Bからは気体の泡が発生した。【実験1】

　次に図2のように，専用の実験器具を使い塩化ナトリウム $NaCl$ 水溶液に電流を流したところ，電極C，Dの両方から気体の泡が発生したが，器具にたまった気体の体積は電極Cの方が多く，電極Dの方は少なかった。【実験2】

　この2つの実験について，下の（1）〜（6）に答えなさい。ただし，電流は図の矢印の向きに流れるものとする。

図1：【実験1】の装置　　　　　　　図2：【実験2】の装置

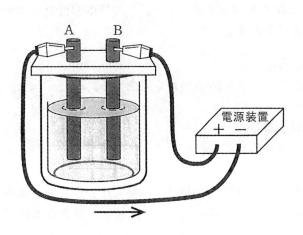
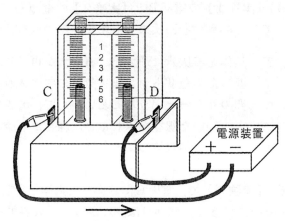

（1）この2つの実験のように，ある物質の水溶液に電流を流して2つの物質に分解することを何というか，名称を答えなさい。

（2）次の文章は，【実験1】の電極Aでおきている変化について述べたものである。空欄（①）〜（④）に適する語を下のあ〜すより選び，符号で答えなさい。

　電極Aは電源装置の − 極側に接続されているので（　①　）極と呼ばれる。電源装置のスイッチを入れると電極Aには（　②　）が近づき，（②）は電極Aで（　③　）を（　④　），銅に変化する。

あ　電子	い　原子	う　陽子	え　水素
お　水	か　陽イオン	き　陰イオン	く　陽
け　陰	こ　正	さ　負	し　受け取って
す　失って			

小松大谷

− 439 −

（3）【実験1】で，塩化銅 $CuCl_2$ が水溶液中で電離している様子を例にならって答えなさい。

　　　　例：　　　$NaOH \rightarrow Na^+ + OH^-$

（4）【実験2】の電極Cで発生した気体cを試験管に集め，マッチの火を近づけたら「ポンッ」という爆発音がして気体が燃えた。この気体cの化学式を答えなさい。また，気体cを発生させる方法として適するものを，次のア〜オより1つ選び，符号で答えなさい。

　　ア　炭酸水素ナトリウム（重そう）の粉末を加熱する。
　　イ　二酸化マンガンにうすい過酸化水素水（オキシドール）を加える。
　　ウ　亜鉛にうすい塩酸を加える。
　　エ　石灰石にうすい塩酸を加える。
　　オ　塩化アンモニウムの粉末と水酸化カルシウム粉末を混ぜ，加熱する。

（5）【実験1】の電極Bと【実験2】の電極Dでは同じ気体dが発生した。この気体の性質について正しいものを，次のア〜オより1つ選び，符号で答えなさい。

　　ア　気体を石灰水に通すと，石灰水が白くにごる。
　　イ　湿った赤色リトマス紙を気体の中に入れると，リトマス紙が青く変色する。
　　ウ　卵のくさったようなにおいがして，有毒である。
　　エ　火のついた線香を入れると，線香から炎が上がる。
　　オ　プールの消毒液のようなにおいがして，殺菌や漂白に使われる。

（6）【実験2】で，電極Cに貯まった気体cと電極Dにたまった気体dの体積を比較したら，気体cの方が多く，気体dは少なかった。大谷君は，その理由が知りたくて高校生のお兄さんに聞いてみた。

　　大谷君　　：　「気体cの方が気体dよりたくさん発生したのかな？」
　　お兄さん　：　「計算上は，気体cと気体dの発生する体積は同じだよ」
　　大谷君　　：　「じゃあなぜ，たまった体積が大きく違うの？」
　　お兄さん　：　「気体cは（　①　）という性質をもっているけど，気体dは（　②　）という性質をもっている。それで気体（　③　）の方は発生した量に比べ，たまった体積が（　④　）のだね」

　　上の会話内の空欄（①），（②），（④）に適する文，または言葉を答えなさい。また，（③）にはc，dのどちらかを選び，符号で答えなさい。

3　わたしたちは感覚器官で刺激を受けとり，それに応じてさまざまな反応をする。ヒトが刺激を受けとってから反応するまでの時間を調べるために，次の実験を行った。これについて次ページの（1）〜（4）に答えなさい。

【実験】
Ⅰ：30 cm ものさしを準備し，太郎君と花子さんの2人1組で，ものさしを落とす役とつかむ役になる。
Ⅱ：太郎君はものさしの上端を持って支え，花子さんはものさしの0の目盛りの位置にふれないように指をそえる。
Ⅲ：用意ができたら，合図なしに太郎君はものさしを落とし，花子さんはものさしが動きはじめるのを見たら，すぐにものさしをつかむ。
Ⅳ：この実験を5回くりかえし，つかんだ位置を記録した。表1はそれらの結果をまとめたものである。なお，測定から正しい値を求めるためには何度か測定を繰り返し，得られた値の平均値を求める必要がある。

1回目	2回目	3回目	4回目	5回目
19.0cm	20.0cm	18.5cm	18.0cm	19.5cm

表1

Ⅴ：ものさしが落ちた距離と，その距離を落ちるのに要する時間の関係を調べたところ，図1のようになった。

図1

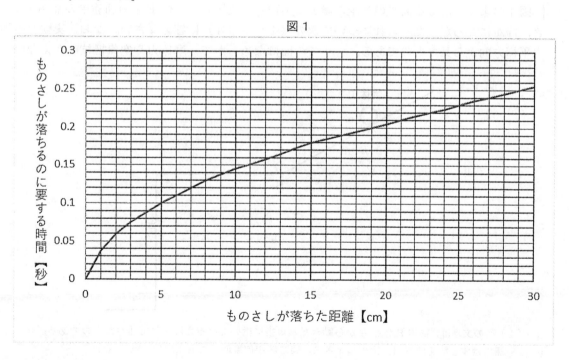

ものさしが落ちた距離【cm】

－ 441 －

（1）下線部において，この実験で受けとる刺激とは何か，適する言葉を答えなさい。

（2）実験の結果から，花子さんがものさしをつかむまでに要する時間は何秒になるか求めなさい。

（3）図2は，花子さんが刺激を受けて反応するまでを，フローチャートで示したものである。図のA〜Dに入る語句を下のア〜ウより1つずつ選び，符号で答えなさい。ただし，同じ語句が2度入ることがある。

図2

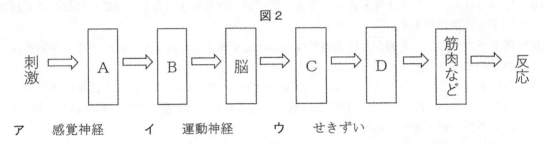

ア　感覚神経　　イ　運動神経　　ウ　せきずい

（4）「熱いやかんにうっかり手をふれて，思わず手を引っ込めた」という反応について
　（ i ）　この反応について信号が伝えられる経路は，図2の経路とは何が違うか答えなさい。
　（ ii ）　（ i ）のような経路である利点を答えなさい。

4　図1のように，ある高さのビルの屋上に実験台を設置し，物体Pを斜面途中の点Aにおき，静かにころがした。これについて次の（1）〜（4）に答えなさい。なお，実験台の図は水平横方向から見たものである。すべての面はなめらかで，摩擦力や空気抵抗は考えない。

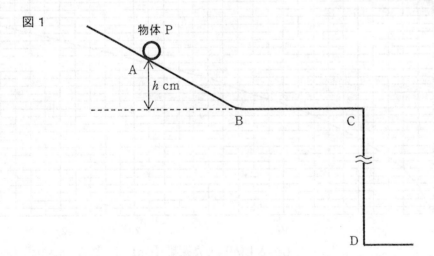

図1

（1）次の文章は，物体Pが点Aから動きだした後に働いている力について述べたものである。空欄に適する語を解答欄に記入しなさい。同じ語を何度使ってもよい。

　　物体Pが台上をすべっているときは，物体が地球から受ける力である（　①　）と面から受ける力（　②　）がはたらいている。点Cを通過した後の物体Pに働いている力は（　③　）だけである。

　　その後物体Pは点B，点Cと通過して飛び出していき，やがて地面に衝突した。なお，点B周辺は緩やかに角度が変化していて，物体の運動を妨げないものとする。

（2）点Cを通過した直後からの物体Pの運動を，真上からストロボ写真で撮影したものをグラフとして表したものが**図2**，実験台の点B，点Cの点とビルを正面にした方向からストロボ写真で撮影したものをグラフとして表したものが**図3**である。ストロボは 0.2 秒ごとに 1 回発光するようになっている。

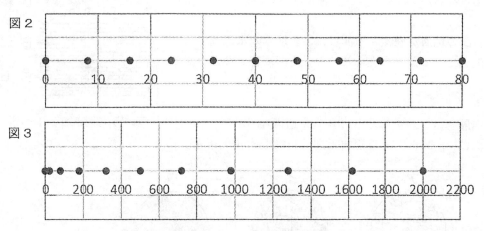

※　図2，図3とも点Cを飛び出す瞬間の位置が座標Oの位置であるとする。
※　図2，図3の数値の単位は cm。

（i）真上から見た物体Pは，どのような速さの運動をしているか。簡単に説明しなさい。
（ii）正面から見た物体Pは，どのような速さの運動をしているか。簡単に説明しなさい。

（3）物体Pは点Cを飛び出してから 3.0 秒後に水平な地面に衝突した。（2）の図2および図3をもとに，点Cの真下の点Dから物体Pが地面に衝突した点までの距離を求めなさい。また，その距離を求めた式も記しなさい。ただし，ビルが建っている地面はその周囲も水平であるとする。

（4）物体が地面に衝突するまでの距離をより大きくしたいと考え，下の変更点のように実験台を変えて同様の実験を行った。この方法で距離をのばすことができるかどうかを答え，その理由を「エネルギー」という語を使って説明しなさい。

【実験台の変更点】
・点Aの高さ h は変えない。
・物体Pの滑る距離が長くなるように斜面ABの角度を小さくした。

5 右の図は，ある地域の露頭を表したものである。これについて次の（1）～（5）に答えなさい。

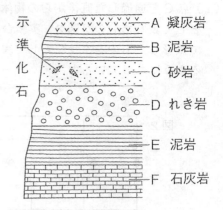

示準化石

- A 凝灰岩
- B 泥岩
- C 砂岩
- D れき岩
- E 泥岩
- F 石灰岩

（1）Aの地層が堆積した当時，この地域では何が起こったと考えられるか。5文字程度で答えなさい。

（2）B，C，Dの地層が堆積する間に，この地域の水深はどう変化していったと考えられるか。簡潔に答えなさい。

（3）Dの地層をスケッチしたものとして適当なものは，次のア～ウのうちどれか。1つ選び符号で答えなさい。また，そう思った理由を簡潔に答えなさい。

ア 　イ 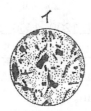　ウ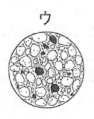

（4）生物の遺骸からなる堆積岩は，Fの地層に見られる石灰岩の他に何があるか。その名称を答えなさい。

（5）Cの地層に見られるような示準化石について，①，②に答えなさい。
①Ⅰ～Ⅲの3種類の示準化石となる生物の名称と，その示準化石が表す地質年代を答えなさい。

Ⅰ 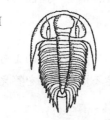　Ⅱ 　Ⅲ

②示準化石となる条件として最も適当なものを次のア～エより選び，符号で答えなさい。
　ア　長い期間に広い範囲で栄えたもの
　イ　短い期間に狭い範囲で栄えたもの
　ウ　長い期間に狭い範囲で栄えたもの
　エ　短い期間に広い範囲で栄えたもの

（解答は別冊114ページ）

1　会話文を読んで、次のページの問いに答えなさい。

大谷くん：世界の人口が去年、80億人を突破したらしいね。

小松さん：日本の人口は減っているのに、世界では爆発的に増えているんだね。

大谷くん：今までは中国が世界一の人口だったけど、予測では今年インドが抜くみたいだね。

小松さん：へぇ、そうなんだ。日本では東京に人口が集中しているけど、昔からそうなのかな。

先　　生：いや、実は違うんだよ。データが残されている時代以降のことで見れば、年によって1位が入れ替わっている。例えば、本格的な人口統計が始まった1872年には、なんと広島県が1位で、2位が山口県、3位に東京府*1だったんだよ。

大谷くん：え。なんで広島が一番だったの。

先　　生：それはね、江戸時代から（　①　）航路沿いの拠点であり、（　②　）地方で消費される綿や日用品、食品などの生産拠点だったことが理由だと考えられているよ。

小松さん：へぇ、そうなんだ。で、広島の1位はいつまで続くの。

先　　生：それがたったの一年で変わるんだ。翌年には愛知県が1位になる。大まかにいうと尾張と三河が廃藩置県の統廃合の中で一緒になったからなんだ。

小松さん：そもそもどうして愛知県に人口が集まっていたんですか。

先　　生：これは私の推測だけど、江戸時代初期の城郭・城下町などの建設に伴う膨大な木材需要の中で(a)木曽の山林がその供給源となっていて、それを扱っていたのが愛知県の地域だったんじゃないかな。

大谷くん：なるほど。と言うことは、統廃合によって順位が変わっているとはいえ、もともと産業力のあるところに人口が集まっていたんですね。

先　　生：そのとおりなんだ。だから次の(b)新潟県の1位は3年続くのだけれども、それは米の一大生産地で、「北前船」の拠点だったからなんだよ。

小松さん：あっ、北前船って歴史の授業でも習ったよ。たしか江戸時代に日本海や北海道の港から江戸や大坂に米や魚などを船で運んでいて、西廻り航路と東廻り航路があったんだよね。

大谷くん：18世紀の初めのころには、西廻り航路の方がよく利用されるようになっていく。東廻り航路だと太平洋側を北へ向かう（　③　）の流れに逆らって進むことになるから、当時の船では航海がとても大変だったんだ。

先　　生：二人ともよく覚えていましたね。1877年からは同じ北陸地方の石川県が1位になりますが、なぜでしょうか。

小松さん：う～ん、それは（　X　）からじゃないのかな。

先　　生：そうだね。そして、その後太平洋側に人が流れていくことになるんだね。

大谷くん：近代化が進んで、農業から工業へ産業が大きく変わっていったためですよね。

小松さん：私の調べでは、鉄道や汽船ができたことによって北前船そのものが衰退していったみたいだわ。

大谷くん：さらにこの時期は、北海道への(c)移民が急激に増加し、開拓が著しく進展したんだって。その移住者の半数近くが北陸や新潟の人たちだったらしいよ。

先　　生：その後、江戸時代に商業で大発展した大阪が復活の兆しを見せるんだ。(d)紡績業を中心に商工業が飛躍し、東洋のマンチェスターと言われるほどまでに発展して1884年には1位となる。その後、新潟が再び1位となりますが、1893年に三多摩地区が東京府に移管され、ほぼ現在の東京都の区域が出来上がり、1897年、東京府が人口176万2100人となり1位になったんだ。その後は戦時中の疎開で1位を北海道に譲ったけど、その後は一度も他道府県に1位を明け渡したことはないんだよ。

小松さん：今の人口は東京一極に集中しているため、人やモノの移動・輸送効率が高いことにより生産性が向上しているよね。だけれどもその反面、都市部では子育ての環境が悪く出生率の低下や、(e)災害時のリスクヘッジがなくなるなどの弊害もあるし、地方では過疎化が進み産業の衰退がみられるよね。

大谷くん：そう考えると、19世紀のように地方にも人口が分散していた方が、日本各地の発展にとっては望ましいのかもね。

＊1… 当時は都ではなく府であった。

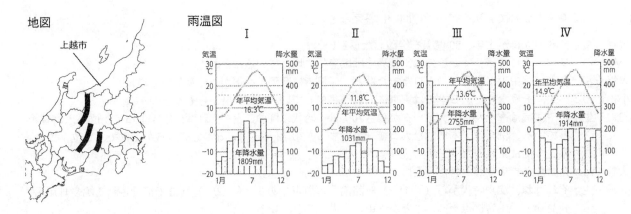

地図

上越市

雨温図

I 気温 降水量

年平均気温
16.3℃

年降水量
1809mm

II 気温 降水量

11.8℃
年平均気温

年降水量
1031mm

III 気温 降水量

年平均気温
13.6℃

年降水量
2755mm

IV 気温 降水量

年平均気温
14.9℃

年降水量
1914mm

問1　空欄（　①　）と（　②　）に入る適語について、次のア～カの組み合わせのうち正しいものを一つ選び、符号で答えなさい。

ア．（　①　）－瀬戸内海　（　②　）－近畿　　　イ．（　①　）－瀬戸内海　（　②　）－関東
ウ．（　①　）－日本海　　（　②　）－近畿　　　エ．（　①　）－日本海　　（　②　）－中部
オ．（　①　）－太平洋　　（　②　）－中部　　　カ．（　①　）－太平洋　　（　②　）－関東

問2　下線部(a)に関連して、地図上の ■■ は、木曽山脈や赤石山脈、飛騨山脈を示している。これらを総称して何というか、答えなさい。

問3　下線部(b)に関連して、上の雨温図Ⅰ～Ⅳのうちから上越市のものを一つ選び、符号で答えなさい。

問4　空欄（　③　）に入る海流の名称を答えなさい。

問5　次の文は空欄（　X　）に入る理由であるが、波線部には誤りが一ヵ所ある。その誤りの訂正として正しいものを、下のア～エのうちから一つ選び、符号で答えなさい。

　　　明治時代の中心的産業の第一次産業が盛んだったことと、北前船の西廻り航路の寄港地であったこと、そして織物や漆器、金物などの伝統工芸品を主業として作る地場産業があったことで人が集まった

　　ア．第一次 → 第二次　　イ．西廻り → 東廻り　　ウ．金物 → 楽器　　エ．主業 → 副業

問6　下線部(c)に関して、ふだんは農業を営みながら軍事訓練を積み、北海道の開拓とロシアへの防備にあたっていた人たちのことを何というか、答えなさい。

問7　下線部(d)に関連して、右のグラフ中のア～エは、阪神工業地帯・中京工業地帯・京浜工業地帯・京葉工業地域のいずれかの出荷額の品目別割合（2018年）を表している。阪神工業地帯に該当するものを一つ選び、符号で答えなさい。

グラフ　※品目名は、左より金属、機械、化学、食料品、繊維、その他の順。

グラフの数値の単位は（％）

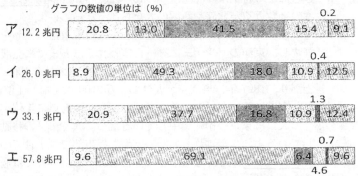

ア 12.2兆円　20.8　13.0　41.5　15.4　9.1　0.2

イ 26.0兆円　8.9　49.3　18.0　10.9　12.5　0.4

ウ 33.1兆円　20.9　37.7　16.8　10.9　12.4　1.3

エ 57.8兆円　9.6　69.1　6.4　9.6　0.7　4.6

日本国勢図会 2022/23 より作成

問8　下線部(e)に関して、人口が集中している東京圏で首都直下型地震や、富士山の噴火などの巨大災害が発生した場合、広い地域で非常に多くの住民が被災しかねないことが想定される。その際に、国や地方自治体が災害時に被災者の救助や支援を行うことを「公助」という。しかし、災害時には「公助」に頼るだけでなく、自分自身や家族を守る「自助」や住民どうしが協力して助け合う「（　Y　）」と呼ばれる行動を取ることが求められている。空欄（　Y　）に入る適語を答えなさい。

小松大谷

2 　資料Ⅰ～Ⅴは、日本史に登場する女性の絵又は像とその人物に関連する文章である。下記の問いに答えなさい。

[資料Ⅰ]

日野富子は将軍足利義政との子である義尚を跡継ぎにしようとしたことから将軍の跡継ぎをめぐる対立がおこった。これに幕府の実力者細川氏と山名氏の勢力争いが複雑に結びつき、(a)多くの守護大名を巻き込む戦乱となった。

[資料Ⅱ]

「…南に進むと邪馬台国に着く。ここは女王が都を置いている所である。…倭にはもともと男の王がいたが、その後国内が乱れたので一人の女子を王とした。名を（　①　）といい、…」
『魏志倭人伝』（現代語訳　要約）
安田靫彦《卑弥呼》1968（昭和43）年、滋賀県立美術館蔵

[資料Ⅲ]

「春はあけぼの。やうやう白くなりゆく、山ぎはすこしあかりて、紫だちたる雲のほそくたなびきたる。夏は夜。月のころはさらなり、やみもなほ、ほたるの多く飛びちがひたる。また、ただ一つ…」
(b)『枕草子』

[資料Ⅳ]

いみ名は額田部王女。敏達天皇の后となったが、敏達天皇が病死し、弟が殺され、最初の女性天皇として即位した。甥の(c)聖徳太子や母方の叔父にあたる豪族の蘇我馬子に支えられて多くの改革を行った。

[資料Ⅴ]
「皆の者よく聞きなさい。これが最後の言葉である。亡き頼朝公が朝廷の敵を倒し、幕府を開いてから、官位や土地など、その御恩は山よりも高く海よりも深い。この御恩に報いる心が浅くてよいはずがない。…名誉を失いたくない者は、(d)逆臣を討ち幕府を守りなさい。」
『吾妻鏡』（現代語訳　要約）
安養院蔵／(株)Gakken

問1　下線部(a)に関する記述として誤っているものを、次のア～エのうちから一つ選び、符号で答えなさい。
ア．守護大名は、幕府から命じられて国ごとに配置された守護がその権限を利用して領地を広げたり、武士たちを家来にしたりして力をつけた者である。
イ．管領に任命された守護大名は、有力な守護大名を結んで政治をすすめるようになり、幕府の将軍による統制が地方に及ばなくなっていった。
ウ．この戦乱が起こったもう一つの要因は、守護大名の一族や家来が主人に実力で打ち勝とうとする下剋上の風潮があったことである。
エ．この戦乱の後に各地で一揆が盛んになり、加賀の浄土真宗の信徒であった武士や農民が守護を倒し、約100年にわたって自治を行った。

問2　空欄（　①　）に入る人物を答えなさい。

問3　下線部(b)の『枕草子』に代表される文化に関連する記述として正しいものを、次のア～エのうちから一つ選び、符号で答えなさい。
ア．万葉がなの使用など日本独自の文化である。　　イ．『古今和歌集』が紀貫之らによって編集された。
ウ．人々の素朴な生活を記した『徒然草』が書かれた。　エ．寝殿造の住居が庶民にまで広がっていった。

問4　下線部(c)の聖徳太子は冠位十二階の制度を設けたが、その目的について簡潔に説明しなさい。

問5　下線部(d)の逆臣を率いた上皇は誰か、答えなさい。

問6　資料Ⅰ～Ⅴを年代の古い順に並び替えなさい。

問7　女性の社会参加を促し、男女が互いに尊重し助け合っていく社会を目指して1999年に施行された法律を答えなさい。

3   次の意見交換を読んで、下記の問いに答えなさい。

小松市内の中学3年生の4名が、近年行われた選挙について夏休み中にそれぞれ調べてカードに記し、2学期最初の授業でそれらについて意見を交わしました。

[A] 内閣総理大臣指名選挙　2021年10月 4日
[B] 衆議院議員選挙　　　　2021年10月31日
[C] 内閣総理大臣指名選挙　2021年11月10日

[D] 石川県知事選挙　　　　2022年 3月13日
[E] 参議院議員選挙　　　　2022年 7月10日

大谷くん：2021年から22年の2年間だけでも大きな選挙が5つもあったんだね。

小松さん：そのうち2つは内閣総理大臣指名選挙なのね。

加賀くん：菅義偉が内閣総理大臣を辞任して、自民党総裁*¹を菅義偉から引き継いでいた岸田文雄が [A] で指名されて内閣総理大臣に就いたんだ。そして1ヵ月間政権を担って、衆議院を解散した。[B] を経て招集された特別国会で [C] が行われて、岸田文雄が再度指名されて組閣したんだ。

粟津さん：私が疑問に思うのは、[B] は(a)衆議院議員の任期満了で総選挙という期日が目前に迫っていたのに、内閣はそれを待たずに衆議院を憲法第7条にもとづく解散にしたことなのよ。

加賀くん：僕も同じ疑問を持ったから、その頃インターネットや新聞とかで調べたんだ。賛否両論あったよ。この政治の決定が本当に国民の利益になっているのかを、僕は大事な軸として考えようと思ったよ。

小松さん：まずは社会に関心を持つことも大切よね。姉は高校3年生で、[E] の時は18歳になっていたから、小松大谷高校を会場にした期日前投票に行ってた。新型コロナウイルス感染症への対策や、ロシアによる（ ① ）侵攻への対応とかについての候補者や政党の主張を聞いていたみたいだけれど、特に(b)アメリカから返還されてちょうど50年の沖縄に関する問題に関心があるって言っていたわ。

粟津さん：[B] でも [E] でも、「一票の格差」があるとして訴えが起こって、裁判所が判決を出していたわ。

大谷くん：身近な社会という点では、地方のリーダーを選ぶ [D] だよね。馳 浩 新知事のもとで、「観光立県」ではなく「（ ② ）立県」という方向性がより明確になったんだ。石川県に培われてきた伝統工芸や文学などの豊かな（ ② ）を生かして活性化し、それを観光にもつなげるということだね。

粟津さん：(c)新型コロナウイルス感染症で停滞した県の経済を回復させる打開策でもあるわけね。石川県から（ ② ）を発信して、他の地域や世界の人々とコラボ*²すれば、お互いに豊かな社会になる。

加賀くん：世界的視野の観点で言えば、9月に性的マイノリティ*³の人たちが性の多様性への理解を多くの人々に広めようと金沢でパレードしたのを、行政も協力していたよ。

大谷くん：(d)それぞれの時代や社会特有の課題もあるし、地球的人類的な課題もあるな。それらの課題への取り組みでは、世界全体や世界の各地域、日本、石川県、自分の地元がつながっている。

小松さん：今の私たちが祖先から引き継ぎ、未来へつなげるかけ橋のひとり一人だとも言えるわね。豊かな社会、そして豊かな自分自身のために、知ることや考えること、つまりは学ぶことが一番大切だと私は思うわ。

　　　　　＊1… 自民党（自由民主党）の代表者のこと。　＊2… コラボレーションの略で、協力するという意味。
　　　　　＊3… 同性愛者や性同一性障害をもつ人たちのこと。

問1　下線部(a)に関連して、2021年の衆議院議員選挙の前回の選挙は西暦何年に行われたか、答えなさい。

問2　空欄（ ① ）に入る国名と、（ ② ）に入る語句を答えなさい。

問3　下線部(b)に関して、沖縄における米軍基地の問題について、簡潔に説明しなさい。

問4　下線部(c)に関連して、石川県は県の人口減少を抑え、特に働く若い世代の県内への移住を促すために、「お試し移住」を実施した。例えば、首都圏の会社の勤務であっても「テレワーク」ができるようICT設備を整えた住居を提供し、費用の一部を県が補助している。県のこの施策は、短い時間で効率よく働けるように労働環境を変えていくという国の改革政策があるからだ。国のこの改革を何と言うか、答えなさい。

問5　下線部(d)に関して、2015年に国連で採択された、2030年までに達成すべき17の目標を何と言うか。

問6　4名の意見交換では触れられていないことがらを、次のア～クのうちから三つ選び、符号で答えなさい。

　ア．住民投票　　　イ．マニフェスト　　　ウ．メディアリテラシー　　　エ．内閣不信任決議
　オ．人権問題・差別解消　　　カ．国民審査　　　キ．違憲立法審査権　　　ク．天皇の国事行為

4 下記の問いに答えなさい。

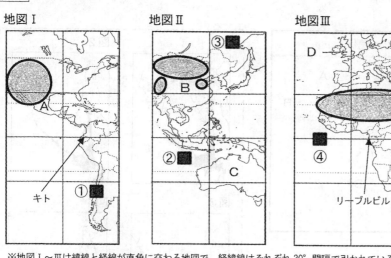

地図Ⅰ　　　　　地図Ⅱ　　　　　地図Ⅲ　　　　　　　雨温図Ⅰ

※地図Ⅰ～Ⅲは緯線と経線が直角に交わる地図で、経緯線はそれぞれ30°間隔で引かれている。

問1　地図Ⅰ～Ⅲ中の■で囲まれた部分①～④は、地図上ではすべて同じ大きさである。実際の面積が最も小さいものを一つ選び、符号で答えなさい。

問2　日付変更線は地図Ⅰ～Ⅲのどの地図の間を通っているか、次のア～カの組み合わせのうち正しいものを一つ選び、符号で答えなさい。
　ア．地図Ⅰと地図Ⅱの間　　　イ．地図Ⅱと地図Ⅰの間
　ウ．地図Ⅱと地図Ⅲの間　　　エ．地図Ⅲと地図Ⅱの間
　オ．地図Ⅲと地図Ⅰの間　　　カ．地図Ⅰと地図Ⅲの間

問3　地図中のA～Dの国の標準時の中で、日本との時差が最も大きい国はどこか、符号で答えなさい。

問4　次の表中のあ～えは、地図中のA～Dの国の2020年における輸出額・輸出品目・輸出相手国をまとめたものである。うとえの国名をそれぞれ答え、【　X　】と【　Y　】に該当する国名もそれぞれ答えなさい。

表

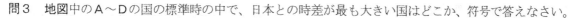

国名 輸出額	主要輸出品の輸出額に占める割合 上位3品目（%）	金額による輸出相手国・地域の割合 上位3か国・地域（%）
あ 2,590,646百万ドル	機械類（44.5%） 繊維・織物（6%） 衣類（5.5%）	【　X　】（17.5%） 香港（10.5%） 【　Y　】（5.5%）
い 416,235百万ドル	機械類（35.1%） 自動車（23.3%） 野菜・果実（4.1%）	【　X　】（79.1%） カナダ（2.6%） 【　あ　】（1.9%）
う 379,866百万ドル	機械類（21.8%） 自動車（8.7%） 医薬品（6.5%）	【　X　】（14.4%） ドイツ（10.3%） アイルランド（6.8%）
え 250,411百万ドル	鉄鉱石（32.2%） 石炭（11.9%） 天然ガス（10%）	【　あ　】（40.8%） 【　Y　】（12.4%） 韓国（6.5%）

※データブックオブ・ザ・ワールド2022より作成（2020年の数値）

問5　地図Ⅰ～Ⅲ中の○で囲まれた地域では、深刻な環境問題が起こっている。この環境問題は何か答えなさい。また、地図Ⅲの地域においてこの環境問題が起こる過程を、次の語句をすべて使って説明しなさい。

　［使用する語句］　人口　　燃料　　過度

問6　雨温図ⅠとⅡは、地図Ⅰ上の都市キトと地図Ⅲ上の都市リーブルビルのいずれかのものである。キトの雨温図を選び、符号で答えなさい。また、この気候の特徴を50字以内で述べなさい。

小松大谷

| 5 | 次の**年表**を見て、下記の問いに答えなさい。 |

年表

年	日本と世界との関係
1853 年	ペリーが浦賀に来航する。　・・・A
1905 年	ロシアとポーツマス条約を結ぶ。　・・・B
1910 年	韓国を併合する。　・・・C
1915 年	中華民国に（　①　）を示した。
1937 年	日中戦争をおこす。　・・・D
1945 年	連合国軍による占領が始まる。　・・・E

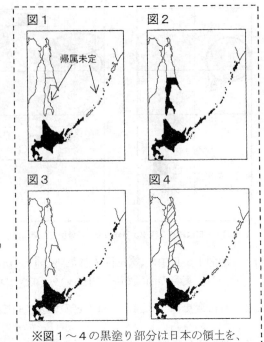

※図1～4の黒塗り部分は日本の領土を、無色部分はロシアの領土を表している。但し、図1の無色部分には一部帰属未定がある。また、図4の斜線部分は日本とロシアの混住を表す。

問1　Aに関連して、19世紀後半のことがらとして正しいものを、次の**ア～エ**のうちから一つ選び、符号で答えなさい。
　ア．保護貿易か自由貿易かの対立から始まった南北戦争において、ワシントン大統領は奴隷解放宣言を出した。
　イ．イギリスがインドで生産したアヘンを清へ密輸したことによりアヘン戦争がおこった。
　ウ．日米修好通商条約を結んだ井伊直弼は、安政の大獄に反発した者たちによって暗殺された。
　エ．徳川慶喜は王政復古の大号令を発し、岩倉具視らとともに天皇を中心とする新政府を成立させた。

問2　Bのポーツマス条約によって、北方領土の帰属はどのように変更されたか。右上の図1～図4のうちから条約前と後の図をそれぞれ一つずつ選び、符号で答えなさい。

問3　Cに関連して、朝鮮と日本との関係についての記述として正しいものを、次の**ア～エ**のうちから一つ選び、符号で答えなさい。
　ア．総督府の土木技師だった八田與一は、烏山頭ダムを建設し、不毛の土地を穀倉地帯へと変えた。
　イ．韓国併合は朝鮮民衆の大きな反発をまねき、統監を務めていた伊藤博文は安重根によって暗殺された。
　ウ．江戸幕府は鎖国政策を徹底するために、朝鮮との関係は朝鮮通信使のみに制限していた。
　エ．征韓論を主張した西郷隆盛は政府を去ったが、その後、江華島事件を口実に日朝修好条規を結んだ。

問4　空欄（　①　）に入る適語を答えなさい。

問5　Dの日中戦争にいたる経緯について、次の**ア～カ**のうちから適切なものを**四つ**選び、起こった順に並び替えなさい。
　ア．清朝最後の皇帝の袁世凱が満州国の元首として即位する。
　イ．関東軍が奉天郊外の柳条湖で鉄道を爆破する。
　ウ．青年将校が大臣らを殺傷する二・二六事件が発生する。
　エ．日本は国民や物資を優先して戦争に回せる法律を制定する。
　オ．北京郊外の盧溝橋で日中両軍が衝突する。
　カ．満州からの引き揚げ勧告に反発し日本は国際連盟を脱退する。

問6　Eに関して、連合国軍総司令部が当時の日本経済を支配していた三井、三菱、住友、安田などの巨大企業に対して行った経済の民主化政策は何か、答えなさい。

小松大谷

次の文を読んで、下記の問いに答えなさい。

　情報通信技術（ＩＣＴ）の飛躍的な進歩によって、経済活動は大きく変化した。経済活動を成り立たせている(a)貨幣が現金から「見えないお金」に姿を変え、インターネットの普及により、世界的には「見えないお金」が主流になってきている。物品購入やサービス利用の支払いは、スマートフォンを使うのが日常的である。(b)金融では、インターネット上で多くの人々から資金調達する（　①　）が行われるようになり、映画が製作されたり難病治療薬が開発されたりしている。

　ＩＣＴは「通販」などの従来から存在した企業の活動の拡大や、「宅配」の流通効率の最適化などの変化をもたらし、ＩＣＴを武器に誕生した企業は（　①　）などの新しいサービスを開発した。そして、今後発展すると考えられるのは、メタバースというインターネット上の３次元仮想空間で行われるビジネスである。例えば、各人は自分のアバター*¹をメタバースに参加させ、３次元に構築されたショッピングストリートを歩き、気になったお店に入ってアクセサリーを買うことができる。また、人気のあるストリートに企業が広告を出したり、企業から広告掲示の使用料をもらうこともできる。すなわち、モノやサービスが売買される（　②　）が３次元仮想空間においても生まれるのである。

　また、（　③　）データを解析する人工知能（ＡＩ）も企業活動に取り入れられている。例えば、コンビニエンスストアでは、過去の季節や天気、気温・湿度、時間帯において売れている食品の膨大な情報をＡＩが分析し、売れる食品を予測して発注内容を店長にアドバイスをする。これによって損失を出さない経営となり、売れ残って廃棄する（　④　）の軽減にもなる。

＊１… ３次元仮想空間に登場させる自分の分身。

問１　下線部(a)に関して、次の（１）・（２）の問いに答えなさい。

（１）次の説明文は、貨幣の起源についての一つの説である。空欄［　Ⅰ　］・［　Ⅱ　］にはＸ又はＹを、［　Ⅲ　］・［　Ⅳ　］には数字を、［　Ⅴ　］には貨幣に関連する適切な語句をそれぞれ答えなさい。

　　写真Ａの小型の粘土製品は、古代メソポタミアで紀元前8000年頃から使用されていたトークンである。推定されている使い方は以下の通りである。
　　農民Ｘと農民Ｙが麦畑で働いた時間を穀物倉庫の管理人Ｚへ報告に行く。管理人Ｚは、穀物倉庫で管理しているトークンを用いて、二人の労働時間をそれぞれカウントする。農民Ｘの労働時間が５時間ならばトークンを５個、農民Ｙの労働時間が８時間ならばトークンを８個というようにである。そして１年後、農民Ｘと農民Ｙは貯まった１年分のトークンの個数分に相当する麦を管理人Ｚから受け取ることができるのである。
　　その後トークンの使い方が変わっていく。写真Ｂのように、管理人Ｚはトークンを粘土板に押し付けて、くぼませた穴の数でカウントするようになったのである。農民Ｘの粘土板にはトークンのくぼみが70個、農民Ｙのくぼみが100個とする。ある時、農民Ｙは農民Ｘからヤギを一頭買った。この支払いは、管理人Ｚのもとで行われる。ヤギ一頭がトークン10個分に相当するとしたならば、管理人Ｚは、農民［　Ⅰ　］の粘土板のくぼみ10個を埋めて、農民［　Ⅱ　］の粘土板にトークンで10個のくぼみを作るのである。その結果、農民Ｘの粘土板のくぼみは［　Ⅲ　］個、農民Ｙの粘土板のくぼみは［　Ⅳ　］個になる。このような管理人Ｚのもとでなされるトークンの使用は、二人の農民Ｘ・Ｙには見えていないので、すなわち「見えないお金」である。つまり、貨幣の起源は、現代のようなデジタル技術を用いていないものの、現代で言うところの［　Ⅴ　］だと言える。

写真Ａ

写真Ｂ

平山郁夫シルクロード美術館所蔵

（２）上記（１）に述べられている貨幣の機能は、「物品を交換する機能」、「財産として貯蔵する機能」であるが、あと一つ述べられている機能について、「物品の　　　　　機能」という形で答えなさい。

問２　下線部(b)に関して、次のア～ウの金融商品をローリスク・ローリターンからハイリスク・ハイリターンの順に並べ、符号で答えなさい。
　ア．債権　　　　イ．株式　　　　ウ．預貯金

問３　空欄（　①　）～（　④　）に入る語句をそれぞれ答えなさい。

リスニング音声は
こちらから

1 リスニング問題　各問の答えとして適切なものを次の①〜④から1つ選び，符号で答えなさい。
(1) ① 7:15　　　　　　② 7:30　　　　　　③ 7:45　　　　　　④ 8:00
(2) ① See you.　　　② No problem.　　③ No, thank you.　④ Here you are.
(3) ① teacher　　　② doctor　　　　③ basketball player　④ singer
(4) ① He is going to ask Masami to help Emi.　② He is going to take cooking class.
　　③ He is going to help Emi with her homework.　④ He is going to ask Tomo to help her.
(5) ① He will bring a cake.　　　　　　　② He will bring nothing.
　　③ He will bring dishes.　　　　　　　④ He will bring a special present and drinks.

2 次の日本文の内容に合うように適切な語を(　　　)内の①〜③から1つ選び，符号で答えなさい。
(1) あなたはロンドンに行ったことがありますか。(① Have / ② Do / ③ Did) you ever been to London?
(2) これらは彼の本です。　　　　　　　These (① am / ② is / ③ are) his books.
(3) ここで写真を撮ってもいいですか。　(① Should / ② Will / ③ May) I take a picture here?
(4) 青いTシャツを着ている男の子は私の友達です。The boy (① wearing / ② wears / ③ wore) a blue T-shirt is my friend.
(5) もし私があなたならば，そんなことはしないだろうに。If I were you, I (① can't / ② wouldn't / ③ shouldn't) do such a thing.

3 次の日本文の内容に合うように(　　　)内の語句を正しく並べ替えなさい。
(1) その公園には猫がたくさんいました。(were / cats / many / there) in the park.
(2) 彼はこのコンピューターの使い方を知らない。He (how / know / use / to / doesn't) this computer.
(3) 次の電車がいつくるか教えていただけますか。Could you tell (come / me / the next train / will / when)?
(4) これが私がずっと探していた本です。(I / is / the / looking / this / been / book / have) for.
(5) 金沢へ行くにはどの電車に乗ればよいですか。(train / to / should / which / I / go / take) to Kanazawa?

4 次の文を読んで，後の問に答えなさい。

Which class do you want to take?

● Are you interested in the Italian food? This course is really perfect for beginners. It has the highest *fee. But it is the best for people who are busy because the classes are held from 6:30 p.m. to 7:30 p.m. every day.

● I advise you to take the Japanese food course if you want to enjoy making healthy food. The course is not so expensive for its course content. A professional cook teaches you high-level cooking skills carefully for three hours.

● How about taking our French food course if you love French food? Here, you can learn the basics of French dishes. Many *participants are happy with our low fees, and it takes three hours to learn French cooking techniques.

● You should take the Mexican food class if you want to learn the basics of Mexican cooking. You'll be excited about cooking with a professional cook. It's the cheapest, and each lesson takes an hour and a half.

(注) * fee 料金　　* participant 参加者
問 表の空所(A)〜(D)に入るものを次の①〜④から選び，符号で答えなさい。
① Italian food class　② Japanese food class　③ French food class　④ Mexican food class

	Fees	Hours	Beginner
(A)	$40	Less than two hours	OK
(B)	$35	More than two hours	NG
(C)	$10	Less than two hours	OK
(D)	$20	More than two hours	OK

鵬学園

5　次の英会話文を読んで，後の各問に答えなさい。

Emma　　　: Hi, Shin. *Recently, my sister Sophia（　ア　）wanted a smartphone.

Shin　　　 : Really? She's still only twelve years old. She's too young to have one.

Emma　　　: I think so, but I also think smartphones have some useful *functions for children.

Shin　　　 : Do you mean that it'll be easier for her（　イ　）contact her family and friends?

Emma　　　: Yes, that's <u>(ウ)one of the great functions</u>. Another one is GPS. It helps parents see where their children are, so the parents don't feel worried so much.

Shin　　　 : That（　エ　）be convenient, but I'm still worried that children may use smartphones *improperly because the Internet can be dangerous for children.

Emma　　　: I know what you mean.

Shin　　　 : To *avoid the problems, the use of smartphones by children should be limited.

Emma　　　: You're right. When children use smartphones, we（　オ　）teach them the rules for using smartphones.

　　　　　　　～the next day～

Mr. James : Let's start today's lesson. Today, we're going to talk about smartphones. Nowadays, the <u>(カ)(have / of / number / smartphones / children / who)</u> is increasing. Should children have smartphones? I'd like you to tell me your opinions about it. How about you, Emma?

Emma　　　: Well, I have no reason to disagree with it. They are very convenient when something happens.

Mr. James : I see. You mean, it's when children get lost or a disaster happens, right?

Emma　　　: Yes. They（　キ　）contact their families easily in an emergency.

Mr. James : That makes sense.

Emma　　　: I think there are more positives than negatives about use of smartphones by children. If children know how to use smartphones safely, <u>(ク)it is very important for them to use smartphones</u>. There are several reasons.

Mr. James : OK. Tell me more.

Emma　　　: First, smartphones have a safety function that limits calls to family members only. Also, it's better that children can learn how to use smartphones early in life.

Mr. James : Right. They're certainly good points. What do you think about it, Shin?

Shin　　　 : If I were a parent, I wouldn't let my children have smartphones. Smartphones can have <u>(ケ) a negative influence on children's minds</u> when they see bad things on the Internet. I heard some people have been saying bad things about other people on online sites.

Mr. James : Yeah. *Bullying over the Internet is recognized as a social problem these days.

Shin　　　 : We have to stop that kind of problem. What's your opinion, Mr. James?

Mr. James : I'm worried about the effect of using smartphones on children's minds. It is said that the children who use smartphones for hours do not study enough, so I don't want children to use smartphones.

　　　(注) *recently 最近　*function 機能　*improperly 不適切に　*avoid 避ける　*bullying いじめ

問1　空所(ア)・(イ)に入る適切な単語を書きなさい。

問2　下線部(ウ)・(ケ)が指す内容を日本語で書きなさい。

問3　空所(エ)・(オ)・(キ)に入る適切な単語を次の①～③から選び，符号で答えなさい。ただし各単語1度しか使えない。

　　　① can　　　② may　　　③ should

問4　下線部(カ)の(　　　)内の語句を適切な意味になるように並べ替えなさい。

問5　下線部(ク)の理由を日本語で書きなさい。

問6　次の①～③の質問に英語で答えなさい。

　　　① What does Shin think about the Internet?

　　　② Does Emma agree that children have smartphones?

　　　③ What is Mr. James worried about?

6　あなたの将来の夢について５０語程度の英語で書きなさい。

（解答は別冊118ページ）

1　次の各問に答えなさい。

問1　$5-(-2)$ を計算しなさい。

問2　$(3a+1)+2(a-3)$ を計算しなさい。

問3　$\sqrt{8}-\sqrt{3}\times\sqrt{6}$ を計算しなさい。

問4　x^2-5x+6 を因数分解しなさい。

問5　2次方程式 $2x^2-4x-7=0$ を解きなさい。

問6　$(x-1):3=2x:5$ が成り立つとき，x の値を求めなさい。

問7　$x=7$，$y=3$ のとき，$x^2-2xy+3y^2$ の値を求めなさい。

問8　y は x の2乗に比例し，$x=2$ のとき $y=20$ である。y を x の式で表しなさい。

2　下の図において，$\angle x$ の大きさを求めなさい。

(1)

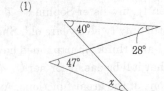

(2) $\ell \,/\!/\, m$

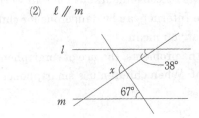

3　下の直角三角形ABCを，辺ACを軸として回転させてできる立体について次の問に答えなさい。ただし円周率は π とする。

問1　立体の名称を答えなさい。

問2　展開図をかくとき，側面になるおうぎ形の中心角を求めなさい。

問3　表面積を求めなさい。

4　下の図のように，点 A，B，C，D，E，F，G，H を頂点
　とする立方体があり，この頂点上を移動する 2 点 P，Q がある。
　愛子さんと誠くんが，さいころを同時に投げ，点 P は愛子さん
　が出した目の数だけ点 A を出発点とし，B，C，D，A，B，C
　の順に移動し，点 Q は誠くんが出した目の数だけ点 E を出発点
　とし，H，G，F，E，H，G の順に移動する。

問1　PQ が AE と一致する確率を求めなさい。

問2　PQ と CG がねじれの位置にある確率を求めなさい。

5　ある川にそって 44 km 離れた 2 地点をモーターボートで往復
　する。川を上る途中，エンジンが止まってしまい 30 分間流され
　たため往復するのに 5 時間かかった。下りにかかった時間は，上
　りにかかった時間の $\frac{2}{3}$ 倍であった。

問1　上りにかかった時間を求めなさい。

問2　モーターボートの速さを時速 x km，川の流れの速さを時
　　　速 y km とすると，下りの速さと上りの速さをそれぞれ x，
　　　y を用いて表しなさい。

問3　モーターボートと川の流れの速さをそれぞれ求めなさい。

6　右の図のように，縦に n 段，横に 3 列
　の枠がある。次の規則にしたがって，各
　枠に 1 つずつ数を記入する。

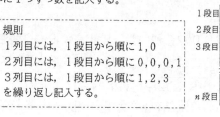

規則
　1 列目には，1 段目から順に 1，0
　2 列目には，1 段目から順に 0，0，0，1
　3 列目には，1 段目から順に 1，2，3
　を繰り返し記入する。

問1　10 段目に並んでいる数の合計を求めなさい。

問2　1 段目から 20 段目までにおいて，3 列目に記されている
　　　数の合計を求めなさい。

7　右の図のように，直線 l は
　放物線 $y=2x^2$ と 2 点 A，B で
　交わり，放物線 $y=ax^2$ と 2 点
　C，D で交わっている。A，B
　の x 座標はそれぞれ -1，2，
　PA：AC＝2：1 のとき，
　次の問に答えなさい。

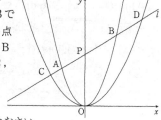

問1　直線 l の方程式を求めなさい。

問2　a の値を求めなさい。

問3　点 D の座標を求めなさい。

問4　上の図において点 E $(-3，-3)$ をとる。y 軸を対称の軸と
　　　して，点 E を対称移動した点を F とし，線分 EF を 1 辺とする
　　　正方形 EFGH を，点 G，H の y 座標が負となるようにかく。
　　　この正方形の周上に点 Q をとり，点 Q と 2 点 A，B を結んで
　　　△ABQ をつくる。△ABQ の面積が△ABO の面積の 2 倍に
　　　なるような点 Q のうち，y 座標の値が最も小さい座標を求め
　　　なさい。

鵬学園

（解答は別冊119ページ）

□一　次の文章を読み、後の各問に答えなさい。

言葉とは何

　放送に関わっている私は、ニュースあるいは情報の「核心」を「簡潔に」「感じ良く」お伝えできればと思いながら放送しています。ですから、①この言葉が適切なのか、あるいはこの表現でいいのかを、放送する前に十分に②吟味してお伝えしています。

　言葉は社会の基盤です。社会生活において何が大事かというと、水や空気と同じように言葉も大事なのです。もし言葉がなかったら、自分の気持ちを相手に伝えることができませんし、また相手のことを理解することもできません。情報もニュースも伝わらないし、向こうからも入ってこない。そうすると、非常に険悪な状態になります。

　たとえば、皆さんのご家庭でもそうだと思いますが、朝起きてから今までの時間に言葉が一つも使えない状態におかれたとしたら、家の中は暗くなりますし、　　@　　になることもあるでしょう。社会不安が増えてくることもあるでしょうし、人間関係がどんどん冷え込んでくるというような状態になるのではないでしょうか。言葉はそのくらい重要なものなのです。言葉のない世界に人間がおかれると、非常に不安になってストレスがたまるそうです。言葉がないということは、ニュースがないし情報もないわけだ。たとえると、耳がふさがれたような状態になります。

　人間は、情報にきわめて弱い動物です。そして、情報がない世界、　　ⓑ　　言葉がない世界におかれると、三日と耐えられないそうです。心理学者にくロンという先生がいますが、彼は「感覚遮断の実験」というものを行いました。ある部屋に人間を入れて、音が聞こえない、物が見えない暗い状態にしておく。情報がまったく流れない、言葉がない状態におく。その人は三日ともたなくなって、神経がおかしくなってくるのだそうです。　　ⓒ　　人間の機能が正常にはたらくためには、何らかの音とか情報が必要であり、また言葉が必要であるということをくロンは言っております。

　言葉のない世界、これは大変不自由です。どんな大陸の奥地に行っても、未開の部族の中に入っていっても、意思のそうそうはかる言葉があって、それにはそれなりの表現技術を持っているものです。つまり、言葉というのは何はさておいても、社会の基盤であるということです。　（中略）

言葉は刃物　言葉は魔物

　さて、地球上で起こった大きなニュースというと、冷戦構造がくずれたことです。ソビエトがほろりかけてロシアになりました。東欧の社会もいがいがになりました。そして、中国も経済のしくみが変わりつつあります。同じように日本も変わってきました。それは東西間の③雪解けがあったからです。

　一九八五年十一月、アメリカのレーガン大統領とソビエト連邦のゴルバチョフ書記長が、スイスで初めて会いました。クレムリンとホワイトハウスには、ホットラインが結ばれています。ですから、何かあれば電話でお互いの声なり話なりは交わすことができるのですが、④それではまずいということに気づいたアメリカとソビエト両国は、スイスで顔を合わせました。そして言葉を交わしながら、相手の表情を見ながらその真意を探ろうとしました。言葉を交わし、相手の顔、表情、言葉の端々から、何が大事なのか、何を言おうとしているのかお互いに探り合ったのです。顔色をうかがったのです。「　　ⓓ　　」と言いますが、表情から相手の気持ちを探し（国と国とのことですから、駆け引きもあるでしょうが）、だんだんと⑤雪解けてきたわけです。そしてそれが地球全体に広がってきました。

　ニュースというのは、大切なものです、し、実におもしろいものです。地球上に、人間が何人いるかとい

いますが、数え方にもよりますが、五十六億人とも言われ、一日に二十万人ずつ増えているとも言われています。こうやって話をしているうちにも、どんどん人間が生まれているということになります。五十六億人としますと、五十六億の顔があり、それぞれ全部が違います。似ている顔はあっても、同じ顔はないわけで、五十六億種類の顔や声や考え方があるのです。これをまとめていくのは大変なことです。日本は一億二千万人、鹿児島県では大きいのはどのくらい百八十万人でしょうか。ご家庭を考えてみてください。四～五人家族をまとめていくのも大変です。まして国全体をまとめていくとか、地球全体を仲良くしようとなると、もう大変なことなのです。

　その五十六億人が、さまざまな言葉をしゃべっているのです。言葉にはいろいろあります。英語、仏語、独語など分けただけでも、私の調べたところでは二千七百九十六の言語があります。これを祖語と言いますが、これに関西弁や津軽弁、鹿児島弁など地方語といわれるものを合わせると、地球上には七千八千の言語があるといわれています。またある学者の発表では、ロシアに今、百三十種類の言語が、そしてインドには八百種類もあるのだそうです。また細かく分けると大変な数になるのではないかと思います。五十六億人の人間がいて、考え方が違い、言葉も違うということですから、それを一つにまとめていくということは大変なことです。（中略）

　言葉が正しい効果をあげるためには、人間と話をしているのだという基本的な姿勢が大事です。言葉というのは一方的ではありません。今日、私は皆さんにこれについてお話しているわけですが、皆さんは言葉を発していなくても、私の話を聞いた中で「あれはもっともだ」とか「本当にそうかなあ」などといろいろ反応していらっしゃいます。〔　ⓒ　〕ていますと、それが表情に表れたり、目の動きでよくわかります。ということは、私と皆さんが会話をしているわけで、必ず双方向であるということです。つまり、お互いに相手が存在しているのだということを認識することが第一歩なのです。だからといって、別にむずかしいことではありません。言葉はコミュニケーションの道具であり、人間最高の道具であります。

　「文は人なり」と言いますが、文字も人なり、言葉もまた人なり、会話もまた人なりのです。その会話によって、その人がどういう人なのかがわかります。言葉を交わすと、その人がどのような考え方をしているのか、どんな経験をもっているのか、どんな判断力があるのか、ひとがら・趣味・好みなど、いろいろなことがわかるのです。最終的には、その人の知的財産のすべてがわかってしまう。その人と語をすることによって、その人の人間力というのが言葉に表れてくるということです。それは、表情からも読み取れます。

（横山欣司　一九九三年九月四日講演『社会を知る』より）

問１　二重傍線部ア～ウのひらがなは漢字に、漢字はひらがなに直しなさい。
問２　傍線部①は複数の読み方ができる語である。本文以外の読み方を書き、その短文を作りなさい。
問３　空欄⑧に入る四字熟語として適当なものを、次のア～エから一つ選び符号で答えなさい。
　ア　支離滅裂　イ　五里霧中　ウ　暗中模索　エ　疑心暗鬼
問４　傍線部②「吟味」の代わりにはならない語句を、次のア～エから一つ選び符号で答えなさい。
　ア　審議　イ　考慮　ウ　加味　エ　精査
問５　空欄ⓑ ⓒに入る語句を、次のア～エからそれぞれ一つ選び符号で答えなさい。
　ア　あるいは　イ　それは　ウ　そして　エ　つまり
問６　傍線部③を、「それ」が指すものと「ます」の内容を明確にして二十字以内で説明しなさい。
問７　傍線部④で「実におもしろい」と筆者が述べる理由を、同段落と次段落の内容を基にして四十字以内で書きなさい。

問8　空欄⑩に入る諺として適当なものを、次のア〜エからそれぞれ一つ選び符号で答えなさい。

ア　良薬は口に苦し　イ　口は災いのもと　ウ　目には目を歯には歯を　エ　目は口ほどにものを言う

問9　空欄⑥には「見る」の謙譲語が入る。文章に当てはまるように活用させて答えなさい。

問10　次の教室での話し合いの様子を読み、後の⑴〜⑶に答えなさい。

先生：本文の後には「中国の言葉に『書不尽言、言不尽意』という言葉があります。言葉は、書くにしても言うにしてもなかなか伝わりにくいということなのです」という内容も書かれています。このようにこの文章は引用文・具体例・比喩を多く使って表現を工夫していますね。

生徒1：先生はわかりやすいと仰いましたが、私は同じことを繰り返しているように思いました。

生徒2：私もそう感じました。この筆者は「伝えたいことの核心を簡潔に、相手の立場も考えて言葉を選ばなくてはいけない」と言っているのでしょう。そのわりに「簡潔」ではないと思います。

生徒3：それは間違っていませんか？この文章は　　X　　を書き起こした文章ですよね。だから、聞き手に伝わりやすいように言葉を選んだのではないでしょうか。

先生：そうですね。説明不足でした。文章を読むときには出典まで確認することが大切ですね。

⑴　傍線部⑧を書き下し文に直しなさい。（「不」は平仮名で書くこと）

⑵　傍線部⑨の一つに「雪解け」があるが、「（東西間の）対立や緊張がゆるむ、和解の空気が生じる」と書かず、比喩で表現する効果を二十字以内で説明しなさい。

⑶　空欄Xに適当な語句を五字以内で答えなさい。

二　次の金子みすゞの【詩1】【詩2】について、後の各問に答えなさい。

【詩1】

大漁

金子みすゞ

朝焼小焼だ
大漁だ
大羽鰮の
大漁だ。

浜は祭りの
ようだけど
海のなかでは
何万の
鰮のとむらい
するだろう。

【詩2】

お魚

金子みすゞ

海の魚はかはいさう。

お米は人につくられる
牛は牧場で飼はれてる
鯉もお池で麩を貰ふ。

けれども海のお魚は
なんにも世話にならないし
いたづら一つしないのに
かうして私に食べられる。

ほんとに魚はかはいさう。

（参考資料）
『童謡詩人　金子みすゞの生涯』
矢崎節夫著
JULA出版局

問1　傍線部①を歴史的かなづかいに、③を現代かなづかいに直しなさい。

問2　傍線部②を漢字二字で言い換えなさい。

問3 次の(資料1)(資料2)を参考に、後の(1)(2)に答えなさい。

（資料1）作者は明治三十六年に生まれ、昭和五年にかけて二十六歳で早くに亡くなるまで約五百編の
　　　　詩を遺した日本の童謡詩人である。

（資料2）◎内閣訓令第八号　「現代かなづかい」の実施に関する件　　　　各官庁

　　　国語を書きあらわす上で、従来のかなづかいは、はなはだ複雑であって、使用上の困難が大きい。
　　これを現代語音にもとづいて整理することは、教育上の負担を軽くするばかりでなく、国民の生活能
　　力をあげ、文化水準を高める上に、資するところが大きい。それ故に、政府は、今回国語審議会の決定
　　した現代かなづかいを採択して、本日内閣告示第三十三号をもって、これを告示した。今後各官庁にお
　　いては、このかなづかいを使用するとともに、広く各方面にこの使用を勧めて、現代かなづかい制定の
　　趣旨の徹底するように努めることを希望する。

　　　　昭和二十一年十一月十六日　　　　　　　　　　　内閣総理大臣　吉田茂

(1) 作者は【詩1】【詩2】のどちらのかなづかいで表記したか答えなさい。

(2) (1)で答えた理由を資料1・2に基づいて四十字以内で説明しなさい。

問4 □一の文章を参考にして【詩1】【詩2】の優れている点を次のようにあげた。優れている点として適当
　　ではないものを、次のア〜エから一つ選び符号で答えなさい。

　ア　相手は人間ではないとしても、相手の存在を認識し一方的な思考ではない点

　イ　作者の選ぶ言葉から、経験・判断力・性格・知的であることなど人間力が現れている点

　ウ　作者の伝えたい核心を必要最低限の言葉で書き、読み手の心に訴えかける点

　エ　作者しか気づかない真実を伝えることによって、人間関係を険悪にしている点

問5 ある生徒が【詩1】【詩2】について次のようにまとめた。後の(1)(2)に答えなさい。

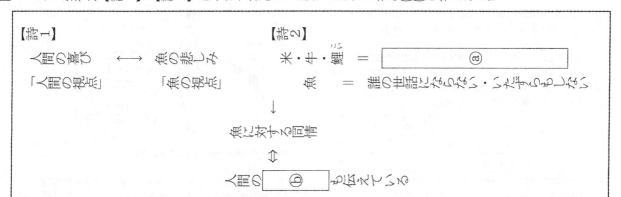

(1) 空欄@に入る言葉を十五字以内で答えなさい。

(2) 空欄⑥に入る言葉として適当なものを、次のア〜エから一つ選び符号で答えなさい。

　　ア　横柄さ　　イ　凡庸さ　　ウ　する賢さ　　エ　身勝手さ

問6 あなたは「魚」です。【詩1】【詩2】の作者に八十字以内で感想を伝えなさい。

　　注1　対象にするのは両方の詩でも、片方の詩だけでも構わない。

　　注2　理由を明確にして感想を書く（例：友達がほめてくれたからうれしい。）

　　注3　最初のひとマス目から書き始め、常体（〜だ、〜である。）に書く。

（解答は別冊120ページ）

1　うすい塩酸にマグネシウムを加えたときに発生する気体の体積と，マグネシウムの質量との関係を調べるために，以下の実験を行った。この実験について後の各問に答えなさい。

【実験Ⅰ】
右図のように，うすい塩酸 50 cm³ を入れたフラスコにマグネシウム 0.10 g を加えて，発生した気体をメスシリンダーに集めて体積を測定したところ 100 cm³ であった。

うすい塩酸
水
マグネシウム

問1　発生した気体は何か，その化学式を書きなさい。

問2　図のように，発生した気体を水と入れ替えて集める方法を何というか答えなさい。

問3　この実験で，気体を上方置換で集めなかった理由を答えなさい。

【実験Ⅱ】
【実験Ⅰ】と同じ手順で，同量のうすい塩酸 50 cm³ に対して，マグネシウムの質量だけを変えてそれぞれの実験を行ったところ，発生した気体の体積は右のグラフのようになった。

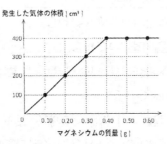
発生した気体の体積〔cm³〕
マグネシウムの質量〔g〕

問4　うすい塩酸 50 cm³ に，0.80 g のマグネシウムを加えると何 cm³ の気体が発生すると考えられるか，答えなさい。

問5　うすい塩酸 100 cm³ に，0.40 g のマグネシウムを加えると何 cm³ の気体が発生すると考えられるか，答えなさい。

問6　うすい塩酸 100 cm³ に，0.60 g のマグネシウムを加えると何 cm³ の気体が発生すると考えられるか，答えなさい。

2　うすい水酸化ナトリウム水溶液と塩酸を下の表に示す量で混ぜ合わせ，A，B，Cの3種類の水溶液を作った。水溶液 A，B，C にそれぞれBTB溶液を加えたら，水溶液Bだけが緑色のままで中性であることがわかった。これについて後の各問に答えなさい。

	A	B	C
水酸化ナトリウム水溶液〔cm³〕	40	20	10
塩 酸〔cm³〕	10	30	40

問1　水溶液Bのように，酸とアルカリが反応して互いの性質を打ち消しあう反応を何というか答えなさい。

問2　問1の反応を，イオンの記号を使ったイオン式で表して書きなさい。

問3　水溶液Bの液をスライドガラスに少量取って水分を蒸発させたら白い固体が残った。このときできる物質を一般に何というか答えなさい。

問4　BTB溶液を加えたとき，青色に変化したのはA～Cのどの水溶液か，答えなさい。

問5　水溶液Bに含まれているナトリウムイオンNa^+の数と，塩化物イオンCl^-の数の比を求め，最も簡単な整数比で答えなさい。

問6　水溶液Aに含まれているナトリウムイオンNa^+の数と，塩化物イオンCl^-の数の比を求め，最も簡単な整数比で答えなさい。

3　Aさんは，乾電池と豆電球を使って，図1のような回路をつくった。後の各問に答えなさい。

図1
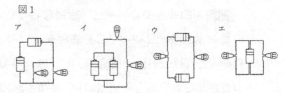
ア　　イ　　ウ　　エ

問1　図1にあるエの回路を何というか。漢字で答えなさい。

問2　図1の中で1つの豆電球をはずすと，もう1つの豆電球も消えてしまう回路はどれか。ア～エから，すべて選びなさい。

問3　下の図2の回路を回路図(電気用図記号をつかった図)で表しなさい。

図2
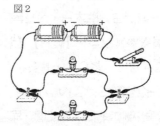

4　下の図のような真空放電管（クルックス管）と誘導コイルを用いて実験を行った。誘導コイルの一極を電極A，＋極を電極Bに接続してスイッチを入れると，光の線が見えた。後の各問に答えなさい。

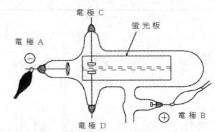
電極C
蛍光板
電極A
電極D
電極B

問1　光の線を何というか答えなさい。

問2　次に電極Cを＋極，電極Dを一極として電圧を加えたところ，光の線はどう変化するか答えなさい。

問3　電圧をかけずに，問2と同じ現象をおこす方法を答えなさい。

問4　光は小さな粒子の流れであることが，イギリスのトムソンによってわかったが，この粒子を何というか答えなさい。

5　生態系に関する次の文を読み，後の各問に答えなさい。

　生態系を構成する生物のうち，光合成によって無機物から有機物を合成する植物などを（　あ　）という。

　これに対し，（　あ　）のつくる有機物を利用して生活する生物を（　い　）という。また，生態系において，生物の遺骸や排出物などの有機物は無機物にまで分解されるが，この分解過程にかかわる生物を（　う　）という。生態系の調査をするとき，その地域に生息する生物の種類や数を調べることが必要になるが，自然界で動き回ったり隠れたりする野生生物を数えることは，とても困難である。このような場合，「標識再捕法」によってその個体数を推定することができる。

　この方法は，捕獲した個体に標識（目印）をつけ，その個体をいったん放し，適当な時間が経過した後再度捕獲し，標識をつけた個体数を数えることによって全個体数を推定する方法である。この場合，

（全個体数）:（再捕獲数）＝（標識をつけた個体数）:（再捕獲された標識をつけた個体数）　という比の関係が成り立つ。

問1　（あ）～（う）に適する語を答えなさい。

問2　標識再捕法で個体数を正しく推定するにはいくつかの前提が必要になる。この前提として正しくないものを，次の(ア)～(オ)からすべて選び，符号で答えなさい。

(ア) 2回の捕獲の間に，個体の生死などによる個体数の変動がない。

(イ) 標識が消えたり紛失したりしない。

(ウ) 標識個体と非標識個体の間に行動の差が生じない。

(エ) 標識個体と非標識個体が自由に動き回ることができる。

(オ) 再捕獲される標識個体数の数ができるだけ少なくなるように標識個体数を決める。

問3　ある湖で魚Xを1000匹捕獲し，その全てに標識をつけて放流した。後日，再び同じ湖で魚Xを2000匹捕獲したところ，80匹に標識がついていた。この湖に生息する魚Xの全個体数を標識再捕法によって求めなさい。

6　プレパラートの作り方について，後の各問に答えなさい。

問1　次の文を読み，（あ）～（え）に適する語を答えなさい。

　プレパラートを作るときは，試料をのせるガラス製の（　あ　）に，よりうすいガラス製の（　い　）をのせて作る。作り方は（　あ　）に試料をのせ，水や染色液を一滴たらして処理した後に，ピンセットで（　い　）をつまんで（　い　）がずれないように（　う　）で支えて，プレパラートの中に（　え　）が入らないようにそっとかぶせておこう。余分な水分や染色液はろ紙で吸い取り，ステージにのせて観察する。

問2　葉をうすく切ることなく葉緑体を観察できるプレパラートをつくりたい。これに適している材料を次の(ア)～(エ)から1つ選び，符号で答えなさい。

(ア) コリウスの葉　　(イ) オオカナダモの葉

(ウ) アブラナの葉　　(エ) ツバキの葉

問3　プレパラートをつくるときに用いる試料とたらす液のことを説明した文のうち，間違っているものを次の(ア)～(エ)から1つ選び，符号で答えなさい。

(ア) 葉のデンプンを確かめるときは，よく日に当てたオオカナダモの葉にヨウ素液をたらす。

(イ) 核を確かめるときは，うすくはがしたタマネギのりん片に酢酸カーミン液をたらす。

(ウ) 細胞の様子を確かめるときは，エンドウの根にBTB溶液をたらす。

(エ) 気孔の様子を確かめるときは，ツユクサの葉の裏をはがしたものに水をたらす。

問4　プレパラートをつくるときの操作を説明した文のうち，正しいものを次の(ア)～(エ)からすべて選び，符号で答えなさい。

(ア) 細胞分裂を観察するときは，分裂組織の細胞どうしのつながりをゆるくしておく。

(イ) 組織をうすい塩酸で処理するときは，95℃以上に加熱する。

(ウ) 気孔を観察するときは，葉をなるべくそのまま封じる。

(エ) 組織を押しつぶすときは，できる限り強い力を一点にかけてつぶす。

7　下の表は，気温と飽和水蒸気量の関係を示したものである。後の各問に答えなさい。

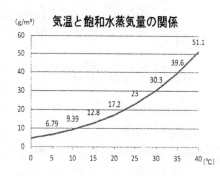

気温と飽和水蒸気量の関係

問1　水蒸気が凝結し始めるときの温度を何というか答えなさい。

問2　上の表を参考に，1 m³あたり17.2 gの水蒸気を含む，20℃の空気の湿度を求めなさい。

問3　上の表を参考に，気温が25℃，湿度が50%の場合，1 m³の空気中にどれだけの水蒸気を含むか，求めなさい。

問4　晴れの日に気温が高くなると，湿度はどうなるか答えなさい。

問5　天気図における晴れを表す記号を書きなさい。

8　下の図は，温帯低気圧と前線をあらわしたものである。後の各問に答えなさい。

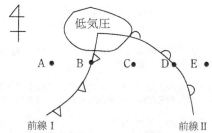

問1　図の前線Ⅰ，Ⅱを何というか答えなさい。

問2　前線Ⅱ付近で雨を降らせるおもな雲は何というか答えなさい。

問3　図のA～E地点を通るように切り，断面を南から見るとどのようになるか。暖気と寒気の状態を図示しなさい。

問4　A～E地点のうち最も気温が高いと考えられる地点はどこか符号で答えなさい。

鵬学園

（解答は別冊 121 ページ）

1　下の図について，各問に答えなさい。

問1　図の（ a ）〜（ e ）にあてはまる語句を書きなさい。

問2　図の①について，１９９７年１２月，この排出量を世界各国が協力して削減することを決めた京都議定書が採択された。しかし，２００１年，これに対する各国の対応が問題となった。各国の対応として正しいものを次のア〜エから１つ選び，その符号を答えなさい。

　　　ア．世界のほとんどの国が参加しないことを示した。

　　　イ．先進国はすべて参加に前向きであったが，発展途上国の大半は参加しないことを示した。

　　　ウ．ヨーロッパ諸国や発展途上国の大半が参加の意思を示したが，アメリカ合衆国は参加しないことを示した。

　　　エ．発展途上国はすべて参加に前向きであったが，先進国の大半は参加しないことを示した。

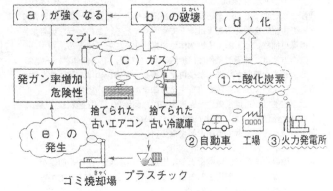

問3　図の②について，環境破壊に対して，企業は近年どのようなものをエネルギーとした自動車の開発に力を入れているか例をあげなさい。

問4　図の③について，日本ではこれを減少させ，人体や環境にやさしい新しい発電方法に取り組む地域も見られはじめた。北海道の苫前町や青森県の竜飛岬をはじめ，近年，日本各地の海岸付近で開発に取り組んでいる発電方法を書きなさい。

2　下の各問に答えなさい。

問1　右の年表中の（①）〜（⑩）に適する語句を次のア〜ソから１つ選び，その符号を答えなさい。

　　　ア．平城京　　　　イ．平安京　　　ウ．江　戸

　　　エ．源頼朝　　　　オ．足利義満　　カ．藤原道長

　　　キ．平清盛　　　　ク．聖徳太子　　ケ．卑弥呼

　　　コ．古　墳　　　　サ．元　　　　　シ．百　済

　　　ス．大化の改新　　セ．明　　　　　ソ．廃藩置県

問2　右の年表中の下線部（A）について，このとき，どのような政治方針を立てたか２０字以内で書きなさい。

問3　右の年表中の下線部（B）について，この当時，中国は何とよばれる時代か書きなさい。

問4　右の年表中の下線部（C）について，⑨は中国と貿易を行い，どのようなものを中国から輸入したか１つ書きなさい。

問5　右の年表中の下線部（D）について，ユーラシアの大半を占めるほどの巨大な帝国を築くことができた理由を書きなさい。

年代	おもなできごと
200	（①）が邪馬台国の女王であった
300	各地の豪族が墓としての（②）をつくる
400	
500	仏教が（③）から伝わる （④）らが政治改革を行う
600	（A）中大兄皇子らにより（⑤）が行われる
700	（⑥）を都とした （B）（⑦）を都とした
800	
900	
1000	
1100	（⑧）が摂政となる （C）（⑨）が中心となり政治を行う
1200	（⑩）が征夷大将軍になる （D）チンギス・ハンがモンゴル帝国を築く

3　次の文を読んで，後の問に答えなさい。

　　先進国といわれている国々は，一足先に地球上の資源をたくさん使用して発展してきました。したがって，これからは，まだ生活のうえでさまざまな問題をかかえている発展途上国の生活向上に協力し，援助する義務があります。現在，日本は多くの国々に資金や生活物資の援助をしていますが，こうした援助による結びつきには，とても大切なことがあります。

問　次の３つの語句を使い，「日本と発展途上国との大切な結びつき」という題の文を１２０字以内で書きなさい。

　　　語句：「青年海外協力隊」・「技術」・「人と人との結びつき」

4 次の文を読んで，後の各問に答えなさい。

　沖縄県には今でも独特の文化が残されています。沖縄料理や伝統的な服，（　１　）と呼ばれるおどりや祭りなどもあります。また，（　２　）城や古い時代から残る城などは世界遺産にも登録され，多くの観光客が訪れます。沖縄県は日本の一番南の方にあり，一年中気温が高く，冬でもほとんど雪が降ることはありません。
　また，沖縄県はしばしば水不足に見舞われることもあり，給水制限を受けることもあります。沖縄県には豊かな自然もあります。島は世界的にも有数の（　３　）に囲まれ，美しい海が広がっています。これらは観光資源にもなり，多くのダイバーたちが訪れています。暖かい気候を利用して，（　４　）やパイナップルなど暖かい気候にあった作物が栽培されています。また，沖縄県は第二次世界大戦の末期，アメリカ軍から激しい攻撃を受け，多くの犠牲が出ました。戦後はアメリカ軍に占領されていましたが，（　５　）年に日本に復帰しました。しかし，今でも広い軍用地が残り，移転や縮小が話し合われています。

問1　文中の（　１　）にあてはまる沖縄県に伝わる右の絵のような踊りを何というか書きなさい。

問2　文中の（　２　）・（　３　）にあてはまる語句を書きなさい。

問3　文中の（　４　）・（　５　）にあてはまる語句を，次のア～クからそれぞれ選び，符号で答えなさい。

　　　ア．さとうきび　　　イ．じゃがいも　　　ウ．アスパラガス

　　　エ．れんこん　　　オ．１９５３　　　カ．１９６５

　　　キ．１９７２　　　ク．１９８４

問4　下線部に関して，沖縄県で水不足がおこる原因としてどのようなことが考えられるか６０字以内で書きなさい。

5 次の文を読んで，後の各問に答えなさい。

　裁判を行う権力を（　１　）権という。日本国憲法はその７６条で「すべて（　１　）権は，最高裁判所及び法律の定めるところにより設置する(A)下級裁判所に属する」と定めている。
　裁判には，個人間の権利や義務をめぐる争いを裁く民事裁判と，犯罪を裁く刑事裁判とがある。いずれの裁判でも，審理を慎重に行うために同じ事件で３回まで裁判を受けることができ，これを（　２　）制という。
　最高裁判所長官は(B)内閣の指名にもとづいて天皇が任命するが，長官以外の最高裁判所裁判官と下級裁判所のすべての裁判官は内閣が任命する。このうち最高裁判所裁判官は，任命後に初めて行われる（　３　）議員選挙のときと，その後１０年を経てから行われる（　３　）議員選挙のときごとに，適任がどうかを国民によって審査される。これを国民審査といい，不適任とする票が過半数に達した裁判官は罷免される。また，裁判官としてふさわしくない行為のあった裁判官については，(C)国会に設置される弾劾裁判所で裁判が行われ，辞めさせるかどうかが決定される。
　２００９年５月からは，裁判に市民感覚をとり入れるなどのため，(D)裁判員裁判の制度が導入されている。２０２２年４月から裁判員となれる者の年齢が１８歳以上となった。

問1　文中の（　１　）～（　３　）にあてはまる語句をそれぞれ書きなさい。

問2　下線部（A）について，家族間の争いや，１８歳未満の者が行った犯罪などを裁くための裁判の第一審が行われる裁判所を次のア～エから１つ選び，符号で答えなさい。

　　　ア．簡易裁判所　　　イ．地方裁判所　　　ウ．家庭裁判所　　　エ．高等裁判所

問3　下線部（B）の仕事として適切でないものを次のア～エから１つ選び，符号で答えなさい。

　　　ア．条約の承認　　　イ．予算案の作成　　　ウ．政令の制定　　　エ．天皇の国事行為に対する助言と承認

問4　下線部（C）に関して，裁判所は国会に対して，どのような抑制のはたらきをしているか，「裁判所」「法律」という語句を用いて４０字以内で書きなさい。

問5　下線部（D）について正しく述べている文を次のア～エから１つ選び，符号で答えなさい。

　　　ア．有罪の判決を出すためには，全員一致の賛成が必要となる。

　　　イ．高等裁判所で行われる。

　　　ウ．裁判官３名と抽選で選ばれた裁判員３名の合議で審理が進められる。

　　　エ．重大な刑事裁判の第一審で行われる。

[1] 次の各組の単語を発音するとき、最も強く発音する部分の位置が他の3つと異なるものを選び、記号で答えなさい。

① ア gui·tar　　イ de·cide　　ウ lan·guage　　エ ho·tel
② ア fa·mous　　イ some·thing　　ウ your·self　　エ base·ball
③ ア al·read·y　　イ Jap·a·nese　　ウ an·oth·er　　エ im·por·tant
④ ア dif·fer·ent　　イ eve·ry·thing　　ウ cal·en·dar　　エ af·ter·noon
⑤ ア dic·tio·nar·y　　イ tel·e·vi·sion　　ウ pop·u·la·tion　　エ Jan·u·ar·y

[2] 次の対話文の空欄に入る最も適切な語を答えなさい。ただし、（　　）内に示されている文字で書き始めること。

① A : When are you going to leave Japan?
　B : Next (F　　　), on March 17.
② A : Please give me something to eat.　I'm very (h　　　).
　B : I have some sandwiches.
③ A : What did you have for (b　　　) this morning?
　B : I had some rice and *miso* soup.
④ A : Thank you very much for the present.
　B : You're (w　　　).
⑤ A : I don't have my dictionary today.　Can I use yours?
　B : Yes, of (c　　　).

[3] 次の対話文の下線部が意味する内容を選び、記号で答えなさい。

① A : I like this song.　Why don't you listen to it?
　B : <u>All right.</u>
　　ア I will listen to it.
　　イ I am not listening to it.
　　ウ Because you don't listen to it.
　　エ Because you don't like it.
② A : I have a lot of homework to do.　So I can't play soccer with you today.
　B : Well, then how about next Monday?
　A : <u>That sounds good.</u>
　　ア I will have a lot of homework next Monday.
　　イ I will be busy next Monday.
　　ウ I can hear a good sound next Monday.
　　エ I can play soccer with you next Monday.
③ A : Excuse me.　Can you tell me the way to the library?
　B : <u>I'm sorry, I can't.</u>　I've never been there.
　　ア I don't know how to get to the library.
　　イ I don't know what to read in the library.
　　ウ I can't tell you how to use the library.
　　エ I can't tell you about the books in the library.
④ A : Is it difficult for you to learn English?
　B : <u>No, I don't think so.</u>　I enjoy learning English.
　　ア It's difficult for me to learn English.
　　イ It's not difficult for me to learn English.
　　ウ It's not easy for me to learn English.
　　エ It's not interesting for me to learn English.

[4] 次の英文を読んで、空欄に入る最も適切なものを選び、記号で答えなさい。（＊印は注があります）

Kangaroos are Australian animals loved by many people around the world.　More than 200 years ago, when *Captain Cook first visited the *continent of Australia, he saw strange animals that were jumping around.　Some people say that Cook asked its (　①　), and a man living there answered, "Kangaroo." In his language, "Kangaroo" meant "I don't know."　Now, most of us believe they began to call the animal "Kangaroo" in this way.

But, more and more people say that another story is (　②　).　The man's language *originally had the word "gangurru" which meant something that jumps.　In fact, the man answered, "gangurru," but Cook heard it wrong as "Kangaroo."

＊（注）　Captain Cook：キャプテン・クック（イギリスの探検家）
　　　　　　continent：大陸　　　　　　　　　　originally：もともと

① ア　color　　　　　イ　country　　　　ウ　name　　　　エ　food
② ア　foreign　　　　イ　brave　　　　　ウ　quiet　　　　エ　true

[5] 次の英文は、2人の生徒が Question に対してそれぞれ答えたものです。これらを読んで、下の問いに答えなさい。

Question：How do you go to school every day?

A.

　I always go to school by bus.　My school is a long way from the station.　It has four school buses. ①(That) buses are used by many students.　The bus I use is the ②(new) of all.　I often talk with my friends ③(sit) near me on the bus.

B.

　I usually ④(r　　　) a bike to school.　It takes about twenty minutes from my house.　Many students go to school by bike because my school has ⑤(n　　　) school buses.　Some students who live near the school ⑥(w　　　) to school.

問1　Aの英文中の（　　）内の語を適切な形に直しなさい。

問2　Bの英文中の（　　）に入る適切な語を答えなさい。ただし、（　　）内に示されている文字で書き始めること。

[6] 次の英文を読んで、下の問いに答えなさい。（＊印は注があります）

When Mai was a junior high school student, she played video games with her younger brother Shota almost every day.　Her parents felt sad to see that and often told her to study more.　Her father was a *carpenter.　He worked from early morning until late at night every day.　But Mai didn't know why he worked so hard.

When Mai became a high school student, she made a lot of friends, and she began to enjoy learning things.　Her life in high school was not so bad.　①But there was one thing she worried about.　When her teacher asked her about her future, she couldn't say anything.　Most of her friends had their own dreams or plans, and they often told each other about them.　She felt very sad when she couldn't join them.　She didn't have any dreams or plans for the future.　One night she told her father about that.　He smiled and told her to come to his *job site some day.　She didn't know why he told her to do ②that.

One day, on her way home from school, she decided to visit her father's job site.　When she got there, Mai's father was working with two young carpenters.　He was showing how to *plane a piece of wood. She saw something *professional in him.　It was her first experience to see him at his job site, and she got very excited.　She thought her father was great.　After a while, her father said to Mai, "Come here. Let's have some tea."　He gave a cup of tea to her and asked, "What do you think of my work, Mai?"　Mai said, "It's wonderful."　He said, "I have built about thirty houses in about fifteen years.　Building a good house takes a long time." Then she asked him, "Why did you decide to become a carpenter?" He answered, "I wanted to make a lot of people happy through building good houses. When I started to work as a carpenter, it was very hard for me, and I often wanted to give up. But I didn't. Because my dream was to make a lot of people happy through building good houses. I *kept on working very hard." She *was moved by her father's words. They finished drinking the tea. Then a boy came up to them. The boy was Shota. She was surprised and asked, "What are you doing here?" Shota answered, "I'm here to watch our father. I often come here after school. It's interesting to watch him at his job site." Mai was surprised again and looked at her father. Her father was smiling. Shota was interested in his work. She thought Shota would probably become a carpenter like him. On their way home, Shota said to Mai, "I am proud of our father. How about you?" She answered, "I am, too. Now I know why he told me to come to his job site." Her father wanted her to know the *significance of working. She thought about her life. After that day, she began to think about her future. She also wanted to make a lot of people happy through her work. That became her big dream. She studied harder, and her school life got better.

Now Mai is an *architect and Shota is a carpenter. A lot of people in the town want her to *design their own houses. She is very busy, but she is very glad to make a lot of people happy through her work. Mai's big dream has come true.

＊ （注）　carpenter：大工　　job site：作業現場　　plane a piece of wood：木材にかんなをかける
　　　　professional：プロの　　keep on working：働き続ける　　be moved：感動する
　　　　significance：意識・意義　　architect：建築家　　design：デザイン(設計)する

問1　下線部①を次のように書き表すとき、（　　　）内に入る最も適切なものを選び、記号で答えなさい。
　　　But Mai worried because （　　　　　　　　）.
　　　ア　her life in high school was not so bad
　　　イ　she enjoyed learning things in high school
　　　ウ　her father kept on working very hard every day
　　　エ　she didn't have any dreams or plans for the future

問2　下線部②が指している内容を日本語で簡潔に答えなさい。

問3　次の英文を、本文の内容に合う順に並べなさい。
　　　ア　Mai visited her father's job site and was excited to see her father.
　　　イ　Mai began to think about her future.
　　　ウ　Mai couldn't say anything when her teacher asked her about her future.
　　　エ　Mai played video games with Shota almost every day.

問4　次の英文を、本文の内容に合うように完成させるのに最も適切なものを選び、記号で答えなさい。
　　　(1) Mai's father told Mai to come to his job site because （　　　　　　　　）.
　　　ア　he wanted her to build a good house
　　　イ　he wanted her to decide to become a carpenter
　　　ウ　he wanted her to know the significance of working
　　　エ　he wanted her and Shota to help him with his work
　　　(2) Shota often came to his father's job site because （　　　　　　　　）.
　　　ア　he wanted to see his sister Mai
　　　イ　he was interested in his father's work
　　　ウ　he and the two young carpenters were friends
　　　エ　he was only interested in playing video games
　　　(3) Mai's school life got better when （　　　　　　　　）.
　　　ア　she found a dream and studied harder
　　　イ　she was moved by her father's words
　　　ウ　she saw something professional in her father
　　　エ　she was surprised to see Shota at her father's job site

問5　次の質問に英文で答えなさい。
　　　What does Mai want to do through her work as an architect?

[7] 次の手紙は、日本にいる Mary が友達の Lisa に書いたものです。下線部とほぼ同じ意味になるように、（　　　）内の語句を並べかえなさい。ただし、文頭にくる語も小文字で示してあります。（＊印は注があります）

August 10, 2022

Dear Lisa,

I am studying in a small town at the foot of Mt. Fuji.　It is much cooler here than in Tokyo.　Mt. Fuji is the highest mountain in Japan, and its top is above the clouds.　①<u>いつか登ってみたいと思っています。</u>②<u>頂上から見る朝のながめはとても美しいそうです。</u>

I came here to live with a Japanese family for a few weeks.　In the family ③<u>私と同じくらいの歳の女の子がいます。</u>　Her name is Meg.　She takes me to school with her every day.

Meg and I leave for school at 7:30.　On Monday morning, before classes start, ④<u>先生と生徒はみんな校舎の前に集まります。</u>　We *bow and say good morning.　Then the *principal talks for a short time.

One of the boys in my class wants to make friends in foreign countries.　His name is Kenji.　I told him about you.　I hope you will send an e-mail to him.

Your friends,
Mary

＊　（注）　　bow：おじぎをする　　　　　principal：校長先生

① I (climb / like / the mountain / to / would) some day.
② They say the (the top / seen / view / is / from / morning) very beautiful.
③ There is (as / as / is / a girl / who / old) me.
④ (of / all / front / meet / in / the teachers and students) the school building.

（解答は別冊 123 ページ）

1．次の計算をしなさい。

（1）$-(3-4)^4$

（2）$(-9) \times 11 - (-9) \times 24 + (-9) \times 13$

（3）$\sqrt{9} + \sqrt{27} - \sqrt{81} - \sqrt{243}$

（4）$\dfrac{21y^2}{32x^3} \div \dfrac{9y^3}{8x} \times 4$

（5）$17^2 + 17 \times 1 - 6$

2．次の式を展開しなさい。

（1）$(2x+5)(3x-1)$

（2）$(4x+1)(4x-1)$

（3）$(3x+5y)^2$

（4）$\{(x-y)^2 + 2xy\}(x^2 - y^2)$

（5）$(x+2y+3z)^2$

3．次の式を因数分解しなさい。

（1）$x^2 - 4y^2$

（2）$x^2 - 19x - 42$

（3）$xy - 3x - 5y + 15$

（4）$4xy + 4x + 20y + 20$

（5）$2xy(x^2 - 2xy + y^2) + 4x^2y^2 - 4xy^3$

4．次の問題について、最も適切なものを①〜④の中から選び、記号で答えなさい。

（1）$\sqrt{2} < n < \sqrt{200}$ を満たす自然数 n の個数を求めなさい。
　　　①　10 個　　　②　11 個　　　③　12 個　　　④　13 個

（2）底面の三角形の面積が 42 ㎠、高さが 6 ㎝ の三角錐の体積を求めなさい。
　　　①　42 ㎤　　　②　84 ㎤　　　③　126 ㎤　　　④　252 ㎤

（3）$y = \dfrac{a}{x}$ について、$x = 4$ のとき $y = 8$ である。a の値を求めなさい。
　　　①　$a = 2$　　　②　$a = 8$　　　③　$a = 32$　　　④　$a = 128$

（4）200 の正の約数の個数を求めなさい。
　　　①　8 個　　　②　10 個　　　③　12 個　　　④　14 個

（5）100 m 走を 10 秒で走る人は毎時何 km で走るかを求めなさい。
　　　①　毎時 10 km　　②　毎時 36 km　　③　毎時 600 km　　④　毎時 36000 km

5. 次の図で x の値を求めなさい。

(1) L // M である。

(2)

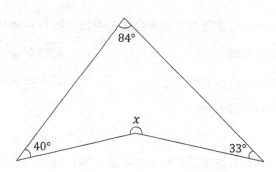

6. 2つの整数がある。大きい数の 2 倍と小さい数の和は 2 である。また、大きい数と小さい数を引いた差は 13 となる。次の問いに答えなさい。

(1) 大きい数を x、小さい数を y として、連立方程式を作りなさい。

(2) 小さい数を求めなさい。

7. 右の図は、3 つの多角形を重ねたものである。
　　次の問いに答えなさい。

(1) x の値を求めなさい。

(2) y の値を求めなさい

(3) z の値を求めなさい。

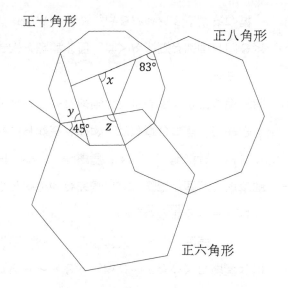

正十角形　正八角形　正六角形

8. 右の図について、3 つの 1 次関数のグラフ L、M、N がある。また 3 点 A、B、C の座標は点 A(6 , 6)、点 B(0 , −6)、点 C(−3 , −3) である。次の問いに答えなさい。

(1) 直線 L の式を求めなさい。

(2) 直線 N の傾きを求めなさい。

(3) 三角形 ABC の面積を求めなさい。

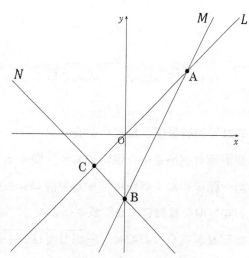

航空石川

（解答は別冊124ページ）

一 次のA〜Cの問いに答えなさい。

A 次の1〜5の傍線部の漢字の読みをひらがなで書きなさい。

1 微妙な意見。　　　　　　2 空虚な心。

3 申請書を記入する。　　　4 机を布で覆う。

5 栄養を摂取する。

B 次の1〜5の傍線部のカタカナを漢字で書きなさい。

1 地下シゲンを大切に。　　2 中性センザイで洗う。

3 古い服をハイキする。　　4 モンゴル語のツウヤクをする。

5 カイガイに留学する。

C 次の1〜5のそれぞれの問いに答えなさい。

1 次の□に体の一部を表す漢字一字を入れ、慣用句を完成させなさい。

　試合が近づいてきたので、みんなで□を食いしばって練習に励んだ。

2 次の□に適当な漢字を入れ、四字熟語を完成させなさい

　□里霧中

3 傍線部の敬語の種類として適当なものを次のア〜ウから選び記号で答えなさい。

　先生は、明日の昼食は、各自で用意するようにと、おっしゃった。

　　ア 尊敬語　　イ 謙譲語　　ウ 丁寧語

4 傍線部の品詞の種類として適当なものを次のア〜エから選び記号で答えなさい。

　フルートの素敵な音色

　　ア 副詞　　イ 形容動詞　　ウ 形容詞　　エ 動詞

5 三大随筆に入らないものを、次のア〜エから選び、記号で答えなさい。

　　ア 徒然草　　イ 方丈記　　ウ 枕草子　　エ 御伽草子

二 次の文章を読んで、あとの問いに答えなさい。

　本当は、宝塚歌劇団に入りたかった。

　容姿端麗な女子のみで演じられる、華やかで豪華で、夢のように美しい歌劇。胸に響く音楽に、眩く照らされるライト。そこで激しく生きる、浮世離れした美しさをまとったタカラジェンヌたち。その舞台の上に、私も立ちたい。その世界に生きたい。それが私の夢である。そのことに最初に気がついたとき、①私は既に二十歳になっていた。

宝塚歌劇団に入れるのは、宝塚音楽学校の卒業生だけ。宝塚音楽学校に入れるのは、厳しい受験競争を勝ち抜いた、年に約四十人の女子だけ。受験には、年齢制限がある。中学卒業から高校卒業の年まで。中三から高三までの四年間に②<u>私が取り組んでいたことといえば</u>、それは「青森県からの脱出」だった。

青森県は、日本の本州の一番北の、見るからに雪がやばそうな位置に存在する県だ。実際雪がやばい。毎年の雪かきと雪下ろしは、本当にやばい。他にやばいのは、なまり。全国区のテレビ番組で県民が喋るときなんかは、下にテロップが出されたりする。日本語を話しているのに。

私が生まれたのは、青森県木造町。私が小学生の頃に周りの村と合併して、つがる市になった。父は市役所職員。母は専業主婦。③<u>よく聞かれるけど</u>、つがるはそんなに好きじゃない。普通。

宝塚音楽学校の受験資格が与えられている貴重な貴重な四年間を、私はその青森県から脱出することだけを考えて生きていた。ちなみに、④<u>脱出先として考えていたのは宮城県、仙台市</u>。宮城県は、日本の本州の北から四、五番目くらいに位置する県で、仙台市はその県庁所在地。

　　　　　（　中　略　）

仙台にはパルコがある。ロフトがあるし、三越があるし、餃子の王将もある。仙台は東北の中で唯一、東京の風を感じられる場所なのだ。あくまで個人の見解ですが。

私はとにかく都会に出たかった。理由は、特に私が語らなくてはいけないことでもないと思う。田舎の若者が都会に出たがる理由を適当に十個くらい想像してみてほしい。それが答えだから。

高校卒業と同時に仙台にある美容系の専門学校に入学して、私は青森脱出の目的を果たした。仙台にある学校ならどこでもよかった。勉強も好きじゃなかったし、これといって目指している職業もなかったから。なんとなく華やか楽しそうな美容関係を選んだ。先に脱出をすませていた当時女子大生の姉とふたりで暮らし、私はあこがれていた都会暮らしをスタートさせた。

パルコやロフトに緊張せずに入れるようになるまで少しかかったけれど、慣れてしまえばもうということはなかった。学校は楽しかったし、放課後や休日はもっと楽しかった。田舎の若者が都会に出てやりたがりそうなことを十個くらい想像してもらえば、それが私のやっていたことだ。二年が過ぎて卒業が迫ったとき、もちろん私は田舎に帰るつもりはなかった。私は、今度はいよいよ東北を脱出だと意気込んでいた。青森の若者が仙台にあこがれるように、仙台の若者は東京にあこがれる。二年間ですっかり仙台の若者となっていた⑤<u>私の目指す場所はひとつ</u>。

東京での就職活動を開始しようと準備を始めていた頃、⑥<u>あれがあった</u>。

宝塚歌劇団宙組の、仙台公演。演目は、フランス王妃マリー・アントワネットの許されざる恋を描いた『ベルサイユのばら―マリー・アントワネット編―』。

宝塚の存在は知っていた。綺麗な女優さんやなんかがテレビの番組で、その出身だと誇らしげに語っていたりしたから。仙台に出てきてからは、テレビCMで公演の告知がされるのを

見たこともある。舞台やコンサートなんかは全国ツアーを謳っていても東北をスルーすることが多いけど、たまに気まぐれみたいに北まで足を延ばすとき、その会場はたいてい宮城だ。

でも、当時私がミュージカルに抱いていたイメージは、正直言ってネガティブ寄り。劇なのに、なんで歌うの？　ちょっとついていけない世界だなって、そう思っていた。そんな世界を、自分から絶対に、見に行こうなんて思うはずなかったのに。

姉がチケットを貰ってきて、私を誘った。そしてあっさり、呪いにかかった。あの世界に入りたくて仕方ない。それが私の受けた呪い。

（渡辺優著『アイドル　地下にうごめく星』）

問一　傍線部①「私は既に二十歳になっていた」には、「私」のどのような思いが込められているか、次のア～エから最も適当なものを選びなさい。
　ア　宝塚音楽学校を受験してみようという挑戦
　イ　宝塚歌劇団を知らずに生きてきたことへの驚き
　ウ　宝塚音楽学校への受験資格がないという絶望
　エ　宝塚歌劇団の圧倒的で魅力的な世界観への感動

問二　傍線部②「私が取り組んでいたこと」について次の(1)～(2)の問いに答えなさい。
　(1)　「取り組んでいたこと」とは何か、答えなさい。
　(2)　(1)について、それはなぜか、理由を答えなさい。

問三　傍線部③「よく聞かれるけど」とあるが、どのような質問をされるのか答えなさい。

問四　傍線部④「脱出先として考えていたのは宮城県「仙台市」とあるが、なぜ仙台市なのか、文中の語句を使い説明しなさい。

問五　傍線部⑤「私の目指す場所はひとつ」とあるが、それはどこか、文中より二字で抜き出しなさい。

問六　傍線部⑥「あれがあった」について次の(1)～(2)の問いに答えなさい。
　(1)　「あれ」とは何のことか。
　(2)　その結果「私」はどうなったか、分かりやすく説明しなさい。

三　次の文章を読んで、あとの問いに答えなさい。

　多くの人にとって、クマ（ツキノワグマ）は猛獣としてのイメージが強いと思います。[A]クマは基本的にはおとなしく、ヒトを食べようとして積極的に襲う動物ではありません。[B]とても臆病な動物なので、森の中ではヒトがクマの存在に気づく前に、クマのほうが先にヒトの存在に気づき、その場を離れることが多いです。[C]私たちが森の中でクマの姿を目にすることはほとんどありません。ところが、見通しや風通しの悪いところで、出会いがしらにヒトと鉢合わせてしまうと、クマもパニックになり、その場から逃げ出そうとして、ヒトをはたいてしまうのです。つまり、クマによって①ヒトが傷ついてしまう事故の原因のほぼすべてが、クマの防御を目的とした攻撃によるものです。ただし、一部の事故では少し事情が異なります。これらの事故に共通しているのは、事故現場で複数のクマが目撃されているということです。勘のいい人ならすでにおわかりかと思いますが、これらは母親の防衛本能による事故です。ヒトとクマとの間に通常であれば十分な距離があったとしても、子連れの母親は非常に神経質になっているため、子どもを守ろうとしてヒトを威嚇し、②場合によっては攻撃することがあります。つまり、これらの事故は、母親と子どものとても強い結びつきが存在するがゆえに発生すると言えます。

　母親と子どもの結びつきの強さは、子別れの後も残っているようです。③子別れ後の子どもの行動は、オスとメスとで大きく異なります。オスの子どもは生まれ育った場所から大きく離れ、新たな場所での生活を始めます。一方、メスの子どもは、生まれ育った場所から大きくは移動せず、慣れ親しんだ母親の生活場所やその周辺にとどまることが多いです。クマのメスはどこに食べ物があるかとか、どこにいい冬眠場所があるかなどといった④生きていく上で大切な知識を最初から備えていることで、大変な子育てを少しでも有利に進めようとしているのかもしれません。さらに、ある沢の流域といった非常に狭い範囲に、祖母、母、娘、叔母、従姉妹といった⑤同じ女系家族のクマが生活していることがあります。同様な事例は、スウェーデンのヒグマでもあり、出産経験の豊富な母親の周囲には近縁なメスが多く暮らし、母親の年齢が高いほど、娘は母親の近くで生活することが知られています。クマの場合、母親以外の個体が母親と共同で子育てを行うことはないのですが、これらの事例は、メスが血縁関係のあるメスを認識し、寛容な姿勢を示すためと考えられています。つまり、限られた食べ物などの資源に対し、自分と近縁な個体に対してはお互いに融通することで、自分と同じ血縁を少しでも残そうとしているのかもしれません。

（齋藤慈子・平石界・久世濃子編『正解は一つじゃない子育てする動物たち』）

― 473 ―

問一　空欄Ａ〜Ｃに入る接続詞として合うものを、次のア〜オからそれぞれ選びなさい。

　　　ア　さらに　　イ　また　　ウ　そのため　　エ　しかし　　オ　それとも

問二　傍線部①「ヒトが傷ついてしまう事故の原因」とは何か、文中より十字で抜き出しなさい。

問三　傍線部②「場合によっては攻撃することがあります」とあるが、攻撃までしてしまうのはなぜか。理由を文中より十六字で抜き出しなさい。

問四　傍線部③「子別れ後の子どもの行動は、オスとメスとで大きく異なります」とあるが、どのように異なるのかオスとメスそれぞれについて説明しなさい。

問五　傍線部④「生きていく上で大切な知識」とは具体的にどういうものか、次のア〜オから適当なものを全て選びなさい。
　　　ア　食べ物の場所
　　　イ　ヒトの通る道
　　　ウ　動物の狩り方
　　　エ　冬眠に適した場所
　　　オ　家族の暮らす場所

問六　傍線部⑤「同じ女系家族のクマが生活している」とあるが、筆者はその理由をどのように考えているか説明しなさい。

問七　文章の内容と合致するものを次のア〜エから一つ選び、答えなさい。
　　　ア　クマは子孫を残していくために、全ての子グマは親離れの際遠い土地へ移動する。
　　　イ　クマはテリトリーに入ってきたヒトに対して、積極的に襲いに行く生き物である。
　　　ウ　クマがヒトを襲う事故のほとんどの原因は、クマが自分の身を守るためである。
　　　エ　クマの母と子の結びつきは強いが、離れて暮らすようになると関係は希薄になる。

四　次の文章を読んで、あとの問いに答えなさい。

　ゆく河の流れは絶えずして、しかももとの水にあらず。よどみに浮ぶうたかたは、かつ消え、かつ結びて、久しくとどまりたるためしなし。世の中にある人と栖と、またかくのごとし。たましきの都のうちに棟を並べ、甍を争へる高き賤しき人の住ひは、世々を経て尽きせぬものなれど、これをまことかと尋ぬれば、昔ありし家は稀なり。或は去年焼けて、今年作れり。或は大家ほろびて小家となる。①住む人もこれに同じ。所も変らず、人も多かれど、いにしへ見し人は、二三十人が中にわづかにひとりふたりなり。朝に死に夕に生るるならひ、ただ水の泡に②ぞ似たりける。知らず、生れ死ぬる人いづかたより来りて、いづかたく去る。また知らず、仮の宿り、誰がためにか心を悩まし、何によりてか目を喜ばしむる。その主と栖と無常を争ふさま、いはばあさがほの露に異ならず。或は露落ちて、花残れり。残るといへども、朝日に枯れぬ。或は花しぼみて、露なほ消えず。消えずといへども、夕を待つ事なし。

（日本古典全集『方丈記』）

語注

うたかた…水の泡　　栖…家や邸宅　　たましき…美しい

問一　次の語の意味を選択肢から選び、記号で答えなさい。

（一）久し

　　　ア　長い　　イ　瞬く間　　ウ　急に　　エ　すばやい

（二）ためし

　　　ア　試験　　イ　例　　ウ　狸　　エ　弁当

（三）にしく

　　　ア　行く　　イ　先程　　ウ　先日　　エ　書

（四）高き賎しき人

　　　ア　背の高い人も低い人も　　　　イ　大金持ちも貧しい人も
　　　ウ　身分が高い人も低い人も　　　エ　志が高い人も低い人も

問二　傍線部①「住む人もこれに同じ」について、次の問に答えなさい。

（一）「これ」はどういうことを指しているか、現代語で答えなさい。

（二）「住む人」について、作者は具体的にどうだと述べているか、答えなさい。

問三　傍線部②「そ似たりける」について、ここで用いられている文法的法則は何か答えなさい。

問四　作者は朝顔と露との関係について、どのように述べているか、最も適切なものを後の選択肢から選び、記号で答えなさい。

　　　ア　露は落ちてしまうが、朝顔の花は枯れることがない。
　　　イ　露は残るが、朝顔はしぼんでしまう。
　　　ウ　露も朝顔もどちらも残り続けることはない。
　　　エ　露も朝顔も最後には残り続ける。

五　　作文

　　「あなたが誇る日本文化」について、選んだ理由も付けて紹介しなさい。

1　原稿用紙の書き方に従うこと。
2　題名・氏名は原稿用紙のマスの中には書かないで、始めの行から書きだすこと。
3　字数は百五十字以上、二百字程度とする。
4　できるだけ漢字を使って書くこと。

航空石川

2023年度
国立高校、高専入試問題

試験時間は、どの年度も各教科
50分です。

金大附属高校のリスニング音声ファイ
ルと解答用紙、石川高専の解答用紙は
専用サイトからダウンロードできます。

専用サイトは
こちらから

リスニング音声は
こちらから

1　放送による問題 ［A］［B］［C］に答えなさい。

［A］(1)～(4)の対話，(5)のアナウンスを聞いて，内容に最も近い選択肢をア～ウから 1 つ選び，それぞれ記号で答えなさい。<u>対話とアナウンスは 1 回だけ放送されます。</u>

(1)　ア　She has to finish her homework today.
　　　イ　He has already finished his homework.
　　　ウ　They are talking on Thursday.

(2)　ア　She will not pay by cash.
　　　イ　He will lend her two dollars.
　　　ウ　This is the first time for both of them to come to this restaurant.

(3)　ア　Amanda and Jessica enjoyed the party last night.
　　　イ　Chris didn't join the party last night.
　　　ウ　Chris didn't invite Jessica to the party.

(4)　ア　She is going to go to Tokyo not by train or by airplane.
　　　イ　He says the flight sometimes takes longer according to the weather.
　　　ウ　They are talking at a station.

(5)　ア　The last station is Kikuichi Station.
　　　イ　You should turn off your mobile phone in all the areas on the train.
　　　ウ　If you want to change for the Fukutoshin subway line, you should get off at Kuroyuri Station.

［B］学校教育に詳しい佐藤さんのスピーチを聞き，次の文がスピーチの内容に合っていれば T を，そうでなければ F を書きなさい。<u>スピーチは 2 回放送されます。</u>

(1)　Some elementary schools have pets because most students don't have pets at home.
(2)　The Japanese government believes that having school pets is good for children.
(3)　Having school pets is becoming more and more popular.
(4)　School neighbors usually help teachers to take care of school pets on weekends.
(5)　Teachers don't always know much about animal care.

［C］［B］のスピーチを聞いた翌日の授業で行われた Yuto, Rin, Saki, Kota の 4 名の生徒のディスカッションを聞いて，次の問いに答えなさい。なお，最初の話者は Yuto です。<u>ディスカッションは 2 回放送されます。</u>

問　学校での動物飼育に対して生徒たちはそれぞれどのような立場か，英語で答えなさい。解答に際しては，agrees / disagrees のいずれかに○をつけ，because 以下にその理由を書きなさい。

< 　放送による問題はここで終わりです。　>

2 次の例にならって，あとの(1)～(5)の英文の文法的な誤りをそれぞれ訂正しなさい。誤りは**1問につき1語**です。

例1 I ~~likes~~ cats.　　　例2 He ~~is~~ likes cats.　　　例3 She lives ⌃ Kanazawa.
　　　　like　　　　　　　　　　　　　　　　　　　　　　　　　　　　　　　　　　　in

(1)　There is some dancing boys in front of the station.

(2)　Do you want I to carry your bag?

(3)　They have already took many photos of the animals there.

(4)　He often need to take various kinds of medicine.

(5)　She is belonging in the tennis club.

3 Yuki と Miyu は日本で同じ高校に通っており，そこにアメリカ人の Amy Brown と Brian Smith が留学してきた。次のメール文とミーティングでの会話文を読み，あとの問いに答えなさい。*がついた語句には文章の後ろに注があります。

From：Amy Brown
To：Yuki Nakamura
Subject：School Festival

Dear Yuki

Thank you for telling me about school festival and asking me what I want to do for it.
Well, I have been thinking about it, and now I have an idea.

How about running a lemonade stand?

You know it is common for children in Western culture to have a lemonade stand to experience working in a local community, and everyone loves it.　We will have a good experience, and we can donate the money for charity.

Could you share my idea to other members?　I'd like to hear what they think about it, though I can't attend the meeting tomorrow.

Thank you, and I will see you at the class the day after tomorrow.

Your friend,
Amy

【 At the meeting 】

Miyu:　So we have to decide what we will do at the school festival.　Are there any good idea?

Brian:　Sorry, but I don't know anything about Japanese school festival.　What do we usually do?

Miyu:　Well, students are running shops, restaurants, or game arcades, and through the festival, students can have a social simulation experience.　Anyone can come to our school and enjoy the festival.

Brian:　I see.　Thank you.

Miyu:　So, anyone has an idea?

Yuki:　Well, this is not my idea, but Amy sent me an email and asked me to tell you her idea.　She said we should have a lemonade stand.　She said that it is common in America.　Is (a)it true, Brian?

Brian:　Yes, it is true.　Actually I have done it when I was an elementary school student.

Yuki:　Tell us more about it.

Brian:　Well, running a lemonade stand is common among children in America.　I set (b)it up in front of my yard and did it for three days.

Miyu:　Why did you do that?

Brian:　I wanted to buy a new basketball.　I earned enough and bought one.

Miyu:　So you mean children in America do lemonade stands for *allowance.

Brian:　(　あ　)　Some children do (c)it to buy what they want to have, but there are other reasons for it.　One of my friends did (d)it and sent the money he earned to UNICEF.

Miyu:　That sounds great!

Yuki:　Amy also said we can run a lemonade stand for charity.

Miyu:　OK.　Is it difficult to run a lemonade stand, Brian?

Brian:　It depends on how much you will do for lemonade.　One way is to make one by *squeezing fresh lemons and adding some sugar and water.　Another way is using *concentrate.　The other way is using powder.　You can make one by just adding water to either the concentrate or the powder.　They are easy to make, but I like the fresh one the best.

Yuki:　Me, too.

Miyu:　OK, then we will make fresh lemonade.　Are there any other things we have to prepare?

Yuki:　We have to decide the price and also we need a lot of cups.

Brian:　Don't forget the poster.

Miyu:　Sounds like a lot of tasks.　We need more members.　By the next meeting, each one of us should ask friends to join us.　And we will decide who is going to do what at the next meeting.

*allowance：おこづかい　　*squeeze：搾る　　*concentrate：濃縮液

問1　Amy からのメールに書かれている提案と依頼について，それぞれ日本語で簡潔に答えなさい。

問2　下線部 (a)〜(d) の中で，指しているものが違うものが1つある。その記号を答えなさい。

問3　空欄 (　あ　) に入る最も適切な返答を次のア〜エの中から1つ選び，記号で答えなさい。
　ア　Is that so?
　イ　They sure do.
　ウ　Sure.
　エ　Well, yes and no.

問4　メンバーが選んだレモネードの作り方を日本語で簡潔に答えなさい。

問5　次の会議までにメンバーがしなければいけないことを日本語で簡潔に答えなさい。

4　(「The sad saga of Japan's foreign trainee program」UCA News, By Cristian Martini Grimaldi)
※作者の承諾が得られなかったため掲載を見送ります。

（解答は別冊 128 ページ）

※解答はすべて解答用紙に記入しなさい。下書き用紙は採点対象としない。

1, 3(1), 5 は答えのみでよい。その他の問題については簡単な説明や計算をかきなさい。

1　次の ア 〜 ク にあてはまる数を答えなさい。（答えのみでよい。）

(1)　$(5-2\sqrt{6})(5+2\sqrt{6})$ を計算すると， ア である。

また，$\left(\sqrt{24}-\dfrac{9}{\sqrt{6}}+\dfrac{5}{4}\right)(\sqrt{75}-\sqrt{72})$ を計算すると， イ である。

(2)　2次方程式 $(x-1)^2=7(2-x)$ の解のうち，値の大きい方は，$x=$ ウ である。

(3)　$\sqrt{n+25}$ と $\sqrt{6n}$ がともに自然数となるような最小の自然数 n は， エ である。

(4)　さいころを2回ふって，1回目に出た数字を十の位，2回目に出た数字を一の位として，2桁の整数をつくる。できた整数が5の倍数になる確率は オ ，できた整数が素数になる確率は カ である。

(5)　次の8個のデータに新しいデータ x を追加したとき，中央値は6，第3四分位数は10であった。
$x=$ キ であり，四分位範囲は ク である。

$$2,\ 2,\ 3,\ 4,\ 6,\ 7,\ 11,\ 11$$

2　ある高校では牛肉弁当と鮭弁当の2種類の弁当を販売している。5月と6月の売上個数を調査したところ，牛肉弁当について，6月は5月より33個減少しており，鮭弁当について，6月は5月より18個増加していた。牛肉弁当と鮭弁当を合わせた売上個数について，6月は5月より5%減少していた。また，6月の牛肉弁当の売上個数は6月の鮭弁当の売上個数の4倍であった。このとき，5月の牛肉弁当と鮭弁当の売上個数をそれぞれ求めなさい。

3 右の**図1**のように，原点を O とし，関数 $y=x^2$ のグラフ上に原点と異なる 2 点 A(a, a^2)，B$(3, 9)$ をとると，直線 OA の傾きが -2 となった。このとき，次の問いに答えなさい。

(1) a の値を求めなさい。（答えのみでよい。）

(2) 直線 AB の方程式を求めなさい。

(3) 関数 $y=x^2$ のグラフ上に点 P をとると，△OAB の面積と△ABP の面積が等しくなった。このような点 P は原点以外にあと 3 点ある。それらの座標をすべて求めなさい。

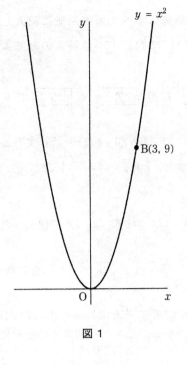

図 1

4 右の**図2**のように，半径 6 cm の円周上に点 A，B，C，D，E があり，$\overset{\frown}{AB} = \overset{\frown}{CD}$ である。また，線分 CE と AD の交点 G はこの円の中心であった。線分 CE と BD の交点を F とし，線分 DE 上に BD // AH となる点 H をとる。線分 AH と CE の交点を I とする。このとき，次の問いに答えなさい。

(1) △DFG≡△AIG であることを証明しなさい。

(2) △AIG∽△EIH であることを証明しなさい。

(3) DF＝BF のとき，線分 IH の長さを求めなさい。

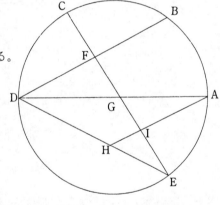

図 2

5　立体を真上から見て平面に表した図を平面図という。

1辺 1mの立方体の箱 ABCD-EFGH がある。この箱を下の①〜③のように平面 P の上方においた。この箱のすべての面は光を通さない。また，面の厚みは考えないものとして，あとの問いに答えなさい。

① 面 ABCD と平面 P が平行　　② 面 AFGD と平面 P が平行　　③ 直線 DF と平面 P が垂直

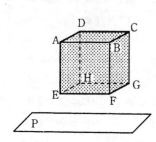 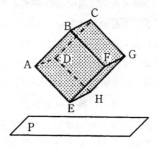 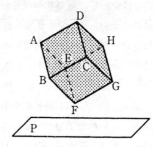

(1)　①〜③の平面図として，最も適する形を下の**選択肢ア〜キ**の中からそれぞれ１つずつ選び，記号で答えなさい。

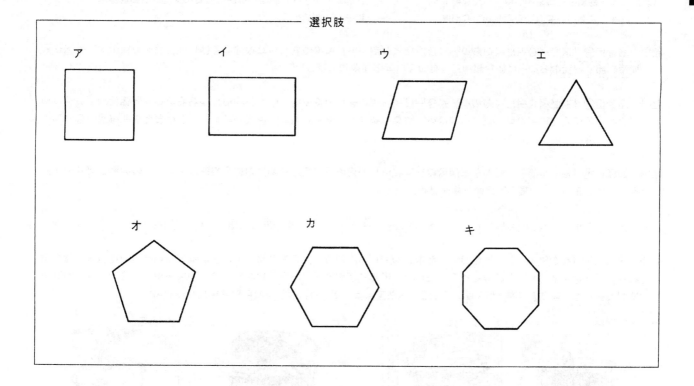

(2)　③の場合について考える。

（ⅰ）頂点 A，D，F，G を通る平面で切断した。A から直線 DF に垂線 AI を下ろすとき，線分 AF，線分 DF，線分 AI の長さをそれぞれ求めなさい。（答えのみでよい。）

（ⅱ）箱の真上から見た平面図の面積を求めなさい。（答えのみでよい。）

一　次の文章を読み、あとの問いに答えなさい。＊がついた語句には文章の後ろに（注）があります。

　①「天は人の上に人を造らず人の下に人を造らず」と言えり。されば天より人を生ずるには、万人は万人皆同じ位にして、生まれながら貴賤上下の差別なく、万物の霊たる身心の働きをもって天地の間にあるよろずの物を資り、もって衣食住の用を達し、自由自在、互いに人の妨げをなさずして各々安楽にこの世を渡らしめ給うの＊趣意なり。

　されども今広くこの人間世界を見渡すに、②かしこき人あり、おろかなる人あり、貧しきもあり、富めるもあり、貴人もあり、下人もありて、③その有様雲と泥との相違あるに似たるは何ぞや。その次第甚だ明らかなり。『＊実語教』に、人学ばざれば智なし、智なき者は愚人なりとあり。されば賢人と愚人との別は、学ぶと学ばざるとに由って出来るものなり。また世の中にむずかしき仕事もあり、やすき仕事もあり。そのむずかしき仕事をする者を④身分重き人と名づけ、やすき仕事をする者を⑤身分軽き人という。すべて心を用い心配する仕事はむずかしくして、手足を用いる＊力役はやすし。故に医者、学者、政府の役人、または大なる商売をする町人、＊勝多の奉公人を召し使う大百姓などは、身分重くして貴き者というべし。身分重くして貴ければ、自ずからその家も富んで、下々の者より見れば及ぶべからざるようなれども、その本を尋ぬればただその人に学問の力あるとなきとに由ってその相違も出来たるのみにて、天より定めたる約束にあらず。諺に云く、天は富貴を人に与えずしてこれをその人の働きに与えるものなりと。されば前にも言える通り、人は生まれながらにして貴賤貧富の別なし。ただ学問を勤めて物事をよく知る者は貴人となり富人となり、無学なる者は貧人となり下人となるなり。

（福沢諭吉『学問のすゝめ』より）

（注）　＊趣意……目的とするところの考え。
　　　　＊実語教……儒学の勧めや日常道徳などを説く児童教訓書。
　　　　＊力役……力わざをかせぎ。力仕事。
　　　　＊勝多……数が多いこと。

問一　傍線部①「天は人の上に人を造らず人の下に人を造らず」とあるが、これを同じ内容で言い換えた部分を、本文中の点線で囲った部分から十八字で抜き出しなさい（句読点を含まない）。

問二　傍線部①「天は人の上に人を造らず人の下に人を造らず」とあるが、そうであるにもかかわらず傍線部②「かしこき人あり、おろかなる人あり、貧しきもあり、富めるもあり、貴人もあり、下人もあり」という状況が生まれるのはどうしてか。筆者の意見に即してわかりやすく説明しなさい。

問三　傍線部③「その有様雲と泥との相違あるに似たる」とあるが、同様の意味を持つ慣用句として、最も適切なものを次の1〜5の中から一つ選び、番号で答えなさい。

1　花より団子　2　月とすっぽん　3　割れ鍋に綴じ蓋　4　掃き溜めに鶴　5　泥中の蓮

問四　傍線部④「身分重き人」、傍線部⑤「身分軽き人」とあるが、次の選択肢にある明治時代に存在した職業を「身分重き人」「身分軽き人」に分類しなさい。ただし、筆者の価値基準に基づいて分類することとする。資料として『ビゴーが見た明治職業事情』（著：清水勲）の挿絵（美術同人社所蔵）と文を付したので参考にすること。

1　新聞売り

柄のついた字が読めるように箱に納めたから「郵便報知」という郵便報知新聞の売りだろう。

2　外交官

鹿鳴館らしきところで開かれた外交官たちの夜会。

3　車夫

車夫：車馬よりも人間の方が…（中略）…車夫は馬の仕事をさせられたがその食料をめぐって…

4　番頭

呉服店の店先である。左奥に番頭が記帳の実務をとっている。…

二　次の文章I、IIについて、あとの問いに答えなさい。＊がついた語句には文章の後ろに（注）があります。

文章I

> 信夫と虎雄は物置の屋根の上で日なたぼっこをしていたが、些細なことから口論となり、虎雄が信夫の胸をつきとばしてしまう。信夫は地上へと落ちたもの、足音を忍*捻挫しただけですむ。医者から帰って布団の上に寝かされる信夫の元には、虎雄、虎雄の父である六さん、信夫の祖母のトセがいる。そこへ信夫の父の貞行が登場する。明治時代の話である。

「大したことがなくて結構でした」

貞行が部屋にはいってくると、トセはそういって、入れ代わりに台所に立って行った。

貞行をみると、六さんがあわてただみ　 a 　をするのだ。

「どうも、虎雄がとんだことを致しまして……」

虎雄もしょんぼりとうつむいていた。

「虎雄ちゃんじゃないよ！」

信夫がこれだ。

「いったい、どうしたというのだね」

貞行はきちんと正座したままで、おだやかに言った。

「実はこのガキが、物置の屋根から……」

「信夫を突き落としたというのだね」

「はあ」

六さんは　b　に汗をうかべている。

「①ちがう！　ぼくがひとりで落ちたんだ」

信夫がいらいらと叫んだ。貞行は微笑して、二、三度うなずいた。信夫に年下の友だちをかばう＊度量のあることが嬉しかった。

「そうか。お前がひとりで落ちたのか」

「そうです。ぼく＊町人の子なんかに屋根から落とされたりするものですか」

信夫の言葉に貞行の顔色がさっと変わった。六さんはうろうろとして貞行をみた。

「信夫っ！　もう一度今の言葉を言ってみなさい」

凛とした貞行の声に信夫は一瞬ためらったが、そのきりりときかん気に結ばれた唇がきっぱりと開いた。

「ぼく、町人の子なんか……」

みなまで言わせずに貞行の手が、信夫のほおを力いっぱいに打った。信夫には何で父の怒りを買ったのかわからない。

「永野家は＊士族ですよ。町人の子とはちがいます」

祖母のトセはいつも信夫に言っていた。だから、町人の子に屋根から突き落とされたなんて、口が裂けても言えなかったのだ。信夫は父をにらんだ。

（ほめてくれてもいいのに！）

「虎雄くん。君の手を見せてほしい」

貞行は虎雄に微笑をみせた。虎雄は　A　と汚れた小さな手を出した。

「信夫！　虎雄君の指は何本ある？」

「五本です」

②殴られたほおがまだひりひりと痛んだ。

「では、信夫の指は何本か？　六本あるとでもいうのか」

信夫はむすっと唇をかんだ。

「信夫。士族の子と町人の子とどこがちがうというのだ？　言ってみなさい」

（ほんとうだ。どこがちがうのだろう）

言われてみると、どこがちがうのか信夫にはわからない。しかし祖母はちがうと言うのだ。

「どこがちがいます」

信夫は③やはりそう思わずにはいられない。

「どこもちがってはいない。目も二つ、耳も二つだ。いいか信夫。福沢諭吉先生は天は人の上に人を造らず、人の下に人を造らず、とおっしゃった。わかるか、信夫」

「…………」

信夫は福沢諭吉の名前だけはよくきいていた。

「いいか。人間はみんな同じなのだ。町人が士族よりいやしいわけではない。いや、むしろ、どんな理由があろうと、人を殺したりした士族の方が恥ずかしい人間なのかも知れぬ」

きびしい語調だった。父がこんなきびしい人だとは、信夫はそれまで知らなかった。しかもそれよりも、

「士族の方が恥ずかしい人間かも知れぬ」

と言った言葉が ［ c ］ をついた。士族はえらいと当然のように思ってきた信夫である。それは雪は白い、火は熱いということと同じように、信夫には当然のことであった。

（ほんとうに人間はみんな同じなのだろうか）

信夫は唇をきりりとかみしめて杖に顔をふせていた。

「信夫。虎雄くんたちにあやまりなさい」

＊厳然として貞行が命じた。

④「ぼく……」

信夫はまだ謝罪するほどの気持ちにはなれなかった。

「信夫あやまることができないのか。自分のいった言葉がどれほど悪いとか、お前にはわからないのか！」

そういうや否や、貞行はタリと両手をついて、おろおろしている六さんと虎雄むかって深く頭を垂れた。そして、そのまま顔を上げることもしなかった。その父の姿は信夫の胸に深くきざまれて、一生忘れることができなかった。

（三浦綾子『塩狩峠』より）

(注)　＊　度量……心が広く人をよく受け入れる性質。

　　　＊　町人……町に住む商人・職人身分の者。

　　　＊＊　士族……江戸時代に武士階級だった者に対する、明治維新後の呼称。

　　　＊　厳然……いかめしくおごそかなさま。

問一　空欄 a 〜 c に当てはまる語として、最も適切なものを次の1〜5の中からそれぞれ一つ選び、番号で答えなさい。ただし、同じ番号は一度しか用いないものとする。

1 鼻　2 足　3 額　4 肩　5 胸

問二　空欄 A に当てはまる語として、最も適切なものを次の1〜5の中から一つ選び、番号で答えなさい。

1 しょんぼり　2 すんなり　3 いらいら　4 おどおど　5 にそにそ

問三　傍線部①「ちがう、ぼくがひとりで落ちたんだ」に関する説明として、最も適切なものを次の1〜5の中から一つ選び、番号で答えなさい。

1　六さんは信夫が虎雄を突き落としたと言ったが、貞行は信夫がひとりで落ちたと言うのを聞いて、信夫に度量があることを嬉しく感じた。

2　六さんは虎雄が信夫を突き落としたと言ったが、貞行は信夫がひとりで落ちたと言うのを聞いて、信夫に度量があることを嬉しく感じた。

3　六さんは虎雄が信夫を突き落としたと言ったが、貞行は虎雄がひとりで落ちたと言うのを聞いて、虎雄に度量があることを嬉しく感じた。

4　六さんは信夫が虎雄を突き落としたと言ったが、貞行は信夫がひとりで落ちたと言うのを聞いて、虎雄に度量があることを嬉しく感じた。

5　六さんは虎雄が信夫を突き落としたと言ったが、貞行は虎雄がひとりで落ちたと言うのを聞いて、信夫に度量があることを嬉しく感じた。

問四　傍線部②「殴られたほおがまだひりひりと痛んだ」について、この描写の説明として最も適切なものを次の1～5の中から一つ選び、番号で答えなさい。

1　貞行は突然話題を変えたが、信夫の心の中では、ほめてもらえるはずなのにほおを打たれたくやしさが継続していることが描写されている。

2　自分に向けられるはずであった貞行の微笑が虎雄に向けられていることで、信夫の心の中における虎雄に対する嫉妬の芽生えが描写されている。

3　貞行をにらんだにもかかわらず、貞行がそれを無視して虎雄に微笑をみせたことに対する信夫のやりきれない思いが描写されている。

4　自分を突き落とした虎雄の手に貞行の手が触れるのを見て、同じ手にほおを打たれた信夫の怒りが継続していることが描写されている。

5　突然話題が変わり、貞行と虎雄が自分をないがしろにしてやりとりしている姿をみて、信夫の自尊心が深く傷ついていることが描写されている。

問五　傍線部③「やはりそう思わずにはいられない」とはどういうことか、わかりやすく説明しなさい。

問六　傍線部④「ぼく……」について、どのような言葉が省略されていると考えることができるか。主張と根拠として最も適切なものを次の1～5の中から一つ選び、番号で答えなさい。

1　「町人の子なんか屋根から落とされたりするものですか」という言葉を飲み込んだと考えることができる。なぜなら、直後に「まだ、謝罪するほどの気持ちにはなれなかった」とあるからである。また、ここでの信夫に意地を張るか謝罪するかという葛藤は見られないため、省略されているのが謝罪の言葉である可能性は低い。

2　「町人の子なんか屋根から落とされたりするものですか」という言葉を飲み込んだと考えることができる。なぜなら、本文では内心をそのまま言葉にできないときに口に関する描写がなされるからである。また、ここでの信夫に意地を張るか謝罪するかという葛藤は見られないため、省略されているのが謝罪の言葉である可能性は低い。

3　「町人の子なんか屋根から落とされたりするものですか」という言葉を飲み込んだと考えることができる。なぜなら、本文では内心をそのまま言葉にできないときに口に関する描写がなされるからである。また、ここでの信夫の価値観は揺らぎ始めているものの、まだ覆ってはいないため、省略されているのが謝罪の言葉である可能性は低い。

4　謝罪の言葉を飲み込んだと考えることができる。なぜなら、本文では内心をそのまま言葉にできないときに口に関する描写がなされるからである。また、ここでの信夫の価値観に全く変化はないため、省略されているのが謝罪の言葉である可能性は低い。

5　謝罪の言葉を飲み込んだと考えることができる。なぜなら、直後に「まだ、謝罪するほどの気持ちにはなれなかった」とあるからである。また、ここでの信夫に意地を張るか謝罪するかという葛藤は見られないため、省略されているのが謝罪の言葉である可能性は低い。

問七　次の文章Ⅱは「ステイタス」という言葉についての説明である。文章Ⅱ中の下線部の考え方に従うと、文章Ⅰにおいて、どのようにしてドラマが生まれていると考えることができるか。百六十字以上二百字以内で説明しなさい。

文章Ⅱ

● ステイタス

　"ステイタス"という言葉。みなさんには聞きなれないかもしれませんが、人間と人間の間に生まれる、"立場・地位・身分の違い"のことです。日常の人間関係に必ず生じますし、小説や昔話、映画などの"ものがたり"の登場人物同士にも必ずあるものです。社会的な関係から見てみると、高いステイタスというと、たとえば大統領・会社の社長・校長先生・医者・裁判官など。それに対して低いステイタスは、一般市民・平社員・生徒・看護婦・罪人などが考えられます。

　日常人間は、他者とスムーズにコミュニケーションするために、社会的な立場を演じわけて、他者との葛藤が無いように暮らしています。この高低のバランスがあるからこそ、人間関係の規律を守れるのです。ステイタスの違いが無かったら、ステイタスを守るために競い合うか、人との関わりを拒否するかのどちらかになって、社会は混乱するでしょう。

　実際、このようなステイタスのバランスが崩れることでドラマが生まれます。ステイタスについてもう少し理解しましょう。

　先ほど社会的な面から、ステイタスについて羅列をしましたが、ステイタスは、社会的な面だけとは言いきれません。校長先生が賄賂をもらっていて、生徒がそれを見つけたら、校長先生のステイタスは低く、生徒は高くなるかもしれません。気の弱い医者を元気づける場合、医者は低いステイタスに、看護婦は高いステイタスになるかもしれません。裁判官の前で、自分は無実だという確信のある罪人が堂々と現れたら、裁判官より罪人の方が、高いステイタスに見えるでしょう。

　こうして見てみるとステイタスとは、人間同士のバランスの関係ではなく、人間同士の関係に変化して、簡単にステイタスは変化していきます。職業・年齢・背景を例にとってみましょう。普段は年齢の高低がステイタスを決めるかもしれませんが、兄が弟にお金を10倍にして返したら、兄の方がステイタスが低くなります。このように人間は、兄のステイタスは低く見せ、ある場合においては低いステイタス、ある場合は自分の高いステイタスを自然に見せるという風に、いろいろなステイタスを高く見せ、ある人に対しては低いステイタス、ある人に対しては高いステイタスに、いろいろ使い分けているのです。ですからステイタスは固定されたものではなく、それぞれの人間関係によって、それぞれの場合によって、流動的に変化します。

（絹川友梨『インプロゲーム』より）

三　（小浜逸郎「福沢諭吉　しなやかな日本精神」）
※承諾が得られなかったため掲載を見送ります。

金沢大学附属

（解答は別冊130ページ）

1　次の問いに答えなさい。

問1　図1のような蓋のついたお椀に温かいお吸い物が入っている。蓋をして，ある程度時間が経過すると，蓋が開かなくなることがあるが，これには大気の圧力が関係している。この現象に関する記述として**誤りをふくむもの**を，次の①～③のうちから一つ選び，番号で答えなさい。ただし，水蒸気の影響や液体の表面張力などは考えなくてよいものとする。

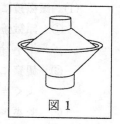
図1

①　蓋をした直後のお椀の中の空気の圧力は周囲の空気の圧力よりも高い。
②　蓋にはたらく力は，周囲の空気の圧力とお椀の中の空気の圧力とお椀の重力である。
③　蓋が開かなくなったとき，お椀の中の空気の圧力は周囲の空気の圧力に比べて高い。

問2　金沢城の堀周辺を散策すると，図2-1のようなアーチ状に積んだ石が多く見られた。図2-2は，そのアーチの模式図である。図2-2の石5にはたらく力の矢印を**すべて**描きなさい。（矢印の長さは1~2 cm程度のものとし，長さは正確でなくてよい。また，石にはたらく摩擦力は考えなくてよいものとする。）

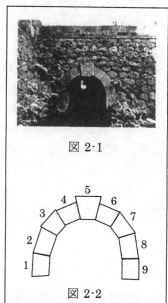
図2-1

図2-2

問3　雲のでき方に関する次の文章中の［　ア　］・［　イ　］にあてはまる語句を答えなさい。

「地表付近の空気は上昇すると［　ア　］し，温度が［　イ　］ので，空気中の水蒸気の一部が小さな水滴や氷の粒となり雲ができる。」

問4　教室の気温が26℃で空気中に水蒸気が13.0 g/m³ふくまれているときの湿度を求め，整数で表しなさい。26℃における飽和水蒸気量は24.4 g/m³とする。

問5　図3の天気図記号が表す天気，風力，風向きをそれぞれ答えなさい。

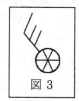
図3

問6　もとの物質とは性質の異なる別の物質ができる変化を化学変化という。次の(1)～(3)の現象が，化学変化である場合には○，そうでない場合には×をそれぞれ書きなさい。
(1)　白ごはんを口の中でよくかむと甘くなる。
(2)　公園の鉄棒がさびる。
(3)　冷たい水をコップに入れて放置すると，コップの周りに水滴がつく。

問7　二酸化炭素を得ることができる化学変化を一つ考え，化学反応式で答えなさい。

問8 ある中学校の理科の授業で，図4のような顕微鏡（鏡筒上下式顕微鏡またはステージ上下式顕微鏡）を用いて，学校の池にすむ微生物の観察をすることになった。次の問いに答えなさい。

(1) 顕微鏡に関する記述として正しいものを次の①～⑤のうちから**すべて**選び，番号で答えなさい。

図4

① 顕微鏡を運ぶ際は，なるべく対物レンズに触れないようにするため，利き手で鏡筒をつまむように持つ。

② 観察にあたっては，より多くの光を取り入れるため，顕微鏡は直射日光のよく当たる，できるだけ明るい場所に置く。

③ レボルバーを回して対物レンズを低倍率から高倍率にすると，視野の明るさは暗くなる。

④ 観察はまず低倍率で行ったのち，続いて高倍率で観察する。

⑤ ピントを合わせる前に，まず接眼レンズをのぞきながら調節ねじを一気に回し，対物レンズとプレパラートをできるだけ近づけておく。

(2) 池の水をとって顕微鏡で観察したところ，微生物が図5の●の位置に見えた。しばらく観察を続けていたが，この微生物は動かなかった。この微生物を視野の中央で観察する場合，プレパラートをどの方向に動かせばよいか。次の①～④のうちから正しいものを一つ選び，番号で答えなさい。

① 右上　　② 右下　　③ 左上　　④ 左下

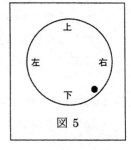
図5

2 次のAさんとBさんの会話文を読み，後の問いに答えなさい。

A：私はふたご座なのに，なぜ誕生日の5月下旬にふたご座が見えないんだろう。

B：確かに，どうしてだろうね。ちょっと教科書を持ってくるから待っていて。

B：お待たせ。図1を見ると，5月下旬の地球の位置［　ア　］とふたご座の間に太陽があるから，地球からふたご座は一日中見えないね。ちなみに，このとき地球から真夜中に見える星座は［　イ　］だね。

A：そうだね。今，これは地球と太陽を外から見ている図だから，これを見てふたご座が見えないのはわかる。でも，地球上にいる人は誰も，このような視点から見ることはできないよね。

B：確かに。「地球から見ると太陽も他の星と同じく，天球面上を移動する天体に過ぎない。地球は太陽の周りを1年に1周する。このとき，地球から見た太陽の軌道（通り道）のことを［　ウ　］という。」と書いてある。

A：そういえば，これは授業で教わったね。なるほど，<u>誕生日の星座がどのように決められたか</u>わかったぞ。

問1 会話文中の［　ア　］にあてはまる記号を図1の(a)～(d)のうちから一つ選び，記号で答えなさい。また，［　イ　］にあてはまる星座の名前，［　ウ　］にあてはまる語句を答えなさい。

問2 下線部について，誕生日の星座がどのように決められたかを会話文から推測し，**簡潔に一文で**説明しなさい。

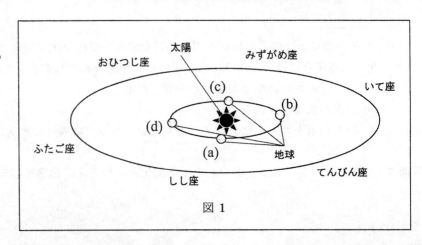
図1

3　次の文章を読み，後の問いに答えなさい。

　動いている車の運転手が赤信号に気がつき，ブレーキを踏んで車が停止するまでに 2 つの過程がある。1 つ目は，運転手が赤信号に気がついてからブレーキを踏むまでの間，車が一定の速さで移動する過程である。このときの移動距離を空走距離という。2 つ目は，ブレーキがきき始めてから車が減速し，停止するまでの間，車が移動する過程である。このときの移動距離を制動距離という。つまり，空走距離と制動距離の和が，車が停止するまでに移動する距離（停止距離）である。

　図 1 は，ある自動車がサーキット（車専用の道路）でテスト走行をした際に計測した空走距離と制動距離との関係を表すグラフである。このとき運転手が信号に気がついてからブレーキを踏むまでの時間は 1.0 秒であった。

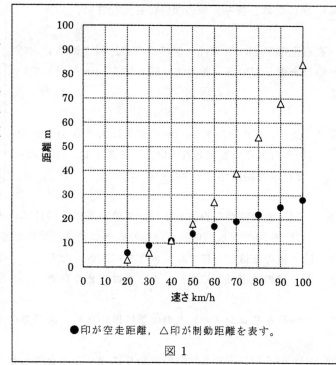

●印が空走距離，△印が制動距離を表す。

図 1

問1　図 1 のグラフに関する記述として**誤りをふくむもの**を，次の①〜③のうちから一つ選び，番号で答えなさい。
　①　空走距離は速さが大きくなっても一定の割合で距離が伸びている。
　②　制動距離は速さが大きくなるほど距離の伸びが大きい。
　③　空走距離・制動距離ともに原点を通る直線となる。

問2　停止距離が 60 m となる車の速さは何 km/h か，答えなさい。

問3　速さ 90 km/h で運転していた車の運転手が信号を確認し，ブレーキを踏むまでに 2.0 秒かかった。このとき車の停止距離は何 m になるか，答えなさい。

問4　車の仕事とエネルギーについて述べた次の(1)〜(3)のうち，内容が正しい場合には○，誤った内容をふくむ場合には×をそれぞれ書きなさい。
　(1)　車が停止するまでの時間が長いほど，失われるエネルギーは少ない。
　(2)　車が停止するまでに摩擦力がする仕事は，車の速度によらず一定である。
　(3)　車の運動エネルギーは，ブレーキにより熱エネルギーに変換されるので，力学的エネルギーは保存されない。

4 次の文章を読み，後の問いに答えなさい。

焦点距離が 20 cm の凸レンズがある。図1は凸レンズ
と焦点を表している。図の1目盛りは 10 cm を表してい
る。

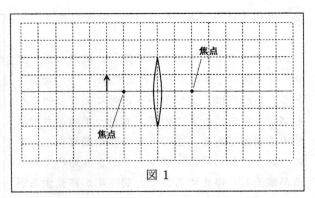
図1

問1 凸レンズの左方向 30 cm の位置に大きさ 10 cm の
物体（矢印で表現されている）を置いた。物体の
像を解答欄に作図しなさい。

問2 問1の状態から物体を凸レンズの焦点に近づけていくと，像のできる位置と大きさはどうなるか。次
の①～④のうちから正しいものを一つ選び，番号で答えなさい。
① 像の位置は右にずれ，大きさは大きくなる。 ② 像の位置は右にずれ，大きさは小さくなる。
③ 像の位置は左にずれ，大きさは大きくなる。 ④ 像の位置は左にずれ，大きさは小さくなる。

問3 物体を凸レンズの焦点の位置に置いたら，像ができなかった。像ができない理由を説明しなさい。

問4 この凸レンズを虫眼鏡の代わりに使うことを考える。レンズから 10 cm 程度のところに大きさ 10 cm
の物体を固定したときにできる像は元の大きさの何倍か，答えなさい。また，このときにできる像は実
像か虚像か，解答欄の正しい語句を○でかこみなさい。

5 次の文章を読み，後の問いに答えなさい。

金沢城の石垣に使われているのは戸室山周辺から産出する『安山岩』であり，戸室石と呼ばれている。火
成岩の一種である安山岩が産出するということは，戸室山がかつては火山だったことがわかる。
火成岩は大きく火山岩と深成岩に分類されるが，火山岩は［ ア ］組織，深成岩は［ イ ］組織に
よって特徴づけられる。火山岩は色の違いによって，<u>安山岩・玄武岩・流紋岩</u>の3種類に大別される。無色
鉱物を多くふくむものほど白っぽくなり，この無色鉱物としては長石（チョウ石）や［ ウ ］が挙げられ
る。また，白っぽい岩石ほど，二酸化ケイ素を多くふくむことも知られており，この量が多いほどマグマに
ねばりけが強いと考えられる。よって，マグマのねばりけが弱いと考えられているハワイ島の火山にくらべ
て，戸室山が造られた当時の山の斜面は［ エ ］だったと推測される。

問1 文章中の［ ア ］～［ エ ］に当てはまる語句を答えなさい。

問2 下線部について，3種類の火山岩を白っぽいものから黒っぽいものの順に並べ替えなさい。

問3 図1はある火成岩のスケッチである。この火成岩のでき方に関する記述とし
て正しいものを次の①～④のうちから一つ選び，番号で答えなさい。
① マグマが地表や地表の近くに上昇して，急に冷やされてできた。
② マグマが地表や地表の近くに上昇して，ゆっくり冷えて固まってできた。
③ マグマが地下深いところで，急に冷やされてできた。
④ マグマが地下深いところで，ゆっくり冷えて固まってできた。

図1

6 次のI・IIの文章を読み，後の問いに答えなさい。

I 物質は，それぞれの性質をもとに，純物質と混合物，金属と非金属などに分類することができる。

問1 次の物質の中から，純物質を**すべて**選び，物質名を答えなさい。
【 しょうゆ 金 ろう 牛乳 塩酸 酸素 硫酸銅 】

問2 磁石につかない金属の物質名を**二つ**答えなさい。

問3 海水にふくまれている塩化ナトリウムは，水に溶けると電離する。電離のようすを例にしたがって，
化学式を使って表しなさい。 例）$CuSO_4 \rightarrow Cu^{2+} + SO_4^{2-}$

II 家庭などから排出されるごみは，燃やせるごみと燃やせないごみに分別するだけでなく，物質の性質を
もとに細かく区別され，再び利用されている。以下は，飲み終わったペットボトルを廃棄しようとした
CさんとDさんの会話である。

C：空になったペットボトルを捨てなきゃ。
D：キャップと本体のボトルは分けて捨ててね。
C：同じプラスチックに見えるけれど，一緒に捨てたらだめなのかな。
D：ラベルを見て。キャップとラベルはプラマーク，ボトルはPETって書いてあるでしょう。
C：本当だ。つまり，プラスチックの素材が違うってことだね。
D：正解。キャップはPPまたはPSでできているんだ。
C：同じ素材だったら捨てるのに便利なのに，なんで違うんだろう。
D：同じ素材だと，ふたがしっかりと締まらないんだって。
C：Dさんよく知っているね。そもそも，なんで分別するんだろう。
D：この前の理科の授業で，地球の資源の消費を減らして繰り返し利用することができる［ ア ］型
社会の説明のときに，「3R」って言葉が出てきたでしょ。

問4 文章中の［ ア ］に当てはまる語句を**漢字2字**で答えなさい。

問5 PETの物質名を答えなさい。

問6 ペットボトルの本体とキャップの素材の違いは，それぞれを水の中に入れ，浮き沈みを調べるとわか
る。ペットボトル本体は「浮く」「沈む」のどちらか答えなさい。

問7 会話文中の「3R」とは，①Reduce，②Reuse，③Recycleのことである。次の［ イ ］［ ウ ］
に当てはまる語句をそれぞれ**漢字2字**で答えなさい。
① Reduce＝ごみとなる物質を減らす
② Reuse＝再［ イ ］する
③ Recycle＝再［ ウ ］化する

7 次の文章を読み，後の問いに答えなさい。

　　除菌・消毒・手指洗浄用アルコールとして，よくエタノールが用いられる。エタノール（化学式 C_2H_6O）
は特有の芳香をもつ無色の液体である。また，常温で気体へと変化しやすく，引火しやすいため，火気厳禁
である。ワインや日本酒などの製造過程では，微生物のはたらきによってエタノールがつくられる。
　　エタノールと名前のよく似た物質として，主に燃料用アルコールとして利用されたり，プラスチックや合
成繊維，接着剤，塗料，農薬，医薬品などの原料として利用されたりするメタノール（化学式 CH_4O）があ
る。メタノールはエタノールと同じくアルコールに分類されるが，毒性があり危険である。

問1　お酒の中にふくまれているエタノールを取り出す際に，物質の沸点の違いを利用した分離法がある。
　　　この分離法の名称を漢字で答えなさい。

問2　メタノール，エタノールはともに引火しやすい液体である。それぞれの物質の燃焼を表す化学反応式
　　　を下に示した。　ア 　～　ク 　に当てはまる係数をそれぞれ答えなさい。ただし，係数が1のときは
　　　「1」と答えなさい。

　　　メタノール　　ア CH_4O ＋ イ O_2 → ウ CO_2 ＋ エ H_2O

　　　エタノール　　オ C_2H_6O ＋ カ O_2 → キ CO_2 ＋ ク H_2O

問3　5 L のエタノールの気体を完全燃焼させるのに必要な空気は何 L か，計算過程を解答欄に示して答え
　　　なさい。ただし，気体の体積は同じ温度と同じ圧力のもとで比較している。気体どうしの反応におい
　　　て，化学反応式の係数の比は，各気体の体積の比と等しくなる。また，空気は，窒素：酸素＝4：1の
　　　体積の比で混じり合っている気体とし，1 L ＝ 1000 cm^3 とする。

8 次の文章を読み、後の問いに答えなさい。

　ある中学校の科学部の活動で、県内の池に生息する a 魚類の捕獲調査を実施したところ、複数種が確認された。特に、b 外来生物であるオオクチバス（ブラックバス）が多く生息していることがわかった。

問1　下線部 a について、この調査を進める上での注意点に関する記述として**明らかな誤りをふくむもの**を、次の①〜⑥のうちから**三つ**選び、番号で答えなさい。
　①　中学生が池に転落する危険性は非常に低いので、事前に救命胴衣（ライフジャケット）やロープなどの救命用具を準備する必要はない。
　②　欠席などで調査を実施する部員が自分以外にいない場合や、部顧問の先生が調査に同行できなくなった場合は、調査を延期するのがよい。
　③　池を調査する場合は、事前にその池を管理する自治体の担当部署や管理事務所などに調査目的や日時などを伝え、許可を得なければならない場合がある。
　④　捕獲した魚類を再放流する際には、捕獲した場所からなるべく遠く離れた場所に再放流するのが望ましい。
　⑤　この調査は科学部の部員だけで行われたものであるので、得られた調査結果は個人情報流出防止の観点から一切外部に公表してはならない。
　⑥　事前に天気予報を十分に確認した場合であっても、調査実施中は天候が急変する兆候がないか、風の変化や雲の様子などに注意をはらっておく必要がある。

問2　下線部 b について、この魚類の調査では、オオクチバスが 18 匹捕獲された。その全ての個体に判別しやすくて外れにくい標識をつけて再放流した。2 週間後に再び同様の捕獲調査をすると、オオクチバスが 21 匹捕獲され、うち 7 匹に標識が確認された。このとき、この池にすむオオクチバスの全個体数を推定し、答えなさい。ただし、調査期間中において標識が外れることはなく、他のオオクチバスの移出・移入は一切ないものとする。

問3　下線部 b について、オオクチバスなどの外来生物に関する記述として正しいものを、次の①〜⑥のうちから**二つ**選び、番号で答えなさい。
　①　オオクチバスなどの外来生物を捕獲した場合、なるべく生きたまま自宅に持ち帰って飼育することが望ましい。
　②　オオクチバスなどの外来生物が、もともとその地域にすむ在来生物を直接的に捕食しない場合は、特に問題視する必要はない。
　③　日本では、外来生物の取扱いを定めた法律がないため、外来生物の輸入や駆除などに関する制限はない。
　④　日本における外来生物のリストをレッドリストという。
　⑤　日本では、動物だけでなく植物の外来生物も確認されている。
　⑥　外来生物が生態系に与える影響は、場所によって異なることもある。

問4　下線部 b について、「外来生物自体は"悪者"ではない。」という意見がある。その意見が支持される理由を考え、次の文の　ア　に入る適切な文を**簡潔に一文で**答えなさい。ただし、**移入**という語句を必ず用いること。

　　「そもそも外来生物は、　ア　。よって外来生物自体は"悪者"ではないといえる。」

9 次の文章を読み，後の問いに答えなさい。

　中学生の E さんが住む地域は日本海に面しており，漁業が盛んである。また，平野部では稲作も盛んに行われている。近所の鮮魚店やスーパーマーケットの店頭には，a マグロ，イカ，エビ，ウニなどの新鮮な魚介類と県内産のコメが多く並ぶ。

　E さんは，マグロのお寿司が大好きである。家庭科の教科書やインターネット検索でマグロのお寿司にどのような栄養素がふくまれるのか調べたところ，マグロには三大栄養素のうち，特にタンパク質や脂肪が多くふくまれていることがわかった。一方，酢飯の b コメには炭水化物であるデンプンが多くふくまれていることがわかった。つまり，マグロのお寿司には c 三大栄養素のすべてがふくまれていることになる。E さんは，新鮮な魚介類と美味しいコメに恵まれているこの地域が大好きだ。

問1　下線部 a について，マグロ，イカ，エビ，ウニのうち，無セキツイ動物に分類されるものを**すべて**選びなさい。

問2　下線部 b について，コメを実らせるイネや，メンデルが遺伝の実験で用いたエンドウは，いずれも自家受粉を行う。親から子，子から孫へと自家受粉を何世代繰り返しても，その形質がすべて親と同じであるものを何というか答えなさい。

問3　下線部 b について，植物がつくるデンプンは光合成に由来している。光合成に関する次の記述の下線部について，**正しくないもの**を①〜⑤のうちから**三つ**選び，解答欄の解答例にならって正しい語句に書き換えなさい。

> 　光合成は，細胞内の①ミトコンドリアで行われる。光合成の反応には，光のほかに水と二酸化炭素が必要である。植物は，根から水を取り込むしくみをもっており，取り込まれた水は茎内部の維管束の②師管を通って葉などに送られる。イネはトウモロコシなどと同じく③単子葉類であるため，茎を輪切りにすると，維管束が輪状ではなく全体に散らばっている様子が観察できる。一方，二酸化炭素は葉の表面にある気孔から取り込まれる。気孔は三日月形をした 2 つの④葉肉細胞に囲まれたすき間のことである。ふつう，気孔は葉の⑤裏側に多く見られる。こうして取り込まれた水と二酸化炭素を用いて光合成がおこなわれる。

問4　下線部 c について，三大栄養素であるタンパク質，脂肪，炭水化物のヒトにおける消化・吸収に関する記述として正しいものを，次の①〜⑤のうちから**二つ**選び，番号で答えなさい。
　①　タンパク質は，だ液にふくまれるアミラーゼのはたらきによって，アミノ酸に分解される。
　②　デンプンは分解されるとブドウ糖になり，胃の表面にある柔毛から吸収される。
　③　脂肪，炭水化物のいずれも，すい液のはたらきによって分解される。
　④　脂肪は，胆のうで合成された胆汁によってモノグリセリドと脂肪酸に分解される。
　⑤　胃液にふくまれるペプシンと，すい液にふくまれるトリプシンは，どちらもタンパク質を分解するはたらきがある。

1　次の**資料1**は，ナツさんが通う中学校で入学時に配付された「給食だより」である。これを見て，後の問いに答えなさい。

○○中学校1年生

給食だより 4月号

みなさん、はじめまして！これから3年間、みなさんの給食を作る調理場から、ごあいさつ代わりに給食の目的と今後の献立の予定についてお知らせします。

~学校給食が大切にしていること~

学校給食が大切にしていることは、主に二つあります。

まず一つ目は、みなさんの健康と成長をサポートすることです。これが一番大切な目的です。a日本における食生活はこの約100年間で大きく様変わりし、給食も時代とともに変化してきました。現代では栄養バランスの偏りが社会的な問題になっています。私たち調理員は、現代を生きるみなさんに栄養バランスの取れた食事を提供したいと思っています。

二つ目は、多様な食文化を体験してもらうことです。b世界にはたくさんの種類の料理があり、その土地でとれる農作物が多く使われています。月に1度、各国の代表的な料理を給食にした「世界の料理Day」を設けていますので、しっかり食べて異文化を体験しましょう！

一方で、日本でとれた食材を使うことも大切です。日本のc食料自給率の低下については、よくニュースなどでも取り上げられていますよね。みなさんにも日本の食文化に興味を持ってもらえるように頑張ります！腕をふるいますよ～！

< 献立予定表 >

月	火	水	木	金
4/11	4/12	4/13	4/14	4/15
弁当	ご飯, 牛乳, チキンカレー, 豆サラダ, オレンジ	弁当	揚げパン, 牛乳, あじのマリネ, ほうれん草ソテー, コーンポタージュ	ご飯, 牛乳, 生姜焼き, キャベツ千切り, 豚汁
4/18	4/19	4/20	4/21	4/22
弁当	d地元の食材Day ご飯, 牛乳, 金沢おでん, たまごとハムと加賀野菜の友禅あえ	弁当	コッペパン, 牛乳, コンソメスープ, ミートローフ, ポテトソテー	わかめご飯, 牛乳, 味噌汁, アジフライ, 大根サラダ
4/25	4/26	4/27	4/28	4/29
弁当	ビビンバ, 牛乳, 大豆と煮干しの揚げ煮, ワカメスープ, ゼリー	遠足	世界の料理Day ライ麦パン, 牛乳, ソーセージとじゃがいもの炒め物, キャベツの酢漬け, 根菜スープ	昭和の日

資料1

問1　ナツさんは**下線部a**について興味を持ち，日本の給食や食生活の変化について調べてみることにした。このことに関して，次の問いに答えなさい。

(1)　ナツさんは昔の給食の献立を調べていくうちに，1952年時点の一般的な給食の献立には，主食として「ごはん」ではなく「パン」が提供されていたことを知った。当時，主食としてパンが提供されていた理由を，1945年から1952年までの日本の社会的背景をふまえて説明しなさい。

(2)　ナツさんは，日本の食生活の変化を考えるため，右の**図1**を作成した。図1は，日本における品目別の国民一人一年あたりの供給純食料 ※注 を示しており，図中の①～⑤は，米，小麦，肉類，牛乳及び乳製品，魚介類，のいずれかである。このうち，米と肉類にあてはまるものを①～⑤のうちから1つずつ選び，番号で答えなさい。

※注…供給純食料は，人間の消費に直接利用可能な形態（野菜の芯や魚の頭部などの通常食しない部分を除いた形態）に換算した食料の供給量を指す。

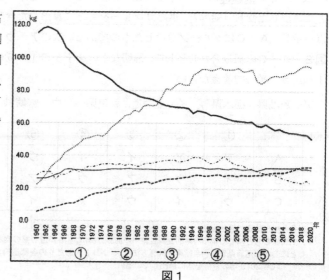

図1

出典：令和2年度食料需給表より作成。

問 2　ナツさんは**下線部b**についても興味を持ち，ナツさんが使っている社会科の教科書に掲載されている農業景観を Google Maps で探してみることにした。下のX・Yは，ナツさんが Google Maps を用いて見つけ出した農業景観を画像として切り取ったものである。画像X・Yで示した農業景観が見られる地点に最も近い地点を，次の①～⑥のうちから1つずつ選び，番号で答えなさい。

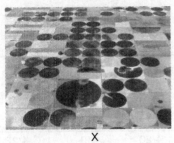

X　　　　　　　　　Y

① 南緯 4.1 度，西経 60.2 度
② 南緯 31.7 度，東経 141.9 度
③ 北緯 12.5 度，東経 109.1 度
④ 北緯 22.1 度，東経 8.7 度
⑤ 北緯 37.4 度，西経 4.2 度
⑥ 北緯 37.3 度，西経 100.4 度

出典：いずれの画像も Google Maps より作成。Xは Global view 機能，Yは Street view 機能を用いた。

問3　**下線部c**に関して，以下の文章は，ナツさんとナツさんの姉で高校生のフユさんが，**資料1**を見て話し合った会話である。この会話文を読み，後の問いに答えなさい。

ナツ：給食だよりには食料自給率についても書いてあるね。社会科の授業で，日本は食料自給率がアメリカやフランスなどよりも低いと学んだよ。

フユ：実は，食料自給率には，生産額をもとに算出する値と供給カロリーをもとに算出する値があるんだよ。

ナツ：地域によって二つの食料自給率の値は大きく異なりそうだね。日本はどちらの方が低いのだろう？

フユ：【1】より低いのは生産額ではなく供給カロリーをもとに算出した値の方だね。

ナツ：それでも【2】供給カロリーをもとに算出した食料自給率は，イギリスやスイスより日本の方が高いみたい。

フユ：それらの国は日本よりも国土面積が小さいからね。

ナツ：品目別で見てみると，【3】日本における米やいも類の自給率は100%に近い水準を保っているのに，小麦や大豆，野菜などは昔に比べて低下したんだね。

フユ：このような状況では国際情勢に大きく影響を受けてしまうね。【4】直近10年のデータを見ると，円高になれば輸入小麦の政府売渡価格が上昇する傾向があるようだね。

ナツ：輸入小麦の政府売渡価格が上昇すると，私たちの食卓にも影響があるね。食料自給率をどのように向上させていくか，私たちも考えていかないとね。

(1)　会話文中の**波線部**について，右の図2は，いくつかの道県の生産額をもとに算出した食料自給率と，供給カロリーをもとに算出した食料自給率を点で示し，A～Cにグループ分けしたものである。次のア～ウの道県群と図2中A～Cの組み合わせとして，適切なものを下表の①～⑥のうちから1つ選び，番号で答えなさい。

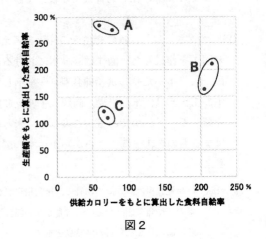

図2

ア　茨城県，栃木県　　　イ　北海道，秋田県　　　ウ　宮崎県，鹿児島県

	①	②	③	④	⑤	⑥
A	ア	ア	イ	イ	ウ	ウ
B	イ	ウ	ア	ウ	ア	イ
C	ウ	イ	ウ	ア	イ	ア

※各食料自給率の算出方法
・生産額をもとにした都道府県別食料自給率の計算方法は，「各都道府県の食料生産額/国内市場に出回った食料の額」である。また，供給カロリーをもとにした都道府県別食料自給率の計算方法は，「1日1人あたりの各都道府県産供給カロリー/1日1人あたりの供給カロリー」である。
・いずれも 2019 年の数値を基に算出している。

出典：図は農林水産省資料より作成。各食料自給率の算出方法は，農林水産省「都道府県別食料自給率（食料国産率）の計算方法について」より引用。一部改変。

(2) 下の**資料2～資料5**は会話文中の**破線部〔1〕～〔4〕**に関するものである。これらの資料からは**裏付けられない**発言を**破線部〔1〕～〔4〕**のうちから**すべて**選び，番号で答えなさい。

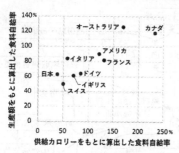

資料2　主な国の食料自給率

出典：農林水産省

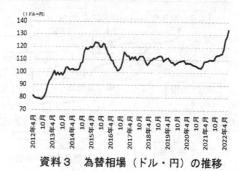

資料3　為替相場（ドル・円）の推移

出典：日本銀行

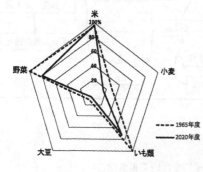

資料4　日本の品目別食料自給率

出典：農林水産省

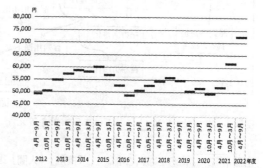

資料5　輸入小麦1トン当たりの政府売渡価格の推移

出典：農林水産省（2022）「輸入小麦の政府売渡価格について（価格公表添付資料）」

※資料2の統計年次は2019年。日本のみ2021年度。
※資料3の為替相場は，東京市場におけるドル・円スポットの17時時点の月中平均の値を用いている。
※資料4の品目別自給率の算出方法は国内生産量／国内消費仕向量×100（重量ベース）である。ただし，米については，国内生産と国産米在庫の取崩しで国内需要に対応している実態をふまえ，平成10年度から国内生産量に国産米在庫取崩し量を加えた数量を用いている。
※資料5の輸入小麦の政府売渡価格については，2012年度は消費税5％，2013年度以降は消費税8％込みの価格である。

問4　**下線部d「地元の食材Day」**について，次の問いに答えなさい。

(1)　ナツさんは給食と自然環境との関係に興味を持ち，和歌山県に住む友達のアキさんとのメールを通じて，ご当地給食の情報を集めることにした。下の文章は，アキさんが地域の食材を使った給食の献立について書いたものである。空欄（　ア　）～（　ウ　）にあてはまる語句を，それぞれ答えなさい。

> 　私の住んでいる和歌山県では，「クジラの竜田揚げ」が給食に出るよ。和歌山県の中でも，特に（　ア　）半島南部の地域でクジラやイルカを昔から漁獲してきたんだ。（　ア　）半島沖には（　イ　）海流が流れていて，それに乗ってやって来るクジラやイルカを，（　ウ　）と呼ばれる海岸の地形を活かして湾の奥に追い込み，漁獲するんだよ。

(2)　ナツさんは地元でとれた食材の流通の仕組みを調べるため，近くのスーパーマーケットを訪れ，仕入れを担当している店員にインタビュー調査を行った。下の文章は，ナツさんと店員の会話である。会話文の内容をふまえ，空欄（　X　）にあてはまる文章を書きなさい。

ナツ：このスーパーでは産地直送の食材も販売しているのですね。
店員：はい。産地直送の場合，流通の過程で卸売業を介さずに仕入れることができるため，仕入価格を抑えることができるというメリットがあります。
ナツ：なるほど。多くの農家と契約を結んで，できるだけ産地直送品の割合を増やすことが大切なのですね。
店員：それが，必ずしもそういうわけではないのです。流通に卸売業を介在させることは，スーパーの経営を考えるうえでとても重要なことです。なぜなら，卸売業には（　　　X　　　）という役割があるためです。
ナツ：スーパーにとって，産地直送の品物だけを扱うことは経営上のリスクにもなり得るのですね。

金沢大学附属

2　近年の地球的課題として地球温暖化が挙げられる。次の**図１**は地球温暖化の要因や影響の一部について，その関係をまとめたものである。これを見て，後の問いに答えなさい。

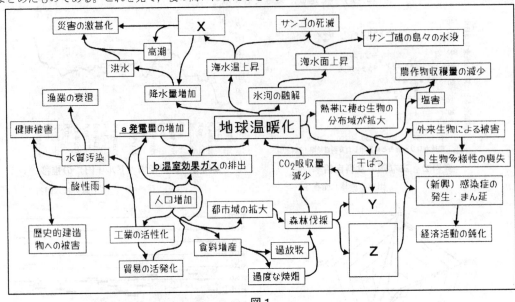

図１

問１　空欄　X　と　Y　にあてはまる言葉を答えなさい。

問２　空欄　Z　に想定される事象を，「**接触**」「**人間**」という語句を用いて書きなさい。

問３　**下線部a**について，右の①～⑤は日本，カナダ，スペイン，サウジアラビア，フランスの発電割合を示している。このうち，スペインにあてはまるものを①～⑤のうちから１つ選び，番号で答えなさい。

	火力	水力	風力	原子力
①	9.0%	10.8%	6.1%	69.9%
②	40.5%	9.8%	20.4%	21.4%
③	71.9%	8.3%	0.7%	6.1%
④	99.9%	ー	ー	ー
⑤	18.1%	58.8%	5.1%	15.7%

出典：矢野恒太記念会『世界国勢図会』より作成。

※統計年次は2019年。また，すべての発電方法が記載されていないため，総計が100%にはならない。

問４　**下線部b**について，次の**資料１**と**資料２**は生産ベース方式と消費ベース方式における二酸化炭素排出量の考え方を，自動車工業を事例に図示したものである。また，下の**図２**は2000～2014年の各地域における消費ベース二酸化炭素排出量と生産ベース二酸化炭素消費量の差（消費ベース二酸化炭素排出量－生産ベース二酸化炭素排出量）の推移を示しており，**図２**中の①～④は日本，中国，EU，アメリカのいずれかである。**資料１**，**資料２**をふまえ，**図２**中の①～④のうちから中国にあてはまるものを１つ選び，番号で答えなさい。

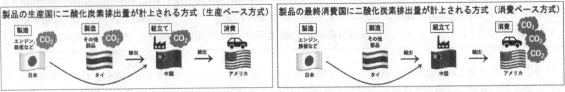

資料１　生産ベース方式における二酸化炭素排出量の考え方　　資料２　消費ベース方式における二酸化炭素排出量の考え方

出典：資料１，２とも，経済産業省 資源エネルギー庁「エネルギー白書2020」を参考に作成。

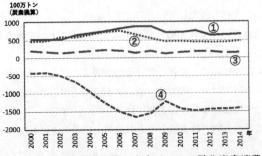

出典：（公財）地球環境産業技術研究機構（RITE）システム研究グループ（2018）「経済とCO₂排出量のデカップリングに関する分析：消費ベースCO₂排出量の推計」

図２　消費ベース二酸化炭素排出量と生産ベース二酸化炭素消費量の差
（消費ベース二酸化炭素排出量 － 生産ベース二酸化炭素排出量）の推移

3 先生と生徒は，戦争の近現代史というテーマで対話を行っている。次の対話文を読んで，後の問いに答えなさい。

生徒：2022年2月24日，ロシアがウクライナに侵攻しました。あのニュースには言葉を失いました…。
先生：まるで19〜20世紀の <u>a帝国主義</u>の時代に時計の針が戻ったようで，本当に気がかりです。
生徒：帝国主義って確か，欧米諸国がアフリカやアジアに勢力を伸ばし，植民地化したことですよね。
先生：ヨーロッパ列強はヨーロッパ以外の地域で植民地獲得競争をしつつ，ヨーロッパ内部でも三国協商・三国同盟
　　　を結んで対立し，遂に1914年の<u>bサラエボ事件</u>をきっかけに第一次世界大戦が勃発（ぼっぱつ）してしまったんだ。
生徒：参戦した国々の予想に反して，<u>c戦争は長期化し，犠牲も増え続けた</u>と学びました。
先生：だから世界は大戦後に「法による平和」を実現すべく，戦争の違法化を進めていきました。
生徒：でも，世界は第二次世界大戦を防ぐことができませんでした。日本も満州事変以降，中国での軍事行動を加速
　　　させ，<u>d日中戦争や太平洋戦争</u>に突入してしまいました。
先生：そうだね，その意味で第一次世界大戦後の世界秩序には限界があったということだね。二度の大戦を経験し
　　　て人類は再び悲劇が繰り返されないよう国際社会のルールづくりに努めてきたけど，〔　　　　　　　　　〕こと
　　　などに代表されるように，戦後もなお紛争や対立が起きていて，戦争の脅威はなくなっていませんね。
生徒：今回のウクライナ侵攻も深刻です。
先生：<u>eメディア</u>がテレビやスマートフォンを通じて，戦争の現実を伝えています。私たちと同じように平穏な日常
　　　を過ごしていた人たちが，今は戦場にいる。この現実を前にすると，とても他人事には思えません。

問1　<u>下線部a</u>に関連して，次のⅠ〜Ⅳは帝国主義に関する資料で，その下の【解説】は帝国主義について説明した文章
　　　である。これらを読んで，Ⅰ〜Ⅳの資料からは**裏付けられない**記述を，【解説】中の<u>破線部①〜④</u>のうちから1つ選
　　　び，番号で答えなさい。

Ⅰ
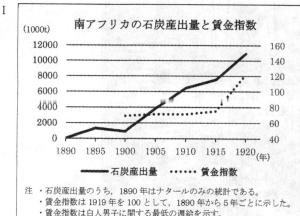

南アフリカの石炭産出量と賃金指数

注 ・石炭産出量のうち，1890年はナタールのみの統計である。
　　・賃金指数は1919年を100として，1890年から5年ごとに示した。
　　・賃金指数は白人男子に関する最低の週給を示す。
　　　　　　　　　出典：『マクミラン世界歴史統計2』原書房，1984年

Ⅱ

Ⅲ　　　南アフリカの主な貿易相手国との貿易額
（単位：1000ポンド）

年	イギリス		アメリカ		ドイツ	
	輸入	輸出	輸入	輸出	輸入	輸出
1890	8,535	9,353	282	101	165	98
1900	17,232	7,053	2,311	22	715	41
1910	24,003	47,509	2,731	411	3,523	1,824
1920	59,871	59,936	18,408	3,990	955	519

注 ・1890年はケープのみの貿易額で，1900年にはナタールが加わる。
　　・1910，20年の貿易額は南アフリカ連邦（当時）のものである。
　　　　　　　出典：『マクミラン世界歴史統計2』原書房，1984年

Ⅳ
　今日の諸国を観察して，それらが進み行く方
向を注意するならば，進歩的な民族はどこであ
ろうと等しく独自の特徴をもっているという
結論に達せざるを得ないようである。……彼ら
の間では，個人はきわめて自由であり，淘汰（とうた）は
きわめて盛んであり，競争はきわめて公平であ
る。しかしながらそれとともに，闘争はきわめ
て苛烈であり，精神的軋轢（あつれき）はきわめて大きく，
緊張はきわめて甚（はなは）だしい。これらの諸民族が
辿（たど）ってきた道を振り返ってみるならば，彼らに
後れをとってしまった競争相手の間では，こう
いった資質や条件が，これまた紛れもなく欠け
ているということに気づく。

　　　　出典：ベンジャミン・キッド『社会進化論』1894年

【解説】　帝国主義とは，<u>①資本主義諸国が非ヨーロッパ地域を自国の植民地や勢力圏に組み入れようと競い合っ
た</u>政治的動向のことを言う。ヨーロッパ諸国では工業生産が高度化し，石油や銅などヨーロッパではとれない天然
資源を必要としていた。そこで列強は，<u>②資源産出地域に進出し，現地の安い労働力を用いて工業原料を獲得する</u>
とともに，商品の販売先ともしたのである。また海外進出を通じて，<u>③列強は国内のナショナリズムを高め，政治・
経済に対する大衆の不満を外にそらそう</u>とも考えた。<u>④欧米諸国内には，非ヨーロッパ地域の文化を軽視する風潮
があり</u>，野蛮な有色人種にキリスト教とヨーロッパ近代文明の恩恵をもたらすことは白人の使命だとする考え方も
あった。これらの要因が連鎖して，19世紀末に帝国主義の時代が形成されたのである。

問2　**下線部 b** に関して，この事件の背景と第一次世界大戦の勃発について説明した下の文章中の空欄　**ア**　・
イ　にあてはまる語句を，それぞれ答えなさい。

> サラエボ事件を考えるには，ヨーロッパにおける民族的対立を知る必要がある。事件が発生したオーストリアの
> サラエボは，バルカン半島に位置する。ここではオスマン帝国の支配が弱まったことを機に，南下政策をとって半
> 島に進出しようとしていたロシアと，同じく半島に勢力を伸ばそうとするオーストリアが対立していた。ロシアは，
> 同じ　**ア**　民族のセルビア人への影響力を拡大することで半島を勢力下に置こうとしたのに対し，オーストリ
> アは同じ　**イ**　民族のドイツの助けを得て半島に勢力を伸ばそうと考えていた。
> 　こうした状況の中，サラエボ事件は発生した。オーストリア皇太子夫妻を暗殺したセルビアの青年が民族組織に
> 加わっていたことから，オーストリア政府はドイツの支持を得てセルビアに対し最後通牒 ※注 を突きつける。セ
> ルビアは大幅譲歩を示したが，オーストリアは満足せずついに宣戦を布告した。この時点ではまだ局地的な戦争で
> あったが，ここでロシアがセルビアを支援する動きを始め，それに対してドイツがロシアへの宣戦を布告したので
> ある。第一次世界大戦の始まりについて，ドイツ・オーストリア側とロシア・セルビア側のどちらの責任を重く見
> るかは，今日でも論争が続いている。
>
> ※注…国家の一方的意思表示を内容とする文書。

問3　**下線部 c** に関して，この事態を乗り切るために，参戦した国ではどのような政策がとられていたか，次の資料P・
Qをふまえ，「広告」「女性」という語句を用いて説明しなさい。

P

出典：TIME

Q

出典：Daily News Agency

問4　**下線部 d** に関連して，次の資料R・Sは，この頃に日本国内で掲載されたものである。この資料に関して説明した
文として**適切でないもの**を，次の①〜④のうちから1つ選び，番号で答えなさい。

R「厨芥 ※注 を生かせ！」

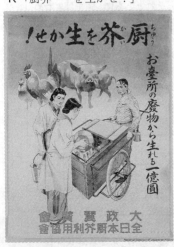

S「武装台湾」

① Rの資料から，当時の日本では生活必需
品が手に入りにくい状況だったと考えられ
る。

② Rの資料は，日中戦争が始まるよりも前
に出されたものであると考えられる。

③ Sの資料に登場する台湾は，当時まだ日
本の植民地だったと考えられる。

④ Sの資料から，当時の日本は兵力不足に
直面していたと考えられる。

出典：いずれも，国立歴史民俗博物館 歴博画像データベース。

※注…台所から出る食物のくずのこと。

問5　※著作者の承諾が得られなかったため、掲載を見送ります。

問6　**下線部e**に関して，次の史料A・Bはほぼ同じ時期に刊行された全国紙の「社説」の一部である。これを読んで，後の問いに答えなさい。

A　現内閣は国民多数の支持するところだ。殊に軍備縮小の旗印が国民の支持するところであることは疑を容れることのできぬ事実である。軍部はこの国民の世論を無視して政府に楯つかんとしているように見うけられる。……今日の軍部はとかく世の平和を欲せざるごとく，自らことあれかしと望んでいるかのように疑われる。……軍部が政治や外交に嘴を容れ，これを動かさんとするはまるで　**X**　の勢力を今日において得んとするものではないか。

出典：『大阪朝日新聞』「社説」。設問の都合上，発行日は記載しない

B　支那※注の非違を改めしめ，わが権益を積極的に擁護すべき時期が，今日到来したのである。いひ換へればわが国民の忍耐は，今回の事件によつてその限度を超えたのである。こゝにおいて，国民の要求するところは，たゞわが政府当局が強硬以て時局の解決に当る以外にない。われ等は重ねて政府のあくまで強硬ならんことを切望する。

出典：『東京日日新聞』「社説」。設問の都合上，発行日は記載しない

※注…中国に対して，かつて日本人が用いた呼称。江戸中期から次第に広まり，第二次世界大戦末まで使われた。

---

(1)　史料Aの空欄　**X**　にあてはまる語句として最も適切なものを，次の①〜④のうちから1つ選び，番号で答えなさい。

①　摂政　　　②　大納言　　　③　象徴天皇　　　④　征夷大将軍

(2)　史料Bは，史料Aが書かれたわずか2か月後に刊行されている。史料Aおよび史料Bが書かれた時代背景や2つの史料から指摘できることとして最も適切なものを，次の①〜④のうちから1つ選び，番号で答えなさい。

①　この2か月の間に中国で満州事変が起きているが，新聞の論調は一貫して政府を支持し軍部を批判している。

②　この2か月の間に中国で満州事変が起きていて，新聞の論調は軍縮論から開戦論へ大きく転換している。

③　この2か月の間に中国で日中戦争が勃発しているが，新聞の論調は一貫して政府を支持し軍部を批判している。

④　この2か月の間に中国で日中戦争が勃発したため，新聞の論調は軍縮論から開戦論へ大きく転換している。

問7　先生と生徒の対話文中の空欄　　　　　　　　にあてはまる説明として**適切でないもの**を，次の①〜④のうちから1つ選び，番号で答えなさい。

①　ソ連率いる共産主義陣営とアメリカ率いる資本主義陣営が，核兵器を含む軍備拡張を競い合う冷戦を迎えた

②　アメリカが支援する大韓民国と，ソ連が支援する朝鮮民主主義人民共和国が建国され，朝鮮半島が分断された

③　ソ連がキューバにミサイル基地を建設すると，アメリカが海上封鎖で対抗して，核戦争の瀬戸際まで至った

④　米ソが互いに支援する南ベトナムと北ベトナムの間で湾岸戦争が始まると，日本も自衛隊を派遣した

4 先生と生徒は，各国の君主というテーマで対話を行っている。次の対話文を読んで，後の問いに答えなさい。

生徒：私は，次の4人の君主について調べてみました。【 aナポレオン　b溥儀　cルイ14世　徽宗 】
先生：この4人には，何か共通点があるのかな。
生徒：はい。4人とも皇帝に即位しています。
先生：いや，違うよ。 あ は い に即位したけれども，皇帝にはなっていないよ。そもそも，ヨーロッパに
　　　おける「皇帝」とは古代 X 時代に起源をもち，ヨーロッパ全体のリーダーという意味合いを持つんだ。
生徒：そうなんですか。では，中国ではどうなんですか。
先生：中国では戦国時代を統一した， Y の皇帝が中国最初の皇帝といえるね。
　　　ところで，徽宗ってどんな人なの？
生徒：はい。徽宗はd宋(北宋)の皇帝で，画家としても有名な人物です。
先生：そうだね，「桃鳩図」が有名だね。「桃鳩図」はe中国から日本にもたらされ，一時
　　　f足利義満も所蔵していたそうだよ。他に「皇帝」がいた国はないかな？
生徒：あっ，確かロシアにもいたと思います。
先生：そうだね。ピョートル1世やgニコライ2世が有名だね。
生徒：先生，h日本の天皇は「皇帝」とは言えないんですか？
先生：その説明はかなり時間がかかるので，またの機会にしましょう。

「桃鳩図」

問1　空欄 あ に入る人名を，下線部a〜cのうちから1人選び，記号で答えなさい。

問2　空欄 い に入る語句を答えなさい。

問3　空欄 X ， Y に入る語句の組み合わせとして正しいものを，次の①〜④のうちから1つ選び，番号で
　　答えなさい。
①　X：ギリシア　　Y：秦　　　　②　X：ギリシア　　Y：漢
③　X：ローマ　　　Y：秦　　　　④　X：ローマ　　　Y：漢

問4　下線部aのナポレオンが行ったこととして正しいものを，次の①〜④のうちから1つ選び，番号で答えなさい。
①　皇帝に即位した後，前の国王を処刑した。
②　経済活動の自由などを定めた民法を制定した。
③　フランス人権宣言を発表した。
④　産業革命の進展により，貧困におちいった労働者を保護する法令を定めた。

問5　下線部bの溥儀は「ラスト・エンペラー」と呼ばれる。その理由を説明しなさい。

問6　下線部dに関して，日宋貿易をおしすすめ，太政大臣にまで昇りつめた武士の名前を答えなさい。

問7　下線部eに関して，中国と日本の関係について，古くは倭の奴国の王が後漢の皇帝に使者を送ったり，邪馬台国の
　　女王卑弥呼が魏の皇帝に使者を送ったとされる。倭の奴国や邪馬台国が中国の皇帝に使者を送る理由を説明しなさ
　　い。

問8　下線部fの足利義満の説明として正しいものを，次の①〜④のうちから1つ選び，番号で答えなさい。
①　足利義満が京都北山の別荘に銀閣を建てた。
②　足利義満と後醍醐天皇が戦い，義満が勝利した。
③　足利義満が明と行った貿易を朱印船貿易という。
④　足利義満が将軍のころ，南北朝の統一が実現した。

問9　下線部gのニコライ2世はロシア最後の皇帝といえる。ロシアにおいて皇帝による支配が終わったのはどの戦争
　　中のことか，次の①〜④のうちから1つ選び，番号で答えなさい。
①　日清戦争　　②　日露戦争　　③　第一次世界大戦　　④　第二次世界大戦

問10　下線部hに関して，次のA〜Cの3つすべてにあてはまる天皇を，後の①〜④のうちから1つ選び，番号で答え
　　なさい。
　　A：都を移した。　　　　B：全国の戸籍を作成した。　　　C：弟も天皇に即位した。
①　天武天皇　　②　天智天皇　　③　聖武天皇　　④　桓武天皇

5 宗教について，各問いに答えなさい。

問1 世界の宗教に関して，次の問いに答えなさい。

(1) 世界三大宗教の説明として最も適切なものを，次の①〜④のうちから1つ選び，番号で答えなさい。

① 世界三大宗教とは，宗教人口の上位3つの宗教のことである。

② 世界三大宗教とは，地域をこえて世界各地で信仰されているキリスト教，イスラム教，仏教のことである。

③ 世界三大宗教は，いずれも旧約聖書を聖典としている。

④ 世界三大宗教は，すべて信仰の対象を形づくることが認められている。

(2) イスラム教に関する説明として最も適切なものを，次の①〜④のうちから1つ選び，番号で答えなさい。

① 複数の神々が存在し，木や岩などの自然物に宿るとされている。

② 牛は神聖なものとされるため，牛肉を食することは禁じられている。

③ イエスの復活により信仰が生まれ，4世紀にローマで公認された。

④ 人は神の前に平等とされており，1日5回の礼拝や財産に応じた貧者救済が定められている。

(3) 次の表は，フランス(2015年)，アメリカ(2014年)，南アフリカ(2015年)の宗教人口の割合を，信仰する割合が高い順に3つずつ記したものであり，ア〜ウはそれぞれ3か国のいずれかである。ア〜ウにあてはまる国名の組み合わせとして正しいものを，右の①〜⑥のうちから1つ選び，番号で答えなさい。

ア	キリスト教	70.6%
	ユダヤ教	1.9%
	イスラム教	0.9%
イ	キリスト教	64.5%
	イスラム教	8.0%
	その他	2.0%
ウ	キリスト教	86.0%
	伝統的宗教	5.4%
	イスラム教	1.9%

① ア フランス　イ アメリカ　ウ 南アフリカ
② ア フランス　イ 南アフリカ　ウ アメリカ
③ ア アメリカ　イ フランス　ウ 南アフリカ
④ ア アメリカ　イ 南アフリカ　ウ フランス
⑤ ア 南アフリカ　イ フランス　ウ アメリカ
⑥ ア 南アフリカ　イ アメリカ　ウ フランス

出典：アメリカは，ピューリサーチセンター，
フランス及び南アフリカは『ブリタニカ国際年鑑2021』(ブリタニカ・ジャパン，2021年)より作成。

問2 日本の宗教に関して，次の問いに答えなさい。

(1) 次の資料X・Yは日本の年中行事の様子を写したものである。X・Yについて説明した文を下のア〜エからそれぞれ選ぶ場合，最も適切な組み合わせを後の①〜④のうちから1つ選び，番号で答えなさい。

X

Y

ア 七五三は，3歳，5歳，7歳と一定の年齢になった時に，子どもの成長を祝う行事である。

イ 初詣は，年の初めに寺社で一年の無事や健康を祈る行事である。

ウ 花まつりは，シャカの誕生を祝う行事である。

エ 盂蘭盆会は，先祖の霊を供養する行事である。

① X－ア Y－ウ　　② X－ア Y－エ　　③ X－イ Y－ウ　　④ X－イ Y－エ

(2) 日本国憲法第20条では，信教の自由について規定されている。次の①〜④の裁判において，信教の自由が争点となりうるものはどれか，最も適切なものを1つ選び，番号で答えなさい。

① 市立体育館の建設にあたり，自治体が税金を使用して地鎮祭を行ったことを不服として裁判を起こした。

② 同性カップルが市役所に婚姻届を提出したところ，民法の規定を理由に受理されなかったことを不服として裁判を起こした。

③ 出版された小説で，経歴や身体的特徴などの個人を特定する情報が暴露されたことを不服として裁判を起こした。

④ 医師の説明をもとに患者が同意した医療方針と，異なる医療行為をされたことを不服として裁判を起こした。

6 政治・経済に関して，各問いに答えなさい。

問1 下の**図1**は，近年のアメリカ下院議会議員選挙とドイツ連邦議会議員選挙後の各政党の獲得議席割合を，獲得議
　　　席の多い順に第4党まで示したものである。また**図2**は，直近5回の日本の衆院議員総選挙の結果のうち，各政党
　　　の獲得議席割合を，獲得議席の多い順に第4党まで示したものである。2つの図を見て，後の問いに答えなさい。

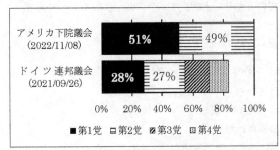

出典：アメリカ下院議会は CNN 資料より作成。
ドイツ連邦議会は，外務省資料より作成。

出典：日本放送協会資料より作成。

図1　アメリカ下院議会議員選挙とドイツ連邦議　　　　図2　直近5回の衆議院議員総選挙の第4党まで
　　　会議員選挙後の第4党までの獲得議席割合　　　　　　　の各政党の獲得議席割合

※注…（　　）内の年月日は選挙投票日である。アメリカ下院議会の獲得議席割合は，2022年12月19日時点のもので，議席が確定していない選挙
区については，CNN発表の「優勢」候補が当選したものとして計算した。

(1) 小選挙区制を採用しているアメリカ下院議会の選挙結果と，主に比例代表制を採用しているドイツ連邦議会の選挙
　　　結果を比較したうえで，日本の衆議院の選挙制度とそれによって生じる選挙結果の特徴を説明しなさい。

(2) 日本の現行の政治制度の中で，衆議院の議席割合が**図2**の2021年の総選挙直後の状況であるとき，第1党単独で
　　　はできないことを，次の①〜④のうちから1つ選び，番号で答えなさい。ただし，第1党所属の衆議院議員は同じ投
　　　票行動をとるものとする。

　　　①　憲法改正の発議　　　　②　内閣総理大臣の指名　　　　③　予算案の可決　　　　④　法律案の可決

問2 地方財政について，次の問いに答えなさい。

(1) 地方自治体の収入は，地方自治体が自主的に徴収できるかどうか
　　　によって自主財源と依存財源，用途が限定されているかどうかによ
　　　って一般財源と特定財源に分類できる。これをもとに，右のような
　　　表を作った場合，地方交付税交付金はどれに分類されるか，表中の
　　　①〜④のうちから1つ選び，番号で答えなさい。

	一般財源	特定財源
自主財源	①	②
依存財源	③	④

(2) 地方自治体は，財政健全化のために収入を増やしたり，支出を減らしたりすることがある。次の文章は，地方自治
　　　体における収入増加や支出減少の影響について説明したものである。説明として**適切でないもの**を，下の文中の①〜
　　　④のうちから1つ選び，番号で答えなさい。

　　　　税収を増やすには，①地方税法に定められていない独自の税金を自治体が設定する方法や，ふるさと納税制度を
　　　利用して，自治体の外に居住している人から寄付してもらう方法がある。しかし，企業に対して前者のような方法
　　　で税を課すとその企業の商品購入者に負担を強いることになる。後者では，②毎年同じ寄付額が集まるとは限らな
　　　いため，収入が不安定になる。
　　　　支出削減の方法としては，業務の効率を目指して，③窓口業務を機械化して公務員を削減し，人件費を減らすほ
　　　か，公営バスや水道事業などの公共サービスを民間委託することで，業務の合理化が期待できる。しかし，前者で
　　　は公務員を削減することで，災害発生時等には人員不足による対応の遅れが生じるほか，後者では経営のスリム化
　　　を図ったことの副作用として，④人口過疎地域より人口が集中している地域で，生活が不便になる。

問3 財政の役割の1つに景気を安定させることがある。一般的に政府が不況時に行う財政政策とその政策の効果を，
　　　「工事」「買い物」という語句を用いて説明しなさい。

（解答は別冊 132 ページ）

1　次の各組の英文が<u>ほぼ同じ内容となるような</u>（　A　）と（　B　）に入る語（句）の最も適切な組み合わせを，それぞれア〜エの中から一つずつ選びなさい。

1. This is a very difficult question. （　A　）can answer it.
   We don't know （　B　）can answer this very difficult question.

   ア { (A) We / (B) who }　　イ { (A) Everyone / (B) which }　　ウ { (A) Nobody / (B) who }　　エ { (A) Who / (B) how }

2. My brother is （　A　）in playing the guitar.
   My brother's （　B　）is playing the guitar.

   ア { (A) interesting / (B) hobby }　　イ { (A) interested / (B) liked }　　ウ { (A) interest / (B) like }　　エ { (A) interested / (B) hobby }

3. I have （　A　）been to New York before.
   This is my （　B　）visit to New York.

   ア { (A) not / (B) next }　　イ { (A) never / (B) first }　　ウ { (A) never / (B) last }　　エ { (A) not / (B) best }

4. Hiromi （　A　）me how to use the new computer.
   It is （　B　）for Hiromi to teach me how to use the new computer.

   ア { (A) can't show / (B) impossible }　　イ { (A) won't call / (B) expensive }　　ウ { (A) speaks to / (B) cheap }　　エ { (A) talks to / (B) impossible }

5. I can't talk with Mary because I （　A　）speak Spanish.
   I want to talk with Mary. I wish I （　B　）speak Spanish.

   ア { (A) could not / (B) can }　　イ { (A) could not / (B) could }　　ウ { (A) cannot / (B) can }　　エ { (A) cannot / (B) could }

2 次の1～5の会話文について，場面や状況を考え，（　　）に入る最も適切なものを，それぞれア～エの中から一つずつ選びなさい。

1. A : John, I couldn't go to school yesterday. Do we have any homework?
   B : Yes, I think that we have some English homework.
   A : OK. What is it?
   B : (　　　　　　　　　)

　　ア　Let me check my notebook.　　　　　イ　Of course, I have no problem.
　　ウ　It was until last week.　　　　　　　エ　You haven't finished it yet.

2. A : Hmm. You look different today, Satoshi. Are those new shoes?
   B : Yes. I just bought them yesterday. They are still clean. What do you think?
   A : (　　　　　　　　　) I really like the color.

　　ア　I like my new ones very much.　　　　イ　They are really old.
　　ウ　They look really nice on you.　　　　エ　They are very tired.

3. A : Do you have any plans this weekend?
   B : No. I'll just stay at home.
   A : Do you often spend your weekends at home?
   B : (　　　　　　　　) I don't like to go outside.

　　ア　Yes, I can find the bus to take.　　　イ　I'll go to play tennis.
　　ウ　You're often sick in bed.　　　　　　エ　I usually do so.

4. A : What did you do during the winter vacation?
   B : I went to Sydney. It was beautiful. Have you ever been to Australia?
   A : No, but (　　　　　　　　) I want to see koalas in nature.

　　ア　I was in the country for three years.　イ　I hope I can go there.
　　ウ　I have been to the country twice.　　エ　I will not go there again.

5. A : How did you like the zoo, Tomoko?
   B : It was great. I love pandas. Thanks for taking me today.
   A : You're welcome. (　　　　　　　　)
   B : That's a good idea. There's too much to see in just one day.

　　ア　How about going again next month?　イ　Is the zoo crowded on weekends?
　　ウ　How about going to the zoo today?　エ　Why do we visit the zoo today?

次の英文を良く読み，後の問題に答えなさい。

Video games are played by people of all ages. Most people use games consoles when they play video games now. These consoles can be (1) in many houses around the ァworld and are used almost every day.

In the (2), consoles were very ィsimple machines. They could only be used to play games. However, the games industry has changed, and consoles are now like home entertainment centers. You can use them (3) watch ゥmovies, use the Internet, and look at photos.

There are several companies making consoles now. Some companies focus on power and performance when they make a games console. Players love the fast action and high quality of the games for these consoles. The games look very real. Recently, more and more people like to play their ェfavorite games on the Internet (4) other players. For that reason, we can play most new games online, and some new types of games have become very popular.

Other companies focus on creating new consoles and fun games to encourage players to exercise or move to play. These consoles are not so powerful. They are also ォdifferent because they can be taken outside when you go to your friend's house or on the ヵtrain. Players can (5) games anywhere because of the design.

Millions of consoles are sold every year, and many interesting games are made. Online games have become an important way to connect with friends. New games get better and better, and have (6) features and ideas.

(注) games consoles, consoles ゲーム機　　　　　games industry ゲーム業界
　　 entertainment centers 娯楽の中心機器　　　focus on 焦点を合わせる
　　 performance 性能　　　quality 品質　　　　online オンラインで，オンラインの
　　 exercise 運動する　　　design デザイン　　　millions of 非常にたくさんの

問1　本文中の（1）〜（6）に入る最も適切な語（句）を，ア〜エの中から一つずつ選びなさい。
　　（1）ア　heard　　　　イ　found　　　　ウ　said　　　　エ　told
　　（2）ア　future　　　　イ　little　　　　ウ　past　　　　エ　while
　　（3）ア　at　　　　　　イ　for　　　　　ウ　in　　　　　エ　to
　　（4）ア　against　　　　イ　across　　　　ウ　along　　　　エ　until
　　（5）ア　enjoy　　　　イ　enjoyed　　　　ウ　enjoying　　　エ　to enjoy
　　（6）ア　low　　　　　イ　poor　　　　　ウ　original　　　エ　weak

問2　次の（1）と（2）につき，それぞれと同じような意味で使われている語を本文中の下線部ア
　　〜カから一つずつ選びなさい。
　　（1）　moving pictures and sound that tell a story
　　（2）　not the same

— 509 —

4 次の1～5の会話について，場面や状況を考えて（　　）内の語（句）を最も適切な順に並べ替え，（　　）内において**3番目**と**5番目**にくるものの記号を選びなさい。なお，文頭にくるべき語の最初の文字も小文字で書かれています。

1. A： Where were you this afternoon?

   B： Oh, I forgot to tell you. I was at Paul's Cafeteria.

   A： Do （ ア mean　イ new restaurant　ウ opened　エ the　オ you　カ which ） last weekend? I heard it's good.

   B： It sure is.

2. A： What are you reading?

   B： It's a book about kindness and friendship.

   A： Is it interesting? You've （ ア been　イ finished　ウ it　エ reading　オ since　カ we ） lunch.

   B： Actually, it has a lot of useful information.

3. A： What are you going to do this evening?

   B： I am going to do my homework. Why do you ask?

   A： Well, I washed the clothes and hung them in the garden. Will you （ ア before　イ house　ウ into　エ take　オ the　カ them ） it gets dark?

   B： No problem.

4. A： What time are we going to meet at the station today?

   B： How about three o'clock in the afternoon?

   A： OK, but I have something to do after lunch. （ ア don't　イ for　ウ if　エ I'm　オ me　カ wait ） late.

   B： Sure. I understand.

5. A： Did you understand the story that he told us now?

   B： No, I didn't. What should we do?

   A： I think （ ア him　イ have　ウ to　エ to ask　オ tell us　カ we ） again.

次の英文は，家族の夜の外食行動（eating out behavior）に関する調査について述べたものである。英文と表を良く読み，あとの問題に答えなさい。なお，計算等を行う場合は，この問題のページの余白で行うこと。

Kakeru and his friend Judy go to a university in Japan. They decided to work together to do some research about people's eating out behavior at night. They sent several questions to 300 families with children in elementary or junior high school. They asked what day of the week the families eat out at night the most and what their primary reason for eating out is. The results are shown in the tables below.

Table 1 shows the days of eating out at night. According to the results of the survey, Monday is the lowest percent of all. Only one percent of the families eat out on Monday. The percent of families who eat out on Thursday is half of the percent of Wednesday. On Sunday, ten percent of families eat out.

The rate of families choosing Friday or Saturday night for eating out is more than 70 percent, and Friday is higher than Saturday. Why do more families choose Friday and not Saturday for eating out? Many adults and children are on a five-day week, and Saturdays and Sundays are their days off. So, they eat out on Friday night as a reward for finishing the week's work or school.

In Table 2, we can see various reasons for eating out at night, but more than 60 percent of the answers are related only to parents. Parents usually make meals for the family, and other members sometimes help to cook. As a result, when parents cannot make dinner, the family eats out. The percent of "For a change" is about half of "All family members come home too late."

The research also shows that most children want to eat out more often, but about 50 percent of parents think they eat out too much. They worry about the cost of eating at restaurants.

Table 1 Days of eating out	
Day	Percent (%)
Monday	1
Tuesday	2
Wednesday	8
Thursday	(A)
Friday	(B)
Saturday	(C)
Sunday	10
Total amount	100

Table 2 Reasons to eat out	
Reason	Percent (%)
Parents come home too late	36
(P)	27
(Q)	15
(R)	11
For a change	7
Others	4
Total amount	100

（注）primary 第一位の　　　　　table 表　　　　　rate 割合
　　　on a five-day week 週5日勤務の　　day off 休暇　　　reward ごほうび
　　　be related to ～ ～と関係がある　for a change 気分転換に　late 遅くに
　　　cost 経費　　　　　　　total amount 合計

問1　本文と表等から考えて，次の（1）～（3）の英文の（　　　）に入る最も適切なものをア～エの中からそれぞれ一つずつ選びなさい。

（1）The number in （　A　）is （　　　）.
　　ア　2　　　　イ　3　　　　ウ　4　　　　エ　5

（2）The percent of Friday （　B　）must be （　　　）.
　　ア　15　　　イ　25　　　ウ　35　　　エ　45

（3）（　　　）is the percent for Saturday （　C　）.
　　ア　25　　　イ　30　　　ウ　35　　　エ　40

問2　表2の（　P　），（　Q　），（　R　）に対応する組み合わせとして正しい配列のものをア～エの中から一つ選びなさい。

	ア	イ	ウ	エ
(P)	Parents are too tired	Parents are too tired	Children's birthdays	Children's birthdays
(Q)	Children's birthdays	All family members come home too late	All family members come home too late	Parents are too tired
(R)	All family members come home too late	Children's birthdays	Parents are too tired	All family members come home too late

問3　次の英文は，この調査を行った Judy によるまとめと感想です。（　　　）に入る最も適切なものをア～エの中から一つ選びなさい。

> The research says that more than 60 percent of the families who answered the questions eat out when parents come home too late or are too tired. The result also shows that parents worry about the cost of eating at restaurants. If that is true, （　　　　　）.

ア　other members of the family should cook dinner more often
イ　only children should be in good health
ウ　families should eat out more often
エ　families should be in good health

6 次の文章は，英語を母国語としない海外の中学生が英語学習と自分の将来について書いたものです。この英文を読んで，後の問題に答えなさい。

Today, English is used in many fields all over the world. To communicate with people in various countries, for example in business, learning English has become more and more important. However, some of my friends are good at listening and reading English but are not good at speaking or writing. For my future, I want to speak and write it correctly.

I think an effective way of improving my English is to use it everywhere. In school, 1 and I don't think that is enough. For that reason, after school I always try to use English to communicate with my teachers and speak with my friends.

Reading is another way of improving my English. 2 . It's fun to learn new ideas and new expressions. It is valuable to read published materials because I believe they have no mistakes. Through reading, I also have learned how to use English correctly in 3 .

Television, the radio, websites, and social media are other good ways to improve my English. I want to speak English as naturally as they speak it on TV and on the radio. 4 . Through these media, we can also link with many new people, and learn about their cultures and their countries.

5 , my mother and grandmother came to this country about 30 years ago. My mother met my father in this town. I want to support my family by buying and selling a lot of things overseas in the future. I study English hard because by using it correctly, I will not make mistakes in business.

My teacher says, "English is a gate to the life, culture, and history of foreign countries." I think that the things I'm learning now will be useful in business, too. So, I will try to do my best to improve my English to be successful in business and to help my family.

I learn English by taking lessons at school, talking to my friends, reading books, and so on. My teacher also says the joy of learning English is everywhere. As for me, I enjoy using "correct" English. I hope we all have fun when we use English.

（注）correctly 正確に　　　　　　　　　published materials 出版物
　　　social media ネットで交流できる通信サービス　　　　　　naturally 自然に
　　　media 情報を送受信する媒体　　　link つながる　　　　～ and so on ～など
　　　as for me 私に関しては　　　　　correct 正確な

問1　本文中の空所 [1] に入る最も適切なものを次のア～ウの中から一つ選びなさい。

ア　English is used only when we have English lessons

イ　I cannot speak it faster than other students in English lessons

ウ　we don't know how to use a computer in English lessons

問2　本文中の空所 [2] に入る最も適切なものを次のア～ウの中から一つ選びなさい。

ア　I don't want to go to the library after school

イ　I have read many English books at home and in the library

ウ　The book shop near my school is usually closed at eight o'clock

問3　本文中の空所 [3] に入る最も適切なものを次のア～ウの中から一つ選びなさい。

ア　listening and watching

イ　watching and writing

ウ　speaking and writing

問4　本文中の空所 [4] に入る最も適切なものを次のア～ウの中から一つ選びなさい。

ア　The Internet is not a good way to research new words

イ　The Internet is not a way to make friends or communicate in "natural" English

ウ　Websites and social media are really good ways to learn "natural" written English

問5　本文中の空所 [5] に入る最も適切なものを次のア～ウの中から一つ選びなさい。

ア　By the way

イ　In a few years

ウ　These days

問6　本文中の下線部 they の内容を次のア～ウの中から一つ選びなさい。

ア　the writer's teachers and friends

イ　people speaking English on TV and radio programs

ウ　the writer's mother and grandmother

問7　次のア～ウは本文を読んだ生徒たちが述べた意見ですが，最も適切に内容を理解して述べられたものを一つ選びなさい。

ア　I don't agree with the writer. You should use correct English when you are in business with foreign countries.

イ　According to the writer's opinion, learning English is not only for understanding foreign cultures but also for doing business with foreign countries. I think so, too.

ウ　That's interesting. The writer says that TV and radio are not as important as websites and social media when you learn English.

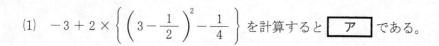

（解答は別冊 133 ページ）

1　次の各問いに答えなさい。

(1)　$-3 + 2 \times \left\{ \left(3 - \dfrac{1}{2} \right)^2 - \dfrac{1}{4} \right\}$ を計算すると $\boxed{\text{ア}}$ である。

(2)　2次方程式 $x^2 - 6x + 2 = 0$ を解くと $x = \boxed{\text{イ}} \pm \sqrt{\boxed{\text{ウ}}}$ である。

(3)　$a < 0$ とする。関数 $y = ax + b$ について，x の変域が $-4 \leqq x \leqq 2$ のとき，y の変域は $4 \leqq y \leqq 7$ である。このとき，$a = -\dfrac{\boxed{\text{エ}}}{\boxed{\text{オ}}}$，$b = \boxed{\text{カ}}$ である。

(4)　2つの関数 $y = ax^2$，$y = -\dfrac{3}{x}$ について，x の値が 1 から 3 まで増加するときの変化の割合が等しいとき，$a = \dfrac{\boxed{\text{キ}}}{\boxed{\text{ク}}}$ である。

(5)　袋の中に赤玉2個と白玉3個が入っている。いま，袋の中から玉を1個取り出して色を調べてから戻し，また玉を1個取り出すとき，2回とも同じ色である確率は $\dfrac{\boxed{\text{ケコ}}}{\boxed{\text{サシ}}}$ である。ただし，どの玉が取り出されることも同様に確からしいものとする。

(6) 下の資料は，中学生 10 人の握力を測定した記録である。このデータの中央値（メジアン）は □スセ□ kg であり，範囲は □ソタ□ kg である。

$$25,\ 12,\ 30,\ 24,\ 16,\ 40,\ 29,\ 33,\ 17,\ 35 \quad (\text{kg})$$

(7) 下の図で，点 A と点 B は円 O の周上にあり，直線 BC は円 O に接している。∠OAC = 37°，∠BCA = 15° のとき，∠OAB = □チツ□° である。

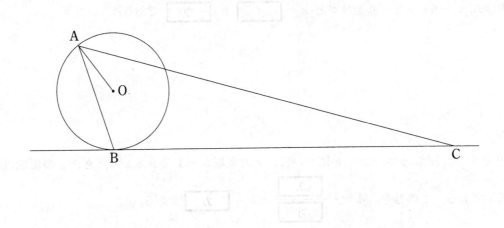

(8) 下の図で，∠ABC = ∠ACD = 90°，AB = 3，BC = $\sqrt{3}$，CD = 2 である。このとき，AD = □テ□，BD = $\sqrt{\boxed{トナ}}$ である。

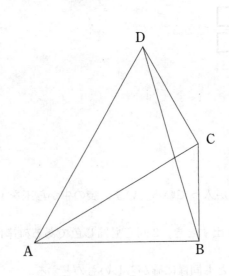

2 図1のように，関数 $y = ax^2$ のグラフ上に2点A，Bがある。点Aの座標は $(-5, 10)$，
点Bの x 座標は $\dfrac{5}{2}$ である。

図1

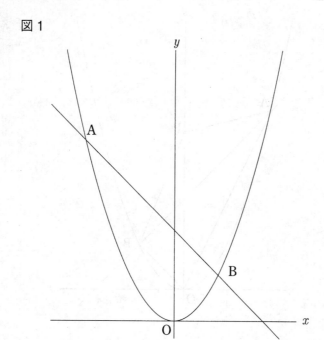

このとき，次の各問いに答えなさい。

(1) a の値は $\dfrac{\boxed{\text{ア}}}{\boxed{\text{イ}}}$ であり，点Bの y 座標は $\dfrac{\boxed{\text{ウ}}}{\boxed{\text{エ}}}$ である。

(2) 直線ABの傾きは $\boxed{\text{オカ}}$ ，切片は $\boxed{\text{キ}}$ である。

(3) 図2のように，y軸上を動く点 P$(0, t)$ （$t > 0$）がある。

図2

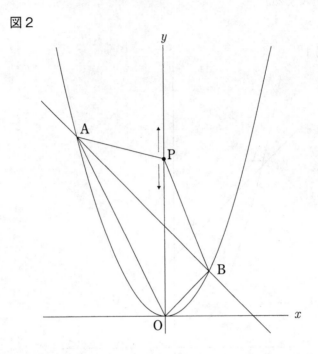

このとき，次の (i), (ii) に答えなさい。

(i) 四角形 OAPB の面積が 45 となるとき，$t = \boxed{クケ}$ である。

(ii) $\angle$ PAB $= \angle$ OAB となるとき，$t = \dfrac{\boxed{コサ}}{\boxed{シ}}$ である。

3 　野菜や果物の皮などの捨てる部分を廃棄部といい，廃棄部を除いた食べられる部分を可食部という。廃棄部に含まれる食物繊維の割合は高く，エネルギーの割合は低い。そのため，可食部に含まれる食物繊維の割合は低く，エネルギーの割合は高い。
　　ある野菜Aの廃棄部と可食部それぞれの食物繊維の含有量とエネルギーを調べる。このとき，次の各問いに答えなさい。

(1)　廃棄部40gあたりの食物繊維の含有量を調べたところ，3.08gであった。廃棄部における食物繊維の含有量の割合は ア . イ ％である。

(2)　下の表は，野菜Aと可食部それぞれの100gあたりの食物繊維の含有量とエネルギーを示したものである。

	食物繊維	エネルギー
野菜A　100 g	3.6 g	45 kcal
可食部　100 g	2.7 g	54 kcal

　　この表と(1)の結果を用いると，野菜A 200 gにおける可食部の重さは ウエオ g，廃棄部の重さは カキ gである。また，廃棄部100 gあたりのエネルギーは ク kcalである。

4　図1のように，1辺の長さが2cmの立方体 ABCD-EFGH がある。辺 AD，AB 上にそれぞれ点 I，J があり，AI = AJ = 1 cm である。3点 G，I，J を通る平面でこの立体を切ると，切り口は五角形 IJKGL になる。

図1

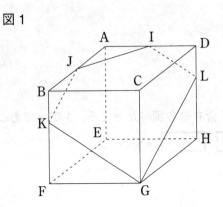

このとき，次の各問いに答えなさい。

(1)　図2はこの立方体の展開図の一部である。図2において，3点 J，K，G は一直線上にあるため，BK = $\dfrac{\boxed{ア}}{\boxed{イ}}$ cm である。

図2

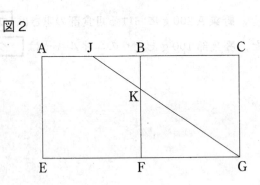

(2) 図3のように，図1の立方体の面 ABFE と面 AEHD をそれぞれ共有している2つの直方体を考える。ただし，4点 M，J，I，N は一直線上にあるとする。

図3

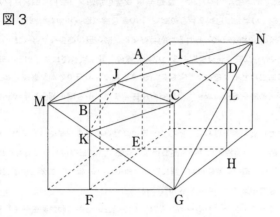

このとき，三角錐 G-CMN の体積は $\boxed{\text{ウ}}$ cm³ であり，三角錐 C-BJK の体積は $\dfrac{\boxed{\text{エ}}}{\boxed{\text{オ}}}$ cm³ である。

(3) 図4のように，図1の五角形 IJKGL を底面とする五角錐 C-IJKGL を考える。五角錐 C-IJKGL の体積は $\dfrac{\boxed{\text{カ}}}{\boxed{\text{キ}}}$ cm³ である。

図4

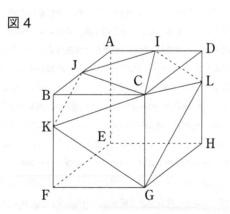

(4) 五角形 IJKGL の面積は $\dfrac{\boxed{\text{ク}}\sqrt{\boxed{\text{ケコ}}}}{\boxed{\text{サ}}}$ cm² である。

1　次の文章を読んで、後の問いに答えよ。

　ふつうは見逃されてしまうようなところも、そこにある良さや悪さを見抜いてしまうのが道の人である。兼好が興味を持ってくるもののひとつが馬乗りである。『徒然草』第一八五段は、「城陸奥守泰盛、双なき馬乗りなりけり。馬を引き出させるに、足を揃へて、閾をゆらりと越ゆるを見て」は『これは勇める馬なり。』とて、鞍を置き換へさせけり。」という。執権北条貞時の外祖父（母方の祖父）であった安達泰盛、並ぶ者のない馬乗りといわれ、馬の敷居をたやすく越えるのを見ただけで「これは気の立っている馬だ。」と他の馬に替えさせた。逆に、足を伸ばしたまま敷居にうちあたるような馬は鈍い馬だとして乗らなかったという。「道を知らざらん人、かかる恐れやは（道を知らないような人は、これほど用心するだろうか）。」とあり、道について深く知っているからこそ、これほどに用心するのだというのである。第一八六段には「吉田と申す馬乗り」がその道の秘訣を述べる。

　吉田と申す馬乗りの申し侍りしは「馬毎にこはきものなり。人の力、争ふべからずと知るべし。乗るべき馬をば、先づよく見て、強きところ弱きところを知るべし。次に、轡・鞍の具に、危ふき事やあると見て、心にかかる事あらば、その馬を馳すべからず。この用意を忘れざるを馬乗りとは申すなり。これ秘蔵の事なり。」と申しき。

　馬はどれでもコワイ情なものであり、人の力はこれと争うことができないと知らねばならない。乗ることになっている馬を、何よりもまづ観察して強いところ弱いところを知るのがよい。次に、轡・鞍など道具に危なき所はないか点検し、気にかかることがあればその馬を走らせてはならないというわけで、こうして難しいことをいっているのではなく、至極当たり前のこと、誰にでもできることを弁え、自然に行動に移せるかどうかというのが（2）馬乗りの馬乗りたるところであり、それがほんとうの道を知ることなのである。

　このようにして馬をよく見、その特徴をとらえるというわけにはいかなくて、不用意に馬に乗る者は落馬する。本人はわかっていなくても、その道に心得のある人はあらかじめその不運を見抜いてしまう。第一四五段では、

　御随身秦重躬、北面の下野入道信願を、「落馬の相ある人なり。よくよく慎み給へ。」と言ひけるを、いと真しからずと思ひけるに、信願馬より落ちて死ににけり。道に長ぬる一言、神の如しと人思へり。さて、「いかなる相ぞ。」と人の問ひければ、「極めて桃尻にして、沛艾の馬を好みしかば、此相を負せ侍りき。いつかは申し誤りたる。」と言ひけり。

　道に長じた者の的確な見極めを人々は不思議、「神の如し」だと思ったが、「落馬の相」を読み取ったのは単なる見込みでもあるわけで当て推量でもなく、きわめて合理的な判断に基づいている。それは、「桃尻」馬の鞍に尻の据わりの悪い人と「沛艾の馬」気の荒い馬という両者がともに不運に合ず、落馬という当然の成り行きとなることを体験的に知っていたからである。こういうときに人間は過ちを犯すかということを道の名人といわれる人は見抜く目をもっている。

　第一〇九段では「高名の木のぼり」と世間でいわれていた男が、人に指図して高い木にのぼらせて木の枝を切らせたときに、非常に危なそうに見える間は何もいわないで、家の軒先の高さまで降りてきたときになって「過ちすな。心して降りよ。」といいたをかけた。そういわれた人が「かばかりになりては、飛び降るとも降りなん。如何にかく言ふぞ。」これくらいになったからには、飛び降りても降りられるだろう、どうしてそんなことをいうのか、と尋ねると、「その事に候ふ。目くるめき、枝危ふきほどは、己れが恐れ侍れば申さず。過ちは、安き所になりて、必ず仕る事に候ふ。」と答えた。眼が回るような高い所、枝が今にも折れそうな所は本人が自ら恐れ注意を払っているからいう必要がない。しかし過ちは安全と思われるところになってかえってしてしまうのであるという。兼好はこういう名人・達人とされる人のには、その身分は低くとも（4）聖人の戒めに適っていると共感している。道の名人は何を見ているのか。そこに見える真実は、失敗は油断から生まれるという当たり前のことを、まさに当たり前のこととして受けとめ、自然にそれが行動となってあらわれる。無理のならい方であるともいえる。

　いずれにせよ、道の真実を知っているがゆえに敬われる人たちのには、計り知れない深さがその背後に感じられる。専門家は、その道の本質をつかんでいるが故に、かえってダイナミックなものの見方ができる。そこに合理性もあり、力動性もある。それはどの道においてもいえる。第二一〇段では、双六の上手といわれる人に、その方法を問うたという。その答えは「勝たんと打つべからず、負けじと打つべきなり。」いづれの手か早く負けぬべきと案じて、その手を使はずして、一目なりともおそく負くべき手につくべし。」勝とうと思って打ってはいけない。負けまいと思って打つのがよい。どの手がもっとも早く負けるだろうかと考えて、その手を使わないで、たとい一目でも遅く負けると推測される手に従ってくだという。勝とうという気持ちが前に出るとすぐに欲に捕らわれている。負けまいと思えるのは余裕があるからである。むしろ、勝ち負けに強いだわらないために自らを失うということがなく冷静さを身につけるというところにあるように思われる。このように慎重にことを運ぶのは、生き方としては消極的に見えるかもしれない。しかし、ここで兼好が考えようとしているのは、このあえてになるということのうちに積極性があるということである。

　無為とは何もしないということではない。仮に何もしないようなかたちを取ることがあるのだとして、必ずそこに積極性が生まれてくる。道の人はそのことを知っている。天地自然のはたらきに身を任すびったりと即して生きることは、世ワク世界に「無用」であり続けることが同時にそのはたらきそのものとすることみなに通暁するこにと通じる。第二二六段では、

　博打の負け極まりて、残りなく打ち入れんとせんに当たりては、打つべからず。立ち返り続けて勝つべき時の至れるをしるべし。その時を知るをよき博打といふなり。

　ということを挙げている。博打打ちもまた道を知れる者であって、多年の経験から運命の定めるということを知っている。無為のところに引き絞られた力は必ず攻せんく転ずる時を待っている。そのことがわかるかどうかが、外形に捕らわれないで本質を見抜く目を持っているかどうかで決まる。そ

れに気づくためには、謙虚さがなければならない。

(6)その「一道に携はる人」の心得を説いたのが第一六七段である。

我が智を取り出でて、人に争ふは、角ある物の角を傾け、牙あるものの牙をかみ出だす類なり。人としては善に誇らず、物と争はざるを徳とす。他にまさることのあるは大きなる失なり。

という。自分の智慧を持ち出して自分がすぐれていることを自慢する気持ちで争うのはよくない。家術の高きにせよ才芸の優秀さにせよ、自分勝っているると思って相手を見下すその内心のありようが、すでに「とが」つまり欠点となっている。

をりにも見え、人にもうち消たれ、禍を招くは、ただこの慢心なり。一道にもまことに長じぬる人は、みづから明らかにその非を知る故に、志、常に満たずして、終に物に誇る事なし。

本人がじんなにすぐれていると思っていても他人から見ると馬鹿らしく見え、わざわいを招くのはまさにこの慢心であるという。一道の人はそれを知っており、けっして自分が完全であるとは思わない。むしろ、自らを持たざる者として位置づけ、その人なりのあえて何もしない「無為」を貴ぶのである。それは意識してできることではない、道の追究において身につくものであり、それは、現世にいながら現世を超える自在さというだろう。兼好そこに人間としての無為の積極性を見いだしているように思われる。

（藤本成男『徒然草のうちなる無為』による）

(注１) 兼好＝鎌倉末期の歌人・随筆家で『徒然草』の著者。　(注２) 閾＝門の内外を区切る境の木。敷居。

(注３) 鞍＝人が乗りやすいように馬などの背につける道具。　(注４) 轡＝手綱をつけるために、馬の口にかませる金具。

(注５) 双六＝盤と二個のサイコロ、黒白の駒を使って二人で行う遊戯。賭け事に用いた。

(注６) 通暁する＝あることについて詳しく知っている。　(注７) 博打（を打つ）＝賭け事（をする）。「博打打ち」は博打で生計を立てる人。

問１ 本文中の①コウ情、②カン髪を入れず、③世ゾク、④攻セイ のカタカナ部分の漢字表記として適当なものを、それぞれアからエまでの中から一つ選べ。
①コウ情　ア 業　イ 豪　ウ 合　エ 強　　②カン髪を入れず　ア 巻　イ 感　ウ 間　エ 完
③世ゾク　ア 族　イ 俗　ウ 続　エ 属　　④攻セイ　ア 制　イ 成　ウ 正　エ 勢

問２ 本文中の(1)遊ぶ者の ない と同じ意味用法の「の」を、本文中のaからdまでの中から一つ選べ。
　　a またくの を見る　　b 気の 立っている　　c 他の 馬に　　d 用心するの だ

問３ 本文中に(2)「馬乗り」の馬乗りたるという とあるが、「吉田と申す馬乗り」が述べている馬乗りの心得の説明として最も適当なものを、次のアからエまでの中から一つ選べ。

ア 自分が乗ろうとしている馬をよく見てその気性を把握したり、馬具など気にかかる点があれば馬を走らせないようにしたりするなど、当然のことをよく理解し自然に行動できる。

イ 人の力は馬の力には到底及ばないと知ったうえで、自分が乗ることになっている馬を観察しながらよい部分を見極め、その馬の能力のすべてを引き出せるよう自然に行動できる。

ウ 轡や鞍などを装着したときの反応によってそれぞれの馬の気性を知ることができるので、馬具の状態をよく確認することを通じて、馬のよしあしを自然に見抜けるようになる。

エ 人は馬の真の力に勝つことができないということをよく知り、自分が乗る馬の強いところ弱いところの両面を十分見極めることによって、馬のよしあしを自然に見抜けるようになる。

問４ 本文中に(3)きわめて合理的な判断 とあるが、どういうことか。その説明として最も適当なものを、次のアからエまでの中から一つ選べ。

ア 馬の体格に自分の性格を合わせられない人は落馬するということを、体験的に知ったうえで下す判断。

イ 人の体つきと馬の気性の組み合わせが悪いと落馬するということを、体験的に知ったうえで下す判断。

ウ その日の馬の状態を正確に把握できない人は落馬するということを、体験的に知ったうえで下す判断。

エ どんなに有能な人でも気性が荒い馬に乗ると落馬するということを、体験的に知ったうえで下す判断。

問５ 本文中に(4)聖人の戒めに適っている とあるが、どういうことか。その説明として最も適当なものを、次のアからエまでの中から一つ選べ。

ア 低いところまで降りてきた弟子に声をかけた「高名の木のぼり」の言動は、屋外では予想外の出来事が起こるという当たり前のことを当たり前のこととして受けとめ、それが自然に行動に移されたもので、聖人の教えをよく理解したものである。

イ 油断しそうな弟子の性格を見抜き適切に声をかけた「高名の木のぼり」の言動は、才能のないものは失敗するという当たり前のことを当たり前のこととして受けとめ、それが自然に行動に移されたもので、聖人の教えと異なるものである。

ウ 安全な高さまで弟子が降りてきたところで声をかけた「高名の木のぼり」の言動は、失敗は油断から生まれるという当たり前のことを当たり前のこととして受けとめ、それが自然に行動に移されたもので、聖人の教えに通じるものである。

エ 弟子が安全な高さまで降りたときに声をかけた「高名の木のぼり」の言動は、常に細心の注意を払って行動するという当たり前のことを当たり前のこととして受けとめ、それが自然に行動に移されたもので、聖人の教えを踏まえたものである。

問6　本文中に⑸「_____」とあるが、どういうことか。その説明として最も適当なものを、次のアからエまでの中から一つ選べ。

ア　あえて慎重に振る舞い、一見行動しているように見えて、実際は適切な折り合いをつけるうまいことを選べる機会が来るのを待っている。

イ　あえて勝ち負けを無視し、一見勝敗を気にならないように見えて、実際は自然の法則を分析しつつ勝負に出る機会が来るのを待っている。

ウ　あえて大胆な行動を控え、一見我慢しているように見えて、実際は成功に強くこだわり競争相手に打ち勝つ機会が来るのを待っている。

エ　あえて合理的に考え、一見冷徹に計算しているように見えて、実際は心の余裕を保つことで最後に成功する機会が来るのを待っている。

問7　本文中に⑹「_____に勝る人」の心得とあるが、どのようなものか。その説明として最も適当なものを、次のアからエまでの中から一つ選べ。

ア　自分が他人よりも優れていると思うことがかえって自分の弱点を見抜かれたり他人に陥れられたりする要因になることを重く受けとめ、どんなときも自分が冷静でいられる道を追究すること。

イ　自分が他人よりも優れていると思うことが他人から攻撃されたり嫉妬されたりする原因になることをよく知っていて、他人の言動をよく見極め他人と争うことを避けつつ道を追究すること。

ウ　自分が他人よりも優れていると思うことがわざわいを招くもとになることをよく知っていて、どのようなときも慎み深く振る舞うとともに、今の自分に満足することなく道を追究すること。

エ　自分が他人よりも優れていると思うことがわざわいを招くもとになることを経験的に理解しており、どのようなときも他人を尊重するよう心がけて、すべての人と調和する道を追究すること。

2　次の文章を読んで、後の問いに答えよ。

　数十年周期での大きな気候変動が起きたときに、しばしば大きな飢饉や社会の騒乱が起こるが、その背景にはどのようなメカニズムがあるのだろうか。ここでは簡単な概念図を示して一つの思考実験をしてみたい。

　図1は、前近代の農業社会を念頭に置いて、農業生産に影響を与えるような数十年周期の大きな気候変動が起きたときに社会に何が起こるかを想像したものである。どのような社会であろうが、その社会を構成する人々の人口や平均的な生活水準は、その社会を取り巻く環境の収容力、具体的には（その地域の農業生産量など）が許容する範囲内に収まっている必要がある。現在の地球環境問題では、地球の人々の総人口や平均的な生活水準が地球（環境収容力）の限界を超えていること　①　。このままの生活を続けていたら持続可能性がないことが問題なのだが、過去の世界であれば、その空間スケールは人間の行動や流通の範囲を反映してもっと狭い。弥生時代であれば一つのムラ、江戸時代であれば一つの藩というスケールで起きている現象をこの図は想定している。

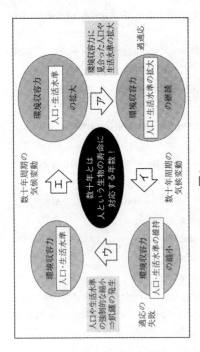

図1

　A――――あるとき数十年周期の気候変動(a)が起きて農業生産力が増大したとする。この豊作が二年、三年と――――B続くと、その間に人々は、豊作に慣れ、人口を増やしたり（出生率を上げたり）生活水準を向上させたりしたものと思われる。しかし、それは数十年周期の変動なので、やがて農業生産力は元に戻ってしまう。そのときには、豊作に慣れた時代の若者をはじめとして、人々は自主的に生活水準を下げたり人口を減らしたりすることは難しく、結果的に飢饉の発生や難民の流出によって強制的に人口が減らざるを得なかったと考えられる。　C

　数十年周期の変動であれば、凶作年はあるかもしれないので備蓄しておき穀物を食いつなげるし、何年か豊作の年に人々は人口を増えたりはしない。逆に数百年周期の変動であれば徐々に生産力が変化するため、人々は対応の時間的な余裕があり、農業技術を革新したり農地面積を拡大したりすることもできただろう。こうして生産力の上昇期には出生率の増大、低下期には出生率の減少を通じて大きな補正を伴うことなく、ゆっくりと気候変動に適応できた可能性もある。　②　数十年周期の変動の場合は、短期間での

技術革新は難しく、穀物備蓄もすぐに底を尽き、出生率の調整では時間的に間に合わず、多くの人々が飢饉に直面したことが想像できる。(2)農地の変革は

まり数十年周期の変動は、予測も対応も難しい時間スケールなのである。出生率を(b)介した人口調整との関係でいえば、数十年はちょうど人間の寿命

に相当する時間スケールであり、それゆえにこそ効果的な対応ができなかったことが予想できる。

このような話を歴史研究者の皆さんを相手にしていると、「数十年周期の変動が重要なのは何となくわかったけど、具体的に何に着目したらよいかわ

からない」という感想を頂くことが多い。それは、気候・環境変動や自然災害に対する社会の復元力(レジリアンス)を研究しておられる方々が特

に多く聞かれる。そういう方々の多くは、気候災害などが起きた「後」の社会の対応に注目しておられる場合が多い。もちろん、災害復興過程の研究

で、災害後の社会の状況を観察することは不可欠だが、実際には「気候がよい時代や災害がない時代に、(3)社会の状態に過適応してしまっている

か」が重要である。過適応がなされれば、つまり人口や生活水準を野放図に拡大すれば、次に起きる気候の悪化や災害に対処できた可能性がある。

③人々は「気候変動や自然災害に適応するため」だけに生きている訳ではないので、農業生産力の高い時代には、それを最大限に生かした生業や政

策を展開することが、中世であれば他国との闘いに、近世であれば市場での競争に打ち勝っていくために、必要不可欠なことだったと思われる。しか

し生産力の拡大の論理に適応し過ぎれば、生産力が縮小に転じた時期にブレーキが利かなくなり、切り替えがうまく為政者がいれば、両時期に的確

に対応できる可能性もあるが、通常はその両者に適応できる人間は少ないし、もしも為政者だけがそのことを理解していても社会の構成員の多くが

理解していなければ、対応が難しいことは同じであろう。歴史上の気候変動と人間社会の関係の背後には、そのような構図があるものと思われる。

つまり気候のよい時代・豊作の時期における社会のあり方や人々の考えを知ることが、気候適応史研究の一つの焦点になるべきである、と私は考え

ている。このことは、気候変動だけでなく、地震・津波・火山噴火などの地殻災害、あるいは新型コロナをはじめとする感染症の(8)蔓延、さらに経済循

環など人間社会に内在する変動にまで、あらゆることに当てはまると思われる。昨今の例でいえば、感染症のパンデミックがなかった時代に

パンデミックが起きたときのことを何ら想定せず、保健所の機能を単に合理化・縮小してしまったことや、津波が来ない時期が何十年も続くうちに沿岸域

の危険な場所に(5)住居を広げてしまったことなどなど、あらゆることが図1の構図に当てはまる。すべて、気候・環境が悪化して災害が起きてからで

なく、その前の平時における環境悪化・災害発生への備え・適応力が問われているのである。そのことを、まさに研究の対象としなければならない。

考えてみればあたり前のことが、歴史の研究はもとより、日常生活一般、さらにいえば国会の審議のなかで、必ずしも意識されていないことが問題

であるといえよう。

(中塚武『気候適応の日本史 人新世をのりこえる視点』による)

(注1) 前近代=明治維新より前の、科学や技術の進歩による資本主義経済がまだ発達していない時代。

(注2) 環境収容力=ある環境下において、持続的に維持できる生物の最大個体数、または生物群集の大きさ。

(注3) 野放図=際限がないこと。しまりがないこと。　　(注4) 生業=生活していくための仕事。

(注5) 中世=鎌倉時代および室町時代。　　(注6) 近世=安土桃山時代および江戸時代。

(注7) 為政者=政治を行う者。　　(注8) 蔓延=はびこりひろがること。

問1　空欄　①　・　②　・　③　に入る語として適当なものを、それぞれ次のアからエまでの中から選べ。ただし、同じ記号は二回使わない。

　　ア　もちろん　　イ　つまり　　ウ　しかし　　エ　だが

問2　本文中の(a)束の間の・(b)介した の意味として適当なものを、それぞれ次のアからエまでの中から選べ。

(a)　ア　継続的な　　イ　少しの間の　　ウ　定期的な　　エ　久しぶりの

(b)　ア　重視した　　イ　付け加えた　　ウ　兼ね備えた　　エ　仲立ちとした

問3　本文中に(1)その地域の農業生産量などが許容する範囲 とあるが、どういうことか。その説明として最も適当なものを、次のアからエまでの中から一つ選べ。

　　ア　その地域で生産される農作物の総量などが、その地域の人口や生活水準をどの程度満たせるかという範囲。

　　イ　その地域の人々が、農作物などを最大限生産し続けられる状態などをどれくらいの期間継続できるかという範囲。

　　ウ　その地域で生産される農作物の量などが、その地域の人口や生活水準を持続的に維持できる範囲。

　　エ　その地域の人々が、自然環境に悪影響を与えずに農作物などを持続的に生産できる農地面積の範囲。

問4　本文の破線部A・B・Cの内容に対応する矢印を、それぞれ図1のアからエまでの中から選べ。ただし、同じ記号は二回使わない。

A　あるとき数十年周期の気候変動が起きて農業生産力が増大した

B　数十年周期の変動の場合、豊作の期間は一〇年や二〇年も続くので、その間に人々は豊作に慣れて、人口を増やしたり(出生率をあげたり)、生活水準を向上させたりした

C　飢饉の発生や難民の流出によって半強制的に人口が減らされるを得なかった

問５　本文中に(2)<u>数十年周期の変動は、予測も対応も難しい時間スケールなのである。</u>とあるが、なぜか。「対応が難しい」理由の説明として最も適当なものを、次のアからエまでの中から一つ選べ。

ア　住民の人口が増加を始めたときに、既に気候変動で生産力が減少しているが、その時点から計画的に農業の技術革新を進め、生産力を高めようとしても、計画の実現には人間の寿命と同じ数十年単位の時間が必要となり、対応が間に合わないから。

イ　生産力の減少期には、それまでに増大した全人口が生存可能なだけの食糧を確保できなくなるが、生まれる子供の数をその時点で減らし始めたとしても、人口が十分減るまでに人間の寿命と同じ数十年の時間がかかり、対応が間に合わないから。

ウ　住民の人口が増加を始めると人々の生活水準も上がっていくが、その時点で住民は既にぜいたくに慣れてしまっており、多くの食糧を求めるようになり、その人々の寿命である数十年の間は同じ状況が続いてしまう、結果的に対応が間に合わないから。

エ　生産力の減少期を迎えたときには、気候が再び増産可能な方向で安定し始めているが、その時点で既に人間の寿命である数十年単位の人口減少が続いているため、農産物の増産を可能にするだけの労働力を確保できなくなり、対応が間に合わないから。

問６　本文中に(3)<u>その状態に過適応してしまっていた</u>とあるが、どういうことか。その説明として最も適当なものを、次のアからエまでの中から一つ選べ。

ア　災害がなく気候もよい状態を当然のように受け入れて、人口を増やしますます豊かな生活をおくる一方で、生産力が減少するかもしれない事態への備えを怠っていた。

イ　災害がなく気候もよい状態を普通だと考えて、従来通りの方法だけで農業生産力を維持できると思い込み、豊作を継続させるための技術革新や農地拡大を怠っていた。

ウ　災害がなく気候もよい状態が続くことを当然であると信じて、農業技術の革新により、市場での競争に打ち勝っていく一方で、穀物を備蓄する量を増やし続けていた。

エ　災害がなく気候もよい状態が生存に最適だと判断して、生産力の拡大を続ける一方で、他国との闘いを繰り返し、より温暖で災害の少ない地域に進出し続けていた。

問７　本文中に(4)<u>そのこと</u>とあるが、どういうことか。その説明として最も適当なものを、次のアからエまでの中から一つ選べ。

ア　農業生産力が高い時期と、縮小に転じた時期とは必要な対処が異なるため、それぞれの時期に応じた適切な対応が必要だということ。

イ　他国と闘う中世と、市場での競争が求められる近世とは必要な対策が異なるため、それぞれの時期に応じた政策が必要だということ。

ウ　気候変動と人間社会との間には、長年続いた複雑な関係があるため、気候変動への適切な対応には歴史的な知識が必要であるということ。

エ　社会の為政者と構成員とでは、状況に応じて取るべき対処がそれぞれ異なるため、日頃から両者の密接な連携が必要であるということ。

問８　本文中に(5)<u>平時における環境悪化・災害発生への備え・適応力が問われている</u>とあるが、それはなぜか。その理由として最も適当なものを、次のアからエまでの中から一つ選べ。

ア　日常生活の中で人々がどんな心理に陥りやすいか想定しておくことで、緊急時に取るべき対策を決める手がかりを得ることができ、社会の復元力を高めることができるから。

イ　災害が起きた後に社会はどう対応したかではなく、災害が起きる前に社会は災害にどう備えていたかを問題とすることが、気候適応史研究を特徴づけている視点であるから。

ウ　日頃から自然災害や気候の変動を正確に観測し、大規模な被害につながるすべての可能性を想定しておくことで、被害が起きた後早急に復興をはかることが可能になるから。

エ　気候の悪化や自然災害に伴って起きる大規模な社会の混乱を防ぐには、自然災害や環境変動が起きた後の対策だけでは十分でないことが、これまでの歴史で明らかであるから。

3　次の文章を読んで、後の問いに答えよ。

　母子家庭に育った大学生の「僕」は、気象学が専門の廣野先生の研究室に入った。先生の依頼で先生の息子、和也の家庭教師になった。和也は研究熱心な父とは似ず、勉強が嫌いで集中できない。ある日藤巻家の夕食会に招かれた僕は、和也の勉強を見た後和也と和室に向かうが、縁側に座り一心に空を見上げる先生に、和也の呼びかけに応えない。先生は食事中も時折外へ目をやるなどして、あまり熱心には会話に加わろうとしなかった。

「ねえ、お父さんたちは天気の研究をしてるんでしょ。」

　和也が箸をおき、父親と僕を見比べた。

「被害が出ないように防げないわけ?」

「それは難しい。」

藤巻先生は即座に答えた。

「気象は人間の力ではコントロールできない。雨や風を弱めることはできないし、雷も竜巻もとめられない。」

「じゃあ、なんのために研究してるの?」

和也がぶっかけに眉根を寄せた。

「知りたいからだよ。気象のしくみを。」

「知っても、どうにもできないのに?」

「どうにもできなくても、知りたい。」

「もちろん、まったく役に立たないわけじゃないですしね。」

僕は見かねて口を挟んだ。

「天気を正確に予測できれば、前もって手を打てるから。家の窓や屋根を補強するように呼びかけたり、住民を避難させたり。」

「だけど、家は流されちゃうんだよね?」

「まあね、でも、命が助かるのが一番じゃないの。」

奥さんもとりなしてくれたが、和也はまだ釈然としない様子で首をすくめている。

「やっぱり、おれにはわからないや。」

「わからないことだらけだよ、この世界は。」

先生がひとりごとのように言った。

「だからこそ、おもしろい。」

　一時はどうなることかとはらはらしたけれど、それ以降は和也が父親につっかかることもなく、食事は和やかに進んだ。鱸をたいらげた後、デザートには西瓜が出た。

　話していたのは主に、奥さんと和也だった。僕の学生生活についていくつか質問を受け、和也が幼かった時分の思い出話も聞いた。

　中でも印象的だったのは、絵の話である。

　朝起きたらまず空を観察するというのが、藤巻先生の長年の日課だという。晴れていれば庭に出て、雨の日には窓越しに、とっくりと眺める。そんな父親の姿に、幼い和也はおおいに好奇心をくすぐられたらしい。よちよち歩きで追いかけては、並んで空を見上げていたそうだ。熱視線の先に、なにかとてつもなくおもしろいものが浮かんでいるはずと思ったのだろう。

「お父さんのまねをして、こう腰に手をあてて、あごをそらして。今にも後ろにひっくり返りそうで、見ているわたしはひやひやしちゃって。」

　奥さんは身ぶりをまじえて説明した。本人は覚えていないようで、首をかしげている。

「それで、後で空の絵を描くんですよ、お父さんに見せるんだ、って言って。親ばかかもしれないですけど、けっこうな力作で……そうだ、先生にも見ていただいたら?」

「親ばかだよ。子どもの落書きだもん。」

照れくさげに首を振った和也の横から、藤巻先生も口を添えた。

「いや、わたしもひさしぶりに見たね。あれはなかなかたいしたものだよ。」

「へえ、お父さんがほめてくれるなんて、珍しいこともあるもんだね。」

冗談めかしてまぜ返しつつ、和也はまんざらでもなさそうに立ちあがった。

「あれ、どこにしまったっけ?」

「あなたの部屋じゃないの? 納戸(注1)か、書斎の押し入れかね。」

奥さんも後ろからついていき、僕は先生とふたりで和室に残された。

「先週貸していただいた本、もうじき読み終わりそうです。週明けにでもお返しします。」

なにげなく切り出したところ、[1]先生は目を輝かせた。

「あの超音波風速温度計は、実に画期的な発明だね。」

超音波風速温度計のもたらした貢献について、活用事例について、今後検討すべき改良点について、堰を切ったように語り出す。

お絵描き帳が見あたらなかったのか、和也たちはなかなか帰ってこなかった。その間に、先生の話は加速度をつけて盛りあがった。[a]ようやく戻ってきたふたりが和室の入口で顔を見あわせているのを、僕は視界の端にとらえた。自分から水を向けた手前、話の腰を折るのもためらわれ、どうしたものかと弱っていると、スケッチブックを小脇に抱えた和也がじりじりずんずん近づいてきた。

「お父さん。」

「う」と先生はおざなりな返事をしたきり、見向きもしない。

「例の、南西諸島の海上観測でも役に立つらしい。船体の揺れによる影響をどこまで補正できるかが課題だ。」

「ねえ、あなた」

奥さんも困惑顔で呼びかけた。

と、先生がはっとしたように口をつぐんだ。僕は胸をなでおろした。たぶん奥さんも、それに和也も。

「ああ、スミ。悪いが紙と鉛筆を持ってきてくれるか。」

先生が言う。和也が踵を返し、無言で部屋を出ていった。

おろおろしている奥さんにかわって、自室にひっこんでしまった和也を呼びにいく役目を僕が引き受けたのは、少なからず責任を感じたからだ。

父親に絵をほめられたときに和也が浮かべた表情を、僕は見逃していなかった。雲間から一条の光が差すような笑顔だった。いつだって陽気で快活で、いっそ軽薄な感じさえするくらいだけど、あんな笑みははじめて見た。

「花火をしよう」

ドアを開けた和也に、僕は言った。

「おれはいい。先生がつきあってあげれば? そのほうが親父も喜ぶんじゃないの?」

和也はけだるげに首を振った。険しい目つきも、おどけたような皮肉っぽい口ぶりも、ふだんの和也らしくない。僕は部屋に入り、後ろ手にドアを閉めた。

「まあ、そう言うなよ。」

藤巻先生に悪気はない。話に夢中になって他のことをつかのま忘れてしまっていただけで、息子を傷つけるつもりはさらさらなかったに違いない。

「様子を見てきます。」と僕が席を立ったときも、なにが起きたのか腑に落ちない様子できょとんとしていた。

「別にしてない。」

和也はなげやりに言い捨てる。

「昔から知ってるもの。あのひとは、おれのことなんか興味ない。」

胸の組みして壁にもたれ、暗い目つきで僕を見据える。

「でも、おれも先生みたいに頭がよかったら、違ったのかな。」

「えっ?」

「親父があんなに楽しそうにしてるの、はじめて見たよ。いつも家ではたいくつなんだろうな。おれたちと話し相手にもなれないもんね。」

うつむいた和也を、僕はまじまじと見た。妙に落ち着かない気分になっていた。胸の内側をひっかかれたような。むずがゆいような、ちりちりと痛むような。

唐突に、思い出す。

状況はまったく違うが、僕もかつて打ちのめされたのだった。自分の親が、これまで見せたこともない顔をしているのを目のあたりにして。母に恋人を紹介されたとき、僕は和也と同じ十五歳だった。こんなに幸せそうな母をはじめて見た、と思った。

「どうせ、おれはばかだから。親父にはついていけないよ。さっきの話じゃないけど、なにを考えてるんだか、おれにはちっともわからない。」

僕は小さく息を吸って、口を開いた。

「僕にもわからないよ。きみのお父さんが、なにを考えているのか。」

和也は探るように目をすがめた。僕は机に放り出されたスケッチブックを手にとった。

「僕が家庭教師を頼まれたとき、なんて言われたと思う?」

和也は答えない。身をかたくもしない。

「学校の成績をそう気にすることもないんじゃないか、ってお父さんはおっしゃった。得意なことを好きにやらせたほうが、本人のためになるだろうって。」

色あせた表紙をめくってみる。ページ全体が青いクレヨンで丹念に塗りつぶされている。白いさざ波のような模様は、巻積雲だろう。

「よく覚えてるよ。意外だったから。」

次のページも、そのまた次も、空の絵だった。一枚ごとに、空の色も雲のかたちも違う。確かに力作ぞろいだ。

「藤巻先生はとても熱心な研究者だ。もしも僕だったら、息子も自分と同じように、学問の道に進ませようとするだろうね。本人が望もうが望むまいが。」

僕は手をとめた。開いたページには、今の季節におなじみのもくもくと不穏にふくらんだ積雲が、繊細な陰翳までつけて描かれている。

「わからないひとだよ、きみのお父さんは。」

わからないひとだけれど、この世界は――まさには先ほど先生自身が口にした言葉を、僕は思い返していた。

だからこそ、おもしろい。

　僕と和也が和室に戻ると、先生は庭に下りていた。どこからかホースをひっぱってきて、足もとのバケツに水をためている。奥さんが玄関から靴を持ってきてくれて、僕たち三人も庭に出た。

　縁側に、手持ち花火が数十本も、ずらりと横一列に並べてある。長いものから短いものへときれいに背の順になっていて、誰がやったか一目瞭然だ。色とりどりの花火に、目移りしてしまう。

　どれにしようか迷っていたら、先生が横からすっと腕を伸ばした。向かって左端の、最も長い四本をばらりつかむか、僕に一本ずつ手渡す。

「花火奉行なんだ」

　和也が僕に耳打ちした。

　花火を配り終えた先生は、そろそろと庭の真ん中まで歩いていって、手もとに残った一本に火をつけた。先端から、青い炎が勢いよく噴き出す。和也も父親を追って隣に並んだ。ぱちぱちと燃えさかる花火の先に、慎重に手もと自分の花火を近づける。火が移り、光と音が倍になる。

　僕と奥さんも火をもらった。四本の花火で、真っ暗だった庭がほのかに明るんでいる。昼間はあんなに暑かったのに、夜風はめっきり涼しい。虫がさかんに鳴いている。

　ゆるやかな放物線を描いて、火花が地面に降り注ぐ。(5)軽やかにはじける光を神妙に見つめる父と息子の横顔は、よく似ている。

（瀧羽麻子『博士の長靴』による）

（注1）納戸＝普段使わない家具や食器などをしまっておく物置用の部屋。　（注2）スミ＝藤巻先生の奥さんの名前。
（注3）巻積雲＝うろこ状、またはさざ波のように広がる雲。いわし雲。　（注4）積雲＝晴れた日によく見られる、白いわたのような雲。綿雲。

問1　本文中の(a)「話の腰を折る」・(b)「腑に落ちない」の意味として最も適当なものを、次のアからエまでの中から一つずつ選べ。

(a)　ア　話の途中でその場から離れる　　イ　話の途中を省略して結論を急ぐ
　　　ウ　話の途中で急に口を閉ざす　　エ　話の途中で言葉を挟んで妨げる

(b)　ア　想像もできない　　イ　納得がいかない　　ウ　信じられない　　エ　気に留めない

問2　本文中に(1)「先生は目を輝かせた」とあるが、それはなぜか。その理由として最も適当なものを、次のアからエまでの中から一つ選べ。
ア　貸していた本を返してもらえるのがうれしかったから。　　イ　今関心を寄せている学問の話ができると期待したから。
ウ　ふたりきりになったところで急に話しかけられ驚いたから。　　エ　退屈だったのが自分だけでないとわかり安心したから。

問3　本文中の破線部の場面について話し合っている次の会話文の　I　に当てはまるものを、次のアからエまでの中から一つ選べ。

生徒1　「先生はおざなりな返事をしたきり、見向きもしない」とあるけど、どうしてだろう。先生は和也の絵をひさしぶりに見たいと言っていたのに。

生徒2　僕と本の話をしているうちに、和也の絵の話は忘れてしまったんじゃないかな。超音波風速温度計の話を続けようとしているもの。

生徒3　こんなふうに自分の世界に入り込んでしまう周りはついていけないよね。「奥さんも困惑顔で呼びかけた」とあるよ。

生徒1　でも、「先生はきょとんとして口をつぐんだ」とあるから、さすがが先生もすぐに事態に気づいたようだね。

生徒2　そうだね。周りはほっとしただろう。「僕は胸をなでおろしたぶん奥さんにも和也にも」とも書かれているもの。

生徒3　もうちょっと待って。先生は「ああ、スミ、悪いが紙と鉛筆を持ってきてくれるか。」って言っているんだから、先生はきょとんとしたまま口をつぐんだのは、　I

生徒1　そうか。それで和也は「踵を返し、無言で部屋を出ていった」わけか。この親子の関係は、あまりうまくいってないみたいだね。

ア　僕のため雲の絵を解説してあげたいという気持ちがあって、それには紙と鉛筆が必要と思ったからじゃないかな。
イ　奥さんの声を聞いて、今自分がいるのは大学の研究室じゃなくて自宅の和室だってことに気づいたからじゃないかな。
ウ　学問についてふと頭に思い浮かんだことがあって、忘れないうちにそれをメモしておこうと思ったからじゃないかな。
エ　和也の絵に雲の名前を書いていないところがあって、書き足そうと思っていたのを急に思い出したからじゃないかな。

問4　本文中に(2)「腕組みして壁にもたれ、暗い目つきで僕を見据えた」とあるが、このときの和也の気持ちの説明として最も適当なものを、次のアからエまでの中から一つ選べ。
ア　父親の求めで絵を探しに行ったのに結局は無視されて、いつも周囲を振り回す父親の身勝手さを改めて思い知らされ、嫌気がさしている。
イ　せっかく父親が自分の絵に関心を向けてくれたのに、また学問の話を始め、父親の関心を奪っていった僕に対し、強い反感を抱いている。
ウ　息子の絵のことなど忘れ、僕を相手に夢中で学問の話をする父親の姿に、やはり父親は自分に関心を向けてくれないと感じ、落胆している。
エ　家庭教師の僕がもう少し熱心に教えてくれれば成績が上がり、父親の関心が自分に向くはずなのにと思い、僕を非難している。

問5 本文中に(3)<u>妙に落ち着かない気分になっていた。</u>とあるが、なぜか。その理由として最も適当なものを、次のアからエまでの中から一つ選べ。

ア 父親との親子関係をなかなかうまく築けない不満を募らせていたが、ふとした和也を見て、その原因の一端が自分の存在にあるのではないかと疑い始めているから。

イ 今まで見たこともないほど楽しそうにしている父親の姿に驚く和也を見て、自分がかつて親に対して抱いた思いが呼び覚まされそうになっているから。

ウ 学校の成績に劣等感を抱いて落ち込む和也を見て、家庭教師の自分が勉強を十分に見ていなかった結果だと思って打ちのめされそうになっているから。

エ 楽しそうな父親の姿に驚いている和也を見て、学問の話題が二人を隔てているのだと気づき、先生と和也の仲を取り持たなくてはと思い始めているから。

問6 本文中の(4)<u>「わからないひとだよ、きみのお父さんは。」</u>という僕の発言の意図として最も適当なものを、次のアからエまでの中から一つ選べ。

ア 先生は不器用ながらも先生なりに息子のことを考えていると、和也にそれとなく気づかせようとすると同時に、物事も人もわからないからこそおもしろく、向き合う価値もあるのだと伝えようとしている。

イ わからないからこそ世界はおもしろいのだと考え、役に立ちそうもない気象の研究に一心に打ち込む父親を見習って、役には立たないかもしれないが和也に絵の道に進んでほしいと伝えようとしている。

ウ 熱心な研究者であるなら息子にも学問をさせたいと考えるのが普通なはずなのに、息子には得意なことを好きにやらせたいと考える先生を僕にもわからず、自分も和也と同感であると伝えようとしている。

エ 僕自身も先生がどういう人なのか今でもよくわからないが、それでも学問の師として尊敬しており、たとえ父親のことがわからなくても息子として和也も父親を敬うべきではないかと伝えようとしている。

問7 本文中の(5)<u>軽やかにはじける光を神妙に見つめる父と息子の横顔は、よく似ている。</u>とあるが、この一文の表現効果の説明として、最も適当なものを、次のアからエまでの中から一つ選べ。

ア 共通の趣味である花火を、父と協力して楽しむ和也の横顔が父親と似ていると言及することで、今の先生と和也は似た者同士であるからこそ、仲悪が、近いうちに何かのきっかけで仲直りするだろうということを暗示する効果。

イ 隣に並べて花火をしているが、場を取り仕切る父親に嫌悪感を抱く和也の横顔が父親と似ていると言及することで、先生と似ているからこそ和也の反発は根深く、簡単に打ち解けることなどできないということを暗示する効果。

ウ 父親と一緒に花火に夢中になって、日頃の対立を解消した和也の横顔が父親と似ていると言及することで、和也は父親に反抗するあまり勉強から逃げていたが、将来父親と同じく学問に夢中になるはずだということを暗示する効果。

エ 父に花火をもらって一緒に花火をしている和也の横顔が父親と似ていると言及することで、先生と和也の親子関係が現状では必ずしもうまくいってはいないとしても、親子としての揺るぎなく結ばれているということを暗示する効果。

（解答は別冊 135 ページ）

1　次の問1から問8に答えよ。

問1　観測者が雷の光を見てから音を聞くまで6秒かかったとき，雷の光が発生した場所は観測者から何 km 離れていると考えられるか。ただし，音が空気中を伝わる速さは 340 m/s とする。

ア   . イ　km

問2　直方体の水槽に水を入れ，図のように，ストローを手前の面Aとの平行を保ったまま，水面の中央部分に斜めに差し入れた。水槽の面Aを，面Aに対して垂直に見るとき，水の中のストローの見え方として，最も適当なものを以下のアからエの中から選べ。

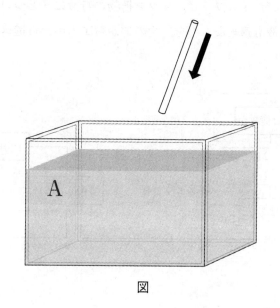

図

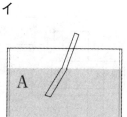 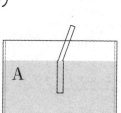 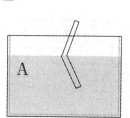

水面　　　　ア　　　　　　　イ　　　　　　　ウ　　　　　　　エ

問3　うすい塩酸を電気分解したとき，陽極側に発生する気体の性質について書かれた記述で正しいものを次のアからエの中から二つ選べ。

ア　水にとけにくい　　　イ　水にとけやすい
ウ　無色で空気より軽い　　エ　刺激臭がある

問4 次のアからエに示した現象はいずれも，ひらがなで書くと「とけた」という言葉を使用している。化学変化であるものを次のアからエの中から選べ。

ア 春になると氷が<u>とけた</u>
イ 酸性の水溶液がかかり，金属の一部が<u>とけた</u>
ウ 砂糖を水に入れると，よく<u>とけた</u>
エ 金属を高温にすると<u>とけた</u>

問5 ユリ，ツツジ，イヌワラビ，マツを植物の特徴にもとづいて分類した。分類結果を示したものとして最も適当なものを，次のアからエの中から選べ。

ア
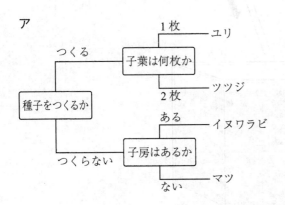

イ
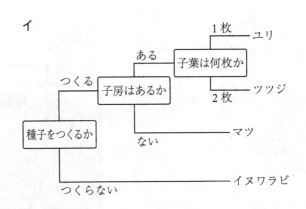

ウ
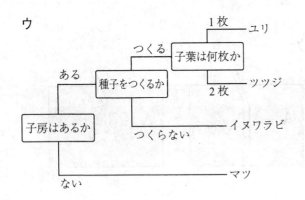

エ
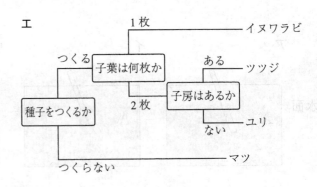

問6 図1は植物の体細胞分裂の様子をスケッチしたものである。図1のAの時期の染色体の様子を図2のように表すとき，図1のBの時期の染色体の様子はどのように表すことができるか。最も適当なものを以下のアからエの中から選べ。

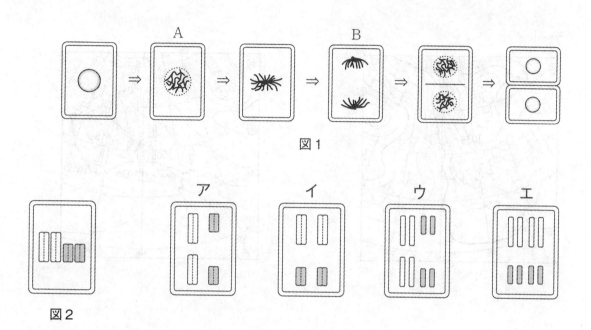

図1

図2

ア　イ　ウ　エ

石川高専

問7　気象庁が「冬型の気圧配置が続き，西〜北日本で雪」と発表した日の気圧配置を示して
いるものはどれか。最も適当なものを，次の**ア**から**エ**の中から選べ。ただし，天気図中の
白抜き文字「H」は高気圧を，「L」は低気圧を示している。

ア

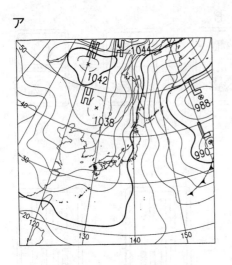

イ

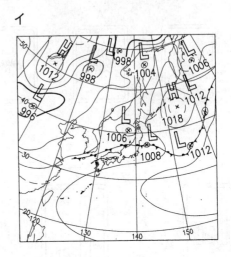

ウ

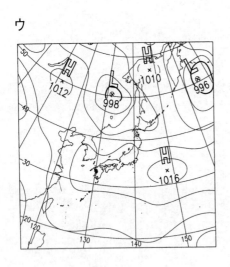

エ

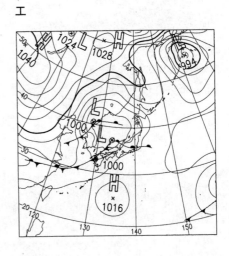

（気象庁ホームページ「日々の天気図」より作成）
https://www.data.jma.go.jp/fcd/yoho/hibiten/index.html

問8　次の文章は，地震についての説明文である。文章中の空欄①，②に当てはまるものを，以下のアからクの中からそれぞれ選べ。

（　①　）を震源という。また，地震の規模を表すものは（　②　）である。

①の選択肢

ア　地震の発生場所

イ　最も揺れの大きかった地上の地点

ウ　地震の発生した場所の真上の場所

エ　地震波が最も早く到達した地上の地点

②の選択肢

オ　震度

カ　主要動

キ　マグニチュード

ク　震源からの距離

石川高専

2　植物のはたらきについて，次の問1から問4に答えよ。

問1　葉のはたらきと，気孔から取り入れる物質の組み合わせとして，最も適当なものを次のアからカの中から**二つ**選べ。

　　ア　光合成・CO_2　　イ　光合成・H_2O　　ウ　呼吸・O_2　　エ　呼吸・CO_2

　　オ　蒸散・H_2O　　　カ　蒸散・O_2

問2　蒸散について調べるために次の［実験］を行った。枝A，B，Cの水の減少量をそれぞれ a，b，c とすると，葉からの蒸散量はどのように表すことができるか。最も適当なものを以下のアからカの中から選べ。ただし，水の減少量と植物の蒸散量は同じであり，蒸散は葉以外の茎などからも行われるものとする。

［実験］

　同じ大きさの試験管を3本用意し，水を入れた。葉の大きさや数がほぼ等しい植物の枝A，B，Cを図1のようにし，明るく風通しのよいところに置いた。数時間後，それぞれの試験管の水の減少量を調べた。

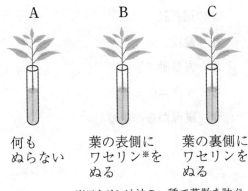

A　何もぬらない
B　葉の表側にワセリン※をぬる
C　葉の裏側にワセリンをぬる

※ワセリンは油の一種で蒸散を防ぐ

図1

　　ア　a　　　イ　$b+c$　　　ウ　$(b+c)-a$　　エ　$a-(b+c)$

　　オ　$2a-(b+c)$　　　　カ　$2(b+c)-a$

問3　図2は，ある晴れた日に野外の植物の葉の蒸散量とその茎を流れる水の流量を調べたものである。グラフからいえることとして最も適当なものを，次のアからエの中から選べ。

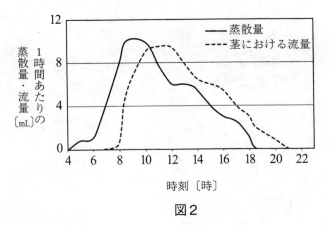

時刻〔時〕

図2

　　ア　根からの吸水が盛んになると，蒸散が盛んになる

　　イ　蒸散が盛んになると，根からの吸水が盛んになる

　　ウ　茎における水の流量が減少すると，蒸散が抑えられる

　　エ　蒸散量が減少すると，茎における水の流量が増加する

石川高専

問4　植物をビニルハウス内で栽培するときには，植物がきちんと光合成や蒸散ができるようにビニルハウス内の環境を調節している。ある植物をビニルハウス内で栽培しているときに，換気と水やりを忘れてしまった日があった。**図3**はこの日のビニルハウス内の環境を記録したものである。この記録からいえることを以下の文章にまとめた。文中の空欄①から③に当てはまる最も適当な組み合わせを，以下の**ア**から**ク**の中から選べ。

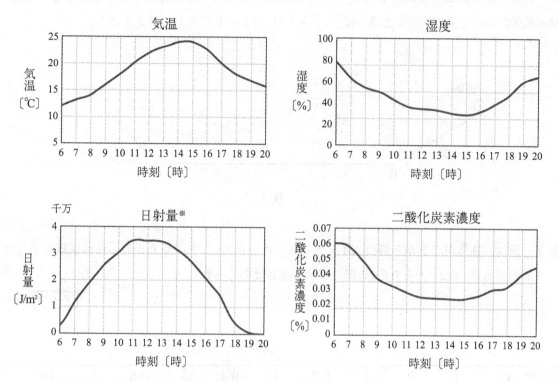

※日射量は1 m²あたりに太陽から降り注ぐ光のエネルギーの量

図3

　図3より，8時から12時頃までは光合成が（　①　）ことがわかる。また，12時頃に葉の表面の様子を調べると，ほとんどの気孔が閉じていた。これは気温の上昇とともに（　②　）ためと考えられる。これによって，12時以降は蒸散も光合成も（　③　）ことがわかる。
　このことから，ビニルハウス内の換気と水やりを適切に調節することで，蒸散や光合成を調節することができる。

---

	①	②	③
ア	行われなくなった	日射量が増えた	盛んに行われた
イ	行われなくなった	日射量が増えた	ほとんど行われなくなった
ウ	行われなくなった	湿度が下がった	盛んに行われた
エ	行われなくなった	湿度が下がった	ほとんど行われなくなった
オ	盛んに行われた	日射量が増えた	盛んに行われた
カ	盛んに行われた	日射量が増えた	ほとんど行われなくなった
キ	盛んに行われた	湿度が下がった	盛んに行われた
ク	盛んに行われた	湿度が下がった	ほとんど行われなくなった

3 図1のように斜面 AB 上の点 P から，小さな物体を斜面にそって力をあたえずに静かにすべらせた。この物体は水平面 BC を移動して斜面 CD をある高さまで上がった後，斜面 CD を下りはじめた。いずれの斜面も十分に長く，斜面 AB は水平面と 30°，斜面 CD は 45°の角度をなしている。以下の問1から問6に答えよ。ただし，物体の大きさや摩擦，抵抗は考えないこととし，斜面と水平面との接続点 B と C においても物体はなめらかに運動したものとする。また，計算結果において平方根がでた場合は，$\sqrt{2} = 1.41$，$\sqrt{3} = 1.73$ として答えること。

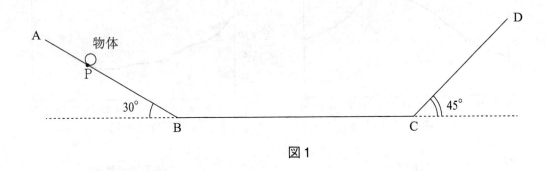

図1

問1 表は，物体が点 P から斜面 AB を下りはじめて 0.2 s ごとの点 P からの移動距離を示したものである。0.2 s から 0.6 s の間の平均の速さはいくらか。

アイウ cm/s

表

時間〔s〕	0	0.2	0.4	0.6	0.8
移動距離〔cm〕	0	10	40	90	160

問2 物体が斜面 AB を下っているとき，物体にはたらいている力の合力の向きはどれか。最も適当なものを図2のアからクの中から選べ。物体にはたらいている力がつり合っている場合は，ケを選ぶこと。

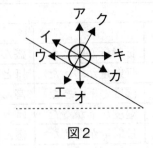

図2

問3　物体が水平面BCを移動しているとき，物体にはたらいている力の合力の向きはどれか。最も適当なものを図3のアからクの中から選べ。物体にはたらいている力がつり合っている場合は，ケを選ぶこと。

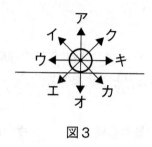

図3

問4　物体が斜面CDを上がっているとき，物体にはたらいている力の合力の向きはどれか。最も適当なものを図4のアからクの中から選べ。物体にはたらいている力がつり合っている場合は，ケを選ぶこと。

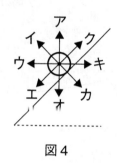

図4

問5　斜面CDを上がっている物体は，その斜面上のある位置（点Q）で運動の向きを変え，斜面を下りはじめる。点Cから点Qまでの距離は，点Pから点Bまでの距離の何倍か。

$\boxed{ア}$. $\boxed{イウ}$ 倍

問6　物体が点Qから斜面CDを下りはじめて0.2 sおきに点Qから移動した距離を調べた。最も適当な距離の変化を表したものを次のアからエの中から選べ。

ア	6 cm	23 cm	60 cm	126 cm
イ	10 cm	40 cm	90 cm	160 cm
ウ	14 cm	57 cm	127 cm	226 cm
エ	14 cm	74 cm	134 cm	194 cm

4 月と金星について，次の問1から問3に答えよ。

問1 次の文章は，月について説明したものである。文中の空欄①，②に当てはまる語句を，次のアからキの中からそれぞれ選べ。

　　月は地球の周りを公転する（　①　）で，満ち欠けの周期は約29.5日である。また，月食は（　②　）の順番で一直線に並んだときに起きる。

ア　地球型惑星　　　　　イ　木星型惑星　　　　　ウ　衛星　　　　　エ　小惑星
オ　地球・太陽・月　　　カ　太陽・地球・月　　　キ　太陽・月・地球

問2　図1は，ある年の1月1日の地球と月の位置を，地球の北極の上空から見たものである。以下の1と2に答えよ。

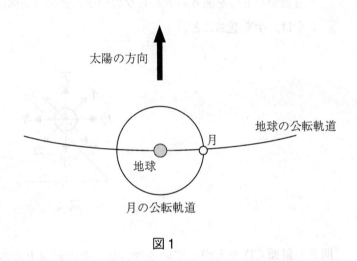

図1

1　1月1日から1ヶ月以内に，日食が起きるとすると，いつ起きると考えられるか。最も適当なものを，次のアからエの中から選べ。

ア　6日後　　　　イ　13日後　　　　ウ　20日後　　　　エ　27日後

2　1月1日の月を肉眼で観測したとき，月は南に見えた。このとき，「観測される時間帯」，「月の形」について，最も適当なものを，次のアからカの中からそれぞれ選べ。

「観測される時間帯」

ア　午前0時ごろ	イ　午前6時ごろ	ウ　午後6時ごろ

「月の形」

エ　満月　　　　　　　　オ　向かって右側が明るい半月（上弦の月）
カ　向かって左側が明るい半月（下弦の月）

問3　図2は，地球・金星・太陽の位置関係を，地球の北極の上空から見たものである。ある年の1月1日には，地球と金星はそれぞれ X の位置にあり，30日後の1月31日には Y の位置まで移動した。以下の問いに答えよ。

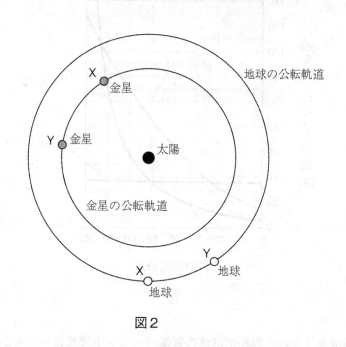

図2

　1月1日から1月31日まで，望遠鏡を使って金星を毎日観測した。この間の金星の満ち欠けの変化の様子を表す図と文として，最も適当なものを次のアからエの中から選べ。ただし，金星の明るい部分は，実線で表すものとする。

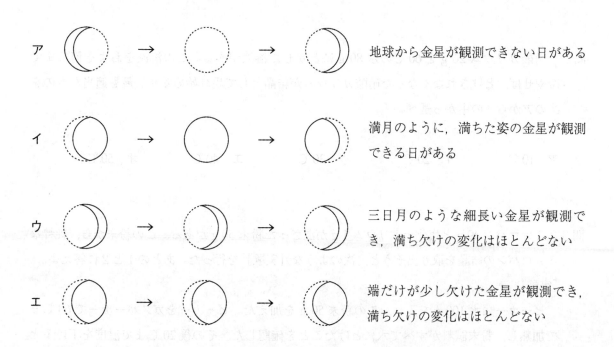

5   次の図は100gの水にとける硝酸カリウム，ミョウバン，塩化ナトリウムの質量と温度の関係を表したものである。加熱に伴う水の蒸発は考えないものとする。以下の問1から問4に答えよ。

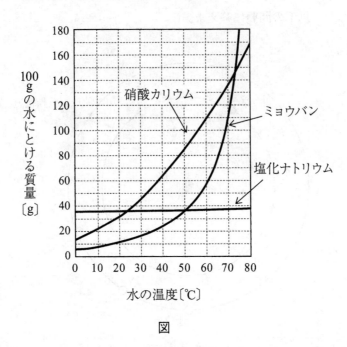

図

問1   60℃の硝酸カリウムの飽和水溶液の質量パーセント濃度はいくらか。最も適当なものを次のアからオの中から選べ。

ア 25%   イ 37%   ウ 47%   エ 52%   オ 100%

問2   硝酸カリウム26gを60℃の水80gにとかした溶液がある。この溶液をおよそ何℃まで冷やせば，とけきれなくなった硝酸カリウムが結晶として現れ始めるか。最も適当なものを次のアからオの中から選べ。

ア 10℃   イ 20℃   ウ 30℃   エ 40℃   オ 50℃

問3   ミョウバン49gと塩化ナトリウム1gが混ざった粉末50gがある。この粉末から，純粋なミョウバンの結晶を取り出そうと，次のような［実験］を行った。あとの1と2に答えよ。
［実験］
　　ビーカーに水100gを入れ，この粉末50gを加えた。ビーカーをガスバーナーで60℃まで加熱し，粉末試料がすべて水にとけたことを確認した。その後20℃まで温度を下げると白い結晶が現れたので，ろ過によって結晶とろ液に分けた。

1 このように温度による溶解度の差を利用して，純粋な物質を取り出す操作を何というか。適切なものを次のアからオの中から選べ。

   ア ろ過　　　　イ 再結晶　　　　ウ 蒸留　　　　エ 中和　　　　オ 還元

2 ろ液に含まれるミョウバンと塩化ナトリウムの質量比として最も適当なものを次のアからオの中から選べ。

   ア 1：0　　　イ 1：4　　　ウ 4：1　　　エ 11：1　　　オ 49：1

問4 ミョウバン40 g を 20℃ の水 100 g に加え 80℃まで加熱した。ミョウバン水溶液の濃度変化を模式的に表したグラフとして最も適当なものを次のアからオの中から選べ。

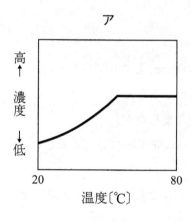

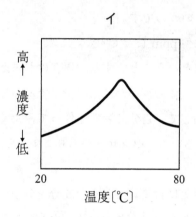

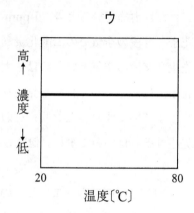

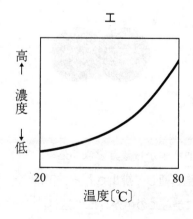

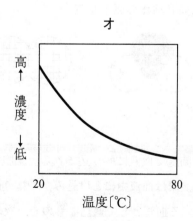

6　花子さんは自分のクラスの教室に，図1のような「二酸化炭素濃度測定器」という装置が置いてあることに気づいた。どのような装置なのか，興味を持った花子さんは先生に質問をした。次の文は，そのときの会話の一部である。会話を読んで，以下の問1から問6に答えよ。

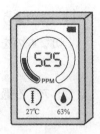

図1

花子「先生，教室に二酸化炭素濃度測定器という装置が置いてありますね。どんな装置なんですか？」

先生「まずは，花子さんは二酸化炭素という物質は知っていますよね。」

花子「はい。分子のモデルについても，理科で学びました。」

先生「人間の呼気にも含まれていますよね。この装置の置いてある空間の空気に二酸化炭素がどれくらい含まれているか，内部にある二酸化炭素濃度センサーを用いて調べる道具なんです。」

花子「表示されている 525 ppm というのはどういう意味なんですか。」

先生「例えば，$1.0\ \mathrm{m}^3$ の空気のうち，ある気体が $0.2\ \mathrm{m}^3$ 分占めているとすれば，占めている分の体積比として，その気体は 20% 含まれているといえますよね。ppm というのはもっと少ない割合の気体が占められているときによく使う単位で，$1.0\ \mathrm{m}^3$ の空気のうち，ある気体が $1.0\ \mathrm{cm}^3$ 分だけ占めているとき，1 ppm というのです。」

花子「普段の空気での二酸化炭素は何 ppm なんですか。」

先生「普段の空気というのは，大気ということですね。現在はおよそ 400 ppm とされています。」

花子「においもなく目にも見えない気体の存在がほんの少しであってもわかるなんて，センサーってすごいですね。センサーを勉強して，自分で装置を作ってみたくなりました！」

先生「それはいいですね。他にもいろいろなセンサーがありますから，いろいろ作ってみてください。」

問1　次のアからエはヒトの呼気に含まれるおもな成分を分子のモデルで表したものである。ヒトの呼気に最も多く含まれるものはどれか。適切なものをアからエの中から選べ。なお，同じ模様であれば，それらは同じ種類の原子を表している。

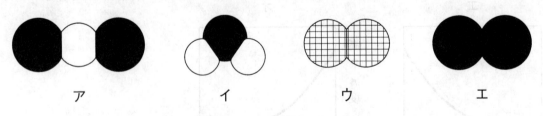

問2　ヒトの吸気中の酸素は，肺胞で血液に取り込まれる。細胞は血液中から酸素を取り込み，細胞呼吸により生じた二酸化炭素は血液中にとけ込み，やはり肺胞を通して排出される。二酸化炭素を多く含んだ血液が流れる血管として適当なものを，次のアからエの中から<u>二つ</u>選べ。

ア　肺動脈　　　　イ　肺静脈　　　　ウ　大動脈　　　　エ　大静脈

問3　ヒトの呼気1Lに含まれる二酸化炭素は，占められている分の体積でいうとおよそ40 mLであることが知られている。これは，大気中の二酸化炭素の体積の割合と比べて，およそ何倍だといえるか。最も適当なものを次のアからクの中から選べ。

ア　0.1　　　　　イ　1　　　　　ウ　10　　　　エ　100　　　　オ　1000
カ　10000　　　キ　100000　　ク　1000000

問4　花子さんは，先生が「"現在は"およそ400 ppm」と言っていたことが少し気にかかり，昔の大気がどれくらいの二酸化炭素濃度であったのか，調べてみた。すると，中生代では現在の数倍高い数値であったらしいと記されていた。また，二酸化炭素が，長い時間の中で形を変えながら，大気，海，陸などを移動していることもわかった。これに関連した物質である炭酸カルシウムを多く含む岩石として適切なものを，次のアからエの中から選べ。

ア　花こう岩　　　　　イ　玄武岩（げんぶ）　　　ウ　石灰岩　　　　エ　チャート

問5　センサーに興味を持った花子さんは，マイコン（制御装置）と二酸化炭素濃度センサーを用いて，装置の自作に挑戦した。センサーの値が1000 ppmを超えた場合，警告灯として赤色のLED（発光ダイオード）が光るようにしたいと考えた。このマイコンから出力される電圧は3.3 Vであるため，そのままLEDだけを接続すると，LEDに加わる電圧値が適正な値を超えてしまう。そこで，LEDの電流と電圧の関係のグラフ（図2）を参考にしながら，図3のように抵抗をつないで，LEDに加わる電圧が2.1 Vとなるようにした。つないだ抵抗の抵抗値を答えよ。

アイ　Ω

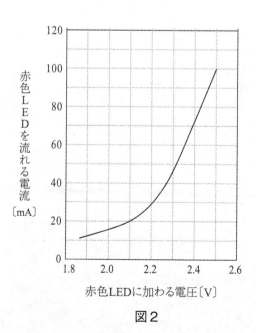

赤色LEDを流れる電流〔mA〕

赤色LEDに加わる電圧〔V〕

図2

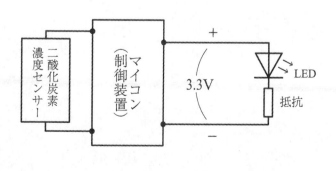

図3

問6　花子さんは，自作した問5の装置を用いて，午前8時15分から一定時間，自分の教室の二酸化炭素濃度がどのように変化するか，測定した。図4は，そのときのデータをグラフにしたものである。この時間における抵抗で発生するおよその熱量を表したい。最も近い値と，適当な単位はそれぞれどれか。数値はアからキの中から，単位はクからシの中から，それぞれ選べ。

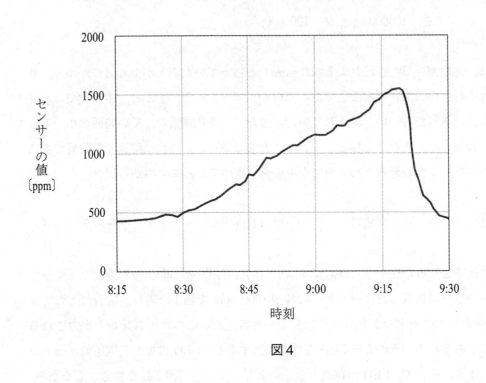

図4

数値

ア　0.01　　　　イ　0.03　　　　ウ　0.7　　　　エ　2　　　　オ　40

カ　100　　　　キ　300

単位

ク　J　　　　ケ　W　　　　コ　N　　　　サ　Hz　　　　シ　℃

石川県高校入試 2024 専用サイト

各高校・高専のリスニング音声ファイル、
解答用紙は専用サイトからダウンロードできます。

専用サイトはこちらから。